U0615468

清代進士傳録

（第四册）

朱鰲　宋苓珠　編纂

國家圖書館出版社

第四册目録

同治元年（1862）壬戌科

第一甲三名

徐 郙 字頌閣。江蘇嘉定縣人。道光十六年（1836）九月二十日生。同治元年一甲第一名狀元。任翰林院修撰。六年充河南鄉試主考官，十年升侍講、侍讀，十二年充會試同考官、少詹事，光緒五年授詹事，七年遷內閣學士、兵部侍郎，八年督安徽學政，九年改禮部侍郎，十六年吏部左侍郎。十八年授左都御史，加太子太保，二十一年改兵部尚書，二十五年調吏部尚書，二十六年十月授協辦大學士，二十七年調禮部尚書。三十二年正月休致。光緒三十三年（1907）四月二十五日卒。年七十二。追謚"文慎"。工詩，善書畫，花卉工秀，山水亦精絕。但為人懶散，不拘小節，且多次索取賄賂，為時人所譏。

何金壽 （原名何鑄）字鐵生，號劍農。湖北江夏縣人。道光十四年（1834）七月二十五日生。同治元年一甲第二名榜眼。授編修。九年督河南學政，任日講起居注官，光緒五年外官至江蘇揚州知府。賜三品銜。光緒八年（1882）七月禱雨中暑卒。年四十九。善書畫，題畫詩精絕。

温忠翰 字味秋。山西太谷人。同治元年一甲第三名探花。授編修。六年督湖南學政，升中允，光緒元年充四川鄉試副考官，改江蘇蘇州海防同知，纍遷浙江温處兵備道，光緒十一年遷陝西按察使，調湖北按察使。十二年病免。

第二甲七十二名

陳 彝 字聽軒，號六舟。江蘇儀徵縣人。道光七年（1827）六月初三日生。同治元年二甲第一名進士。選庶吉士，授編修。同治十二年補湖廣道御史，光緒元年升給事中，外任雲南曲靖知府，光緒八年遷河南開歸陳許道，十年授甘肅按察使，遷湖南布政使未任，十二年五月授安徽巡撫。十四年十月解職。十五年五月授順天府尹，十六年十二月改宗人府丞，二十年復任順天府尹，二十一年遷內閣學士。二十二年四月以病免職。光緒二十六年（1900）正月卒。年七十四。

父陳嘉樹，道光二年進士。

許庚身 字吉珊，號星叔。浙江仁和縣人。道光五年（1825）六月十四日生。同治元年二甲第二名進士。歷任內閣典籍、軍機章京、侍讀、鴻臚寺少卿、內閣侍讀學士，同治十二年授光祿寺卿、江西學政，光緒四年改太常寺卿、大理寺卿，七年遷禮部侍郎改刑部侍郎、軍機大臣，十三年改吏部侍郎，十四年七月遷兵部尚書。十五年加太子少保。光緒十九年十一月三十日（1894年1月）卒。年六十九。贈太子太保，謚"恭慎"。

柳熙春 （原名柳衣）字舜漁，號東臺、染溪。湖南長沙縣人。同治元年二甲第三名進士。選庶吉士，授編修。

陳學棻 字桂生。湖北安陸縣人。道光十五年（1835）十月二十九日生。同治元年二甲第四名進士。選庶吉士，授編修。擢少詹事，光緒十三年授詹事，督福建學政，遷內閣學士，十八年授戶部侍郎，歷吏部侍郎，二十六年（1900）七月遷工部尚書。九月卒。年六十六。謚"文恪"。

劉瑞祺 字伯符、元甫，號景臣、謹丞。江西德化縣人。道光十

三年（1833）六月二十八日生。同治元年二甲第五名進士。選庶吉士，授編修。三年充順天鄉試同考官，七年任會試同考官，八年授湖廣道御史，十三年再充順天同考官，光緒元年充甘肅鄉試副考官，外任福建糧道，光緒十二年授浙江按察使遷河南布政使，改福建布政使，十六年閏二月授山西巡撫。光緒十七年（1891）九月卒於任，年五十九。

吳鴻恩 字澤民，號春海。四川銅梁縣人。同治元年二甲第六名進士。選庶吉士，授編修。十一年補山東道御史，光緒元年改順天中城巡城御史、掌雲南道御史，十三年外任山西寧武知府，官至平樂道。著有《春圃詩草》。

龔聘英 字莘甫。江蘇崇明縣（今上海）人。同治元年二甲第七名進士。選庶吉士，授編修。三年任順天鄉試同考官，改刑部主事。

平步青 （1832—1896）字景孫，號霞外、棟山樵。浙江山陰縣人。同治元年二甲第八名進士。選庶吉士，授編修。升侍講，六年纍遷江西糧道，七年曾署江西布政使。弃官歸里，以著述爲事，是清代著名考據學家。藏書刻書處曰"篆園"，著有《霞外捃屑》《樵隱道癡》《安越堂外集》《國朝文題辭》等。

薛斯來 字綏之，號鴻賓。江蘇江都縣人。同治元年二甲第九名進士。選庶吉士，授編修。四年充會試同考官，六年充順天鄉試同考

官，補山東道御史，九年再任順天鄉試同考官，改順天北城巡城御史，官至直隸順德府知府。光緒四年乞假歸。閉門養痾。

王兆蘭 字馨廷，號嘯吟。順天宛平縣人。同治元年二甲第十名進士。任户部主事，升郎中，同治十三年授陝西道御史，官至河南汝寧府知府。

游百川 字彙東，號梅溪。山東濱州人。道光三年（1823）二月十四月生。同治元年二甲十一名進士。選庶吉士，授編修。六年充順天鄉試同考官，升福建道御史。曾力諫慈禧緩修圓明園等，以敢諫名震朝野。擢給事中，光緒四年纍遷湖南衡永郴桂道，六年授四川按察使，七年改順天府尹，八年遷倉場侍郎。十七年因倉庫失火罷官。

張家驤 字子騰，號芝孫。浙江鄞縣人。道光八年（1828）六月十七日生。同治元年二甲十二名進士。選庶吉士，授編修。六年督山西學政，歷任侍講、侍讀、國子監祭酒、侍讀學士、日講起居注官，光緒五年入毓慶宮，教諸皇子讀書。八年授詹事遷內閣學士，充經筵講官，九年任工部右侍郎，調吏部右侍郎。光緒十一年（1885）十一月十二日卒。年五十八。謐"文敬"（一作"文莊"）。

任朝棟 江蘇江寧縣人。同治元年二甲十三名進士。任户部主事。

尋鑾晋 （1830—1879）字展韶，號錫侯。山西榮河縣人。同治元年二甲十四名進士。選庶吉士，十三年改直隸南皮知縣，歷任肥鄉、懷安、保安等縣，十一年遷順天府薊州同知，官至江蘇蘇州知府。著有《畿南宦游草》。

兄尋鑾煒，咸豐二年進士。

董兆奎 字瑞峰、瑞庵。直隸完縣人。同治元年二甲十五名進士。選庶吉士，授編修。外官至江西廣信知府，改福建延平知府。

張鴻遠 字子駿，號致夫。河南中牟縣人，原籍福建。咸豐元年河南鄉試解元，同治元年二甲十六名進士。選庶吉士，授編修。十三年充會試同考官，光緒七年官至陝西道御史。

龍湛霖 字芝生。湖南攸縣人。道光十七年（1837）生。同治元年二甲十七名進士。選庶吉士。授編修。光緒二年充雲南鄉試主考官，十一年遷左庶子，十四年以少詹事督江西學政，遷詹事。十七年內閣學士，十九年遷刑部右侍郎。二十年督江蘇學政，二十四年以病乞歸。卒於家。

周德潤 字生霖，號義廬。廣西臨桂縣人。道光十二年（1832）九月二十七日生。同治元年二甲十八名進士。選庶吉士，授編修。歷任國子監司業、右中允、司經局洗馬、侍讀、侍讀學士、少詹事，光緒九年授內閣學士，十三年擢刑部右侍郎。十四年督順天學政，光緒十八年（1892）十月十九日卒。年六十一。

鮑功枚 字達夫。安徽歙縣人。同治元年二甲十九名進士，任戶部主事。

黃槐森 字作鑾，號植庭。廣東香山縣人。道光十八年（1838）七月初六日生。同治元年二甲二十名進士。選庶吉士，授編修。九年補山東道御史，光緒元年改順天北城巡城御史，遷川北兵備道，改雲南迤東道，十六年授貴州按察使，遷廣西布政使，二十一年八月授雲南巡撫，二十三年十月改廣西巡撫。光緒二十七年二月解職回籍。工書畫，善花卉，學惲壽平。

吳存剛 福建連城縣人。同治元年二甲二十一名進士。任刑部主事。

楊益豫 四川新繁縣人。同治元年二甲二十二名進士。任工部主事。

吳文剣 字遠堂。安徽桐城人。同治元年二甲二十三名進士。選庶吉士，授編修。

張壽慶 甘肅皋蘭縣人。同治元年二甲二十四名進士。任刑部主事。

吳澍霖 湖北武昌縣人。道光二十四年舉人，同治元年二甲二十五名進士。任戶部主事，遷廣東司員外郎、郎中，光緒十六年官至湖南永順府知府。

唐國翰 字子藩。廣西臨桂縣人。同治元年二甲二十六名進士。選庶吉士，散館改主事，歷官至江南鹽茶道。

王葆修 字艾亨。安徽英山縣人。同治元年二甲二十七名進士。任刑部浙江司主事，十三年改湖北黃安知縣，改山東朝城知縣，升知州，光緒二十四年官至山東兗州知府。

昆　岡 字子如，號小峰。正藍旗宗室。道光十六年（1836）四月初九日生。同治元年二甲二十八名進士。選庶吉士，授編修。纍遷侍讀學士、少詹事，光緒二年授詹事。遷內閣學士，四年授禮部侍郎，改兵部、戶部、吏部侍郎，十年遷左都御史，改理藩院尚書，調工部、禮部尚書，二十一年六月授協辦大學士，二十二年五月遷體仁閣大學士，十一月改東閣大學士兼翰林院掌院學士，充國史館總裁，內務府大臣，二十九年五月授文淵閣大學士。七月休致。光緒三十三年（1907）三月二十五日卒。享年七十二。贈太子太保。入祀賢良祠。謚"文達"。

王福保 字介卿。湖北黃陂縣人。咸豐八年舉人，同治元年二甲二十九名進士。選庶吉士，改禮部主事，升員外郎。十三年遷四川寧遠知府，官至江南鹽茶道。

仇炳台 字竹坪。江蘇婁縣人。同治元年二甲三十名進士。選庶吉士，授編修。

范德馨　字養吾。順天大興人縣。同治元年二甲三十一名進士。選庶吉士，授編修。

曹秉濬　字朗川。廣東番禺縣人。同治元年二甲三十二名進士。選庶吉士，授編修。三年提督福建學政，九年充山西主考官，遷南康知府，光緒十三年改九江知府，官至江西南昌知府，署鹽茶道。

王昕　字曉岩，號寅谷。順天薊州人，原籍浙江義烏。道光五年（1825）二月十一日生。同治元年二甲三十三名進士。選庶吉士，授編修。四年充會試同考官，八年督山西學政，十年升江南道御史。官至禮科給事中。

朱學篯　山東聊城縣人。同治元年二甲三十四名進士。官至戶部江南司主事。

王琛　字雪廬。河南鹿邑縣人。同治元年二甲三十五名進士。選庶吉士，散館改知縣，光緒十三年纍遷吏部稽勛司郎中、吏部大通橋監督。二十二年遷福建邵武府知府，二十六年官至浙江溫州知府。

鹿傳霖　字潤萬，號滋軒、迂叟。直隸定興縣人。道光十六年（1836）七月十八日生。同治元年二甲三十六名進士。選庶吉士，任廣西興安知縣、桂林知府，廣東惠潮嘉道。光緒六年授福建按察使，改四川按察使，遷布政使。九年任河南巡撫，改陝西巡撫。二十一年遷四川總督。二十四年授廣東巡撫，調江蘇巡撫。二十六年九月授都察院左都御史，改吏部尚書、軍機大臣。三十一年署工部尚書，改吏部尚書。三十三年六月專任軍機大臣，授協辦大學士。三十四年十一月加太子少保。宣統元年九月遷體仁閣大學士，晉太子太保。十一月改東閣大學士。宣統二年（1910）七月二十二日卒，享年七十五。贈太保，入祀賢良祠。謚“文端”。著有《籌瞻疏稿》等。

張良璋　字圭齋，號子達、實珊。陝西石泉縣（一作湖北黃梅）人。咸豐九年舉人，同治元年二甲三十七名進士。選庶吉士，授編修。

馬文耀　山西懷仁縣人。同治元年二甲三十八名進士。任刑部湖廣司主事，官至直隸司員外郎。

朱迪然　字肯夫，號味蓮。浙江餘姚縣人。同治元年二甲三十九名進士。選庶吉士，授編修。升侍讀，光緒二年督湖南學政。晉侍讀學士，七年督四川學政。八年授詹事。九年罷職。精習《毛詩》《周禮》《春秋》。著有《說文廣例》。

高其鎮　直隸南皮縣人。同治元年二甲四十名進士。任刑部主事，光緒十年改山東泗水知縣，十四年改清平知縣。

王銛　直隸棗強縣人。同治元年二甲四十一名進士。任戶部主事。

沈鳴珂　直隸祁州人。同治元年二甲四十二名進士。任戶部主事。

葉守矩　江蘇上元縣人。同治元年二甲四十三名進士。任內閣中書，工部主事。

黃彬　字仲鸞、質亭。江西南昌縣人。同治元年二甲四十四名進士。選庶吉士，散館改兵部主事，遷禮部郎中。京察一等外任山東泰安知府。

姜敏修　字梅生。浙江金華縣人。同治元年二甲四十五名進士。選庶吉士。授編修。

康牧　字仲撫。甘肅安定縣人。同治元年二甲四十六名進士。任戶部主事，升禮部員外郎、郎中，光緒十五年官至山東泰安知府。

尹紹甫　（原名尹蕭怡，改名尹丙甲）字壬齋。雲南趙州（今下關）人。同治元年二甲四十七名進士。選庶吉士，授編修，升右贊善，官至貴州安順知府。

童毓英　字子俊。江西南昌縣人。同治元年二甲四十八名進士。選庶吉士，改刑部主事，升員外郎、山東道御史、掌廣東道御史。曾參奏太監李蓮英，劾李鴻章，有"童佛爺"之稱。署工科給事中，光緒十五年充順天鄉試同考官。京察一等，記名知府，卒年七十三。

王允謙　（改名王憲曾）字益軒，號立生。陝西清澗縣人。同治元年二甲四十九名進士。選庶吉士，散館改知縣，內閣中書，九年充河南鄉試副考官，遷御史、侍讀學士。光緒六年外任貴州銅仁知府，因詳校《穆宗實錄》，保薦為道員，加鹽運使銜。光緒十四年（1888）秋奉派赴湖南提調鐵廠機器，卒於常德旅次，著有《兼山草堂詩文集》《思過閣心鄉錄》。

傅維弼　字幹橋。直隸鹽山縣人。同治元年二甲五十名進士。六年任山東朝城知縣，光緒三年改日照知縣，四年任長清知縣，十一年改四川太平知縣，十六年被參開缺。

陳錫麒　字襄達。浙江海寧州人。同治元年二甲五十一名進士。三年署直隸欒城知縣，署靜海縣，補東光知縣，十一年調邢臺知縣，改青縣、清苑縣知縣。光緒元年擢直隸天津北河同知，升道員。晉鹽運使銜。後歸。著有《粵逆陷寧始末記》。

謝維藩　字麐伯。湖南巴陵縣人。道光十四年（1834）生。同治元年二甲五十二名進士。選庶吉士，授編修，九年充廣東鄉試副考官，十二年督至山西學政。光緒四年（1878）卒。

于騰　山東郯城縣人。同治元年二甲五十三名進士。三年任四川銅梁知縣，十三年任四川宜賓知縣，光緒八年五月署四川遂寧知縣。

涂修政　江西新建縣人。同治元年二甲五十四名進士。任吏部主事。

劉熙齡　江蘇甘泉人，寄籍雲南昆明縣。同治元年二甲五十五名進士。任吏部主事。

梅雨田　湖北黃梅縣人。咸豐元年舉人，同治元年二甲五十六名進士。十年任江西瑞金知縣，光緒十一年改靖安知縣。

徐肇梅　（《進士題名碑》作徐肇嵋）字岷生。湖北蘄水縣人。咸豐八年舉人，同治元年二甲五十七名進士。改吏部主事，又改任四川知縣，遷知州。

趙子端　字正廷，號性之、紹山。雲南昆明縣人。同治元年二甲五十八名進士。選庶吉士，散館改主事。

喬有年　漢軍正黃旗。同治元年二甲五十九名進士。任工部主事，光緒三年任山東蒙陰知縣，十一年改章丘知縣。

揭裕文　江西南豐縣人。同治元年二甲六十名進士。任刑部主事。

宜綬　字少耕。滿洲鑲紅旗人。同治元年二甲六十一名進士。選庶吉士，授編修。同治三年任順天同考官。

王道源　字星海，號浚川、左泉。山西盂縣人。同治元年二甲六十二名進士。選庶吉士，授編修。同治六年補山東道御史。光緒五年任順天中城巡城御史、刑科掌印給事中。官至河南糧儲道、鹽法道。

廖坤培　字伯厚，號西崖、西雲。四川會理州人。同治元年二甲六十三名進士。選庶吉士，授編修。同治六年任貴州鄉試主考官，督貴州學政。

段汝林　字翰臣。直隸蔚州人。同治元年二甲六十四名進士。補江西上高知縣。未至官卒。

李國楠　字讓卿，號勺山。安徽太湖縣人。同治元年二甲六十五名進士。任禮部主事，改吏部文選司主事，十二年截取直隸冀州直隸州知州。

黃榮熙　廣東新寧縣人。同治元年二甲六十六名進士。任內閣中書，改工部主事。

周濬　字距川。直隸寧津縣人。同治元年二甲六十七名進士。選庶吉士，散館改刑部主事。

譚鈞培　字賓寅，號序初。貴州鎮遠縣人。道光九年（1829）三月十二日生。同治元年二甲六十八名進士。選庶吉士，授編修。三年、六年兩充順天鄉試同考官。八年升江西道御史，十三年外任江蘇常州知府，光緒三年改蘇州知府，遷安徽鳳穎六泗道。光緒五年授山東按察使改湖南按察使，遷江蘇布政使。署江蘇巡撫、護漕運總督，兼蘇州織造。十一年十月授湖北巡撫，十二年五月改廣東巡撫，十一月調雲南巡撫。光緒二十年（1894）十一月二十四日卒，年六十六。著有《譚中丞奏稿》。

楊先榮　字茹香。貴州貴築縣人。同治元年二甲六十九名進士。選庶吉士，授編修。同治四年，任會試同考官。

崔志道　字少芳、劭芳，號

笙舫。陝西戶縣人。道光十二年（1832）生。同治元年二甲七十名進士。選庶吉士，授編修。十二年充廣西鄉試主考官，光緒五年擢四川雅州知府，改寧遠知府。光緒二十七年赴陝西辦理賑務，宣統元年（1909）籌辦西潼鐵路。卒年七十八。

林 煊 字煦齋。浙江蕭山縣人。同治元年二甲七十一名進士。五年任湖北保康知縣，九年署湖北德安知府。

馬相如 字蘭溪、曼卿，號襄伯。漢軍正藍旗。同治元年二甲七十二名進士。選庶吉士，授編修。六年升山西道御史，九年充廣西鄉試副考官。遷工科給事中，光緒十二年纍遷至陝西延榆綏道。二十五年九月授陝西按察使，十一月以病免。

第三甲一百一十八名

李 江 漢軍鑲藍旗人。同治元年三甲第一名進士。任兵部主事。

鄭業駿 湖南長沙縣人。同治元年三甲第二名進士。任吏部主事。

況桂森 廣西臨桂縣人。同治元年三甲第三名進士。光緒元年官至廣西太平知府。

饒繼惠 湖南臨湘縣人。同治元年三甲第四名進士。四年任廣東新寧知縣，光緒九年任廣東花縣知縣。

武良銳 字夢寅。山西汾陽縣人。同治元年三甲第五名進士。任刑部直隸司主事，升員外郎。官至刑部郎中。

康秉彝 陝西城固縣人。同治元年三甲第六名進士。任主事。

王嘉安 （《進十題名碑》作王壽安，誤）奉天蓋平縣人。同治元年三甲第七名進士。任戶部主事。

段福昌 （原名段本能）字備九，號邁庵、蓮舫。江西都昌縣人。同治元年三甲第八名進士。選庶吉士，授檢討，光緒四年官至江南道御史。

張文鼎 河南光州人。同治元年三甲第九名進士。八年任湖北鄖西知縣、石首知縣。

杜充輝 陝西醴泉縣人。同治元年三甲第十名進士。任知縣。

劉承輦 廣東陽春縣人。同治元年三甲十一名進士。任刑部主事，九年遷江西瑞州府同知。

賈汝霖 直隸寧晉縣人。同治元年三甲十二名進士。任直隸河間府教授。

諶命年 字瑞卿，號菊人。江蘇上元縣人。同治元年三甲十三名進士。二年任順天府武清知縣，四年七月署大興知縣。十年改順天文安知縣、豐潤知縣。

潘家鈺 字攟珊。江蘇宜興縣人。同治元年三甲十四名進士。選庶吉士，改工部主事，外官至山西直隸州知州。丁母憂，服闋赴任未幾卒。

賈樹誠　浙江會稽縣人。同治元年三甲十五名進士。任刑部主事。

韋煥　字煦齋。安徽太湖縣人。同治元年三甲十六名進士。任內閣中書，升宗人府主事，以道員用分發江蘇，歷充善後局課吏館，官書局等差，卒於金陵。

趙樸　山東德州人。同治元年三甲十七名進士。任刑部主事。

袁祖安　江蘇如皋縣人。同治元年三甲十八名進士。二年任廣東石城知縣，九年改廣東瓊山知縣，光緒二年廣東番禺知縣。

李寶箴　號子銘。直隸獻縣人。同治元年三甲十九名進士。光緒元年任山西榆次知縣，卒於任。

馬丕瑤　字玉山，號香谷。河南安陽縣人。道光十一年（1831）正月初四日生。同治元年三甲二十名進士。任山西平陸知縣，改永濟知縣，光緒二年升解州直隸州知州、遼州直隸州，遷太原知府，擢山西冀寧道。光緒十三年授貴州按察使遷廣西布政使。十五年八月授廣西巡撫。十八年正月丁憂。二十年十月授廣東巡撫，光緒二十一年（1895）九月初八日卒於任，年六十五。

次子馬吉璋，光緒九年進士。

簡宗杰　字敬甫，號南屏。雲南昆明縣人。同治元年三甲二十一名進士。任户部主事，遷郎中。光緒六年（1880）卒於任，年五十六。著《有居敬齋詩鈔》十四卷。

王兆柏　直隸撫寧縣人。同治元年三甲二十二名進士。即用知縣未任，優游泉石，以書史自娛。

杜正詩　河南孟縣人。同治元年三甲二十三名進士。官至户部陝西司郎中。

李龍章　廣東鶴山縣人。同治元年三甲二十四名進士。四年任湖南安仁知縣。

吳起鳳　江蘇武進縣人。同治元年三甲二十五名進士。任兵部主事，纍遷湖南靖州知州，光緒七年官至湖南澧州直隸州知州。

李士琨　廣西北流縣人。同治元年三甲二十六名進士。任刑部主事，光緒十三年遷掌浙江道御史，十四年任順天中城巡城御史。

兄李士瑞，道光二十七年進士。

劉景宸　河南安陽縣人。同治元年三甲二十七名進士。任內閣中書，光緒十四年纍遷濟南知府，十六年改山東青州知府。二十四年官至山東鹽運使。

陳楠　江西德化縣人。同治元年三甲二十八名進士。同治四年十一月任陝西安康知縣，改陝西清澗知縣、興安知縣。

陳維周　字東屏。雲南鎮雄州人。同治元年三甲二十九名進士。任户部主事、員外郎、郎中，光緒十三年官至湖北安襄鄖荆道。

崔銓淦　（原名崔晉承）山西汾陽縣人。同治元年三甲三十名進士。署陝西白水知縣，補寶雞知縣，代理西安知縣，賊攻城陷遇害。

李祖光 字慈樂。河南林縣人。同治元年三甲三十一名進士。選庶吉士，散館改戶部改主事。

蘇毓元 字薇卿。雲南晋寧州人。同治元年三甲三十二名進士。六年任山西武鄉知縣。

孫鳳翔 字文起、梧岡，號棣園。山東濰縣人。同治元年三甲三十三名進士。選庶吉士，授檢討，九年充順天鄉試同考官。十三年遷江南道御史，外任江西知府、廣東雷瓊道。光緒八年授安徽按察使。九年遷河南布政使，十一年護理巡撫，十二年病免。

石會昌 字心裁，號芝生。湖北興國州人。咸豐九年舉人，同治元年三甲三十四名進士。八年署四川梁山知縣，十三年署四川榮昌知縣，光緒二年任四川榮經知縣，官至直隸州知州。

盛一朝 江西永新縣人。同治元年三甲三十五名進士。七年任湖南芷江知縣。

樂正宣 湖北隨州人。咸豐元年舉人，同治元年三甲三十六名進士。任甘肅隆德知縣。

吳繼心 陝西三原縣人。同治元年三甲三十七名進士。任知縣。

劉朝昇 字鳳瞻、號梧岡。江西新昌縣人。同治元年三甲三十八名進士。七年署四川銅梁知縣，十二年署四川南溪知縣，

王軒（1823—1887）字霞舉，號青田，又號顧齋。山西洪洞縣人。同治元年三甲三十九名進士。任兵部武庫司主事。曾主講宏運、晋陽、令德諸書院。著有《顧齋遺集》《勾股備述細草》等。

永惠 滿洲正白旗人。同治元年三甲四十名進士。

宋夢蘭 河南孟縣人。同治元年三甲四十一名進士。

呂憲瑞 字芝岩。山東萊蕪縣人。同治元年三甲四十二名進士。任禮部主事，改湖北黃陂知縣，六年任湖北江陵知縣，十年改湖北蘄州知州，十二年改湖北黃岡知縣，十四年遷河南許州直隸州知州。

童德中 四川江北廳人。同治元年三甲四十三名進士。任刑部主事，官至刑部山東司郎中。

鄭燡林 號介眉。安徽英山縣人。同治元年三甲四十四名進士。二年署湖北建始、蘄水、蒲圻知縣，改湖北遠安、鍾祥知縣，卓異加清軍府銜。

許俊魁 浙江會稽縣人。同治元年三甲四十五名進士。任天津河防同知。

陳汝霖 廣東南海縣人。同治元年三甲四十六名進士。任江西長寧知縣，同治五年任江西豐城知縣。

賈邦鐸 山西徐溝縣人。同治元年三甲四十七名進士。任山西朔平府教授。

呂慎修 字謹齋。河南彰德林縣人。同治元年三甲四十八名進士。

二年任河南衛輝府教授，改汝寧府教授。

李湘南 山東長山縣人。同治元年三甲四十九名進士。授湖南桂東知縣，未任卒。

李慶沅 順天通州人。同治元年會元，三甲五十名進士。任禮部主事，官至御史。

黃文棠 江西宜黃縣人。同治元年三甲五十一名進士。三年任廣西崇善知縣。

唐泰瀾 廣西鬱林州人。同治元年三甲五十二名進士。官至廣東潮州府黃岡同知。

石學階 號應台。江西樂平縣人。同治元年三甲五十三名進士。八年任直隸吳橋知縣。

徐登雲 廣西臨桂縣人。同治元年三甲五十四名進士。

齊方書 直隸獻縣人。同治元年三甲五十五名進士。二年任直隸正定府教授。

吳毓春 字雨軒。山東歷城縣人，原籍江蘇。同治元年三甲五十六名進士。任刑部主事、員外郎，官至刑部郎中。

子吳樹棻，光緒六年進士；吳樹梅，光緒二年進士。

桂 昂 字薜株，號杏村。滿洲州正藍旗，宗室。同治元年三甲五十七名進士。散館改刑部主事。歷任侍講、侍讀學士、少詹事、詹事。光緒五年任內閣學士。後官至馬蘭鎮總兵。

顧菊生 字師陶。江西廣豐縣人。中舉人後授知縣，未任，入資改福建同知，再改戶部員外郎，乞假歸，助知縣守城論功以知府用。同治元年三甲五十八名進士。任戶部員外郎，升郎中，後代理浙江和府，官至浙江金衢道，卒於任。

劉澤遠 廣西臨桂縣人。同治元年三甲五十九名進士。任吏部主事、員外郎，光緒三年官至甘肅甘州府知府。

傅 楨 直隸撫寧縣人。同治元年三甲六十名進士。二年署廣西陸川知縣，改廣西上林知縣。

耀 年 字體堯，號雲舫。蒙古正黃旗，諾敏氏。道光四年十二月二十三日（1825年2月）生。同治元年三甲六十一名進士。任工部主事，光緒五年纍遷太僕寺卿，十二月遷內閣學士。六年十月授兵部左侍郎，總管內務府大臣。光緒十三年十二月（1888年2月）卒，年六十四。贈太子少保銜。

蕭濬藩 字價人，號屏侯。四川琪縣人。同治元年三甲六十二名進士。任戶部主事，改同知，光緒元年署貴州綏陽知縣，升知府加道銜，補貴州石阡知府，未任卒。

李瑾輝 廣東新會縣人。同治元年三甲六十三名進士。任工部主事。

蕭開榮 廣西平樂縣人。同治元年三甲六十四名進士。任湖北知縣。

濮斗衡　四川大竹縣人。同治元年三甲六十五名進士。四年任陝西三原知縣，六年六月署略陽知縣。

馬國賓　陝西綏德直隸州人。同治元年三甲六十六名進士。十三年任山西萬泉知縣，光緒元年改山西交城知縣。九年改延安府教授。

張鴻翼　甘肅寧夏平羅縣人。同治元年三甲六十七名進士。

任樹楷　字春臺。陝西澄城縣人。同治元年三甲六十八名進士。署廣東興寧知縣，歷任開建、乳源知縣，卒於任。

賈謨策　山東樂陵縣人。同治元年三甲六十九名進士。十年任貴州獨山知州。

張慶麟　字雲卿。甘肅秦州人。同治元年三甲七十名進士。授直隸知縣，請假歸里，四年署直隸廣平知縣，未赴任，以疾卒。

汪正元　字展奇、定庵，號少霞。安徽婺源縣人。同治元年三甲七十一名進士。選庶吉士，改刑部主事，升刑部郎中。光緒十年授浙江道御史，十一年改順天中城巡城御史。

路慎皋　陝西周至縣人。同治元年三甲七十二名進士。任知縣。

劉輅　山西洪洞縣人。同治元年三甲七十三名進士。二年任山東海豐知縣。

洪永勛　河南商城人。同治元年三甲七十四名進士。

李廣雲　奉天錦縣人。同治元年三甲七十五名進士。三年五月署順天府順義知縣，十二月任寧河知縣，七年去，九年復任寧河知縣。光緒三年遷直隸南路廳同知。

慶鍾　滿洲正藍旗人。同治元年三甲七十六名進士。九年任山西浮山知縣，光緒三年改山西高平知縣，六年復任，十二年改和順知縣，十四年改文水知縣。

張玠　直隸豐潤縣人。同治元年三甲七十七名進士。七年任河南新安知縣。

張銘煥　湖南巴陵縣人。同治元年三甲七十八名進士。任湖北鍾祥知縣、應城知縣，改刑部山西司主事，即補知州，官至廣東候補道。

楊延烈　山東章丘縣人。同治元年三甲七十九名進士。二年署湖北武昌知縣，四年任湖北房縣知縣，十一年調陝西宜君知縣（光緒三年到任），光緒五年改陝西葭州知州，十四年改兗州府教授。

恒齡　滿洲正紅旗人。同治元年三甲八十名進士。任户部主事，員外郎，光緒十年官至四川重慶知府。十五年福建邵武府知府。

王霖　陝西郃陽縣人。同治元年三甲八十一名進士。任户部主事，十年任直隸樂亭知縣，改容城知縣。

楊澍鼎　陝西朝邑縣人。同治元年三甲八十二名進士。任内閣中書。

周伯貞　河南祥符縣人。同治

元年三甲八十三名進士。代理山西高平知縣，十年改聞喜知縣。

夏掄謨　字輔臣、子襄。江蘇桃源縣人。同治元年三甲八十四名進士。任江西知縣，奉命勘東平城工，歸時經鄱陽湖舟翻溺死，賜知府銜。

王玉相　字石臣。順天府大城縣人。同治元年三甲八十五名進士。同治四年任廣平府教授。在任一年餘。

徐璞玉　河南寶豐縣人。同治元年三甲八十六名進士。十年任四川馬邊廳同知。

胡鳳岡　河南懷寧縣人。同治元年三甲八十七名進士。

張士銓　雲南太和縣人。同治元年三甲八十八名進士。三年署直隸新樂知縣，六年署棗強知縣，十年改淶水知縣。

耿名臣　山西平定州人。同治元年三甲八十九名進士。元年任山西太原府教授。

熊鎮湘　字秋帆。江西清江縣人。同治元年三甲九十名進士。三年任山東茌平知縣，在任九年卒於任。

劉秉清　山東章丘縣人。同治元年三甲九十一名進士。八年任福建霞浦知縣。

王經庭　山東昌邑縣人。同治元年三甲九十二名進士。署福建惠安、連江、永福知縣，補上杭知縣，

何含章　河南鹿邑縣人。同治

元年三甲九十三名進士。光緒年任山西孝義知縣。

閻道行　陝西府谷縣人。同治元年三甲九十四名進士。任知縣。

何賚高　廣東順德縣人。同治元年三甲九十五名進士。任知縣。

劉昌緒　號鏡溪。山東清平縣人。同治元年三甲九十六名進士。五年任湖北廣濟知縣，改湖北黃陂知縣，遷興國州同知。

吳正丙　甘肅靜寧縣人。同治元年三甲九十七名進士。即用知縣。

蔡汝霖　陝西渭南縣人。同治元年三甲九十八名進士。任知縣。

郭深基　山西榆次縣人。同治元年三甲九十九名進士。江蘇即用知縣，五年任江蘇句容知縣，署江蘇通州州同。

鄭履端　雲南太和縣人。同治元年三甲一百名進士。同治二年署廣東從化知縣，七年署廣東電白知縣，十年任廣東連平知州，十一年復任電白縣，光緒五年再任電白知縣。

子鄭煇典，光緒二十九年進士。

劉開第　甘肅武威縣人。同治元年三甲一百零一名進士。七年任陝西臨潼知縣，十年改神木知縣，十三年任陝西醴泉知縣，左遷教職，歸後主講書院。

顧衷　號子和。貴州清平縣人。同治元年三甲一百零二名進士。四年任甘肅中衛知縣，改古浪知縣。

同照　滿洲正藍旗人。覺羅氏。

同治元年三甲一百零三名進士。

張爲章　字漢橋。寧夏平羅縣人。同治元年三甲一百零四名進士。即用知縣，十年任直隸大名知縣。

李長春　陝西商州人。同治元年三甲一百零五名進士。任知縣。

李東垣　字掖亭。山東博山縣人。同治元年三甲一百零六名進士。任湖北黃陂知縣。

吳大光　號賓國。四川簡州人。同治元年三甲一百零七名進士。光緒二年任四川寧遠府教授。卒年八十四。著有《紀游草》二卷、《建南條錄》八卷。

晁　炳　字耀南。甘肅西寧縣人。同治元年三甲一百零八名進士。任四川璧山知縣，六年改四川銅梁知縣、灌縣知縣，補榮昌知縣，未到任卒於旅次。

井鍾丹　（《進士題名碑》作亓鐘丹，誤）字壽岩。順天文安人。同治元年三甲一百零九名進士。署廣東永安知縣，同治五年署廣東茂名、高要知縣。

崔培元　山東莒州人。同治元年三甲一百十名進士。三年任湖北宜都知縣，任湖北咸寧知縣，光緒元年改泰安府教授。

周培錦　字子雲。貴州安順府人。同治元年三甲一百十一名進士。四年任直隸遷安知縣。

孫體仁　河南信陽州人。同治元年三甲一百十二名進士。

喬玉琛　（原名喬玉璽）字元卿。陝西朝邑縣人。同治元年三甲一百十三名進士。署湖北長樂知縣，七年調房縣，補宜城知縣。

王爾琨　字松璋。廣西永福縣人。同治元年三甲一百十四名進士。八年任順天府良鄉知縣。十年調署房山知縣。

董應遴　河南鄭州人。同治元年三甲一百十五名進士。八年任山西岢嵐州知州。

党漢章　陝西合陽縣人。同治元年三甲一百十六名進士。九年任江西建昌知縣。

原立誠　字卓夫。陝西蒲城縣人。同治元年三甲一百十七名進士。任知縣。著有《補拙軒詩草》。

郭炳南　字午亭。陝西潼關廳人。同治元年三甲一百十八名進士。三年游宦四川，辦西藏過往差務，土司擾害邊民，炳南接冤狀，尋帶兵勦擊，被人銜之稟，炳南喜圖功，無故起邊釁，告歸。設教鄉里以終。

同治二年（1863）癸亥恩科

本科爲清穆宗登極恩科

第一甲三名

翁曾源 字仲淵。江蘇常熟縣人。同治二年一甲第一名狀元。授修撰，任國史館纂修，旋因患羊癇病辭官歸里。工書法，善畫花卉。光緒十三年（1887）卒於家。

祖父翁心存，道光二年進士，大學士；父翁同書，道光二十年進士，安徽巡撫；叔父翁同龢，咸豐六年狀元，協辦大學士。

龔承鈞 字春庭，號湘浦。湖南湘潭縣人。道光十三年（1833）生。同治二年一甲第二名榜眼。授編修。八年升江南道御史，九年督山西學政。卒年四十餘，未竟其用。

張之洞 字孝達，號香濤。直隸南皮縣人。道光十七年（1837）八月初三日生。同治二年一甲第二名探花。任翰林院編修，六年督湖北學政。遷洗馬、侍講、侍講學士。光緒七年授內閣學士，十一月改山西巡撫。十年授兩廣總督。十五年改湖廣總督，二十年署兩江總督，次年回任。二十七年加太子少保。三十三年五月授協辦大學士，六月遷體仁閣大學士、軍機大臣。三十四年晉太子太保。宣統元年（1909）八月二十一日卒，年七十三。贈太保，入祀賢良祠。諡"文襄"。著有《輶軒語》《勸學篇》《抱冰室詩文集》《廣雅堂集》《張文襄公全集》，其《勸學篇》曾譯成英、法文。

第二甲七十八名

周蘭（原名周玉麒）字伯蓀，號蘭友、誦芬。浙江仁和縣人。同治二年二甲第一名進士。選庶吉士，授編修。同治六年督陝西學政。

夏子錫（《進士題名碑》作夏子錫，誤）字潞方、路門。江蘇高郵州人。同治二年二甲第二名進士。選庶吉士，授編修。同治六年充山西鄉試主考官，九年督任四川學政。任滿病歸，居家閉門讀書，年七十卒。著有《讀經雜志》《讀史雜志》《養根書屋詩文稿》等。

龔顯曾　字莔孫，號泳樵、亦園。福建晋江縣人。同治二年二甲第三名進士。選庶吉士，授編修。病假歸，在籍督辦團練，旋卒，贈贊善。著有《籀經堂集》《薇花館詩文鈔》。

陳　翼　字芑庭。福建閩縣人。同治二年二甲第四名進士。升左春坊左贊善，光緒二年督陝西學政。

廖壽恒　字潓生，號仲山、抑齋。江蘇嘉定縣人。道光十九年（1839）六月十四日生。同治二年二甲第五名進士。選庶吉士，授編修，九年督湖南學政。升司經局洗馬、侍講，光緒五年督河南學政。遷侍讀學士。光緒七年授詹事遷内閣學士，十一年授兵部侍郎，歷禮部、户部、吏部侍郎。二十年加太子少保改倉場侍郎。二十三年遷左都御史改刑部尚書、軍機大臣。二十四年八月調禮部尚書。二十六年以病免職。光緒二十九年（1903）八月十五日卒，年六十五。

光　炘　字景卿。安徽桐城縣人。同治二年二甲第六名進士。選庶吉士，散館改户部主事、員外郎，外官至福建福州知府。

邊寶泉　字蓮溪，號潤民。漢軍鑲紅旗。同治二年二甲第七名進士。選庶吉士，授編修。十一年遷浙江道監察御史，外任陝西督糧道。光緒五年授陝西按察使遷江西布政使。九年十月授陝西巡撫，十一年二月改河南巡撫。十三年五月以病免職。二十年十月授閩浙總督兼管船政。光緒二十四年（1898）四月卒於任。贈太子太保。

楊仲愈（初名楊仲愉）字子恂。福建侯官縣人。同治二年二甲第八名進士。選庶吉士，散館改工部主事，外官至江蘇候補道。以病卒年僅四十九。

莊子楨　字幹木，號維亭。山東莒州人。同治二年二甲第九名進士。任禮部主事，遷郎中。光緒九年授江南道御史，改山西道御史，十六年官至湖南寶慶知府。

黄體芳　字漱蘭。浙江瑞安縣人。同治二年二甲第十名進士。選庶吉士，授編修。遷左庶子、少詹事，督江蘇學政。光緒七年授詹事。八年遷兵部左侍郎，仍差江蘇學政，建江陰南菁書院。與張之洞、張佩綸、于蔭霖被稱爲“翰林四諫”。反對清政府在外交上軟弱與内政腐朽。十一年曾彈劾李鴻章“治兵無效，挾以自重”，降通政使。次年曾主講金陵文正書院。十四年充福建鄉試正考官。十七年因病乞歸。二十五年（1899）年卒。喜藏書以精刻本稱。著有《江蘇采訪書目》《儆季雜著》等。

兄黄體立，咸豐六年進士。

羅振雲　字竹坡。江西廬陵縣人。同治二年二甲十一名進士。選庶吉士，散館改禮部主事。

何繼儼　字桂苑。廣東順德縣人。同治二年二甲十二名進士。選庶吉士。

朱　庚　浙江山陰縣人。咸豐九年浙江鄉試解元。同治二年二甲十三名進士。任刑部主事。

王緒曾　字柳汀，號少雯。山東臨淄縣人。同治二年二甲十四名進士。選庶吉士，授編修。九年充湖南鄉試主考官。擢福建道御史。光緒元年官至河南懷慶知府。

解　煜　字星垣。直隸臨榆縣人。同治二年二甲十五名進士。選庶吉士，授編修，六年充河南鄉試副考官，十年充湖北鄉試主考官。光緒五年任浙江衢州知府，調福建汀州知府。官至福建鹽法道署按察使。

許振禕　字瑋紉，號仙屏。江西奉新縣人。道光七年十二月初十（1828年1月）生。同治二年二甲十六名進士。選庶吉士，授編修，八年充貴州鄉試副考官，十年督陝甘學政。遷河南河北道。光緒十一年授河南按察使遷江寧布政使。十六年二月擢東河總督。二十一年十二月調廣東巡撫，二十四年七月裁撤廣東巡撫解任乞假。光緒二十五年（1899）三月卒。宣統元年四月追諡“文敏”。

王　炳　字蔚卿，號竹庵。陝西南鄭縣人。同治二年二甲十七名進士。選庶吉士，授編修，光緒元年充江南鄉試副考官，三年充會試同考官。四年官至山西道御史。

張相宇　字芝卿。湖北黃安縣人。同治元年舉人，二年二甲十八名進士。選庶吉士，授編修。

胡隆洵　字紹泉，號信芳。江蘇儀徵縣人。同治二年二甲十九名進士。任吏部主事，升郎中。光緒七年授山東道御史，改順天中城、西城、北城巡城御史，遷刑科給事中。光祿寺少卿，官至通政司參議。

胡有誠　字樸庵。湖北江夏縣人。咸豐二年舉人，同治二年二甲二十名進士。任刑部主事，光緒三年改安徽廣德州知州。

郭懷仁　字樂山。安徽合肥縣人。同治二年二甲二十一名進士。選庶吉士，授編修。八年充貴州鄉試主考官，十二年督廣西學政，任滿以目疾告歸。居金陵未幾卒。著有《樂山詩文集》。

曹　煒　字霞坪。江蘇甘泉縣人。同治二年二甲二十二名進士。選庶吉士，授編修，九年充湖北鄉試正考官。十一年官至安徽潁州知府。

謝樹棠　廣西臨桂縣人。同治二年二甲二十三名進士。任內閣中書。

王椿蔭　江西安福縣人。同治二年二甲二十四名進士。任兵部主事。

曾國霖　字雨人。河南固始縣人。道光十二年（1832）生。同治二年二甲二十五名進士。四年署浙江永嘉知縣，五年任浙江烏程知縣，十一年任浙江錢塘知縣，改國子監

教習，

呂式棟　字荔峰。順天大城縣人。同治二年二甲二十六名進士。選庶吉士，授編修。工詩文，著有《遂初齋集》。

周維翰（一作周爲翰）字屏山。廣西臨桂縣人。同治二年二甲二十七名進士。四年改甘肅平羅知縣，官至江西南康知府。

何文涵　廣東番禺縣人。同治二年二甲二十八名進士。任工部主事。

陳樹勳　浙江仁和縣人。同治二年二甲二十九名進士。任河南孟縣知縣。

白　桓　字叔璋，號建侯。順天通州人。道光二年（1822）十一月十二日生。同治二年二甲三十名進士。任吏部主事、郎中。光緒九年授太僕寺卿改大理寺卿。十年十一月授左副都御史，十五年改兵部侍郎。十七年（1891）六月以病免，十月卒，年七十。

祖父白鎔，嘉慶四年進士，工部尚書。

梅啓熙　字緝明，號少岩。江西南昌縣人。同治二年二甲三十一名進士。選庶吉士，授編修。光緒元年擢江南道御史，二年充湖北鄉試副考官。四年任山東泰安知府、七年任濟南知府、八年任青州知府。十年署山東鹽運使。

鐵　祺　字壽卿。蒙古正白旗。同治二年二甲三十二名進士。選庶吉士，授編修。遷司經局洗馬、侍讀學士。十三年授詹事，升內閣學士。光緒五年擢理藩部右侍郎。八年病休。

黃　基　廣東嘉應州人。同治二年二甲三十三名進士。任禮部主事。

蔣維垣　字固卿，號掖臣。奉天遼陽州人。同治二年二甲三十四名進士。選庶吉士，授編修。

吳宣璣　福建閩縣人。同治二年二甲三十五名進士。任刑部主事。

鄒振岳　字岱東。山東淄川縣人。同治二年二甲三十六名進士。選庶吉士，任湖南桂陽縣，改直隸懷安知縣，署饒陽、清苑知縣，八年遷直隸易州知州，升宣化知府，調保定、天津知府。以道員用，加二品銜。光緒十九年（1893）卒於任。

鄂　芳　字菊潭。滿州鑲白旗人。同治二年二甲三十七名進士。選庶吉士，授編修，升侍讀學士，六年充福建鄉試副考官，官至少詹事。

周聲澍　字瀛樵。湖南善化縣人。同治二年二甲三十八名進士。選庶吉士，授編修，十一年補山西道御史。官至戶科掌印給事中。

奎　潤　字星齋。正藍旗宗室。道光九年（1829）三月初五日生。同治二年二甲三十九名進士。選庶吉士，授編修。纍遷翰林院侍讀學士。同治十三年授詹事改大理寺卿，遷左副都御史。光緒四年歷禮部、兵部、吏部侍郎。九年六月降内閣學士，十一月復授吏部侍郎，十年八月遷左都御史。十三年二月改禮部尚書。光緒十六年（1890）二月初四日卒，年六十。

吳廷芬 字誦清，號蕙吟。安徽休寧縣人。道光十三年（1833）九月初五日生。同治二年二甲四十名進士。任户部主事，升郎中，纍遷通政司副使。光緒六年授太僕寺卿。改宗人府丞，十年署工部侍郎。光緒二十一年復任宗人府丞遷兵部侍郎，改吏部、户部侍郎。二十六年四月遷左都御史，九月以病免職。

李萃吉 字薈平。山東寧海州人。同治二年二甲四十一名進士。任吏部考工司主事、驗封司員外郎。

李端棻 字信臣，號苾園。貴州貴築縣人。道光十三年（1833）九月初十日生。同治二年二甲四十二名進士。選庶吉士，授編修，十一年督雲南學政，光緒五年補陝西道御史。遷少詹事。光緒十二年授詹事遷内閣學士。十八年授刑部侍郎改倉場侍郎。二十四年遷禮部尚書。因薦康有爲、譚嗣同，九月革職戍新疆。二十七年赦歸，主講貴州經世學堂。并首倡自辦貴州礦產和鐵路。光緒三十三年（1907）十月十二日卒，年七十五。宣統元年追復原官。

弟李端榘，光緒十二年進士；李端棻，光緒二十四年進士。

高學瀛 字仙洲。廣東番禺縣人。同治二年二甲四十三名進士。選庶吉士，授編修。

張鵬翼 （《進士題名碑》作張鵬翌）字貽山。河南光山縣人。同治二年二甲四十四名進士。選庶吉士，授編修，官至侍讀。

裴蔭森 （1823—1895）字樾岑。江蘇阜寧縣人。同治二年二甲四十五名進士。授工部主事。曾在湖南辦理團防總局事宜，調李鴻章部充西征營務處，統領親軍各營。光緒八年任湖南辰沅永靖道，九年授福建按察使，十年兼署船政大臣，曾極力主張建造鋼甲軍艦以防日本，十二年江浙總督曾國荃定建二艘鋼甲艦，值慈禧太后命拔二百萬兩海防費修頤和園遂罷。十五年以三品京堂授光禄寺卿，仍管船政事宜。十六年病免。

劉嘉幹 字楨齋。順天宛平縣人。同治二年二甲四十六名進士。咸豐六年十月任山東招遠知縣，同治八年任益都知縣，十年改歷城知縣。光緒五年遷山東青州知府。八年官至濟南知府。

高梧 江西新建縣人。同治二年二甲四十七名進士。任户部主事，升郎中，光緒十一年官至雲南昭通府知府。

方恭銘 字敖雨。浙江仁和縣人。同治二年二甲四十八名進士。任户部主事。官至河南汝寧知府，候補道。

李嘉樂　字德申，號憲之。河南光州人。同治二年二甲四十九名進士。選庶吉士，授編修，光緒元年補福建道御史。五年外任山東青州知府，遷山東兖沂漕濟道。十年遷江蘇按察使，十二年擢江西布政使，護理巡撫。十四年召京。光緒二十年（1894）四月三十日卒。

尹琳基　字琅石，號竹軒。山東日照縣人。同治二年二甲五十名進士。選庶吉士，授編修。光緒元年任湖南副考官。五年任陝西主考官。

陳　錦　字蕉雪，號雲舫。湖北羅田縣人。咸豐八年舉人，同治二年二甲五十一名進士。改刑部主事，升員外郎。光緒八年授江南道御史。十一年官至鴻臚寺少卿。

張懷恩　字少琳。河南固始縣人。同治二年二甲五十二名進士。選庶吉士，授編修。

方朝覲　安徽桐城縣人。同治二年二甲五十三名進士。

劉　燡　字小甫，號悔復。湖北廣濟縣人。咸豐九年湖北鄉試解元，同治二年二甲五十四名進士。選庶吉士，授編修，光緒六年纍遷湖南衡州知府，九年官至湖南常德知府。

張攀桂　字月卿、樵秋。江蘇通州人。同治二年二甲五十五名進士。十三年任安徽當塗知縣。

馮爾昌　字玉雯、友文，號鍾山、仲山。山東安丘縣人。道光十一年二月六日（1831）生。同治二年二甲五十六名進士。選庶吉士，授編修。十三年補福建道御史，升給事中、鴻臚寺少卿，光緒五年督廣東學政。遷太僕寺少卿，十二年授光祿寺卿，十五年改大理寺卿。光緒十六年去職。後署左副都御史，卒於任。

陸爾熙　字廣勇。江蘇陽湖縣人。同治二年二甲五十七名進士。選庶吉士，授編修。九年破例充陝甘鄉試正考官。記名御史，致疾卒於任。

伍錫釧　字夢蘭。江西安福縣人。同治二年二甲五十八名進士。任工部都水司主事。官至工部郎中。

祁德昌　字星閣。直隸永年縣人。同治二年二甲五十九名進士。任江蘇寶山知縣，七年改江蘇丹徒知縣，署荆溪知縣，卒於任，年六十五。

王　綷　字莘鋤。江蘇無錫縣人。同治二年二甲六十名進士。選庶吉士，散館改戶部主事。

李士琨　字爽階。湖北嘉魚縣人。同治二年二甲六十一名進士。四年任浙江天台知縣、浙江錢塘知縣，七年改諸暨知縣，光緒九年署陝西蒲知縣，十二年改陝西懷遠知縣。

樓譽普　（原名樓咏）字廣候，號豫齋、玉圃。浙江嵊縣人。同治二年二甲六十二名進士。選庶吉士，授編修，光緒元年補山西道御史。

官至刑科掌印給事中。

沈寶楸 字杞鄰、貢廷，號叔香。浙江桐鄉縣人。同治二年二甲六十三名進士。選庶吉士，散館改湖北咸寧知縣，到任四月病卒。

姪沈善登，同治七年進士。

王冕南 字玉泉。湖北沔陽州人。同治元年舉人，二年二甲六十四名進士。署福建光澤、寧德、福安、上杭、福清、侯官知縣。遷福州府海防同知，官至福建知府。

劉　曾 字嗣沂，號榕樓。廣西臨桂縣人。同治二年二甲六十五名進士。選庶吉士，授編修，七年充會試同考官，九年充福建鄉試副考官。光緒二年補山東道御史。官至禮科給事中。

承　福 字疇人。滿州鑲藍旗，宗室。同治二年二甲六十六名進士。選庶吉士。未散館。

彭君毅 字貽孫。江蘇溧陽縣人。同治二年二甲六十七名進士。選庶吉士，改廣東河源、三水、新會知縣。著有《洮湖漁隱詞稿》。

李端遇 字小研。山東安丘縣人。同治二年二甲六十八名進士。授吏部主事，升員外郎、郎中，擢內閣侍讀學士、通政副使、鴻臚寺卿，光緒十七年授光祿寺卿，改太常寺卿，二十年督安徽學政。二十一年改通政使。二十五年授左副都御史，改工部右侍郎，二十七年解職。

李時乾 字建庵。雲南昆明縣人。同治二年二甲六十九名進士。

任安徽候補知縣，主講益津書院卒於任。

裴峻德 （原名裴天德）字健庵。山西安邑縣人。同治二年二甲七十名進士。三年任安徽鳳臺知縣，改安徽五河知縣。

郝榮衛 （原名郝冰衛）直隸祁州人。同治二年二甲七十一名進士。任戶部主事。

劉子鏡 （改名劉子銓）字杜丞，號蓉塘。直隸滄州人。同治二年二甲七十二名進士。散館改吏部主事，員外郎，遷文選司郎中，十七年外任陝西漢中知府。十九年署陝西鳳翔知府，二十一年（1895）卒於漢中。

父劉仲梅，道光十二年進士。

劉錫金 字登初，號鳳蕉。陝西朝邑縣人。同治二年二甲七十三名進士。任禮部主事，升員外郎。光緒元年授湖廣道御史，五年官至福建邵武府知府。卒年六十一。

雲茂濟 字巨川、華川。廣東文昌縣人。同治二年二甲七十四名進士。選庶吉士，十年改山西芮城知縣，調山西崞縣知縣，在任三年卒。

李　璲 字庸庵，號宮山。廣西蒼梧縣人。同治二年二甲七十五名進士。纍遷刑部郎中。光緒九年授陝西道御史。官至廣東高州知府、惠州知府。

陳振瀛 字紫蓬。順天宛平縣人。道光十二年（1832）生。同治二年二甲七十六名進士。選庶吉士，授編修，九年充廣西鄉試主考官，十三年充會試同考官。光緒二十三年官至江西撫州知府。

凌卿雲 河南光州人。同治二年二甲七十七名進士。四年任浙江鎮海知縣，改於潛知縣，六年改嘉善知縣，光緒二年改戶部主事，三十一年官至貴州糧道。曾署貴州按察使、布政使。

王寶善 字楚香。浙江嘉興縣人。同治二年二甲七十八名進士。授內閣中書，十年改任浙江處州府教授。

第三甲一百一十九名

景　善 字子慕，號弗亭。滿洲正白旗，馬佳氏。道光十四年（1834）正月十五日生。同治二年三甲第一名進士。選庶吉士，散館改主事、員外郎，纍遷國子監祭酒，光緒五年充四川鄉試主考官。九年遷內閣學士，六月授工部侍郎，十年起改戶部、吏部、禮部侍郎。二十年休致，光緒二十六年（1900）八國聯軍侵北京，七月二十二日殉難，年六十七。照左都御史例賜恤。以理學名於世。著有《景善日記》。

朱熙宇 字玉如。安徽休寧縣人。同治二年三甲第二名進士。九年任河南閿鄉知縣，光緒七年改湖南慈利知縣。

黃謀烈 福建晉江縣人。同治

二年三甲第三名進士。任內閣中書。官至禮部郎中。

王文榮 字柳莊。山東海豐縣人。同治二年三甲第四名進士。任福建臺灣嘉義知縣，改臺灣海防廳同知，八年補彰化知縣。調署噶瑪蘭通判，補邵武府同知，升臺北知府，未任卒。

王鴻飛 （原名王炳塈）字厚山、緒雲。陝西韓城縣人。同治二年三甲第五名進士。五年署安徽合肥知縣，調補蕪湖知縣，七年署懷寧知縣，八年任安徽無爲州知州。

余培軒 字霞峰，號松南。江蘇贛榆縣人。同治二年三甲第六名進士。任戶部主事，升郎中。八年授山東道御史，改順天西城巡城御史。官至廣東瓊州知府、河南彰德府知府。

張觀準 字叔平，號皖生、萊珊。山西渾源州人。同治二年三甲第七名進士。選庶吉士，授檢討，同治七年、十年兩充會試同考官，十二年補江南道御史。官至戶科給事中。

容鶴齡 廣東東莞縣人。同治二年三甲第八名進士。任知縣，四年改廣東韶州府教授。

文　澂 字秋瀛。滿洲鑲紅旗人。同治二年三甲第九名進士。選庶吉士，授檢討。纍遷少詹事，光緒二年授詹事，改通政使，充江西主考官，十二月授左副都御史，四年改工部左侍郎，五年任刑部右侍郎，十一月病免。

中元 滿洲正藍旗人。同治二年三甲第十名進士。

鄭夢錦 字織雲。江西德化縣人。同治二年三甲十一名進士。選庶吉士，授檢討。同治七年充會試同考官。

王景賢 字頌仙。浙江秀水縣人。同治二年三甲十二名進士。任戶部主事，升員外部，光緒十四年官至廣東高廉道。

陳鳳燾 湖北黃安縣人。咸豐二年舉人，同治二年三甲十三名進士。四年署山東萊陽知縣，改文登知縣。

柳懷珍 陝西綏德直隸州人。同治二年三甲十四名進士。任戶部主事。

邊崇瑄 直隸任丘縣人。同治二年三甲十五名進士。八年任河南內鄉知縣。

胡清瑞 河南襄城縣人。同治二年三甲十六名進士。任刑部主事，光緒十一年官至直隸河間知府。

王炳燿 字榮南。直隸蠡縣人。同治二年三甲十七名進士。戶部主事，卒於任。

王毓藻 字麗如，號魯葊、石渠。湖北黃岡縣人。道光二十一年（1841）十一月初五日生。同治元年舉人，二年三甲十八名進士。任禮部主事、員外郎。纍遷廣東鹽運使。光緒十二年授廣東按察使遷山東布政使，改四川布政使。二十三

年二月遷貴州巡撫。光緒二十六年（1900）正月卒，年六十。著有《資治通鑑纂要》《黔中奏議》《抗希堂古文》等。

符兆鵬 廣東海康縣人。同治二年三甲十九名進士。八年任安徽太湖知縣，光緒十三年改渦陽知縣，二十年改鳳陽知縣，二十三年官至安徽和州直隸州知州，改六安直隸州知州。

黃桂丹 字逸樵。廣東香山縣人。同治二年三甲二十名進士。選庶吉士，散館改工部主事。二十二年官至廣西鬱林直隸州知州。

黃紹薪 字傳之。江西萍鄉縣人。同治二年三甲二十一名進士。選庶吉士，散館改甘肅正寧知縣。

梁欽辰 字小若。福建閩縣人。同治二年三甲二十二名進士。任兵部主事，官至安徽徽寧池太廣道。

牟樹棠 廣西鬱林州人。同治二年三甲二十二名進士。任內閣中書，外任山西補用同知。

張薇 字星曹。廣東大埔縣人。同治二甲三甲二十四名進士。四年任河南鎮平知縣，十二年改河南杞縣知縣。

張道淵 字學源，號秋生。雲南太和縣人。同治二年三甲二十五名進士。選庶吉士，授檢討，七年充會試同考官，十二年任江西鄉試副考官。十三年補山東道御史，光緒二年改順天東城巡城御史。官至吏科掌印給事中。

蕭世本 字廉甫。四川富順縣人。同治二年三甲二十六名進士。選庶吉士。任刑部主事，五年調清苑縣，九年改直隸天津知縣。光緒元年再任天津知縣，擢遵化知州。九年補用道，十年署廣平知府。十一年加二品銜署天津知府，改署正定知府。光緒十三年（1887）四月卒於任。

胡日宣 字照樓。貴州修文縣人。同治二年三甲二十七名進士。任工部主事，改浙江東陽知縣，十二年任浙江桐鄉知縣，光緒十年改貴州黎平府教授。歸後主講貴山書院。

全士錡 字鑒三。順天涿州人。同治二年三甲二十八名進士。七年任山東嘉祥知縣，改章丘知縣，十三年任歷城知縣，官至山東德州知府。年四十九卒。

楊鈞培 廣西桂平縣人。同治二年三甲二十九名進士。分直隸即用知縣，未任卒於京。

湯獻祥 字薛門，號雲五。廣西靈川縣人。同治二年三甲三十名進士。選庶吉士，散館改廣東陸豐知縣，改海豐知縣、長樂知縣。

孟詞宗 （原名孟希孟）河南臨漳縣人。同治二年三甲三十一名進士。十一年山西介休知縣，光緒二年任山西絳縣知縣，十一年改歸德府教授。

饒世貞 江西南豐縣人。同治二年三甲三十二名進士。任內閣中書，改廣東同和，署雷防廳事，光緒四年官至廣州高州知府。

湯肇熙 號紹卿。江西萬載縣人。同治二年三甲三十三名進士。任戶部主事。丁父憂，光緒六年署浙江錢塘知縣，改開化知縣、平陽知縣，補溫州知府，官至山西平陽知府。

劉仲篪 字西樓。直隸靜海縣人。同治二年三甲三十四名進士。任山西平陸、長子、太平知縣。

鄭孝銘 號心雅。福建閩縣人。同治二年三甲三十五名進士。任安徽全椒知縣，八年改安徽婺源知縣。

宋家蒸 字芸圃。江西奉新縣人。同治二年三甲三十六名進士。四年署安徽歙縣知縣，丁憂，光緒元年署四川營山知縣，四年署夾江知縣，六年署蓬溪知縣，七年任四川峨嵋知縣，九年署鹽亭知縣，十六年病故峨嵋。

守　忠 漢軍正藍旗。同治二年三甲三十七名進士。五年任湖南沅陵知縣。

李辰煇 廣東新會縣人。同治二年三甲三十八名進士。任知縣。

顏榮階 （原名顏廷玉）字珊枝。浙江安吉縣人。同治二年三甲三十九名進士。二年任江蘇荊溪知縣，四年改江陰知縣，六年改寶山知縣，八年署松江府同知。

許　煥 江蘇山陽縣人。同治二年三甲四十名進士。三年任安徽懷遠知縣，改鳳陽知縣、霍山知縣。

方　洤　字春波。江蘇江都縣人。同治二年三甲四十一名進士。任浙江烏程、遂昌、平陽知縣。以病乞改教職，任江蘇蘇州府教授，在任七年，年七十辭歸。著有《研香閣詩集》。

瑛桂　滿洲正白旗人。覺羅氏。同治二年三甲四十二名進士。任刑部主事。

徐芝淦　浙江德清縣人。同治二年三甲四十三名進士。任户部主事。

夏聲律　湖南善化縣人。同治二年三甲四十四名進士。二年署浙江上虞知縣，官至即選道。

景　瑞　滿洲鑲白旗人。同治二年三甲四十五名進士。四年任安徽天長知縣，八年改安徽靈璧知縣，九年改太和知縣，馬蘭鎮總兵。

盛一林　江西永新縣人。同治二年三甲四十六名進士。四年任山東沾化知縣。

譚子中　廣西奉議州人。同治二年三甲四十六名進士。

柯　掄　字健庵。湖北興國州人。咸豐八年舉人，同治二年三甲四十八名進士。任福建壽寧、福鼎、清流、建寧知縣，加同知銜。曾捐俸創立四門義學，總督李鶴年以柯掄爲閩省第一清官論奏。忤督學使者，罷官歸。

孫　雲　字春山、漢章。陝西長安縣人。同治二年三甲四十九名進士。九年任江蘇山陽知縣。改國子監教習。

劉鍾麟　字玉亭。順天昌平州人。同治二年三甲五十名進士。任山西屯留知縣，十一年改山西永濟知縣。

韓耀先　山西洪洞縣人。同治二年三甲五十一名進士。九年任直隸遷安知縣，光緒三年改静海知縣，十一年官至直隸欒州知州、蔚州知州。

蘇　綬　字我山。山西徐溝縣人。同治二年三甲五十二名進士。任刑部直隸司主事。

延　茂　字松岩。漢軍正白旗，杜氏。道光二十三年（1843）生。同治二年三甲五十三名進士。任禮部主事、員外郎、郎中，鴻臚寺少卿，侍讀學士，大理寺少卿。光緒十三年任奉天府丞兼學政，十八年以副都統銜充駐藏辦事大臣。二十四年授吉林將軍。二十六年補黑龍江將軍，未赴任值八國聯軍寇京城。與弟延芝守安定門。七月二十二日城破，闔家自焚死，年五十八。贈太子少保。諡"忠恪"。

胡景辰　字庚垣。江西進賢縣人。同治二甲三甲五十四名進士。四年任安徽青陽知縣，六年署安徽婺源知縣。

陳榮洙　廣東高要縣人。同治二年三甲五十五名進士。四年署廣西陸川知縣，十年改貴縣知縣，光緒三年署廣西富川知縣。

郝紹湯　山西祁縣人。同治元

年三甲五十六名進士。任户部主事，陝西清吏司兼福建司行走。

楊 郊 字東皋。陝西華陰縣人。同治二年三甲五十七名進士。補安徽績溪知縣，未任周年卒。

夏裕綸 四川大竹人。同治二年三甲五十八名進士。選庶吉士，散館改户部陝西司主事。

張旭爔 字晋升。直隸昌黎縣人。同治二年三甲五十九名進士。六年任山東平陰、鄒平知縣，十二年署山東新城知縣，光緒三年改章丘知縣。丁憂歸卒。

婁 光 河南原武縣人。同治二年三甲六十名進士。七年任山西長治知縣，十一年改貴州清鎮知縣。

李銘霍 字步于，號宫山。河南夏邑縣人。道光六年五月初七日生。同治二年三甲六十一名進士。任直隸知縣。

祖父李敏弟，雍正八年進士，官光禄寺卿；父李奕疇，乾隆四十五年進士，官漕運總督；兄李銘皖，道光二十年進士。一門祖孫四進士。

文 翰 字舜臣。廣西臨桂縣人。同治二年三甲六十二名進士。四年任安徽南陵知縣，六年改安徽太湖知縣，十三年任安徽廣德直隸州知州、滁州直隸州知州、泗州直隸州知州。二十四年官至安徽廬州府知府。

卓 誠 號允齋。廣西藤縣人。同治二年三甲六十三名進士。署興寧知縣，八年任廣東清遠知縣，十

年改新興知縣。

汪彦增 字葦塘。浙江仁和縣人，祖籍安徽休寧。同治二年三甲六十四名進士。任江西雩都知縣。改浙江湖州府教授。

張瑞麟 字舜鹿。山東高苑縣人。同治二年三甲六十五名進士。六年十月署四川三臺知縣，九年任酆都知縣，十二年改達縣知縣。

周友檀 江西南城縣人。同治二年三甲六十六名進士。任內閣中書。

楊正觀 字小瀛。雲南太和縣人。同治二年三甲六十七名進士。三年署浙江新昌知縣。

王培仁 字壽山。雲南昆明縣人。同治二年三甲六十八名進士。任刑部主事、直隸司行走，升貴州司員外郎。

王允善 山東濟寧州人。同治二年三甲六十九名進士。任內閣中書，改宗人府主事，改户部員外郎，官至福建司郎中。

周 杰 字桂園。廣西靈川縣人。同治二年三甲七十名進士。三年署浙江建德知縣，四年改淳安知縣，七年任景寧知縣。

廖鏡明 字洞秋。四川鄰水人縣。咸豐九年舉人。同治二年三甲七十一名進士。官至户部主事，遷郎中，記名御史。

松 齡 滿洲鑲黃旗人。同治二年三甲七十二名進士。光緒二十六年官至江蘇江安糧道。

高臚璟　福建侯官縣人。同治二年三甲七十三名進士。任工部主事。

歐陽壽　江西彭澤縣人。同治二年三甲七十四名進士。代理山西沁水縣、萬泉縣，辦團練，保舉五品銜。

王家麟　字瑞符，號蓮舫。山東濱州人。同治二年三甲七十五名進士。光緒二年任江蘇海門直隸廳同知。

姜桐岡　山東棲霞縣人。同治二年三甲七十六名進士。任福建同安知縣、漳平知縣。八年署陝西三水知縣，十二年改寶雞知縣，升直隸州知州，升用知府加道銜。

王槐三　直隸豐潤縣人。同治二年三甲七十七名進士。任浙江東陽知縣，加同知銜。著有《醉經軒詩文集》。

高錫疇　直隸獻縣人。同治二年三甲七十八名進士。任浙江里安知縣，光緒三年任工部主事。

蔣山　字靜軒。四川儀隴縣人。咸豐九年舉人，同治二年三甲七十九名進士。四年任安徽太平知縣。著有《致遠齋文集》《鐵峰居遺稿》。

張理澄　順天涿州人。同治二年三甲八十名進士。任山西知縣。

丁鳳年　字藹夫。山東日照縣人。同治二年三甲八十一名進士。任河南涉縣、南召、柘城、蘭儀、桐柏、原武知縣。候補知府，以疾卒於任。

爲道光十五年進士丁守存子。

周紹達　字惺庵。浙江諸暨縣人。同治二年三甲八十二名進士。任順天文安知縣，八年十二月改順天府三河知縣，九年十二月去。十年六月回任三河，十二年二月任涿州知州。九月復任三河知縣，十三年五月任順天府宛平知縣，九月去。改大興知縣，卒於任。

劉福田　字心耕。貴州正安州人。同治二年三甲八十三名進士。六年任浙江太平知縣，降教職。

海煥　漢軍正白旗人。同治二年三甲八十四名進士。四年任直隸保定府教授。

邢守道　字欽一，號印中、霽亭。河南封丘縣人。嘉慶二十三年（1818）生。同治二年三甲八十五名進士。七年任浙江景寧知縣，八年改平湖知縣，光緒二年任浙江仁和知縣，五年升杭州府海防同知。

羅重熙　湖南瀏陽縣人。同治二年三甲八十六名進士。六年署陝西三水知縣，九年任陝西石泉知縣，十年改陝西長武知縣，同知銜，光緒二年卸，十年調陝西寧陝廳同知，十三年復任長武知縣。

朱景星　湖北蘄水縣人。同治元年舉人，二年三甲八十七名進士。三年任湖北宜昌府教授。

蕭書　號芸士。湖北漢陽縣人。同治元年舉人，二年三甲八十八名進士。三年署浙江諸暨知縣，六年任烏程知縣，九年任浙江杭州府同知，官至知府。

譚定澍 字聖皐。湖南益陽縣人。同治二年三甲八十九名進士。任吏部主事。

魏璧文 字子谷，號藍田。湖北應山縣人。道光二十年舉人，同治二年三甲九十名進士（年近七十）。任戶部主事、廣東司行走，告歸。主講江漢書院。著有《汲古書屋文稿》《藍田詩稿》行世。卒年八十三。

蔡鍾 號澥峰。江西德化縣人。同治二年三甲九十一名進士。四年任安徽祁門知縣，加同知銜，七年（1868）卒。

伊允楨 字樹仁。山東新城人縣。同治二年三甲九十二名進士。授陝西麟游知縣，八年改雒南知縣。

達嵩阿 滿洲鑲白旗人。同治二年三甲九十三名進士。任工部屯田司員外郎，升郎中。

馮學培 廣西馬平縣人，原籍廣東南海。同治二年三甲九十四名進士。四年任安徽含山知縣。

靳先登 河南河內縣人。同治二年三甲九十五名進士。二年任河南河南府教授。

馬騰駿 安徽桐城縣人。同治二年三甲九十六名進士。四年署福建侯官知縣。

趙國華 字菁衫。直隸豐潤縣人。同治二年三甲九十七名進士。同治八年代理德州知州，十年任山東樂安知縣、鄆城知縣，光緒十一年遷山東沂州知府。十四年署山東濟東道。十八年官至山東鹽運使，有政績。著有《青草堂集》，輯有《明湖四家詞》。

王懋昭 四川南部縣人。同治二年三甲九十八名進士。二年任四川雅州府教授。光緒初主講雅林書院，二十四年任貴州文山知縣。

何玉福 山西靈石縣人。同治二年三甲九十九名進士。任刑部廣東司主事，遷刑部直隸司員外郎。官至湖廣道御史。

袁允治 河南陽武縣人。同治二年三甲一百名進士。七年任河南開封府教授。

劉大壯 字迪吉。直隸蠡縣人。同治二年三甲一百零一名進士。五年任山東曹縣知縣，改直隸州用。

姚暹 號智泉。湖南湘陰縣人。同治二年三甲一百零二名進士。九年任江西瑞昌知縣，十一年改江西南城知縣。

張炳彪 順天通州人。同治二年三甲一百零三名進士。署山東文登知縣，未久卒。

常忠 蒙古鑲紅旗人。同治二年三甲一百零四名進士。

程仰周 福建羅源縣人。同治二年三甲一百零五名進士。四年任安徽繁昌知縣。

董韞琦 字伯康。江蘇吳縣人。同治二年三甲一百零六名進士。任兵部主事，升員外郎。

朱昌言　江西豐城縣人。同治二年三甲一百零七名進士。四年署廣東從化知縣，十三年改番禺知縣。

張蕙圃　字芳園。山東高苑縣人。同治二年三甲一百零八名進士。三年任浙江海鹽知縣，六年改浙江新城知縣，卒於任。

梁士鶴　字雪亭。山東壽光縣人。五十始中鄉榜。同治二年三甲一百零九名進士。任浙江知縣，同治五年（1866）二月卒於浙江。著有《四書講義》《静香草堂詩文集》。

章光斗　字鼎臣，號霽雲。江西高安縣人。同治二年三甲一百十名進士。任浙江即用知縣。

孔廣謨　字笛生。江蘇興化縣人。同治二年三甲一百十一名進士。授安徽即用知縣，未赴任，卒於家。著有《潛山堂制藝》。

毛立之　河南孟縣人。同治二年三甲一百十二名進士。四年任安徽建平知縣，五年九月病故。

劉壽梅　山東濰縣人。同治二年三甲一百十三名進士。

彭九齡　字子壽。河南臨漳縣人。同治二年三甲一百十四名進士。六年署山東黃縣知縣，八年正月任山東蓬萊知縣，十年任莒州知州。十三年任歷城知縣，官至高唐州知州。

李仲鸞　河南彰德府林縣人。同治二年三甲一百十五名進士。四年任河南懷慶府教授。

周信之　河南武陟縣人。同治二年三甲一百十六名進士。任吏部主事，升員外郎。

張元一　字泉初。河南光州直隸州人。同治二年三甲一百十七名進士。任禮部主事。官至廣西思恩知府。

馬理　河南密縣人。同治二年三甲一百十八名進士。

史大立　江都江都人。同治二年三甲一百十九名進士。任兵部車駕司主事。

同治四年（1865）乙丑科

第一甲三名

崇　綺　字文山。蒙古正藍旗，阿魯特氏。文華殿大學士賽尚阿子。女爲同治帝后。以穆宗毅皇后父抬隸滿洲鑲黃旗。道光九年（1829）十月十六日生。同治四年狀元。清朝立國二百多年，滿、蒙人試漢文獲狀元者僅崇綺一人。任修撰、侍講。十一年賜三等承恩公。十二月授內閣學士遷戶部侍郎，改吏部侍郎。光緒五年調熱河都統，改盛京將軍。十年授戶部尚書，十一年十一月改吏部尚書。十三年病免。光緒二十六年（1900）六月復任戶部尚書。八國聯軍攻陷京師，隨榮祿走保定，八月初四日於保定蓮池書院自縊，年七十二。贈太子少保，謚“文節”。

于建章　字殿候。廣西臨桂縣人。同治四年一甲第二名榜眼。授編修。六年督山東學政，又簡放山西學政，未到任。

楊　霽　字子和。漢軍正紅旗。同治四年一甲第三名進士。選庶吉士，授編修。督廣西學政。光緒十四年官至廣東潮州知府，改高州知府、惠州知府。

第二甲一百名

牛　瑄　字荔庵。河南杞水縣人。同治四年二甲第一名進士。選庶吉士。授編修。

羅家劭　字嶧農。廣東順德縣人。同治四年二甲第二名進士。選庶吉士，授編修，九年任順天鄉試同考官。

沈成烈　字尹言，號嘯梅、小眉。浙江蕭山縣人。同治四年二甲第三名進士。選庶吉士，散館改兵部主事，軍機章京，加四品銜，旋告歸。精楷書，善繪蘭石，著有《許閑山館詩鈔》。

松　森　（原名松林，改名）字健卿，號吟濤。正藍旗宗室。道光六年（1826）十一月十五日生。同治四年二甲第四名進士。選庶吉士，授編修。光緒三年授詹事，遷內閣學士。四年授禮部侍郎。六年改盛京禮部侍郎，十二年調盛京刑部侍郎。十三年遷左都御史。十五年九月改理藩院尚書。二十年正月休致。光緒三十年（1904）二月初七日卒，年七十九。奉敕修《欽定理藩院則便》六十四卷。

韋業祥 字伯謙。廣西永寧州人。同治四年二甲第五名進士。選庶吉士，授編修，同治十二年督貴州學政。光緒七年外官至直隸河間知府。

張清華 （原名張兆甲）字蘭軒。廣東番禺縣人。同治四年二甲第六名進士。選庶吉士，授編修。任順天同考官。光緒二年，充貴州副考官。

吳仁傑 字望雲。江蘇震澤縣人。同治四年二甲第七名進士。選庶吉士。授編修，九年充順天鄉試同考官，升贊善。官至國子監祭酒，光緒二年督江西學政。

唐景崧 字伯申，號薇卿。廣西灌陽縣人。道光二十四年十一月二十七日（1845年1月）生。同治四年二甲第八名進士。任吏部主事，福建臺灣道。光緒十七年授臺灣布政使。二十年九月署臺灣巡撫。光緒二十一年四月依照《馬關條約》臺灣割予日本。他反對割讓臺灣，被民眾推爲“臺灣民主國”總統。後日軍大舉登陸，乃乘英輪逃回廈門。光緒二十九年（1903）二月四日卒。著有《寄雲山館詩存》《請纓

日記》等。

弟唐景崇，同治十年進士，學部尚書。

胡聘之 字蘄生。湖北天門縣人。同治四年二甲第九名進士。選庶吉士，授編修。光緒二年補河南道御史。遷太僕寺少卿，十六年授順天府尹。十七年遷山西布政使，二十一年正月署山西巡撫，三月調浙江布政使，七月遷陝西巡撫，八月改山西巡撫。戊戌變法失敗後，二十五年八月被解職。

鈕玉庚 字潤生，號韻笙。順天大興縣人。同治四年二甲第十名進士。選庶吉士，授編修。光緒元年以右庶子充山西鄉試主考官。二年督山東學政。官至侍講學士。

楊松兆 字牧臣。山西右玉縣人。同治四年二甲十一名進士。選庶吉士，八年改江西瀘溪知縣、豐城知縣，九年調東鄉知縣，四品銜。

黃毓恩 字介臣，號澤臣。湖北鍾祥縣人。同治元年舉人，四年二甲十二名進士。選庶吉士，授編修。升贊善，同治十年會試同考官，侍講，同治十三年再充會試同考官，光緒元年充山東鄉試副考官，以侍讀光緒二年充甘肅鄉試正考官。升侍讀學士，遷四川夔州知府，十一年改成都知府，遷四川建昌道。光緒十七年任浙江按察使，十九年擢福建布政使。二十三年解職。

周開銘 字桂午，號敬丹。湖南益陽縣人。道光十九年（1839

生。同治四年二甲十三名進士。選庶吉士，授編修，光緒四年充會試同考官，補江南道御史，五年充甘肅鄉試副考官。七年外任貴州思南知府，十五年改都勻知府。二十年改廣東瓊州知府、廣州知府，遷廣東督糧道，三十年官至山東督糧道。

張曾亮 江蘇太倉州人。同治四年二甲十四名進士。任吏部主事，改雲南雲南知縣，光緒四年改太和知縣、蒙自知縣，升龍陵廳同知。官至雲南永昌府同知。

汪鳴鑾 字和伯，號柳門，號郋亭。浙江錢塘縣人。道光十九年（1839）六月初一日生。同治四年二甲十五名進士。選庶吉士，授編修。九年督陝甘學政。擢中允，光緒五年督江西學政。九年以侍講學士督山東學政。十年授詹事遷內閣學士。十四年授工部侍郎，二十一年改吏部侍郎、總理衙門行走。輔光緒帝親政，與翁同龢同爲帝黨領袖，遭慈禧太后忌恨。二十一年被革職永不敘用。歸里後主講杭州詁經精舍、敷文書院。光緒三十三年（1907）七月初六日卒，年六十九。

朱以增 字禮耕，號硯生、研生。江蘇新陽縣人。同治四年二甲十六名進士。選庶吉士，授編修，光緒二年充會試同考官，補江西道御史，四年改順天南城巡城御史。六年十一月遷順天府丞。八年改奉天府丞兼學政。丁母憂去官，杜門不出。

黃煦 字霽亭。江西南豐縣人。同治四年二甲十七名進士。選庶吉士，改禮部主事，升郎中。光緒十一年授河南道御史，十二年改順天南城巡城御史，掌福建道御史，升吏科給事中，光緒十四年督廣西學政。

何壽增 字省庵。廣東順德縣人。同治四年二甲十八名進士。任廣西貴縣知縣，八年改武宣知縣。

崔文海 字咏濤，號玉坡、福堂。甘肅迪化直隸州（今新疆烏魯木齊）人。同治四年二甲十九年進士。選庶吉士，授編修。

陳毓秀 字慧卿。江蘇江陰縣人。同治四年二甲二十名進士。任戶部主事、廣西司行走、改軍機章京。

費延釐 （1835—1893）字雲舫。江蘇吳江縣人。同治四年二甲二十一名進士。選庶吉士，授編修，十二年督河南學政。官至左中允。

楊紹和 字彥舍，號協卿、緦卿。山東聊城縣人。鄉舉後任內閣中書，升戶部郎中，辦團練擢道員。同治四年二甲二十二名進士。選庶吉士，授編修。纍遷右中允，官至侍讀學士。承父業喜藏書，尤以孤本珍籍，無不購入。撰有《楹書偶錄》，著錄宋元珍本凡三百種；有"宋槧元抄集諸家之大成"之譽。

父楊以曾，漕運總督。

張英麟 字振卿，號菊坪。山東歷城縣人。道光十八年（1838）閏四月十四日生。同治四年二甲二十三名進士。選庶吉士，授編修。十二年充福建鄉試副考官，光緒八年任雲南鄉試正考官。遷少詹事，光緒十七年任奉天府丞兼學政。二十一年授詹事遷內閣學士，二十二年授禮部侍郎，改吏部侍郎。三十二年九月授鑲黃旗蒙古副都統，晉都統（爲漢人授都統第一人）。三十四年四月授清朝最後一任左都御史。宣統三年九月解任。民國十四年（1925）十一月卒，年八十八。

李士彬 字伯質，號百之，晚號石叟。湖北蘄州（一作安徽英山）人。道光十六年（1836）生。同治元年舉人，四年二甲二十四名進士。任刑部主事，升郎中，補軍機章京。光緒六年授江南道御史，改河南道御史，八年充陝西鄉試副考官。九年外任浙江嚴州知府，十五年改杭州知府，丁憂，調廣東潮州知府、高州知府，署惠潮嘉兵備道，二十五年致仕歸。民國二年（1913）卒。

曹秉哲 字仲明，號吉三。廣東番禺縣人。道光二十二年（1842）生。同治四年二甲二十五名進士。選庶吉士，授編修，同治十年充會試同考官，光緒元年充順天鄉試同考官，三年任江南道御史，改順天東城巡城御史。七年遷甘肅蘭州道，改河南彰衛懷道，調署開歸陳許道。光緒十六年授山東按察使（二品頂帶）。十七年（1891）正月卒，年五十。曾刻前人治黃諸書。

兄曹秉濬，同治元年進士。

蕭晉蕃（原名蕭晉卿）號敬庭。湖南長沙縣人。道光十四年（1834）生。同治四年二甲二十六名進士。選庶吉士，授編修，光緒二年充山西鄉試正考官，八年充廣東鄉試副考官。九年升山東道御史。

福臣 字海門。滿洲正藍旗人。同治四年二甲二十七名進士。選庶吉士，授編修，升侍講。同治十年任會試同考官。

劉恩溥 字蔭雲，號博泉。直隸吳橋縣人。道光十五年（1835）七月十一日生。同治四年二甲二十八名進士。選庶吉士，授編修，光緒三年補浙江道監察御史，升工科掌印給事中，轉貴州道。後任侍讀學士、鴻臚寺卿、通政司副使。光緒二十二年授太僕寺卿，二十三年充江南鄉試正考官。二十四年遷倉場侍郎，三十一年因以北新倉失火，被開缺。三十四年（1908）三月卒，年七十四。

李汝霖 字雨岩。山東德州人。同治四年二甲二十九名進士。選庶吉士，授編修。同治十年、十三年兩任會試同考官。光緒八年任安徽安慶府同知。

臧毅 字善均、貽孫。江蘇江都縣人。同治四年二甲三十名進士。選庶吉士。乞假歸，母喪父老，絕意進取。卒年七十七。

張端卿 字芝圃，號子方。雲南太和縣人。同治四年二甲三十一名進士。選庶吉士，授編修。升詹事府右中允，光緒六年纍遷陝西陝安道。九年授安徽按察使。十一年遷江西布政使，旋調安徽布政使并護理安徽巡撫。十二年革職。

崔煥章 （原名崔家瀕）四川巴縣人，原籍湖北漢陽。同治四年二甲三十二名進士。選庶吉士，散館改刑部主事，又改雲南會澤知縣，官至雲南宣威州知州。晋寧州知州。

姚步瀛 號密齋。江西貴溪縣人。同治四年二甲三十三名進士。八年任湖南慈利知縣，以疾卒於任，年五十一。

武震 字峙東。山東歷城縣人，先世山西洪洞。同治四年二甲三十四名進士。十年改四川巫山知縣，遷吏部主事，纍遷湖北鹽法道，官至湖北漢黃德道。

彭泰毓 字橘如。湖北江夏縣人。咸豐元年舉人，同治四年二甲三十五名進士。選庶吉士，未散館。

楊頤 字子異，號蓉浦，晚號蔗農。廣東茂名縣人。道光元年（1821）十月二十五日生。同治四年二甲三十六名進士。選庶吉士，授編修。十年充會試同考官。光緒八年任甘肅鄉試主考官。遷侍讀學士，十年任順天府丞，改大理寺少卿，十四年督江蘇學政。十七年授光祿寺卿改太常寺卿。十八年遷左副都御史。二十年充會試同考官。二十二年授兵部侍郎。光緒二十五年（1899）二月二十九日卒，年七十九。

顧奎 字聯璧，號顧山。江

蘇甘泉縣人。同治四年二甲三十七名進士。選庶吉士，授編修，光緒元年充陝西鄉試副考官、二年（1876）充貴州鄉試主考官。試畢卒於途。工書法，善畫花卉。

施之博 字濟航。奉天承德縣人。同治四年二甲三十八名進士。選庶吉士，授編修。光緒十一年官至雲南曲靖知府。

屈秋泰 字夢三、養軒，號桂林。陝西大荔縣人。同治四年二甲三十九名進士。選庶吉士，同治八年任四川汶川知縣，光緒元年改四川大竹縣知縣。八年署四川井研知縣，十年任四川華陽知縣，後改教授歸。

李鴻逵 字達九，號小川。江西德安縣人。同治四年二甲四十名進士。選庶吉士，授編修，光緒元年充順天鄉試同考官。四年補陝西道御史，十三年改順天北城巡城御史。升刑科掌印給事中。二十三年遷奉天府丞兼學政，旋休致。

歐陽煊 （《進士題名碑》作歐陽烜）字雲衢。江西南城縣人。同治四年二甲四十一名進士。任工部主事，以親老改浙江西安知縣，在任七年，光緒十年調浙江黃岩知縣，十四年改湖北房縣知縣。

易子彬 字惺鵠。河南光山人。同治四年二甲四十二名進士。選庶吉士，授編修。光緒二年任順天同考官。

董對廷 字策三。江蘇高郵州

人。同治四年二甲四十三名進士。任户部廣東司主事。告養回籍，主講鍾吾、敦善書院，丁父母憂哀毀卒。著有《湖上漁唱》《意園古文詩鈔》。

焦駿楓 直隸天津縣人。同治四年二甲四十四名進士。任吏部主事，九年改河南虞城知縣。

鄭守孟 字嶧膺，號海驥。福建閩縣人。同治四年二甲四十五名進士。選庶吉士，授編修。

顧雲臣 字子青，號持白。江蘇山陽縣人。同治四年二甲四十六名進士。選庶吉士，授編修，九年充順天鄉試同考官，光緒十二年督湖南學政。

郝同箎 字仲和。安徽懷寧縣人。同治四年二甲四十七名進士。選庶吉士，改吏部主事，升員外郎、吏部郎中，記名御史。著有《都門雜録》《甔山堂文集》。

陽際雲 字晋卿。山東安丘縣人。同治四年二甲四十八名進士。授吏部主事，改江西新城知縣，光緒十二年補都昌知縣。積勞成疾卒於任。

薛德恩 廣東番禺縣人。同治四年二甲四十九名進士。任刑部主事。

董執 字達川。漢軍正黄旗人。同治四年二甲五十名進士。選庶吉士，授編修。

汪範疇 四川長壽縣人。同治三年舉人，四年二甲五十一名進士。弟汪叙疇，同榜進士。

鄭溥元 字菱泉，號博卿。山東樂陵縣人。同治四年二甲五十二名進士。選庶吉士，授編修，光緒二年充順天鄉試同考官。四年補江南道御史。升吏科給事中。

胡元照 字曉滄。直隸正定縣人。同治四年二甲五十三名進士。選庶吉士，八年任陝西榆林知縣，九年改葭州知州，十二年改咸寧知縣，署岐山知縣，光緒四年署邠州知州，五年改綏德直隸州知州，十七年任乾州直隸州知州。

陸炳然 廣西平樂縣人。同治四年二甲五十四名進士。任禮部主事、儀制司行走。

鄭束 直隸遷安縣人。同治四年二甲五十五名進士。任刑部主事。

黄桂鑣 廣東順德縣人。同治四年二甲五十六名進士。任户部主事。

吳耀斗 字朗星。江西瑞昌縣人。同治四年二甲五十七名進士。十一年起歷任湖北襄陽、東湖、江陵知縣，光緒二年改沔陽知州，五年回任襄陽。

王廷輝 雲南楚雄縣人。同治四年二甲五十八名進士。選庶吉士，散館改工部主事。遂改仕歸。

李璠 字伯嶼，號錦山。順天寶坻縣人。同治四年二甲五十九名進士。選庶吉士，授編修，光緒四年補湖廣道御史。官至江西臨江知府。

慶錫榮　（原名慶首恒）字子柔、華廷，號立卿。安徽含山縣人。同治四年二甲六十名進士。選庶吉士，授編修，同治九年、光緒元年兩充順天鄉試同考官。二年升湖廣道御史。

吳承潞　字子彥，號廣庵。浙江歸安縣人。同治四年二甲六十一名進士。任江蘇長洲知縣，九年任江蘇太倉州知州。纍遷江蘇蘇松太道。光緒二十一年授江蘇按察使，二十四年遷福建布政使，罷歸。

逄潤古　字子政、子真，號海珊。山東膠州人。同治四年二甲六十二名進士。選庶吉士，授編修。光緒元年充浙江鄉試副考官。授廣東高州知府，未任丁憂，服闋，十一年任湖北漢陽知府，十六年改宜昌知府，二十一年改武昌知府，署武昌鹽法道，以疾歸，未及到里卒，年七十七。

尹壽衡　（原名尹克墨）字翰樓。湖北恩施縣人。同治元年舉人，四年二甲六十三名進士。任刑部主事，十六年纍遷四川眉州直隸州知州，二十一年官至資州直隸州知州。

汪叙疇　（改名汪樹烈）字蓉洲、尊庵，號桃潭歌者。四川長壽縣人。同治三年舉人，四年二甲六十四名進士。選庶吉士，授翰林院編修，同治九年充雲南鄉試主考官、督雲南學政。著有《梅花夢傳奇》。

兄汪範疇，同榜進士。

吳峋　字庚生，號雪往。山東海豐縣人。同治四年二甲六十五名進士。任禮部主事，光緒三年充山西鄉試副考官。升員外郎、郎中。光緒九年授江南道御史，掌湖廣道御史。因事獲譴，降國子監學正，辭歸。

為道光二十五年進士吳式芬孫。

鄔純嘏　字子常，號小珊。河南光州直隸州人。同治四年二甲六十六名進士。選庶吉士，授編修。光緒五年補湖廣道御史，八年改順天南城、北城巡城御史。十二年官至湖北糧儲道。

溫紹棠　字棣華。山西太谷縣人。同治四年二甲六十七名進士。選庶吉士，授編修，升右春坊右中允，官至侍講學士。

潘衍鋆　（原名汝南）字任卿。廣東南海縣人。同治四年二甲六十八名進士。選庶吉士，授編修。光緒八年官至陝西潼商道。九年卸。

周麟章　字少紱。福建侯官縣人。同治四年二甲六十九名進士。六年任山東高密知縣，十年任山東滕縣知縣。

徐進　字退廬。安徽望江縣人。同治四年二甲七十名進士。選庶吉士。

馮栻宗　廣東南海縣人。同治四年二甲七十一名進士。任刑部主事。

王鳳池　字翰飛。湖北興國州人。咸豐九年舉人，同治四年二甲七十二名進士。選庶吉士，授編修。改雲南羅平知州、開化府安平廳同知、雲南廣西直隸州知州，官至江西南康知府。

劉鳳苞 字采九。湖南武陵縣（今常德）人。同治四年二甲七十三名進士。選庶吉士，改雲南祿豐知縣、元江直隸州知州，遷大理知府，順寧知府，官至雲南永昌知府。

朱福基（原名朱載基）字申甫，號酉山。江蘇無錫縣人。同治四年二甲七十四名進士。選庶吉士，授編修，光緒元年充湖北主考官，二年督山西學政。

王先謙 字益吾，號葵園。湖南長沙縣人。道光二十二年（1842）七月初一日生。同治四年二甲七十五名進士。選庶吉士，授編修。歷任中允，進侍講、日講起居注，遷國子監祭酒，光緒十一年督江蘇學政。戊戌維新時抵制變法活動。要求驅逐梁啓超，撲殺康有爲。光緒三十四年以進呈所著《尚書孔傳參正》《漢書補注》《荀子集解》《日本源流考》四書，賞內閣學士銜。辛亥革命後改名遯，家居著書。民國六年（1917）十一月卒，年七十七。編有《十朝東華錄》《漢書補注》《後漢書集解》《荀子集解》《莊子集解》《詩三家義集疏》《續古文辭類纂》，並編刻《皇清經解續編》一千四百三十卷，另著有《虛受堂文集》。

章先甲 安徽來安縣人。同治四年二甲七十六名進士。任四川知縣。

周　岱 字魯宗，號子青。浙江鄞縣人。同治四年二甲七十七名進士。選庶吉士。授編修。

馮光勛 字伯紳、伯銘。江蘇陽湖縣人。道光十六年（1836）生。同治四年二甲七十八名進士。選庶吉士，改刑部主事，入值任軍機章京，升郎中，通政副使。光緒十二年官至太僕寺卿，十三年以病去職。十四年（1888）十一月卒。

弟馮光遹，同治十三年進士，陝西按察使。

李緒昌 字衍堂。奉天金州廳。同治四年二甲七十九名進士。選庶吉士，改工部主事。

李用清 字菊圃，號澄齋。山西平定州人。道光九年（1829）十月初三日生。同治四年二甲八十名進士。選庶吉士，授編修。升御史，外任廣東惠州知府，遷貴州貴西道。光緒九年授貴州布政使。十年三月署貴州巡撫，十二年陝西布政使。十四年三月召京。辭官後，主講河東、晉陽書院。著有《悔何追齋集》。光緒二十四年（1898）二月初二日卒。

陳省欽 字廎庭。浙江天臺縣人。同治四年二甲八十一名進士。任福建長樂、屏南知縣。著有《春秋緯史集傳》。

文　治 字熙臣，號叔平。滿洲鑲紅旗人。同治四年二甲八十二名進士。選庶吉士，授編修。遷國子監司業、鴻臚寺卿，光緒十三年遷詹事，改內閣學士，二十二年遷兵部右侍郎，二十五年督浙江學政，二十六年調廣東學政。二十九年病免。

施人鏡　江蘇甘泉縣人。同治四年二甲八十三名進士。任吏部主事，官至員外郎。

許道培　字清臣。湖北雲夢縣人。同治元年舉人，四年二甲八十四名進士。授禮部主事，升員外郎、郎中。光緒十一年官至江西吉安知府。在任十六年善政甚多。

李國琇　順天大興縣人。同治四年二甲八十五名進士。任兵部主事，遷郎中。遷江西吉安知府，官至福建建寧知府。

林樑材　字悅萱。福建晉江縣人。同治四年二甲八十六名進士。選庶吉士，散館改知縣。

鍾大榮　福建侯官縣人。同治四年二甲八十七名進士。任户部主事。

陳本枝　字馨山。江蘇元和縣人。同治四年二甲八十八名進士。選庶吉士，授編修。

熊茂林　字竹修，號笑山。江西新昌縣人。同治四年二甲八十九名進士。七年任山東嘉祥知縣。

侯封鎬　山西翼城縣人。同治四年二甲九十名進士。任户部主事。

王錫元　安徽盱眙縣人。同治四年二甲九十一名進士。任吏部文選司主事。改南河候補同知。光緒四年任淮安府河務同知。

茹　芝　湖南衡山縣人。同治四年二甲九十二名進士。選庶吉士，授編修。

孫紀雲　字幼軒。山東歷城縣人。同治四年二甲九十三名進士。任禮部主事，升郎中。光緒六年授江南道御史。十五年遷山西朔平知府，改山西太原府知府。署山西冀寧道。

柳長庚　字星庵。山西太平縣人。同治四年二甲九十四名進士。選庶吉士，改刑部主事。記名軍機章京。

蕭育東　河南永城縣人。同治四年二甲九十五名進士。任刑部主事。

啓　秀　字穎之。滿洲正白旗，庫雅拉氏。道光十九年（1839）二月初三日生。同治四年二甲九十六名進士。選庶吉士，任刑部主事、左庶子、少詹事。光緒四年授詹事、遷內閣學士、進工部侍郎，歷刑部、盛京刑部、盛京户部侍郎。光緒十四年以病免職。十七年授禮部侍郎，改盛京兵部侍郎。二十年八月遷理藩院尚書。二十四年八月改禮部尚書、軍機大臣。曾助義和團董福祥攻打使館，二十六年十二月革。光緒二十七年（1901）正月初八與刑部侍郎徐承煜（大學士徐桐子）同以“縱容拳匪仇洋肇禍，貽誤大局”處斬。

謝文起　字振之。山東福山縣人。同治四年二甲九十七名進士。選庶吉士，改貴州清鎮縣知縣，未赴任卒。

壽　頤　字鼎臣。滿洲正藍旗人。同治四年二甲九十八名進士。任刑部主事，任直隸盧龍知縣，十一年任直隸無極知縣，光緒二年回任，歷署直隸獲鹿、欒城知縣。

傅鍾麟　字趾仁、之尊，號越石。浙江山陰縣人。同治四年二甲九十九名進士。任兵部主事、員外部、郎中。二十八年官至江西袁州府知府。

龍文彬　字擷青，號筠圃。江西永新縣人。道光元年（1821）六月二十日生。同治四年二甲一百名進士。任吏部主事，光緒元年充校《穆宗實錄》賞四品銜。六年乞假歸。主講友教、經訓、鷺洲、章山、秀水、聯珠、蓮洲諸書院。光緒十九年（1893）卒，年七十二。著有《周易繹說》《明會要》《明紀事樂府》《永懷堂詩文鈔》等。

第三甲一百六十二名

吳汝綸　字摯甫。安徽桐城縣人。道光二十年（1840）九月二十日生。同治四年三甲第一名進士。任內閣中書，曾留曾國藩、李鴻章幕府，與黎庶昌、薛福成、張裕釗并稱"曾門四弟子"。後任直隸冀州直隸州知州、深州直隸州知州。光緒五年主講保定蓮池書院十餘年。光緒二十八年以五品卿銜充京師大學堂總教習，堅辭稱病歸。光緒二十九年（1903）正月十二日卒於家，年六十四。著有《桐誠吳先生文集》《東游從錄》。《易說》《詩說》《深州風土記》《節本天演論》《尺牘》等。

陳子楷　字端人。湖北應城縣人。同治元年舉人，四年三甲第二名進士。授陝西定邊知縣，改延長知縣，七年改武功知縣，十二年任鳳翔知縣，光緒六年調蒲城知縣，以病歸，主江漢書院。

楊泰亨　字履安、理庵，號問庵。浙江慈溪縣人。同治四年三甲第三名進士。授檢討。九年、十二年兩充湖南鄉試副考官卒。與人編撰有《慈溪縣志》。

子楊家驤，光緒十六年進士。

田植仁　直隸臨榆縣人。同治四年三甲第四名進士。任雲南姚州知州，遷工部主事、都水司員外郎。

蔡福謙　湖北麻城縣人。同治元年舉人，四年三甲第五名進士。十年任陝西郃陽知縣，光緒二年卸任，五年復任郃陽知縣，八年卸任。

張鑌　直隸盧龍縣人。同治四年三甲第六名進士。任河南葉縣知縣。

袁汝虔　字敬一，號奉山。山東滋陽縣人。同治四年三甲第七名進士。六年授江西樂安知縣，補廣昌，調南城知縣，未赴任疾作卒。

黃鄭錦　安徽太湖縣人。同治四年三甲八名進士。署福建南安知縣，補建安縣，調武平縣，卓異保升同知，候補知府，光緒元年委辦興化府總局釐務。

周廷揆　字叙卿。廣西靈川縣人。同治四年三甲第九名進士。任戶部主事，累遷四川永寧道、建昌道。

朱丙壽　字笠麓，號少虞。浙江海鹽縣人。道光十六年（1836）

八月二十日生。同治四年三甲第十名進士。任戶部主事，升員外郎、郎中、寶泉局監督，京察一等補廣東瓊州知府，光緒八年調潮州府知府，兼署兩廣鹽運使司運同，候選道，二品頂帶。民國三年（1914）年卒，年七十九。著有《夢鹿庵文稿》《榆陰山房吟草》。

堂弟朱彭壽，光緒二十四年進士。

楊暹 直隸萬全縣人。同治四年三甲十一名進士。六年任山東惠民知縣。

濮文暹（初名濮守照）字青士，晚號受梅子。江蘇溧水人。同治四年三甲十二名進士。任刑部主事、員外郎，光緒九年官至河南南陽知府。著有《見在龕詩文集》《石話雜記》《算草》等。

周鳴旂（原名周銘岐）山東即墨縣人。同治四年三甲十三名進士。十一年任陝西醴泉知縣，十三年改大荔知縣，光緒五年任漢陰廳通判，光緒九年任乾州直隸知州，十年郿州直隸知州，二十三年署鳳翔知府，署西安知府，官至陝西漢中府知府，署陝西潼商道。

王魁鑾 字金珊。湖北應城縣人。咸豐二年舉人，同治四年三甲十四名進士。任戶部主事，升郎中。官至江西瑞州知府。

盧秉政 四川巴縣人。同治四年三甲十五名進士。任刑部主事，遷奉天司員外郎。光緒十六年官至廣東惠州知府。

陳衍昌 廣西臨桂縣人。同治四年三甲十六名進士。光緒三年任陝西高陵知縣。

傅大貞 字介臣。四川洪雅縣人。道光二十九年舉人，同治四年三甲十七名進士。任兵部車駕司主事。

呂元勛 字善卿。廣東鶴山縣人。同治四年三甲十八名進士。任刑部主事，員外郎銜山東司行走。

周淦 四川涪州人。同治四年三甲十九名進士。任河南修武知縣，八年改靈寶知縣。

張棨 字桐軒。河南祥符縣人。同治四年三甲二十名進士。任戶部主事，八年任江西泰和知縣。

葉大同 字穆名、協恭。福建閩縣人。同治四年三甲二十一名進士。八年任廣東東莞縣知縣，十一年改廣東歸善知縣。

葉毓榮 字厚甫、燮生。四川華陽縣人，祖籍安徽桐城。同治四年三甲二十二名進士。官至工部屯田司郎中。乞假歸，以父老不復出，主成都芙蓉書院。

兄葉毓桐，咸豐九年進士。

沈恩華 字偉卿。江蘇吳縣人。同治四年三甲二十三名進士。六年署江西建昌知縣，七年改南康知縣。

施錫衛 江蘇嘉定縣人。同治四年三甲二十四名進士。光緒八年任福建漳浦知縣。

李湊 字洊堂。順天寶坻縣人。同治四年三甲二十五名進士。

六年任山東新泰知縣，十二年改山東益都知縣，光緒八年復任益都知縣，十一年升山東高唐州知州，

柳正笏　湖南長沙縣人。同治四年三甲二十六名進士。任湖北江陵知縣，署均州知州，十一年署松滋知縣。

黃晉洺　（原名黃中瓚）字瑟庵。湖南永順縣人。道光九年（1829）生。同治四年三甲二十七名進士。選庶吉士，授檢討。同治十二年充順天鄉試同考官。

蘇維城　字翼儒、意如。直隸清苑縣人。同治四年三甲二十八名進士。選庶吉士。改户部主事，丁母憂，改吏部主事。年逾五十乞假歸里，詩書教子，以田園自樂。卒年六十三。

兄蘇維垣，同治十年進士。

田翰墀　字丹屏，號子升。直隸清苑縣人。同治四年三甲二十九名進士。選庶吉士，授檢討。光緒三年補福建道御史，官至廣西梧州知府，調柳州知府。到任不久卒。年六十一。

彭美　號筱渠。江西安福縣人。同治四年三甲三十名進士。十年任直隸武邑知縣，十二年改直隸蠡縣知縣，光緒元年改直隸邢臺知縣。

周瑞松　湖南寧鄉縣人。同治四年三甲三十一名進士。任刑部主事。

黃光祥　福建閩縣人。同治四年二甲三十二名進士。同治七年署江西泰和知縣。

周慶恩　湖南湘潭縣人。同治四年三甲三十三名進士。任户部主事，十一年改山東寧陽知縣，同知銜。

吳協中　字寅恭，號時齋。河南商丘縣人。同治四年三甲三十四名進士。任户部主事，升郎中，光緒十一年授福建道御史，十二年官至甘肅甘州府知府。

李應泰　湖北荊門人。同治元年舉人，四年三甲三十五名進士。任兵部主事，光緒元年任安徽霍山知縣，八年改合肥知縣，十一年改安徽阜陽知縣。

任其昌　字士言。甘肅秦州直隸州人。同治四年三甲三十六名進士。任户部山東司主事。十二年以母老乞養歸。遂不出，主講天水、隴南書院。講席三十年，弟子數百人。光緒四年主管秦州賑事，十七年詔加員外郎銜。二十六年（1900）卒。著有《敦素堂詩集》《秦州新志》《蒲城縣志》等。

子任承先，光緒二十年進士。

李美崧　安徽六安直隸州人。同治四年三甲三十七名進士。即用知縣分發湖南。

李仕良　廣西蒼梧縣人，原籍廣東南海。同治四年三甲三十八名進士。任户部主事。

陳西庚　湖北蘄州人。同治元年舉人，四年三甲三十九名進士。同治七年署陝西洴陽知縣，九年署渭南知縣，十三年改洋縣知縣，光

緒四年署高陵知縣，六年署醴泉知縣，官至寧陝廳同知。

劉澐 江西安福縣人。同治四年三甲四十名進士。任禮部主事，升員外郎，官至郎中。

金曰修 字少伯，號子汀。浙江錢塘縣人。同治四年三甲四十一名進士。任內閣中書、兵部員外郎、軍機章京。加道員銜。引疾歸。主講蕺山書院，卒年六十七。

父金應麟，道光六年進士，直隸按察使。

百勤 蒙古正紅旗人。同治四年三甲四十二名進士。任工部主事。

李楓林 奉天蓋平縣人。同治四年三甲四十三名進士。光緒十四年任直隸灤平知縣。

德生 漢軍正藍旗人。同治四年三甲四十四名進士。選庶吉士，散館改雲南南寧知縣、陸良知州、宣威知州，光緒二十四年官至山西霍州直隸州知州。

邢元愷 直隸吳橋縣人。同治四年三甲四十五名進士。任戶部主事，改四川鹽亭知縣。

吳朝彥 字良輔。河南許州人。同治四年三甲四十六名進士。八年任直隸廣平知縣，九年改邢臺知縣，光緒七年改大名知縣。

崔丹桂 直隸清河縣人。同治四年三甲四十七名進士。任山西交城知縣。

劉濟瀛 陝西武功縣人。同治四年三甲四十八名進士。九年任四川鹽亭知縣，十二年改洪雅知縣。

張鵬翯 號南池。陝西紫陽縣人。同治四年三甲四十九名進士。八年任江西高安知縣，改興國知縣、廬陵知縣，調雲南昆明知縣，光緒初年改雲南姚州知州。

龍泉 廣東三水人縣。同治四年三甲五十名進士。任會昌知縣，九年任江西吉水知縣。

宋作賓 順天宛平縣人。同治四年三甲五十一名進士。八年任山東肥城知縣，十年改山東齊河知縣，十一年調山東福山知縣。

王元晉（原名王甫晉）山西黎城縣人。同治四年三甲五十二名進士。任四川知縣，纍遷兵部郎中。

霍鵬南 字天池。河南汝陽縣人。同治四年三甲五十三名進士。選庶吉士，散館改禮部主事。

鄧翰屏 廣東順德縣人。同治四年三甲五十四名進士。六年任安徽宿松知縣，八年二月改建平知縣。九月病故。

王佩文 字韻軒。山東壽光縣人。同治四年三甲五十五名進士。署福建晉江知縣，調建安知縣，丁憂。光緒元年改浙江黃岩知縣。以疾卒於任。年四十一。

李衢亨 字靄雲，號季村。順天通州人。道光九年（1829）十一月二十四日生。同治四年三甲五十六名進士。任戶部主事、員外郎、郎中，十三年官至江西糧道。光緒二年（1876）九月十三日卒，年四十八。

曹鴻棻　江西湖口縣人。同治四年三甲五十七名進士。任吏部文選司主事。兼驗封司行走。

戴恩溥　字贍原，號雪田。山東平度州人。同治四年三甲五十八名進士。任兵部主事，升員外郎，光緒十五年授陝西道御史，十七年改順天西城巡城御史、掌浙江道御史、工科掌印給事中，官至廣西右江道。

濮文昶　江蘇溧水縣人。同治四年三甲五十九名進士。任湖北蘄水知縣，九年改麻城知縣，十二年改孝感知縣、漢陽知縣，光緒三年遷湖北隨州知州。

劉青照　字藜仙。四川什邡縣人。同治四年三甲六十名進士。選庶吉士，授檢討。同治九年充貴州鄉試副考官，督貴州學政。

胡輯瑞　字靜軒、愚唐。四川儀隴縣人。同治四年三甲六十一名進士。任戶部主事、員外郎，雲南司行走。

吳善寶　安徽涇縣人。同治四年三甲六十二名進士。任戶部主事。

江璧　字南春，號子笙。江蘇甘泉縣人。同治四年三甲六十三名進士。同治六年任江西萬載知縣，八年改江西進賢縣知縣。

向時鳴　四川銅梁縣人。同治四年三甲六十四名進士。六年任湖北潛江知縣，九年改湖北襄陽知縣、竹溪知縣，十年遷湖北荊州府同知，光緒十二年兼任荊州知府。

張家槐　湖南善化縣人。同治四年三甲六十五名進士。任河南封丘知縣，光緒二年官至甘肅寧夏府知府。

楊超元　字箸亭。廣西桂平縣人。同治四年三甲六十六名進士。選庶吉士，改雲南通海知縣，調易門知縣，遷雲南元江直隸州知州、雲南廣西直隸州知州，官至雲南澂江知府。卒於任。

趙德麟　廣西靈川縣人。同治四年三甲六十七名進士。任吏部主事。

忠斌　滿洲正黃旗人。同治四年三甲六十八名進士。任戶部主事，升員外郎。

袁恩詔　字覲堂。山東長山縣人。同治四年三甲六十九名進士。八年任江蘇寶應知縣，光緒九年任山東萊州府教授。著有《一枝巢詩文集》。

崔澄寰　直隸鹽山人縣。同治四年三甲七十名進士。任戶部主事，光緒二十三年任山西隰州直隸州知州。

良鎮　漢軍正白旗人。同治四年三甲七十一名進士。任工部主事。

曾誼　滿洲鑲紅旗人。同治四年三甲七十二名進士。九年任山東福山知縣，十一年改山東齊河知縣。

劉銘瀚　字海臣，號蓮生。陝西綏德直隸州人。同治四年三甲七十三名進士。選庶吉士。未散館殉難。贈世職。

金錫蕃　漢軍鑲黃旗人。同治四年三甲七十四名進士。十年任福建晉江知縣。

張諧之　河南陝州人。同治四年三甲七十五名進士。任兵部主事，光緒四年改直隸昌黎知縣、盧龍知縣，十一年改邢臺知縣，十三年署定興知縣，十四年改東明知縣，遷蔚州知州。

謝駿聲　字通卿。安徽定遠縣人。同治四年三甲七十六名進士。六年任山東昌邑知縣，九年改惠民知縣，十三年任山東恩縣知縣，改山東齊河知州，薦保知府。

王邦璽　字印軒。江西安福縣人。同治四年三甲七十七名進士。選庶吉士，授檢討。升侍讀，因事降二級調用。於丁漕利弊考察緣由，頗有見地。光緒十年上疏，得到朝廷首肯，令督撫實力整頓，使賦課無虧。

宋季豐　字小南。山東膠州人。同治四年三甲七十八名進士。即用知縣，改山東沂州府教授。染痢疾卒於任。

李世珍　字筱樓。直隸天津縣人。同治四年三甲七十九名進士。任吏部文選司主事，七年以團防功得四品花翎，官至員外郎。

張　傑　字士珍，號聘之。貴州貴陽府人。同治四年三甲八十名進士。八年署山東齊河知縣，遷直隸州知州。

梁　俊　號彥臣。河南孟縣人。

同治四年三甲八十一名進士。任兵部主事，升員外郎，光緒四年授山東道御史，遷廣西梧州府知府，十八年官至四川潼川知府。

管近修　字琢堂。江蘇江寧縣人。同治四年三甲八十二名進士。七年任順天府平谷知縣，十一年署文安，十二年任寶坻知縣，光緒四年三月任大興知縣，六年七月復任寶坻知縣。七年任三河知縣，升東路同知，西路同知。

張沈清　字濟源，東榮。山東萊陽縣人。同治四年三甲八十三名進士。任江蘇昭文知縣，光緒六、十二、十三、二十一年，四任江蘇句容知縣，改清河知縣。

董承乾　順天通州人。同治四年三甲八十四名進士。四年任直隸宣化府教授。

甘醴銘　（原名甘杰）字枚臣，號柿章。江西奉新縣人。同治四年三甲八十五名進士。選庶吉士，授檢討。光緒五年補江南道御史。

李逢春　直隸定州直隸州人。同治四年三甲八十六名進士。任戶部主事，九年改長沙知縣，十三年改任山東武城知縣，光緒元年三月任臨清知州。

杜逢庚　河南盧氏縣人。同治四年三甲八十七名進士。

張道經　雲南永善縣人。同治四年三甲八十八名進士。十三年任陝西洛川知縣。光緒四年卸。

尹銘心　字熙齋，號柴珊。河

南南陽縣人。道光五年五月初十日生。同治四年三甲八十九名進士。

周蓉第 字春曉，號鏡芙。浙江烏程縣人。同治四年三甲九十名進士。光緒三年任吏部主事。

于宗翰 直隸樂亭縣人。同治四年三甲九十一名進士。任奉天府教授，改直隸保定府教授，光緒二十六年改直隸大名府教授。

周廷獻 廣西鬱林州人。同治四年三甲九十二名進士。任雲南易門知縣，改福建南靖、建安、德化知縣。

張建勛 山東蓬萊縣人。同治四年三甲九十三名進士。即用知縣分發河南。

李嘉賓 安徽寧國太平縣人。同治四年三甲九十四名進士。八年署江西崇仁知縣，十二年改貴溪知縣。

薛尚義 江蘇安東縣人。同治四年三甲九十五名進士。任內閣中書。改戶部起居注主事，遷員外郎。

蔣會圖 字觀臣。直隸蠡縣人。同治四年三甲九十六名進士。十二年任河南商水知縣。

丁正文 江西瑞昌縣人。同治四年三甲九十七名進士。七年任湖北均州知州，十一年改江西臨江府教授。

毛鳳五 四川涪州人。同治四年三甲九十八名進士。四年署安徽鳳陽知縣，改靈壁知縣、望江知縣。

方學伊 字叔任，號莘卿。順天寶坻縣人。同治四年三甲九十九名進士。任刑部主事、員外郎，光緒五年授山東道御史，官至光祿寺少卿。

陳維愷 字庚圃。雲南昆明縣人。同治四年三甲一百名進士。分福建即用知縣，以不樂為令，降授雲南東川府教授。以疾卒。

子陳榮昌，光緒九年進士。

林調陽 福建長樂縣人。同治四年三甲一百零一名進士。光緒四年任安徽青陽知縣。

嚴成儀 湖南龍陽縣人。同治四年三甲一百零二名進士。八年任福建鳳山知縣，光緒元年改武平知縣。

斌　敏 漢軍正白旗人。同治四年三甲一百零三名進士。十一年任臺灣嘉義知縣。

韓　詩 山西榆社縣人。同治四年三甲一百零四名進士。陝西即用知縣。

藍向葵 字旭初。福建閩縣人。同治四年三甲一百零五名進士。六年任江西星子知縣，光緒二年改福建漳州府教授。

符爲霖 江西永豐縣人。同治四年三甲一百零六年進士。十年任湖南武陵知縣。

陳文鳳 江西義寧州人。同治四年三甲一百零七名進士。九年任福建安溪知縣。

薛文華 山西永寧州人。同治四年三甲一百零八名進士。任內閣中書。

錢保衡 （原名錢保鎣）字秋舫。浙江會稽縣人。同治四年三甲一百零九名進士。七年署江西上高知縣，光緒八年調江蘇常熟知縣，被議改教職。

楊聯桂 字馨山。順天宛平縣人。同治四年三甲一百十名進士。任工部主事、虞衡司行走。

方連翼 河南羅山縣人。同治四年三甲一百十一名進士。任淮寧知縣，七年改湖北竹山知縣，改工部主事，光緒二年改河南陳州府教授。

王捷三 字月初。陝西朝邑縣人。同治四年三甲一百十二名進士。十年署四川秀山知縣，光緒元年署四川南溪知縣，七年任名山知縣，十一年改四川汶川知縣。

高傳循 字紹良。安徽無爲州人。同治四年三甲一百十三名進士。任刑部主事、員外郎，官至刑部貴州司郎中。

呂式枚 順天大城縣人。同治四年三甲一百十四名進士。光緒二年任山東東阿知縣，七年改山東平陰知縣。

韓毓午 山西霍州人。同治四年三甲一百十五名進士。九年任福建順昌知縣。

華鍾祥 江蘇江都縣人。同治四年三甲一百十六名進士。

尹開先 號莘農。雲南廣通縣人。同治四年三甲一百十七名進士。八年任直隸晉州知州，改武邑知縣，光緒十年改直隸邢臺知縣，十一年官至天津海防同知。

隨 福 滿洲正白旗人。同治四年三甲一百十八名進士。十年五月署山東新城知縣。卒於任。

馬明義 字鏡臺。甘肅鎮番縣人。同治四年三甲一百十九名進士。任湖北知縣，署枝江知縣。

丁鎮西 雲南鄧川人。同治四年三甲一百二十名進士。

來鳳郊 字賦唐，號梧庭。浙江蕭山縣人。同治四年三甲一百二十一名進士。即用知縣，五年任浙江嚴州府訓導，後任杭州府教授卒。

朱錫祺 廣西博白縣人。同治四年三甲一百二十二名進士。八年任陝西三原知縣。

孫念召 江蘇金鄉縣人。同治四年三甲一百二十三名進士。十一年任福建連城知縣。

阮調元 廣西陸川縣人。同治四年三甲一百二十四名進士。十年任陝西興平知縣，十一年改石泉知縣，十二年遷佛坪廳同知，光緒二年復任石泉知縣，調湖南補邵陽縣，同知銜。

楊 鉅 （改名楊大猷）字子任。江西南昌縣人。同治四年三甲一百二十五名進士。任戶部主事。

劉華邦 字彥承。江西泰和縣人。同治四年三甲一百二十六名進士。七年任湖南江華知縣，改巴陵知縣，十二年遷武岡州知州，官至湖南桂陽直隸州知州。

蕭文輝　福建連江縣人。同治四年三甲一百二十七名進士。八年任廣東樂會知縣。

李桂聯　順天寶坻縣人。同治四年三甲一百二十八名進士。任戶部主事。

楊倬雲　直隸祁州人。同治四年三甲一百二十九名進士。光緒三年任山東惠民知縣，八年任章丘、十一年任朝城、十三年任泰安知縣，十六年改臨邑知縣。

謝雲龍　廣東嘉應州人。同治四年三甲一百三十名進士。九年任江西新昌知縣，光緒元年改新淦知縣。

傅炳墀　四川涪州人。同治四年三甲一百三十一名進士。任內閣中書，改雲南丘北知縣、平彝知縣，光緒十年改元謀知縣，遷陸良州知州。

陸薪傳　奉天錦縣人。同治四年三甲一百三十二名進士任江蘇宿遷知縣。

郭芳蘭　直隸新城縣人。同治四年三甲一百三十三名進士。任直隸順德府教授，調順天府教授。

侯長齡　號松崖。山西渾源州人。同治四年三甲一百三十四名進士。任江西建昌知縣，六年任江西高安知縣，十年署崇仁知縣。

李德溥　河南臨漳縣人。同治四年三甲一百三十五名進士。八年任江東宿遷知縣，十一年再任，光緒元年改江蘇甘泉知縣。

張肄三　河南禹州人。同治四年三甲一百三十六名進士。

蕭玉春　湖南藍山縣人。同治四年三甲一百三十七名進士。六年署江西安義知縣，十一年改江西永新知縣。

毛璋　字體南。山東濰縣人。同治四年三甲一百三十八名進士。八年任順天府良鄉知縣，十年八月改東安縣，十二年十二月任順天武清知縣。

劉琪枝　貴州貴築縣人。同治四年三甲一百三十九名進士。任四川知縣。

李逢源　奉天錦縣人。同治四年三甲一百四十名進士。七年署直隸欒城知縣，改玉田知縣、清苑知縣，十二年遷直隸深州直隸州知州。

冷鼎亨　字鎮雒，號羅菊。山東招遠縣人。道光五年十二月二十二日（1826年1月）生。同治四年三甲一百四十一名進士。任江西瑞昌知縣，改德化、新昌、彭澤、新建、鄱陽知縣。光緒十年擢江西南昌府督捕同知。十一年乞歸。卒於原籍。年六十一。

孫夢麟　字厲庵。山東聊城縣人。同治四年三甲一百四十二名進士。九年任江蘇桃園知縣。

廖鶴年　字雲擎。廣東番禺縣人。同治四年會試會元，三甲一百四十三名進士。任員外郎銜兵部主事、車駕司行走。

鄭宗瑞　字覲臣。四川西昌縣人。同治四年三甲一百四十四名進士。任福建永福知縣，光緒五年任福建侯官知縣。八年再任。

張礦修　山西夏縣人。同治四年三甲一百四十五名進士。任河南銅柏知縣。

余澍千　江西奉新縣人。同治四年三甲一百四十六名進士。任福建福鼎知縣。

張萬選　河南孟津縣人。同治四年三甲一百四十七名進士。同治五年任安徽五河知縣，十一年改廣西平樂知縣。

李裕後　字佑堂。山東歷城縣人。同治四年三甲一百四十八名進士。任湖北廣濟知縣、興山知縣。以疾歸。卒於淮安旅次。

李品亨　福建侯官縣人。同治四年三甲一百四十九名進士。

陳煊　貴州湄潭縣人。同治四年三甲一百五十名進士。任湖南桂東知縣。

湯慶源　河南安陽縣人。同治四年三甲一百五十一名進士。任禮部主事。

岳琪　字九香，號小琴。鑲藍旗宗室。同治四年三甲一百五十二名進士。任工部主事，光緒十一年遷右庶子，十五年遷詹事，改通政使。十七年去職。

甘啓運　江西豐新縣人。同治四年三甲一百五十三名進士。九年任湖南安仁知縣，光緒七年改湖南耒陽知縣。

劉大方　湖南清泉縣人。同治四年三甲一百五十四名進士。光緒元年任江西清江知縣，五年任同知銜江西武寧知縣。

吳茂先　字華溪、松門。四川南溪縣人。同治四年三甲一百五十五名進士。署湖北石首知縣，改署來鳳知縣，十三年補應山知縣。光緒七年告病歸。復任，又六年卒，年六十。

黃峻　（改名黃誦芬）字崧生。江西南昌縣人。同治四年三甲一百五十六名進士。任户部主事，改寧夏平羅知縣。

劉學瀚　字怡園。河南孟縣人。同治四年三甲一百五十七名進士。九年任山東鄒平知縣，十三年任山東單縣知縣，官至武定府同知。

蔡卓人　江西新建縣人。同治四年三甲一百五十八名進士。七年署安徽南陵知縣，改亳州知州。

章輔廷　字榆青。浙江烏程縣人。同治四年三甲一百五十九名進士。任福建知縣，官至漳州府同知。

李福田　山東長山縣人。同治四年三甲一百六十名進士。十年任直隸青縣知縣、沙河知縣。

柳祖彝　山西太谷縣人。同治四年三甲一百六十一名進士。任河南光山知縣，九年改滑縣知縣。

方家模　江西彭澤縣人。同治四年三甲一百六十二名進士。

同治七年（1868）戊辰科

第一甲三名

洪　鈞　字陶士，號文卿。江蘇吳縣人。道光十九年十二月初八日（1840年1月）生。同治七年狀元。授修撰。九年督湖北學政，擢侍讀，進侍講學士，升右春坊右庶子，轉左庶子，乞歸養母。詔入京，光緒九年授詹事，遷內閣學士兼禮部侍郎。奉使俄、德、荷、奧四國。十六年任職滿回京，起兵部左侍郎，入值總理各國事務衙門大臣。被嫉忌者參劾降歸。十九年（1893）八月二十三日卒。年五十五。著有《文史譯文徵補》三十卷。

黃自元　字覲虞、善長，號敬輿。湖南安化縣人。同治七年一甲第二名榜眼。授編修。九年充順天鄉試同考官，十二年任江南鄉試副考官，旋降檢討。光緒十年補授河南道御史，十六年外任甘肅寧夏知府，丁憂去。後官至甘肅平慶道。工書法。

父黃德濂，嘉慶二十二年進士。

王文在　（1834—1889）字念堂，號杏塢。山西稷山縣人。同治七年一甲第三名探花。授編修。十二年充湖南鄉試副考官，督湖北學政。後辭官主講河東晉陽書院，爲晉南之豪。光緒三年協助閆敬銘辦理河東賑務。工書善詩，撰文三篇，詩一首，刊入《會試朱卷》。

第二甲一百二十七名

許有麟　字祥伯，號石卿。浙江仁和縣人。同治七年二甲第一名進士。選庶吉士，授編修。光緒十年官至湖北鄖陽知府，二十年回任鄖陽知府。能詩文，善書畫。

吳寶恕　（原名吳春生）字子實，號桂詵。江蘇吳縣人。同治七年二甲第二名進士。選庶吉士，授編修。升侍講學士，光緒元年充廣東主考官，試畢，督廣東學政，官至侍讀學士。

王壽國　字希敫，號詩倩、悦堂。福建晉江縣人。同治七年二甲第三名進士。選庶吉士。未散館。

錫珍　字仲儒，號席卿。蒙古鑲黃旗，額爾德特氏。道光二十七年（1847）八月初十日生。同治七年二甲第四名進士。選庶吉士，授編修。纍遷侍讀學士，光緒二年授詹事，改通政使。遷左副都御史，五年改理藩院侍郎調工部侍郎，歷刑部、戶部、吏部侍郎。九年調倉場侍郎，十年遷左都御史改刑部尚書，十二年二月調吏部尚書。十五年（1889）九月初十日卒。年四十三。著有《欽定吏部則例》。

吳大澂　字止敬，號清卿。江蘇吳縣人。道光十五年（1835）五月十一日生。同治七年二甲第五名進士。選庶吉士，授編修。十二年督陝甘學政，纍遷河南河北道，以三品卿赴吉林屏蔽東邊，光緒七年授太僕寺卿，九年改通政使，十年任左副都御史。十二年調廣東巡撫，十四年七月署東河總督。十二月實授加頭品頂帶。十六年二月丁憂。十八年閏六月授湖南巡撫。二十一年日本占牛莊，自請率湘軍與日軍作戰，戰不利全軍覆沒，革職留任。二十四年降旨革職，永不叙用。光緒二十八年（1902）正月二十七日卒。年六十八。著有《說文古籀補》《恒軒吉金錄》《愙齋集古錄》《古玉圖考》《權衡度量考》，另有《吳愙齋自訂年譜》。

寶廷　字仲獻，號難齋、竹坡、晚號偶齋。滿洲鑲藍旗，宗室。道光二十年（1840）正月十五日生。同治七年二甲第六名進士。選庶吉士，授編修。任中允、侍講，十二年充浙江鄉試副考官，升侍讀、侍讀學士、少詹事，光緒六年授詹事，七年遷內閣學士，十月擢禮部侍郎。光緒八年充福建鄉試正考官，因在途納妾，十二月罷官。十年十月皇太皇五旬壽，賞二品職銜。光緒十六年（1890）十一月卒。年五十一。著有《竹坡侍郎奏議》《偶齋詩草外集》《尚書持平》《庭聞憶略》等。

孫慧基　（原名孫德厚）字積甫，號靜生。安徽桐城縣人。同治七年二甲第七名進士。選庶吉士，十七年改任河南武安知縣。

周崇傅　（原名周純傅）字子岩。湖南零陵縣人。道光十一年（1831）生。同治七年二甲第八名進士。選庶吉士，授編修。光緒五年署甘肅平慶涇固化道，官至新疆阿喀疏道。

張登瀛　字仲士，號海嶠。山西崞縣人。同治七年二甲第九名進士。選庶吉士，授編修。十二年充順天同考官，升侍講，光緒二年任貴州學政，兼主貴山書院講席。官至侍讀學士。工書法、善詩文。著有《銅鼓軒詩賦鈔》《崞縣志輯要》《滇南文略》等。

鄭嵩齡　字芝岩，號酒艙。江蘇上元縣人。同治七年二甲第十名進士。選庶吉士，授編修。光緒十年補山西道御史，升吏科掌印給事中，官至浙江糧儲道。

吳華年　字俊峰。山東德州人。同治七年二甲十一名進士。選庶吉士，授編修。十二年充廣西學政，官直隸候補道。

胡喬年　字魯生，號滌湘。湖北天門縣人。咸豐九年舉人，同治七年二甲十二名進士。選庶吉士，授編修。光緒二年充雲南鄉試副考官，升侍讀。

譚承祖　字硯孫。江西南豐縣人。同治七年二甲十三名進士。選庶吉士，授編修。光緒八年授浙江道御史，十一年官至廣東韶州知府。

陳啟泰　字寶孚，號伯平、魯生。湖南長沙縣人。道光二十七年十二月十九日（1848年1月）生。同治七年二甲十四名進士。選庶吉士，授編修。光緒七年遷山西道御史，九年升山西大同知府，十六年改直隸大名知府、保定知府。遷雲南迤東道、直隸通永道，光緒三十一年授安徽按察使遷江蘇布政使，三十三年八月署十二月授江蘇巡撫。宣統元年（1909）五月初三日卒。年六十三。著有《意園詞》等。

閻迺竑　字晉甫，號恕亭。陝西朝邑縣人。同治七年二甲十五名進士。選庶吉士，授編修。

叔父閻敬銘，道光二十五年進士，東閣大學士。

陳壽昌　字星南，號嵩詮、少雲。順天宛平縣人。同治七年二甲十六名進士。選庶吉士，改刑部主

事，外官浙江候補道。

焦肇駿　字友鴻，號亦山。山東章丘縣人。同治七年二甲十七名進士。選庶吉士，散館十一年改廣西貴縣知縣，歷署桂平、富川知縣，賓州知州，官至廣西奉議州知州。

鮑存曉　字寅初。浙江會稽縣人。同治七年二甲十八名進士。選庶吉士，授編修。

林祖述　字舜臣，號廣筠。江蘇吳縣人。道光二十一年（1841）生。同治七年二甲十九名進士。任工部主事，光緒九年官至浙江杭州知府。

劉廷枚　字贊虞，號叔濤。江蘇吳縣人。同治七年二甲二十名進士。選庶吉士。散館年已五十三。授編修。遷左贊善，官至國子監祭酒，光緒十年督浙江學政。十一年（1885）視學，卒於武林館舍。年六十七。著有《慊齋詩鈔》。

邵曰濂　（原名邵維城）字子長，號蓮伯。浙江餘姚縣人。同治七年二甲二十一名進士。選庶吉士，授編修。光緒三年充會試同考官，五年充順天鄉試同考官，補江南道御史，改侍讀學士，八年充陝西鄉試正考官，十一年授光祿寺卿，改太常寺卿。光緒十二年革職。

父邵燦，道光十二年進士，官漕運總督。

劉常德　字元善，號雨峰。湖南攸縣人。道光八年（1828）生。同治七年二甲二十二名進士。選庶

吉士，散館改任雲南定遠知縣。

周　璜　字嶓溪，號黻卿。廣西臨桂縣人。同治七年二甲二十三名進士。選庶吉士。未散館。

李肇錫　字子嘉，號錦航。山東諸城縣人。同治七年二甲二十四名進士。選庶吉士，授編修。光緒五年充順天鄉試同考官，補江西道御史，八年充順天鄉試同考官，九年再充會試同考官，官至貴州貴西道、雲南迤東道。

陳寶琛　字伯潛、敬嘉，號弢庵。福建閩縣人。同治七年二甲二十五名進士。選庶吉士，授編修。遷侍讀學士，光緒八年督江西學政，九年授內閣學士。十年降調。光緒十七年被黜回家，創辦東文書院、全閩師範學堂等，三十一年任福建鐵路公司經理，辛亥革命前夕起用，宣統二年任資政院議員，復任內閣學士，三年授山西巡撫。未赴任，留毓慶宮行走，授讀宣統帝。繼任漢軍正紅旗副都統、弼德院顧問大臣。工書法。著有《滄趣樓詩集》。

父陳承裘，咸豐二年進士。

沈受謙　浙江蕭山縣人。同治七年二甲二十六名進士。任工部主事，光緒二年改福建德化知縣，八年改福建臺灣縣知縣，二十年遷福建永春直隸州知州。

何如璋　字璞山，號子峨、衍信。廣東大埔縣人。道光十八年（1838）二月十九日生。同治七年二甲二十七名進士。選庶吉士，授編修。歷任侍讀學士，光緒二年出使日本。歸後授二品少詹事，督辦福建船政。福建海戰失利被革職遣戍。釋歸後回廣東，主講潮州韓山書院。光緒十七年（1891）病卒。年五十四。著有《使東述略》《袖海樓詩鈔》。

趙繼元　字梓芳。安徽太湖縣人。同治七年二甲二十八名進士。選庶吉士。改知縣，官至江蘇特用道。節制督標親軍，督捕水師營，加按察使司銜。

祖父趙文楷，嘉慶元年狀元。父趙畇，道光二十一年進士。

梁仲衡　字樹生，號湘南。直隸安肅縣人。同治七年二甲二十九名進士。選庶吉士，授編修。光緒十年以侍讀學士督江西學政，歷少詹事，二十年授內閣學士，二十四年遷刑部右侍郎，二十七年改工部、二十八年復任刑部侍郎。二月以病去職。

李郁華　字韋仲，號果仙。湖南新化縣人。同治七年二甲三十名進士。選庶吉士，授編修。光緒元年充順天鄉試同考官，七年升河南道御史。

熊汝梅　字燮臣，號雪村。湖北黃安縣人。咸豐九年舉人，同治七年二甲三十一名進士。選庶吉士，十一年調四川江油知縣，改奉節、梁山知縣，復任江油知縣，光緒十四年改福建浦城知縣。

杜瑞麟　字石笙，號玉田、小

農。山西太谷縣人。同治七年二甲三十二名進士。選庶吉士，改刑部主事，改候補直隸州知州，光緒十二年官至陝西乾州直隸州知州，署西安知府。

周　騏　（原名周星詔）字子翼、露絲，號梓嶧、念農。浙江會稽縣人。同治七年二甲三十三名進士。選庶吉士，光緒七年改山東觀城知縣。

張人駿　字千里，號安圃。直隸豐潤縣人。道光二十六年（1846）正月二十九日生。同治七年二甲三十四名進士。選庶吉士，授編修。光緒九年補湖廣道御史，纍遷至廣西平梧道，光緒二十年授廣東按察使，遷布政使，改山東布政使，二十六年十月遷漕運總督，二十七年調山東巡撫，歷河南、廣東、山西、河南巡撫。光緒三十三年七月遷兩廣總督，宣統元年五月調兩江總督。三年辛亥革命時曾同鐵良、張勳遏制第九鎮回應。民國十六年（1927）正月卒。年八十二。

叔父張佩綸，同治十年進士。

魯琪光　字芝友，號黻珊。江西南豐縣人。同治七年二甲三十五名進士。選庶吉士，授編修。光緒八年補陝西道御史，九年外官山東登州知府，十六年官至濟南知府。著有《南豐風俗物產志》。

顧樹屏　字健俊，號翰臣。江西廣豐縣人。同治七年二甲三十六名進士。選庶吉士，授編修。光緒

十年官至安徽鳳陽知府，護鳳宿兵備道。

苑棻池　字秋舫。山東諸城縣人。同治七年二甲三十七名進士。選庶吉士，改吏部主事，遷郎中，外官至浙江溫處道二品銜。

施廷弼　廣西橫州人。同治七年二甲三十八名進士。光緒元年任湖南黔陽知縣，十三年改河南確山知縣。

魯宗周　直隸易州人。同治七年二甲三十九名進士。任刑部主事，光緒四年改四川崇寧知縣。

丁雲翰　號霽園。河南祥符縣人。同治七年二甲四十名進士。任戶部主事，十二年改山東蒲臺知縣，光緒元年改章丘知縣，三年調歷城知縣，六年任恩縣知縣。丁母憂歸。

楊廷傳　字鑾卿，號心脫。福建侯官縣人。同治七年二甲四十一名進士。任戶部主事，升郎中，光緒十四年授江西道御史，官至甘肅甘州府知府。

劉海鰲　字仙洲，號海讕。四川雲陽縣人。咸豐二年舉人，同治七年二甲四十二名進士。選庶吉士，授編修。遷右春坊、右贊善，官至雲南糧儲道。

慕榮幹　（1836—1887，一作慕榮幹）字貞甫，號子荷、慈鶴。山東蓬萊縣人。同治七年二甲四十三名進士。選庶吉士，授編修。同治十二年充順天鄉試同考官，光緒元年任福建鄉試副考官，光緒八年督

陝西學政，升右中允、侍讀。

秦鍾簡 字敬臨，號舸南。廣西靈川縣人。同治七年二甲四十四名進士。選庶吉士，授編修。光緒二年充順天鄉試同考官，五年充貴州鄉試主考官，六年補陝西道御史，十年改順天北城巡城御史，遷刑科掌印給事中，官至山東兗沂曹濟道。

高　紀 字飭臣。福建閩縣人。同治七年二甲四十五名進士。任吏部主事，光緒十一年官至廣東廣州府佛山同知。

何萊福 字仲朵，號海如。山西靈石縣人。同治七年二甲四十六名進士。選庶吉士，授編修。

陶　模 字方之，號子方。浙江秀水縣人。道光十五年（1835）八月十九日生。同治七年二甲四十七名進士。選庶吉士，改甘肅文縣知縣，歷皋蘭知縣、秦州知州、迪化州知州、蘭州知府、蘭州道。光緒十一年授直隸按察使遷陝西布政使，十七年二月授新疆巡撫。二十一年十月署陝甘總督，二十二年十月實授，二十六年閏八月改兩廣總督。光緒二十八年（1902）五月以病免，九月初九日卒。年六十八。贈太子少保，諡“勤肅”。輯有《陶勤肅公奏議》等。

隋聿修 字笠莊。山東樂安縣人。同治七年二甲四十八名進士。授刑部主事，改山西大同知縣，調右玉知縣。光緒十一年（1885）卒於任。

關朝宗 字國藩，號壁泉。廣東開平縣人。同治七年二甲四十九名進士。選庶吉士，散館改工部主事，升工部員外郎。派赴雲南勘查邊界，遭瘴氣卒。贈太僕寺少卿。

黃　湘 字嘯洲，號楚波。四川琠縣縣人。同治七年二甲五十名進士。選庶吉士，授編修。光緒二年任會試同考官。

李瑞裕 字德生，號竹農。雲南昆明縣人。同治七年二甲五十一名進士。

沈善登 字尚敦，號谷成。浙江桐鄉縣人。同治七年二甲五十二名進士。選庶吉士，授編修。

叔父沈寶楠，同治二年進士。

潘衍桐（1844—1899，榜名潘汝桐）字振清、奉廷，號嶧琴。廣東南海縣人。同治七年二甲五十三名進士。選庶吉士。授編修。遷司經局洗馬，升左庶子，光緒十四年督浙江學政，官至侍讀學士。曾繼阮元編輯《續兩浙輶軒錄》。二十五年（1899）卒。著有《朱子論語集注訓詁考》《緝雅堂詩話》《靈隱書藏紀事》。

胡泰福 字岱青。湖北江夏縣人。同治六年舉人，七年二甲五十四名進士。任刑部主事、山東司員外郎，光緒十三年改江西道御史，十四年八月順天西城巡城御史，二十七年遷雲南雲南府知府，改雲南昭通府知府、臨安府知府，官至廣西右江道，改雲南迤南兵備道。

馨　德 字子銘，號香樹。滿洲鑲白旗。同治七年二甲五十五名進士。選庶吉士，改雲南定遠知縣。

鳴泰　字鳳山，號升九。漢軍鑲黃旗。同治七年二甲五十六名進士。選庶吉士，散館改雲南宜良知縣、雲南知縣、蒙自知縣，光緒九年改昆明知縣，遷雲南嵩明知州、元江直隸州知州，官至普洱府同知。

孫欽晃　河南滎陽縣人。同治七年二甲五十七名進士。任刑部主事，升福建司員外郎、山東司郎中，光緒十六年遷廣西慶遠府知府，二十二年官至廣西桂林知府。

林懋祉　字位南。福建永福縣人。同治七年二甲五十八名進士。選庶吉士，散館改戶部陝西司主事。

許景澄　（原名許癸身）字拱辰、竹筠。浙江嘉興縣人。道光二十五年（1845）九月二十二日生。同治七年二甲五十九名進士。選庶吉士，授編修。任御史、侍講，光緒十年被薦出使法、德、意、荷、奧五國大臣，兼比利時大臣。十二年召回。十六年充出使俄、德、奧、荷大臣。十八年授光祿寺卿，遷內閣學士，二十一年授工部侍郎、總理各國事務大臣，二十五年改吏部侍郎。光緒二十六年（1900）因義和團事忤王大臣意，被誣處斬。年五十六。十月追復原官。宣統元年四月追諡“文肅”。著有《外國師船圖表》《光緒勘定西北邊界俄文譯漢圖例言》《西北邊界地名譯漢考證》《奏疏錄存》《出使函稿》。

蔡以瑺　字季珪，號瑤圃。浙

江蕭山縣人。同治七年會元，二甲六十名進士。選庶吉士，散館改刑部主事。

徐祥麟　字玉麒，號小亭、慎旃。河南祥符縣人。同治七年二甲六十一名進士。選庶吉士，授編修。

邵積誠　字實甫、實孚，號怡璞。福建侯官縣人。同治七年二甲六十二名進士。選庶吉士，授編修。光緒二年充會試同考官，順天鄉試同考官，六年補湖廣道御史，八年任順天西城巡城御史，督四川學政，十三年任順天中城巡城御史，升吏科掌印給事中，遷貴州貴西道，二十一年授貴州按察使，遷貴州布政使，二十三年曾署貴州巡撫。二十九年以病休致。著有《邵諫垣奏議》。

張清元　字肇一，號伯岩。直隸清苑縣人。同治七年二甲六十三名進士。選庶吉士，散館十年改江蘇儀征知縣。不樂仕進，在任三年以親老告歸。家居講學，培養人才，光緒十四年（1888）卒。年六十四。

鄭訓承　（原名鄭訓成）字繹如，號聽篁。浙江烏程縣人。同治七年二甲六十四名進士。任刑部主事，升員外郎，光緒九年授湖廣道御史，十年改順天南城巡城御史，官至兵科掌印給事中。

葉大焯　字迪恭，號恂予。福建閩縣人。同治七年二甲六十五名進士。選庶吉士，授編修。十三年充會試同考官，升右贊善，擢洗馬，光緒二年充湖北鄉試主考官，遷左春坊左庶子，升侍讀學士。光緒八年充湖南鄉試主考官，督廣東學政，以罣誤失察去官。歸後主講正誼書院。卒年六十。

為乾隆十六年進士葉觀國玄孫。

張喬芬 （原名張培芳，以字行）廣東南海縣人。同治七年二甲六十六名進士。任刑部主事。

戚人銑 字振甫，號潤如、溥如。浙江德清縣人。同治七年二甲六十七名進士。任刑部陝西司主事，官至刑部郎中。

父戚士彥，道光三十年進士。

李振南 字翼臣，號麟州。貴州貴築縣人。同治七年二甲六十八名進士。選庶吉士，授編修。光緒五年官至江南道御史。著有《詩文集》。

陸芝祥 字子瑞，號晴湖。廣東番禺縣人。同治七年二甲六十九名進士。選庶吉士，授編修。光緒元年充廣西副考官。

吳士愷 字星初。江蘇陽湖縣人。同治七年二甲七十名進士。選庶吉士。十二年改山東平陰知縣，光緒三年調署商河，四年回任平陰，九年調泰安知縣，十六年調浙江餘杭知縣，改海鹽知縣。

張惟儁 字子鎔，號酉峨。湖南善化縣人。道光二十一年（1841）生。同治七年二甲七十一名進士。任吏部主事。

周芳杏 （改名周芳樸）江西南豐人。同治七年二甲七十二名進士。任禮部主事，升禮部主客司郎中。

蒲預麟 （榜名蒲趾孫）字瑞卿。四川蓬溪縣人。同治七年二甲七十三名進士。任刑部主事、山西司行走。

汪彤程 字笏山。江蘇贛榆縣人。同治七年二甲七十四名進士。十一年任直隸束鹿知縣，光緒三年改直隸高陽知縣。

黃翊 （1836—1879，改名黃慶臨）初名黃翊，字雲鵠，更名後，更字荔莊。雲南昆明縣人。同治七年二甲七十五名進士。授兵部主事，官至貴州知府。

李培元 字蘊齋、韻齋，號雲笙。河南祥符縣人。同治七年二甲七十六名進士。選庶吉士，授編修。遷侍讀學士、少詹事，光緒二十年任奉天府丞兼學政，二十四年裁缺通政副使授吏部右侍郎，改刑部左侍郎。尋去職。

王瑞星 山西平定州人。同治七年二甲七十七名進士。任刑部主事。

劉治平 字子均，號心芝。順天昌平州人。同治七年二甲七十八名進士。選庶吉士，授編修。光緒六年官至浙江道御史。

袁誠格 河南商丘縣人。同治七年二甲七十九名進士。光緒三年任刑部主事。

凌忠鎮 字定甫，號豈孫。浙江鄞縣人。同治七年二甲八十名進士。任吏部主事。文選司兼驗封司行走。

高萬鵬　字搏九，號甲生。陝西城固縣人。同治七年二甲八十一名進士。選庶吉士，授編修。歷任贊善、侍讀學士、光緒八年外任湖南常德知府，九年改長沙知府，十一年遷安徽鳳穎六泗道，兼管鳳陽關稅，十二年授順天府尹，十五年五月任湖南布政使。同年病休。

戴　恒　字鐵松，號子暉。江蘇丹徒縣人。同治七年二甲八十二名進士。選庶吉士，授編修。父病乞歸。父母喪後絕意仕進。年五十二卒。

徐鼎琛　字式齋，號少川。浙江會稽縣人。同治七年二甲八十三名進士。任户部主事。

徐兆瀾　字子文，號紫雯。江西南昌縣人。同治七年二甲八十四名進士。選庶吉士。未散館，後賞三品卿銜。

余　鑑　字涵輝，號鏡湖。安徽婺源縣（今江西）人。同治七年二甲八十五名進士。選庶吉士，授編修。選用道。

徐文泂　字墾民，號挹泉。江蘇江陰縣人。同治七年二甲八十六名進士。選庶吉士，授編修。光緒元年、二年兩充順天鄉試同考官，六年官至河南道御史。卒於任。年四十八。

張虜颺　號翰卿。江西鄱陽縣人。同治七年二甲八十七名進士。任刑部主事，升員外郎、郎中，光

緒十六年授山西道御史。官至廣東韶州府知府，二十五年改雲南昭通府知府。

姚協贊　字衷廷，號馨圃。奉天承德縣人，原籍浙江。同治七年二甲八十八名進士。選庶吉士，授編修。光緒九年署甘肅鞏秦階道，十八年遷山東兖沂曹濟道，二十一年改陝西糧儲道，二十四年復任山東兖沂曹濟道。

魏弼文　字霞山，號匡甫。湖北應山縣人。同治三年舉人，七年二甲八十九名進士。選庶吉士，散館改福建福清知縣、建安知縣，改户部主事、廣東司行走。

楊鼎來　江蘇山陽人縣。同治七年二甲九十名進士。任工部主事。

廣　照　字月華，號宣卿。漢軍正白旗人。同治七年二甲九十一名進士。選庶吉士。授編修。

許振祥　字啓山，號小梅。江西彭澤縣人。同治七年二甲九十二名進士。選庶吉士，光緒元年署四川榮昌知縣，改永川知縣，八年改四川西昌知縣。在任七年。

張元普　字紹原，號玉岑。浙江仁和縣人。同治七年二甲九十三名進士。任刑部員外郎，升郎中，光緒十年授山東道御史，升户科給事中，官至四川鹽茶道。

胡功祁　廣西臨桂縣人。同治七年二甲九十四名進士。任工部主事。

陳欽銘　字少希。福建侯官縣

人。同治七年二甲九十五名進士。任工部主事，總理各國事務章京，補屯田司員外郎、虞衡司郎中，外任江蘇常鎮通海道，光緒十四年授江蘇按察使。十五年病免。卒於家。

劉至喜 江蘇上海縣人。同治七年二甲九十六名進士。任工部主事，十三年署江西崇仁知縣。

王鵬壽（原名王鵬運）字友松。順天大興縣人。道光二十二年（1842）九月二十四日生。同治七年二甲九十七名進士。任刑部四川司主事，湖廣司員外郎、郎中，官至江西饒州府知府。

陸嗣齡 字子年。四川雅安縣人。同治七年二甲九十八名進士。十二年任江蘇沛縣知縣，光緒元年署山陽知縣，二年署江蘇江寧知縣，三年署上元知縣。

劉春霖 字潤民，號雨山。貴州安順府人。同治七年二甲九十九名進士。選庶吉士，授編修。光緒四年起歷任雲南廣南知府、昭通知府、東川知府、開化知府，加二品銜授臨安開廣道，光緒二十九年授雲南按察使，三十年擢雲南布政使，調廣西、湖南布政使，三十一年改雲南布政使，三十四年改江西布政使。宣統三年去職。民國二年（1913）卒，年七十四。

方瑞麟 湖北荊門州人。同治三年舉人，七年二甲一百名進士。任吏部主事。

馮芳緝 字申之。江蘇吳縣人。同治七年二甲一百零一名進士。任刑部主事、員外郎、郎中，官至御史。卒於京師。

程澤霈 字聲之，號玉雲。四川綦江縣人。同治七年二甲一百零二名進士。選庶吉士，改兵部主事。以母老告歸。年五十卒於家。

沈鎔經 字雪仲，號雲閣。浙江烏程縣人。同治七年二甲一百零三名進士。十年任江西貴溪知縣，十一年改上饒知縣，光緒三年升安徽太平知府，八年補安慶知府，後歷兩廣鹽運使、安徽安廬滁和道，光緒九年授廣東按察使，十一年（1885）遷雲南布政使，改廣東布政使。四月卒。

徐家鼎 號鑄庵、劬庵。安徽太湖縣人。同治七年二甲一百零四名進士。任禮部制儀司主事，祠祭司員外郎，升郎中，十五年京察一等授山西道御史。

余 烈 字承謨，號子駿。浙江金華縣人。同治七年二甲一百零五名進士。任內閣中書，改刑部江司主事。

張文璿 江蘇吳江縣人。同治七年二甲一百零六名進士。任兵部主事。

徐會灃 字渭筠，號東浦。山東諸城縣人。道光十七年（1837）九月二十五日生。同治七年二甲一百零七名進士。選庶吉士，授編修。遷右庶子、侍讀學士，少詹事，光緒十七年授詹事，遷內閣學士。十九年進工部侍郎，二十一年改禮部，二十三年改吏部侍郎。二十五年十一月遷左都御史，二十六年改工部尚書，七月調兵部尚書。兼管順天府尹。光緒三十一年十二月初十日（1906年1月）卒。年六十九。

張丕績 順天寶坻縣人。同治七年二甲一百零八名進士。任奉天安東知縣，十一年改河南登豐知縣，光緒十六年改奉天承德知縣。

方汝紹 字芰塘。安徽定遠縣人。同治七年二甲一百零九名進士。任刑部主事，升吏部郎中，光緒十年授湖廣道御史，十四年改順天北城巡城御史，升工科給事中，官至鴻臚寺少卿。

洪良品（1827—1896）字右臣，號叙澄、龍岩山人。湖北黃岡縣人。同治三年舉人，七年二甲一百十名進士。選庶吉士，授編修。十二年任山西鄉試主考官，進工部主事，光緒六年補江西道御史，升戶科掌印給事中。光緒十一年充順天鄉試同考官，中日戰爭時爲京中主戰派，數次彈劾李鴻章，工詩文。著有《北征日記》《東歸錄》《龍崗山人古今體詩》、《古文尚書辯惑》二十三卷、《古文孝經薈解》八卷、《龍岡山人詩文鈔》三十四卷、《葵園奏議》六卷等。

劉 鑑 四川綿竹縣人。同治七年二甲一百十一名進士。分江蘇知縣，以親老改四川叙州府教授。

宗丙壽（榜名宗彝）湖北黃陂縣人。同治元年舉人，七年二甲一百十二名進士。任禮部主事，九年改陝西米脂知縣，十二年緣事撤職。十三年任湖南桑植知縣。

嚴必大 江西豐新縣人。同治七年二甲一百十三名進士。任戶部主事。

歐陽衡 江西安福縣人。同治七年二甲一百十四名進士。任吏部主事，光緒十六年任四川鹽源知縣，二十一年署樂至知縣。

賀爾昌 字子言，號春舫。直隸武强縣人。同治七年二甲一百十五名進士。選庶吉士，授編修。光緒七年補福建道御史，十四年遷陝西同州知府，改四川保寧府知府。

陳 達 江蘇江寧縣人。同治七年二甲一百十六名進士。任戶部主事，官至員外郎。

姜 球 字蔚濂，號小泉。安徽懷寧縣人。同治七年二甲一百十七名進士。選庶吉士，散館改戶部主事，升員外郎，官至戶部郎中。

張士煐 字鼎臣。貴州貴陽府人，原籍安徽桐城。同治七年二甲一百十八名進士。任戶部主事，升郎中，光緒二十年官至四川嘉定府知府。

凌心垣 號東藩。四川宜賓縣人。同治七年二甲一百十九名進士。同治十三年任湖北咸寧知縣，光緒五年改湖北黃安知縣，改武昌知縣，官至雲南楚雄知府。

孫永治 字平階。湖北漢陽縣

人。同治三年舉人，七年二甲一百二十名進士。任兵部主事，九年改河南密縣知縣。

文琦　漢軍正黃旗人。同治七年二甲一百二十一名進士。任戶部主事，升員外郎，官至郎中。

林生澤　字春膏。四川安縣人。同治七年二甲一百二十二名進士。任戶部陝西司主事。

曹燮湘　（改名曹翰湘）字價藩、價繁。湖南長沙縣人。道光二十一年（1841）生。同治七年二甲一百二十三名進士。任吏部主事，光緒九年署廣西百色同知。

沈咏彤　字官樵。福建侯官縣人。同治七年二甲一百二十四名進士。任吏部主事。

楊春富　號名園。雲南楚雄縣人。同治七年二甲一百二十五名進士。十年署安徽南陵知縣，十二年任安徽婺源知縣。

皇甫治　字小軒。江蘇吳縣人。同治七年二甲一百二十六名進士。選庶吉士。改吏部主事。

程志和　江西新建縣人。同治七年二甲一百二十七名進士。任工部主事。

第三甲一百四十名

鄭賢坊　字興仙，號小淳。浙江鎮海縣人。同治七年三甲第一名進士。選庶吉士，授檢討。光緒八年京察一等補江南道御史，十二月

官至直隸宣化知府。引疾歸。十三年（1887）卒於家。年六十五。著有《半粟軒集》。

汪文樞　字冠中，號幹廷。江西樂平人，祖籍安徽婺源。同治七年三甲第二名進士。任吏部主事，光緒二十年改甘肅靈臺知縣。

祝世功　河南固始縣人。同治七年三甲第三名進士。任刑部主事。

孫汝明　順天大興縣人。同治七年三甲第四名進士。任戶部主事，改山西五臺知縣。

蘇汝恒　廣西靈川縣人。同治七年三甲第五名進士。

葉蔭昉　號升初。河南正陽縣人。同治七年三甲第六名進士。任刑部主事，升郎中，光緒十五年授浙江道御史，八年十二月改順天東城巡城御史，升禮科掌印給事中，官至湖北糧道。

鄔鳴雛　（《進士題名碑》作鄥鳴雛，誤）陝西平利縣人。同治七年三甲第七名進士。任工部主事。

王裕嶸　字少文，號碧珊。湖南湘潭縣人。道光十九年（1839）生。同治七年三甲第八名進士。任刑部主事，員外郎銜。

喬駿　（《進士題名碑》作喬駿，誤）山西安邑縣人。同治七年三甲第九名進士。任禮部主事，改江蘇陽湖知縣。

陳以咸　字秉鴻、韶次。浙江錢塘縣人。同治七年三甲第十名進士。任戶部主事，官至戶部郎中。

福建司行走。

李應鴻　廣東南海縣人。同治七年三甲十一名進士。十一年署江西建昌知縣，光緒十五年改陝西榆林知縣。

吳應揚　廣東香山縣人。同治七年三甲十二名進士。任刑部貴州司主事。

謝鴻誥　江蘇靖江縣人。同治七年三甲十三名進士。任户部主事。

張朝瀅　（榜名張紹堂）字硯香。江蘇吳縣人。同治七年三甲十四名進士。九年署安徽建德知縣，十二年改青陽知縣。

朱世簾　字繼之，號飭庵。浙江仁和縣人。同治七年三甲十五名進士。十年任陝西醴泉知縣。十一年（1872）卒於任。

路青雲　順天大興縣人。同治七年三甲十六名進士。八年任江西宜春知縣，改萬載知縣。

劉履安　河南商丘縣人。同治七年三甲十七名進士。十年任廣西容縣知縣、恭城縣知縣。

丁　維　字茝軒。直隸玉田縣人。同治七年三甲十八名進士。十一年任江蘇溧水知縣。光緒二年回任。

王懋修　（榜名王夢修）福建侯官縣人。同治七年三甲十九名進士。十年任廣西來賓知縣。

張志賢　山西定襄縣人。同治七年三甲二十名進士。光緒五年任廣西北流知縣。

崔國榜　字易春。安徽太平縣人。同治七年三甲二十一名進士。任江西贛縣知縣，光緒五年署南昌知縣，改宗人府堂主事，遷江西贛州知府，十三年任江西南昌知府，遷吉南贛寧道，官至廣西右江道。

鞠捷昌　山東海陽縣人。同治七年三甲二十二名進士。十年任河南汝陽知縣（同知銜），調祥符知縣，升汝州直隸州知州，補開封知府，官至河南開歸陳許道。

藍瑾章　字寶山。四川榮縣縣人。同治七年三甲二十三名進士。曾七赴會試，五千里之程徒步往返。光緒四年任廣東長寧知縣，遷甘肅肅州州同。

楊際春　（原名楊維儀）字鳳山，號樹勛。江蘇高郵州人。同治七年三甲二十四名進士。選庶吉士，散館授檢討。任職四年以母年高乞養歸。主講板浦、敦善書院，年五十八卒。

魏迺勤　山東德州人。同治七年三甲二十五名進士。任刑部主事，升禮部郎中，官至掌江南道御史。

楊誠一　奉天吉林廳人。同治七年三甲二十六名進士。十二年任直隸成安知縣，光緒七年改盧龍知縣，八年南宮知縣，九年改永年知縣，十二年、十九年復任永年知縣。

蘇大治　字樹滋，號立堂。湖南茶陵州人。道光二十一年（1841）生。同治七年三甲二十七名進士。任户部主事。

王國均　江蘇武進縣人。同治七年三甲二十八名進士。授安徽阜陽知縣，光緒十一年改江蘇淮安府教授。

孫儒卿　字彥臣，號讓泉。山東平度州人。同治七年三甲二十九名進士。任刑部主事，光緒元年任湖南湘陰、祁陽、邵陽、善化、衡山、湘鄉、漵浦知縣，晋知府。以勞卒。

趙時熙　字春臺，號藹臣。河南鄭城縣人。同治七年三甲三十名進士。任刑部主事，進郎中，光緒十年授江南道御史，掌京畿道御史，十三年外任廣西平樂知府，十四年改廣西桂林府知府，官至甘肅鞏秦階道。

陳惺馴　（《進士題名碑》作陳星馴，誤）河南睢州人。道光三十年（1850）生。同治七年三甲三十一名進士。任刑部主事，官至江蘇司郎中。

鄭揚芳　字薌竺，號對廷。廣西鬱林州人。同治七年三甲三十二名進士。選庶吉士，十三年改雲南呈貢知縣。

鄧佐槐　廣東東莞縣人。同治七年三甲三十三名進士。任禮部主事。

陽肇先　字小穀。廣西靈川縣人。同治七年三甲三十四名進士。九年任江蘇陽湖知縣，十一年改江蘇元和知縣，光緒七年回任元和。

黃元文　字裳言。江蘇如皋縣人。同治七年三甲三十五名進士。任戶部主事。光緒九年改順天文安知縣，十三年遷戶部員外郎。

殷謙　字去階、吉六。貴州貴陽府人。同治七年三甲三十六名進士。任刑部主事，光緒四年任順天府懷柔知縣，十六年改順天府東安知縣，改密雲知縣、順義知縣、順天北路廳同知，二十四年遷廣西賓州知州。

李昶　四川西充縣人。同治七年三甲三十七名進士。任刑部主事，光緒十一年改廣西興業知縣，十二年任廣西賀縣知縣，十五年官至廣西百色直隸廳同知。

嵩申　字伯平，號犢山。滿洲鑲黃旗，完顏氏。道光二十一年（1841）八月初十日生。同治七年三甲三十八名進士。選庶吉士，授檢討。遷侍講，纍遷少詹事，光緒七年授光祿寺卿遷內閣學士，九年授禮部侍郎改戶部侍郎，十四年十一月遷理藩院尚書，加太子少保，十五年九月改刑部尚書。光緒十七年（1891）十一月初五日卒，年五十一。諡"文恪"。

胡廷瑤　字心石。安徽祁門縣人。同治七年會元，三甲三十九名進士。光緒七年任四川，八年署四川筠連知縣，十一年代理四川射洪知縣。

汪鑑　字伯明，號曉潭。安徽旌德縣人。同治七年三甲四十名進士。任禮部主事，進郎中，光緒十年授江西道御史，十一年外任四川夔州知府，官至四川成都府知府。

林之升 安徽懷遠縣人。同治七年三甲四十一名進士。任禮部主事。

章淡如 字菊人。江西南昌縣人。同治七年三甲四十二名進士。九年署直隸雞澤知縣，卒於任。

陳作霖 江西興國縣人。同治七年三甲四十三名進士。任兵部主事。

薛振鈺 （原名薛金鑑）字湧棠，號頌唐。浙江錢塘縣人。同治七年三甲四十四名進士。十二年任湖南醴陵知縣。

聯　元 字鶴年，號仙蘅、先亨。滿洲鑲紅旗，崔佳氏。道光二十二年（1842）正月二十六日生。同治七年三甲四十五名進士。選庶吉士，授檢討。歷任侍講、右中允，光緒八年授安徽太平知府，十一年改安慶知府，遷廣東惠潮嘉道，光緒二十四年授安徽按察使，同年十一月入京，任總理各國事務衙門大臣。二十六年授太常寺卿，四月遷內閣學士。光緒二十六年（1900）因反對圍攻各國使館，七月十七日以忤旨處斬。年五十九。十月和議後昭雪，追復原官。宣統元年四月追謚"文直"。

蘇　冕 字冕儀，號藻旒、端侯。廣東順德縣人。同治七年三甲四十六名進士。選庶吉士。

陳兆翰 字琢堂，號西林。浙江鄞縣人。同治七年三甲四十七名進士。任工部主事。

吉　紳 字書雲。直隸玉田縣人。同治七年三甲四十八名進士。十年任山東荏平知縣，十三年二月改山東臨沂知縣，光緒年改蘭山知縣，四年改山東濮州知州，六年任山東朝城知縣。

滕希甫 字正臣，號春軒。安徽婺源縣人。同治七年三甲四十九名進士。署河南扶溝知縣、偃師知縣，補新安知縣。

王必名 字畏侯、實卿。廣西臨桂縣人，原籍浙江山陰。同治七年三甲五十名進士。十二年任湖南保靖知縣，光緒二年改湖南善化知縣，十一年遷湖南桂陽直隸州知州。

陳翔墀 字于雍，號翊庭。福建長樂縣人。同治七年三甲五十一名進士。任江西雩都知縣，改福建建寧府教授。

特　秀 字子良。滿洲鑲紅旗人包衣。同治七年三甲五十二名進士。十二年署江蘇武進知縣，光緒元年任江蘇贛榆知縣，七年再任，十二年署江蘇武進知縣，十三年任山陽知縣，十五年署清河知縣，十七年回任山陽知縣。

陳受梁 號玳琳。湖北黃岡縣人。同治元年舉人，七年三甲五十三名進士。十年署江西瀘溪知縣。

鍾廷瑞 字毓棠。四川德陽縣人。同治七年三甲五十四名進士。十年署湖北興國知州，光緒四年改湖北沔陽知州。

張鑑堂　字海若。陝西鄠縣人。同治七年三甲五十五名進士。署河南西華、固始，補滑縣知縣。著有《問心錄》《古蓼同社詩草》。

兄張鏡堂，咸豐十年進士。

徐德裕　貴州鎮寧州人。同治七年三甲五十六名進士。八年任浙江常山知縣。

溫戡廷　廣東順德縣人。同治七年三甲五十七名進士。任户部主事。

孫承烈　直隸鹽山縣人。同治七年三甲五十八名進士。光緒十三年任吏部主事，升員外郎。

徐作梅　字嶺香。浙江上虞縣人。同治七年三甲五十九名進士。任廣西東蘭州知州，改思恩知縣，十三年調北流知縣，光緒元年保以同知用署貴縣。以積勞卒於昭平途次。

劉昌嶽　字春濤，號峻卿。湖南新化縣人。道光二十一年（1841）生。同治七年三甲六十名進士。八年任江西新城知縣，十三年改江西龍泉知縣，升用知府。

尹果　漢軍鑲黃旗人。同治七年三甲六十一名進士。任內閣中書。宣統己酉重逢鄉舉。

岑傅霖　（《進士題名碑》作岑傅霖，誤）福建侯官縣人。同治七年三甲六十二名進士。八年任廣東海源知縣，光緒二年任廣東高明知縣，十二年新會知縣，十四年署廣東電白知縣。

孟繼震　字慎修。山東長清人。同治七年三甲六十三名進士。任內閣中書。

夏玉瑚　河南羅山縣人。同治七年三甲六十四名進士。任工部主事，升郎中，光緒二十年官至湖南辰州府知府。

鄧明　廣西臨桂縣人。同治七年三甲六十五名進士。任刑部主事。

馮錫綸　字次瓊。廣東南海縣人。同治七年三甲六十六名進士。官至户部員外郎、江西司行走。

恩景　字星垣。正白旗宗室。同治七年三甲六十七名進士。任宗人府副理事官，遷左庶子，官至翰林院侍讀學士。

嚴蔚文　字觀豹，號霞軒。浙江紹興餘姚縣人。同治七年三甲六十八名進士。八年任浙江嚴州府教授。

林步瀛　字研齋。福建永福縣人。同治七年三甲六十九名進士。任雲南知縣，十年改浙江慶元知縣，十一年署遂昌知縣，十三年復任慶元知縣，調補平湖知縣。

李宗鄴　字肇泌，號芷卿。貴州貴築縣人。同治七年三甲七十名進士。九年任浙江龍游知縣，改安吉知縣，十二年調江山知縣。

慕芝田　字仙圃，號茝洲。山東蓬萊縣人。同治七年三甲七十一名進士。任刑部主事、河南司行走。

張佩訓　字書堂、實園。直隸

南皮縣人。同治七年三甲七十二名進士。任河南尉氏知縣，改息縣、葉縣、光山知縣，丁憂，補夏縣、洛陽知縣，光緒十一年調祥符知縣。卒於任。

趙從佐　江西南豐縣人。同治七年三甲七十三名進士。任江蘇即用知縣，光緒元年任江蘇東臺知縣，十一年任改蘇山陽知縣，十二年調上元知縣。

徐鳴皋　字慕袁。江蘇宜興縣人。同治七年三甲七十四名進士。十年任江西星子知縣，歷江西南城、清江、宜春、雩都、廣豐、都昌、萬載知縣。著有《條教録》《情偽録》《史韻補》《鴻雪閑談》等。

兄徐家傑，道光二十七年進士。

吳聯奎　江西玉山縣人。同治七年三甲七十五名進士。十二年任湖南寧鄉知縣，光緒元年改湖南永定知縣。

慶振甲　安徽含山縣人。同治七年三甲七十六名進士。八年任廣西昭平知縣，改廣西博白知縣，代理廣西鬱林知州。

陳杞　湖北蘄州人。咸豐八年舉人，同治七年三甲七十七名進士。十年任廣東西寧知縣。

文榮　漢軍正藍旗。同治七年三甲七十八名進士。十一年十二月署山東博平知縣，光緒元年二月任山東招遠知縣。

黃兆槐　江西新城縣人。同治七年三甲七十九名進士。九年任浙江松陽知縣，十年改浙江秀水知縣。

蕭振漢　（原名蕭振）字子倬，號静齋。河南鄧州人。同治七年三甲八十名進士。選庶吉士，散館改工部主事。

黎淞慶　（原名黎章）字煦壽。廣東香山縣人。同治七年三甲八十一名進士。任户部主事、員外郎銜，江西司行走。

高蔚光　字壽農。雲南昆明縣人。同治七年三甲八十二名進士。任禮部主事，升鑄印司員外郎，光緒十八年纍遷湖北黃州府知府，三十四年署湖北德安知府。

父高本仁，道光二十一年進士。

邱璜　字少蘋。福建長樂縣人。同治七年三甲八十三名進士。任刑部主事。

趙汝臣　字枚卿，號鐵珊。山東黃縣人。同治七年三甲八十四名進士。選庶吉士，授檢討。國史館協修，記名御史。

袁思幹　字錫臣。貴州修文縣人。同治七年三甲八十五名進士。任內閣中書，改湖南會同知縣。

父袁如凱，嘉慶十六年進士；弟袁思韓，道光二十四年進士。

朱成棠　安徽涇縣人。同治七年三甲八十六名進士。任河南知縣

易學清　廣東鶴山縣人。同治七年三甲八十七名進士。任户部主事。

梁琛　河南河內縣人。同治七年三甲八十八名進士。光緒二年

任浙江嘉善知縣。

于萬川　直隸豐潤縣人。同治七年三甲八十九名進士。九年任浙江鎮海知縣。光緒二年卸任，二年回任，五年再卸任，七年復任，八年卸任。

熊鳳儀　廣西臨桂縣人。同治七年三甲九十名進士。任吏部主事。

辛孚德　江西萬載縣人。同治七年三甲九十一名進士。任刑部廣東司主事。

郭乃心　廣東南海縣人。同治七年三甲九十二名進士。任吏部主事。光緒十一年改福建福寧府教授。

吳紹正　號煥卿。安徽休寧縣人。同治七年三甲九十三名進士。九年任浙江蘭溪知縣。十二年復任。

田逢年　福建侯官縣人。同治七年三甲九十四名進士。任內閣中書。

嚴兆麒　福建閩縣人。同治七年三甲九十五名進士。歸班候選知縣。

華懋欽　四川邛州人。同治七年三甲九十六名進士。任河南通許知縣，改澠池知縣。

趙國蘭　河南祥符縣人。同治七年三甲九十七名進士。任戶部主事。

王慶霖　字書亭。福建閩縣人。同治七年三甲九十八名進士。任內閣中書。

黃燦章　字克成，號凌雲。貴州遵義縣人。同治七年三甲九十九名進士。任禮部主事。

彭潤章　字澤之、葦山。貴州黃平州人。同治七年三甲一百進士。八年署浙江慶元知縣，十一年補麗水知縣，光緒三年任浙江平湖知縣。

郭椿　山西右玉縣人。同治七年三甲一百零一名進士。光緒元年任浙江昌化知縣，同知銜。

鄧煐　字少梅。江蘇如皋縣人。同治七年三甲一百零二名進士。十年署山東廣寧知州，任寧海州知州，十一年七月任臨清知州，十三年改山東惠民知縣，光緒七年署益都知縣。

黃維翰　字西園，號梅村。山東章丘縣人。同治七年三甲一百零三名進士。任江西建昌知縣，光緒六年改上猶知縣。卒於任。

張之堂　河南祥符縣人。同治七年二甲一百零四名進士。任廣東會同知縣。

蔣繼芳　廣西鬱林州人。同治七年三甲一百零五名進士。任直隸南和知縣，光緒八年改直隸無極知縣。

陳瑜　字瑾甫，號瓊瑩、寶岩。江西宜春縣人。同治七年三甲一百零六名進士。選庶吉士，光緒元年改浙江龍游知縣，八年因性近迂拘降教諭去。

蕭宗瑪　四川內江縣人。同治七年三甲一百零七名進士。任內閣中書，改雲南祿勸知縣，官至雲南鄧州知州、臨安府同知。光緒十六年改四川龍安府教授。

湯銘新　字潔甫，號霞軒。浙江諸暨縣人。同治七年三甲一百零八名進士。八年任陝西武功知縣，十一年改陝西鎮安知縣，十二年改朝邑知縣，十三年改寶雞知縣，光緒四年任孝義廳同知，五年署興平知縣，七年改安康知縣，十四年復任安康知縣。

延譽 字桂山。滿洲鑲黃旗人。同治七年三甲一百零九名進士。任刑部員外銜主事，光緒二年改湖南安福知縣。

汪以誠 山東歷城縣人，原籍浙江錢塘。同治七年三甲一百十名進士。十年署江西奉新知縣，十二年改江西臨川知縣，光緒十一年改江西南昌知縣，二十年改江蘇南匯知縣。

札拉芬 滿洲鑲藍旗。同治七年三甲一百十一名進士。咸豐二年任廣西昭平知縣。

林灼三 福建閩縣人。同治七年三甲一百十二名進士。七年任廣東海豐知縣，十年改廣東始興知縣，光緒元年順德知縣。任滿升遷。

丁燾 湖北大冶縣人。同治三年舉人，七年三甲一百十三名進士。光緒二年任貴州安南知縣，十七年改湖北襄陽府教授。

江琛 福建永福縣人。同治七年三甲一百十四名進士。任廣東知縣。

金兆基 字德培，號立堂、行一。浙江諸暨縣人。同治七年三甲一百十五名進士。光緒三年任湖南龍陽知縣，升直隸州知州。

堂叔金樹本，道光十三年進士。

王煦 直隸肅寧縣人。同治七年三甲一百十六名進士。十二年任廣東高要知縣，光緒十一年任廣東東莞知縣。

李凌霄 字星槎，號菊譜。山東城武縣人。道光元年（1825）生。同治七年三甲一百十七名進士。

楊士芳 福建臺灣噶瑪蘭廳人。同治七年三甲一百十八名進士。

易鑑章 字鈞衡，號月潭。湖南湘陰縣人。道光四年（1824）生。同治七年三甲一百十九名進士。授江蘇即用知縣，以母老改江西即用知縣。丁母憂旋卒。

术其黌 山東章丘縣人。同治七年三甲一百二十名進士。同治八年任四川汶川知縣，光緒元年八月署四川夾江知縣，四年署大竹知縣。

孫炳煜 河南滎陽縣人。同治七年三甲一百二十一名進士。光緒二年任湖南華容知縣。

馮佐熙 （榜名馮佐法）四川三臺縣人。同治七年三甲一百二十二名進士。山東即用知縣。

黃長森 江西新城縣人。同治七年三甲一百二十三名進士。任安徽桐城知縣，十年調署青陽知縣。

彭輝昇 江西臨川縣人。同治七年三甲一百二十四名進士。光緒元年署浙江富陽知縣。

馮慶長 字培之。直隸隆平縣人。同治七年三甲一百二十五名進士。任河南息縣知縣。丁憂歸。居林下十載，作詩文自娛，年五十四卒。

譚培堃　貴州修文縣人。同治七年三甲一百二十六名進士。光緒二年署四川秀山知縣，十一年任四川雅安知縣。

王金鼎　河南項城縣人。同治七年三甲一百二十七名進士。任户部主事。

劉承矩　字恕庵。河南羅山縣人。同治七年三甲一百二十八名進士。光緒四年任江蘇丹陽知縣。到任未久卒。

華　煜　江西崇仁縣人。同治七年三甲一百二十九名進士。任刑部主事。

羅德綷　江西南豐縣人。同治七年三甲一百三十名進士。任內閣中書，改知縣。

楊桂芳　廣東廣寧縣人。同治七年三甲一百三十一名進士。八年署四川新繁知縣，改署北川知縣，十一年改石泉知縣。

朱乃恭　奉天錦縣人。同治七年三甲一百三十二名進士。十三年任直隸定興知縣，光緒三年任清苑知縣，八年改直隸天津知縣，十一年三任清苑知縣，十四年遷易州直隸州知州，二十四年官至直隸定州直隸州知州。

龔鎮湘　字子修，號省吾。湖南善化縣人。道光十九年（1839）生。同治七年三甲一百三十三名進士。任內閣中書，改宗人府堂主事，光緒十六年改禮部員外郎、郎中。二十八年遷安徽廬州知府，三十二年官至安徽安慶府知府。

王逢年　字伯誠，號耘溪。湖南善化縣人。道光十一年（1831）生。同治七年三甲一百三十四名進士。任內閣中書。歸後卒。

徐煥奎　陝西武功縣人。同治七年三甲一百三十五名進士。任知縣。

周謙枝　湖南湘陰縣人。同治七年三甲一百三十六名進士。光緒三年任湖南岳州府教授。

馬應午　字麗中。陝西大荔縣人。同治七年三甲一百三十七名進士。光緒六年代理山東諸城知縣，八年任山東新城知縣，九年任山東沂水知縣。

夏肇庸　四川射洪縣人。同治七年三甲一百三十八名進士。任山西和順知縣、平陸知縣，光緒七年改山西交城知縣。

曾福善　字備卿。江西餘干縣人。同治七年三甲一百三十九名進士。光緒十一年任山西芮城知縣。

韓樹猷　四川長壽縣人。同治七年三甲一百四十名進士。十一年任直隸容城知縣。

同治十年（1871）辛未科

第一甲三名

梁燿樞（一作梁耀樞）字冠祺，號叔簡、斗南。廣東順德縣人。同治十年一甲第一名狀元。授修撰。入值南書房，同治十二年充順天鄉試同考官，擢侍講。光緒十三年以侍讀學士督山東學政，歷少詹事、十四年授詹事。

高岳崧（原名高松牲）字峻生，號幼潭、子年。陝西長安人。同治十年一甲第二名榜眼，授編修。丁父憂歸。哀毀卒，年三十一。

郁　昆　字漱山。浙江蕭山縣人。同治十年一甲第三名探花。授編修。十二年充順天鄉試同考官，光緒二年任廣東鄉試副考官。

第二甲一百二十名

惲彥彬　字質夫、次遠，號樗園。江蘇陽湖縣人。道光十八年（1838）七月二十二日生。同治十年二甲第一名進士。選庶吉士，授編修。歷任侍讀、侍讀學士、少詹事，光緒十八年授詹事遷內閣學士，十九年充江西鄉試正考官，二十年督廣東學政，二十一年擢兵部右侍郎。二十四年病免歸里。民國九年（1920）卒，年八十三。

黃利觀　字實甫，號竹人。河南鄧州人。同治十年二甲第二名進士。選庶吉士，散館改兵部主事。

李鐵林　字子靜，號鍔華。直隸臨榆縣人。同治十年二甲第三名進士。選庶吉士，散館改河南夏邑知縣、淮寧知縣，光緒二十三年官至河南汝州直隸州知州。

弟李桂林，光緒二年進士。

陸繼輝　字樾生，號蔚庭。江蘇太倉直隸州人。同治十年二甲第四名進士。選庶吉士，授編修。光緒二年充順天鄉試同考官，五年充湖北鄉試正考官，十六年江西鄉試副考官，纍遷陝西漢中知府，二十四年河南汝寧府知府。著有《龍門造象釋文》。

父陸增祥，道光三十年狀元。

趙時俊 字用章，號彥升。雲南浪穹縣人。同治十年二甲第五名進士。選庶吉士，授編修。光緒十四年補江西道御史，十九年官至貴州安順知府。

李岷琛 字少東。四川安縣人。同治十年二甲第六名進士。選庶吉士，授編修。光緒二年督雲南學政，歷任侍講、侍讀學士，改天津兵備道、江西督糧道，二十六年授湖北按察使，二十九年遷江西布政使，六月改湖北布政使，三十三年曾護理湖廣總督。宣統元年九月病免。工書法。

劉韞良 字璞卿，號麗珊。貴州普定縣人。同治十年二甲第七名進士。選庶吉士，十三年散館改雲南恩安知縣。

謝元福 字子受，號綬之。廣西臨桂縣人。同治十年二甲第八名進士。選庶吉士，授編修。光緒二十四年官至江蘇淮揚河務兵備道。

吳西川 字梅龍，號蜀江。甘肅秦州直隸州人。同治十年二甲第九名進士。選庶吉士，授編修。

陳炳星 江西吉水縣人。同治十年二甲第十名進士。任刑部主事，光緒十一年改廣西宜山知縣。

袁善 字心谷、莘谷。江蘇丹徒縣人。同治十年二甲十一名進士。選庶吉士。授編修。光緒二年、三年、六年三充會試同考官，八年充貴州鄉試主考官。丁父憂歸。後主講寶晉書院。

王祖光 字蓮孫，號心齋、蜀江。順天大興縣人。同治十年二甲十二名進士。選庶吉士，授編修。光緒三年充會試同考官，十四年以國子監司業充廣西鄉試主考官，官至浙江杭嘉湖道。

呂紹端 字彤階，號冕士。廣東南海縣人。同治十年二甲十三名進士。選庶吉士，授編修。光緒三年任會試同考官。

曹馴 字良如，號謹堂。廣西臨桂縣人。同治十年二甲十四名進士。選庶吉士，授編修。

左璋 字荔裳，號幼宇。湖北雲夢縣人。同治三年舉人，十年二甲十五名進士。選庶吉士，授安徽青陽知縣，署合肥知縣，光緒五年調蒙城縣，丁憂服闋，十二年補廣東清遠知縣。

雷鍾德 字仲宣，號禹門。陝西安康縣人。同治十年二甲十六名進士。選庶吉士，授編修。降內閣中書，光緒六年外官任四川理番廳同知、石砫廳同知，遷忠州直隸州知州，擢四川寧遠知府，歷任嘉定、雅州、重慶、成都知府，後以道員用。加三品銜，旋卒。工書法。著有《晚香堂詩鈔》。

子雷寶荃，光緒十八年進士。

殷如璋 江蘇甘泉縣人。同治十年二甲十七名進士。任刑部主事，升江西司郎中，十五年十二月任順天北城巡城御史，十六年遷兵科給事中，官至通政司參議。

李殿林　字蔭墀，號竹齋。山西大同縣人。道光二十五年（1845）生。同治十年二甲十八名進士。選庶吉士，授編修。光緒十一年督廣西學政，升洗馬、侍讀學士，二十四年授詹事府詹事，遷內閣學士。二十五年四月授兵部侍郎，改吏部侍郎，督江蘇學政，三十二年授正白旗漢軍副都統，改正黃旗漢軍都統，十一月遷吏部尚書，宣統二年八月授協辦大學士。三年六月授典禮院掌院學士。著有《銓政管見》《雲中草堂詩文集》。

張佩綸　字吉如，號幼樵。河北豐潤縣人。道光二十八年（1848）十月二十九日生。同治十年二甲十九名進士。選庶吉士，授編修。任侍講、庶子，纍官侍講學士，後以三品卿銜會辦福建海疆事，兼船政。馬尾海戰失利，因疏於職守革職戍邊，期滿歸後入李鴻章幕，以四品京卿用。光緒二十九年（1903）正月初七日卒。年五十六。著有《澗於集》《澗於日記》。

金保泰　字夔瀚，號忠甫。浙江錢塘縣人。同治十年二甲二十名進士。選庶吉士。散館改吏部主事，升員外郎、郎中。遷內閣侍讀學士，光緒十七年充江南鄉試主考官，官至太常寺少卿。

陸廷黻　字己雲，號漁笙。浙江鄞縣人。同治十年二甲二十一名進士。選庶吉士，授編修。光緒八年督甘肅學政，著有《鎮亭山房詩集》。

樓汝達　浙江仁和縣人。同治十年二甲二十二名進士。任刑部主事，官至河南南汝光道。

趙林　字寶齋。江蘇常熟縣人。同治十年二甲二十三名進士。任吏部主事。

吳觀禮　字子俊，號圭庵。浙江仁和縣人。登第前，隨左宗棠肅清全閩，宗棠入粵及督師秦晉燕齊，皆參與戎幕。以目疾辭歸。同治十年二甲二十四名進士。選庶吉士，授編修。光緒二年充四川鄉試副考官，官至陝西候補道。善長詩，著有《圭庵詩錄》。

丁振鐸　字聲伯，號巡春、巡卿。河南羅山縣人。道光二十五年（1845）十月初八日生。同治十年二甲二十五名進士。選庶吉士，授編修。光緒九年浙江道御史，改順天東城巡城御史，十四年遷甘肅鞏昌知府，十六年改蘭州知府，擢新疆鎮迪道，二十二年授新疆布政使遷雲南巡撫，改廣西、山西巡撫，二十八年十一月署雲貴總督。三十年實授。三十二年七月調閩浙總督未任，三十三年正月解職。以侍郎銜任資政院協理，任禁煙大臣。宣統三年閏六月任弼德院顧問大臣。去職。民國後曾任參政院參政、審計院院長。

孫汝贊　字襄甫，號厚卿、藕艇。浙江仁和縣人。同治十年二甲二十六名進士。選庶吉士。授編修。

光緒二年充順天鄉試同考官。

崔國因（原名崔國英）字惠人，號篤生。安徽太平縣人。同治十年二甲二十七名進士。選庶吉士，授編修。升侍讀、侍講學士。光緒十五年任駐美公使，兼駐西班牙、秘魯公使。十八年十二月歸國。著有《出使三國日記》。

洪　鑣　字廉天、蓮勇，號念橋。安徽歙縣人。同治十年二甲二十八名進士。選庶吉士，改刑部主事，改直隸州知州。著有《澹齋遺稿》。

陳夢麟　字書玉、書譽。浙江上虞縣人。同治十年二甲二十九名進士。選庶吉士，授編修。

樊恭煦（1845—1914）原名樊恭和。字覺先，號介軒。浙江仁和縣人。同治十年二甲三十名進士。選庶吉士，授編修。光緒二年充順天鄉試同考官，五年督陝西學政，歷任司經局洗馬、侍講、侍讀學士，光緒十四年督廣東學政，三十四年江蘇提學使。工書法。

朱文鏡　字石峰。漢軍鑲紅旗人。同治十年二甲三十一名進士。選庶吉士，授編修。光緒八年外官至陝西榆林知府。

熊景釗　字楠卿，號佘滋。貴州貴築縣人。同治十年二甲三十二名進士。選庶吉士，授編修。光緒九年補湖廣道御史，改四川道御史。

陳卿雲（1822—1903）字瑞虞，又字仙樓。江西上高縣人。同治十

年二甲三十三名進士。選庶吉士，授編修。歷任詹事府右贊善、右中允、日講起居注官、翰林院侍講，光緒十三年官至江蘇揚州知府。著有《崇正遺稿》《左傳讀本》《史記備選》《漢魏六朝文選》《補唐文粹》《續宋文鑒》《漢魏六朝宋詩選》等。

趙履道　字季坦，號介眉。山西代州直隸州人。同治十年二甲第三十四名進士。選庶吉士。未散館。

龔履中　字依極、禹疇，號雨樓。福建侯官縣人。同治十年二甲三十五名進士。選庶吉士，授編修。光緒六年充會試同考官，九年補江南道御史。

羅文彬　號質安。貴州貴陽府人。同治十年二甲三十六名進士。任禮部制儀司主事，遷鑄印局員外郎、祠祭司掌印郎中，外任雲南永昌府知府，官至道員。在任一年，以疾回昆明，光緒二十九年（1903）卒。年五十八。

毛松年　字萱蔭，號季卿。湖南長沙縣人。道光二十年（1840）生。同治十年二甲三十七名進士。選庶吉士，授編修。

王履亨　字次元，號君素、仲乾。四川大竹縣人。同治十年二甲三十八名進士。選庶吉士，十三年改雲南元謀知縣，改曲靖、昆明知縣。

朱　琛　字獻廷，號小唐。江西貴溪縣人。同治十年二甲三十九名進士。選庶吉士，授編修。歷任

侍讀學士、少詹事，光緒十八年授詹事。任咸安宮總裁。二十年病休。

胡寶鐸 安徽績溪縣人。同治十年二甲四十名進士。任兵部主事，官至兵部郎中。

田我霖 字雨田，號少坪。河南祥符縣人。同治十年二甲四十一名進士。任刑部主事，升郎中，光緒十四年授山東道御史，官至太僕寺少卿。

張　楷 字仲模，號則軒。湖北蘄水縣人。同治三年舉人，十年二甲四十二名進士。選庶吉士，授編修。遷侍講，光緒八年授浙江金華知府，十二年改山西汾州知府，在任七年調河南府知府，改開封府知府，後以道員候補。光緒三十年（1904）卒。

潘炳年 字耀如、恒謙，號幼佘。福建長樂縣人。同治十年二甲四十三名進士。選庶吉士，授編修。光緒八年充順天鄉試同考官，十五年充廣西鄉試副考官，京察一等二十三年授四川夔州知府，調署龍安知府，回任夔州府，三十一年署成都知府。告歸。著有《使粵日記》。

余　弼（原名余君弼）字仲亮，號右軒、理齋。浙江仁和縣人。同治十年二甲四十四名進士。選庶吉士，改主事。著有《阽枕草》。

王崧辰 字偉生，號小希、蘭君。福建閩縣人。同治十年二甲四十五名進士。選庶吉士，改甘肅華亭知縣，五年以母老改浙江餘姚知縣。在任五年乞養歸。著有《思雲草堂詩文集》。

寇本珹 字樸庵，號石筠。貴州貴築縣人。同治十年二甲四十六名進士。選庶吉士，授編修。

兄寇嘉相，道光三十年進士。

陳康祺 字均堂。浙江鄞縣人。同治十年二甲四十七名進士。光緒四年任江蘇昭文知縣，七年調江陰知縣，官至刑部員外郎。博學多識，不得志。著有《郎潛紀聞》等。

歐德芳 字夢蘭，號伯香。廣西鬱林州人。同治十年二甲四十八名進士。選庶吉士，授編修。升左贊善、侍講。

朱成熙 字孚吉、緝甫，號保如。江蘇新陽縣人。同治十年二甲四十九名進士。選庶吉士，授編修。兼武英殿協修，以母老乞歸。母喪入都，任國史館協修。引疾歸。主講瀛洲、登瀛、玉山三書院。卒年七十二。

張　瑄 廣西臨桂縣人。同治十年二甲五十名進士。任刑部主事。

陳理泰 字韞原，號文垣。湖南長沙縣人。道光二十四年（1844）生。同治十年二甲五十一名進士。選庶吉士，授編修。光緒二年充會試同考官，三年再充會試同考官。卒於任。

劉齊澐 福建侯官縣人。同治十年二甲五十二名進士。任戶部主事，升員外郎，十五年官至廣東廉州府知府。

王文錦　字雲舫。直隸天津縣人。同治十年二甲五十三名進士。選庶吉士，授編修。歷任侍讀、侍講學士、國子監祭酒，光緒十八年授內閣學士，署工部右侍郎，十九年遷兵部左侍郎，二十一年調任吏部右侍郎。光緒二十二年（1896）五月二十五日卒。年六十二。

毛五和　字爕臣，號葆元、雲琴。湖北黃安縣人。咸豐八年舉人，同治十年二甲五十四名進士。選庶吉士，授編修。

承　翰　字墨莊。滿洲鑲紅旗人。同治十年二甲五十五名進士。選庶吉士，散館改工部主事，光緒五年充順天鄉試同考官，遷少詹事，十一年湖北鄉試主考官，十三年遷太僕寺卿。十四年病休。

丁立瀛　字伯山，號麗生。江蘇丹徒縣人。同治十年二甲五十六名進士。選庶吉士，授編修。十三年補福建道御史，十四年充順天鄉試同考官，遷禮科掌印給事中，官至順天府丞兼學政。光緒三十三年（1907）卒。

父丁紹周，道光三十年進士，任光祿寺卿。弟丁立鈞，光緒六年進士。從兄丁立幹，同科進士。

王　廉　字介埏，號龍溪、怡雲。河南祥符縣人。同治十年二甲五十七名進士。選庶吉士，授編修。光緒十三年纍遷安徽鳳潁六泗道，十七年授湖南按察使，二十年七月護理巡撫，十二月擢安徽布政使，二十一年改直隸布政使。二十二年六月革職。撰有《大梁集》。

陳慶禧　字學餘，號榮門、叔凝。福建侯官縣人。同治十年二甲五十八名進士。選庶吉士，散館改浙江青田知縣，改雲南宜良知縣，光緒十三年任楚雄知縣。

盧　崟　字伯鎣，號雲谷。江蘇江寧縣人。同治十年二甲五十九名進士。選庶吉士，授編修。光緒五年督雲南學政。辭官後，主講南京尊經書院。著有《石壽山房集》。

季邦楨　字士周。江蘇江陰縣人。同治十年二甲六十名進士。任兵部員外郎、車駕司兼職方司行走，記名軍機章京，光緒十年外任直隸天津道，遷長蘆鹽運使，二十一年授福建按察使，改直隸按察使，二十三年遷福建布政使。二十四年解職。尋卒。

祖父季芝昌，道光十二年探花，閩浙總督；父季念詒，道光三十年進士。

黃家駒　廣東東莞縣人。同治十年二甲六十一名進士。任刑部主事。

張星鍔　字夢白，號仲廉、斗垣。四川峨嵋縣人。同治十年二甲六十二名進士。選庶吉士，散館改福建古田知縣，光緒九年歷署福建鳳山、嘉義等縣知縣。

唐景崇　字希姚，號春卿。廣西灌陽縣人。道光二十七年（1847）生。同治十年二甲六十三名進士。

選庶吉士，授編修。歷任侍讀、侍講學士，光緒十九年授內閣學士，二十三年遷禮部侍郎。二十五年丁憂。三十二年改任吏部侍郎，宣統二年二月遷學部尚書，三年改學務大臣。民國二年（1913）卒。年六十七。著有《新唐書糾謬》《新唐書疏解》等。

弟唐景崧，同治四年進士，臺灣布政使。

劉承寬　順天大興人。同治十年二甲六十四名進士。十二年任山東長山知縣，光緒三年任山東鄒平知縣，十一年任山東陽穀知縣。

陳　欽　字西庚，號崇甫、子城。浙江慈溪縣人。同治十年二甲六十五名進士。選庶吉士，授編修。光緒二年充陝西鄉試副考官。

瞿鴻禨　字子玖，號止庵。湖南善化人。道光三十年（1850）六月十五日生。同治十年二甲六十六名進士。選庶吉士，授編修。歷侍講學士，光緒十一年督浙江學政，十七年督四川學政，二十三年授詹事府詹事，遷內閣學士，督江蘇學政，二十五年遷禮部侍郎，左都御史，改工部尚書。二十七年改外務部尚書、軍機大臣，三十二年正月授協辦大學士。後以直言忤西太后，三十三年五月解職。民國七年（1918）卒。年六十九。著有《瀺直紀聞》。

廖壽豐　字穀士。江蘇嘉定縣人。道光十六年（1836）二月十六日生。同治十年二甲六十七名進士。選庶吉士，授編修。薦遷至浙江糧儲道，光緒十三年授貴州按察使改浙江按察使，遷福建布政使改河南布政使，十九年十二月授浙江巡撫。二十四年十月以病免職。光緒二十七年（1901）三月十九日卒，年六十六。

孫祿增　字叔弗，號鏡江。浙江歸安縣人。同治十年二甲六十八名進士。任吏部主事，光緒十一年改江西宜春知縣。

林國柱　字薇卿，號篤甫。浙江蕭山縣人。同治十年二甲六十九名進士。選庶吉士，授編修。光緒二年充順天鄉試同考官，五年督貴州學政。

父林式恭（原名林鳳輝），咸豐三年進士。

彭垚曦　字晉三，號譽孫。江西安義縣人。同治十年二甲七十名進士。選庶吉士，散館改戶部主事。

王成德　山東濱州人。同治十年二甲七十一名進士。任戶部主事。

盧璲采　湖北黃岡縣人。咸豐九年舉人，同治十年二甲七十二名進士。任吏部主事，改浙江義烏知縣。

曹昌祺　字潤之，號少蓉。湖南長沙縣人。道光二十六年（1846）生。同治十年二甲七十三名進士。選庶吉士，散館改貴州玉屏知縣，光緒七年改貴築知縣，八年普安直隸廳同知，十年遷貴州大定府通判，十六年擢銅仁知府，十八年官至大定知府。

區雲漢 廣東新會縣人。同治十年二甲七十四名進士。任吏部主事。

曾培祺 字與九，號壽軒。漢軍正白旗人。同治十年二甲七十五名進士。選庶吉士，授編修。光緒八年充順天鄉試同考官，九年任會試同考官，補河南道御史，十一年充河南鄉試副考官，二十四年官至河南衛輝知府。

盧英偘 湖北黃岡縣人。同治九年舉人，十年二甲七十六名進士。任吏部主事，纍遷山東泰安知府，官至山東濟南府知府。

楊成爻 字子詹，號如坡、拜經。山東諸城縣人。同治十年二甲七十七名進士。選庶吉士，散館改直隸龍門知縣、清苑知縣，光緒四年署直隸新河、黎昌知縣，五年署鹽山知縣。

沈續熙 安徽合肥縣人。同治十年二甲七十八名進士。任刑部主事。

陳序球 字卓明，號天如。廣東南海縣人。同治十年二甲七十九名進士。選庶吉士，授編修。光緒二十八年任會試同考官。

漆墉 字勤修，號書城。江西新昌縣人。同治十年二甲八十名進士。選庶吉士。

韓文鈞 字子衡，號紫薝。奉天義州（今遼寧義縣）人。同治十年二甲八十一名進士。選庶吉士，授編修。光緒六年任會試同考官，

外官至廣東糧儲道，十五年署廣東肇高道。

劉章天 字倬卿。福建仙游縣人。同治十年二甲八十二名進士。任禮部主事。

許桂芬 江蘇鹽城縣人。同治十年二甲八十三名進士。光緒三年署山東費縣知縣，六年任棲霞知縣，十四年正月任臨清知州，二十年復任，二十一年六月三任臨清知州。

張曾敭 字次明，號潤生、篠帆。直隸南皮縣人。道光二十三年（1843）七月初四日生。同治十年二甲八十四名進士。選庶吉士，授編修。光緒十二年任湖南永順府知府，改廣東肇慶知府、廣州知府，遷福建鹽法道，光緒二十一年授福建按察使，二十三年病免。二十五年授四川按察使遷福建布政使，改湖南、廣西、四川布政使，二十九年正月遷山西巡撫，三十一年六月改湖南巡撫，九月改浙江巡撫，三十三年七月調江蘇巡撫，八月復任山西巡撫。因捕殺革命黨人秋瑾，遭輿論遣責，被迫辭職還鄉。民國十年（1921）正月卒。年七十九。

李聯芳 字芝軒，號實齋。陝西平利縣人。同治九年舉人，十年二甲八十五名進士。選庶吉士，授編修。光緒五年充廣西鄉試主考官，八年山西主考官，十七年甘肅副考官，纍遷少詹事，光緒二十八年授內閣學士，充順天鄉試副考官，二十九年充福建鄉試正考官，三十四

年去職，宣統三年任典禮院學士。

許楫 甘肅武威縣人。同治十年二甲八十六名進士。任刑部主事。

宋之京 字心符。陝西咸寧縣人。同治十年二甲八十七名進士。任戶部浙江司主事。後主講豐登書院，旋卒。

父宋來賓，道光三十年進士。

張冲霄 字蓮舫，號炳煜。直隸清苑縣人。同治十年二甲八十八名進士。授工部主事，光緒二十九年任陝西清澗知縣，宣統元年署醴泉知縣。民國三年（1914）卒。

郭慶新 浙江鄞縣人。同治十年二甲八十九名進士。光緒六年任山東武城知縣。

臧濟臣 字景傅，號未齋。山東諸城縣人。同治十年二甲九十名進士。選庶吉士、授編修。光緒五年督湖北學政，升左贊善、翰林院侍讀。

王貽清 字筱岑。江蘇泰州人。同治十年二甲九十一名進士。選庶吉士，授編修。升贊善，光緒十五年充順天鄉試同考官，遷中允，京察一等，光緒十七年升湖北襄陽知府。年六十四卒於任。

爲道光六年進士王廣業三子。

郭慶治 字策安，號子恬。湖南長沙縣人。道光十九年（1839）生。同治十年二甲九十二名進士。任刑部主事。

黃杰 字輔臣、佐之。貴州貴築縣人。同治十年二甲九十三名進士。任刑部主事，遷郎中，官至廣東肇慶府知府。

朱元治 字叔平，號子京。江蘇嘉定縣（今上海）。同治十年二甲九十四名進士。選庶吉士，散館改刑部主事。

盧樹桂 陝西渭南縣人。同治十年二甲九十五名進士。任戶部主事。

鄧蓉鏡 字蓮裳，號上選。廣東東莞縣人。同治十年二甲九十六名進士。選庶吉士，授編修。外官至江西督糧道。爲粵中著名金石學家。

鄭成章 字禮南，號少仙。安徽歙縣人。同治十年二甲九十七名進士。選庶吉士，光緒七年改任江西安仁知縣。

李肇南 字樹極，號薰臣、少軒。雲南鎮雄州人。同治十年二甲九十八名進士。選庶吉士，授編修。光緒二年充會試同考官，二十一年外任直隸宣化知府，改安徽鳳陽知府。二十六年庚子之變，兩宮西逃至宣化，隨行太監入民家擄劫，肇南捕得數人乃止。因入行宮面奏曰："今國難人心爲重，望皇太后沿途約束此輩，勿使結怨於民。"皇太后稱："此人戇直，有古大臣風，異日可大用。"及回鑾，太后一日臨朝謂諸大臣曰："往歲西幸，此何等不幸事，李肇南區區一知府，乃敢下落井石，辱吾左右，此事不可恕。"大臣唯唯不敢對，肇南聞之遂致仕歸。

錢振常　字箆仙。浙江歸安縣人。同治十年二甲九十九名進士。任禮部主事，官至禮部郎中。與國子監司業錢振倫合撰《樊南文集箋注補編》。

劉敦紀　安徽旌德縣人。同治十年二甲一百名進士。任刑部主事。

李喬年　直隸滿城縣人。同治十年二甲一百零一名進士。任刑部主事，光緒十七年改吉林長春府教授。

潘宗壽　字建侯，號輔臣。湖南善化縣人。道光十二年（1842）生。同治十年二甲一百零二名進士。任工部主事，光緒七年官至廣西鎮安府知府。

楊銘　字又新、右箴。福建閩縣人。同治十年二甲一百零三名進士。任內閣中書，光緒三年改福建建寧府教授。

王玉森　字梅舫。順天大城縣人。同治十年二甲一百零四名進士。選庶吉士，改戶部主事。

周衍恩　字蓉浦，號幼鴻。河南祥符縣人。同治十年二甲一百零五名進士。選庶吉士，十二年改山東海豐知縣，光緒二年署萊陽知縣，三年署平陰知縣，四年復任海豐知縣，九年任章丘知縣，十三年任滋陽知縣，十六年復任山東章丘知縣。

陳慶萱　順天宛平縣人。同治十年二甲一百零六名進士。任刑部主事。

黃崇惺　（榜名黃崇姓）字心皋、況生、麟士，號鳳山。安徽歙縣人。同治十年二甲一百零七名進士。選庶吉士，改任福建歸化知縣、福清知縣，署汀州同知。著有《二江草堂文集》《心樓讀畫集》《鳳山筆記》《勸學贅言集》。

區諤良　字黻猷，號海峰。廣東南海縣人。同治十年二甲一百零八名進士。選庶吉士，改工部主事、員外郎，外官至江西知府。

沈星標　浙江嘉善縣人。同治十年二甲一百零九名進士。任戶部主事，光緒五年改湖北京山知縣，二十年改湖北孝感知縣。

甘常俊　江西奉新縣人。同治十年二甲一百十名進士。任吏部主事，光緒十二年改福建福安知縣。

德浚　漢軍正白旗人。同治十年二甲一百十一名進士。任戶部主事。

丁立幹　（1836—1894）字桐生，號質夫。江蘇丹徒縣人。同治十年二甲一百十二名進士。選庶吉士，授編修。升侍讀學士，光緒八年督雲南學政，遷詹事。旋卒。著有《修竹軒詩集》。

孫家穆　字筱漪。安徽鳳臺縣人。同治十年二甲一百十三名進士。光緒八年任戶部主事、河南司行走。因雲南報銷案革。

劉臣良　（原名劉桂芳）四川瀘州直隸州人。同治十年二甲一百十四名進士。任工部主事。

李端　字硯生，號雲臺。貴州貴定縣人。同治十年二甲一百十五名進士。選庶吉士，授編修。

孫萬春　字介眉。直隸清苑縣人。同治十年二甲一百十六名進士。主講延慶縉山書院，任兵部主事，光緒八年改陝西鄠縣知縣，十二月改商南知縣，十六年任安康知縣，二十二年署宜君知縣，二十三年改咸陽知縣，二十七年任清澗知縣，二十九年任武功知縣。丁憂間居省城卒。

高肜瑄　字叔玉。山東利津縣人。同治十年二甲一百十七名進士。任工部都水司主事。

張維垣　字星樞。福建臺灣縣人。同治十年二甲一百十八名進士。十三年任浙江遂昌知縣。光緒三年復任。

朱慶鏞　字友笙。江蘇泰州人。同治十年二甲一百十九名進士。光緒二年任浙江松陽知縣，七年調鄞縣知縣。罷歸旋卒。

張永熙　字文山。廣西靈川縣人。同治十年二甲一百二十名進士。十二年署四川長壽知縣，光緒五年改太平知縣，兼東鄉知縣，調署開縣知縣。卒於任。

第三甲二百名

李紱藻　字伯虞，號華笙。湖北沔陽州人。道光二十三年（1843）生。同治六年舉人，十年三甲第一名進士。選庶吉士，授檢討。纍遷少詹事，光緒二十三年督江西學政，十一月授詹事，二十四年遷內閣學士，二十六年遷禮部左侍郎，三十二年兼署刑部右侍郎，三十三年裁缺禮部授倉場侍郎。三十四年（1908）五月二十日卒。

碩　濟　字澤浦。正藍旗宗室。同治十年三甲第二名進士。任宗人府主事。

金桂馨　號雨樵。江西高安縣人。同治十年三甲第三名進士。任禮部主事。

吳浚宣　字子效，號紫菽。浙江海寧州人。同治十年三甲第四名進士。選庶吉士，授檢討。

楊承澤　湖北竹溪縣人。同治九年舉人，十年三甲第五名進士。任工部主事。

英　煦　字和卿，號曙樓。滿洲鑲黃旗，赫舍里氏。道光二十二年（1842）七月二十八日生。同治十年三甲第六名進士。選庶吉士，授檢討。歷任侍講、侍讀學士、少詹事。光緒八年遷大理寺卿，十年授左副都御史，十一年充山東主考官，改禮部右侍郎，十三年調盛京刑部侍郎。光緒二十五年革職。

周孚裕　字鶴笙。安徽蕪湖縣人。同治十年三甲第七名進士。光緒五年任江蘇桃源知縣，升直隸州。丁憂去。卒於里。

周維祺　直隸獻縣人。同治十年三甲第八名進士。任刑部主事。

趙廣麟　字怡軒。奉天開原縣人。同治十年三甲第九名進士。任禮部主事，升員外郎。

陳季芳　福建閩縣人。同治十年三甲第十名進士。任戶部主事。

張海鵬　河南祥符縣人。同治十年三甲十一名進士。任戶部主事，光緒十六年升員外郎，官至陝西司郎中。

張秉銓　號幼亦。福建侯官縣人。同治十年三甲十二名進士。任廣西昭平、臨川、宣化、天寶、臨桂知縣。以誣劾罷官。著有《南寧平寇記》《常平義倉記》《于役百篇吟》。

鄭聲鏘　福建閩縣人。同治十年三甲十三名進士。光緒元年任山東清平知縣，三年九月署黃縣知縣。

王廣福　字履青。江蘇通州人。同治十年三甲十四名進士。任戶部主事，官至員外郎。

周福清　（1838—1904）原名致福。字震生，號介夫、梅仙。浙江會稽縣人。同治十年三甲十五名進士。選庶吉士，光緒元年改江西金溪知縣，後改內閣中書，署侍讀學士。光緒十九年，回籍奔喪，因行賄被囚，後獲釋，病死。

魯迅先生祖父。

趙環慶　安徽太湖縣人。同治十年三甲十六名進士。任戶部主事，署湖南武岡州知州、澧州知州、衡州知府，光緒十五年任沅州知府，改長沙府知府。以道員用，加二品銜。

王廣寒　字桂府，號韶臣。山東壽張縣人。同治十年三甲十七名進士。任吏部考工司主事，員外郎銜。覺羅官學漢教習，光緒十年署安徽全椒知縣，補舒城知縣。卒於任。

成占春　字梅叔，號尊仙。江蘇興化縣人。道光二十八年（1848）生。同治十年三甲十八名進士。選庶吉士，十三年改雲南易門知縣，在任十年，調署蒙自知縣、河陽知縣，遷石屏州知州，光緒十三年任雲南鎮雄知州。丁憂歸。卒年五十九。著有《海琴仙館詩》。

任明哲　山西壽陽縣人。同治十年三甲十九名進士。任工部主事。

宋岱齡　字魯瞻。山東膠州人。同治十年三甲二十名進士。任河南祥符、鹿邑、懷寧知縣。母老告歸。母喪哀毀成疾卒。

馮壽鏡　字己亭。浙江德清縣人。同治十年三甲二十一名進士。授江蘇寶山知縣，光緒二年任江蘇丹徒知縣，十五年十月署昆山知縣。

何秉禮　湖南巴陵人。同治十年三甲二十二名進士。任刑部廣西司主事。

李錫朋　直隸天津縣人。同治十年三甲二十三名進士。光緒六年任河南確山知縣，十四年任河南獲嘉知縣，改安徽知縣。

汪運鑰　字迪斿，號荻漁。安徽歙縣人。同治十年三甲二十四名進士。選庶吉士，授檢討。

李長齡　字浩然、養吾，號子

孟、鶴臣。江西南城縣人。同治十年三甲二十五名進士。選庶吉士，授檢討。

劉　鎮　江西武寧縣人。同治十年三甲二十六名進士。任户部主事。

楊成章　廣西靈川縣人。同治十年三甲二十七名進士。光緒十一年任福建臺灣彰化知縣。

何式珍　字秀臣。福建侯官縣人。同治十年三甲二十八名進士。十三年任山東觀城知縣，光緒三年改壽張知縣，五年任曹縣知縣，八年任陽穀知縣，十四年改山東樂安知縣，十五年復任陽穀知縣，十六年署歷城知縣，十七年任德州知縣，十八年改恩縣知縣，二十二年復任恩縣知縣。

周晉堃　字紀方，號鐵柵、椒若。江蘇上海縣人。同治十年三甲二十九名進士。選庶吉士，光緒元年改直隸贊皇知縣，十三年改豐潤知縣，十六年遷改吏部主事，官至河南陝州直隸州知州。

邵世恩　浙江錢塘縣人。同治十年三甲三十名進士。光緒二年任湖北天門知縣，二十四年官至四川寶寧府知府。

陳秉和　字梅村，號石卿。山東曲阜縣人。同治十年三甲三十一名進士。選庶吉士，授檢討。升左春坊左中允、司經局洗馬、右庶子、國子監祭酒、侍讀學士，光緒二十六年遷內閣學士。二十九年以病歸。

卒年七十三。

張庭蘭　字漢臺。山東萊蕪縣人。同治十年三甲三十二名進士。光緒年間任江蘇丹陽知縣、青浦知縣，十四年署華亭知縣，改吳江知縣。

李士周　廣東化州人。同治十年三甲三十三名進士。任吏部主事。

何養恒　字心齋。雲南楚雄縣人。同治十年三甲三十四名進士。任刑部主事、山東司行走。

黃嘉端　廣東南海縣人。同治十年三甲三十五名進士。任刑部主事。

李　暎　字澄齋，號梅村。山西平定直隸州人。同治十年三甲三十六名進士。任刑部主事，升員外郎，光緒六年授山東道御史，官至湖南寶慶府知府。

陳宗濂　字幼蓮。福建閩縣人。同治十年三甲三十七名進士。任工部主事，官至候補道。

崔　佐　廣東南海縣人。同治十年三甲三十八名進士。任知縣。

單傳經　山東高密縣人。同治十年三甲三十九名進士。任安徽貴池知縣、直隸青縣知縣。

陳榮昌　字文峰。河南羅山縣人。同治十年三甲四十名進士。任户部主事，光緒十六年改奉天義州知州。

于鍾德　字宣臣。雲南昆明縣人。同治十年三甲四十一名進士。十二年任山西神池知縣，光緒三年署山西汾縣知縣。值旱災，冬日無雪，春夏不雨，死者日衆，傷心至疾。後自盡卒。

蕭湘　字文波。雲南昆明縣人。同治十年三甲四十二名進士。任戶部主事，官至貴州同知。

劉鴻熙　順天大興縣。同治十年三甲四十三名進士。任刑部福建司主事。

晏燊　字廷獻，號槐卿。江西新昌縣人。同治十年三甲四十四名進士。十三年任廣東開平知縣。

梁融　廣東南海縣人。同治十年三甲四十五名進士。光緒三年署四川東鄉知縣，七年改廣東高州府教授。

許奇嵩　廣東開平縣人。同治十年三甲四十六名進士。官至兵部郎中。

姚定基　字靜庵。陝西西鄉縣人。同治十年三甲四十七名進士。任刑部主事，光緒九年遷甘肅安西直隸州知州。

周文燾　河南商城縣人。同治十年三甲四十八名進士。任刑部主事。

李賓　江西安福縣人。同治十年三甲四十九名進士。光緒三年任雲南廣通知縣，改寶寧知縣，遷雲州知州。

楊晉笙　山東諸城縣人。同治十年三甲五十名進士。任戶部主事，官至戶部員外郎。

陳士鈞　字和石。福建連江縣人。同治十年三甲五十一名進士。授廣西西林知縣，縣有舊俗，新縣長下車，鄉民必納五百爲縣長宰壽。該縣苦瘠。官數換鄉民苦，士鈞知其艱，立擯不受。後調署灌陽知縣，升龍勝府通判，卒於署年五十九。

宋紹波　福建福安縣人。同治十年三甲五十二名進士。

丁墉　字倣石。廣西臨桂縣人。同治十年三甲五十三名進士。任吏部主事文選司、驗封司行走。

良弼　（榜名傅良弼）字說岩，號夢臣。滿洲正白旗，富察哈拉氏。道光十七年（1837）十月二十八日生。同治十年三甲五十四名進士。任戶部主事，升郎中，光緒十一年授江西道御史，遷右庶子、少詹事，光緒十九年授詹事，二十年遷內閣學士，二十一年遷盛京戶部侍郎。二十五年十月以事革。

張煒基　字彤甫。江蘇通州人。同治十年三甲五十五名進士。署浙江長興知縣。

彭懋謙　字小皋。陝西石泉縣人。同治十年三甲五十六名進士。任工部主事，捐道員，歷署廣東督糧道、惠潮嘉道，加按察使銜。乞假養親歸。主講關中、味經兩書院，光緒二十六年陝西巡撫請贊賑務，總局不受薪水，獎二品頂帶，卒。年六十九。

貴恒　字顯堂，號午橋、鄔橋。滿洲鑲白旗。道光二十一年（1841）十月初九日生。同治十年三甲五十七名進士。選庶吉士，授檢討。翰林院侍讀學士，光緒七年授詹事遷內閣學士，九年授禮部侍郎改刑部侍郎，十一年督安徽學政，十六年二月遷左都御史，十七年十一月改刑部尚書，十九年病免。二十六年復授刑部尚書。二十八年以病去職。光緒三十年十二月初八日（1905年1月）卒。年六十四。

張祖謨　河南祥符縣人。同治十年三甲五十八名進士。任內閣中書，改宗人府堂主事，光緒年間官至四川順慶知府。

李聯珠　字奎聚，號星垣。直隸景州人。同治十年會元，三甲五十九名進士。任山東知縣。

蓋紹曾　字鳳西。山東萊陽縣人。咸豐十一年舉人，同治十年三甲六十名進士。十三年署四川黔江知縣，光緒十二年署合州知州，補雅安知縣，調南充知縣，任職以廉著稱。省墓乞歸。

涂椿齡　湖北武昌縣人。同治九年舉人，十年三甲六十一名進士。任刑部主事，官至山西候補道。

郭增祿　山西長子縣人。同治十年三甲六十二名進士。任刑部主事，光緒十一年改福建古田知縣。

畢奉先　字潤璋、雨琴，號秋浦。山東新城縣人。同治十年三甲六十三名進士。授刑部主事，改江蘇震澤知縣。

李文燿　字丙峰。湖北孝感縣人。咸豐九年舉人，同治十年三甲六十四名進士。光緒五年任江蘇江陰知縣，十六年代理江蘇高淳知縣。

陳馴門　湖北黃陂縣人。同治六年舉人，十年三甲六十五名進士。十三年任陝西澄城知縣。

謝廷鈞　（榜名謝廷推）廣東從化縣人。同治十年三甲六十六名進士。光緒元年署四川琪縣知縣，十二年任四川射洪知縣，十四年回任射洪縣。

沈　蓮　江蘇婁縣人。同治十年三甲六十七名進士。任刑部主事。

徐景福　字介亭。浙江遂昌縣人。同治十年三甲六十八名進士。十二年補江蘇常熟知縣，十三年改婁縣知縣，光緒二年再任常熟知縣，五年改江蘇荊溪知縣。卒於任。著有《丹泉海島録》。

魏傳熙　字敬五，號子純。湖南長沙縣人。道光二十四年（1844）生。同治十年三甲六十九名進士。任吏部主事，光緒四年改廣東海豐知縣，十一年任順德知縣。

劉　珏　江西鉛山縣人。同治十年三甲七十名進士。十一年任福建建寧知縣。

吳雲濤　字松午。福建閩縣人。同治十年三甲七十一名進士。署安徽合肥知縣，光緒九年署安徽舒城知縣，十七年署懷寧知縣，改任江西樂安知縣，官至安徽無爲州知州。

林兆南　廣西蒼梧縣人。同治十年三甲七十二名進士。十三年任廣東揭陽知縣。

曾瑞春 字杏林，號曲宴、銳堂。福建長汀縣人。同治十年三甲七十三名進士。選庶吉士，散館改江西宜春知縣。

李毅人 山西平定直隸州人。同治十年三甲七十四名進士。任戶部主事，光緒十年改甘肅安定知縣。

趙惟鱗 （榜名趙鱗）江西南豐縣人。同治十年三甲七十五名進士。光緒四年任湖南安化知縣。

歐陽泰 福建閩縣人。同治十年三甲七十六名進士。

孫紹曾 河南洛陽縣人。同治十年三甲七十七名進士。任禮部主事，改雲南南寧知縣、祿勸知縣，趙州知州，官至賓川知州。

項聯晉 字錫藩。江蘇阜寧縣人。同治十年三甲七十八名進士。任雲南寶寧知縣，歷任雲南、太和、趙州、保山知縣，以卓異補雲南永昌知府。卒年六十四。

趙聯登 字捷三。陝西大荔縣人。同治十年三甲七十九名進士。光緒四年任浙江麗水知縣。

許虎變 河南考城縣人。同治十年三甲八十名進士。十二年署山東廣寧知州，十三年山東任寧海州知州，光緒七年任山東金鄉知縣。

宋廣蔭 直隸樂亭縣人。同治十年三甲八十一名進士。任河南候補知縣。

杜天樞 字星垣，號惺園。河南孟縣人。道光二十一年九月初九月生。同治十年三甲八十二名進士。

陳鳳靈 陝西大荔縣人。同治十年三甲八十三名進士。任知縣。

楊開第 字熙伯、希白，號少陵。湖南善化縣人。道光二十一年（1841）生。同治十年三甲八十四名進士。授浙江即用知縣，任長興知縣。

潘仕釗 字國英，號翰墀。廣東南海人。道光二十年（1840）生。同治十年三甲八十五名進士。選庶吉士，授檢討。官至河南開歸陳許道。

孔繼鈺 字潤生，號選樓。山東曲阜縣人。同治十年三甲八十六名進士。選庶吉士，改廣東樂會知縣。

趙映辰 字星府。奉天承德縣人。同治十年三甲八十七名進士。光緒初年任直隸巨鹿知縣，十年署雄縣知縣，十一年改直隸靜海知縣，十四年清苑知縣，二十一年改天津青縣知縣。

魯宗頊 江西南豐縣人。同治十年三甲八十八名進士。任工部主事，改廣東曲江知縣，光緒十二年改廣東始興知縣。

文光 字鏡堂。滿洲鑲藍旗，烏雅氏。同治十年三甲八十九名進士。任工部主事，纍遷雲南元江直隸州知州、普洱知府，擢陝西潼商道，光緒十八年授四川按察使，二十五年改湖南按察使，遷新疆布政使。二十七年病免。

劉寶燭 陝西咸陽縣人。同治

十年三甲九十名進士。任知縣。

德潤　滿洲正黃旗人。同治十年三甲九十一名進士。光緒四年任湖北通山知縣。

史賢　順天宛平縣人。同治十年三甲九十二名進士。光緒元年任山東高密知縣。

趙炳壎　廣西臨桂縣人。同治十年三甲九十三名進士。任工部主事。

何粹然　直隸正定縣人。同治十年三甲九十四名進士。即用知縣，分發山東，光緒二年任山東觀城知縣，十四年改山東昌樂知縣，十六年任齊河知縣，二十二年改山東曲阜知縣。

李平先　字升庵。四川永川縣人。同治十年三甲九十五名進士。任兵部主事，改廣東陽山知縣，擢連州直隸州知州。

慶吉　滿洲鑲黃旗人。同治十年三甲九十六名進士。任刑部主事。

唐光圻　廣西全州人。同治十年三甲九十七名進士。光緒三年任湖北黃梅知縣。

梁朝瑞　陝西大荔縣人。同治十年三甲九十八名進士。任知縣。

劉調元　四川新都縣人。同治十年三甲九十九名進士。任兵部主事，改浙江龍泉知縣，光緒十四年改吉林敦化知縣，二十二年遷吉林五常廳同知，署吉林府知府。

田寶岐　陝西澄城縣人。同治十年三甲一百名進士。光緒十一年任甘肅大通知縣。

孫樹滋　安徽休寧縣人。同治十年三甲一百零一名進士。任甘肅知縣。

方功渤　字同春，號恬澄。湖南巴陵縣人。道光二十三年（1843）生。同治十年三甲一百零二名進士。官至戶部員外郎。

陶大夏　河南新野縣人。同治十年二甲一百零三名進士。光緒八年任湖北黃安知縣。

陳寶　字百生、白森。江蘇東臺縣人。同治十年三甲一百零四名進士。選庶吉士，授檢討。

羅大佑　江西德化縣人。同治十年三甲一百零五名進士。十二年任福建閩縣知縣，光緒十一年遷福州海防同知，官至福建臺灣府知府。

馬燾　山東德州人。同治十年三甲一百零六名進士。光緒五年任河南鎮平知縣。

劉銘訓　山東福山縣人。同治十年三甲一百零七名進士。任直隸候選知縣，光緒二年改山東濟南府教授。

邢彤雲　字倬峰。直隸新城縣人。同治十年三甲一百零八名進士。即用知縣發山西，署山西浮山知縣，改寧鄉知縣，補山西靈丘知縣。以勞卒於任。

張和　甘肅秦州人。同治十年三甲一百零九名進士。即用知縣，官至郎中。

王在隆　字雲嶺。四川綦江縣人。同治十年三甲一百十名進士。

任浙江知縣。卒於任。

裕　昌　字曉墀。蒙古正黃旗。同治十年三甲一百十一名進士。光緒五年任浙江慈溪知縣。

尹起鸞　江西贛縣人。同治十年三甲一百十二名進士。十二年補安徽阜陽知縣，光緒六年任安徽宿松知縣、懷寧知縣，十五年署鳳陽府同知。

胡永焯　字笠卿。安徽休寧縣人。同治十年三甲一百十三名進士。光緒元年署遂昌知縣，五年任浙江昌化知縣，十二年任諸暨知縣。

李應華　福建長樂縣人。同治十年三甲一百十四名進士。十三年任江西吉水知縣，光緒十一年改貴州玉屏知縣，十二年改畢節知縣，十七年改貴築知縣，改雲南思安知縣，遷雲南安寧州知州，二十八年改平越直隸州知州，遷雲南臨安知府、昭通知府、廣南知府。

陳煥文　江西金溪縣人。同治十年三甲一百十五名進士。光緒元年任直隸清河知縣。

李曾珂　江蘇上海人。同治十年三甲一百十六名進士。十二年署江西金溪知縣、光緒十一年任江西樂平知縣、廬陵知縣。

王士錚　字又錚。安徽定遠縣人。同治十年三甲一百十七名進士。任湖北來鳳知縣，補建始縣。未到任卒。

閻廣慶　四川渠縣人。同治十年三甲一百十八名進士。

趙鼎五　陝西蒲城縣人。同治十年三甲一百十九名進士。光緒十四年任河南葉縣知縣。

季　鎔　（原名季鎜）雲南昆明縣人。同治十年三甲一百二十名進士。任户部主事。

劉青藜　山西大同縣人。同治十年三甲一百二十一名進士。任陝西淳化知縣，光緒二年改洋縣知縣，六年署平利知縣，九年改三原知縣，十六年署靖邊知縣。

李敦煌　福建閩縣人。同治十年三甲一百二十二名進士。

王澤普　山東樂陵縣人。同治十年三甲一百二十三名進士。

趙錦章　字裴齋。安徽涇縣人。同治十年三甲一百二十四名進士。光緒三年任河南南召知縣，十年改河南安陽知縣。

孫清士　字菊人。雲南呈貢縣人。同治十年三甲一百二十五名進士。光緒三年署四川蒲江知縣，七年任巴州知州，十年南充知縣，改四川達縣知縣，十三年任四川雷波廳通判。

王寶仁　雲南昆明縣人。同治十年三甲一百二十六名進士。光緒元年任山東齊河知縣。

兄王寶書，光緒二年進士。

汪　昌　字哲人。江蘇吳縣人。同治十年三甲一百二十七名進士。光緒任浙江德清知縣，七年任浙江臨安知縣。

王方田　河南扶溝縣人。同治

十年三甲三甲一百二十八名進士。光緒三年任湖北廣濟知縣，九年改湖北潛江知縣，官至廣西泗城府知府。

鄒嶧　字魯山。四川巴縣人。同治十年三甲一百二十九名進士。任湖北咸豐知縣，在任兩年，丁憂歸。絕意仕進。主講歸儒、字水兩書院，年逾七十卒。著有《冷澹吟詩草》。

劉世德　貴州安化縣人。同治十年三甲一百三十名進士。任內閣中書。

崔錦中　安徽太平縣人。同治十年三甲一百三十一名進士。任內閣中書。

多泰　鑲白旗宗室。同治十年三甲一百三十二名進士。任禮部主事，升員外郎，光緒十六年官至禮部儀制司郎中。

邊瀹慈　直隸任丘縣人。同治十年三甲一百三十三名進士。光緒五年任河南寶豐知縣。

曾星輝　陝西紫陽縣人。同治十年三甲一百三十四名進士。光緒元年任直隸清豐知縣。

精一　滿洲鑲黃旗人。同治十年三甲一百三十五名進士。

蘇維垣　字雲樵。直隸清苑縣人。同治十年三甲一百三十六名進士。光緒二年署四川珙縣知縣。卒於任。

文朝輔　字靜崖。四川犍爲縣人。同治十年三甲一百三十七名進士。十二年任四川成都府教授。

毛羽豐　河南武陟縣人。同治十年三甲一百三十八名進士。光緒五年任直隸定興知縣，十一年改直隸清豐知縣。

閻樸　字文樸。甘肅清水縣人。同治十年三甲一百三十九名進士。任四川南江知縣、梓潼知縣。解組歸。主講本邑書院。

曹登瀛　字仙洲。山西陵川縣人。同治十年三甲一百四十名進士。授河南即用知縣。到有一載未任卒。

梁璨　河南鹿邑縣人。同治十年三甲一百四十一名進士。官至禮郎部中。

趙輝棣　順天寧河縣人。同治十年三甲一百四十二名進士。任河南息縣知縣。

程秉鈞　江西新建縣人。同治十年三甲一百四十三名進士。光緒二年任安徽寧國知縣。

王嘉喆　湖北孝感縣人。咸豐九年舉人，同治十年三甲一百四十四名進士。任山東諸城知縣，光緒六年二月任山東魚臺知縣。

王岱　字海峰。江蘇阜寧縣人。同治十年三甲一百四十五名進士。十年九月署陝西沔縣知縣，光緒二年改西鄉知縣，五年任陝西涇陽知縣。解職歸。卒年七十九。

包鵬飛　江西南豐縣人。同治十年三甲一百四十六名進士。任甘肅即用知縣，改簽湖北。

陳聿昌　字爾修，號楚穎。浙江鎮海縣人。同治十年三甲一百四十七名進士。光緒五年署江西廣豐知縣，七年調補興國縣。未赴。十年（1884）卒於南昌，年六十。

趙擇雅　字著堂。貴州平越直隸州人。同治十年三甲一百四十八名進士。十三年任山東曲阜知縣，光緒二年改山東蘭山知縣。致仕歸。

趙英祚　漢軍正白旗。同治十年三甲一百四十九名進士。光緒五年山東夏津知縣，八年正月改魚臺知縣，十八年任山東泗水知縣。

周紹适　浙江諸暨縣人。同治十年三甲一百五十名進士。光緒元年任福建侯官知縣。

張琅函　山東城武縣人。同治十年三甲一百五十一名進士。

榮　保　蒙古正黃旗人。同治十年三甲一百五十二名進士。光緒元年任福建泰寧知縣。

蔣士驥　字若楓。江蘇常熟縣人。同治十年三甲一百五十三名進士。十三年任安徽廬江縣知縣。

丁受中　山西交城縣人。同治十年三甲一百五十四名進士。任直隸廣昌知縣。

高　桐　山西黎城縣人。同治十年三甲一百五十五名進士。光緒元年任浙江鎮海知縣，二年卸任，十年復任鎮海知縣，十一年任浙江餘姚知縣。

馮國楨　廣東番禺縣人。同治十年三甲一百五十六名進士。十一年任甘肅華亭知縣，官至禮部郎中。

善　廣　號子居。蒙古鑲紅旗人。同治十年三甲一百五十七名進士。任內閣中書，光緒十四年任浙江浦江知縣。十八年復任。

陳樹楠　字筱園。陝西戶縣人。同治十年三甲一百五十八名進士。分發湖北，光緒四年補咸寧知縣，在任十三年，調署蒲圻知縣，署當陽知縣。

王鳴岐　號文嵐。雲南建水縣人。同治十年三甲一百五十九名進士。任貴州荔坡知縣，改貴定知縣。

蘇超才　字卓峰。廣西武緣縣人。同治十年三甲一百六十名進士。光緒二年任江蘇阜寧知縣，九年復任，十一年改贛榆知縣。

楊作楫　字汝舟，號子晋。河南陳留縣人。道光三年八月初二日生。同治十年三甲一百六十一名進士。

徐步月　廣西荔浦縣人。同治十年三甲一百六十二名進士。

雷俊章　字甸臣，號葆真、菊潭。嘉慶二十一年（1816）生。湖南武岡州人。同治十年三甲一百六十三名進士。授即用知縣，任江西萬年知縣。

黃金山　福建福清縣人。同治十年三甲一百六十四名進士。

蕭樹藩　字介夫。貴州遵義縣人。同治十年三甲一百六十五名進士。任禮部主事，署山西淇縣知縣，改寧武知縣。在任三年謝任歸。光緒十七年（1891）卒。年五十九。

祖父蕭詔鳴，道光二年進士。

石裕紳　字笏堂，號拙農。山東蒙陰縣人。同治十年三甲一百六十六名進士。光緒三年署陝西漢陰廳通判，四年改白水知縣，七年復任白水縣。

楊邦衛　雲南麗江縣人。同治十年三甲一百六十七名進士。光緒七年任四川汶川知縣。

陳　岳　山東菏澤縣人。同治十年三甲一百六十八名進士。光緒十四年任甘肅玉門知縣。

楊　鈞　四川瀘州人。同治十年三甲一百六十九名進士。光緒三年任湖北宜城知縣，改雲南保山知縣，十一年任湖北應山知縣。

范元音　四川定遠縣人。同治十年三甲一百七十名進士。光緒二年任四川成都府教授。

左紹鑾　湖北應山縣人。同治三年舉人，十年三甲一百七十一名進士。任廣東知縣。

程炳星　字少垣。安徽太湖縣人。同治十年三甲一百七十二名進士。十一年任江西永寧、上饒、湖口、峽江知縣，光緒七年改興國等縣知縣。秩滿告歸，卒年八十九。

劉廷鉞　字凌霄，號乙青。湖南瀏陽縣人。道光二十二年（1842）生。同治十年三甲一百七十三名進士。湖北知縣。

韓瞻斗　河南新安縣人。同治十年三甲一百七十四名進士。光緒六年任河南懷慶府教授。

郭　源　雲南晋寧州人。同治十年三甲一百七十五名進士。

趙文粹　廣西永寧州人。同治十年三甲一百七十六名進士。光緒六年任順天府密雲知縣，七年二月任寧河知縣，十六年薊州知州，改大興知縣，官至順天南路捕盜同知。

劉斡田　河南睢州人。同治十年三甲一百七十七名進士。

姚再薰　字古琴。江西南昌縣人。同治十年三甲一百七十八名進士。任四川知縣。

侯恩濟　四川營山縣人。同治十年三甲一百七十九名進士。十三年署陝西麟游知縣，光緒五年補鳳縣知縣。七年緣事撤職。

王啓綸　河南祥符縣人。同治十年三甲一百八十名進士。光緒二年六月任山西左雲知縣，五年改寧鄉知縣。

王啓渠　字雨庵，號菊人。浙江鄞縣人。同治十年三甲一百八十一名進士。即用知縣分發福建閩清知縣，改教職，光緒八年任浙江處州府教授。

周之冕　字藻庭，號文軒。貴州普定縣人。同治十年三甲一百八十二名進士。任直隸知縣，光緒八軍改貴州鎮遠府教授。歸後主講鳳儀書院、貴山書院。

李崇忠　字藎臣、少樸。廣東信宜縣人。同治十年三甲一百八十三名進士。署廣西雒容、興業知縣，補思恩知縣，光緒七年改四川蘆山知縣、資陽知縣，十二年改廣東肇慶府教授。謝病歸。卒年七十六。

易均鼎 江西宜春縣人。同治十年三甲一百八十四名進士。任山西即用知縣，光緒元年署山西猗氏知縣。

繼文 漢軍正黃旗人。同治十年三甲一百八十五名進士。任內閣中書，光緒十一年遷貴州貴陽府同知。

梁琯 陝西醴泉縣人。同治十年三甲一百八十六名進士。任貴州貴定知縣。

邵樂裕 湖北黃岡縣人。咸豐八年舉人，十年三甲一百八十七名進士。十一年任湖北武昌府教授。

崇俊 滿洲正藍旗人。同治十年三甲一百八十八名進士。光緒元年任貴州荔坡知縣，十三年任貴州貴築知縣，十五年遷仁懷直隸廳同知。

黃興樹 湖南瀏陽縣人。同治十年三甲一百八十九名進士。十一年署江西永豐知縣。

易象離 字南明。四川簡州人。同治十年三甲一百九十名進士。光緒五年任四川潼川府教授。并主講三臺書院。

勞乃宣 字季瑄，號玉初、矩齋。浙江桐鄉縣人。道光二十三年（1843）九月二十三日生。同治十年三甲一百九十一名進士。歷任直隸臨榆、南皮、蠡縣、完縣、吳橋等知縣，光緒二十六年遷吏部主事，宣統二年督江寧提學使，三年，詔為京師大學堂監督兼學部副大臣。辛亥革命後參與張勛復辟，任法部尚書。著有《各國約章彙錄》《義和拳教門源流考》《合聲簡字編》《古籌學考釋》，後人輯有《桐鄉芳先生遺書》。

薛崇禧 字良潔，號芝亭。福建侯官縣人。道光九年八月十七日生。同治十年三甲一百九十二名進士。

李雲來 江西南城縣人。同治十年三甲一百九十三名進士。候選知縣。

胥寅亮 江西萬載縣人。同治十年三甲一百九十四名進士。候選知縣，光緒十一年任直隸順義知縣。

徐炳唐 四川南江縣人。同治十年三甲一百九十五名進士。

于成麒 山東萊陽縣人。同治十年三甲一百九十六名進士。

王鴻舉 湖北蘄水縣人。同治三年舉人，十年三甲一百九十七名進士。光緒七年任湖北德安府教授。

張兆魁 山西保德州人。同治十年三甲一百九十八名進士。任山西蒲城府教授。

蘇開鎔 字子陶，號麗泉。湖南澧州人。嘉慶二十三年（1818）生。同治十年三甲一百九十九名進士。

孟椿山 字楸朋。山東益都縣人。同治十年三甲二百名進士。十一年任山東萊州府教授。

同治十三年（1874）甲戌科

第一甲三名

陸潤庠　字雲灑，號鳳石。江蘇元和縣人。道光二十一年（1841）五月初四日生。同治十三年一甲第一名狀元。任翰林院修撰、侍讀。光緒十一年督山東學政，升國子監祭酒，光緒二十五年授內閣學士。署工部侍郎，改禮部侍郎，遷都察院左都御史，三十一年十二月改工部尚書。三十三年裁工部授吏部尚書，宣統元年九月授協辦大學士，十一月遷體仁閣大學士，二年八月改東閣大學士，兼翰林院掌院學士。三年授弼德院院長。辛亥革命後留清宮，充溥儀師傅。民國四年（1915）卒，享年七十五。著有《內經運氣病釋》。

爲康熙二十四年狀元陸肯堂第七世孫。

譚宗浚　（原名譚懋安）字叔裕，號止庵、荔村。廣東南海縣人。道光二十六年（1846）閏五月十三日生。同治十三年一甲第二名榜眼。授編修。光緒二年督四川學政，纍遷雲南糧儲道、鹽法道，署雲南按察使。光緒十四年（1888）以病回籍，三月二十八日卒於廣西隆安旅次，年四十三。著有《遼史紀事本末》《希古堂集》《蜀秀集》《荔村草堂詩鈔》。

黃貽楫　字濟川。福建晋江縣人。同治十三年一甲第三名探花。授編修。後改刑部主事。

父黃宗漢，道光十五年進士。

第二甲一百三十二名

華金壽　（榜名華鑄）字祝軒，號竹軒。直隸天津縣人。同治十三年二甲第一名進士，選庶吉士，授編修。光緒五年充湖南鄉試主考官，十一年督河南學政，遷左中允，二十年督山東學政，遷少詹事，二十四年授詹事，遷內閣學士，二十六（1900）年遷工部右侍郎，調戶部、吏部左侍郎。同年七月初一日卒。年六十二。

劉傳福　字康百，號雅賓。江蘇吳縣人。同治十三年二甲第二名進士。選庶吉士，授編修。光緒十四年充順天鄉試同考官，十五年充陝西鄉試主考官，二十年遷福建延平知府，改四川敘州知府。

父劉廷枚，同治七年進士。

檀璣　字汝衡，號斗生。安徽望江縣人。同治十三年二甲第三名進士。選庶吉士，授編修。光緒八年充山東鄉試副考官，十一年任廣西鄉試副考官，二十四年任會試同考官，官至侍讀學士。二十六年督福建學政。被參革職。

馮光遹　字仲梓，號幼耕。江蘇陽湖縣人。道光十八年（1838）生。同治十三年二甲第四名進士。選庶吉士，授編修。光緒八年督福建學政，纍遷廣東雷瓊道，二十五年擢陝西按察使，署陝西布政使。二十七年（1901）卒於任。

兄馮光勛，同治四年進士，太僕寺卿。

翟伯恒　字保之，號東泉。江蘇泰興縣人。同治十三年二甲第五名進士。選庶吉士，授編修。光緒十年補福建道御史，歷京畿、雲南道御史，遷工科給事中，官至福建延建邵道。曾任靖江馬州書院、江寧尊經書院院長。

張百熙　字冶秋、野秋，號詒孫、潛庵。湖南長沙縣人。道光二十七年（1847）四月初六日生。同治十三年二甲第六名進士。選庶吉士，授編修。光緒七年督山東學政，歷侍讀、國子監祭酒、廣東學政，光緒二十三年授內閣學士，遷禮部侍郎。二十六年授左都御史，二十七年改工部、刑部尚書，十二月調吏部尚書，兼管學大臣，三十一年任戶部尚書，三十二年改郵傳部尚書。光緒三十三年（1907）二月十七日卒。年六十一。贈太子太保，謚“文達”。著有《退思軒詩文集》。

何崇光　字廷燨，號壽南。廣東順德縣人。同治十三年二甲第七名進士。選庶吉士，授編修。光緒九年充會試同考官，補山東道御史，十一年改順天東城巡城御史，官至戶科給事中。

屠仁守　字靜夫，號梅君。湖北孝感縣人。咸豐九年舉人，同治十三年二甲第八名進士。選庶吉士，授編修。光緒九年補江南道御史，因反對修建圓明園，支持康梁變法被革職，永不敘用。歸後主講山西令德堂。光緒二十六年起用任光祿寺少卿。後被陝西巡撫留辦大學堂，光緒二十八年（1902）卒於西安，年七十四。有《屠光祿奏議》。

牟蔭喬　字朵山、梓南。山東福山縣人。同治十三年二甲第九名進士。選庶吉士，授編修。升浙江道御史，光緒十七年任廣西柳州知府。

陳華褧　字賀昭，號子裳。廣東新會縣人。同治十三年二甲第十名進士。選庶吉士，授編修。

劉集勛 字昆塈，號鶴田。湖南益陽縣人。道光十九年（1839）生。同治十三年二甲十一名進士。選庶吉士，散館改河南唐縣知縣。

趙增榮 字鴻橋，號笙階。四川宜賓縣人。同治十三年二甲十二名進士。選庶吉士，授編修。光緒九年補湖廣道御史，改山東道御史，遷江西南安知府。未赴任卒。

劉鳳綸 字暢陔。湖北興國州人。同治三年舉人，十三年二甲十三名進士。選庶吉士，光緒二年改江西鉛山知縣，二十年改湖南臨湘知縣、攸縣知縣，官至廣東佛山同知。

姚禮泰 字樨甫，號叔來。廣東番禺縣人。同治十三年二甲十四名進士。選庶吉士，授編修。官至戶部郎中、雲南司行走。

諸可炘 （原名諸可興）字起齋，號又塍、右臣。浙江錢塘縣人。同治十三年二甲十五名進士。選庶吉士，授編修。

林紹年 字贊虞，號健齋。福建閩縣人。道光二十九年（1849）生。同治十三年二甲十六名進士。選庶吉士，授編修。光緒六年充會試同考官，八年順天鄉試同考官，十四年任山西監察御史，外任雲南昭通知府、雲南府知府、雲南迤南道，光緒二十五年授貴州按察使遷雲南布政使，改山西布政使，二十八年四月遷雲南巡撫，三十年十一月改貴州巡撫，三十一年九月改廣西巡撫。三十二年九月解職。以候補侍郎授軍機大臣，三十三年四月授度支部侍郎，七月改河南巡撫。三十四年八月調倉場侍郎，宣統元年改民政部侍郎，三年二月署學部侍郎，後任弼德院顧問大臣。民國五年（1916）卒。年六十八。著有《林文直公奏議》。

羅錦文 字郁田。四川崇寧縣人。同治十三年二甲十七名進士。選庶吉士，授編修。光緒十六年遷直隸大順廣道，二十一年官至山東運河道。能詩，善書法。

沈錫晋 字筆香。廣東番禺縣人。同治十三年二甲十八名進士。選庶吉士，改吏部主事，升員外郎、郎中，光緒二十年官至江蘇揚州知府，二十七年改江寧知府，二十八年（1902）卒於上海。

張礽杰 字丙章。江蘇婁縣人。同治十三年二甲十九名進士。選庶吉士。改工部主事，官至浙江知府。

袁錫齡 湖南長沙縣人。同治十三年二甲二十名進士。任户部主事。

高燮曾 字理臣。湖北孝感縣人。咸豐八年舉人，同治十三年二甲二十一名進士。選庶吉士，授編修。光緒十一年督山西學政，十六年授河南道御史，改順天西城、北城巡城御史、掌廣西道御史，官至順天府丞。二十五年去職。後受聘主持山西中西學堂，是南清流派骨幹。

章洪鈞 安徽績溪縣人。同治十三年二甲二十二名進士。選庶吉士，授編修。光緒七年，李鴻章調其赴天津辦海防并中外交涉事，十二年任直隸宣化知府。所至修路治河、修葺書院、整設義倉。

周晉麒（一作周晉祺）字珊梅。浙江慈溪縣人。同治十三年二甲二十三名進士。選庶吉士，授編修。光緒五年充山西鄉試副考官。

龐璽 字次符，號印川。山西代州直隸州人。同治十三年二甲二十四名進士。選庶吉士，授編修。光緒八年充順天鄉試同考官，十一年任雲南鄉試副考官，衡文公允、拔士公平、不阿權貴。光緒十七年補江南道御史，二十年官至甘肅平涼知府。因忤上司，辭官歸里。

陳文騄 字仲英，號壽民。順天大興縣人，原籍湖南祁舊。道光二十年十二月二十六日（1841年1月）生。同治十三年二甲二十五名進士。選庶吉士，授編修。光緒十年任浙江金華知府，十四年改杭州知府，歷福建臺灣知府、安徽太平知府、廬州知府，官至安徽候補道。光緒三十年（1904）卒。年六十五。著有《易說》《養福齋集》等。

陳才芳 字春亭，號梅峰。陝西寧羌州人，原籍湖北武昌縣。同治十三年二甲二十六名進士。選庶吉士，授編修。光緒十二年官至甘肅涼州知府。著有《思痛錄》。

任貴震 字鼎卿，號宇恬。湖南瀏陽縣人。道光二十九年（1849）生。同治十三年二甲二十七名進士。

選庶吉士，授編修。官至知府。

李熙文 字叔豹，號穎卿。雲南文山縣人。同治十三年二甲二十八名進士。選庶吉士。未散館，工書法，能詩。著有《石運齋詩草》。

黃卓元 字仁山，號吉裳。貴州安順府人。同治十三年二甲二十九名進士。選庶吉士。授編修。光緒五年充雲南鄉試副考官，九年會試同考官，升侍讀，十五年四川鄉試副考官，擢侍講學士，二十年督江西學政，升詹事，二十一年遷內閣學士。二十四年病免。

白遇道 字悟齋，號心吾。陝西高陵縣人。同治十三年二甲三十名進士。選庶吉士，授編修。光緒十一年充山東鄉試副考官，十七年山西鄉試主考官，二十五年官至甘肅甘涼道，曾代理按察使，三十四年署鞏秦階道。乞疾歸。民國十五年（1926）卒。年九十。

王亦曾（原名王楨）字鶴琴，號少蘅。江蘇吳縣人。同治十三年二甲三十一名進士。選庶吉士，改廣西陽朔知縣，光緒十一年降徐州府教授。

朱百遂 字適庵。江蘇寶應縣人。初官戶縣郎中，同治十二年舉人。十三年二甲三十二名進士。選庶吉士，授編修。光緒十二年充會試同考官，二十年官至山西汾州知府。卒於官。年五十九。

鳳鳴 字竹岡。滿洲正黃旗。道光二十一年（1841）九月初十五日生。同治十三年二甲三十三名進士。選庶吉士，改主事，升侍讀學士，光緒十五年遷詹事，擢内閣學士。十六年授理藩院左侍郎，十九年改工部左侍郎。二十六年（1900）正月二十日卒。年六十。

張聞錦 湖南沅江縣人。道光二十五年（1845）生。同治十三年二甲三十四名進士。任刑部主事，遷郎中。

詹鴻謨 字黻廷。浙江仁和縣人。同治十三年二甲三十五名進士。選庶吉士，改禮部主事，升郎中，光緒二十二年官至江蘇徐州知府。二十六年（1900）三月卒。

張廷燎 （又名張廷蘭）字光宇，號蓮衢。河南舞陽縣人。同治十三年二甲三十六名進士。選庶吉士，授編修。光緒十年補陝西道御史，十五年九月改順天南城巡城御史，掌廣西道御史，遷雲南迤西兵備道，二十四年授廣西按察使，二十七年升浙江布政使，二十九年調廣西布政使，三十年五月改雲南，八月回任廣西布政使。三十一年六月解職。

蔣璧方 （原名蔣道成）字輯廷。四川合州人。同治十三年二甲三十七名進士。選庶吉士，授編修。升御史。曾彈劾李鴻章，工古文詞。著有《史論文集》。

時慶萊 字蓬仙。江蘇儀徵縣人。同治十三年二甲三十八名進士。任刑部主事，光緒十二年署浙江台

州府同知，官至浙江候補道。

趙爾巽 字公鑲，號次珊。漢軍正藍旗。道光二十四年（1844）生。同治十三年二甲三十九名進士。選庶吉士，授編修。光緒九年補福建道御史，十二年遷貴州石阡知府，十四年改貴陽知府，纍遷至貴州貴東道，二十一年授安徽按察使改陝西按察使，遷新疆布政使，改山西布政使，二十八年遷湖南巡撫。三十年七月授戶部尚書。改盛京將軍兼奉天府尹，三十三年四月改四川總督（未任），七月調湖廣總督，三十四年改四川總督，宣統三年三月調東三省總督。民國三年被袁世凱聘爲清史館長，主修《清史稿》。十六年（1927）八月卒。年八十四。

兄趙爾震，同科進士。

黃搏扶 字視堂。福建晉江縣人。同治十三年二甲四十名進士。任刑部主事、浙江司行走。

李光斗 字希白。直隸祁州（今河北安國）人。同治十三年二甲四十一名進士。選庶吉士，改戶部主事，光緒十四年改山西山陰知縣，改徐溝知縣，二十五年改臨汾知縣，三十一年官至山西絳州直隸州知州。

陳浩恩 江蘇甘泉縣人。同治十三年二甲四十二名進士。任戶部主事。

陳　昌 字世五。四川銅梁縣人。同治十三年二甲四十三名進士。任禮部主事，光緒九年改甘肅改安化知縣，十年改甘肅兩當知縣，十

四年改高臺知縣，二十四年改皋蘭知縣。

黃玉堂 字仙裴。廣西順德縣人。同治十三年二甲四十四名進士。選庶吉士，授編修。光緒五年任山西學政。

鍾家彥 字靜丞，號仲英。湖北咸寧縣人。咸豐九年舉人，同治十三年二甲四十五名進士。選庶吉士。授編修。光緒十四年充順天同考官，十五年任會試同考官。

寶　昌 字興谷，號朗軒。滿洲正黃旗，伊爾根覺羅氏。同治十三年二甲四十六名進士。選庶吉士，授編修。歷任司經局洗馬、國子監祭酒、少詹事，光緒八年授詹事，十二年遷內閣學士。十五年遷禮部侍郎。充山東鄉試主考官，旋降太僕寺卿、少詹事，二十一年升內閣學士，二十二年改科布多參贊大臣。緣事解職候辦。

殷　源 （原名殷葆源）字小譜，號宿海。江蘇吳江縣人。同治十三年二甲四十七名進士。

馮應壽 字介眉，號靜山。山西汾陽縣人。同治十三年二甲四十八名進士。選庶吉士，授編修。光緒九年補江南道御史，升禮科給事中，官至浙江鹽茶道，十五年改江寧巡鹽道，十八年（1892）四月卒。

王振聲 順天通州人。道光二十二年（1842）五月初五日生。同治十三甲二甲四十九名進士。任工部主事，遷掌河南道御史，由給事

中官至安徽徽州知府。民國十一年（1922）卒。年八十一。著有《淡靜草廬集》。

鄭秉成 字月卿，號樾青。湖南邵陽縣人。道光二十六年（1846）生。同治十三年二甲五十名進士。任刑部主事，遷郎中，官至福建泉州府知府。

鄭思賀 字黻門。河南祥符縣人。同治十三年二甲五十一名進士。選庶吉士，授編修。光緒十二年充會試同考官、十七年升陝西道御史，掌貴州道御史、禮科掌印給事中，二十七年官至陝西鳳邠鹽道。同年開缺。

梁廷棟 字彤雲。廣西蒼梧縣人。同治十三年二甲五十二名進士。選庶吉士，散館改工部主事。

龐慶麟 字小雅。江蘇震澤縣人。同治十三年二甲五十三名進士。任刑部主事。

陳崧齡 字佐周，號藻秋。福建閩縣人。同治十三年二甲五十四名進士。選庶吉士，授編修。

鮑　臨 字敦夫。浙江山陰縣人。同治十三年二甲五十五名進士。選庶吉士，授編修。光緒六年充會試同考官，光緒十五年充福建鄉試主考官，二十年再任會試同考官，升侍講，右中允。

蒲春銘 四川廣安州人。同治十三年二甲五十六名進士。任戶部主事。

梁肇晉 廣東番禺縣人。同治

十三年二甲五十七名進士。任禮部主事。

父梁同新，道光十六年進士。

徐　浩　字子正，號養吾。順天寶坻縣人。同治十三年二甲五十八名進士。選庶吉士，光緒五年改山西猗氏知縣。

孫佩金　字綏若，號紫魚。雲南呈貢縣人。同治十三年二甲五十九名進士。選庶吉士，改户部主事，外任廣西平樂知府，調廣西潯州知府。以病卒於途。

子孫愚，光緒二十年進士。

王　烈　字翰岷，號蓮舫。陝西城固縣人。同治十三年二甲六十名進士。選庶吉士，散館改户部主事，光緒七年署四川東鄉知縣，八年任四川犍爲知縣，署太平知縣，官至四川知州。不樂仕進，告歸。掌教漢南書院八年卒。

賀　勛　山西洪洞縣人。同治十三年二甲六十一名進士。任吏部主事。官至員外郎。

涂慶瀾　字海屏，號耐庵。福建莆田縣人。同治十三年二甲六十二名進士。選庶吉士，授編修。光緒五年充貴州鄉試副考官，十年順天鄉試同考官，外官至浙江知府，候補道。告歸後掌興安、擢英兩書院講席。著有《使黔日記》《浙游日記》《莆陽文輯》《莆陽詩輯》《荔隱山房集》。

顧懷壬　字象山。江蘇江都縣人。同治十三年二甲六十三名進士。

選庶吉士，光緒三年改四川蓬溪知縣，歷華陽、仁壽、成都知縣，十年遷廣安知州、酉陽直隸州知州。丁憂，十五年補安徽石埭、貴池、太和知縣，二十四年署懷寧縣知縣，官至和州直隸州知州。所至有政聲，年五十九卒於宣城任所。

敖名震　字少瀚。湖北天門縣人。同治三年舉人，十三年二甲六十四名進士。選庶吉士，授編修。官至福建邵武知府。

李　寅　字敬恒，號惕庵。陝西咸陽縣人。同治十三年二甲六十五名進士。選庶吉士，授編修。以母老乞養歸。讀書教子，年三十九卒。

樓杏春　浙江義烏縣人。同治十三年二甲六十六名進士。光緒十二年任江西石城知縣。

王蘭昇　字芷廷，號秋湘。山東萊陽縣人。同治十三年二甲六十七名進士。選庶吉士，授編修。光緒六年（1880）卒於京，年五十二。

向　賢　（一作尚賢）字雅珍，號頌臣。蒙古正白旗人。同治十三年二甲六十八名進士。選庶吉士，授編修。歷任侍讀、少詹事、光緒九年遷光禄寺卿，十二月改内閣學士，十二年五月改駐藏幫辦大臣。光緒十二年召京。

秦澍春　字雨亭。直隸遵化人。同治十三年二甲六十九名進士。選庶吉士，授編修。光緒五年督廣西學政，十一年改甘肅學政，升右贊善、洗馬、侍講學士，十七年督山東學政，官至侍讀學士。著有《志喜齋詩集》。

楊欽琦 字亦韓。江蘇太倉直隸州人。同治十三年二甲七十名進士。選庶吉士，光緒十一年改河南湯陰知縣。

趙惟善 江西南豐縣人。同治十三年二甲七十一名進士。任刑部主事。

靳元瑞 廣西臨桂縣人。同十三年二甲七十二名進士。任工部主事。

孫葆田 字佩南。山東榮城縣人。道光二十年（1840）十一月二十日生。同治十三年二甲七十三名進士。授刑部主事，光緒十年改安徽宿松、合肥知縣。李鴻章弟子犯法，親往捕治，知後因而自免歸。後主講濟南尚志、開封大梁等書院。光緒二十一年賜五品卿銜。宣統三年（1911）卒。年七十二。著有《校經室文集》《校經室文集補遺》《孟子編略》《曾南豐年譜》，修《南陽縣志》等。

延清 字呂澄。蒙古鑲白旗人。同治十三年二甲七十四名進士。任工部主事、員外郎、郎中，官至翰林院侍讀學士。

烏拉布 字少雲、紹雲。滿洲鑲黃旗，沙濟富察氏。道光二十五年（1845）九月十四日生。同治十三年二甲七十五名進士。選庶吉士，授編修。升庶子，侍讀學士。光緒九年遷內閣學士，十年授工部侍郎。

十四年督福建學政，十六年十二月（1891年1月）卒。年六十四。

翁壽籛 字鏗伯，號述唐。湖南湘潭縣人。咸豐二年（1852）生。同治十三年二甲七十六名進士。任戶部主事。

何其敬 廣東順德縣人。同治十三年二甲七十七名進士。任刑部主事。

吳講 字介唐。浙江山陰縣人。同治十三年二甲七十八名進士。選庶吉士，授編修。光緒十三年遷國子監司業、右庶子，官至侍讀學士。

王綽 字孝寬，號薇軒。山東諸城縣人。同治十三年二甲七十九名進士。選庶吉士，散館改刑部主事，升江蘇司員外郎，十九年授江南道御史、掌廣東道御史、刑科掌印給事中，官至浙江金衢嚴道。

父王祺海，道光二十四年進士。

良貴 清宗室。字子修。滿州鑲紅旗人。同治十三年二甲八十名進士。選庶吉士，授編修。國子監司業，官至侍讀學士。

洪應祥 浙江鄞縣人。同治十三年二甲八十一名進士。任禮部主事。

張明毅 字迪卿。江西萍鄉縣人。同治十三年二甲八十二名進士。任四川樂山知縣，光緒二十五年任綦江知縣，二十九年署四川眉州直隸州知州。

郭安仁 山西五臺縣人。同治十三年二甲八十三名進士。任廣西司刑部主事。

朱光鑒　字子衡。河南舞陽縣人。同治十三年二甲八十四名進士。選庶吉士，授編修。

楊玉相　字子瑜。山東寧海州人。同治十三年二甲八十五名進士。任禮部主事。

胡　勝　字捷甫。順天寶坻縣人。道光十七年（1837）十月初十日生。同治十三年二甲八十六名進士。選庶吉士，授編修。光緒八年充廣西主考官，遷湖北襄陽知府，十三年改福建汀州知府，二十二年改廣東瓊州知州。

程其珏　字序東。江西宜黃縣人。同治十三年二甲八十七名進士。選庶吉士，光緒十年五月任江蘇元和知縣，十五年官至江蘇太倉知州。

李裕澤　字問樵。河南信陽州人。同治十三年二甲八十八名進士。光緒四年任甘肅徽縣知縣，七年任甘肅皋蘭知縣，十二年遷河州知州。卒於任。

胡燏棻　（原名胡國棟）字克臣，號芸梅、雲眉。安徽泗州直隸州人。道光十六年十二月十六日（1837年1月）生。同治十三年二甲八十九名進士。授廣西靈縣知縣未任，捐納爲道員。光緒十一年署，十二年授天津道，十五年署長蘆鹽運使，十七年授廣西按察使，受命在天津小站練兵，號“定武軍”。後督辦蘆津鐵路，二十一年任順天府尹，二十四年候補侍部，二十六年任關內外鐵路會辦，二十八年任刑部侍郎，三十二年（1906）改禮部侍郎、郵傳部侍郎。十月三十日卒，年七十一。

張　坤　字育萬，號仁山。湖南華容縣人。道光十五年（1835）生。同治十三年二甲九十名進士。任廣東知縣。

王汝霖　字叔雨，號肖梅。浙江錢塘縣人。同治十三年二甲九十一名進士。任江西弋陽知縣，署崇仁知縣，改雲南宜良知縣、昆明知縣，遷雲南普洱府、東川府、昭通府知府。

崔　湘　安徽太平縣人。同治十三年二甲九十二名進士。任戶部主事。

滕　經　字雲階、玉堂。江西興安縣人。同治十三年二甲九十三名進士。選庶吉士，授編修。纍遷陝西候補知府，光緒三十年任陝西榆林知府。

錢登雲　字倬甫。貴州貴築縣人。同治十三年二甲九十四名進士。任吏部主事，光緒十五年改福建建寧知縣，官至雲南知府。

楊凝鍾　廣東順德縣人。同治十三年二甲九十五名進士。任吏部主事。

潘頤福　（原名潘恭壽）字芝堂，號梅孫。湖北羅田縣人。同治九年舉人，十三年二甲九十六名進士。選庶吉士，授編修。光緒十二年充會試同考官。

俞壽祺　字介眉。甘肅寧夏平

羅縣人。同治十三年二甲九十七名進士。任户部主事，改江西宜黃知縣。

楊鼎昌　字重三、種珊，號悔吾。陝西長安縣人。同治十三年二甲九十八名進士。選庶吉士，光緒二年改山西靈石知縣，丁母憂服闋，十一年改四川犍爲知縣，十四年任華陽知縣，十五年署遂寧知縣，十六年復任犍爲知縣，二十一年改新繁知縣、彭縣知縣，二十七年署合州知州，二十九年遷綿州直隸州知州，三十年改資州直隸州知州，署成都知府，捐升道員。著有《貽清白齋駢體文鈔》《漢魏及明宮詞》《陝猿吟草》。

徐兆豐　字乃秋。江蘇江都縣人。同治十三年二甲九十九名進士。選庶吉士，改刑部主事，升員外郎、郎中。光緒十四年授山西道御史，掌京畿道御史，署工科給事中，外任浙江溫州知府，改福建邵武知府、福州知府，升興泉永道，官至福建延建邵道。以勞卒於官。年七十四。著有《香雪崇詩集》。

江南金　江西都昌縣人。同治十三年二甲一百名進士。任工部主事，光緒十八年改直隸柏鄉知縣，二十五年改直隸任縣知縣。

趙培因　山西忻州直隸州人。同治十三年二甲一百零一名進士。任內閣中書。

李宗蓮　浙江歸安縣人。同治十三年二甲一百零二名進士。光緒五年任湖南武陵知縣，改長沙知縣。

官至湖南郴州直隸州知州。

俞培元　順天大興縣人。道光十九年（1839）五月十七日生。同治十三年二甲一百零三名進士。任禮部主事，升儀制司郎中，光緒二十二年官至江西瑞州府知府。

劉廷鏡　字德盛，號梅蓀。廣東南海縣人。同治十三年二甲一百零四名進士。選庶吉士，改江蘇如皋知縣。光緒九年任江蘇甘泉知縣，十六年署六合知縣。

張西園　山西平定直隸州人。同治十三年二甲一百零五名進士。任刑部主事，升郎中。官至浙江台州府知府。

陸葆德　字以真，號亦仙。雲南蒙自縣人。同治十三年二甲一百零六名進士。選庶吉士。散館改四川巴縣知縣，光緒三年改灌縣知縣，八年任江津知縣。卒於任。

父陸應穀，道光十二年進士，任江西巡撫。

湯鼎烜　（原名湯烈維）字暄甫、味齋。浙江蕭山縣人。同治十三年二甲一百零七名進士。選庶吉士，散館光緒三年改安徽建平黟縣知縣，十二年改江西大庾知縣，改江西豐城知縣。

石成峰　字子軒。廣西臨桂縣人。同治十三年二甲一百零八名進士。選庶吉士。光緒三年改山西翼城知縣，五年調署盂縣知縣，改壽陽知縣。

傅培基　字篤初、念堂，號小

樵。雲南昆明縣人，祖籍浙江蕭山。同治十三年二甲一百零九名進士。授刑部主事，光緒十年出知直隸南皮知縣，歷高陽、大名、沙河知縣，十五年改邢臺知縣。著有《知白齋吟草》《篤初文稿》《白雪陽春集》《芙蓉劍傳奇》《小樵日記》《在官法憲錄》等。

辛家彥 （原名辛榐）字蔗田。直隸天津縣人。同治十三年二甲一百十名進士。選庶吉士，授編修。

萬錫珩 （原名萬鳴珂）湖北黃岡縣人。同治三年舉人，十三年二甲一百十一名進士。任戶部主事。

顧文基 （原名顧枚）字雨公。江蘇江寧縣人。同治十三年二甲一百十二名進士。任內閣中書，官至四川同知。

詹嗣賢 字希伯。江蘇儀徵縣人。同治十三年二甲一百十三名進士。選庶吉士，授編修。光緒八年充廣西學政。

周文浚 字子幹。河南商城縣人。同治十三年二甲一百十四名進士。官至刑部山西司郎中。

馬中律 甘肅金縣人。同治十三年二甲一百十五名進士。即用知縣。

王作樞 字辰垣，號少湖。甘肅安定縣（今定西）人。同治十三年二甲一百十六名進士。選庶吉士，授編修。光緒八年充順天同考官，十二年，任會試同考官。以積勞卒。

餘 慶 滿洲正紅旗人。同治十三年二甲一百十七名進士。任刑部主事，升福建司員外郎、郎中，光緒十五年遷河南歸德知府，二十八年調直隸廣平知府。

張其翼 （原名張誠泰）廣東新會縣人。同治十三年二甲一百十八名進士。任吏部主事。

陳士炳 字霞仙。山東歷城縣人。同治十三甲二甲一百十九名進士。任兵部主事。

曾道唯 字右興。江西南豐縣人。同治十三年二甲一百二十名進士。光緒三年任安徽合肥知縣，九年任太湖知縣，十一年署建德知縣，十三年署壽州知州。

吳錫章 （一作吳錫璋）字聘候。廣西臨桂縣（今桂林）人。同治十三年二甲一百二十一名進士。選庶吉士。授編修。改雲南富民知縣，光緒十一年官至廣東廉州知府。

唐登瀛 字星舫。貴州貴築縣人。同治十三年二甲一百二十二名進士。任戶部主事，改任四川知縣。

雷棣榮 字儀齋。陝西朝邑縣人。同治十三年二甲一百二十三名進士。光緒四年署山西盂縣知縣，任靈丘知縣，九年改天鎮知縣，十年改山西榆次知縣。卒於任。

兄雷榜榮，咸豐六年進士。

陳大驥 湖北黃岡縣人。同治十三年二甲一百二十四名進士。任刑部主事，改四川樂至知縣。

孫彝政 山東膠州人。同治十三年二甲一百二十五名進士。任戶部主事。

曹志清　字鑒塘，號仙嵋。直隸滿城縣人。同治十三年二甲一百二十六名進士。任刑部主事，升員外郎、郎中，光緒十八年授福建道御史、掌雲南道御史，官至江西袁州知府。

吳征鰲　字曉舟。福建侯官縣人。同治十三年二甲一百二十七名進士。光緒四年任廣東河源知縣，十六年改廣西興安知縣，十九年改賀縣知縣，二十二年遷廣西龍州廳同知，三十年遷桂林知府，官至廣西右江道。

曾秀翹　江西南豐縣人。同治十三年二甲一百二十八名進士。任戶部主事，光緒十六年改四川奉節知縣。

于民新　字子元。奉天鐵嶺縣人。同治十三年二甲一百二十九名進士。任刑部主事，遷郎中。

胡鈞學　字研堂。湖南長沙縣人。同治十三年二甲一百三十名進士。光緒元年任甘肅山丹知縣。

胡廷玉　江西都昌縣人。同治十三年二甲一百三十一名進士。任內閣中書。

王鼏　安徽涇縣人。道光八年（1828）生。同治十三年二甲一百三十二名進士。任兵部主事。卒於光緒十七年（1891）。

第三甲二百零二名

許普濟　漢軍鑲黃旗人。同治十三年三甲第一名進士。任工部主事，光緒十一年改廣東龍門知縣。

趙宗鼎　字嵩丞。貴州貴築縣人。同治十三年三甲第二名進士。選庶吉士，散館光緒三年改湖北長陽知縣，官至直隸候補道。

李之藩　江西南城縣人。同治十三年三甲第三名進士。任刑部主事，光緒十七年改廣東始興知縣，吳川知縣。

張駒賢　直隸趙州直隸州人。同治十三年三甲第四名進士。任山西河津知縣。

傅式芳　直隸博野縣人。同治十三年三甲第五名進士。任吏部主事，光緒二十四年改直隸正定府教授。

張景祁　（1827—？，原名張左鉞）字蘩甫，號韻梅，又號新蘅主人。浙江錢塘縣人。同治十三年三甲第六名進士。選庶吉士，任福建武平、淡水、晉江、連江、仙游、福安、浦城知縣。卒於福州。著有《研雅堂詩文駢體文》《新蘅詞》等。

桂霖　字香雨，號方崖。滿洲正黃旗人。同治十三年三甲第七名進士。任禮部主事，升員外郎，光緒九年授湖廣道御史，外任雲南府知府，改大理知府，遷迤南道、貴州貴西道，官至河南開歸陳許道。

鄭天壽　貴州思南府人。同治十三年三甲第八名進士。任刑部主事，改江西龍南知縣。

張德霖　安徽全椒縣人。同治十三年三甲第九名進士。任內閣中書，光緒十五年遷雲南雲龍州知州，光緒二十四年改安徽鳳陽府教授。

張恩榮 字殿錫，號克庵。陝西長安縣人。同治十三年三甲第十名進士。選庶吉士，授檢討。父病乞終養歸。後主宏道書院。光緒二十八年詔至直隸，改建學堂，後疾卒。

張紹華 字曉船。安徽桐城縣人。同治十三年三甲十一名進士。任吏部主事，纍遷直隸通永道，光緒二十二年授江西按察使，二十四年遷江寧布政使，改江西布政使，二十七年調湖南布政使，三十年改雲南布政使，調山西布政使。三十二年以病去職。

張德迪 河南羅山縣人。同治十三年三甲十二名進士。選庶吉士，散館改福建漳浦知縣，光緒八年署福建閩縣知縣，十一年改嘉義知縣，二十三年七月代理江蘇昆山知縣，二十七年任江蘇丹徒知縣。

孫賦謙 號壽堂。直隸衡水縣人。同治十三年三甲十三名進士。任兵部主事、員外郎，光緒二十一年授山東道御史。

閻廷弼 直隸宣化縣人。同治十三年三甲十四名進士。任工部主事。

何才价 字子藩，號介人。安徽霍山縣人。同治十三年三甲十五名進士。分發山西知縣，署榆次縣，光緒六年改繁峙知縣，調署静樂、虞鄉知縣。告歸。卒年六十八。

奎 郁 正藍旗，宗室。同治十三年三甲十六名進士。任宗人府理事官，官至內閣侍讀學士。

梁天昂 字梯雲。福建閩縣人。同治十三年三甲十七名進士。光緒初任四川閬中知縣，十三年改蒼溪知縣，十四年改宜賓知縣。

陳其昌 字仲虞。福建閩縣人。同治十三年三甲十八名進士。署浙江安吉知縣，改常山知縣，光緒十五年任縉雲知縣，二十年署浙江太平知縣，二十二年改秀水知縣。卒於任。

朱紫佩 字南樵。福建建安縣人。同治十三年三甲十九名進士。任工部主事、營繕司行走。

陸元鼎 字少徐，號春江。浙江仁和縣人。道光十九年（1839）生。同治十三年三甲二十名進士。光緒五年署江蘇山陽知縣，改江寧、上海知縣，光緒十三年遷泰州知州、廣東惠潮嘉道、江蘇糧儲道，二十四年授江蘇按察使遷江蘇布政使，二十九年四月署漕運總督。十一月實授。三十年四月調湖南巡撫改江蘇巡撫，三十二年正月解職，以三品京堂候補。宣統元年十一月二十七日（1910 年 1 月）卒，年七十一。著有《各國立約始末記》。

麥寶常 廣東南海縣人。同治十三年三甲二十一名進士。任吏部主事。

米協麟 山東濟寧直隸州人。同治十三年三甲二十二名進士。光緒三年任直隸東明知縣，十一年改甘肅文縣知縣，十二年改平番知縣。

朱昌霖　山東蓬萊縣人。同治十三年三甲二十三名進士。即用知縣分發江蘇，補靖江知縣。

林星賡　福建閩縣人。同治十三年三甲二十四名進士。任刑部主事，遷員外郎、郎中，光緒二十六年纍遷甘肅鞏昌知府。

牟懋圻　廣西鬱林直隸州人。同治十三年三甲二十五名進士。光緒三年任直隸任縣知縣，歷阜平、蠡縣知縣，十四年改完縣知縣。

曾延里　字感萬，號小淑。湖南邵陽縣人。道光十八年（1838）生。同治十三年三甲二十六名進士。即用知縣，光緒二年任廣西興安知縣，九年十二月任廣西百色廳同知。

郭兆福　福建侯官縣人。同治十三年三甲二十七名進士。任工部主事，光緒九年改福建漳州府教授。

于蘅霖　奉天伯都納廳人。同治十三甲三甲二十八名進士。任直隸束鹿、淶水、宣化等縣知縣。

胡鴻澤　安徽涇縣人。同治十三年三甲二十九名進士。光緒四年任江西上饒知縣。

陳榮仁　字戟門，號鐵香。福建晉江縣人。同治十三年三甲三十名進士。選庶吉士，改刑部主事。以父年高假歸，遂不出。後在泉州、廈門、漳州各書院講席三十餘年。著有《閩中金石略》《說文叢義》《閩詩紀事》等。

王培心　字竹虛，號葆元。貴州貴陽府人。同治十三年三甲三十一名進士。光緒十三年任雲南雲州知州、鶴慶知州、鄧川知州，改石屏知州，遷順寧知府、永昌知府。

楊懷震　字西卿。廣西永淳府人。同治十三年三甲三十二名進士。光緒十六年任順天文安知縣。

章德藻　浙江金華府人。同治十三年三甲三十三名進士。任兵部主事。

葉如圭　浙江西安縣人。同治十三年三甲三十四名進士。任刑部主事，官至江西知府。

朱升吉　浙江平湖縣人。同治十三年三甲三十五名進士。光緒十一年任河南永城知縣。

鍾烈　浙江仁和縣人。同治十三年三甲三十六名進士。任刑部主事，光緒三年改江西安仁知縣。

甯廷弼　字傅岩。四川犍爲人。同治十三年三甲三十七名進士。任戶部主事。

顧曾沐　字述銘、滌香。江蘇通州人。同治十三年三甲三十八名進士。任工部主事，光緒三十三年任浙江麗水知縣。

趙昌言　浙江諸暨縣人。同治十三年三甲三十九名進士。任工部屯田司主事，光緒十一年改江蘇震澤知縣。

鄧樹聲　江西奉新縣人。同治十三年三甲四十名進士。光緒十一年任湖北竹溪知縣。

姚繩武　陝西大荔縣人。同治

十三年三甲四十一名進士。任內閣中書，光緒二十年遷山東兗州府水利同知。

趙舒翹　字展如，號琴舫。陝西長安縣人。道光二十八年（1848）六月二十八日生。同治十三年三甲四十二名進士。任刑部主事，升郎中，光緒十二年遷安徽鳳陽知府，升鳳潁六泗道、浙江溫處道，十九年授浙江按察使遷布政使，二十一年遷江蘇巡撫，二十三年改刑部侍郎，二十四年八月授刑部尚書、軍機大臣。庚子年因附合慈禧太后利用義和團抵抗外國入侵。八國聯軍占領北京後，光緒二十七年（1901）正月初六以"縱容拳匪仇洋肇禍，貽誤大局"罪令自盡。年五十四。著有《慎齋文集》《別集》《庚子日記》等。

戴錫鈞　字毅夫、藝郅。江蘇長洲縣人。同治十三年三甲四十三名進士。任吏部主事，升郎中，光緒二十六年京察一等任直隸大名知府。以疾病卒。

朱毓崧　字嶽雯。貴州都勻人。同治十三年三甲四十四名進士。任工部主事，改雲南石屏州知州、雲南緬寧廳通判、他郎廳通判、雲南府南關同知、雲南廣西直隸州知州、武定直隸州知州。

韓　釗　（榜名劉釗，未知所據）字貞一。直隸樂亭人。同治十年任順天府永清縣教諭，十三年三甲四十五名進士。光緒六年任山東淄川知縣，八年改諸城知縣，十五年改惠民知縣，十六年任章丘知縣。

吉　康　漢軍正黃旗人。同治十三年三甲四十六名進士。任直隸宣化府教授。

田蘇游　字美本，號劭秋。湖南益陽縣人。道光十七年（1837）生。同治十三年三甲四十七名進士。任陝西知縣。

蕭憲章　山東福山縣（奉天復州籍）人。同治十三年三甲四十八名進士。光緒十一年任廣西宣化知縣，改雲南麗江知縣、祿豐知縣。久居邊陲，不適水土，卒於任。

張玉綬　雲南晉寧州人。同治十三年三甲四十九名進士。

海　錕　滿洲正藍旗人。同治十三年三甲五十名進士。任戶部主事，遷右中允。

張鵬翯　字雲程，號範吾。湖南湘潭縣人。道光十八年（1838）生。同治十三年三甲五十一名進士。任江西知縣，光緒十一年改直隸曲陽知縣，十六年改直隸長垣知縣，遷雲南沾益知州。

程　秀　字程甫。江蘇吳縣人。同治十三年三甲五十二名進士。任戶部主事。

何兆熊　字雲帆。四川南充縣人。同治十三年三甲五十三名進士。任禮部主事、總理各國衙門章京、外務部員外郎、掌印郎中、記名海關道。在京供職三十年，未及外放卒。

李時杰　江西南城縣人。同治十三年三甲五十四名進士。任禮部主事。

蕭　鏞　字芸笙。四川雷波廳人。同治十三年三甲五十五名進士。任工部主事，光緒四年捐升雲南知府，七年署雲南普洱知府。卒於任。

孫其正　字子端。四川邛州直隸州人。同治十三年三甲五十六名進士。選庶吉士，散館光緒三年改貴州修文知縣。

恩　壽　字藝棠。滿洲鑲白旗，索綽羅氏。協辦大學士麟魁子。同治十三年三甲五十七名進士。任兵部主事、員外郎，光緒十四年纍遷四川嘉定知府，改成都知府，光緒二十三年擢陝西陝安道，二十四年授江西按察使遷江寧布政使。二十七年九月署漕運總督，十月改江蘇巡撫。三十年四月復署漕運總督，十二月裁撤漕運總督改設江淮巡撫，任江淮巡撫，三十一年三月裁撤江淮巡撫召京，三十二年正月授山西巡撫，改陝西巡撫。宣統三年六月以病免職。

秦應逵　字鴻騫。湖北孝感縣人。同治十二年舉人，十三年會元，三甲五十八名進士。光緒五年任山東諸城知縣，丁憂服闋，十一年改嶧縣知縣，十四年五月任臨沂知縣，十七年改滕縣知縣，二十年改泰安知縣，二十五年任歷城知縣，二十六年任山東恩縣知縣，曾護泰安知府。

倪惟欽　雲南昆明縣人。同治十三年三甲五十九名進士。光緒十五年遷福建漳州府糧捕同知，福州海防同知，官至貴州興義府知府。

高繼光　廣西岑溪縣人。同治十三年三甲六十名進士。

陳存懋　字宮德，號竹香。江西贛縣人。同治十三年三甲六十一名進士。選庶吉士，授檢討。光緒五年充順天鄉試同考官，八年充湖北鄉試正考官，官至浙江候補知府。

李策清　湖北漢川縣人。同治九年舉人，十三年三甲六十二名進士。光緒十一年任湖北宜昌府教授。

劉本植　廣西臨桂縣人。同治十三年三甲六十三名進士。任戶部主事，光緒八年纍遷署陝西延安府知府，二十年署漢中知府，二十五年任延安知府，二十七年署陝西興安知府。

保　昌　漢軍正紅旗人。同治十三年三甲六十四名進士。光緒五年官至甘肅肅州直隸州知州。

胡廷幹　字鼎臣。河南光州人。道光二十一年（1841）十月二十六日生。同治十三年三甲六十五名進士。任戶部主事，升郎中，光緒二十年遷福建汀州知府，遷糧儲道，光緒二十六年授湖南按察使，遷山東布政使，三十年九月署山東巡撫，十二月改江西巡撫。三十二年三月解職。

王麟書　（？—1887）字元楸，號松溪。浙江錢塘縣人。同治十三年三甲六十六名進士。署江西廣豐知縣、廬陵知縣，光緒十一年調補萬安知縣。以循吏稱。

林文炳 福建福清縣人。同治十三年三甲六十七名進士。任工部主事。光緒二十年官至江蘇蘇州知府。

何鍾相 貴州遵義府人，原籍江西清江。同治十三年三甲六十八名進士。光緒五年署四川榮昌知縣，十四年改四川江津知縣。十六年（1890）卒於任。

陳望曾 字省三。福建臺灣縣人。同治十三年三甲六十九名進士。任內閣中書，官至廣東勸業道。

錫　良 字清弼。蒙古鑲藍旗，姓巴岳特氏。同治十三年三甲七十名進士。光緒四年代理山西高平知縣，六年改山西汾西知縣、改平遙知縣，十四年遷山西絳州知州，光緒二十一年補山東沂州知府，擢兗沂曹濟道、冀寧道，二十四年授山西按察使，二十五年改湖南按察使，遷湖南布政使，後以赴太原護送西太后有功，二十六年升山西巡撫。二十九年任閩浙總督，改四川總督，三十三年調雲貴總督，宣統元年改東三省總督，兼將軍。三年病免。民國七年（1918）正月卒。年六十六。

陳建常 字禮齋。浙江建德縣人。同治十三年三甲七十一名進士。光緒六年任湖南新寧知縣，十三年改湖南芷江知縣，二十一年改浙江湖州府教授。

慶　瑞 滿洲鑲紅旗人。同治十三年三甲七十二名進士。光緒七年任湖南藍山知縣。

賴煥辰 江西萬載縣人。同治十三年三甲七十三名進士。候選知縣，光緒三年任廣東遂溪知縣。

吳　杰 陝西商南縣人。同治十三年三甲七十四名進士。任刑部主事，歷任江西新淦、峽江、樂平、弋陽知縣。

鄭　鈁 字楚寶。浙江鎮海縣人。同治十三年三甲七十五名進士。以知縣分發江西，光緒元年署廣昌縣，十年調署永新，補會昌知縣。以積勞卒於任。

方連軫 河南羅山縣人。同治十三年三甲七十六名進士。任刑部浙江司主事，升郎中，光緒二十三年纍遷安徽安慶府知府，二十四年署廬滁和道。

尹麗樞 字兌山，號曉庵。江西永新縣人。同治十三年三甲七十七名進士。光緒七年署浙江浦江知縣，九年十二月署慈溪知縣，十一年改仙居知縣，二十年改浙江長興知縣。

李　蕊 字商舟、奎樓、華卿。湖南祁陽縣人。道光三年（1823）生。同治十三年三甲七十八名進士。選庶吉士，授檢討。官至廣東候補道。光緒十二年（1886）卒。

蔡德芳 福建臺灣彰化縣人。同治十三年三甲七十九名進士。光緒六年任廣東新興知縣。

王懷曾 字德亭。山東臨淄縣

人。同治十三年三甲八十名進士。任刑部主事，其兄王緒曾卒後，灰心仕進。光緒九年改山東泰安府教授。曾主講河南濟源書院及淄川書院。

父王雲岫，嘉慶二十四年進士；兄王緒曾，同治二年進士，福建懷慶知府。

劉粲 江西安福縣人。同治十三年三甲八十一名進士。任安徽知縣。

彭慶颺 湖北安陸縣人。同治十二年舉人，十三年三甲八十二名進士。光緒五年任順天府良鄉知縣，七年七月署東安知縣。

沈汝奎 字斗樞。江蘇通州人。同治十三年三甲八十三名進士。河南即用知縣，光緒六年任江蘇常州府教授。

陳光煦 字學黯，號菽原、乙齋。浙江錢塘縣人。同治十三年三甲八十四名進士。選庶吉士，改知縣，官至福建候補道。

李昭煒（原名李昭燮）字理臣，號蠡純。安徽婺源縣人。同治十三年三甲八十五名進士。選庶吉士，授檢討。升左贊善，遷少詹事，光緒二十五年授詹事，二十六年充江西鄉試主考官，升內閣學士，二十七年遷兵部左侍郎，三十年調工部右侍郎。三十二年正月休致。

周維新 福建閩縣人。同治十三年三甲八十六名進士。任內閣中書。

陸宗鄭 江蘇青浦縣人。同治十三年三甲八十七名進士。任雲南定遠知縣，光緒四年改昆明知縣，官至姚州知州。

徐漢章 湖北石首縣人。同治十三年三甲八十八名進士。任廣東樂會知縣。

路金聲 順天武清縣人。同治十三年三甲八十九名進士。任山東知縣。

馬逢亨 福建閩縣人。同治十三年三甲九十名進士。光緒十一年任湖北建始縣知縣。

談松林 字雪庵，號小峰。順天寧河縣人。嘉慶十五年二月初七日生。同治十三年三甲九十一名進士。任湖北知縣。

張協曾 甘肅河州人。同治十三年三甲九十二名進士。任四川彰明知縣、興文知縣，光緒九年署渠縣知縣，十二年改宜賓知縣。

安盤金 字石甫，號貢三。貴州湄潭縣人。同治十三年三甲九十三名進士。任雲南保寧知縣。

王季球 江蘇宿遷縣人。同治十三年三甲九十四名進士。光緒十一年任河南內黃知縣。

王聚奎 河南洛陽縣人。同治十三年三甲九十五名進士。光緒十一年任安徽東流知縣。

洪鏊 湖北黃梅縣人。同治六年舉人，十三年三甲九十六名進士。任江西峽江知縣。

賈汝謙 山東費縣人。同治十三年三甲九十七名進士。任江蘇崇明知縣，調甘肅皋蘭知縣，光緒十二年改寧夏寧遠知縣，改甘肅張掖知縣。

田瀛海 四川安岳縣人。同治十三年三甲九十八名進士。任安徽英山知縣。

彭啓瑞 字次雲。江西泰和縣人。同治十三年三甲九十九名進士。選庶吉士，光緒六年改廣西武緣知縣。

褚登瀛 安徽當塗縣人。同治十三年三甲一百名進士。光緒四年任直隸柏鄉知縣，改直隸巨鹿知縣。

程開運 （原名程昭鑑）字蓉第，號子元。安徽歙縣人。道光十七年六月初四日生。同治十三年三甲一百零一名進士。任浙江知縣。

鄭葆恬 （避清德宗諱更名鄭傑）陝西洛川縣人。同治十三年三甲一百零二名進士。任知縣。

譚光藜 河南商城縣人。同治十三年三甲一百零三名進士。光緒二年任陝西葭州知州，五年改鎮安知縣。十一年卸。

許壽甡 廣西蒼梧縣人。同治十三年三甲一百零四名進士。任內閣中書。

孔廣鑒 字次衡。山東寧海州人。同治十三年三甲一百零五名進士。光緒三年任安徽鳳臺知縣。

王雨穀 山西平定直隸州人。同治十三年三甲一百零六名進士。

張兆楷 字叔則。山東濰縣人。同治十三年三甲一百零七名進士。任江蘇興化知縣。在任二載病卒。

兄張兆棟，道光二十五年進士，漕運總督。

唐德俊 廣西靈川縣人。同治十三年三甲一百零八名進士。任內閣中書，改雲南昭通府景東直隸廳同知，改昭通府直隸同知。

時永新 陝西華州人。同治十三年三甲一百零九名進士。光緒任福建莆田知縣，十五年任四川儀隴知縣，二十五年改四川夾江知縣。

董餘三 直隸豐潤縣人。同治十三年三甲一百十名進士。任山西榮河知縣，光緒五年改沁源知縣。

王會英 字徽卿、靜庵，號愚村。山東利津縣人。同治十三年三甲一百十一名進士。選庶吉士，授檢討。光緒十三年掌雲南道御史，遷兵科給事中，二十四年官至甘肅平慶涇固化道。致仕歸。卒年七十八。著有《鴻雪軒集》八卷、《荆華書屋課藝》十二卷。

黃　璨 安徽合肥縣人。同治十三年三甲一百十二名進士。光緒十一年任江蘇昭文知縣。

龍起濤 江西永新縣人。同治十三年三甲一百十三名進士。光緒八年任湖南華容知縣，官至湖南候補知府。

宦懋和 （《進士題名碑》作官懋和，誤）字汝梅。貴州遵義人。同治十三年三甲一百十四名進士。任山西知縣，光緒十一年改浙江麗水知縣。

孫鵬儀 安徽黟縣人。同治十

三年三甲一百十五名進士。任內閣中書，二十三年改福建屏南知縣。

鍾懿蓉 廣西倉梧縣人。同治十三年三甲一百十六名進士。任刑部主事。

張福恒 字靜修，號南陔。湖南善化縣人。道光十九年（1839）生。同治十三年三甲一百十七名進士。任湖北知縣。

崔崙 順天霸州人。同治十三年三甲一百十八名進士。光緒二年任直隸大名府教授。

梁嶸椿 字茂生。廣西蒼梧縣人。同治十三年三甲一百十九名進士。光緒七年任山東清平知縣，改范縣知縣，十三年任掖縣知縣。

王隆道 陝西礴坪廳人。同治十三年三甲一百二十名進士。光緒二年署廣西容縣知縣。

趙錫恩 直隸永年縣人。同治十三年三甲一百二十一名進士。光緒十一年任山西垣曲知縣。

吳克昌 字祉番。四川井研縣人。同治十三年三甲一百二十二名進士。光緒九年十月任順天府房山知縣、武清知縣、宛平知縣、良鄉縣、寧河縣同知銜。卒於武清。

尹序長 山東肥城縣人。同治十三年三甲一百二十三名進士。任戶部員外郎銜主事、福建司行走，光緒二十年遷陝西司郎中，二十二年官至江西九江知府。

林煥曦 廣東高要縣人。同治十三年三甲一百二十四名進士。光緒七年任湖南保靖知縣，改綏寧知縣。

劉雲章 字縵卿，號石橋。陝西臨潼縣人。同治十三年三甲一百二十五名進士。任雲南寧洱、保山、江川、通海、鎮雄、昆陽知縣，二十八年升元江直隸州知州，改雲南廣西直隸州知州，擢雲南順寧知府、曲靖知府、普洱知府。賞三品銜，宣統二年丁憂歸。卒年七十二。

吳宣珏 福建侯官縣人。同治十三年三甲一百二十六名進士。光緒四年任陝西延長知縣，五年改陝西洋縣知縣，八年任淳化知縣，十一月署三原知縣。十年（1884）卒於任。

姜璧臣 湖北蒲圻縣人。同治十二年舉人，十三年三甲一百二十七名進士。任戶部主事，官至奉天知州。

倪觀瀾 江蘇靖江縣人。同治十三年三甲一百二十八名進士。光緒五年三月任山東魚臺知縣，十二年改山東菏澤知縣，署濱州知州。十五年任淄川知縣，十七年任萊陽知縣，十九年署文登知縣。

譚爲霖 江西餘干縣人。同治十三年三甲一百二十九名進士。光緒三十年任湖北竹溪知縣。

安守和 字煦齋。甘肅安定縣人。同治十三年三甲一百三十名進士。光緒六年任陝西延長知縣，七年改興平知縣，改藍田知縣，改延川知縣，十年任陝西長安知縣，十一年十一月署扶風知縣，十四年復任長安知縣，十六年署寶雞知縣，十八年署略陽縣，二十一年署朝邑知縣，官至陝西邠州直隸州知州。卒於任。

周良玉　廣東高要縣人。同治十三年三甲一百三十一名進士。光緒十年任甘肅古浪知縣，改陝西西鄉知縣，十九年改藍田知縣，二十四年署陝西咸陽知縣。

張鑑衡　山西壽陽縣人。同治十三年三甲一百三十二名進士。陝西即用知縣。

傅觀光　字竹坪。江西新建縣人。同治十三年三甲一百三十三名進士。光緒三年任江蘇溧水知縣，五年回任溧水知縣。

樊璟　河南南陽縣人。同治十三年三甲一百三十四名進士。任貴州都勻知縣。

胡瀛生　（《進士題名碑》作胡瀛，誤）字海峰。江西奉新縣人。同治十三年三甲一百三十五名進士。光緒三年任江蘇寶應知縣，四年補江寧知縣。

劉執德　河南陳留縣人。同治十三年三甲一百三十六名進士。任山東候補知縣。

謝秉鈞　山西繁峙縣人。同治十三年三甲一百三十七名進士。河南即用知縣。

李三捷　河南武安縣人。同治十三年三甲一百三十八名進士。光緒三年任陝西鳳縣知縣。四年（1878）卒於任。

陳明倫　陝西高陵縣人。同治十三年三甲一百三十九名進士。光緒五年署四川安岳知縣，改任廣元知縣。

梁奮庸　山西靈石縣人。同治十三年三甲一百四十名進士。光緒八年六月任江蘇鎮洋知縣，十年回任，官至太倉直隸州知州。

馮健　字松齋。漢軍正白旗（廣東人）。同治十三年三甲一百四十一名進士。光緒六年任浙江黃巖知縣，八年代理浙江台州府同知，九年降教職。

舒愷　安徽涇縣人。同治十三年三甲一百四十二名進士。光緒二年任湖南武陵知縣。

宋安書　安徽定遠縣人。同治十三年三甲一百四十三名進士。任知縣。

傅丞憲　四川南川縣人。同治三年舉人，十三年三甲一百四十四名進士。十三年任山東知縣。

楊熾昌　雲南昆明縣人。同治十三年三甲一百四十五名進士。任戶部主事。

倪望重　字雨三、愚山。安徽祁門縣人。同治十三年三甲一百四十六名進士。光緒四年署浙江分水知縣，九年署諸暨知縣，十一年任浙江黃巖知縣，十六年署臨海知縣，二十六年再署諸暨知縣。

李兆梅　字和生。山東歷城縣人。同治十三年三甲一百四十七名進士。光緒九年任直隸行唐知縣，十七年署邯鄲知縣，十九年署撫寧知縣。卒於任。年六十八。

陳兆煥 字筱文。福建長樂縣人。同治十三年三甲一百四十八名進士。光緒四年署白水知縣，五年任陝西大荔知縣，八年署郃陽知縣，十年卸，二十二年署宜君知縣，二十六年署盩厔知縣，二十九年改安定知縣，三十二年任安塞知縣，三十四年改醴泉知縣。卒於官。貧不能殮。邑士民爲治其喪。

劉發岐 廣西全州人。同治十三年三甲一百四十九名進士。

舒朝冕 江西進賢縣人。同治十三年三甲一百五十名進士。光緒二年任江蘇興化知縣，五年改宿遷知縣，十三年改甘泉知縣，十四年調六合知縣。

席　珍 陝西蒲城縣人。同治十三年三甲一百五十一名進士。任四川安岳、廣元、營山、榮昌知縣，充西充縣。致仕。居成都，年六十四卒。

任步月 字紹文，號西坪。山東臨清直隸州人。同治十三年三甲一百五十二名進士。任安徽即用知縣。旋歸辦團練，講學。著有《帶經堂詩集》。

管桂林 陝西蒲城縣人。同治十三年三甲一百五十三名進士。任知縣，改陝西鳳翔府教授。

張紹渠 字問泉。河南羅山縣人。同治十三年三甲一百五十四名進士。光緒七年署昆山知縣，十年補安東知縣。

王晉卿 （碑作王縉卿）河南裕州人。同治十三年三甲一百五十五名進士。光緒四年任直隸大名知縣。七年回任。

唐元愷 貴州思南府人。同治十三年三甲一百五十六名進士。任山西知縣。

倪晉麟 字筱裴。山東海陽縣人。同治十三年三甲一百五十七名進士。任安徽即用知縣，光緒八年任安徽建德知縣。

孟憲璋 山東章丘縣人。同治十三年三甲一百五十八名進士。光緒四年任河南扶溝知縣。

段晉熙 （《進士題名碑》作殷晉熙，未知所據）安徽英山縣人。同治十三年三甲一百五十九名進士。分發河南知縣，光緒九年改山東朝城知縣。

龍　駒 字次昂，號里千。湖南益陽縣人。道光十九年（1839）生。同治十三年三甲一百六十名進士。

石　渠 四川巴縣人。同治十三年三甲一百六十一名進士。任戶部主事，改雲南平彝知縣，改恩安知縣。

梁錦瀾 廣東高要縣人。同治十三年三甲一百六十二名進士。光緒二十三年任陝西咸陽知縣。

蕭射斗 貴州貴陽縣人。同治十三年三甲一百六十三名進士。任內閣中書。

常文之 （原名常文敏）河南武陟縣人。同治十三年三甲一百六十四名進士。光緒十一年任四川蒼溪知縣，十四年改四川隆昌知縣。

朱霈 江蘇泰州人。同治十三年三甲一百六十五名進士。任知縣。

孫槓 陝西長安縣人。同治十三年三甲一百六十六名進士。光緒六年任福建上杭知縣。

袁韻春 字履臣。貴州貴築縣人。同治十三年三甲一百六十七名進士。光緒八年署四川隆昌知縣，十三年任四川巴縣知縣。

朱寶書 字稷輔，號稼軒。浙江烏程人。道光十四年十月初八日生。同治十三年三甲一百六十八名進士。任陝西知縣。

蔡叙功 字克齋，號堇坊。浙江鄞縣人。道光十四年五月二十一日生。同治十三年三甲一百六十九名進士。即用知縣分發四川。

曾行崧 江西長寧縣人。同治十三年三甲一百七十名進士。光緒三年任廣東新寧知縣。

焦雲龍 （1840—1901）字雨田。山東長山縣人。同治十三年三甲一百七十一名進士。光緒三年署陝西米脂知縣，歷任陝西三原、咸寧、富平、長安、臨潼知縣，光緒二十二年署綏德直隸州知州，二十五年署商州直隸州知州，二十六年潼關廳同知，官至同州知府。著有《崇儉齋詩文集》。

汪慶長 字雲生。山東泰安縣人。同治六年舉人，十三年三甲一百七十二名進士。光緒二十二年任河南沈丘知縣。

吳耀曾 甘肅會寧縣人。同治十三年三甲一百七十三名進士。即用知縣，改甘肅平涼府教授。

許庚金 陝西臨潼縣人。同治十三年三甲一百七十四名進士。十三年任陝西同州府教授。

羅肅 字令儀、稺威。四川南溪縣人。同治十三年三甲一百七十五名進士。署江西高安知縣，兼署上高知縣，光緒六年改四川嘉定府教授。

彭億清 直隸灤州人。同治十三年三甲一百七十六名進士。任貴州候補知縣，光緒二年任貴州普定知縣。

趙爾震 字鐵珊。漢軍正藍旗人。同治十三年三甲一百七十七名進士。選庶吉士，散館改工部主事，升員外郎，官至工部郎中。

弟趙爾巽，同科進士。

陳寶樹 直隸遷安縣人。同治十三年三甲一百七十八名進士。任湖北候補知縣，光緒二十年改湖北安陸知縣。

朱鑑章 字達夫。江蘇無錫縣人。同治十三年三甲一百七十九名進士。光緒七年任浙江蘭溪知縣。十四年署浙江錢塘知縣，二十年任黃岩知縣，二十二年改歸安知縣、諸暨知縣。

何希遜 陝西石泉縣人。同治十三年三甲一百八十名進士。光緒十六年任直隸豐寧知縣。

崇　泰　滿洲正藍旗人。同治十三年三甲一百八十一名進士。

馬毓芝　字瑞六，號蘆村。山東壽光縣人。同治十三年三甲一百八十二名進士。光緒三年署山西浮山知縣，歷山陰、應州、猗氏知縣。父喪歸。卒於家。年六十四。

高思涵　安徽靈璧縣人。同治十三年三甲一百八十三名進士。

張心銘　寧夏中衛縣人。同治十三年三甲一百八十四名進士。即用知縣。

孫念曾　雲南南寧縣人。同治十三年三甲一百八十五名進士。

鄧襄宸　江西臨川縣人。同治十三年三甲一百八十六名進士。任江西贛州府教授。

宋棫臣　直隸易州直隸州人。同治十三年三甲一百八十七名進士。任奉天府教授，光緒十二年改直隸順德府教授。

劉鵬鳴　直隸遷安縣人。同治十三年三甲一百八十八名進士。任直隸河間府教授。

王維翰　字仲裴。廣西臨桂縣人。同治十三年三甲一百八十九名進士。任户部主事，升郎中，光緒二十年官至河南糧道、勸業道。

譚　銓　河南裕州人。同治十三年三甲一百九十名進士。光緒六年任安徽青陽知縣。

毛鴻藻　（一作毛鴻鈞）河南武陟縣人。同治十三年三甲一百九十一名進士。任四川候補知縣。

楊德春　山東諸城縣人。同治十三年三甲一百九十二名進士。任山東兗州府教授。

高日華　雲南昆明縣人。同治十三年三甲一百九十三名進士。

李祖昉　貴州石阡府人。同治十三年三甲一百九十四名進士。任貴州安順府教授。

武登第　直隸天津縣人。同治十三年三甲一百九十五名進士。官至郎中，遷河南知府。

姚恭壽　字榮聯，號企蓮。江蘇崇明縣人。道光元年三月二十六日生。同治十三年三甲一百九十六名進士。

劉鳳華　湖北武昌縣人。同治九年舉人，十三年三甲一百九十七名進士。任湖北鄖陽府教授。

張鵬舉　甘肅固原州人。同治十三年三甲一百九十八名進士。光緒任湖北南漳知縣，九年署應城知縣。

魏雲桂　（一作魏雲貴）字香岩，号屏山。山東臨朐縣人。同治十三年三甲一百九十九名進士。十三年任山東沂州府教授。

施炳修　福建臺灣彰化縣人。同治十三年三甲二百名進士。

黃大中　雲南昆明縣人。同治十三年三甲二百零一名進士。

王嘉善　安徽懷寧縣人。同治十三年三甲二百零二名進士。歷任吏部驗封司主事、員外郎、稽勳司郎中、寶泉局監督。

光緒二年（1876）丙子恩科

本科爲清德宗登極恩科

第一甲三名

曹鴻勛 字仲銘、竹銘，號蘭生。山東濰縣人。道光二十六年（1846）十月十一日生。光緒二年一甲第一名狀元。授修撰。五年充湖南鄉試副考官，七年督湖南學政，十五年充陝西鄉試主考官，旋即改爲江南鄉試副考官，任武英殿纂修，遷詹事府贊善，外任雲南永昌知府、雲南府知府、雲南迤東道，署糧儲道，二十七年任貴州按察使，二十九年遷貴州布政使，署貴州巡撫，三十一年改湖南布政使，擢陝西巡撫。三十三年八年解職。奉命回京協理開辦資政院事務。宣統二年（1910）九月初九日卒。年六十五。著有《益堅齋詩文》。

王賡榮 （1847—1895）字向甫，號春舫、午樵。山西朔州人。光緒二年一甲第二名榜眼。授編修。十年補山東道御史，十一年充江西鄉試副考官，十二年外任廣西潯州知府。辭官後，主講太谷鳳山書院。

著有《得毋紉齋詩文》。

馮文蔚 （原名馮文源）字聯棠、蓮堂，號修庵。浙江烏程縣人。道光二十一年（1841）六月二十四日生。光緒二年一甲第三名探花，授編修。光緒五年充順天鄉試同考官，八年督河南學政，遷侍讀學士、少詹事，二十二年授詹事，遷內閣學士，署左副都御史。十一月二十八日（1897年1月）卒。年五十六。

第二甲一百五十六名

吳樹梅 字爕臣、移香。山東歷城縣人。光緒二年二甲第一名進士。選庶吉士，授編修。光緒五年充江西鄉試副考官，八年充河南鄉試主考官，十四年充浙江鄉試副考官，遷國子監司業，十六年充會試同考官，遷國子監祭酒，二十四年八月遷內閣學士，旋擢戶部左侍郎。督湖南學政。二十七年病免。

父吳毓春，同治元年進士；兄吳樹菜，光緒六年進士。

章志堅　字班孟、芍洲。江蘇吳縣人。光緒二年二甲第二名進士。選庶吉士，授編修。

顧　瑗　字漁溪、漁賓。河南祥符縣人。光緒二年二甲第三名進士。選庶吉士，授編修。十六年遷戶部郎中，纍遷通政使副使，十九年充廣東鄉試主考官，二十六年以鑲白旗漢軍副都統會辦河南團防，三十三年任資政院幫辦。著有《顧漁溪先生遺集》。

戴鴻慈　字少懷、光孺，號毅庵、韻波。廣東南海縣人。光緒二年二甲第四名進士。選庶吉士，授編修。五年督山東學政，十一年督雲南學政，遷左庶子、侍讀學士、少詹事，二十六年授內閣學士，遷刑部侍郎，二十八年改戶部侍郎。三十一年充出國考察憲政大臣，歷十五國。同載澤、端方、尚其亨、李盛鐸等共輯《列國政變》一百三十三卷、《歐美政治要義》十八章。三十二年擢禮部尚書。改法部尚書，宣統元年入值軍機處，晉協辦大學士。宣統二年（1910）正月十三日卒。年五十五。贈太子少保。謚"文誠"。入祀賢良祠。著有《出使九國日記》。

劉中策　（榜名劉綸襄）字次方，號菊溪。山東沂水縣（今臨沂）人。光緒二年二甲第五名進士。選庶吉士，授編修。遷掌江西道御史、給事中，十四年充順天鄉試同考官，十五年會試同考官，三十年官至陝西候補道，署陝西鹽法道。

陶福同　（榜名陶福嗣）江西新建縣人。光緒二年二甲第六名進士。任禮部主事，升員外郎、郎中，三十四年官至河南陳州府知府。

春　溥　字博泉。蒙古正黃旗人。光緒二年二甲第七名進士。選庶吉士，授編修。官至司經局洗馬。

唐椿森　字益齡，號暉庭。廣西宣化縣人。光緒二年二甲第八名進士。選庶吉士，授編修。八年充順天鄉試同考官，十年補江南道御史，十一年任甘肅鄉試副考官，十五年任順天中城巡城御史，十六年充會試同考官，二十年任順天北城、二十五年任順天南城、二十七年再任順天北城巡城御史，掌四川道御史、兵科掌印給事中，官至江西鹽法道。

殷李堯　字瀛琛，號厚培。江蘇昭文縣人。光緒二年二甲第九名進士。選庶吉士，授編修。十一年補山東道御史，掌四川道御史，升禮科給事中，十四年充湖北鄉試副考官，十六年充會試同考官，外官至湖北候補道。

倪恩齡　字佑三，號覃園、稚眉。雲南昆明縣人。光緒二年二甲第十名進士。選庶吉士，授編修。十五年充順天鄉試同考官，外任江西饒州知府，改南昌知府，調廣西柳州知府。工書法，學董其昌；畫花鳥，學暉壽平。

祖父倪玢，嘉慶十四年進士。

金壽松（原名金星桂）字仲詵，號子木、元直。浙江桐鄉縣人。光緒二年二甲十一名進士。選庶吉士，授編修。十一年補湖廣道御史，掌山東道御史，官至刑科給事中。

謝祖源　字星海，號悔齋。直隸豐寧縣人。光緒二年二甲十二名進士。選庶吉士，授編修。六年充會試同考官，十年補江南道御史，十二年任順天東城巡城御史，掌河南道御史，官至河南彰德知府。

吳兆泰　字星階，號心荄。湖北麻城縣人。光緒元年舉人，二年二甲十三名進士。選庶吉士，授編修。升河南道御史。因上疏反對動用海軍費修建頤和園，被慈禧太后革職回籍。主講龍泉、經心書院，并充學務公所所長。宣統二年（1910）卒。

龐鴻文　字伯褧，號絅堂。江蘇常熟縣人。道光二十五年（1845）八月二十七日生。刑部尚書龐鍾璐子。光緒二年二甲十四名進士。選庶吉士，授編修。多次任鄉試考官，二十年督湖北學政，遷太常寺少卿，官至三品銜通政使司副使。宣統元年（1909）卒。年六十五。撰有《常昭合志》四十八卷。

弟龐鴻書，光緒六年進士，貴州巡撫。

高劍中　字勉之。河南項城縣人。光緒二年二甲十五名進士。選庶吉士，授編修。八年督湖北學政，升中允，十六年任雲南學政，官至侍讀學士。

賈聯堂　字尊亭。直隸蔚州人。光緒二年二甲十六名進士。選庶吉士，散館光緒十一年改河南武陟知縣、汲縣知縣。

朱卓英　字伯華，號倬夫。湖南湘潭縣人。道光二十五年十二月初九日（1846年1月6日）生。光緒二年二甲十七名進士。選庶吉士，授編修。

王錫蕃　字季樵。山東黃縣人。光緒二年二甲十八名進士。選庶吉士，授編修。歷任右春坊右中允，十九年督福建學政，升侍讀學士、少詹事，署禮部左侍郎。二十四年革職。

徐璋文　字植之。江蘇宜興縣人。光緒二年二甲十九名進士（時年五十一）。選庶吉士。改吏部主事，官至廣東韶州、瓊州知府。引疾歸。著有《學易一得》《春秋紀事》《讀書錄》等。

陳琇瑩　字芸敏。福建侯官縣人。光緒二年二甲二十名進士。選庶吉士，授編修。六年充會試同考官，遷江南道御史，十一年充湖南鄉試主考官，升兵科給事中。十四年提督河南學政。丁憂服闋，入都未幾卒，年三十九。

黃紹謀　字省初。四川瀘州直隸州人。光緒二年二甲二十一名進士。選庶吉士，散館改任浙江金華知縣。

陳兆文　字鶴仙，號石蓀。湖

南桂陽直隸州人。咸豐元年（1851）生。光緒二年二甲二十二名進士。選庶吉士，授編修。十五年充甘肅鄉試主考官，升右庶子、侍讀學士，二十四年九月任順天府尹，十月改奉天府丞兼學政，二十八年改太常寺卿，二十九年督浙江學政，三十一年任左副都御史。三十二年罷職。

馮汝騏 字伯驥。河南祥符縣人。光緒二年二甲二十三名進士。選庶吉士，授編修。

黃國瑾 字再同。貴州貴築縣人，祖籍湖南醴陵。道光二十九年（1849）生。光緒二年二甲二十四名進士。選庶吉士。授編修，侍講銜。光緒十六年父喪丁憂。十七年（1891）正月憂傷過度卒。年四十三。著有《夏小正集解》《離騷草太疏纂》《訓真書屋集》等。

祖父黃輔臣，道光十五年進士；父黃彭年，道光二十七年進士，湖北布政使。

茅景容 字次偉，號涵溪。江蘇泰興縣人。光緒二年二甲二十五名進士，選庶吉士，授編修。

張仁黼 （原名張世恩）字少玉、劭予，號孟藻。河南固始縣人。道光二十八年（1848）十一月初九日生。光緒二年二甲二十六名進士。選庶吉士，授編修。歷任國子監司業、右中允、司經局洗馬、侍講、侍讀、鴻臚寺卿、奉天府丞。光緒二十七年授左副都御史，三十一年改兵部、學部，法部侍郎，三十三

年大理院正卿，改吏部侍郎。三十四年（1908）八月二十五日卒，年六十一。

黃群杰 字秀生。江蘇泰州人。光緒二年二甲二十七名進士。選庶吉士，授編修。十一年充陝西鄉試主考官。卒於任。

張炳琳 字玉彝，號書城。湖北武昌縣人。同治元年舉人，光緒二年二甲二十八名進士。選庶吉士，授編修。八年充順天鄉試同考官。升江西道御史，十二年會試同考官，官至工科給事中。

廖廷相 字子亮，號澤辟。廣東南海縣人。光緒二年二甲二十九名進士。選庶吉士，授編修。工詞，善文章，以漢魏六代爲法。著有《太常因革禮校釋》《大金集禮校刊識語》《廣雅書院藏書目錄》《廣東輿地全圖》等。

朱一新 字鼎甫，號蓉生。浙江義烏縣人。道光二十六年（1846）十一月初五日生。光緒二年二甲三十名進士。選庶吉士，授編修。歷任陝西道監察御史，因劾海軍用人不當，又劾李蓮英，降爲主事。旋告歸。主講廣雅書院。光緒二十年（1894）二月卒，年四十九。光緒二十三年追賞五品銜。宣統元年六月追復原官。著有《京師坊巷志》《無邪堂答問》《佩弦齋詩文雜著》《德慶州志》《漢書管見》等。

弟朱懷新，光緒十五年進士。

周材芳 字子留，號若洲。雲

南楚雄縣人。光緒二年二甲三十一名進士。選庶吉士，改廣西思恩知縣。以疾卒。

潘寶鏶 （榜名潘寶鑒）字椒堂。廣東番禺縣人。光緒二年二甲三十二名進士。選庶吉士，授編修。五年充廣西副考官，旋告歸。主講粵秀、禺山書院。工畫善畫梅、牡丹。

陳贊圖 福建長樂縣人。光緒二年二甲三十三名進士。任刑部主事。

陳　燾 字汝翼。福建閩縣人。光緒二年二甲三十四名進士。選庶吉士，授編修。六年任會試同考官。

管廷鶚 字士一，號薦秋。山東莒州人。光緒二年二甲三十五名進士。選庶吉士，授編修。十四年督山西學政，遷國子監司業、祭酒，三十一年授光祿寺卿，三十二年改大理寺卿，三十三年署左副都御史。旋病免。

謝家政 廣東高要縣人。光緒二年二甲三十六名進士。三年任廣東廉州府教授。

劉心源 字幼丹。湖北嘉魚人。同治十二年舉人，光緒二年二甲三十七名進士。選庶吉士，授編修。十五年補江南道御史，改京畿道御史。歷任四川夔州知府、重慶知府、成都知府，遷江西吉南贛寧道，二十九年授廣西按察使。光緒三十一年解職。辛亥後，任湖北省議會會長、省政府秘書長、湖南巡按使等。

著有《奇觚室樂石文述》等。

聞福增 字益卿，號眉川。江蘇太倉直隸州人。光緒二年二甲三十八名進士。選庶吉士，四年改任四川慶符縣知縣。

陳懋侯 字伯雙。福建閩縣人。光緒二年二甲三十九名進士。選庶吉士，授編修。五年督四川學政，十四年充湖南鄉試主考官，十七年官至江南道監察御史。十八年（1892）遽卒。著有《知非齋易注易釋》。

魏晉楨 奉天吉林廳人。光緒二年二甲四十名進士。任工部都水司主事，遷營繕司員外郎。

陳樹勛 陝西長安人。光緒二年二甲四十一名進士。任刑部主事。

裕　德 字榮俊、壽田，號少雲。滿洲正白旗，喜塔臘氏。光緒二年二甲四十二名進士。選庶吉士，授編修。纍遷少詹事，十四年授詹事遷內閣學士，督山東學政，十六年遷工部左侍郎，十九年改刑部侍郎。二十年遷左都御史，二十四年改理藩院尚書，二十六年調兵部尚書，兼翰林院掌院學士。二十九年授協辦大學士，三十年遷體仁閣大學士，三十一年（1905）六月拜東閣大學士。十月二十六日卒。年五十九。謚"文慎"。入祀賢良祠。

黃彝年 字枚岑，號美存。河南商城縣人。光緒二年二甲四十三名進士。選庶吉士，授編修。五年充廣東鄉試副考官，八年任江西副考官，十一年任順天鄉試同考官。

馮金鑑　字心蘭，號藻卿。浙江桐鄉縣人。光緒二年二甲四十四名進士。選庶吉士，授編修。五年任順天鄉試同考官，八年充雲南鄉試副考官，十三年補湖廣道御史，十七年改順天北城巡城御史，十八年充會試同考官，改掌京畿道御史，二十年督廣西學政，官至四川川北道。著有《五音反切圖注》《拙思齋詩文稿》。

楊澄鑒　安徽桐城縣人。光緒二年二甲四十五名進士。任直隸知縣。

莫　峻　浙江上虞縣人。光緒二年二甲四十六名進士。二年任刑部主事。

張主敬　字子安，號樂山。貴州貴築縣人。光緒二年二甲四十七名進士。任工部主事，九年改直隸滿城知縣，歷定興、柏鄉、玉田、河間知縣。二十六年假歸。卒於家。

陳履亨　（1838—1906）字謙六，號硯塘。山西臨汾縣人。光緒二年二甲四十八名進士。選庶吉士，授編修。五年充順天鄉試同考官，九年會試同考官，任內監試官、周家口厘金保甲局差事。官至河南陳州知府。著有《香雪巢詩集》。

李桂林　字子丹。直隸臨榆縣人。光緒二年二甲四十九名進士。選庶吉士，授編修。六年充會試同考官，十一年任貴州鄉試主考官，十九年充河南鄉試副考官，二十三年山東鄉試副考官，二十四年外官至山西大同知府，在任候選道員。

兄李鐵林，同治十年進士。

應振緒　浙江永康縣人。光緒二年二甲五十名進士。光緒二年任戶部主事。

吳福保　字備卿。江蘇吳縣人。光緒二年二甲五十一名進士。選庶吉士。未散館。

周　楨　江西安福縣人。光緒二年二甲五十二名進士。任刑部主事。

崔　澄　（改名崔登）字岑友。安徽太平縣人。光緒二年二甲五十三名進士。選庶吉士，未散館賞五品卿銜。

王元超　安徽舒城縣人。光緒二年二甲五十四名進士。任兵部主事。

黃汝香　字孝卿，號嘯琴。山西平定直隸州人。光緒二年二甲五十五名進士。選庶吉士，七年改直隸清河知縣，又任望都等處知縣。辭官後，主講太谷鳳山書院、祁縣昭餘書院。著有《碧玉環山房詩集》。

袁鎮南　字保臣。奉天遼陽州人。光緒二年二甲五十六名進士。選庶吉士，授編修。十年任河南祥符知縣，遷光州直隸州知州，三十年官至河南南陽知府、開封知府。

羅經學　字玉山。四川瀘州直隸州人。光緒二年二甲五十七名進士。選庶吉士。六年改直隸容城知縣。

顧其行　字孝先。江蘇通州人。

光緒二年二甲五十八名進士。任刑部主事。

曹昌燮（原名曹傑）字珊泉。浙江鎮海縣人。拔貢生，朝考一等授七品小京官，尋補刑部福建司主事，光緒二年二甲五十九名進士。選庶吉士，授編修。歸家疾卒。年四十六。

王用欽　直隸天津縣人。光緒二年二甲六十名進士。任户部主事，升員外郎，官至郎中，改河南知府。

劉宗標（原名劉有科）字海臣。廣西賀縣人。光緒二年二甲六十一名進士。選庶吉士，授編修。十四年充順天鄉試同考官，二十一年署浙江衢州知府，官至浙江台州知府。

葛之覃　字子同，號燕友。直隸南皮縣人。光緒二年二甲六十二名進士。任刑部主事，補山東高密知縣。謝病歸。

陸寶忠（原名陸爾城）字伯葵、定生、定廬，號峰石。江蘇太倉州人。光緒二年二甲六十三名進士。選庶吉士，授編修。十一年督湖南學政，遷侍讀、侍講學士、南書房行走、少詹事，二十二年授詹事，遷內閣學士，二十三年督浙江學政，九月乞養歸。二十六年復任內閣學士，閏八月授兵部右侍郎，督順天學政，三十一年遷左都御史。三十四年（1908）四月卒。年五十九。諡"文慎"。著有《沅湘覽秀集》《校經堂集》。

尹錫綸　字仲俞，號海航。湖南邵陽縣人。道光十六年（1836）生。光緒二年二甲六十四名進士。任刑部主事，六年署廣西鎮安知府。

路朝霖　字訪岩，號覃叔。貴州畢節縣人。光緒二年二甲六十五名進士。選庶吉士，改四川奉節、東鄉知縣，八年補萬縣知縣，纍遷户部郎中，二十年擢河南道員。著有《烏蒙山人詩文集》。

王炳燮（原名王炳）字絧齋，號樸臣。江蘇元和縣人。光緒二年二甲六十六名進士。任直隸天津知縣，補直隸邯鄲知縣，以知府升用。著有《毋自欺室文集》《國朝名臣言行錄》十六卷、《誤朱求是》四卷。

傅　錕　河南祥符縣人。光緒二年二甲六十七名進士。

張　繼　字擇之，號少齋。甘肅隴西縣人。光緒二年二甲六十八名進士。選庶吉士，六年改四川墊江知縣，九年署東鄉知縣，十二年任四川江津知縣，十三年改華陽、萬縣等縣知縣，十八年復任，十九年署綿竹知縣，改涪州知州。後出征西藏，因取金鑄爲玩物，被告於朝廷，罷官。流放新疆。工書法。

父張敏行，道光二十五年進士。

陶方琦　字子珍，號蘭當、湘眉。浙江會稽縣人。道光二十五年（1845）十月三十八日生。光緒二年二甲六十九名進士。選庶吉士，授編修。五年督湖南學政，光緒十年

（1884）卒。一生篤學好古，博覽群書，著述頗豐，有《淮南許注異同詁》《漢孶室文鈔》《濮廬駢文選》《鄉麋閣遺詩》《蘭當館詞》等。

楊鴻元 字廬伯，號澹泉。浙江仁和縣人。光緒二年二甲七十名進士。選庶吉士，改兵部主事，外官至江蘇候補知府，以道員辦理江蘇海運、糧儲數十年，鹽運司銜。著有《四素居集》。

葉慶增 號蓮舫。浙江慈溪縣人。光緒二年二甲七十一名進士。任吏部主事，升員外郎，十九年授湖廣道御史，二十五年官至江西南康府知府。

陳邦瑞 字瑤圃。浙江慈溪縣人。光緒二年二甲七十二名進士。任內閣中書，十六年遷刑部郎中，遷侍讀學士，二十三年授光祿寺卿，二十六年進通政使，二十七年升工部右侍郎，改戶部侍郎，三十二年吏部左侍郎，三十三年任度支部右侍郎。

鄭紹成 （原名鄭學成）字丹階，號少眉。安徽英山縣人。光緒二年二甲七十三名進士。選庶吉士，散館改江西上高知縣，調署金溪縣，署義寧州知州。

況桂馨 江西新建縣人。光緒二年二甲七十四名進士。選庶吉士，授編修。

朱鏡清 字至堂，號頻華。浙江歸安縣人。光緒二年二甲七十五名進士。選庶吉士，散館改刑部主事，任江蘇靖江知縣，十七年代理江蘇常熟知縣。

張汝熙 順天武清縣人。光緒二年二甲七十六名進士。任戶部主事。

鍾德祥 字西耘，號耘翁、愚公。廣西宣化縣人。光緒二年二甲七十七名進士。選庶吉士，授編修。十九年補江南道御史。

黨蘭修 陝西合陽縣人。光緒二年二甲七十八名進士。二年任刑部主事。

李士瓚 字玉舟。江蘇昭文縣人。光緒二年二甲七十九名進士。任禮部主事，升員外郎、郎中，二十九年，官至江西建昌府知府。

申尚毅 貴州婺川縣人。光緒二年二甲八十名進士。二年任員外郎銜刑部主事。

黎榮翰 字璧候。廣東順德縣人。光緒二年二甲八十一名進士。選庶吉士，授編修。十一年督陝西學政。

張曾鏞 字聲齋。直隸南皮縣人。光緒二年二甲八十二名進士。署奉天懷德、錦縣知縣，官至營口海防同知。

高維嶽 字子欽、峙五，號變堂。陝西米脂縣人。光緒二年二甲八十三名進士。選庶吉士，授編修。五年任四川大寧知縣，八年復任，調蓬溪知縣，升山西遼州直隸州知州，捐升道員。在任候補。工書法。編著有《大寧縣志》。

余嵩慶 字子澄，號芷苓、梅友。湖南武陵縣人。道光二十三年（1843）生。光緒二年二甲八十四名進士。任户部主事。

李郁芬 字馥庭。湖北安陸縣人。光緒元年舉人，二年二甲八十五名進士。任吏部主事，纍任陝西潼商道，光緒二十七年遷陝西按察使，改陝西布政使，曾護理陝西巡撫，改山西布政使，調雲南布政使。光緒三十年革。

王舒萼 字侶樵，號雲畦。山西靈石縣人。光緒二年二甲八十六名進士。任户部主事，二十三年任順天文安知縣。

孔憲曾 字以魯，號筱雲。山東曲阜縣人。光緒二年二甲八十七名進士。選庶吉士，授編修。

父孔昭慈，道光十三年進士。

周盛典 字雅堂。四川灌縣人。光緒二年二甲八十八名進士。選庶吉士，授編修。

王鴻誥 雲南蒙自縣人。光緒二年二甲八十九名進士。

朱善祥（1845—1892）字咏裳。浙江秀水縣人。光緒二年二甲九十名進士。選庶吉士，授編修。五年充福建鄉試副考官，十一年充雲南鄉試正考官，十四年督四川學政。工詩文。著有《紅藤館詩》。

徐致靖 字子靜。順天宛平縣人，原籍江蘇宜興。道光二十三年（1843）九月初八日生。光緒二年二甲九十一名進士。選庶吉士，授編修。十二年充會試同考官，十五年充河南鄉試正考官，任左右春坊右中允、右庶子，少詹事，翰林院侍讀學士，曾上疏光緒帝推薦康有爲、梁啓超，求變法，廢八股，改試策論，裁冗員。二十四年七月署禮部侍郎。慈禧復出，八月罷官，永遠監禁。二十六年八國聯軍攻入京城始出獄。退居杭州。民國七年（1918）卒。著有《上虞縣志》。

張志龍 江西臨川縣人。光緒二年二甲九十二名進士。

林　啓 字迪臣、迪人。福建侯官縣人。道光二十二年（1842）生。光緒二年二甲九十三名進士。選庶吉士，授編修。五年充順天鄉試同考官，十一年督陝西學政。十五年遷浙江道御史，十九年調浙江衢州知府，二十二年官至杭州知府。任内創辦求是書院和蠶業學堂。求是書院後改爲杭州大學堂。光緒二十六年（1900）卒於任。年五十九。

王開甲 四川富順縣人。光緒二年二甲九十四名進士。任吏部主事，官至吏部郎中。

鄧倬堂 字雲村。湖北沔陽州人。同治十二年舉人，光緒二年二甲九十五名進士。選庶吉士，改廣東靈山、靖遠、仁化、連山、合浦知縣，官至綏徭廳同知。

張　端 字拱三，號蔭庭。福建晉江縣人。光緒二年二甲九十六名進士。選庶吉士，授編修。

王步瀛 字仙洲，號白麓。陝

西眉縣人。光緒二年二甲九十七名進士。任戶部主事，升員外郎、郎中，遷浙江道御史，外任江蘇常州知府，三十四年官至甘肅涼州府知府。以疾歸。卒年七十六。著有《心鑒錄》《家訓彙編》《韻花齋詩文集》《王氏家譜》等。

林其翔 廣東南海縣人。光緒二年二甲九十八名進士。任兵部主事，改廣東高州府教授。

會　章 字東橋。滿洲正藍旗，宗室。道光二十九年（1849）生。禮部尚書延煦子。光緒二年二甲九十九名進士。選庶吉士，授編修。遷侍講學士、少詹事，十九年授詹事，五月遷內閣學士，二十年擢理藩院右侍郎。二十八年（1902）四月以病免職，七月初五日卒。年五十四。會章直言，戊戌政變時朝內漢官罹法者眾多。會章獨奏論刑應持平，不應分漢、滿。

高賡恩 字熙寧，號豚園。順天寧河縣人。道光二十一年（1841）生。光緒二年二甲一百名進士。選庶吉士，授編修。十三年督四川學政，十五年充湖南鄉試主考官，任司經局洗馬、侍講學士，二十四年外任陝西陝安道，二十六年候補四品京堂，太常寺少卿。著有《思貽堂詩集》。

潘　江 直隸鹽山縣人。光緒二年二甲一百零一名進士。任刑部主事，升員外郎、郎中，二十九年官至廣西南寧府知府。

趙樹禾 字虞孫，號碩甫。江蘇丹徒縣人。光緒二年二甲一百零二名進士。選庶吉士，改戶部主事、員外郎，升御史，官至四川潼川知府。

黃灤之 字杭蓀，號仲辛、航西。湖南善化縣人。道光二十五年（1845）生。光緒二年二甲一百零三名進士。任吏部主事。

萬際軒 湖北潛江縣人。同治九年舉人，光緒二年二甲一百零四名進士。任工部主事，官至員外郎。

楊兆麒 福建閩縣人。光緒二年二甲一百零五名進士。任工部主事、都水司行走。

錢祿泰 字魯詹。江蘇常熟縣人。光緒二年二甲一百零六名進士。任戶部主事。

陳思相 （改名陳思霖）字應農。雲南楚雄縣人。光緒二年二甲一百零七名進士。選庶吉士，授編修。八年充順天鄉試同考官。

沈恩榮 江蘇吳江縣人。光緒二年二甲一百零八名進士。任戶部主事。

吳　燾 字子明。雲南保山縣人。光緒二年二甲一百零九名進士。任兵部主事，八年改廣西荔浦知縣，十六年改直隸高邑知縣，十七年改南樂知縣、二十年任直隸邯鄲知縣，二十三年改邢臺知縣，二十五年調清苑知縣，開州知州，二十七年遷冀州直隸州知州官至吉林提法使。

彭　倬 字子亭，號赤石。安

徽全椒人縣。光緒二年二甲一百十名進士。任刑部主事，改直隸欒城知縣，九年調邯鄲知縣，升直隸州知州。年六十乞假歸。著有《赤石山房詩鈔》。

周照 貴州畢節縣人。光緒二年二甲一百十一名進士。選庶吉士。未散館。

党蒙 字養山。陝西韓城縣人。光緒二年二甲一百十二名進士。選庶吉士，改刑部主事，升員外郎、郎中，二十七年外官至雲南臨安知府，署順寧、東川知府。卒於任。

袁昶 字重黎、爽秋。浙江桐廬縣人。道光二十六年（1846）八月初八日生。光緒二年二甲一百十三名進士。任戶部主事、員外郎，十九年纍擢安徽徽寧池太廣道，光緒二十四年授陝西按察使，擢江寧布政使，調直隸布政使，二十五年授光祿寺卿，官至太常寺卿。二十六年因反對用義和團抵抗外寇，七月初三日被誅，年五十五。十月追復原職。宣統元年四月追諡"忠節"。著有《浙西村叢刻》《袁昶日記》。

鄭衍熙 字緝頭。安徽英山縣（今屬湖北）人。光緒二年二甲一百十四名進士。選庶吉士，授編修。五年督甘肅學政。

樂理瑩 字燮臣。貴州貴陽府人。光緒二年二甲一百十五名進士。任刑部主事，改雲南呈貢知縣、永善知縣、廣通知縣，二十八年改山東昌邑知縣。

呂賢楨 安徽旌德縣人。光緒二年二甲一百十六名進士。四年任安徽廬州府教授。

徐桂辛 字味根。江西奉新縣人。光緒二年二甲一百十七名進士。任刑部主事、浙江司行走。

胡瀛濤 字葦舟，號海客。四川雲陽縣人。光緒二年二甲一百十八名進士。選庶吉士，三年改陝西城固知縣，九年補咸寧知縣，十一年署渭南縣，十三年改臨潼知縣。丁母憂。二十九年改貴州貴築知縣，改銅仁等知縣，升台拱廳同知，遷思南知府，以道員用。民國元年（1912）卒。年七十一。

魏起鵬 字紹程。江西南昌縣人。光緒二年二甲一百十九名進士。選庶吉士，改任山東堂邑知縣，六年調東平知縣，七年改嶧縣知縣，十四年任山東冠縣知縣，十一年署德州知州，十五年二月署聊城知縣，十六年調掖縣知縣。乞養歸。卒年六十四。

李持柏 字新甫。江西南昌縣人。光緒二年二甲一百二十名進士。任福建寧、龍溪、建安知縣。

蔡文田 （本姓李）湖北安陸縣人。同治十二年舉人，光緒二年二甲一百二十一名進士。五年署陝西白水知縣，七年任高陵知縣，八年署陝西朝邑知縣，十一年改大荔知縣。

李應紫 字秀峰。甘肅禮縣人。光緒二年二甲一百二十二名進士。

任奉天鐵嶺知縣，保加同知銜，補用知州，再任鐵嶺知縣。卒於任。

廷杰 字用賓。滿洲正白旗人。道光二十一年（1841）生。光緒二年二甲一百二十三名進士。任刑部主事，歷員外郎、郎中，十三年遷承德知府，擢湖南岳常澧道、辰沅永靖道，二十三年授奉天府尹，二十四年調直隸布政使，二十六年解職。二十九年再任奉天府尹，兼署盛京戶部侍郎、盛京將軍。宣統二年（1910）正月授法部尚書。十二月（1911年1月）卒。年七十。

蔡寶善 江西新昌縣人。光緒二年二甲一百二十四名進士。

繆荃孫 字炎之，號筱珊，晚號藝風。江蘇江陰縣人。光緒二年二甲一百二十五名進士。選庶吉士，授編修。後主鍾山書院。三十二年創江南圖書館，宣統元年任京師圖書館監督，官至學部候補參議四品卿銜。民國後1915年任清史館總纂，博覽三百五十九家清人著述和十六種方志。續錢儀吉《碑傳集》，積三十年功力，撰《續碑傳集》八十六卷。著有《清學部圖書館善本書目》《清學部圖書館方志目》。另有《南北朝名臣年表》《藝風堂圖書記》《遼藝文志》。民國八年（1919）十一月初一卒於北京，年七十六。

林元龐 福建侯官縣人。光緒二年二甲一百二十六名進士。任刑部主事。

葉愈 福建閩縣人。光緒二年二甲一百二十七名進士。光緒二年任戶部主事。

陶銳 湖北黃岡縣人。同治元年舉人，光緒二年二甲一百二十八名進士。任吏部主事。

段榮勛 雲南昆明縣人。光緒二年二甲一百二十九名進士。任禮部主事，十六年改貴州貴築知縣。

宋漢凌 河南新蔡縣人。光緒二年二甲一百三十名進士。任吏部主事。

周錦心 湖北羅田縣人。同治十二年舉人，光緒二年二甲一百三十一名進士。十一年任順天香河知縣。

常山 字伯仁，號小軒。滿洲鑲黃旗人。光緒二年二甲一百三十二名進士。選庶吉士，散館改主事，升至兵部員外郎。

金學獻 字韶笙，號景賢。廣東番禺縣。光緒二年二甲一百三十三名進士。選庶吉士。散館改四川資陽知縣，官至福建福州知府。

施典章 字子謙。四川瀘州直隸州（一作湖北麻城）人。光緒元年舉人，二年二甲一百三十四名進士。選庶吉士。改戶部主事，升郎中，外任廣東廣州知府，十五年改陝西榆林知府，二十四年改廣東瓊州知府。

黃輝齡 字炳騫。廣東香山縣人。光緒二年二甲一百三十五名進士。即用知縣，改廣東高州府教授。

湯子坤 字黻宸。陝西漢陰廳

人。光緒二年二甲一百三十六名進士。選庶吉士，授編修。京察一等外官至雲南永昌知府，以討匪功加三品銜補用道。因受瘴氣病卒。贈太常寺卿銜。

鄭思贊 字聽湘。河南祥符縣人。光緒二年二甲一百三十七名進士。纍遷戶部郎中，二十四年掌湖廣道御史。

陶清安 字蘭軒。雲南昆明縣人。光緒二年二甲一百三十八名進士。任江蘇崇明知縣。

黃肇宏 湖北大冶縣人。同治九年舉人，光緒二年二甲一百三十九名進士。七年署襄城知縣，任西鄉知縣，九年改陝西臨潼知縣，十二年署中部知縣，十五年改寶雞知縣，十六年永壽知縣，二十五年改同官知縣、岐山知縣，二十七年復任臨潼知縣。

周景曾 字融生，號式如、佩之。浙江海寧州人。光緒二甲二甲一百四十名進士。任刑部主事、員外郎，十六年纍遷甘肅鞏昌府知府，二十二年署蘭州知府。

王敞 字尚文。山東安丘縣人。光緒二年二甲一百四十一名進士。授戶部主事，保送直隸州知州，任安徽真如、涇縣知縣。丁憂服闋卒。著有《客游吟草》《還山集》。

但弼 湖北蒲圻縣人。光緒元年舉人，二年二甲一百四十二名進士。十年任河南光山知縣。

梁億年 福建長樂縣人。光緒二年二甲一百四十三名進士。十二年署四川隆昌知縣。

王豫修 字建侯。安徽英山縣人。光緒二年二甲一百四十四名進士。任工部主事，保員外郎，候選知府。

曹榕 （原名曹榮）號菊農。山西臨汾縣人。光緒二年二甲一百四十五名進士。任戶部主事，升員外郎，十九年授陝西道御史，二十四年外任山東萊州知府，二十六年改山東武定府知府，官至東昌知府、兗州知府。

黃秉均 江西新建縣人。光緒二年二甲一百四十六名進士。任刑部安徽司主事。

于登瀛 甘肅皋蘭縣人。光緒二年二甲一百四十七名進士。任刑部主事。

陳熙愷 （原名陳壽根） 福建侯官縣人。光緒二年二甲一百四十八名進士。四年署山東利津知縣，五年任山東魚臺知縣。

聶興禮 江西清江縣人。光緒二年二甲一百四十九名進士。十六年任江西贛州府教授。

黃顯瓚 字玉初，號石仙。湖南寧鄉縣人。咸豐三年（1853）生。光緒二年二甲一百五十名進士。選庶吉士，授編修。光緒十一年（1885）卒。

羅配章 廣東順德縣人。光緒二年二甲一百五十一名進士。十三年任浙江奉化知縣，十四年卸，十八年任浙江富陽知縣。

　　陳一鶴　字竹泉。福建羅源縣人。光緒二年二甲一百五十二名進士。任內閣中書，纍遷工部員外郎加運同銜。

　　嚴　欽　廣西岑溪縣人。光緒二年二甲一百五十三名進士。同年任禮部主事。

　　黃均隆　字房山、策安。湖南湘潭縣人。咸豐二年（1852）生。光緒二年二甲一百五十四名進士。選庶吉士，改刑部主事，升刑部員外郎，二十一年授陝西道御史，二十三年改順天中城巡城御史，充順天鄉試同考官，擢鴻臚寺少卿，二十八年充江南副考官，督江西學政，三十三年以法部左參議遷法部右丞。宣統三年病免。

　　王炳奎　山西榮河縣人。光緒二年二甲一百五十五名進士。任刑部主事，遷員外郎。

　　楊際清　字子會，號鏡海。山東膠州人。光緒二年二甲一百五十六名進士。選庶吉士，改刑部江西司主事。

第三甲一百六十五名

　　何德臻　（一作何德溱）福建閩縣人。光緒二年三甲第一名進士。十一年任安徽黟縣知縣。

　　施士洁　（1826—1918）字應嘉、芸沅，號沄舫，晚號耐公。臺灣縣臺灣人，祖籍福建晉江，光緒二年三甲第二名進士。授內閣中書。旋棄官回臺灣，掌教彰化白沙、臺南崇文及海東書院。1917年，入福建修志局，卒於鼓浪嶼。著有《後蘇龕合集》。

　　蘇統武　甘肅秦州人。光緒二年三甲第三名進士。任吏部主事。

　　曾長治　江西南城縣人。光緒二年三甲第四名進士。選庶吉士，改任山東陵縣知縣，五年調山東德平知縣。

　　劉世昌　貴州安化縣人。光緒二年三甲第五名進士。任陝西鄠縣知縣，四年改西鄉知縣，七年任郿縣知縣，八年改安塞知縣，二十五年署武功知縣。

　　高寅生　河南鄧州人。光緒二年三甲第六名進士。二年任兵部主事。

　　陳　圖　河南光州人。光緒二年三甲第七名進士。任內閣中書。

　　李鶴亭　漢軍正紅旗人。光緒二年三甲第八名進士。任內閣中書，改吉林府伯都訥廳撫民同知。

　　張懋澄　山東棲霞縣人。光緒二年三甲第九名進士。任戶部主事。官至員外郎。

　　沈霖溥　（原名沈敦禮）字伯恭、鞠泉。江蘇華亭縣人。道光元年正月二十二日生。光緒二年三甲第十名進士。

　　涂廉鍔　字念香。江蘇金匱人。光緒二年三甲十一名進士。選庶吉士，授檢討。

王金映 （改名王金彝）字鏡清，號晴昉。湖南長沙縣人。道光二十一年（1841）生。光緒二年三甲十二名進士。任禮部主事。

王裕齡 安徽含山縣人。光緒二年三甲十三名進士。同年任禮部主事。

錢文驥 字孟超。雲南昆明縣人。光緒二年三甲十四名進士。任工部主事，署安徽五河知縣，十一年改安徽蕪湖知縣，十五年任安徽懷遠知縣，十九年署壽州，二十三年再署壽州知州。

榮光世 字咏叔。江蘇無錫縣人。光緒二年三甲十五名進士。授工部主事。數月後請假省母盡孝。數年卒。

唐選皋 字直夫，號慕陶。貴州貴築縣人。光緒二年三甲十六名進士。任工部主事，十年改四川榮縣知縣，在任十五年，調漢州、興文、名山縣。光緒二十六年（1900）十月二十日卒。年五十三。

艾廷選 字潤泉。河南信陽州人。光緒二年三甲十七名進士。二年任刑部主事。

呼鳴盛 字鶴皋。陝西清澗縣人。光緒二年三甲十八名進士。任四川長寧知縣，十四年八月補四川樂至知縣。多善政。

陶揖綏 字蓮生、聯珊。江西南昌縣人。光緒二年三甲十九名進士。選庶吉士，四年散館改四川樂山知縣，九年任四川定遠知縣，改德陽知縣。

安永松 貴州大定府人。光緒二年三甲二十名進士。

貴賢 字尊毅，號喆生。漢軍鑲黃旗人。光緒二年三甲二十一名進士。任工部主事，升郎中，十年授江西道御史，升吏科給事中、大理寺少卿，二十三年官至奉天府府丞兼學政。二十四年病免。

艾慶瀾 字仲安，號觀亭。山東濟陽縣人。光緒二年三甲二十二名進士。任刑部四川司主事、山西司員外郎，二十一年授江南道御史，官至戶科給事中、禮科掌印給事中。

劉一桂 浙江慈溪縣人。光緒二年三甲二十三名進士。任刑部奉天司主事。

李濂 字廉水。浙江鎮海縣人。光緒二年三甲二十四名進士。任戶部主事，升員外郎，官至兵部郎中、武選司行走。

趙宜琛 字暘午。貴州平越直隸州人。光緒二年三甲二十五名進士。任湖南祁陽知縣，十二年改零陵知縣，改湘鄉、善化縣知縣，二十八年官至湖南沅州知府。

鄭子齡 江西武寧縣人。光緒二年三甲二十六名進士。

張仲良 廣西臨桂縣人。光緒二年三甲二十七名進士。任刑部主事。

陳德薰 字厚庵。湖北黃陂縣人。同治元年舉人，光緒二年三甲二十八名進士。選庶吉士，改禮部主事，二十四年官至四川資州知州。

孫常春　河南鞏縣人。光緒二年三甲二十九名進士。十一年任山東招遠知縣。

廖燻　江西石城縣人。光緒二年三甲三十名進士。九年任安徽舒城知縣。

陳嘉謨　字石樵。廣東東莞縣人。光緒二年三甲三十一名進士。任戶部主事、湖廣司行走。

區士彬　廣東番禺縣人。光緒二年三甲三十二名進士。

陳毓麟　字石笙，號文伯。陝西蒲城縣人。光緒二年三甲三十三名進士。選庶吉士，改任廣西修仁知縣。

朵如正　字玉衡。雲南昆明縣人。光緒二年三甲三十四名進士。十六年署浙江新昌知縣，改安吉知縣，升知府去。

劉曾騄　字驤臣。河南祥符縣人。光緒二年三甲三十五名進士。六年任山東鄆城知縣，九年任山東郯城知縣，十三年再任鄆城知縣，十七年改山東荏平知縣。

王贊元　字襄甫。福建閩縣人。光緒二年三甲三十六名進士。任直隸鉅鹿知縣，歷任雞澤、獻縣、衡水等縣知縣。

馮崧生　（原名馮松生）字聽濤，號陶廬。浙江仁和縣人。光緒二年三甲三十七名進士。選庶吉士，授檢討。工詩，善畫蘭竹。

郭萬俊　四川清溪縣人。光緒

二年三甲三十八名進士。光緒十三年任內閣中書，二十年改宗人府主事，改吏部主事。

路履祥　字芝庭。江蘇宜興縣人。光緒二年三甲三十九名進士。任浙江嵊縣知縣，七年歷寧海知縣，十年改東陽知縣，十二年署樂清知縣。以積勞卒於官。

周兆璋　廣東順德縣人。光緒二年三甲四十名進士。十一年任甘肅兩當知縣，十四年改教職回廣東任廉州府教授。

蔣元杰　廣西全州人。光緒二年三甲四十一名進士，任兵部主事。

劉藜光　雲南昆明縣人。光緒二年三甲四十二名進士。十一年任甘肅通渭知縣，改渭源知縣。

高廷煊　山西黎城縣人。光緒二年三甲四十三名進士。十三年任直隸青縣知縣。

劉鋒　字試吾，號琯臣。湖南瀏陽縣人。道光七年（1827）生。光緒二年三甲四十四名進士。任四川知縣。

劉成誦　直隸樂亭縣人。光緒二年三甲四十五名進士。二年任刑部主事。

周綵麟　字閣簪，號弼臣。湖南長沙縣人。道光二十年（1840）生。光緒二年三甲四十六名進士。

涂景濂　字飲廉，號穎荃。湖南長沙縣人。道光二十九年（1849）生。光緒二年三甲四十七名進士。七年任河南鄭城知縣，改湖南永州府教授，三十年改衡州府教授。

丁毓琛　福建侯官縣人。光緒二年三甲四十八名進士。任刑部主事。

祖父丁桐，乾隆五十四年進士。

李念玆　字鐵帆，號慕皋。直隸鹽山縣人。光緒二年三甲四十九名進士。任刑部主事，遷郎中，二十年授浙江道御史，遷湖州知府，二十四年改四川雅州知府。

裕　祥　字吉臣。滿洲鑲黃旗，舒穆祿氏。咸豐元年（1851）生。光緒二年三甲五十名進士。任內閣中書，纍遷廣西右江道，光緒十四年授陝西按察使，改甘肅按察使，遷雲南布政使，二十三年十月授雲南巡撫，二十四年七月裁撤雲南巡撫，改任成都將軍。二十五年六月以病免職。

王炳章　四川漢州人。光緒二年三甲五十一名進士。任工部主事，二十年改直隸阜城知縣。

白　昶　河南武安縣人。光緒二年三甲五十二名進士。七年署山西壽陽知縣，十八年改山西長治知縣，十九年改洪洞知縣。二十三年回任。

李國廣　河南光山縣人。光緒二年三甲五十三名進士。四年任直隸束鹿知縣。

楊鳳朝　雲南寶寧縣人。光緒二年三甲五十四名進士。五年任江蘇沭陽知縣，十一年改江蘇南通知縣，遷通州直隸州知州。

鄭　芝　字亥谷，號伯榮。湖南長沙縣人。道光二十四年（1844）生。光緒二年三甲五十五名進士。任河南知縣。

龍朝言　字小村。廣西臨桂縣人。光緒二年三甲五十六名進士。選庶吉士，改任山西夏縣知縣、崞縣知縣、永濟知縣，廣東饒平知縣。

彭學皆　字海樓。四川綦江縣人。光緒二年三甲五十七名進士。任直隸知縣。同知銜。

鄭樹榮　福建侯官縣人。光緒二年三甲五十八名進士。

朱啟鳳　字增齡，號小笏。江蘇宜興縣人。道光四十七年（1847）生。光緒二年三甲五十九名進士。八年任浙江秀水知縣，改蘭溪知縣，十八年改錢塘知縣，二十年署杭州知府。

林　穗　（1835—1892）字富年、擷雲，號子穎。福建閩縣人。光緒二年三甲六十名進士。歷任直隸鉅鹿、任丘、廣昌等縣知縣，遷直隸州知州。後辭歸卒。撰有《勿憚改過齋文集》等。

屈傳衡　字品升，號冰卿。浙江平湖縣人。光緒二年三甲六十一名進士。任陝西知縣。

顏豫春　甘肅皋蘭縣人。光緒二年三甲六十二名進士。五年任陝西懷遠知縣，八年改紫陽知縣，十二年任陝西華陰知縣。

劉鴻逵　字子儀。直隸昌黎縣人。光緒二年三甲六十三名進士。任山西猗氏、平陸、盂縣知縣，遷豐鎮廳、歸化廳同知，遷保德直隸州、代州直隸州知州，官至山西候補知府。

郭汝材 廣東南海縣人。光緒二年三甲六十四名進士。光緒十三年官至戶部郎中。

歐炳琳 江西萍鄉縣人。光緒二年三甲六十五名進士。七年署陝西商南知縣，八年署靖邊知縣，十四年改甘泉知縣，二十四年改岐山知縣，二十五年任陝西三原知縣。

路敬亭 字笑山，號一峰。山東歷城人。道光十七年七月二十日生。光緒二年三甲六十六名進士。任江蘇知縣。實非所願，相繼丁內外艱，遂絕意仕途。歸後授徒，主講繡紅書院、景賢書院。

張維翰 字一桂。四川遂寧縣人。光緒二年三甲六十七名進士。湖北即用知縣。

王弼藩 直隸盧龍縣人。光緒二年三甲六十八名進士。任廣西候補知縣，署河池州、武緣、蒼梧知縣。光緒十二年乞終養歸。

涂官俊 字紹卿。江西東鄉縣人。道光十九年（1839）生。光緒二年三甲六十九名進士。九年任陝西富平知縣，歷涇陽、長安、宜君知縣，十五年二任涇陽知縣。有政績。光緒二十年（1894）十月卒。年五十六。

任祥麟 河南汝陽縣人。光緒二年三甲七十名進士。

徐振翰 字翔墀。河南延津縣人。光緒二年三甲七十一名進士。五年署浙江壽昌知縣，十一年改烏程知縣，十四年改鄞縣知縣，十九年任樂清知縣。

李日躋 雲南易門縣人。同治九年舉人，光緒二年三甲七十二名進士。任刑部主事。

顧家相 （1853—1917）字季敦、輔卿。浙江會稽縣人，光緒二年三甲七十三名進士。十三年任江西萍鄉知縣，加同知銜，二十六年官至署河南歸德知府、彰德知府。以病告歸。數年後南返卒。著有《萍鄉鐵路公牘》。

徐錫祉 字小齋，號星舫。浙江仁和縣人。光緒二年三甲七十四名進士。任福建臺灣新竹知縣，十六年任福建閩縣知縣、晉江知縣，二十四年改江蘇宜興知縣。曾續阮元《四庫未收書總目》，又有《榕陰讀書志》。

廖廷珍 江西高安縣人。光緒二年三甲七十五名進士。光緒十一年任福建安溪知縣。

郭廷謹 字似鄉。陝西蒲城縣人。光緒二年三甲七十六名進士。二十年任順天文安知縣，三十年改平谷知縣。

王寶書 字雲史，號倉文。雲南昆明縣人，原籍浙江山陰。同治十一年任處州府教授，光緒二年三甲七十七名進士。授內閣中書，六年任四川雷波廳通判。著有詩文集數十種，所傳者僅《蒼文遺集》《味紓詩話》《投荒孤噫》。

酒龍章 字紫雲，號黼周。直隸安肅縣人。光緒二年三甲七十八名進士。任河南尹陽知縣。

陳自新 福建侯官縣人。光緒二甲三甲七十九名進士。任湖南瀘溪知縣。

惠登甲 字蓮塘。甘肅安化縣人。光緒二年三甲八十名進士。任廣東海陽、番禺、花縣、饒平知縣，改陽江同知，升南雄直隸州知州，改陝西知府。到省未幾卒。

歐景芬 福建連江縣人。光緒二年三甲八十一名進士。十年任浙江富陽知縣。

許涵度 字子純。直隸清苑縣人，原籍浙江。光緒二年三甲八十二名進士。任山西即用知縣，五年署鳳臺知縣，十一年升忻州直隸州知州，遷潞安知府，署太原知府，升冀寧道，補陝西延榆道，改湖北武昌鹽法道，二十八年授陝西按察使，二十九年遷四川布政使，三十四年官至陝西布政使。宣統元年致仕歸。卒於家。

萬永康 甘肅皋蘭縣人。光緒二年三甲八十三名進士。任廣東即用知縣。

陸　筠 字筠策。江蘇通州人。光緒二年三甲八十四名進士。授即用知縣，改江蘇揚州府教授。

善　慶 滿洲正白旗人。光緒二年三甲八十五名進士。

莊　福 漢軍正黃旗。光緒二年三甲八十六名進士。十一年任山東禹城知縣。

余麟書 湖北漢陽縣人。同治九年舉人，光緒二年三甲八十七名進士。六年任陝西渭南知縣，八年改陝西長安知縣，九年署華州知州。

盧樂戊 山東萊蕪縣人。光緒二年三甲八十八名進士。五年任廣東東莞知縣，十六年改山東曹州府教授。

謝元俊 廣東東莞縣。光緒二年三甲八十九名進士。任禮部主事，官至禮部郎中。

閔荷生 江西奉新縣人。光緒二年三甲九十名進士。任戶部主事、員外郎，官至直隸大名府知府。

王善澤 字蘭居，號谷山居士。山東東阿縣人。光緒二年三甲九十一名進士。任戶部河南司主事，官至河南候補知府。到省奉委辦稅局，卒於差次。

林嵩堯 （原名林廷彥）字粲英，號餐英。浙江鎮海縣。光緒二年三甲九十二名進士。以知縣即用分發江西，署宜黃知縣，八年補吉水縣，調署萬載縣，升義寧州知州。以目力銳減告歸。卒於家。

何明璋 四川銅梁縣人。光緒二年三甲九十三名進士。任工部主事。

慶　恩 滿州鑲黃旗人。光緒二年三甲九十四名進士。任戶部主事，官至西寧辦事大臣。

郭敬佑 山東樂陵縣人。光緒

二年三甲九十五名進士。

李廷實 字遂安，號茂中。山西榆次縣人。道光十九年九月二十三日生。光緒二年三甲九十六名進士。任山東知縣。

張旭東 直隸盧龍縣人。光緒二年三甲九十七名進士。任奉天昌圖府教授。

楊惠馨 安徽六安直隸州人。光緒二年三甲九十八名進士。十一年任山東曲阜知縣。

鄭天章 廣東瓊山縣人。光緒二年三甲九十九名進士。

樊春林 字杏橋。山東長清縣人。光緒二年三甲一百名進士。任國子監學正，候升直隸州知州，因年近古稀無意進取，十一年改山東青州府教授。

陳焕新 湖南巴陵縣人。光緒二年三甲一百零一名進士。

王寶田 山東即墨縣人。光緒二年三甲一百零二名進士。任內閣中書，官至雲南道御史。

劉鏞 字曉山。直隸清苑縣人。光緒二年三甲一百零三名進士。任內閣中書，纍遷甘肅甘州知府，調署蘭州知府。民國元年（1912）卒。年六十六。

朱彭年 （1834—1896）字仲鏗，號莘潛。浙江富陽縣人。光緒二年三甲一百零四名進士。歷官江西興國、新淦、貴溪知縣，改廣昌知縣。以病未赴，卒。著有《春渚草堂詩文集》。

王齊海 湖北羅田縣人。咸豐八年舉人，光緒二年三甲一百零五名進士。任安徽知縣。

竇光儀 字鴻陸。陝西蒲城縣人。光緒二年三甲一百零六名進士。任湖北石首知縣，改浙江嵊縣知縣。告歸後主堯山書院。

胡俊章 字燕笙，號效山。漢軍正藍旗。光緒二年三甲一百零七名進士。任工部主事，升郎中，十三年授江南道御史、戶科給事中，改工科掌印給事中，二十五年外任陝西延榆綏道。二十六年告病歸。

馬鑑 廣西臨桂人縣。光緒二年三甲一百零八名進士。任山西榮河知縣，八年任山西永和知縣，十三年改洪洞知縣，十九年改山西長治知縣，二十四年改歸綏拉齊撫民同知。

徐允升 河南羅山縣人。光緒二年三甲一百零九名進士。十二年任江西湖口知縣，二十五年改玉山知縣。

賈國楨 奉天錦縣縣人。光緒二年三甲一百十名進士。十六年署直隸肥鄉知縣，二十年改直隸臨榆知縣。

唐肇午 福建侯官縣人。光緒二年三甲一百十一名進士。八年任山東平原知縣，九年改福山知縣。

姜渭春 字晴川。山東歷城縣人。光緒二年三甲一百十二名進士。七年任直隸新城知縣，遷祁州知州。引疾歸。後主講曹州魚華書院。

師義方　字子燕，號竹亭。直隸安肅縣人。光緒二年三甲一百十三名進士。任福建知縣。

周繩武　四川巴州人。光緒二年三甲一百十四名進士。

李延訪　山西盂縣縣人。光緒二年三甲一百十五名進士。六年七月署陝西膚施知縣。

唐大琬　字玉軒。湖南零陵縣人。道光二十一年（1841）生。光緒二年三甲一百十六名進士。任廣東新安知縣。

傅超衡　廣西臨桂縣人。光緒二年三甲一百十七名進士。任戶部員外郎銜主事，遷四川司員外郎。

柯祖培　字我庵。福建長樂縣人。光緒二年三甲一百十八名進士。任江西永新知縣。卒於任。

徐玉山　雲南嵋峨縣人。光緒二年三甲一百十九名進士。十一年任山東海豐知縣。

武達材　字子棟。山西文水縣人。光緒二年三甲一百二十名進士。任湖南安化知縣，十年改陝西白水知縣。

陸殿鵬　江蘇興化縣人。光緒二年丙子科會元，三甲一百二十一名進士。任吏部主事。

薄紹緒　山東利津縣人。光緒二年三甲一百二十二名進士。廣東即用知縣。

王朝俊　字壽泉、蘭伯。江蘇吳縣人。光緒二年三甲一百二十三名進士。任安徽潁上知縣。有惠政。

被大吏延聘主安慶鳳鳴書院。

袁希璋　字琢堂。四川安岳人。光緒二年三甲一百二十四名進士。署山西河津知縣。辦救災積勞成疾，卒於任。

翁錫祺　字迪光，號壽生。浙江金華縣人。道光十七年七月初五日生。同治元年任浙江新昌縣教諭，光緒二年三甲一百二十五名進士。任江西萬安知縣。

謝立本　字培根。安徽蕪湖縣人。光緒二年三甲一百二十六名進士。十一年任河南通許知縣。

杜寶善　貴州石阡府人。光緒二年三甲一百二十七名進士。任河南知縣。

封汝弼　字輔廷。雲南思茅廳人。光緒二年三甲一百二甲二十八名進士。分發四川，五年改甘肅金縣知縣，在任十二年卒。

楚登驁　字筆峰。山東歷城縣人。光緒二年三甲一百二十九名進士。任安徽黟縣知縣。丁憂歸。以父老乞養。光緒二十八年（1902）卒於家，年七十七。

王建言　字次齋。山東博山縣人。光緒二年三甲一百三十名進士。任廣西河池州知州、上林知縣。

熊繼軒　安徽六安直隸州人。光緒二年三甲一百三十一名進士。四年任廣西昭平知縣，五年改廣西賀縣知縣，十一年改廣西武宣知縣，十二年改廣西恩隆知縣，十四年遷廣西太平府同知。

阮佩蘭　湖北武昌縣人。光緒二年三甲一百三十二名進士。任安徽繁昌知縣。

景　瀛　漢軍正白旗。光緒二年三甲一百三十三名進士。五年任貴州餘慶知縣，八年再任，十二年三任餘慶知縣，十六年改遵義知縣，二十二年改興義知縣。

宋德澤　直隸棗强縣人。光緒二年三甲一百三十四名進士。任四川安縣知縣，七年署四川鹽源知縣，十四年署四川江油知縣，改廣元知縣。

袁葉茂　字仲育，號夢池。山東長山縣人。光緒二年三甲一百三十五名進士。六年任安徽太湖知縣。

劉際唐　直隸豐潤縣人。光緒二年三甲一百三十六名進士。十一年任河南葉縣知縣。

李應奎　福建福安縣人。光緒二年三甲一百三十七名進士。

楊超松　廣西岑溪縣人。光緒二年三甲一百三十八名進士。任廣西太平府教授。

譚維鐸　廣西蒼梧縣人。光緒二年三甲一百三十九名進士。八年任四川蘆山知縣。

王　瑀　字石丞。安徽太湖縣人。光緒二年三甲一百四十名進士。授即用知縣，改選安徽寧國府教授。不就，居湖濱講學授徒。著有《綺霞詩草》《小山雜錄》。

劉琪棻　（一作劉琪芬）貴州遵義縣人。光緒二年三甲一百四十一名進士。十六年任雲南建水知縣、祿豐知縣、江川知縣、彌勒知縣。

崔奎瑞　甘肅隆德縣人。光緒二年三甲一百四十二名進士。任廣西馬平知縣，八年任廣西昭平知縣。

尹　椿　字壽卿。直隸玉田縣人。光緒二年三甲一百四十三名進士。四年任浙江於潛知縣，十八年任金華知縣。

凌兆熊　安徽定遠縣人。光緒二年三甲一百四十四名進士。光緒二年任戶部主事，二十年遷湖北蘄州知州，三十年改歸州知州。

李清鑑　甘肅鎮原縣人。光緒二年三甲一百四十五名進士。雲南即用知縣，任羅次縣知縣、沾益州知州。

潘　江　字文濤。安徽婺源縣人。光緒二年三甲一百四十六名進士。任河南輝縣知縣，十九年改直隸天津知縣，二十二年改直隸青縣知縣，二十五年任南宮知縣，二十七年改南樂知縣。

張振期　字光伯。江西南昌縣人。光緒二年三甲一百四十七名進士。九年署順天府固安知縣。

誠　鑑　字古農。滿洲正黃旗人。光緒二年三甲一百四十八名進士。任戶部堂主事，升員外郎。官至江西道御史。

承　蔭　漢軍鑲黃旗人。光緒二年三甲一百四十九名進士。任戶部主事，十一年改湖南臨湘知縣。

周華林　河南裕州人。光緒二年三甲一百五十名進士。任雲南知縣，十一年改廣東英德知縣。

陳　南　四川敘永廳人。光緒二年三甲一百五十一名進士。官至戶部郎中。

凌錦章　安徽廬江縣人。光緒二年三甲一百五十二名進士。十三年任江西武寧知縣。

石壽祺　安徽宿松縣人。光緒二年三甲一百五十三名進士。十一年任江西南城知縣，改廣豐、安福知縣。

邵謙和　廣西蒼梧縣人。光緒二年三甲一百五十四名進士。十二年任廣東樂會知縣。

李日章　廣西象州縣人。光緒二年三甲一百五十五名進士，五年署江蘇贛榆知縣。

汪麟昌　字子研。江蘇長洲縣人。光緒二年三甲一百五十六名進士。六年任江蘇松江府教授，改淮安府教授。

胡　瀛　陝西漢陰廳人。光緒二年三甲一百五十七名進士。任知縣。

聶　江　直隸唐縣人。光緒二年三甲一百五十八名進士。七年任直隸永平府教授。

李步雲　字聯卿。奉天寧遠州人。光緒二年三甲一百五十九名進士。任河南尉氏知縣，纍遷刑部郎中、貴州司行走。

秀　蔭　蒙古正藍旗人。光緒二年三甲一百六十名進士。任江孜知縣。光緒十四年曾奉命入藏與英軍談判。

那　桂　滿洲鑲黃旗人。光緒二年三甲一百六十一名進士。任禮部主事，升員外郎，官至禮部郎中。

張向辰　陝西臨潼縣人。光緒二年三甲一百六十二名進士。二十六年任廣東鶴山知縣。

鄧思哲　四川大竹縣人。光緒二年三甲一百六十三名進士

楊翼孫　陝西府谷縣人。光緒二年三甲一百六十四名進士。

郝世俊　山西壺關縣人。光緒二年三甲一百六十五名進士。任山西太原府教授。

光緒三年（1877）丁丑科

第一甲三名

王仁堪 字可莊、大久，號忍庵、忍龕。福建閩縣人。道光二十九年（1849）三月初七日生。光緒三年一甲一名狀元。授修撰。六年督山西學政，十一年充貴州鄉試副考官，十四年充江南鄉試副考官，十五年仍以修撰充廣東鄉試副考官，入直上書房，以彈劾醇親王依順慈禧截國庫銀建清漪園被罷官。十七年授江蘇鎮江知府，改蘇州知府。光緒十九年十二月二十日（1894年1月）夜巡中寒，不治身亡，年四十五。著有《王蘇州遺書》。

余聯沅 字撝珊。湖北孝感縣人。道光二十一年（1841）九月初八日生。光緒三年榜眼。授編修。歷任國史館協修、軍機處校勘、功臣館纂修。十四年補河南道御史，改四川道御史，歷禮科、吏科給事中，外任福建鹽法道、江蘇蘇松太兵備道，光緒二十六年授江西按察使，升湖南布政使，賞頭品頂戴署浙江巡撫。二十七年（1901）病免。十月十六日卒。年六十一。照巡撫例賜卹。

朱賡颺 字景庵。江南華亭縣人。光緒三年一甲第三名探花。授編修。

第二甲一百三十一名

孫宗錫 字公復。湖南善化縣人。光緒三年二甲第一名進士。選庶吉士，授編修。八年督貴州學政。

孫宗毅 字君貽。湖南善化縣人。光緒三年二甲第二名進士。選庶吉士，授編修。

程夔 字咏琴，號午坡。安徽歙縣人。光緒三年二甲第三名進士。選庶吉士，授編修。光緒八年充順天鄉試同考官。

唐景崶 字升魚，號禹卿、元穎。廣西灌陽縣人。光緒三年二甲第四名進士。選庶吉士，授編修。八年充任順天鄉試同考官。

兄唐景崧同治四年進士，署臺

灣巡撫；兄唐景崇同治十年進士，學部尚書。

洪思亮 字少竹、景存，號朗齋。安徽懷寧縣人。光緒三年二甲第五名進士。選庶吉士，授編修。十六年、十八年兩充會試同考官，二十三年官至浙江衢州知府，署湖州知府。

張鼎華 字研秋，號吾子。廣東番禺縣人。光緒三年二甲第六名進士。選庶吉士，授編修。任福建鄉試副考官。

楊佩璋 字子珍，號小村。河南長葛縣人。光緒三年二甲第七名進士。選庶吉士，授編修。歷任侍讀學士、詹事、江南主考官、兵部侍郎、左副都御史、吏部侍郎、內閣學士。宣統三年，病免。旋又任典禮院學士。

楊晨 字蓉初，號定夫、定甫。浙江黃岩縣人。光緒三年二甲第八名進士。選庶吉士，授編修。十一年充順天鄉試同考官，十四年補山東道御史、四川道御史，二十年改順天南城巡城御史，二十一年充會試同考官，官至刑科給事中。著有《崇雅堂詩文稿》《三國志札記》。

周克寬 字湘笙，號容階。湖南武陵縣人。光緒三年二甲第九名進士。選庶吉士，授編修。二十三年充雲南鄉試正考官，遷侍講學士，二十八年充順天鄉試同考官，宣統三年遷侍讀學士，改翰林院學士（詹事府詹事改稱）。

盛昱 字伯韞、伯希，號意園。滿州鑲白旗，宗室。道光三十年（1850）二月二十九月生。協辦大學士敬徵孫。光緒三年二甲第十名進士。選庶吉士，授編修。歷任侍講、右庶子、侍讀學士，十年授國子監祭酒。十四年充山東鄉試主考官，十五年八月引病歸。家居十年，光緒二十五年十二月二十日（1900年1月）卒。年五十。工詩文、金石皆有名，爲清末滿族著名學者，藏書家，藏書處曰"郁華閣"。著有《移林館金石文字》《郁華閣遺集》《意園文略》等。

吳郁生 字蔚若，號鈍齋、鐘齋。江蘇元和縣人。光緒三年二甲十一名進士。選庶吉士，授編修。十九年充廣東鄉試副考官，二十三年充浙江鄉試副考官，二十六年以左中允督四川學政，任侍講學士，三十年遷內閣學士，宣統二年九月署吏部右侍郎，十二月授郵傳部右侍郎，三年九月任弼德院顧問大臣等。工書法，善詩文；亦能畫花卉翎毛。

張嘉祿 字受百、稼麓，號肖庵。浙江鄞縣人。光緒三年二甲十二名進士。選庶吉士，授編修。十五年補山東道御史，十七年充湖北鄉試副考官，十九年改順天中城巡城御史，官至兵科、戶科給事中。甲午海戰中方戰敗，曾上疏彈劾李鴻章，反對簽署《馬關條約》。著有

《寸草廬奏稿》《困學紀聞補注》等。

李徵庸 字鐵船。四川鄰水縣人。同治六年舉人，光緒三年二甲十三名進士。任刑部主事，改廣東河源、南海、香山、揭陽等知縣，獎軍機處以道員補用，督辦四川礦務商務大臣。加贈內閣學士銜，二品頂帶，布政司銜。

潘 遹 （原名潘良駿）字伯循。浙江山陰縣人。光緒三年二甲十四名進士。選庶吉士，改兵部主事。

支恒榮 字芰青，號季卿。江蘇丹徒縣人。光緒三年二甲十五名進士。選庶吉士，授編修。九年、十二年兩充會試同考官，升侍講學士，二十八年充山東鄉試正考官，二十九年充湖南正考官，三十年督湖南學政，三十二年授浙江提學使。宣統元年病免。

于鍾霖 字幼堂，號雨舟。奉天伯都訥廳（今吉林扶餘）人。光緒三年二甲十六名進士。選庶吉士，授編修。升御史。

李錫彬 直隸清苑縣人。光緒三年二甲十七名進士。任吏部主事，升員外郎。

劉人熙 字更生、艮生，號蔚廬。湖南瀏陽縣人。道光二十四年（1844）生。光緒三年二甲十八名進士。任工部主事，官至廣西道臺。歷任政法學堂總辦，創立湖南中路師範學堂。任湖南督軍兼省長。民國八年（1919）卒。著有《劉人熙日記》。

李兆勖 字勖夫，號汾生。山東歷城縣人。光緒三年二甲十九名進士。選庶吉士，授編修。

王 集 陝西蒲城縣人。光緒三年二甲二十名進士。任禮部主事、儀制司行走。

父王溥，道光十八年進士。

戴兆春 字青來，號展韶。浙江錢塘縣人。光緒三年二甲二十一名進士。選庶吉士。授編修。十四年充陝西鄉試主考官，二十六年官至陝西陝安兵備道。後辭官，主講上海蕊珠書院。工山水畫，編其祖父戴熙畫錄爲《熙習苦齋畫絮》刊行。

呂鳳岐 （1837—1895）字瑞田。安徽旌德縣人。光緒三年二甲二十二名進士。選庶吉士，授編修。歷任國史館協修、玉牒館纂修，八年督山西學政。著有《靜然齋雜著》《石柱山農行年錄》。

江澍昀 （又名鍾璜）字承武，號韻濤。江西弋陽縣人，原籍安徽旌德。光緒三年二甲二十三名進士。選庶吉士，授編修。十六年官至山東登州知府。

曾耀南 廣東茂名縣人。光緒三年二甲二十四名進士。任刑部主事。出使日、秘、美參贊，加四品銜。

徐道焜 字望欽，號仲文。江西吉水縣人。光緒三年二甲二十五名進士。選庶吉士，改工部主事，升郎中，二十二年授江南道御史，二十四年掌江南御史。

謝希銓　字紹辛，號石杉。江西崇仁縣人。光緒三年二甲二十六名進士。選庶吉士，授編修。十六年官至山東道御史，改順天中城、南城巡城御史、掌河南道御史、戶科給事中、工科掌印給事中，官至熱河兵備道。

吳祖椿　（原名吳樹年）字幼農。四川華陽縣人。光緒三年二甲二十七名進士。選庶吉士，授編修。十七年任山東登州知府，二十四年官至江西饒州知府。

楊文瑩　（1838—1908，原名楊文鑒）字萃伯、正甫，號雪漁。浙江錢塘縣人。光緒三年二甲二十八名進士。選庶吉士，授編修。光緒八年充湖南鄉試副考官，九年督貴州學政。任滿假歸不復出。後任杭州養正書塾總理、學海堂掌教等。工書法，著有《幸福亭詩鈔》。

張　楨　字幹夫、紹廉，號少蘭。浙江烏程縣人。光緒三年二甲二十九名進士。選庶吉士，授編修。改戶部主事。雲南司行走。

濮子潼　字梓泉、紫銓、止潛，號霞孫。浙江錢塘縣人。光緒三年二甲三十名進士。選庶吉士，散館改兵部主事，升員外郎，二十四年遷江蘇松江知府，二十七年擢湖北荊宜施道，二十九年授安徽按察使，三十一年改廣東按察使，八月升江蘇布政使，護理巡撫。三十二年罷職。

父濮慶孫，道光三十年進士。

朱壽熊　浙江平湖縣人。光緒三年二甲三十一名進士。任兵部主事。

周鑾詒　字季嚶，號薈生。湖南永明縣人。咸豐九年（1859）生。光緒三年二甲三十二名進士。選庶吉士，授編修。十一年充廣東鄉試副考官。十二年（1886）卒。

高昭瑞　河南祥符縣人。光緒三年二甲三十三名進士。任刑部主事。

許澤新　字味餘、潤田，號穎初。貴州貴陽府人。光緒三年二甲三十四名進士。選庶吉士，授編修。十九年充順天鄉試同考官，二十年雲南鄉試副考官，歷任侍講、侍讀學士，官至內閣學士，宣統三年裁免，授典禮院學士。民國初年卒於北京。

鍾大焜　福建侯官縣人。光緒三年二甲三十五名進士。任刑部主事，二十九年改浙江安吉知縣。

邵心豫　字建侯。安徽宿州人。光緒三年二年三十六名進士。任戶部主事。

王　同　字同伯、肖蘭，晚號呂廬。浙江仁和縣人。光緒三年二甲三十七名進士。任刑部主事。歸後主杭州各書院山長。著有《呂廬文集》《塘樓志》《校勘金石隨筆》《考釋古泉錄》《説文詩書同異考》等。

凌　端　廣東番禺縣人。光緒三年二甲三十八名進士。任工部主事。

周　齡　字作鵬，號鶴亭。江蘇震澤人。光緒三年二甲三十九名進士。選庶吉士，授編修。十一年充河南鄉試正考官。

錫　珍（一作錫鈞）字聘之。蒙古鑲白旗。光緒三年二甲四十名進士。選庶吉士，授編修。遷山西道御史，右庶子、侍讀學士，三十四年擢詹事，改翰林院學士。宣統三年去職。

何福堃　字壽萱，號受軒。山西靈石縣人。光緒三年二甲四十一名進士。選庶吉士，授編修。十四年補福建道御史，十六年改順天西城巡城御史，十八年遷甘肅安肅兵備道，二十四年遷甘肅按察使，二十六年暫護陝甘總督，二十七年遷甘肅布政使。三十一年降調。著有《午陰清舍詩草》。

林　壬　字二有，號又晴。福建詔安縣人。光緒三年二甲四十二名進士。選庶吉士，授編修。十一年充山西鄉試正考官。

楊調元　字孝羹，號穌甫、仲和。貴州貴築縣人。咸豐元年（1851）生。光緒三年二甲四十三名進士。任户部主事，十六年改陝西紫陽知縣，十九年改長安知縣，二十二年署華陰知縣、西鄉知縣，二十三年署華州知州，二十五年改寶雞知縣，二十七年署沔縣，因事解任。二十八年補咸陽知縣，三十年改鳳翔知縣，宣統二年代理富平知縣，三年署渭南知縣，宣統三年

（1911）武昌起義，民軍入城，九月十一日投井自殺。年六十一。著作多散佚，僅存《訓纂堂遺集》《綿桐館詞》《説文解字均譜》等。

樊增祥　字雲門，號天琴，別號樊山。湖北恩施縣人。同治六年舉人，光緒三年二甲四十四名進士。選庶吉士，十年任陝西宜川知縣，十一年署咸寧知縣，十二年署富平知縣，任長安知縣，十三年丁憂。補醴泉知縣，十七年改陝西渭南知縣，纍遷安徽鳳潁六泗道，二十七年授陝西按察使，改浙江按察使，二十九年回任陝西按察使，三十年遷陝西布政使，三十三年二月革職，三十四年六月授江寧布政使，宣統元年曾護理兩江總督。三年去職。辛亥革命後寓居北京，曾任參政院參政。工詩，詩很艷俏，有“樊美人”之稱。一生作詩三萬餘首，以《彩雲曲》最負盛名。著有《樊山全集》。

陳維岳　廣東番禺縣人。光緒三年二甲四十五名進士。

胡孚宸　字公度，號愚生。湖北江夏縣人。同治六年舉人，光緒三年二甲四十六名進士。選庶吉士，授編修。二十一年補福建道御史，二十六年充廣西鄉試主考官，因八國聯軍入侵未成行。九月授山西汾州知府，官至山西歸綏道，三十四年護理綏遠將軍。在任四年卒。

父胡瑞瀾，道光二十五年進士。

吳大衡　字正之，號誼卿、遠齋。江蘇吳縣人。光緒三年二甲四

十七名進士。選庶吉士，授編修。在直隸襄軍務，憂勞或疾，乞假歸旋卒。

爲同治七年進士吳大澂弟。

李維誠（一作李維諴）字恂伯。順天大興縣人，祖籍江蘇陽湖。光緒三年二甲四十八名進士。任浙江試用知縣，十一年改山西浮山知縣，十六年調山東觀城知縣，十八年改山東博平知縣，二十四年改恩縣知縣，二十六年任東平知縣，二十七年復任恩縣知縣，光緒三十三年升山東臨清知州，官至山東武定府知府。

譚肇松　字伯茂，號鶴枝。湖南湘潭縣人。道光十七年（1837）生。光緒三年二甲四十九名進士。任兵部主事。

凌心坦　字東藩。四川宜賓縣人。光緒三年二甲五十名進士。任戶部主事，歷湖北咸寧、黃安、武昌知縣，調補孝感。未任卒。

張　泳　字夢當，號景樓。河南澠池縣人。光緒三年二甲五十一名進士。選庶吉士，散館改刑部主事。

國　炳　字子麟，號心源。蒙古鑲白旗人。光緒三年二甲五十二名進士。選庶吉士，散館授編修。

榮厚源　直隸寧津縣人。光緒三年二甲五十三名進士。任內閣中書。

胡宗澄　江西樂安縣人。光緒三年二甲五十四名進士。任刑部主事。

謝若潮　字體乾，號慕韓、汐溪。福建龍岩縣人。光緒三年二甲五十五名進士。選庶吉士，改江西安遠知縣，九年調永寧知縣，改泰和知縣，秩滿應晉知府。以事忤上官，僦居南昌著書自娛。光緒三十四年（1908）卒。年六十八。著有《春秋大義》《心易溯源》《通鑑鈔略》《文範、詩範》《騷壇偶句》《夢蕉堂詩文集》等。

那　謙　滿洲鑲黃旗人。光緒三年二甲五十六名進士。任工部主事，升員外郎。

王佑修　字筱珊。安徽英山縣人。光緒三年二甲五十七名進士。九年任山東昌邑知縣、即墨知縣，十二年改山東樂陵知縣、海陽知縣，十八年任山東高唐州知州，十九年任德州知州，補運同，特用道。

余家相　廣東新寧縣人。光緒三年二甲五十八名進士。

朱益濬　字尊卿，號輔源。江西蓮花廳人。光緒三年二甲五十九名進士。選庶吉士，散館七年改湖南清泉知縣、宜章知縣、桃源知縣，纍遷至湖南沅永靖道，遷湖南提法使，護理湖南巡撫。辛亥革命後歸。隱故里以終。著有《碧雲山房存稿》。

吳傳綬　字仲先。安徽懷寧縣人。光緒三年二甲六十名進士。任刑部主事，改直隸棗強知縣。在任二年，光緒十一年（1885）卒。

胡湘林　字葵甫，號再蓬。江西新建縣人。光緒三年二甲六十一名進士。選庶吉士。授編修。二十三年薦遷陝西同州知府，二十六年改西安知府，署陝西鹽法道，二十七年遷山西冀寧道，二十九年授湖南按察使，遷廣西布政使，改廣東布政使。宣統元年以病去職。

父胡家玉，道光二十一年進士，官左都御史。

劉永亨 字子嘉，號晴帆。甘肅秦州（今天水）人。光緒三年二甲六十二名進士。選庶吉士，授編修。遷侍讀，二十八年授內閣學士，署禮部右侍郎，改署戶部右侍郎，遷工部右侍郎，官至倉場侍郎。三十三年（1907）卒。著有《來青閣日記》。

楊炳勛 貴州平越直隸州人。光緒三年二甲六十三名進士。任刑部主事。

孔祥霖 字少沾，號話琴。山東曲阜縣人。光緒三年二甲六十四名進士。選庶吉士，授編修。十四年充甘肅鄉試正考官，十七年督湖北學政，三十三年署，宣統元年授河南提學使。辛亥革命回鄉後被選爲曲阜孔教會總理。著有《曲阜碑碣考》《曲阜清儒著述記》等。

馬毓鋆 字勿庵。江蘇通州人。光緒三年二甲六十五名進士。選庶吉士。

梁枚 字卜臣，號小帆。浙江歸安縣人。光緒三年二甲六十六名進士。七年任江蘇寶應知縣。

霍爲楙 字勉吾，號梅卿。陝西朝邑縣（今大荔）人。咸豐十一年拔貢，任兵部部中、武選司行走，光緒三年二甲六十七名進士。選庶吉士，授編修。加贊善銜，充國史館協修、武英殿方略館纂修、庶常館提調，京察一等記名道府，加三品銜以道員用。年五十八卒於京。著有《伴鶴齋日記》。

子霍勤懌，光緒十六年進士。

袁寶彝（原名袁繡景）字珍如，號錦川、鏡珊。湖南綏寧縣人。道光十八年（1838）生。光緒三年二甲六十八名進士。任工部主事。

黃中理 字子通，號循陔。浙江蕭山縣人。光緒三年二甲六十九名進士。選庶吉士，散館六年改雲南河陽知縣。

賈璜 山西夏縣人。光緒三年二甲七十名進士。任工部都水司主事，遷員外郎，官至部中。

錢錫庚 江蘇震澤縣人。光緒三年二甲七十一名進士。任工部主事。

甘燾 江西豐新人。光緒三年二甲七十二名進士。任戶部主事。

馬彥森 字晉三，號蔚林。浙江臨海縣人。光緒三年二甲七十三名進士。任禮部主事。

嚴家讓 字鳴謙，號禮卿。安徽含山縣人。光緒三年二甲七十四名進士。選庶吉士，授編修。官至湖南沅州知府。

恩桂 正白旗宗室。光緒三甲二甲七十五名進士。十六年任宗人府主事。

劉兆梅　湖南巴陵縣人。光緒三年二甲七十六名進士。任戶部主事。

張仲炘　字慕京，號次珊、次山。湖北江夏縣人。雲貴總督張凱嵩子。光緒元年舉人，三年二甲七十七名進士。選庶吉士，授編修。十九年擢江南道御史，二十二年署甘肅慶陽知府，官至光祿寺少卿、通政司參議。敢言直聲，曾反對《馬關條約》的簽訂。多次上書彈劾李鴻章。支持變法，但戊戌政變後爲自保，又轉而攻擊維新派。

潘　彬　字文軒。江西鉛山縣人。光緒三年二甲七十八名進士。選庶吉士。散館改知縣，六年任浙江嵊縣知縣，二十年調四川彭縣知縣。

長　萃　字季超，號允升。滿洲鑲藍旗。道光二十八年（1848）生。光緒三年二甲七十九名進士。選庶吉士，改主事，升侍講學士，十四年充河南鄉試主考官，擢少詹事，十八年授太僕寺卿，充山東鄉試主考官，二十年遷內閣學士，八月授吏部侍郎，二十二年改倉場侍郎。二十七年三月以事革。

趙世曾　字次顏，號星聯。直隸天津縣人。光緒三年二甲八十名進士。選庶吉士。未散館。

楊國璋　廣東大埔縣人。光緒三年二甲八十一名進士。任戶部主事。二十八年改江西新昌知縣。

治　麟　（1848—1887）字舜臣。滿洲正黃旗，姓顏札氏。光緒三年二甲八十二名進士。官至國子監司業。

父景廉，咸豐二年進士，兵部尚書。

何榮階　字羽階，號雲裳。廣東番禺縣人。光緒三年二甲八十三名進士。選庶吉士，授編修。官至江南道御史。

李擢英　字子襄，號芷湘。河南商水縣人。光緒三年二甲八十四名進士。任禮部主事，升刑部郎中，二十二年授江南道御史，二十五年改順天北城、西城巡城御史，遷太常寺少卿、大理寺少卿，宣統元年授禮部右參議，三年任典禮院直學士。

楊先俊　湖南長沙縣人。光緒三年二甲八十五名進士。八年任桂平知縣，十一年改廣西西林知縣，改恩隆知縣。

覃夢榕　廣西陽朔縣人。光緒三年二甲八十六名進士。五年任貴州普定知縣，十一年改印江知縣。

余適中　號礦堂。四川遂寧縣人。光緒三年二甲八十七名進士。任戶部主事，九年署安徽無爲知州，十五年任滁州直隸州知州，十八年卸，二十二年署安徽靈璧知縣，二十八年任泗州直隸州知州，官至候補道。

陳炳煊　四川合州人。光緒三年二甲八十八名進士。七年署陝西淳化知縣，十四年十二月改中部知縣。

管辰熄（原名管辰熙）字景仁，號少溪。江蘇常熟縣人。光緒三年二甲八十九名進士。選庶吉士，六年改福建順昌知縣。

武吉祥　字必禎，號善卿。漢軍正白旗人。光緒三年二甲九十名進士。選庶吉士，散館改工部主事。

沈國器　福建安溪縣人。光緒三年二甲九十一名進士。任刑部主事。

林翰清　字壽雲、衍元，號東湖。廣西貴縣人。光緒三年二甲九十二名進士。選庶吉士，改吏部文選司主事，兼稽勳司主事。

父林廷選，道光二十五年進士。

黃裳華　福建臺灣縣人。光緒三年二甲九十三名進士。任戶部主事。

余德秀　字希真，號蔚峰。安徽霍山縣人。光緒三年二甲九十四名進士。選庶吉士。

馮鍾岱　江蘇武進縣人。光緒三年二甲九十五名進士。任刑部主事，遷刑部郎中，官至山西平陽知府，改太原知府。

李象辰　河南祥符縣人。光緒三年二甲九十六名進士。任兵部主事，二十八年改廣東欽州直隸知州。

熊祖詒　字菊生。江蘇青浦縣人。光緒三年二甲九十七名進士。選庶吉士，散館改安徽旌德縣知縣，十年改青陽知縣，十二年任懷寧知縣，十四年署鳳陽知縣，二十一年署安徽滁州知州，二十五年代理鳳陽知縣，二十六年補滁州直隸州知州，官至安徽六安直隸州知州。

陳炳奎　字雲舫，號松圃。順天宛平縣人。光緒三年二甲九十八名進士。選庶吉士，散館改知縣，光緒七年任貴州銅仁知縣。

左挺生　安徽涇縣人。光緒三年二甲九十九名進士。六年任湖北棗陽知縣。

王聯璧　字星瑞，號蘭笙。山東高密縣人。光緒三年二甲一百名進士。任刑部主事，升郎中，十七年授浙江道御史，官至貴州黎平知府。

吳穆　福建侯官縣人。光緒三年二甲一百零一名進士。任戶部主事，光緒七年改福建泉州府教授。

訥欽　滿洲正白旗人。光緒三年二甲一百零二名進士。任刑部主事，升員外郎、郎中，遷吉林分巡道，官至駐藏辦事大臣、駐藏幫辦大臣。

劉錫琦　字企韓，號拙農。山東歷城縣人。光緒三年二甲一百零三名進士。任刑部主事，改四川郫縣知縣。

郭慶棠　江西新建縣人。光緒三年二甲一百零四名進士。任刑部主事。

崔舜球　字德雄，號夔典。廣東南海縣人。光緒三年二甲一百零五名進士。選庶吉士，授編修。

張國常　字敦五。甘肅皋蘭縣人。光緒三年二甲一百零六名進士。

任刑部主事，以父年高乞終養歸。遂不復仕，主蘭山書院二十年，光緒十六年學使胡景桂疏薦加員外郎銜。卒年七十二。

潘文熊 字幼南、卣南。江蘇常熟縣人。光緒三年二甲一百零七名進士。任刑部主事，三十年改揚州府教授。工書畫。

繼　昌 字述之，號蓮溪。漢軍正白旗。咸豐元年（1851）二月十二日生。光緒三年二甲一百零八名進士。任工部主事，遷郎中，二十八年纍遷湖北鹽法道，三十一年改漢黃德道，三十二年授湖南按察使，遷江寧布政使，三十四年（1908）六月調甘肅布政使，未赴任命護理安徽巡撫。八月二日卒於安慶撫署，年五十六。著有《行素齋雜記》《忍齋叢說》《左庵詞話》。

段　理 字爕堂。陝西華州人。光緒三年二甲一百零九名進士。任刑部主事，升員外郎、郎中，記名御史。竟一病不起。

子段大貞，光緒十六年進士。

張東瀛 字震山，號秋泉。山東臨清直隸州人。光緒三年二甲一百十名進士。選庶吉士，改任江蘇震澤知縣，歷婁縣、寶山知縣。

朱顯廷 字子良。奉天錦縣人。光緒三年二甲一百十一名進士。選庶吉士，散館改任戶部主事、員外郎，遷掌四川道御史、工科給事中，官至雲南大理府知府。

王　驤 字孝泗，號少莪。福建侯官縣人。光緒三年二甲一百十二名進士。選庶吉士，散館改戶部主事。

高仕坊 江蘇東臺縣人。光緒三年二甲一百十三名進士。任工部主事。

陳鳴謙 廣東三水縣人。光緒三年二甲一百十四名進士。

王嘉禾 字書年。山東文登縣人。光緒三年二甲一百十五名進士。任吏部主事、軍機章京，升員外郎、郎中，外任吉林依蘭府知府，二十七年改廣東高州知府。

王引昌 字苣田。號少卿。江蘇甘泉人。光緒三年二甲一百十六名進士。選庶吉士，散館改刑部主事。

徐銘勛 字子樹，號希南。陝西咸寧縣人。光緒三年二甲一百十七名進士。選庶吉士，六年改直隸高陽知縣，代理正定、滄州知縣，十五年改青縣知縣，二十二年清苑知縣，升署定州直隸州知州。卒於任。

陳　燦 字昆山。貴州貴築縣人。光緒三年二甲一百十八名進士。任吏部主事，纍遷雲南澂江知府，歷楚雄、順寧、雲南知府，遷迤南、迤東、迤西道，改糧儲道，三十一年授雲南按察使，三十三年改甘肅按察使，宣統二年遷甘肅布政使。三年去職。著有《宦滇存稿》《知足知不足齋文稿》。

弟陳馨，同科進士；弟陳田，

光緒十二年進士。兄弟三人進士。

胡鴻典 陝西漢陰廳人。光緒三年二甲一百十九名進士，任禮部主事。

鄔質義 字文鋒。廣東番禺縣人。光緒三年二甲一百二十名進士。任兵部主事。二十八年充順天鄉試同考官。

盧俊章 （榜名盧士傑）字彥生，號雅齋。河南內鄉縣人。光緒三年二甲一百二十一名進士，選庶吉士，授編修。任順天同考官。

徐埕 字仁甫，號東鶴。山東諸城縣人。光緒三年二甲一百二十二名進士。選庶吉士，散館改任禮部主事，升員外郎、吏部郎中、江南道御史，官至陝西候補道。

王康平 湖北黃陂縣人。同治九年舉人，光緒三年二甲一百二十三名進士。任吏部主事，二十二年官至安徽廣德州直隸州知州。

李慶雲 廣西陸川縣人。光緒三年二甲一百二十四名進士。任戶部主事河南司行走、欽差中越勘界司員，四品銜。

董雲標 順天寧河縣人。光緒三年二甲一百二十五名進士。任工部主事，二十二年改甘肅古浪知縣。

何剛德 字肖雅。福建閩縣人。光緒三年二甲一百二十六名進士。任江西建昌知縣，改吏部主事，升郎中，官至江蘇蘇州知府、江西建昌知府。著有《撫郡農產考略》《平齋家言》《容座偶談》等。

于滄瀾 （原名于志淹）字海帆。山東平度州人。光緒三年二甲一百二十七名進士。授河南上蔡知縣，改蘭封、固始、鹿邑知縣，擢知府，署衛輝知府，署開歸陳許道，任南汝光兵備道。

易炳奎 字業修，號望隆。湖南瀏陽縣人。道光二十六年（1846）生。光緒三年二甲一百二十八名進士。任刑部主事。

孔傳勛 直隸天津縣人。光緒三年二甲一百二十九名進士。任禮部主事。

董汝翼 雲南嶍峨縣人。光緒三年二甲一百三十名進士。任刑部主事。

吳銘恭 福建閩縣人。光緒三年二甲一百三十一名進士。任刑部主事。

吳超 （原名吳源）字左泉，號念慈。浙江仁和縣人。光緒三年二甲一百三十二名進士。任工部屯田司主事。

第三甲一百九十四名

陳馨 字桂山。貴州貴築縣人。光緒三年三甲第一名進士。任戶部主事。

兄陳燦，同科進士，甘肅布政使；兄陳田，光緒十二年進士。兄弟三人進士。

劉秉哲 字浚源，號鑒堂。直隸邢臺縣人。光緒三年三甲第二名進士。選庶吉士，授檢討。

劉乃賡　山東昌邑縣人。光緒三年三甲第三名進士。十年任福建清流知縣，丁憂服闋，調廣西興安、修仁知縣。

夏震川　浙江富陽縣人。光緒三年三甲第四名進士。任工部主事。

吳日升　字照葵，號曉帆。廣東南海縣人。光緒三年三甲第五名進士。選庶吉士，授檢討。

陳宗和　字少淇。福建長樂縣人。光緒三年三甲第六名進士。任廣東知縣。

翁斌孫　字弢夫，號笏庵、廉訪、人豪。江蘇常熟縣人。光緒三年三甲第七名進士。選庶吉士，授檢討。十一年充順天鄉試同考官，二十年充會試同考官，遷侍讀，遷山西大同知府，勸業道，宣統三年遷直隸提法使，署布政使。工詩文，善書法。

父翁曾源，同治二年狀元。

李馨國　字蘭浦。山西榆次縣人。光緒三年三甲第八名進士。任戶部主事，升員外郎、郎中，官至江西撫州府知府。

成明郁　湖南新化縣人。光緒三年三甲第九名進士。十三年任直隸廣昌知縣。

黃桂滋　陝西臨潼縣人。光緒三年三甲第十名進士。任內閣中書，八年署四川鹽源知縣，十一年遷天全州知州。

惠　榮　漢軍正黃旗人。光緒三年三甲十一名進士。十五年任江蘇蘇州府同知，二十年遷甘肅寧夏知府，二十四年官至廣西南寧知府。

游　鏗　江蘇泰州人。光緒三年三甲十二名進士。欽點禮部主事。

周鳳藻　江蘇江都縣人。光緒三年三甲十三名進士。十三年任江西廣豐知縣，二十年改江西萬載知縣。

張貴良　字敬之。安徽婺源縣人。光緒三年三甲十四名進士。任工部主事，改湖南候補知縣。

錫　元　字會一。滿洲鑲紅旗人。光緒三年三甲十五名進士。選庶吉士，十四年任山東金鄉知縣，十五年署諸城知縣，十八年改山東沂水知縣，二十四年改山東汶上知縣。著有《棣華堂文集》。

李　沄　山東諸城縣人。光緒三年三甲十六名進士。任吏部主事，遷文選司郎中。二十八年官至貴州思州府知府。

楊孝寬　字裕安，號墨池。湖南安福縣人。道光二十九年（1849）生。光緒三年三甲十七名進士。即用知縣，七年署陝西安定知縣，十三年署朝邑知縣，十四年改陝西平利知縣，二十四年改蒲城知縣。

于觀霖　奉天伯都訥廳人。光緒三年三甲十八名進士。任工部主事。

余　彬　四川華陽縣人。光緒三年三甲十九名進士。任戶部主事，十四年改湖北公安知縣，二十九年改四川順慶府教授。

賀壽齡　陝西渭南縣人。光緒三年三甲二十名進士。任吏部主事，三十年改山西汾西知縣。

傅桐豫　字生茂，號吟梅。浙江烏程縣人。光緒三年三甲二十一名進士。即用知縣分發江西。

涂翔鳳　江西豐城縣人。光緒三年三甲二十二名進士。任刑部主事。

何國璋　廣東香山縣人。光緒三年三甲二十三名進士。十四年任四川定遠知縣，十八年、二十年再復任定遠知縣。

王惠吉　直隸定興縣人。光緒三年三甲二十四名進士。即用知縣，六年任福建恒春知縣。

鄭演元　山西盂縣人。光緒三年三甲二十五名進士。任戶部主事。

李崇洸　（《進士題名碑錄》作李崇光）字俊臣。陝西長安縣人。光緒三年三甲二十六名進士。任內閣中書，改山西霍州知州，忻州直隸州知州，二十四年改山西潞安府同知，二十八年任山西歸化城撫民同知，遷山西蒲州知府、二十九年改廣東廉州知府，三十一年改潮州知府。有善政。民國二年（1913）卒於山東客寓。年六十二。

祖父李宗沆，嘉慶十九年進士。

傅譽蓀　湖北崇陽縣人。光緒二年舉人，三年三甲二十七名進士。任刑部主事，官至江蘇海州知州。

饒世纓　江西廣昌縣人。光緒三年三甲二十八名進士。十一年任福建龍溪縣知縣。

孫贊清　字襄治。江蘇通州人。光緒三年三甲二十九名進士。任戶部主事。

江濟民　（榜名江薪）安徽潛山縣人。光緒三年三甲三十名進士。任雲南知縣。

鄭文思　江西石城縣人。光緒三年三甲三十一名進士。十一年任湖南永定知縣。

卞翊清　字鹿賓。直隸天津縣人。光緒三年三甲三十二名進士。光緒十三年官至戶部郎中、廣東司行走。

黃登瀛　福建臺灣嘉義縣人。光緒三年三甲三十三名進士。

晏安瀾　（1851—1919）字海臣，又字海澄，晚字海岑，號丹右，一號虛舟。陝西鎮安縣人。光緒元年舉人，三年三甲三十四名進士。歷戶部山東司主事、員外郎，改度支部郎中，任鹽政院丞。甲午戰爭時，爲湖南巡撫吳大澂參贊軍事。入民國後，任四川鹽運使，引退卒於京。撰有《兩淮鹽錄要》《淮北票鹽錄要》《虛舟東行錄》等。

汪朝模　字範卿。江蘇長洲縣人。光緒三年三甲三十五名進士。任內閣中書，改宗人府堂主事，遷工部員外郎、郎中，記名知府。

何承緒　江蘇儀征縣人。光緒三年三甲三十六名進士。任直隸淶水知縣，八年改直隸天津知縣，十一年改懷來知縣。

朱寶晉　山東安丘縣人。光緒三年三甲三十七名進士。廣西即用知縣。

楊汝偕　字同士。貴州畢節人。光緒三年三甲三十八名進士。十年任四川合江知縣，十七年改太平知縣，二十一年調署廣安知州，丁憂歸。三十三年任遂寧知縣，官至四川資州直隸州知州。

羅大冕　四川宜賓縣人。光緒三年三甲三十九名進士。九年任江西永新知縣，二十七年改龍泉知縣，改江西建昌知縣。

廖正華　字咏秋，號鹿蘋。四川江安縣人。光緒三年三甲四十名進士。選庶吉士，授檢討。二十六年任湖北德安知府，宣統元年官至湖北安陸知府。

李春芳　四川瀘州直隸州人。光緒三年三甲四十一名進士。

楊鳳翔　字仲翱，號翊亭。雲南昆明縣人。光緒三年三甲四十二名進士。選庶吉士。未散館。

羅瑞圖　字應庚，號星垣。雲南河陽縣人。光緒三年三甲四十三名進士。選庶吉士。未散館。

查之屏　安徽涇縣人。光緒三年三甲四十四名進士。七年任甘肅山丹知縣，十三年改靈州知州，二十三年署甘肅秦州直隸州知州。

蔣式芬　字桂山、清簏，號毅圃、亦璞、蓮溪。直隸蠡縣人。光緒三年三甲四十五名進士。選庶吉士，授檢討。十八年補湖廣道御史，二十年充湖南鄉試副考官，二十六年督湖北學政，升吏科給事中，遷廣東肇羅道，官至兩廣鹽運使。有《毅圃先生年譜》一卷。

匡心湛　江西廬陵縣人。光緒三年三甲四十六名進士。任禮部儀制司主事。

王恩洰　字景賢，號夢竹。直隸天津縣人。光緒三年三甲四十七名進士。選庶吉士，授檢討。

陳國士　廣東南海縣人。光緒三年三甲四十八名進士。六年任廣東惠州府教授。

蔣其章　字子相，號公質。浙江錢塘縣人，原籍安徽歙縣。光緒三年三甲四十九名進士。任甘肅敦煌知縣。

柏　壽　滿洲鑲黃旗人。光緒三年三甲五十名進士。十二年任江蘇安東知縣，遷工部主事，升虞衡司郎中，官至通政使司副使。

項晉榮　字蓉帆。浙江錢塘縣人。光緒三年三甲五十一名進士。任福建知縣，改雲南保山知縣。

包永昌　甘肅洮州人。光緒三年三甲五十二名進士。十一年任廣東高要知縣，遷廣東崖州知州，官至廣東瓊州知府。

董　沛　（1828—1895）字孟如，號覺軒。浙江鄞縣人。光緒三年三甲五十三名進士。任江西建昌知縣、上饒知縣。告歸後主講崇實、辨志兩書院。喜藏書，聚書五萬卷。著有《明州系年錄》《兩浙令長考》《甬上宋元詩略》《六一山房詩集》。

任煥奎 （原名任秋元）字仲文，號石芝。貴州鎮寧州人。光緒三年三甲五十四名進士。選庶吉士，改江蘇金山知縣，七年四月署鎮洋知縣，十一年改江蘇吳縣知縣。丁母憂。解組歸。

麥錫良 廣東高明縣人。光緒三年三甲五十五名進士。任江西武寧知縣，十三年改安遠知縣，二十四年改上饒知縣，三十年改石城知縣。

胡薇元 字孝博，號壺庵，別號玉津居士、百梅亭長。順天大興縣人人，原籍浙江山陰。光緒三年三甲五十六名進士。任廣西天河知縣，二十二年改四川西昌知縣，二十五年改巴縣知縣、涪州知縣，宣統二年官至陝西興安知府，三年改西安知府。辛亥去職。著有《鐵笛詞》《天雲樓》《天倪閣詞》《歲居詞話》《壺庵論曲》《壺庵五種曲》等。

齊澤 山西陽曲縣人。光緒三年三甲五十七名進士。八年署陝西高陵知縣，十年改陝西城固知縣，十八年任藍田知縣，二十一年署鎮安知縣。

郭篤 陝西岐山縣人。光緒三年三甲五十八名進士。十三年任直隸柏鄉知縣。

朱錫蕃 字滋生，號葛莊。安徽休寧縣人。光緒三年三甲五十九名進士。選庶吉士，六年改四川梓潼知縣，十三年任四川合江知縣，十八年改四川江津知縣。

堂弟朱銘瓚，同榜進士。

陳昌言 四川萬縣人。光緒三年三甲六十名進士。任兵部主事，升員外郎。

李嘉瑞 雲南恩安縣人。光緒三年三甲六十一名進士。任吏部主事。

馬翺 山東德州人。光緒三年三甲六十二名進士。任內閣中書，二十年改四川理藩廳同知。

何式璜 字彝誠，號蔚庭。福建侯官縣人。道光二十一年六月二十九日生。光緒三年三甲六十三名進士。

莊鼎元 字鼎卿。福建閩縣人。光緒三年三甲六十四名進士。光緒十三年官至戶部郎中、江南司行走。

何光儀 湖北黃陂縣人。同治元年舉人，光緒三年三甲六十五名進士。

張成勛 字麟閣。陝西漢陰廳人。光緒三年三甲六十六名進士。任刑部主事，升郎中，纍遷四川川北兵備道，丁憂歸服闋，二十七年官至安徽鳳穎六泗道。兼鳳陽關，告歸。著有《秋審實緩比較彙案》。

何傳中 河南信陽洲人。光緒三年三甲六十七名進士。任兵部主事。

黃傳耀 浙江仁和人。光緒三年三甲六十八名進士。九年任山東章丘知縣。

蘇毓銓 字次三。直隸清苑縣

人。光緒三年三甲六十九名進士。以即用知縣分發河南，未任卒。

鍾英 滿洲正黃旗人。光緒三年三甲七十名進士。任戶部主事，升員外郎。

何子鋆 字鍾山。廣東香山縣人。光緒三年三甲七十一名進士。任戶部員外郎、福建司行走，十六年官至湖南岳州知府。

熊起磻（1844—1906）字再青。河南光山縣人。光緒三年三甲七十二名進士。任刑部主事、會典館協修、祈年殿監修、湖廣司郎中、律例館提調，二十四年遷浙江紹興知府。著有《涉獵筆記》。

沈維誠（原名沈茂楓）字立三，號翰卿。順天宛平縣人，原籍浙江歸安。道光二十九年（1849）四月十二日生。光緒三年三甲七十三名進士。任兵部主事，升郎中，遷江蘇蘇州府同知，二十二年官至廣西慶遠知府。

何煥章 湖北應山縣人。光緒二年湖北鄉試解元，三年三甲七十四名進士。纍遷江西南康知府，官至山東候補道。

藍耀樞 字柱北。福建閩縣人。光緒三年三甲七十五名進士。任知縣。

區湛森 廣東南海縣人。光緒三年三甲七十六名進士。任內閣中書，官至內閣侍讀。

陳福謙 江西豐城縣人。光緒三年三甲七十七名進士。任刑部主事，改福建建寧知縣。

覃廷楨 字蔭堂。湖北蒲圻縣人。同治六年舉人，光緒三年三甲七十八名進士。任四川長寧知縣，改樂山知縣。

胡鑑斗 字星輔。河南舞陽縣人。光緒三年三甲七十九名進士。十年任山西臨縣知縣。

秦霖熙 甘肅皋蘭縣人。光緒三年三甲八十名進士。任戶部主事，光緒十一年改廣西恭城知縣。

王穎芳 字栗軒。山東臨清直隸州人。光緒三年三甲八十一名進士。任湖北公安知縣，調監利知縣。未任卒。

陳世求 江西義寧州人。光緒三年三甲八十二名進士。任刑部主事。

陳泰階 廣東香山縣人。光緒三年三甲八十三名進士。光緒十一年任浙江縉雲知縣。

關廣槐 字樹三。廣西蒼梧縣人。光緒三年三甲八十四名進士。任兵部主事。纍遷廣東羅定直隸州知州，二十二年改嘉應直隸州知州。

金紹庭 字叔寄。山東歷城縣人。光緒三年三甲八十五名進士。任河南延津知縣。

長秀 滿洲鑲白旗。光緒三年三甲八十六名進士。光緒七年任直隸故城知縣，八年署定興知縣，十年改直隸廣宗知縣，官至戶部郎中。

王壽枬 字介眉。江蘇鎮洋縣

人。光緒三年三甲八十七名進士。任浙江臨安知縣，十三年任太平知縣，十七年任嘉興知縣。

梁瑞祥（改名梁佩祥）廣西貴縣人。光緒三年三甲八十八名進士。任內閣中書、浙江樂清知縣，改廣西南寧府教授。

劉中度 山東章丘縣人。光緒三年三甲八十九名進士。任戶部主事，升郎中，官至直隸廣平府知府。

孫朝華 號仙石。直隸南宮縣人。光緒三年三甲九十名進士。任吏部主事，升員外郎，二十四年授浙江道御史，二十九年官至雲南楚雄府知府。

趙冠卿 直隸清豐縣人。光緒三年三甲九十一名進士。八年任山西靈石知縣，十年改山西太谷知縣。

葉應祥 福建南安縣人。光緒三年三甲九十二名進士。

成沐蔭（初名成佩）字叢園。江蘇泰興人。光緒三年三甲九十三名進士。任浙江即用知縣。

石寅亮 山西盂縣縣人。光緒三年三甲九十四名進士。任湖北知縣。

楊泳春 廣西臨桂縣人。光緒三年三甲九十五名進士。任刑部主事。

孫廷獻 漢軍鑲黃旗人。光緒三年三甲九十六名進士。

柳文洙 字道源、魚金，號如荃。山東歷城縣人。光緒三年三甲九十七名進士。官知四川什邡縣，九年改開縣知縣。著有《雕蟲要語》。

趙源澮 字達泉。江蘇陽湖縣人。光緒三年三甲九十八名進士。授四川即用知縣，九年署四川遂溪知縣，十一年任中江知縣，十七年十二月回任中江縣，二十九年任鄆都知縣，三十年遷雷波廳通判，三十一年升綿州直隸州知州。

韓大鏞 山西徐溝縣人。光緒三年三甲九十九名進士。任禮部員外郎銜主事、儀制司行走。

孫寶琮 字璧臣。直隸朝陽縣人。光緒三年三甲一百名進士。光緒十三年任內閣中書。

田 怡 河南祥符縣人。光緒三年三甲一百零一名進士。光緒十三年任內閣中書。

武人選（榜名武人道）字柳畦。山西太谷縣人。光緒三年三甲一百零二名進士。任刑部主事。

鄧衍熹 江西武寧人。光緒三年三甲一百零三名進士。十三年任廣東始興知縣，改廣東豐順知縣。

陳 璧 字玉蒼，號蘇齋。室名"望器堂"。福建閩縣人。光緒三年三甲一百零四名進士。任內閣中書，十六年改宗人府堂主事，遷員外郎、禮部郎中，二十一年授湖廣道御史，遷太僕寺少卿，光緒二十七年授順天府尹，二十九年遷商部右侍郎，三十二年改度支部右侍郎，三十三年遷郵傳部尚書。宣統元年被劾徇私納賄，革職。民國十七年（1928）卒。年七十五。著有《望器堂奏稿》。

程鐘 江西南昌縣人。光緒三年三甲一百零五名進士。十二年任河南淮寧知縣。

何式箴 漢軍正黃旗。光緒三年三甲一百零六名進士。九年任山東長清知縣，十三年改冠縣知縣，二十一年遷濮州知州，二十二年署山東歷城知縣。

張楚林 字翹軒。陝西榆林縣人。光緒三年三甲一百零七名進士。八年任平度州知州，十年任山東曲阜知縣，十二年改鄒平知縣、平陽知縣，二十二年任山東寧陽知縣。

樂觀韶 字芝田。雲南江川縣人。光緒三年三甲一百零八名進士。七年任直隸盧龍知縣，十二年改直隸容城知縣，十六年至二十八年再任盧龍知縣，曾任保陽、東明、衡水、昌黎、遷安知縣，後任永平理事同知，二十八年任圍場廳糧捕同知。

高積勛 河南項城人。光緒三年三甲一百零九名進士。九年任浙江青田知縣，十五年改浙江仁和知縣。

高第甲 直隸鹽山縣人。光緒三年三甲一百十名進士。任户部主事。

蔡汝麟 直隸清苑人。光緒三年三甲一百十一名進士。

馬侃 甘肅武威人。光緒三年三甲一百十二名進士。任山東汶上知縣。

謝配鵬 字傅方。江西興國縣人。光緒三年三甲一百十三名進士。任刑部主事、直隸司行走。

程儀洛 浙江山陰縣人。光緒三年三甲一百十四名進士。任吏部主事，纍遷兩淮鹽運使，二十八年授廣東按察使，三十一年改安徽按察使，改山西按察使。三十二年後幫辦土藥統税事務，三十四年免職。

李尚卿 寄籍承德府人，原籍山東海陽。光緒三年三甲一百十五名進士。即用知縣，分發湖南，十年任湖南江華知縣，改新寧知縣，官至湖南衡州府知府。

王衍璞 山東黃縣人。光緒三年三甲一百十六名進士。任刑部主事。

許鍾嶽 廣西興安縣人。光緒三年三甲一百十七名進士。七年任湖南寧鄉知縣。

歐陽繡之 河南項城縣人。光緒三年三甲一百十八名進士。任刑部主事，二十六年改直隸井陘知縣。

孫顯家 河南滎陽縣人。光緒三年三甲一百十九名進士。任户部主事。

陳兆慶 字雲溪。雲南通海縣人。光緒三年三甲一百二十名進士。六年署安徽建德知縣，十四年改渦陽知縣，二十二年署安徽懷寧知縣、宣城知縣、桐城知縣。長江巡閱大臣彭玉麟保薦候補道員，未及大用而卒。

周宗洛 字開甲，號曉峰。浙江歸安縣人。光緒三年三甲一百二十一名進士。任内閣中書，二十七年任江西新淦知縣。

曹慶恩　字蘊深。江蘇昭文縣人。光緒三年三甲一百二十二名進士。光緒九年任山東滋陽知縣，十二年改樂安知縣。

吳成周　字渙洛，號笆溪。浙江縉雲縣人。光緒三年三甲一百二十三名進士。八年任江蘇崇明知縣，十六年改江蘇華亭知縣。

戴家松　陝西石泉縣人。光緒三年三甲一百二十四名進士。任刑部主事。十三年改山西垣曲知縣。

鄭子僑　陝西咸陽縣人。光緒三年三甲一百二十五名進士。任知縣。

馬錫齡　陝西武功縣人。光緒三年三甲一百二十六名進士。任知縣。

張桂芬　山東樂陵縣人。光緒三年三甲一百二十七名進士。五年任直隸灤平知縣，十二年改直隸任縣知縣，十五年改景州知州，十七年復任任縣知縣，十九年改邢臺知縣，二十二年改望都知縣，二十四年回任邢臺知縣。

黃維清　廣西懷集縣人。光緒三年三甲一百二十八名進士。十二年任廣東增城知縣。

劉杭　字霞昉。甘肅清水縣人。光緒三年三甲一百二十九名進士。署貴州貴定知縣，改都江府同知、興安州知州，十一年補授貴州興義知縣。

胡成均　江西進賢縣人。光緒三年三甲一百三十名進士。十一年任湖北棗陽知縣。

于文泉　山東蓬萊縣人。光緒三年三甲一百三十一名進士。即用知縣分發河南，署密縣知縣，十二年任河南確山知縣，二十九年改山東沂州府教授。

宋廷樑　字梓材。雲南晉寧州人。光緒三年三甲一百三十二名進士。任刑部山東司主事，光緒三十年代理江西臨江知府，再代建昌知府。三十四年（1908）卒。年五十七。

馬桂芳　山東棲霞縣人。光緒三年三甲一百三十三名進士。即用知縣分發湖南，六年任福建宜蘭知縣。

何文全　廣東番禺縣人。光緒三年三甲一百三十四名進士。九年任四川汶川知縣。

朱傳熙　湖北江陵縣人。光緒元年舉人，三年三甲一百三十五名進士。任直隸知縣。

陳潤璨　（1847—1924）字香雪。山東寧陽縣人。光緒三年三甲一百三十六名進士。即用知縣發陝西，光緒六年署朝邑知縣，改郃陽、神木、安康知縣，二十三年改府谷知縣，二十八年改蒲城縣，二十九年任大荔知縣，宣統二年回任大荔知縣，署乾州知州，署西安知府，三年七月卸。

崔瀛　山西趙城縣人。光緒三年三甲一百三十七名進士。任禮部精繕司主事。

謝章鋌　字枚如。福建長樂縣

人。光緒三年三甲一百三十八名進士（時年五十八）。不慕仕途，會試後不殿試而歸。後官內閣中書（侍講銜）。曾主講於漳州、龍岩、陝西同州、江西白鹿洞等書院，晚歸掌教致用書院凡十六年，卒年八十四。著有《說文閩音通》《賭棋山莊文集》《酒邊詞》《賭棋山莊詞話》《課餘偶錄》等。

保 鑑 甘肅平番縣人。光緒三年三甲一百三十九名進士。直隸即用知縣。

姚鍾瑞 福建侯官縣人。光緒三年三甲一百四十名進士。

陳熙昱 字子湘，號麗蒼、叔輝。湖南武陵縣人。道光十七年（1837）生。光緒三年三甲一百四十一名進士。任直隸知縣。

吳 炳 江西安仁縣人。光緒三年三甲一百四十二名進士。二十二年任江蘇武進知縣，二十四年（1898）正月卒。

桂梁材 字梓柏。雲南昆明縣人。光緒三年三甲一百四十三名進士。二十年任四川梓潼知縣，二十四年署四川雙流知縣，二十六年署渠縣知縣，三十年任四川合州知州。

松 堉 蒙古鑲白旗人。光緒三年三甲一百四十四名進士。任直隸臨榆知縣。

嚴 澤 四川巴縣人。光緒三年三甲一百四十五名進士。十三年任甘肅合水知縣，改敦煌知縣，調雲南楚雄知縣，官至寧州知州。

張應午 陝西岐山縣人。光緒三年三甲一百四十六名進士。任知縣。

王文員 四川眉州直隸州人。光緒三年三甲一百四十七名進士。十三年任山西萬泉知縣，二十二年改山西懷仁知縣。

林乃檉 廣西貴縣人。光緒三年三甲一百四十八名進士。十年任浙江樂清知縣。

李用曾 安徽懷寧縣人。光緒三年三甲一百四十九名進士。署江西上高知縣、信豐知縣、龍泉知縣、改德化知縣。

張煦春 江西彭澤縣人。光緒三年三甲一百五十名進士。十二年任廣東開平知縣。

徐士佳 號拙庵。江蘇江陰縣人。光緒三年三甲一百五十一名進士。任吏部主事，升員外郎，二十四年掌浙江道御史、兵科掌印給事中，官至直隸熱河道。

劉步元 字仁齋。安徽潛山縣人。光緒三年三甲一百五十二名進士。任江西崇仁、南豐、分宜、宜春、萬安知縣，二十八年改清江知縣。

曹學彬 河南南陽縣人。光緒三年三甲一百五十三名進士。

陳浚曦 直隸清苑縣人。光緒三年三甲一百五十四名進士。任兵部主事，升郎中，官至浙江知府。

李世寅 直隸深州直隸州人。光緒三年三甲一百五十五名進士。四年任保定府教授，五年改直隸承德府教授。

張文楷 河南扶溝縣人。光緒三年三甲一百五十六名進士。

李中和 山西代州直隸州人。光緒三年三甲一百五十七名進士。直隸即用知縣，十五年任直隸元氏知縣。

劉 貞 江西都昌縣人。光緒三年三甲一百五十八名進士。十八年內閣中書。

宋立球 江西奉新縣人。光緒三年三甲一百五十九名進士。

曹 燮 字伯調，號敬軒。湖南桂陽直隸州人。道光二十年（1840）生。光緒三年三甲一百六十名進士。

張繼良 湖北黃陂縣人。同治二年舉人，光緒三年三甲一百六十一名進士。任戶部主事，十一年改直隸平泉州知州。

賀靖南 湖北蒲圻縣人。光緒三年三甲一百六十二名進士。任知縣。

曲福綬 奉天蓋平縣人。光緒三年三甲一百六十三名進士。四年署廣西平樂知縣，七年署廣西天保知縣，八年任廣西永淳知縣，十五年改廣西懷遠知縣。

袁保宸 （一作袁保辰）字柴垣。河南安陽縣人。光緒三年三甲一百六十四名進士。署湖南保靖知縣，卒於任。

馬銘柱 陝西醴泉人。光緒三年三甲一百六十五名進士。七年任廣西昭平知縣。

林步青 字同賢，號瑞山。湖北武昌縣人。同治元年舉人，光緒三年三甲一百六十六名進士。任禮部精繕司郎中，十三年授陝西道御史，十五年九月改順天東城巡城御史，官至禮科給事中。

李天錫 字耀初。貴州貴築縣人。光緒三年三甲一百六十七名進士。任直隸樂平、豐寧知縣，升圍塲同知，改懷柔知縣，署永清縣，署南路同知，補西路同知，署涿州知州，署順天府治中，代理霸昌道。二十三年丁憂歸。民國九年（1920）卒。年七十一。著有《寄傲山房詩存》。

凌邦靖 雲南永善縣人。光緒三年三甲一百六十八名進士。八年任安徽廬江知縣，二十年改直隸建昌知縣。

余 燾 字叔宜、公復，號照堂。貴州餘慶縣人。光緒三年三甲一百六十九名進士。改貴州思州府教授，十三年改貴州貴陽府教授。

陳錫恩 字靜齋。福建永春直隸州人。光緒三年三甲一百七十名進士。授知縣，請改教職，任福州府教授，未赴任卒。

劉東美 直隸灤州人。光緒三年三甲一百七十一名進士。五年任順天府教授，改保定府教授，十六年任國子監博士。

龔錫樞 雲南昆明縣人。光緒三年三甲一百七十二名進士。九年任安徽宿松知縣。

榮 桂 漢軍正白旗人。光緒

三年三甲一百七十三名進士。任兵部筆帖式。

陳紹棠 號雷亭。福建長樂縣人。光緒三年三甲一百七十四名進士。任廣東海豐知縣，改增城、新寧知縣，十五年任廣東平遠知縣。

卜燕賓 字鹿笙。直隸朝陽縣人。光緒三年三甲一百七十五名進士。任户部主事。

傅廷元 四川璧山縣人。光緒三年三甲一百七十六名進士。

王保建 （本姓左）江蘇南匯縣人。光緒三年三甲一百七十七名進士。光緒十三年任内閣中書。

韓鎮周 字定九。河南柘城縣人。光緒三年三甲一百七十八名進士。十二年任四川大足知縣，十七年任涪州知州，二十一年改四川夾江知縣。

許鳴盛 安徽懷遠縣人。光緒三年三甲一百七十九名進士。十一年任安徽徽州府教授。

陶家驪 字海珊。江西南昌縣人。光緒三年三甲一百八十名進士。任刑部山西司主事，遷郎中，二十四年官至山西澤州知府。

唐毓衡 （原名唐世澤）四川中江縣人。光緒三年三甲一百八十一名進士。十一年任河南固始知縣。

玉　祥 蒙古正紅旗人。光緒三年三甲一百八十二名進士。

劉宇清 直隸欒城縣人。光緒三年三甲一百八十三名進士。

姜應齊 甘肅狄道州人。光緒三年三甲一百八十四名進士。任刑部主事，改知縣，十一年任浙江龍泉知縣。

李葆善 字慶軒。直隸永年縣人。光緒三年三甲一百八十五名進士。十年任奉天開原知縣，十六年改奉天廣寧知縣，改安東知縣，十八年改錦縣知縣，二十年（1894）十月卒。

茹慶銓 廣西蒼梧縣人。光緒三年三甲一百八十六名進士。任廣東河源知縣。

管高福 字少溪。江蘇昭文縣人。光緒三年三甲一百八十七名進士。任知縣。

鄭　繽 字實甫，號曰黼。浙江慈溪縣人。光緒三年三甲一百八十八名進士。歸部銓選知縣。

鄧元善 雲南趙州人。光緒三年三甲一百八十九名進士。

謝　煌 廣西宣化縣人。光緒三年三甲一百九十名進士。

唐建寅 貴州貴陽府人。光緒三年三甲一百九十一名進士。

王鳳沼 直隸天津縣人。光緒三年三甲一百九十二名進士。

張來麟 山西榆次縣人。光緒三年三甲一百九十三名進士。任山西蒲州府教授。

朱銘瓚 （原名朱明燦）安徽休寧縣人。光緒三年三甲一百九十四名進士。

堂兄朱錫蕃，同榜進士。

光緒六年（1880）庚辰科

第一甲三名

黃思永 字慎之，號亦瓢。江蘇江寧縣人（安徽休寧籍）。光緒六年一甲第一名狀元。授修撰。十二年、十六年兩充會試同考官，遷國子監司業，官至侍讀學士。後因多次上書變法被捕入獄，二十六年八國聯軍入侵北京獲釋。清廷設商部時，任用爲頭等顧問。和張謇並稱"商部兩狀元"。民國期間，病死上海。工書法，善詩文。

曹詒孫 字集祥，號次謀、梓謀。湖南茶陵州人。道光七年（1827）生。光緒六年一甲第二名榜眼。授編修。十七年充山西鄉試副考官，官至知府。

譚鑫振 字貢珊，號麗生、荔孫。湖南衡山縣人。道光二十四年十一月二十五（1845 年 1 月 3 日）日生。光緒六年一甲第三名探花。授編修。假歸。光緒七年（1881）卒。年三十九。著有《詩文遺稿》。

第二甲一百三十三名

戴彬元 字愚卿、漁清，號蓮生。順天寧河縣人，原籍浙江烏程。道光十六年（1836）三月二十五日生。光緒六年二甲第一名進士。選庶吉士，授編修。十一年充江西副考官。

龐鴻書 （1848—1915）字劬庵、渠庵，號酈亭。江蘇常熟縣人。光緒六年二甲第二名進士。選庶吉士，授編修。十八年補山東道御史，十九年改順天東城巡城御史，遷直隸大順廣兵備道。二十九年授湖南按察使，三十一年遷湖南布政使，十二月授湖南巡撫，三十二年調貴州巡撫。奉命辦理"新政"，編練新軍。宣統三年四月因病免職。著有《讀水經注小識》《銅鼓軒詩鈔》《歸田吟稿》等。

父龐鍾璐，道光二十七年榜眼，刑部尚書；兄龐鴻文，光緒二年進士。

吕珮芬　字曉初，號小蘇。安徽旌德縣人。咸豐五年（1855）生。光緒六年二甲第三名進士。選庶吉士，授編修。歷任侍讀學士、直隸永定河道。曾赴日本考查，回國後，設立研究所。民國二年（1913）十月二日卒於海上，年五十九。著有《晚節香齋藏書録》《山海經分經表》等。

張星炳　字叙墀。河南固始縣人。光緒六年二甲第四名進士。選庶吉士，授編修。十五年充雲南副考官，二十二年遷福建汀州知府，官至福建勸業道。

劉沛然　字潤生。順天寧河縣人。光緒六年二甲第五名進士。選庶吉士，授編修。二十六年官至安徽太平知府。

黃紹箕　（又名黃紹基）字仲韜、穆琴，號漫庵、鮮庵。浙江瑞安縣人。咸豐四年（1854）正月十二日生。兵部侍郎黃體芳長子。光緒六年二甲第六名進士。選庶吉士，授編修。十一年充四川鄉試副考官，二十三年湖北鄉試主考官，歷任侍講、武英殿纂修，擢左春坊左庶子、京師大學堂總辦、翰林院侍讀學士。三十二年官至湖北提學使。光緒三十三年十二月（1908年1月）卒。年五十四。生前曾協助康有爲上書請求變法，上奏抗議《馬關條約》。是上海"强學會"發起人之一。著有《鮮庵遺稿》《廣藝舟雙楫論》，輯有《中國教育史長編》等。

父黃體芳，同治二年進士；弟黃紹第，光緒十六年進士。

朱福詵　字叔基，號桂卿。浙江海鹽縣人。光緒六年二甲第七名進士。選庶吉士，授編修。二十三年督河南學政，升翰林院侍讀，二十九年督貴州學政，官至翰林院侍讀學士。刻有《疇人傳》。

彭士芳　江西臨川縣人。光緒六年二甲第八名進士。選庶吉士。未散館。

吳維藩　安徽涇縣人。光緒六年二甲第九名進士。選庶吉士。未散館。

郭曾炘　（原名郭曾炬）字春榆，號匏廬，晚號福廬山人。福建侯官縣人，祖籍山西汾陽。光緒六年二甲第十名進士。選庶吉士，未散館改禮部主事，歷任員外郎、郎中、內閣侍讀學士、太常寺少卿，二十五年授光禄寺卿，二十七年改通政使。二十八年署工部侍郎，三十一年丁父憂，三十三年補郵傳部左丞，三十四年授禮部侍郎，宣統三年改典禮院副掌院學士。加太子太保。民國十七年（1928）卒。年七十四。著有《匏廬詩存》。

祖父郭柏蔭，道光十二年進士，湖北巡撫；弟郭曾准，光緒十八年進士。

陳夔麟　（1855—1915，原名陳凱）字少石，號寶遇。貴州開州人。咸豐五年（1855）生。光緒六年二甲第十一名進士。選庶吉士，改兵部主事，九年改湖北穀城知縣，調蘄水、漢陽、江夏、夏口知縣，升荊門知州，擢湖南糧儲道，改湖北荊宜施道。三十三年授湖北按察使，改江西按察使，宣統三年遷廣東布政使。辛亥革命去職。民國十七年（1929年1月）十二月卒。年七十四。著有《雙蔭槐館詩鈔》《迂叟隱語》《寶遇閣書畫錄》等。

弟陳夔龍，光緒十二年進士，直隸總督。

潘作霖 廣東番禺縣人。光緒六年二甲十二名進士。任工部主事。

楊澍先 字小皆，號雨蒼。湖南善化縣人。咸豐三年（1853）生。光緒六年二甲十三名進士。選庶吉士。未散館假歸。遽卒，年僅三十五。

丁立鈞 字書衡，號恒齋、雲樵。江蘇丹徒縣人。光緒六年二甲十四名進士。選庶吉士，授編修。十五年充順天鄉試同考官，十七年任湖南鄉試副考官，二十二年官至山東沂州知府。以疾告歸。主講江陰南菁書院。後在上海發起"強學會"，任總董。卒年四十九。編有《南菁文鈔》《歷代邊事》。

父丁紹周，道光三十年進士，任光祿寺卿；兄丁立瀛，同治十年進士，任順天府丞。

吳保齡 字佑之。江蘇丹徒縣人。光緒六年二甲十五名進士。選庶吉士，改戶部主事，升員外郎，遷湖廣道、廣西道御史，官至四川潼川知府。

崔永安 字磐石。漢軍正白旗。光緒六年二甲十六名進士。選庶吉士，授編修。二十四年遷國子監司業，二十六年遷山東運河道，調浙江杭嘉湖道、鹽運使，三十三年授浙江按察使，三十四年遷直隸布政使，宣統元年護理直隸總督。十二月乞養歸。因喜西湖山水，遂居杭州以書畫自娛。

王懿榮 字廉生、蓮生，號正儒。山東福山縣人，原籍雲南。道光二十五年（1845）六月初八日生。光緒六年二甲十七名進士。選庶吉士，授編修。歷任侍讀、南書房行走、國子監祭酒二品銜、侍讀學士，二十六年（1900）充京師團練大臣，八國聯軍入侵北京率鄉勇抵抗失敗，七月二十二日投井卒。年五十六。贈侍郎銜，謚"文敏"。喜收金石、銅器、古錢。著有《天壤閣叢書》十九種五十四卷，另有《古泉選》《漢石存目》《福山金石志》等。

盛炳緯（原名盛炳耀）字星璿，號末農、養園。浙江鎮海縣人。光緒六年二甲十八名進士。選庶吉士，授編修。十一年任四川學政，十七年任江西學政。

馮錫仁 字莘垞，號伯育。湖南沅陵縣人。道光三十年（1850）生。光緒六年二甲十九名進士。任刑部主事，升員外郎，二十年授山西道御史，二十四年遷工科給事中。宣統二年（1910）卒。

志銳 字伯愚，號公穎、廓軒。滿洲鑲紅旗，他塔拉氏。咸豐三年（1853）四月二十五日生。陝甘總督裕泰孫。光緒六年二甲二十名進士。選庶吉士，授編修。纍遷少詹事，十五年授詹事，十九年遷內閣學士，二十年擢禮部右侍郎。因其妹瑾妃、珍妃被慈禧乏爲貴人，志銳降烏里雅蘇臺參贊大臣，後任寧夏副都統。宣統二年授杭州將軍，三年調伊犁將軍加尚書銜。三年辛亥革命伊犁新軍迫其舉義，不從。十一月二十日（1912年1月）被殺，年五十九。

彭履德 四川宜賓縣人。光緒六年二甲二十一名進士。任工部主事，改江西宜春知縣，三十一年改山西芮城知縣。

李德炳 河南南召縣人。光緒六年二甲二十二名進士。任禮部主事，官至山西大同府知府。

陳與冏 字弼臣，號緘齋。福建侯官人。光緒六年二甲二十三名進士。選庶吉士，授編修。十四年充山東鄉試副考官，十五年任順天鄉試同考官。十七年（1891）卒。著有《讀經説約》《讀鑒隨筆》《緘齋雜葺》《緘齋詩存》等。

葉大道 字敷恭，號鐸人。福建閩縣人。光緒六年二甲二十四名進士。選庶吉士，授編修。纍遷廣東高廉道，督糧道，調雷瓊道。染瘴病免職。歸後主正誼書院。

兄葉大焞，同治七年進士。

崇寬 字厚庵。滿洲鑲藍旗，宗室。光緒六年二甲二十五名進士。選庶吉士，散館改主事，恩遷國子監祭酒，二十三年任詹事府詹事，改內閣學士，二十五年改盛京禮部侍郎。光緒二十七年罷職。

蔣艮 字仲仁。河南商城縣人。光緒六年二甲二十六名進士。選庶吉士，授編修。十五年充任山東鄉試副考官。

汪棨 字節甫，號鏡青、劍青。湖南善化縣人。道光二年（1882）生。光緒六年二甲二十七名進士。選庶吉士，授編修。十一年任順天鄉試同考官。

劉焕 字夢齡，號錫吾。江西豐城縣人。咸豐元年十一月初一日生。光緒六年二甲二十八名進士。選庶吉士，散館改知縣。

安維峻 字曉峰、小峰。甘肅秦州直隸州人。咸豐六年（1856）七月十七日生。光緒六年二甲二十九名進士。選庶吉士，授編修。十九年補福建道監察御史，不及一年先後上六十餘疏劾李鴻章挾洋自重誤國。因有"皇太后遇事牽制之語"，忤慈禧革職謫發張家口。因言獲罪，名燦燥一時，餞送者塞於道，志銳將軍持"隴上鐵漢"相贈。抵戍所後聘主講揄才書院。二十五年釋還歸里。三十四年又起授內閣侍讀，充京師大學堂總教習。宣統三年辭歸。著有《望雲山房詩文集》《四書講義》《諫垣存稿》等。

吴樹棻 （又名吴樹芬，誤）字
杉香，號適庵、郁卿。山東歷城人。
光緒六年會元，二甲三十名進士。
選庶吉士，授編修。十二年、十五
年兩充會試同考官，督河南學政，
十九年補山西道御史，二十年任四
川提學使，遷陝西候補道，二十五
年署陝安道，三十年署潼商道。

父吴毓春，同治元年進士；兄
吴樹梅，光緒十年進士，官户部侍
郎。

梁鼎芬 字星海，號節庵。廣
東番禺縣人。咸豐九年（1859）六
月初六日生。光緒六年二甲三十一
名進士。選庶吉士，授編修。擢任
御史，因彈劾李鴻章被降調，應張
之洞聘先後主講廣雅、鍾山、兩湖
諸書院。後起用任直隸州知州，二
十七年署武昌知府，二十九年遷漢
陽知府、湖北安襄鄖荆道，三十二
年授湖北按察使。三十三年病免。
又任命在毓慶宮行走，爲溥儀師傅。
辛亥革命後曾參與張勛復辟。民國
八年（1919）卒於北京，年六十六。
著有《鼎芬詩集》《節庵遺詩》《疑
紅樓詞》等。

湯繩和 字春谷，號孟玉。浙
江錢塘縣人。光緒六年二甲三十二
名進士。選庶吉士，散館改刑部主
事，改教授。工詩文，著有《青芸
室吟稿》。

郭賡平 字子釣。江西萬載縣
人。光緒六年二甲三十三名進士。
改禮部精繕司主事，改湖南直隸州

知州，官至湖南候補道。

王乘燮 字理堂。山東福山縣
人。光緒六年二甲三十四名進士。
選庶吉士，十二年改安徽銅陵知縣。
未抵任卒。

强鵬飛 （一作張鵬飛，誤）字
搏九。陝西韓城縣人。光緒六年二
甲三十五名進士。選庶吉士，改刑
部主事，二十年改山西壽陽知縣。

李經世 （1851—1891）字丹崖、
偉卿，號醉芸。安徽合肥縣人。光
緒六年二甲三十六名進士。選庶吉
士，授編修。贈侍讀銜。著有《醉
芸館詩集》。

溥 良 （1854—1921）字玉琴。
滿洲正藍旗，宗室。光緒六年二甲
三十七名進士。選庶吉士，授編修。
遷司經局洗馬、國子監祭酒、詹事
府少詹事，十七年授内閣學士，督
江蘇學政。二十年遷理藩院左侍郎，
二十二年改工部侍郎，二十六年遷
左都御史，二十九年改禮部尚書，
宣統元年任察哈爾都統。三年去職。

沈士鎔 字新甫、升南。直隸
天津縣人。光緒六年二甲三十八名
進士。選庶吉士，十一年改山西襄
垣知縣，改平遥知縣，二十七年官
至山西解州直隸州知州。

陳 鼎 字剛侯，號伯商。湖
南衡山縣人。咸豐四年（1854）生。
光緒六年二甲三十九名進士。選庶
吉士，授編修。十五年充浙江鄉試
副考官，光緒三十年（1904）卒。

胡 連 字曉亭。廣東永福縣

人。光緒六年二甲四十名進士。選庶吉士。未散館。

王丕釐 字甘仲，號子蕃。湖北黃岡縣人。同治十二年舉人，光緒六年二甲四十一名進士。選庶吉士，授編修。十四年督雲南學政。

王咏霓 （初名王霓）字子裳、旌甫，號六潭。浙江黃巖縣人。光緒六年二甲四十二名進士。授刑部主事，纍遷安徽鳳陽知府，宣統三年任太平知府。後隨駐德大使許景澄赴德、法、荷等國訂購軍艦，考察軍事。入張之洞幕府。著有《歸程日記》《六潭文集》《濠上集》《清源唱和集》《函雅堂集》等。

李士鉁 （1853—1928）字仲儒，號嗣香。直隸天津縣人。光緒六年二甲四十三名進士。選庶吉士，授編修。歷任翰林院侍讀，二十八年充湖南鄉試正考官，遷侍讀學士、國史館纂修。著有《周易注》等。

吳道鎔 （原名吳國鎮）字玉臣，號用晦。廣東番禺縣人。光緒六年二甲四十四名進士。選庶吉士，授編修。辭官後，主講潮州、韓山、金山及廣州各書院，又任越秀書院山長、兩廣高等學堂監督。著有《海陽縣志》《明史樂府》等。

楊崇伊 （原名楊同樺）字莘伯，號正甫。江蘇常熟縣人。光緒六年二甲四十五名進士。選庶吉士，授編修。二十一年補江西道御史。二十二年上疏彈劾北京強學會，又彈劾文廷式，使強學會被查禁，文廷式被革職。百日維新期間同懷塔布至天津與榮禄密議，回京赴頤和園請慈禧發動政變。戊戌政變後又上奏嚴防孫文。二十五年任陝西漢中知府。二十七年署陝西陝安道。

楊崇伊爲李鴻章姻親，爲咸豐二年進士楊泗孫從子。

蔡世佐 字輔臣，號恒齋。浙江仁和縣人。光緒六年二甲四十六名進士。選庶吉士，散館十三年改山西長治知縣，十五年改臨汾知縣、二十二年改陽曲知縣，官至山西保德直隸州知州。

父蔡念慈，道光二十一年進士。

柏錦林 （原名柏錦森）字雲卿、昀清。山東濟陽縣人。光緒六年二甲四十七名進士。選庶吉士，授編修。二十年任湖南主考官，二十三年充陝西主考官，二十六年八國聯軍入室，所著書籍盡被毀弃，數十年心血損失貽盡，病卒。年四十二。

左紹佐 字季雲，號笏卿、竹勿。湖北應山縣人。光緒二年舉人，六年二甲四十八名進士。選庶吉士，改刑部主事，升郎中，遷兵科給事中，官至廣東南韶連道、雷瓊道。工詩，編有《經心書院經解》。

于式枚 字穗生，號晦若。廣東賀縣人。咸豐六年（1856）十月二十六日生。光緒六年二甲四十九名進士。選庶吉士，散館改兵部主事，初入李鴻章幕，隨訪俄、德、法、英、美諸國。升員外郎、御史、給事中，五品京堂，充大學堂總辦、鴻臚寺少卿。三十三年授郵傳部侍郎，改禮部、吏部、學部侍郎。充考察憲政大臣，出使德國。辛亥革命去職。民國四年（1915）卒，年六十。

顧　蓮（1841—1910）字香遠、貞獻，號子愛、復齋。江蘇華亭縣（今上海松江）人。光緒六年二甲五十名進士。選庶吉士，十一年改四川梁山知縣。著有《素心籫詩文集》。

汪致炳　字朗齋。四川資陽縣人。光緒六年二甲五十一名進士。散館改戶部主事、升員外郎，官至戶部郎中。

福　楙　字幼農，號淄生。蒙古正紅旗人。光緒六年二甲五十二名進士。選庶吉士，授編修。纍遷翰林院侍讀學士、詹事府少詹事，十三年授詹事、內閣學士等。光緒十四年，罷職。

陸善格　字寶臣。奉天錦縣人。光緒六年二甲五十三名進士。選庶吉士，散館改主事，復改江西安福知縣，官至江西候補道。

伍兆鰲　字綸才，號古峰。江西安福縣人。光緒六年二甲五十四名進士。選庶吉士，改刑部主事、員外郎，官至郎中。

吳成熙　字繹如。江西南昌縣人。光緒六年二甲五十五名進士。選庶吉士，散館改貴州遵義縣知縣，改龍里知縣、安平知縣，十四年任貴築知縣，二十三年復改遵義知縣，

官至署雲南督糧道。

黃俊熙　字汝卿。廣西臨桂縣人。光緒六年二甲五十六名進士。選庶吉士，散館改刑部主事。

紀　夔（原名紀恩庸）湖北武昌縣人。同治九年舉人，光緒六年二甲五十七名進士。任刑部主事，官至四川瀘州知州。

謝樹橫　字勵雲，號芋卿。湖南湘潭縣人。道光二十七年（1847）生。光緒六年二甲五十八名進士。任刑部主事。

郭　翊（榜名郭翊廷）字葢卿。山東歷城縣人。光緒六年二甲五十九名進士。任刑部主事。年四十卒。

王　蘭　字九滋，號醉香。浙江歸安縣人。光緒六年二甲六十名進士。選庶吉士，散館改刑部主事。

馮應榮　山西汾陽縣人。光緒六年二甲六十一名進士。選庶吉士，授編修。

徐　琪（1849—1918）字玉可、涵哉，號花農、俞樓。浙江仁和縣人。光緒六年二甲六十二名進士。選庶吉士，授編修。十一年充順天鄉試同考官，十五年任山西鄉試副考官，十七年督廣東學政，升洗馬、左庶子，二十六年授內閣學士，署兵部侍郎。光緒二十七年革職。著有《玉可庵詩》《粵東葺勝記》《日邊酬唱集》。等。

梁錦奎　字紫垣。山東歷城縣人。光緒六年二甲六十三名進士。

選庶吉士，授編修。

高凌霄 （1848—1909）字俊峰、隽峰。直隸天津縣人。光緒六年二甲六十四名進士。選庶吉士，改山西大同知縣，歷任五臺、曲沃、聞喜、永濟、夏縣等處知縣，官至直隸知州。工書畫。

鄧嘉純 字笏臣。江蘇江寧縣人。光緒六年二甲六十五名進士。任浙江知縣，官至浙江處州府知府。工詩，著有《空一切庵詞》《詩集》等。

杜慶元 字雲帆。貴州安順府人。光緒六年二甲六十六名進士。選庶吉士，未散館改刑部陝西司主事，升湖廣司員外郎、直隸司郎中，二十六年遷廣西思恩知府，宣統年任雲南迤南道。

張叔煐 湖北武昌縣人。光緒二年舉人，六年二甲六十七名進士。任工部主事，官至江蘇候補道。

王濂 字蘭池、蘭簏，號廉泉。直隸吳橋縣人。光緒六年二甲六十八名進士。選庶吉士，授編修。十五年充會試同考官，十八年補江南道御史。

蔡枚功 湖南湘潭縣人。光緒六年二甲六十九名進士。任工部主事，官至郎中。

褚成博 字伯約，號孝通。浙江餘杭縣人。光緒六年二甲七十名進士。選庶吉士，授編修。十四年充廣東鄉試副考官，十五年補江西道御史，十六年任會試同考官，十

七年充河南鄉試副考官，遷吏科掌印給事中，官至廣東惠潮嘉道。

張嘉澍 廣東番禺縣人。光緒六年二甲七十一名進士。任工部主事。

謝雋杭 字南川。山東福山縣人。光緒六年二甲七十二名進士。選庶吉士，授編修。十一年充雲南鄉試副考官，十六年升湖廣道監察御史、掌福建道御史，官至雲南曲靖知府。

姜自駒 字芝宇。廣東陽江廳人。光緒六年二甲七十三名進士。選庶吉士，改刑部主事。

弟姜自驥，光緒十二年進士。

胡錫祜 （原名胡錫純）字心齋。四川慶符縣。光緒六年二甲七十四名進士。選庶吉士，改山東高密知縣，兼平度知州。

王頌蔚 （原名王叔炳）字黻卿、芾卿，號嵩隱。江蘇長洲縣人。道光二十八年（1848）十月十四日生。光緒六年二甲七十五名進士。選庶吉士，改戶部主事，充軍機章京，官至三品銜戶部湖廣司郎中，光緒二十一年（1895）三月初一日以憂憤甲午戰失利而卒。年四十八。著有《明史考證捃逸》《寫禮廎詩集》《讀碑記》《古書經眼錄》等。

裴維侒 字韻珊，號君復。河南祥符縣人。光緒六年二甲七十六名進士。選庶吉士，授編修。二十年補福建道御史、兵科給事中，升光祿寺少卿、鴻臚寺卿，二十七年

充廣東鄉試主考官，二十九年任奉天府丞兼學政，三十一年調湖北學政，三十二年裁撤。任太常寺少卿，三十三年署順天府尹。著有《韻珊詞選》。

何乃瑩 字潤夫，號魯孫、梅叟。山西靈石縣人。光緒六年二甲七十七名進士。選庶吉士，改工部主事，升郎中，二十三年授山東道御史，遷內閣侍讀學士，二十四年八月任奉天府丞兼學政，十月升順天府尹，二十六年官至左副都御史。光緒二十七年七月解職。著有《靈樵山館詩草》。

劉名譽 字嘉樹。廣西臨桂縣人。光緒六年二甲七十八名進士。選庶吉士，授編修。十四年充河南鄉試副考官，十五年任貴州鄉試主考官，二十四年遷江蘇江寧知府，宣統元年官至江蘇淮安知府。著有《餘樂園詩鈔》。

溥 峴 鑲紅旗人，宗室。光緒六年二甲七十九名進士。十六年任宗人府主事。

趙曾重 （1846—1912）字伯遠，號衡浦。安徽太湖縣人。光緒六年二甲八十名進士。選庶吉士，授編修。充國史館纂修、武英殿協修。十八年充會試同考官，加四品銜。

祖趙昀，道光二十一年進士；父趙繼元，同治七年進士。

陳景鎏 字桂溪，號翊溪。廣東番禺縣（今廣州）人。光緒六年二甲八十一名進士。選庶吉士，授

編修。二十三年充順天鄉試同考官，官至福建興泉永道。

丁象震 字春農。河南永城縣人。光緒六年二甲八十二名進士。選庶吉士，改工部主事，二十八年官至直隸河間知府。

林承澤 廣西臨桂縣人。光緒六年二甲八十三名進士。任兵部主事。

戴輔衢 字寬先，號僕潭。湖南湘潭縣人。道光三十年（1850）生。光緒六年二甲八十四名進士。十九年任江蘇睢寧知縣，改任戶部主事。

王 俲 號鏡逸。山西平定直隸州人。光緒六年二甲八十五名進士。任吏部主事，升員外郎、郎中，十七年授江西道御史，二十年官至甘肅涼州府知府。

李慈銘 （原名李模）字愛伯、悉伯，號蒓客，室名越縵堂。浙江會稽縣人。道光九年十二月二十七日（1830年1月）生。光緒六年二甲八十六名進士（時年五十二）。任戶部郎中，十六年官至掌山西道監察御史。光緒二十年（1894）十一月二十四日卒於官。年六十六。其古文爲清代六家之一，與王闓運時稱古文兩大家。家中藏書較豐，藏書處曰"軒翠舫"。著有《越縵堂文集》《白華絳柎閣詩》《桃花聖解庵樂府》《越縵堂日記》《讀史札記》等。

張正塏 字堯農。直隸南皮縣人。光緒六年二甲八十七名進士。任工部虞衡司主事，丁外艱服闋，

改員外郎，京察一等記名道員，行將大用卒。年僅三十四。

薛浚　陝西長安縣人。光緒六年二甲八十八名進士。光緒十三年任內閣典籍，二十年遷內閣侍讀，二十四年官至禮部主客司郎中。

謝啓華　廣西臨桂縣人。光緒六年二甲八十九名進士。任戶部主事，升郎中，二十七年官至福建建寧知府。

柳芳　字仲平。廣東番禺縣人。光緒六年二甲九十名進士。選庶吉士，散館改湖北黃岡知縣，十一年改來鳳知縣。

林元英　字慕韓，號炳如。山東歷城縣人。光緒六年二甲九十一名進士。選庶吉士，改任湖北通山知縣、黃陂知縣、光化知縣。

李佩銘　字心孚，號蓉溪。陝西長安縣人。光緒六年二甲九十二名進士。選庶吉士，授編修。京察一等分發四川知府。旋卒。

汪文炳　廣東香山縣人。光緒六年二甲九十三名進士。任吏部主事，二十三年改浙江富陽知縣，二十七年任錢塘知縣。

朱炳熊　字偉侯，號少蓮。浙江歸安縣人。光緒六年二甲九十四名進士。任內閣中書，改刑部主事。

涂國盛　湖北襄陽縣人。同治十二年舉人，光緒六年二甲九十五名進士。任戶部主事、員外郎、郎中，遷河南道御史，官至給事中。

薩廉　字立甫，號儉齋、少鶴。滿洲鑲藍旗，郭佳氏。道光二十四年（1844）十一月十六日生。光緒六年二甲九十六名進士。選庶吉士，授編修。纍遷國子監祭酒，光緒二十一年授詹事府詹事，改通政使，二十四年授禮部侍郎十二月調盛京兵部侍郎，三十年復任禮部侍郎，三十二年護正黃旗都統。宣統元年（1909）十一月卒。年六十四。

父穆彰阿，嘉慶十年進士，文華殿大學士。

葛咏裳　字叔霓，號逸仙。浙江臨海縣人。光緒六年二甲九十七名進士。任兵部主事。

王寯頤　順天大興縣人。光緒六年二甲九十八名進士。十三年任山西平魯知縣，二十二年改吉林府教授。

陳其寬　雲南昆明縣人。光緒六年二甲九十九名進士。任工部主事，十六年任四川安岳知縣。

鍾靈　字秀之。滿洲鑲藍旗人。光緒六年二甲一百名進士。選庶吉士，授編修。遷右庶子，二十年纍遷詹事府詹事，二十一年遷內閣學士，二十二年任盛京工部侍郎，二十二年改盛京兵部侍郎，光緒三十一年任漢軍正黃旗副都統，又任成都副將軍。

文煥　滿洲鑲黃旗人。光緒元年舉人，六年二甲一百零一名進士。任戶部主事，遷左中允，二十四年纍遷四川敍州知府，改成都知府。官至安徽徽寧池太廣道。

李作楨　字幹廷。四川郫縣人。光緒六年二甲一百零二名進士。任刑部主事，改廣東昌化、澄海、海豐知縣。

錢錫晋　河南祥符縣人。光緒六年二甲一百零三名進士。任刑部主事。

陳宗媯　（一作陳宗潙，誤）字麓賓。山東東阿縣人。光緒六年二甲一百零四名進士。任戶部主事，升山西司員外郎、廣東司郎中，後以四五品京堂候補，三十二年補度支部左丞。後派赴日本調查財政，宣統三年病免。辛亥革命歸里。卒年七十。

范德鎔　字仲陶，號子蔭。湖北武昌縣人。光緒元年舉人，六年二甲一百零五名進士。選庶吉士，改戶部主事。

熊爾梅　江西高安縣人。光緒六年二甲一百零六名進士。任刑部主事。

崔汝立　安徽太平縣人。光緒六年二甲一百零七名進士。任戶部主事。

裔步鸞　江蘇鹽城縣人。光緒六年二甲一百零八名進士。任吏部主事，升吏部員外郎。

謝廷澤　字藕汀。貴州貴陽府人。光緒六年二甲一百零九名進士。二十五年官至廣西百色直隸廳同知。

張焯奎　廣西龍州廳人。光緒六年二甲一百十名進士。任兵部主事，三十年改福建連城知縣。

韓仲荊　字二州。山東安丘縣人。光緒六年二甲一百十一名進士。九年授山西高平知縣，升同知。卒於任。著有《經史雜記》《雜體詩文存稿》《法署日記》。

金文同　字叔麐。甘肅皋蘭縣人。光緒六年二甲一百十二名進士。任戶部主事，升員外郎、戶部郎中、寶泉局監督，二十八年外任陝西興安府知府，調署漢中知府。卒於任。

姚延祺　安徽懷遠縣人。光緒六年二甲一百十三名進士。任刑部主事。

曾炳麟　四川成都縣人。光緒六年二甲一百十四名進士。任吏部主事。

鹿學良　字遂齋。直隸定興縣人。光緒六年二甲一百十五名進士。任刑部主事，升郎中，纍遷福建鹽法道，三十四年授福建按察使，宣統二年改名提法使。三年去職。

黃英采　江西興國縣人。光緒六年二甲一百十六名進士。任禮部主事。

劉桂文　字雲坳。四川雙流縣人。光緒六年二甲一百十七名進士。選庶吉士，授編修。十七年補山東道御史、陝西道御史，官至廣西梧州知府。

徐鑑銘　江西義寧州人。光緒六年二甲一百十八名進士。任兵部主事。

夏庚復　字也白，號松孫。浙江仁和縣人。光緒六年二甲一百十九名進士。任戶部江西司主事。

父夏同善，咸豐六年進士，官吏郎侍郎。

熊潤南　湖北黃安縣人。光緒元年舉人，六年二甲一百二十名進士。任吏部主事。

宋淑信　河南禹州人。光緒六年二甲一百二十一名進士。任戶部主事，官至戶部員外郎。

蔡揆忠　廣西永康州人。光緒六年二甲一百二十二名進士。任刑部主事。

吳同甲　字棣軒。江蘇高郵州人。光緒六年二甲一百二十三名進士。選庶吉士，授編修。十四年充山西鄉試副考官、十七年充河南鄉試主考官，二十年充貴州鄉試主考官，遷侍講學士，三十四年任安徽提學使，宣統三年去職。

李　威　直隸灤州人。光緒六年二甲一百二十四名進士。光緒十三年任內閣中書，十六年宗人府主事，二十四年遷吏部員外郎。

趙文偉　廣西永寧州人。光緒六年二甲一百二十五名進士。任甘肅碾伯知縣，十二年改武威知縣，十六年改貴州安平知縣，十八年改遵義知縣。

邱晉昕　廣東大埔縣人。光緒六年二甲一百二十六名進士。任福建南平知縣，官至署福建邵武府知府。

胡文淵　江蘇甘泉縣人。光緒六年二甲一百二十七名進士。十一年任浙江嘉善知縣，二十年改龍泉知縣。

董翊清　直隸滄州人。光緒六年二甲一百二十八名進士。任刑部主事，官至郎中。

張世英　（1844—1916）字育生，號佩莪。甘肅秦州直隸州人。光緒六年二甲一百二十九名進士。歷知陝西甘泉、武功、鳳翔、蒲城、石泉、渭南等縣知縣，二十六年署商州知州，三十二年署邠州直隸州知州。

宋秉謙　雲南石屏州人。光緒六年二甲一百三十名進士。任戶部主事。

周遂良　字又褚。湖北蘄水縣人。同治十二年舉人，光緒六年二甲一百三十一名進士。選庶吉士，改雲南大姚知縣，十六年改楚雄等知縣。

廖　驤　福建龍岩直隸州人。光緒六年二甲一百三十二名進士。任刑部主事。

李和卿　字子賓。湖南巴陵縣人。道光二十四年（1844）生。光緒六年二甲一百三十三名進士。任即用知縣，十四年任江西上猶知縣。

第三甲一百九十三名

封祝唐　廣西容縣人。光緒六年三甲第一名進士。任內閣中書，十一年署陝西神木知縣，調大荔知縣，署城固知縣。加知州銜。

楊依斗　（原名楊梅）字筱亭。

湖南衡山縣人。道光三十年（1850）生。光緒六年三甲第二名進士。十年任山東商河知縣，十二年改山東臨沂知縣、蘭山知縣。

余熙春　字海若，號竹筠。貴州貴築縣人。光緒六年三甲第三名進士。選庶吉士，授檢討。

袁鵬圖　字德恩、海帆，號秋甫。浙江天台縣人。光緒六年三甲第四名進士。選庶吉士，散館改福建建安知縣。

陳慶桂　字香輪。廣東番禺縣人。光緒六年三甲第五名進士。任戶部主事、員外郎，官至刑科掌印給事中。

段樹藩　字價人。雲南廣西直隸州（今師宗）人。光緒六年三甲第六名進士。選庶吉士，十六年改浙江麗水知縣，二十一年改浙江鎮海知縣。

余文蔚　字日彰，號峨村。安徽婺源縣人。光緒六年三甲第七名進士。選庶吉士，九年改陝西榆林知縣，十二年任陝西朝邑知縣、醴泉知縣。

宋蔭培　雲南石屏州人。光緒六年三甲第八名進士。任戶部主事。

石鴻韶　字晉卿。廣西象州人。光緒六年三甲第九名進士。任雲南知縣，遷雲南開化知府、楚雄知府，二十九年改永昌知府，遷雲南迤東道，光緒三十三年改陝西陝安道，八月革。宣統年任巡警道。

汪受初　（原名汪忠錄）字叔

頤，號藹夫。浙江鄞縣人，祖籍安徽歙縣。光緒六年三甲第十名進士。選庶吉士。未散館。

馬存樸　順天寶坻縣人。光緒六年三甲十一名進士。十一年任山西祁縣知縣。

孫汝梅　（原名孫燕詒）字問羹，號春山。順天大興縣人。光緒六年三甲十二名進士。任兵部主事。

連培基　字梯孫。江西南城縣人。光緒六年三甲十三名進士。選庶吉士，授檢討。遷刑部員外郎，二十三年纍遷湖南永順知府，官至貴州遵義知府。

孫浤澤　江西舒城縣人。光緒六年三甲十四名進士。十一年任廣西賀縣知縣，改江西進賢知縣。

楊福臻　字駢卿，號德梧。江蘇高郵州人。光緒六年三甲十五名進士。選庶吉士，授檢討。二十年補山東道御史，二十二年改順天東城、北城巡城御史，掌河南、陝西、福建道御史，升兵科給事中。乞假歸。卒年七十三。著有《漢書志疑》《漢書通》。

熊爾卓　江西高安縣人。光緒六年三甲十六名進士。任江西撫州府教授。

陳應禧　字星垣，號星齋。順天大興縣人。光緒六年三甲十七名進士。選庶吉士，散館改吏部主事、員外郎，遷山西道御史，官至吏科給事中。

唐驊路　河南河內縣人。光緒

六年三甲十八名進士。任工部主事，改江西都昌知縣，十六年任陝西扶風知縣，二十六年署陝西韓城知縣。

毛澂　字蜀雲。四川仁壽縣人。光緒六年三甲十九名進士。選庶吉士，十年調山東定陶知縣，十四年任菏澤知縣，十六年任曹縣知縣，十七年署歷城知縣，十八年任泰安知縣（曾四任山東泰安知縣），二十一年任益都知縣，二十二年署山東單縣知縣，二十三年回任益都，二十八年任歷城知縣，三十二年改山東滕縣知縣。卒於任。

杜炳珩　湖北黃岡縣人。光緒二年舉人，六年三甲二十名進士。任吏部主事。

李沛深　江蘇泰州人。光緒六年三甲二十一名進士。任禮部主事（欽點）。

盧煦春　廣西臨桂縣人。光緒六年三甲二十二名進士。十二年任河南泌陽知縣。

吳國霖　貴州遵義府人。光緒六年三甲二十三名進士。任戶部主事，改署四川仁壽知縣。

李光宇　山西平定直隸州人。光緒六年三甲二十四名進士。任工部屯田司主事，官至禮部郎中。

陳文銳　陝西漢陰廳人。光緒六年三甲二十五名進士。任禮部主事，遷禮部精繕司郎中。

何榮楠　四川忠州直隸州人。光緒六年三甲二十六名進士。十年任安徽太湖知縣、望江知縣，十五

年改四川重慶府教授，二十二年改四川潼川府教授。

謝文翹　字秀山。雲南恩安縣人。光緒六年三甲二十七名進士。任刑部主事，升郎中。二十四年纍遷貴州鎮遠知府、思南知府，三十年任都勻知府，官至貴州貴陽府知府。年七十四卒。

孫橘堂　字蘇亭，號筱陸。山東寧海州人。光緒元年舉人，六年三甲二十八名進士。任戶部雲南司主事、江南司員外郎（四品銜）。

張士彬　雲南太和縣人。光緒六年三甲二十九名進士。任工部主事。

崔其濂　廣東番禺縣人。光緒六年三甲三十名進士。二十三年任廣東高州府教授。

楊濱　陝西臨潼縣人。光緒六年三甲三十一名進士。任禮部主事，二十一年改福建連城知縣。

張是彝　字兆生。江蘇長洲縣人。光緒六年三甲三十二名進士。十二年任直隸正定知縣，改直隸邢臺知縣。

卜文煥　江蘇武進縣人。光緒六年三甲三十三名進士。十一年任山東肥城知縣。

馮桂芳　雲南昆明縣人。光緒六年三甲三十四名進士。任刑部主事，遷員外郎。

陳秉崧　字子莊。福建侯官縣人。光緒六年三甲三十五名進士。任刑部主事，升員外郎、順天東城

巡城御史，二十九年官至雲南大理府知府。

仇汝顯 山西曲沃縣人。光緒六年三甲三十六名進士。任吏部主事。

黃緒祖 山東夏津縣人。光緒六年三甲三十七名進士。授廣西馬平知縣。未任卒。

吳士俊 江西玉山縣人。光緒六年三甲三十八名進士。

王邦鼎 字鐵珊。江蘇通州直隸州人。光緒六年三甲三十九名進士。任兵部主事。

吳兆基 字貞甫，號翠峰。浙江秀水縣人，原籍安徽休寧。光緒六年三甲四十名進士。即用知縣分山西，九年任山西寧武知縣。

張士鏸 雲南太和縣人。光緒六年三甲四十一名進士。光緒十三年任內閣中書、典籍。

周國琛 廣東順德縣人。光緒六年三甲四十二名進士。十一年任廣西懷遠知縣。

陳光明 字宣三。四川江津縣人。光緒六年三甲四十三名進士。選庶吉士。未散館。

諶增模 貴州平遠州人。光緒六年三甲四十四名進士。任江蘇知縣。

傅嘉年 字蓮峰。福建建安縣人。光緒六年三甲四十五名進士。任工部主事，遷員外郎、外務部郎中，官至湖北安襄鄖荊道。

張豫泰 陝西臨潼縣人。光緒六年三甲四十六名進士。十五年任直隸廣宗知縣，十八年改直隸曲周知縣。

王者馨 山西朔州人。光緒六年三甲四十七名進士。任刑部主事。

丁壽泉 福建彰化縣人。光緒六年三甲四十八名進士。

王策範 湖北武昌縣人。光緒五年舉人，六年三甲四十九名進士。七年任陝西安塞知縣，二十年改洵陽知縣。

劉奎辰 字錦章。貴州貴陽府人。光緒六年三甲五十名進士。任河南知縣。

吳樹德 陝西城固縣人。光緒六年三甲五十一名進士。十一年任甘肅（今寧夏）寧朔知縣。

余廷熙 浙江鄞縣人。光緒六年三甲五十二名進士。任兵部主事。

彭脩 字慎齋。湖北潛江縣人。光緒五年舉人，六年三甲五十三名進士。十二年改四川酆都知縣、蒼溪知縣，十五年任四川萬縣知縣；二十四年署簡州知州。

炳麟 漢軍正白旗人。光緒六年三甲五十四名進士。

張賢符 字筠庭。山東榮城縣人。光緒六年三甲五十五名進士。即用知縣，任四川樂山知縣，二十一年署四川屏山知縣。

喬保安 字翼廷。漢軍鑲黃旗人。光緒六年三甲五十六名進士。任戶部主事。

弟喬保印，同榜進士。

汪宗沂 （1837—1906）字仲伊，號弢盧處士。安徽歙縣人。光緒六年三甲五十七名進士（時年五十二）。任山西知縣。著有《禮樂一貫錄》《三家兵法》《周易學統》《金元十五調南北曲譜》等。

聶濟時 江西萬年縣人。光緒六年三甲五十八名進士。任吏部主事。

洪勳 浙江餘姚縣人。光緒六年三甲五十九名進士。任户部主事。

葉題雁 福建臺灣府臺灣縣人。光緒六年三甲六十名進士。任户部主事。遷陝西道御史。

余炳輝 號潞生。安徽婺源縣人。光緒六年三甲六十一名進士。任刑部主事，升郎中，二十九年官至廣東韶州府知府。

任塍 字似莊，號秋田。浙江會稽縣人。光緒六年三甲六十二名進士。任户部主事。

王芝蘭 字伯芳，號繩軒。山東長清縣人。光緒六年三甲六十三名進士。十五年任江蘇丹徒、上元、長洲知縣。二十五年（1899）庚子捐廉萬金，同年卒。年五十五。著有《蘭室制藝》《丹柿軒詩》。

楊溶 福建閩縣人。光緒六年三甲六十四名進士。十三年任河南汝陽知縣，十九年改河南固始知縣。

陳子驤 廣東新會縣人。光緒六年三甲六十五名進士。七年任廣東潮州府教授。

俞冠群 字選卿，號澗南。安

徽宣城縣人。道光三十年四月二十四日生。光緒六年三甲六十六名進士。

林士菁 福建閩縣人。光緒六年三甲六十七名進士。二十八年任江蘇宿遷知縣，三十二年補甘泉知縣。

何晉德 字子昭。福建侯官縣人。光緒六年三甲六十八名進士。任刑部主事，官至員外郎。

朱方輝 廣西平南縣人。光緒六年三甲六十九名進士。任刑部主事，改貴州龍泉知縣。

馮仲侯 字曉滄。江蘇荆溪縣人。光緒六年三甲七十名進士。任山西即用知縣，歷浮山、交城知縣，改山陰知縣。卒於任。

王熙鏊 奉天伯都納廳人。光緒六年三甲七十一名進士。任刑部主事。

廖國琛 福建侯官縣人。光緒六年三甲七十二名進士。任户部主事。

萬立鈞 字肖園。江西南昌縣人。光緒六年三甲七十三名進士。任刑部主事，九年署江蘇新陽知縣，十六年任宜興知縣，二十年再任前後八年，官至候補知府。著有《陽羡唱和集》。

祁徵祥 雲南通海縣人。光緒六年三甲七十四名進士。十一年任福建建陽知縣，署閩縣知縣，十六年改莆田知縣。

賀頎 安徽宿松縣人。光緒

六年三甲七十五名進士。任刑部直隸司主事，改法部主事，截取直隸州知州。

潘炳辰 陝西臨潼縣人。光緒六年三甲七十六名進士。十一年任甘肅清水知縣，十二年改甘肅中衛知縣。

何汝翰 字菘生。浙江山陰縣人。光緒六年三甲七十七名進士。任刑部主事，升郎中，二十九年官至江西廣信府知府。

夏聯鈺 字笠舟。山東濟寧直隸州人。光緒六年三甲七十八名進士。十四年任河南郟縣知縣，二十三年武陟知縣，三十一年改太康知縣。母憂歸。卒年七十四。

鄭貞本 字植卿。福建長樂縣人。光緒六年三甲七十九名進士。任吏部主事。

陳爲燠 廣東順德縣人。光緒六年三甲八十名進士。十一年任廣東瓊州府教授。

陳文錦 貴州貴築縣人。光緒六年三甲八十一名進士。任雲南保山知縣，九年改雲南浪穹知縣。

黃嘉爾 號叔希。福建永福縣人。光緒六年三甲八十二名進士。任江西都昌知縣，歷豐城、彭澤、玉升、廣豐等縣知縣。

徐寶謙 （原名徐薦謙）字子尊，號亞陶。浙江石門人，光緒六年三甲八十三名進士。任刑部主事、員外郎、郎中，遷安徽廬州府知府、總理各國事務章京。

連文冲 （原名連潔）浙江錢塘縣人。光緒六年三甲八十四名進士。任內閣中書，纍遷戶部郎中，官至江西贛州府知府。

劉汝霖 江蘇上元縣人。光緒六年三甲八十五名進士。官至廣東雷州府海防同知。

汪寶樹 字謝階，號東溪。山東泰安縣人。光緒六年三甲八十六名進士。十四年授直隸慶雲知縣，十八年改饒陽知縣、武強知縣。引疾去職。

黃禧祖 字修餘。江西南城縣人。光緒六年三甲八十七名進士。十一年署四川慶符知縣，十四年署四川德陽知縣，十五年任四川岳池知縣。

董敬安 字敦齋。福建侯官縣人。光緒六年三甲八十八名進士。光緒九年任廣東從化知縣，十三年改廣東感恩知縣，欽加同知。

王恩光 字延叔。安徽合肥縣人。光緒九年三甲八十九名進士。任陝西即用知縣。赴任抵省居客棧，猝病卒。

黃軒齡 字頤舫。福建閩縣人。光緒六年三甲九十名進士。任刑部主事。

曹作舟 字濟夫，號霽芙。安徽績溪縣人。道光十四年元旦日生。光緒六年三甲九十一名進士。

莫爕乾 廣西平南人。光緒六年三甲九十二名進士。十五年任安徽望江知縣。

徐壽基　字桂瑤。江蘇武進縣人。光緒六年三甲九十三名進士。十一年署山東新城知縣，十四年任禹城知縣，二十一年任山東萊陽知縣，二十四年復任萊陽知縣。著有《經義懸解》《春秋釋地韻編》《甲子紀年表》《續廣博物志》等。

王家賓　江西高安縣人。光緒六年三甲九十四名進士。十五年署直隸南皮知縣，改唐山知縣。

王毓芝　直隸新城縣人。光緒六年三甲九十五名進士。任工部主事、員外郎，官至工部郎中。

魏廷梁　安徽六安直隸州人。光緒六年三甲九十六名進士。十一年任福建惠安知縣。

沈曾植　字子培，號乙庵，晚號寐叟。浙江嘉興縣人。道光三十年（1850）二月二十九日生。光緒六年三甲九十七名進士。任刑部主事、員外郎、郎中，遷江西廣信府知府、南昌知府，署安徽提學使，署督糧道、鹽法道，三十四年授安徽提學使兼署安徽布政使。曾赴日本考察學務，宣統二年以病歸。辛亥革命後反對共和，曾參與張勳復辟活動，民國十一年（1922）十月卒。年七十三。著有《海日樓文詩集》《元秘史補注》。

陳澤春　貴州貴陽府人。光緒六年三甲九十八名進士。四年署五年卸陝西神木知縣，十年改陝西洋縣知縣，十八年（1892）正月卒於任。

玉啓　字潤田。滿洲正藍旗人。光緒六年三甲九十九名進士。十四年任四川大竹知縣，二十年復任，二十三年改東鄉知縣，二十四年改富順知縣。回籍引見，全家沉沒海中。

盧慶雲　順天大興縣人。光緒六年三甲一百名進士。十年任福建屏南知縣，十一年署侯官知縣，十五年再署，十六年改沙縣知縣。

張守訓　字念曾、古堂，號聰彝。山東海豐縣人。光緒六年三甲一百零一名進士。十二年任陝西郃陽知縣。十四年卸。告歸。著有《味閑堂詩稿》。

父張衍重，道光二十一年進士。

趙丙榮　陝西咸寧縣人。光緒六年三甲一百零二名進士。任知縣。

孫福申　字錫五，號竹軒。河南嵩縣人。道光二十六年二月二十六日生。光緒六年三甲一百零三名進士。

顧紹成　（原名顧景魏）字仲蘇，號頌素。道光二十四年十二月二十五日生江蘇無錫縣人。光緒六年三甲一百零四名進士。任山東知縣。著有《味菜軒遺稿》。

張銘龢　（原名張雲錦）字子雍，號鶴帆。湖南善化縣人。道光十年（1830）生。光緒六年三甲一百零五名進士。十二年任安徽青陽知縣。

楊維培　福建侯官縣人。光緒六年三甲一百零六名進士。

鄭言紹　字季雅。江蘇吳縣人。

光緒六年三甲一百零七名進士。十一年任河南息縣知縣，官至浙江候補知府。

張覲光 福建臺灣縣人。光緒六年三甲一百零八名進士。十五年任浙江烏程知縣。

范廣衡 字丙文，號麓漁、笠全。順天大興縣人，原籍浙江會稽。光緒六年三甲一百零九名進士。任吏部主事，升員外郎，遷鴻臚寺少卿，官至太僕寺少卿。

王寶鈿 字儀山。山東嶧縣人。光緒六年三甲一百十名進士。任內閣中書，官至掌雲南道御史。

鮑翰卿 湖北蒲圻縣人。光緒五年舉人，六年三甲一百十一名進士。任直隸知縣。

李和燮 浙江歸安縣人。同治三年舉人，光緒六年三甲一百十二名進士。十二年署山東文登知縣，十七年任山東日照知縣。

鄭振聲 字懈才，號文亭。安徽婺源縣人。光緒六年三甲一百十三名進士。十年署陝西白河知縣，十二年改吳堡知縣。

朱兆鴻 字壽卿。江蘇元和縣人。光緒六年三甲一百十四名進士。九年署陝西渭南知縣。

韓受卿 順天通州人。光緒六年三甲一百十五名進士。十年任湖南湘陰知縣。

王器成 廣東瓊州府人。光緒六年三甲一百十六名進士。任刑部主事。

查毓琛 號墨荃。安徽太湖縣人。光緒六年三甲一百十七名進士。任刑部主事。著有《嵯峨山館樵唱雜集》十六卷、《萊羹廬試帖》四卷、《五經待問篇》一卷等。

范金鏞 字漚舫，一字藕舫，號漚道人。江西新建縣人。光緒六年三甲一百十八名進士。任禮部主事，三十年改雲南南寧知縣、羅次知縣。落職。著有《漚道人題畫詩》。

何永卓 四川萬縣人。光緒六年三甲一百十九名進士。

齊普松武 字蔭甫。滿洲正白旗。光緒六年三甲一百二十名進士。任刑部四川司主事，升員外郎、郎中，官至陝西潼商道。

張士錕 雲南太和縣人。光緒六年三甲一百二十一名進士。十五年任廣東定安知縣，改廣東陵水知縣。

孫殿甲 山東蓬萊縣人。光緒六年三甲一百二十二名進士。即用知縣分發貴州，改安徽。

查蔭元（原名查元煇）字履祥。安徽婺源縣人。光緒六年三甲一百二十三名進士。任浙江即用知縣。

金鴻霄 山東平度州人。光緒六年三甲一百二十四名進士。任浙江泰順知縣。

黃成采 江西興國縣人。光緒六年三甲一百二十五名進士。九年任四川西昌知縣。

景天相 字吉人，號慎齋。陝

西富平縣人。光緒六年三甲一百二十六名進士。署湖南寧鄉知縣，補安福知縣，代理衡陽、清泉、善化、攸縣知縣，升長沙清軍同知，候選知府。去職後遍游山川之勝。民國十四年（1925）卒。年八十一。

文郁 蒙古鑲白旗人。光緒六年三甲一百二十七名進士。十四年任山東曲阜知縣，十七年復任，十九年任山東安丘知縣，二十一年任昌邑知縣，三十年三任曲阜知縣。

楊耀林 字鏡軒。直隸清苑縣人。光緒六年三甲一百二十八名進士。任山東清城、蓬萊、濰縣、聊城、日照、藍山、嘉祥、鄆城知縣，莒州知州未任。三十二年捐升道員。分發山東補用，二品。無意仕進歸。充高等學校（師範）監督。

趙永清 河南鄭州人。光緒六年三甲一百二十九名進士。任湖北武昌知縣，十四年改湖北嘉魚知縣。

程惟孝 （一作程維孝）江蘇武進縣人。光緒六年三甲一百三十名進士。任刑部主事。

胡昌祖 河南羅山縣人。光緒六年三甲一百三十一名進士。光緒九年任廣西馬平知縣。

鄭杲 字東甫。山東即墨縣人，原籍直隸遷安。咸豐元年（1851）八月十一日生。光緒六年三甲一百三十二名進士。授刑部主事，進員外郎。光緒二十六年（1900）五月十二日卒。年五十。著有《鄭東甫遺書》。

趙敏熙 字寶書，號笠農。四川宜賓縣人，原籍浙江鄞縣。光緒六年三甲一百三十三名進士。任廣西陽朔知縣，八年任廣西桂平知縣。

陳彬 甘肅皋蘭縣人。光緒六年三甲一百三十四名進士。任內閣中書，改知縣。

俞麟振 字友聲、厚生。浙江山陰縣人。道光十九年五月二十八日生。光緒六年三甲一百三十五名進士。

趙受璋 字筱帆。直隸祁州人。光緒六年三甲一百三十六名進士。十一年任江蘇清河知縣，十六年署句容知縣，二十一年任泰州知州，二十四年江寧知縣。

程蘭階 江西南城縣人。光緒六年三甲一百三十七名進士。十八年任內閣中書，二十三年任安徽懷遠知縣，二十九年改績溪知縣。

金毓麟 字遜學，號琴舫、稼村。浙江諸暨縣人。光緒六年三甲一百三十八名進士。署福建閩清知縣。

丁振德 河南羅山縣人。光緒六年三甲一百三十九名進士。十一年任福建邵武知縣，十七年代理福建侯官知縣，改長樂知縣。

孫之鴻 河南祥符縣人。光緒六年三甲一百四十名進士。十五年任直隸寧津知縣、深澤知縣。

劉鈺成 字克振、劍波。福建長樂縣人。光緒六年三甲一百四十一名進士。

戴錫麟　字石生。山西盂縣人。光緒六年三甲一百四十二名進士。十六年任四川劍州知州，十九年改四川雲陽知縣。

楊淑修　河南濟源縣人。光緒六年三甲一百四十三名進士。十一年署膚施知縣，改榆林知縣，十四年署富平知縣，十五年回籍修墓，二十三年再任膚施知縣，二十六年改南鄭知縣，三十二年署陝西朝邑知縣，宣統元年署神木知縣，二年遷寧羌州知州。

程懋祺　（原名程禄）陝西長安縣人。光緒六年三甲一百四十四名進士。任刑部主事，二十年改湖北大冶知縣。

傅爲霖　四川簡州人。光緒六年三甲一百四十五名進士。光緒十二年任湖北通山知縣。

王清江　字宗海。直隸望都縣人。光緒六年三甲一百四十六名進士。廣東即用知縣。

李肇庚　湖南長沙縣人。光緒六年三甲一百四十七名進士。即用知縣，十一年改湖南辰州府教授。

朱承烈　字偉軒、子揚。浙江會稽縣人。光緒六年三甲一百四十八名進士。十一年任福建同安知縣，二十五年改浙江處州府教授。

吕元恩　廣東新會縣人。光緒六年三甲一百四十九名進士。十一年任福建南安知縣。

唐步雲　江西弋陽縣人。光緒六年三甲一百五十名進士。二十年任湖北黄陂知縣。

喬保印　漢軍鑲黄旗人。光緒六年三甲一百五十一名進士。

闞絅　（原名闞鳳池）安徽合肥縣人。光緒六年三甲一百五十二名進士。九年署直隸寧津知縣，十年改長垣知縣，十四年署直隸邯鄲知縣。

倫肇紀　甘肅武威縣人。光緒六年三甲一百五十三名進士。十年任陝西華陰知縣，十二年補三水知縣，十三年改神木知縣，十八年署山陽知縣。

武頌揚　甘肅秦州直隸州人。光緒六年三甲一百五十四名進士。十一年任福建寧化知縣。

曾雲章　字士廷。江蘇昭文縣人。光緒六年三甲一百五十五名進士。任丹陽訓導，改山西崞縣知縣，改山西興縣知縣，十二年任山西潞安知縣。

夏衡　江蘇婁縣人。光緒六年三甲一百五十六名進士。光緒十三年任内閣中書。

高積健　河南項城縣人。光緒六年三甲一百五十七名進士。十年任四川大竹知縣，十四年改四川大邑知縣。

徐京　順天永清縣人。光緒六年三甲一百五十八名進士。任江西南康知縣，十三年改廣東歸善知縣。

趙永昌　字春圃。雲南新興州人。光緒六年三甲一百五十九名進士。七年任雲南東川府教授。保知縣不就，致仕歸。

程仁均　（一作程仁鈞）湖北黃岡縣人。光緒五年舉人，六年三甲一百六十名進士。十三年任山東長山知縣，三十年署山東觀城知縣。

余效衡　雲南太和縣人。光緒六年三甲一百六十一名進士。十五年任直隸萬全知縣，十七年署直隸永年知縣。

趙文源　甘肅秦安縣人。光緒六年三甲一百六十二名進士。九年任貴州清平知縣，十一年遷松桃直隸廳同知。

趙鍾璨　雲南蒙化直隸廳人。光緒六年三甲一百六十三名進士。

王化光　山西臨晉縣人。光緒六年三甲一百六十四名進士。十一年任直隸武邑知縣，遷直隸晉州知州。

田廣恩　河南滑縣人。光緒六年三甲一百六十五名進士。十三年任四川丹稜知縣，十七年改東鄉知縣。

方儒棠　字懋伯，號聘梅。浙江鄞縣人。光緒六年三甲一百六十六名進士。即用知縣，七年改浙江紹興府教授。

胡政舉　貴州八寨廳人。光緒六年三甲一百六十七名進士。任雲南建水知縣、順寧知縣，升羅平州知州、元江知州。以老致仕歸。

沈錫周　字孟南。四川新繁縣人。光緒六年三甲一百六十八名進

士。任湖南湘潭知縣，歷任長沙、武岡、善化、湘陰知縣，升道員。後湖廣總督張之洞派其赴漢陽兵工廠，後以勞乞休，卒。

夏若魯　陝西大荔人。光緒六年三甲一百六十九名進士。任知縣。

施朝銓　福建福清縣人。光緒六年三甲一百七十名進士。十二年任福建興化府教授。

党步衢　陝西鎮安縣人。光緒六年三甲一百七十一名進士。二十二年任山西右玉知縣。

邱兆榮　福建長樂縣人。光緒六年三甲一百七十二名進士。任江西高安知縣。

楊清魁　字冠瀛。直隸清苑縣人。光緒六年三甲一百七十三名進士。即用知縣分發河南任滑縣、息縣、汝陽知縣，二十九年改商丘知縣。年六十四卒於任。

王清綬　山西盂縣人。光緒六年三甲一百七十四名進士。十一年任山西寧武府教授。

胡　郁　江西寧都直隸州人。光緒六年三甲一百七十五名進士。

丁　芳　河南祥符縣人。光緒六年三甲一百七十六名進士。二十二年任福建福鼎知縣，二十八年改霞浦知縣。

何　鎔　字治甫，號澹怡。浙江富陽縣人。光緒六年三甲一百七十七名進士。八年任浙江嘉興府教授，兼嘉興縣教諭。

儒　芳　滿洲鑲白旗人。光緒

六年三甲一百七十八名進士。十一年任山西鳳臺知縣，二十一年改山西曲沃知縣，二十六年遷山西絳州直隸州知州。

廖鏡伊 字雪門。四川鄰水縣人。光緒六年三甲一百七十九名進士。十年任貴州天柱知縣，十五年改四川夔州府教授。

陳汝欽 河南光山人縣。光緒六年三甲一百八十名進士。十二年任江蘇吳縣知縣。

鄒用中 江西南豐縣人。光緒六年三甲一百八十一名進士。

張鈞 山西忻州直隸州人。光緒六年三甲一百八十二名進士。任雲南江川知縣、文山知縣。

邢光祖 甘肅秦州直隸州人。光緒六年三甲一百八十三名進士。任河南補用知縣。

傅樹堂 陝西漢陰廳人。光緒六年三甲一百八十四名進士。任知縣。十五年改榆林府教授。

祝松雲 字善則，號陶牖、澹溪。湖南衡陽縣人。道光十四年（1834）生。光緒六年三甲一百八十五名進士。九年任湖南長沙府教授。

金奎 蒙古正藍旗人。光緒

六年三甲一百八十六名進士。十五年任浙江江山知縣。

郭雅注 字晋卿。陝西三原人。光緒六年三甲一百八十七名進士。十五年署浙江龍游知縣。十六年去。

馮錫芳 漢軍正紅旗人。光緒六年三甲一百八十八名進士。

張炳 字伯章。雲南昆明縣人。光緒六年三甲一百八十九名進士。以知縣改教職，十三年選雲南昭通府教授。卒年六十四。

王銳新 順天涿州人。光緒六年三甲一百九十名進士。

杜錫熊 字登瀛，號蘭圃。江蘇婁縣人。道光五年五月初二日生。光緒六年三甲一百九十一名進士。

張樹滋 甘肅皋蘭縣人。光緒六年三甲一百九十二名進士。候選知縣，任廣東樂會知縣。

徐象震 山東德州人。光緒六年三甲一百九十三名進士。八年任山東沂州府教授。

戴賓周 四川墊江縣人。光緒六年三甲一百九十四名進士。八年任四川叙州府教授，丁憂服闋，十四年改保寧府教授。

光緒九年（1883）癸未科

第一甲三名

陳　冕　字冠生、灌蓀，號夢萊。順天宛平縣人，原籍浙江山陰。咸豐九年（1859）七月初十日生。光緒九年一甲第一名狀元。授修撰。掌修國史，十五年充湖南鄉試副考官，十八年丁憂歸。光緒十九年（1893）八月十七日卒。年僅三十五。

壽　耆　字子年、芝岩，號艾伯、紹吟。滿洲正藍旗，宗室。光緒九年一甲第二名榜眼。授編修。遷侍讀、少詹事，二十年授詹事，遷內閣學士，二十六年遷理藩院左侍郎，二十九年督安徽學政，三十一年改吏部右侍郎，遷左都御史、編制官大臣，三十二年任理藩部尚書。宣統元年任奕劻內閣理藩部大臣，三年改荆州將軍。隱居以終。

管廷獻　字士修，號梅園、石夫。山東莒州人。光緒九年一甲第三名探花。授編修。十五年、十九年兩充順天鄉試同考官，二十年補江南道御史，二十一年改順天中城、西城巡城御史，官至直隸承德知府，二十六年改永平知府。

弟管延鶚，光緒二年進士，任大理寺卿。

第二甲一百二十四名

朱祖謀　（1857—1931）原名孝臧。字鷗生、古薇，號彊村。浙江歸安縣（今吳興）人。光緒九年二甲第一名進士。選庶吉士，授編修。遷右庶子、侍講學士，二十七年遷內閣學士，改禮部侍郎，二十九年督廣東學政，宣統三年任弼德院顧問大臣。有“清朝第一詞人”之譽；又和王鵬運、周頤、鄭文焯并稱“清詞四大家”，致力於詞籍輯校，刻唐宋元詞爲《彊村叢書》；有《集外詞》《彊村詞》等著作。

志　鈞　（1854—1900）他他拉氏。字仲魯，號陶安。滿洲鑲紅旗人。光緒九年二甲第二名進士。選庶吉士，授編修。官至正黃旗滿洲副都統、三等恩承公、散秩大臣。

是瑾妃、珍妃之胞兄。二十六年八國聯軍攻入北京時，與妻一同自盡，謚號"貞瀏"。

兄志銳，光緒六年進士，伊犁將軍。

丁仁長　字伯厚，號潛客。廣東番禺縣人。光緒九年二甲第三名進士。選庶吉士，授編修。十七年充貴州鄉試正考官，十九年任順天鄉試同考官，官至翰林院侍讀學士。辭官後，主講廣州越華書院等。著有《毛詩傳箋義例考證》等。

徐炳文　字蔚卿，號紫垣。順天通州人。光緒九年二甲第四名進士。選庶吉士。未散館。

邵松年　字伯英，號息庵、息廬。順天宛平縣人，原籍江蘇常熟。光緒九年二甲第五名進士。選庶吉士，授編修。著有《古緣萃錄》《虞山畫志補編》《海虞文徵》等。

父邵亨豫，道光三十年進士。

張預　字子虞，號虞庵。浙江錢塘縣人。光緒九年二甲第六名進士。選庶吉士，授編修。十七年督湖南學政，官至江蘇松江知府、徐州知府，候補道。尋卒。著有《崇蘭堂詩集》。

熊亦奇　字尚德，號餘波。江西新昌縣人。光緒九年二甲第七名進士。選庶吉士，授編修。二十年充順天同考官，二十三年任湖北鄉試副考官。

劉庭燨　江蘇靖江縣人。光緒九年二甲第八名進士。任河南虞城知縣。

李葆實　字秋圃，號雅川。山東歷城人。光緒九年二甲第九名進士。選庶吉士，授編修。十五年充河南鄉試副考官，任河南副考官。

黃福楙　字豫齋，號松泉。浙江仁和縣人。光緒九年二甲第十名進士。選庶吉士，授編修。

嚴修　字範孫、夢扶，號靜遠。直隸天津縣人。光緒九年二甲十一名進士。選庶吉士，授編修。二十年督貴州學政，曾奏請設經濟特科得到光緒帝的支持，是科舉改革的前奏。三十一年遷學部侍郎，宣統二年病免。與張伯苓等創辦南開中學堂，後改為南開大學。在學務處督辦上任。袁世凱當政時，任度支部大臣。民國十八年（1929）卒於天津，年七十。著有《嚴範孫先生日記》。

準良　字香宰，號仲萊。滿洲鑲黃旗，裕瑚魯氏。光緒九年二甲十二名進士。選庶吉士，授編修。遷侍讀、侍讀學士，二十二年授詹事，遷內閣學士，二十五年改泰寧鎮總兵，二十九年調西寧辦事大臣。

曹嘉瀛　字鎮東。號星槎。直隸天津縣人。光緒九年二甲十三名進士。選庶吉士，授編修。十五年充會試同考官。

錢正圜　字星符，號榆村、漁封。雲南建水縣人。光緒九年二甲十四名進士。選庶吉士，散館改安徽績溪知縣。十三年改直隸樂亭知縣，十四年改南宮知縣，十八年改直隸邢臺知縣。卒於任。

魯　鵬（原名魯聯輝）字幼峰。安徽懷寧縣人。光緒九年二甲十五名進士。選庶吉士，授編修。官江西撫州知府，加道銜。著有《吟梅仙館詩經》。

王培佑　字保之，號星齋。山東平度州人。光緒九年二甲十六名進士。選庶吉士，授編修。二十一年任江南道御史，掌雲南道御史，升給事中、鴻臚寺卿，二十六年授順天府尹，改太常寺卿，二十八年改宗人府丞。三十二年休致。

秦綬章　字佩鶴，號仲和、恒廬。江蘇嘉定縣人。光緒九年二甲十七名進士。選庶吉士，授編修。十九年充湖南鄉試副考官，纍遷侍講學士，二十六年授詹事，二十七年遷內閣學士督福建學政，十二月遷工部右侍郎，三十年改兵部左侍郎，三十三年，改任滿洲鑲黃旗副都統。

秦夔揚　字叔賡，號韶臣。江蘇嘉定縣人。光緒九年二甲十八名進士。選庶吉士，授編修。二十年充浙江鄉試副考官，二十四年升浙江道御史，二十九年官至直隸廣平府知府。

兄秦綬章，光緒九年同榜進士，兵部左侍郎。

甯本瑜　字縉香，號琨圃。安徽休寧縣人。光緒九年二甲十九名進士。選庶吉士，散館十二年改浙江寧海知縣、仙居知縣、秀水知縣，

二十年兼理嘉興知縣，二十四年改山陰知縣，官至江蘇候補道。

趙汝翰　字西屏，號雲卿。山東黃縣人。光緒九年二甲二十名進士。選庶吉士，授編修。二十八年遷翰林院侍講，三十一年改侍讀。

陳榮昌　字小圃、桐村，號虛齋。雲南昆明縣人。咸豐十年（1860）生。光緒九年二甲二十一名進士。選庶吉士，授編修。武英殿纂修、國史館協修，十四年督貴州學政，二十年充順天鄉試同考官，二十二年假歸省親。主正經書院講席，巡撫林紹年聘為雲南高等學堂總教習。三十一年旋赴日本考查學務，歸後創辦各種學校，三十二年署貴州提學使，丁憂歸。任滇蜀騰越鐵路公司總辦，派駐京總辦。宣統二年任山東提學使。辛亥後歸里。民國二十五年（1936）卒年七十七。著有《虛齋論文集》《桐村駢文》《劍南詩鈔》《東游日記》《老易通》《桐村詞》等。

父陳維愷，同治四年進士。

呂炎律　雲南雲南縣人。光緒九年二甲二十二名進士。任河南盧氏知縣，十二年改太康知縣。

胡景桂　字月舫，號直生。直隸永年縣人。光緒九年二甲二十三名進士。選庶吉士，授編修。十四年督甘肅學政，二十一年補河南道御史，二十二年遷寧夏知府，二十三年擢甘肅寧夏道，三十年授陝西按察使。因病未到任，三十一年開缺。

曹福元 （原名曹元奕）字仲修、邃翰，號再韓。江蘇吳縣人，原籍安徽歙縣。光緒九年二甲二十四名進士。選庶吉士，授編修。二十年充廣西鄉試正考官，二十八年再充山西鄉試正考官，歷官至河南開歸陳許道、署河南布政使、護理河南巡撫。

洪家滋 字仲務，號蒔圃。浙江鄞縣人。光緒九年二甲二十五名進士。選庶吉士，改户部主事。

劉尚倫 漢軍正紅旗人。光緒九年二甲二十六名進士。任兵部主事，官至安徽池州府知府，二十五年改廣東瓊州知府，三十一年改潮州知府。

童祥熊 字小熔，號次山。浙江鄞縣人。光緒九年二年二十七名進士。選庶吉士，授編修。二十五年署安徽鳳宿兵備道，三十四年官至山東勸業道。

祖父童槐，嘉慶十年進士，官通政副使。

施紀雲 （原名施縉雲）字鶴笙。四川涪州人。光緒九年二甲二十八名進士。選庶吉士，授編修。十四年充順天鄉試同考官，十八年會試同考官，京察一等遷湖北德安府知府，歷署武昌、漢陽、施南、襄陽知府，安襄鄖兵備道，湖北按察使。督辦川漢鐵路，辭歸。

柯逢時 字遜庵、巽庵，號懋修、翼庵。湖北武昌縣人。同治九年舉人，光緒九年二甲二十九名進士。選庶吉士，授編修。纍遷兩淮鹽運使，二十六年授江西按察使，二十七年遷湖南布政使，改江西布政使，二十九年遷廣西巡撫，三十年調貴州巡撫，十一月解職。後任户部右侍郎，兼任土藥統稅大臣，督辦統稅事宜，三十二年九月復任廣西巡撫，十一月解職專任統稅大臣。三十四年授浙江巡撫未赴任，仍任土藥統稅大臣至宣統三年。曾歷時八載刻成《武昌醫學館叢書》八種；并主修《武昌縣志》。

陳鴻綬 江蘇丹徒縣人。光緒九年二甲三十名進士。任兵部主事。

何維棟 字承運，號研蓀。湖南道州人。咸豐二年（1852）生。光緒九年二甲三十一名進士。選庶吉士，散館改刑部主事。光緒十三年（1887）卒。

祖父何紹基，道光十六年進士。

陳如岳 字峻峰，號鎮南。廣東南海縣人。光緒九年二甲三十二名進士。選庶吉士，授編修。十五年充貴州鄉試主考官。

汪鳳藻 字雲章，號芝房。江蘇元和縣人，祖籍安徽休寧。光緒九年二甲三十三名進士。選庶吉士，授編修。歷任駐俄、駐德參贊，出使日本大臣，二十年中日開戰奉召回國。二十八年任南洋公學總辦、翰林院侍讀學士及京師大學堂監督等。著有《富國策》等。

趙尚輔 字汝襄，號翼之。四川萬縣人。光緒九年二甲三十四名進士。選庶吉士，授編修。歷官至翰林院侍講學士。十四年督湖北學政。著有《湖北叢書》。

饒昌麟 江西臨川縣人。光緒九年二甲三十五名進士。任刑部主事，官至郎中。

王式文 字伯清，號雲汀。福建晉江縣人。光緒九年二年三十六名進士。選庶吉士，授編修。二十年、二十一年兩任會試同考官。

馬吉樟 （1858—1932）字積生、吉升。河南安陽縣人。光緒九年二甲三十七名進士。選庶吉士，授編修。二十九年充甘肅鄉試主考官，會試同考官，三十四年彙遷湖北鹽法道，宣統二年遷湖北按察使（亦稱提法使）。著有《金石考證稿》。

父馬丕瑤，同治元年進士，廣東巡撫。

彭鴻翊 字雲屏，號春波。湖北黃陂縣人。光緒五年舉人，九年二甲三十八名進士。選庶吉士，改任户部主事。

施調賡 字軸蘭，號少愚。福建龍溪縣人。光緒九年二甲三十九名進士。選庶吉士，十二年改四川資陽知縣，十六年改四川青神知縣。

郭鴻賓 陝西韓城縣人。光緒九年二甲四十名進士。二十三年任山東恩縣知縣，改山東招遠知縣。

陳鳳樓 字瑞生，號吟舫。四川雙流縣人。光緒九年二甲四十一名進士。選庶吉士，十二年改廣西興安知縣，十六年改廣西宣化知縣，

二十二年改廣西凌雲知縣。

沈潛 （1853—1910）字蘭秋，號小洲。山東歷城縣人。光緒九年二甲四十二名進士。選庶吉士，散館改户部主事，升員外郎、郎中，三十二年升陝西陝安道，宣統元年授湖北按察使。宣統二年罷職。

鄭祖焕 字星瑞，號少僑。湖南湘陰縣人。光緒九年二甲四十三名進士。選庶吉士，散館改工部主事。

華輝 字佳和，號再雲。江西崇仁縣人。光緒九年二甲四十四名進士。選庶吉士，授編修。十五年充湖北鄉試副考官，升御史，二十年充會試同考官，二十二年任河南道御史，二十三年充順天鄉試同考官，遷河南衛輝府知府，三十年官至甘肅慶陽知府。

陳同禮 字潤甫，號肅甫。安徽懷寧縣人。光緒九年二甲四十五名進士。選庶吉士。授編修。十五年充廣西鄉試主考官，十九年順天鄉試同考官，官至河南候補道。著有《紫荊花館遺稿》。

蔡卿雲 湖北蘄水人。同治十二年舉人，光緒九年二甲四十六名進士。任户部主事。

王永年 雲南建水縣人。光緒九年二甲四十七名進士。

朱紫佐 江蘇南匯縣人。光緒九年二甲四十八名進士。任刑部主事。

張琦 字景韓，號藥樵、鳳

山。甘肅西寧縣（今青海）人。光緒九年二甲四十九名進士。選庶吉士，十六年改陝西武功知縣，二十年署大荔知縣，二十一年復任武功知縣。政績卓著，二十三年卸任。年五十卒。

陳咸慶 （原名陳之榦）江蘇儀徵縣人。光緒九年二甲五十名進士。任刑部主事，升員外郎。

周錫恩 （1852—1900）字蔭常、伯晉，號是園。湖北羅田縣人。光緒五年舉人，九年二甲五十一名進士。選庶吉士，授編修。十四年充陝西鄉試副考官，十九年浙江鄉試副考官，曾任駐英一等參贊。戊戌政變後，被勒令休官。著有《傅魯堂詩文集》《又見二生齋隨筆》《使陝記》等。

傅汝梅 字履中，號羹堂。江西南城縣人。光緒九年二甲五十二名進士。選庶吉士，散館十二年任陝西略陽知縣，十七年改長安知縣，十九年署臨潼知縣，二十一年改陝西富平知縣，三十年改廣東南海知縣。

張 筠 字鑒泉，號弼臣。浙江建德縣人。光緒九年二甲五十三名進士。選庶吉士，授編修。二十年充四川鄉試副考官，二十二年遷陝西興安知府，二十八年改西安知府，三十年擢陝西陝安兵備道，三十三年官至雲南迤東道。

父張廣居，道光二十四年進士。

盧聿炳 福建閩縣人。光緒九年二甲五十四名進士。任工部主事。

陳後琨 字耀先，號梅生。貴州修文縣人。光緒九年二甲五十五名進士。選庶吉士，十二年改湖南清泉知縣，補龍陽縣，代理巴陵縣。二十一年（1895）積勞卒於任。年四十一。臨危賦詩曰："我非百里才，小邑姑且試。關心民事多，忠氣留天地。"

陳阜嘉 湖南衡陽縣人。光緒九年二甲五十六名進士。任工部主事。十三年改廣東河源知縣。

李春元 字捷南。山東歷城縣人。光緒九年二甲五十七名進士。任工部主事，十五年改山東沂州府教授。

王念祖 字少谷，別字篤庵。安徽太湖縣人。光緒九年二甲五十八名進士。選庶吉士，散館十六年改江蘇金匱知縣，補長洲縣，署陽湖縣，授上海縣，署南匯縣，補元和知縣，在任候選知府，加三品銜。辛亥革命退。

梁濤觀 字季沅。四川大足縣人。光緒九年二甲五十九名進士。光緒十八年任安徽鳳陽知縣，二十一年改全椒知縣，署英山知縣，改太平知縣。

綿 文 字郁卿、東喬，號達齋。滿洲鑲白旗，宗室。道光二十七年（1847）四月二十九日生。光緒九年二甲六十名進士。選庶吉士，授編修。遷洗馬、少詹事，二十二年授詹事，十月遷內閣學士，二十五年督安徽學政，二十六年授禮部侍郎。三十二年（1906）七月十七日卒。謚號“文厚”。著有《綿文厚公文集賦》《磐那室詩存》。

兄綿宜，咸豐二年進士，理藩院左侍郎。

黃傳禮 湖南長沙縣人。光緒九年二甲六十一名進士。任吏部主事。

張亨嘉 字燮鈞，號鐵君。福建侯官縣人。道光二十七年十一月二十八日（1848年1月）生。光緒九年二甲六十二名進士。選庶吉士，授編修。十四年督湖南學政，十九年充廣西鄉試正考官，入直南書房，任國子監司業、洗馬、侍講、太常寺少卿，二十八年督浙江學政，升大理寺少卿、京師大學堂總監。三十年授光祿寺卿改左副都御史，調兵部、禮部侍郎。三十四年丁憂免職。宣統二年十二月二十一日（1911年1月）卒。年六十四。謚“文厚”。著有《磐那室詩存》《張文厚公賦抄》《張文厚公文集》。

鮑恩綬 字印亭。安徽歙縣人。光緒九年二甲六十三名進士。任內閣中書，改甘肅古浪、隴西、鎮番、西寧知縣，二十四年遷江西南昌督捕同知。

張銘坤 河南澠池縣人。光緒九年二甲六十四名進士。任戶部主事，三十一年署陝西綏德直隸州知州。三十二年實授，宣統元年解任。

方　鑄 安徽桐城縣人。光緒九年二甲六十五名進士。任戶部主事。官至度支部員外郎。

陶福祖 江西新建縣人。光緒九年二甲六十六名進士。任戶部主事。

潘履端 廣東番禺縣人。光緒九年二甲六十七名進士。光緒十一年任廣東韶州府教授。

鄭葆清 （榜名鄭其葵）湖北黃岡縣人。光緒二年舉人，九年二甲六十八名進士。十五年任安徽定遠知縣，十九年回任，二十三年任靈璧知縣，二十四年改安徽懷寧知縣。

葛寶華 字振卿。浙江山陰縣人。道光二十四年（1844）七月十八日生。光緒九年二甲六十九名進士。十三年遷戶部員外郎，總理各國事務衙門章京，遷郎中、通政副使，二十四年三月授光祿寺卿，六月改宗人府丞，十一月遷左副都御史，二十五年改兵部左侍郎，二十七年調戶部侍郎，十月遷工部尚書，十二月調刑部尚書，三十二年改蒙古鑲紅旗都統，宣統元年授禮部尚書。宣統二年（1910）二月十八日卒，年六十七。謚“勤恪”。

孫傳燦 安徽壽州人。光緒九年二甲七十名進士。任刑部主事。

胡治銓 貴州修文縣人。光緒九年二甲七十一名進士。任工部主事，官至四川忠州直隸州知州、酉陽直隸州知州。

陳日新 江西新建縣人。光緒九年二甲七十二名進士。任刑部主事。

于耿光　河南孟縣人。光緒九年二甲七十三名進士。任禮部主事。

徐定超　字班侯。浙江永嘉縣人。光緒九年二甲七十四名進士。任戶部主事、員外郎，官至戶部郎中。民國初，任浙江兩級師範監督，由滬返鄉，輪船於吳淞江外失事，遇難。年七十餘。

王紹廉　字砥齋，號仲泉。浙江歸安縣人。光緒九年二甲七十五名進士。選庶吉士，授編修。二十七年署山東泰安、青州知府，官至河南候補道。

承　廕　滿洲正藍旗人。光緒九年二甲七十六名進士。任戶部主事，升員外郎。

裕　連　蒙古鑲黃旗人。光緒九年二甲七十七名進士。任工部主事。

朱占科　字炳青。江蘇山陽人。光緒九年二甲七十八名進士。任戶部主事，升員外郎、郎中，三十年官至雲南順寧府知府。在任一年引疾歸。

俞成慶　字開甫，號陔譜。湖南善化縣人。光緒九年二甲七十九名進士。選庶吉士，散館十二年改湖北竹山知縣，十四年改武昌知縣，十八年改沔陽知州。

祖父俞東枝，道光六年進士。

熙　麟　字祥生，號小舫。漢軍正白旗。光緒九年二甲八十名進士。選庶吉士，授編修。十四年充順天鄉試同考官，十五年會試同考

官，二十一年授陝西道御史、江西道御史，遷戶科給事中、吏科掌印給事中，三十三年官至甘肅平慶涇固鹽法道。

黃桂鋆　（原名黃桂清）字友梅，號伯香、澹齋。貴州鎮寧縣人。光緒九年二甲八十一名進士。選庶吉士，授編修。十四年充雲南鄉試副考官，二十三年補福建道御史，外官至湖南衡州知府、四川保寧知府。

曾宗彥　字君玉，號幼滄。福建閩縣人。光緒九年二甲八十二名進士。選庶吉士，授編修。二十四年授浙江道御史，二十八年官至貴州思南府知府，改都勻知府。

張瑄生　廣東南海縣人。光緒九年二甲八十三名進士。任戶部主事。

鄭淑璋　字仲瑜，號靜庵。福建侯官縣人。光緒九年二甲八十四名進士。選庶吉士，改刑部主事，任刑部提牢廳提牢，遷安徽直隸州知州，二十八年改太平府同知。

閻迺竹　字君節，號成叔。陝西朝邑縣人。光緒九年二甲八十五名進士。選庶吉士，改禮部主事，官至山西河東道。寧津李浚之輯《清畫家詩史》，得其益甚多。

父閻敬銘，道光二十五年進士，東閣大學士。

曾樹椿　四川慶符縣人。光緒九年二甲八十六名進士。任兵部主事，升員外郎，遷山西太原府知府，

十九年改安徽鳳陽知府，二十一年改安慶知府，二十四年改山西蒲州知府。

駱景宙 字仰山，號勉齋。廣西容縣人。光緒九年二甲八十七名進士。選庶吉士，授編修。充國史館功臣館協修，官至雲南東川知府。

劉光第 字裴村。四川富順縣人。咸豐九年（1859）五月十一日生。光緒九年二甲八十八名進士。任刑部主事，二十四年（1898）以陳寶箴薦，加四品卿銜，在軍機章京上行走。參預新政。八月慈禧訓政，革職。十三日與譚嗣同等處斬。年四十。爲"戊戌六君子之一"。著有《介白堂詩集》《衷聖齋文集》。

謝化南 陝西漢陰廳人。光緒九年二甲八十九名進士。任户部主事。

王金鎔 字鑄言。直隸樂亭縣人。光緒九年二甲九十名進士。任刑部主事、員外郎、郎中，掌浙江道御史，官至禮科給事中。

徐　謙 字子光。直隸天津縣人。光緒九年二甲九十一名進士。任刑部主事，升員外郎，遷掌江南道御史，官至給事中。

濟　中 （改名濟澂）字若農。内務府滿洲鑲黃旗人。光緒九年二甲九十二名進士。選庶吉士，散館改主事，官至侍讀學士。

錫　恩 字頤臣。滿洲鑲黃旗人。光緒九年二甲九十三名進士。任刑部主事，晋員外郎、郎中，官

至江西江西糧道。

劉子焕 （原名劉選）陝西咸陽縣人。光緒九年二甲九十四名進士。任刑部主事，改河南沘川知縣。

高祚昌 字錫之，號庭藩。山西翼城縣人。光緒九年二甲九十五名進士。選庶吉士，改刑部主事，又改户部主事。辭官後，任汾州書院山長，又主講晋陽紹文書院。

李培蘭 字魯中，號耕先。四川遂寧縣人。光緒九年二甲九十六名進士。選庶吉士。未散館。

來維禮 字敬輿。甘肅西寧人縣。光緒九年二甲九十七名進士。任山西知縣，後隨提督董福祥襄辦文案，任户部主事，歷保道員。加二品銜，因病乞假歸里。年七十卒。

陳受頤 （原名陳守法）字尺珊。浙江鄞縣人。光緒九年二甲九十八名進士。選庶吉士，十二年改福建長樂知縣，十九年任閩縣知縣，又改晋江等知縣。

陳毓光 字蘭蓀，號大端、月樓。湖南衡山縣人。道光二十四年（1844）生。光緒九年二甲九十九名進士。任兵部主事，二十八年改山西長治知縣。

沈家本 字子惇，號寄簃。浙江歸安縣人。道光二十年（1840）七月二十一日生。光緒九年二甲一百名進士。纍遷刑部郎中，十九年遷直隸天津知府，改保定知府，擢直隸通永道，二十六年授山西按察使，二十七年任三四品京堂，改光

禄寺卿，授刑部侍郎，三十二年任大理院卿，三十三年改法部侍郎兼修訂法律大臣，宣統三年回任法部侍郎。辛亥革命後任袁世凱內閣法部大臣。民國二年（1913）三月卒。年七十四。著有《日南隨筆》《沈寄簃先生遺書乙編》等。

汪景星 字佐辰。陝西漢陰廳人。光緒九年二甲一百零一名進士。任兵部主事，截取直隸知州，二十四年署四川資州直隸州知州，調眉州直隸州知州。

陳鳳墀 字藻臣。福建侯官縣人。光緒九年二甲一百零二名進士。十六年任山西聞喜知縣。

洗寶幹 廣東南海縣人。光緒九年二甲一百零三名進士。十三年任湖南祁陽知縣，改平江知縣。

陳名珍 字元伯，號聘臣。江蘇江陰縣人。光緒九年二甲一百零四名進士。選庶吉士，授編修。以疾卒。

彭清藜 字臻祥，號少湘。湖南長沙縣人。咸豐三年（1853）生。光緒九年二甲一百零五名進士。選庶吉士，授編修。二十年充順天鄉試同考官、侍講學士，二十七年督湖北學政，未到任革。

李蔭鑾 （又名李蔭蘭，未知所據）字玉坡，號幼齋。直隸景州人。光緒九年二甲一百零六名進士。改刑部江蘇司主事，歷任軍機章京、通政使副使，二十六年督浙江學政，二十七年遷太僕寺卿，光緒三十年，升刑部侍郎。未任卒。

劉昺燮 字俊拔，號仙航。江西永新縣人。光緒九年二甲一百零七名進士。選庶吉士，授編修。

左盛均 廣西臨桂縣人。光緒九年二甲一百零八名進士。任刑部主事。

鄭邦任 字熙紹，號莘吾。廣東潮陽縣人。光緒九年二甲一百零九名進士。選庶吉士，散館兵部主事，改知縣。

楊傳書 安徽太湖縣人。光緒九年二甲一百十名進士。任工部都水司主事，二十一年外任署山東青州知府，官至山東候補道。賞加二品銜，卒後追贈內閣學士。

尤蘭芳 福建長樂縣人。光緒九年二甲一百十一名進士。任兵部主事。

孫崇墉 湖北孝感縣人。光緒元年舉人，九年二甲一百十二名進士。任刑部主事。

顧厚焜 字少逸。江蘇元和縣人。光緒九年二甲一百十三名進士。任刑部主事，派赴日本美國等國游歷後，補安徽盧州同知。著有《日本新政考》《美國地理兵要》《巴西地理兵要》等。

張嘉猷 字弼予。福建閩縣人。光緒九年二甲一百十四名進士。任兵部主事，升郎中，任馬館監督。二十八年遷山東兗州知府，三十年改山東東昌知府，三十一年回任兗州知府，三十三年改陝西鹽法道，官至陝西巡警道。卒於任。

王承煦 號子暄。安徽舒城縣人。光緒九年二甲一百十五名進士。十一年署浙江上虞知縣，十二年任鎮海知縣，以振興文教爲己任，捐六百金助書院膏火。性謙厚，恒以"清、慎、勤"三字自勵。

祁壽麐 字瑞符。江蘇寶應縣人。光緒九年二甲一百十六名進士。十五年任山東高密知縣，二十年任博山知縣，二十二年任山東濟陽知縣。

李振鵬 字遠程，號搏霄。江蘇吳縣人。光緒九年二甲一百十七名進士。選庶吉士，十三年改直隸肅寧知縣，十七年任天津知縣，二十三年遷直隸灤州知州。官至候補道。

汪如練 江西臨川縣人。光緒九年二甲一百十八名進士。任吏部主事。

武勛朝 直隸南樂縣人。光緒九年二甲一百十九名進士。任刑部主事。

彭琨生 江西高安縣人。光緒九年二甲一百二十名進士。任兵部主事。

丁壽鶴 字子美。貴州平遠州人。光緒九年二甲一百二十一名進士。任刑部主事。

父丁寶楨，咸豐三年進士。

梁鴻翥 （一作梁知尹）字翰臣，號羽達、興夔。廣東三水縣人。光緒九年二甲一百二十二名進士。

選庶吉士，散館改四川巫山知縣，十四年任四川鹽源知縣。

周鳳翥 字孟騫。貴州遵義縣人。光緒九年二甲一百二十三名進士。十一年任山西安澤知縣，改山西河曲知縣，在任三年病歸。二十四年改貴州貴陽府教授。卒年六十七。

江昌燕 字頡雲。安徽歙縣人。光緒九年二甲一百二十四名進士。任戶部主事，二十年改甘肅隴西知縣，二十六年任甘肅西寧知縣。

第三甲一百八十一名

葉大烜 字炳如。福建閩縣人。光緒九年三甲第一名進士。任刑部主事，十六年任安徽當塗知縣。

齊學瀛 直隸天津縣人。光緒九年三甲第二名進士。任戶部主事。

雷在夏 字鳴叔，號西溪。陝西朝邑縣（今大荔）人。光緒九年三甲第三名進士。選庶吉士，改檢討。又降內閣中書，後官至廣西候補知府。

劉家模 河南羅山縣人。光緒九年三甲第四名進士。任吏部主事，遷郎中，官至御史。

左運昌 江西星子縣人。光緒九年三甲第五名進士。十三年任內閣中書。

陳增玉 江西萍鄉縣人。光緒九年三甲第六名進士。任廣西隆安知縣，二十六年任山東安丘知縣。

陳桐翰　字桂舲。江蘇長洲縣人。光緒九年三甲第七名進士。任內閣中書。官至浙江同知。

徐　貞　字子楨。安徽歙縣人。光緒九年三甲第八名進士。任兵部主事，改江西上猶知縣，遷兵部員外郎。

曹步雲　湖北麻城縣人。光緒五年舉人，九年三甲第九名進士。任刑部主事。

汪汝綸　浙江錢塘縣人，原籍安徽休寧。光緒九年三甲第十名進士。任刑部主事。

譚福泉　湖南清泉縣人。光緒九年三甲十一名進士。十八年任直隸高邑知縣。

區應嵩　廣東順德縣人。光緒九年三甲十二名進士。

戚朝卿　（原名戚人傑）字暉輈、耀珊。貴州修文縣人。光緒五年舉人，九年三甲十三名進士。十六年任直隸成安知縣、柏鄉知縣、威縣知縣，二十八年改邢臺知縣，三十年補清苑知縣，三十一年升補滄州知州，遷湖南常德知府，改長沙知府，署岳常澧道。

劉熙純　河南河內縣人。光緒九年三甲十四名進士。十五年任甘肅海城知縣。

康際清　字竹孫，號達夫。山西興縣人。光緒九年三甲十五名進士。選庶吉士，授檢討。二十八年官至廣西平樂知府。

王桂琛　山東諸城縣人。光緒九年三甲十六名進士。任內閣中書。

鄧福初　江西新淦縣人。光緒九年三甲十七名進士。任戶部主事。

李世祥　字雲莊。貴州貴築縣人。光緒九年三甲十八名進士。任禮部主事，升員外郎，官至郎中。著有《自得書屋詩草》。

梁棨熙　廣東順德人。光緒九年三甲十九名進士。十三年任湖南平江知縣，改祁陽知縣。

鄭炳麟　字紱庭。山東萊陽縣人。光緒九年三甲二十名進士。選庶吉士，改刑部主事、員外郎、郎中，官至江西道御史。

李敬修　字靜堂，號濟生。直隸保安州人。光緒九年三甲二十一名進士。選庶吉士，改兵部主事，十八年任山東平陰知縣，二十一年署費縣知縣，二十二年任山東章丘知縣、諸城知縣。

張葆連　山西汾陽縣人。光緒九年三甲二十二名進士。

馮汝騤　字星巖。河南祥符縣人。同治二年（1863）十一月初九日生。光緒九年三甲二十三名進士。選庶吉士，改戶部主事。任軍機章京，升戶部郎中，外任四川順慶知府，二十七年改山東青州知府，調直隸大名知府，三十一年升湖北鹽法道、安徽寧池太道，三十二年授甘肅按察使，升陝西布政使，三十三年遷浙江巡撫改江西巡撫。宣統三年辛亥革命，江西宣佈獨立，擬舉爲都督，不從，遂遣送之。道經九江，服毒自殺。年四十九。

姜子成 四川銅梁縣人。光緒九年三甲二十四名進士。

吳長釗 福建福清縣人。光緒九年三甲二十五名進士。

孔昭乾 字伯南，號蓼園。江蘇吳縣人。光緒九年三甲二十六名進士。選庶吉士，改刑部主事。派充英、法、瑞士游歷官。以病卒於法國。

陳源潾 順天寶坻縣人。光緒九年三甲二十七名進士。任河南知縣，二十二年署四川廣安知州，三十年改珙縣知縣。

朱子春 字香畹。湖北武昌縣人。光緒五年舉人，九年三甲二十八名進士。十二年任陝西鳳縣知縣，十七年改南鄭知縣，十八年回鳳縣，二十四年改四川樂山知縣，官至江西候補道。

蒯光典 字理卿、允卿。安徽合肥縣人。光緒九年三甲二十九名進士。選庶吉士，授檢討。十四年充貴州鄉試主考官，十五年任會試同考官，官至江蘇淮陽道，候補四品京堂。主講尊經書院，充兩湖書院監督，後入京參加改定官制，又赴歐洲監督留學生，充京師督學局長。宣統二年（1910），赴南洋提調勸業會，卒於江寧。

劉家謙 江西奉新縣人。光緒九年三甲三十名進士。十三年任內閣中書。

王荃 雲南石屏州人。光緒

九年三甲三十一名進士。任兵部主事。

父王綺珍，咸豐九年進士。

戚善勗 山東黃縣人。光緒九年三甲三十二名進士。任戶部主事。

李浚 順天寶坻縣人。光緒九年三甲三十三名進士。任禮部主事，升員外郎，官至山西道御史。

何息深 廣東東莞縣人。光緒九年三甲三十四名進士。任戶部主事。

張平格 （榜名平格）漢軍正白旗人。光緒九年三甲三十五名進士。十三年任內閣中書。

賀福元 字錫五。江蘇丹陽縣人。光緒九年三甲三十六名進士。十三年署山東堂邑知縣，改山東蒲臺知縣、菏澤知縣，改署即墨、鄆城知縣，升兗州知府，以道員用。卒年五十七，贈太僕寺卿銜。

陳濬書 江西興國縣人。光緒九年三甲三十七名進士。

歐陽鈞 廣東新會縣人。光緒九年三甲三十八名進士。任刑部主事。

楊履晉 山西忻州直隸州人。光緒九年三甲三十九名進士。任刑部主事，升員外郎、郎中，官至湖南寶慶府知府。

雷祖迪 廣西全州人。光緒九年三甲四十名進士。任吏部主事，官至郎中。

張九章 山西平定直隸州人。光緒九年三甲四十一名進士。任工部主事，十四年改四川黔江知縣，二十二年任四川屏山知縣，遷涪州知州。

定　成　字鎮平。滿洲正黃旗人。光緒九年三甲四十二名進士。任刑部主事、員外郎，二十二年署山東益都知縣，二十四年任山東沂州知府，改武定知府，遷通政使參議，二十八年充河南鄉試正考官，二十九年授太常寺卿，遷大理院正卿，三十三年官至法部左丞。

陳槐林　字蔚山。江蘇泰州人。光緒九年三甲四十三名進士。任戶部主事、大清會典館協修。卒於任。

任宗泰　江西豐城縣人。光緒九年三甲四十四名進士。十二年任福建沙縣知縣，十六年改屏南知縣。

李　銓　字少唐。直隸天津縣人。光緒九年三甲四十五名進士。十六年任山東博興知縣，二十年任山東清平知縣，二十一年任山東單縣知縣，三十年代理德州知縣，三十一年署山東濮州知州，三十四年代理山東萊州知府，官至濟寧直隸州知州。

賴清鍵　字仙竹。陝西紫陽縣人。光緒九年三甲四十六名進士。任工部主事，升郎中，官至廣東肇慶府知府。

李務滋　廣西臨桂縣人。光緒九年三甲四十七名進士。十三年任山東曲阜知縣，十四年代理滕縣知縣，改寧揚知縣，二十四年改山東濰縣知縣。

李瀛瑞　山東萊陽縣人。光緒九年三甲四十八名進士。任刑部主事。派赴歐西各國考察政治，回國後卒於芝罘旅舍。贈員外郎。著有《歐西風土記》。

郝耀昂　山西忻州直隸州人。光緒九年三甲四十九名進士。任戶部主事。

章法護　安徽來安縣人。光緒九年三甲五十名進士。任禮部主事。

李岳瑞　字孟符，號春冰、小郢。陝西咸陽縣人。光緒九年三甲五十一名進士。選庶吉士，散館改工部主事，升屯田司員外郎，充總理各國衙門章京。兼辦鐵路礦務事宜。二十四年加入強國會，戊戌政變後，被革職。三十一年入商務印務館任編輯。民國時供職清史館任協修，參加編撰《清史稿》。民國十六年（1927）卒，年六十五。著有《春冰室野乘》《國史讀本》等。

父李寅，同治十三年進士。

謝輔濂　字蓮史。浙江鎮海縣人。光緒九年三甲五十二名進士（時年五十六）。任吏部考工司主事。尋乞假歸。以詩文自娛，購書萬餘卷，年六十卒。著有《青雷山館詩文稿》。

繆介臣　雲南昆明縣人。光緒九年三甲五十三名進士。任刑部主事。

趙光表　貴州平遠州人。光緒九年三甲五十四名進士。任廣東徐聞知縣。

龐桂庭　廣西容縣人。光緒九

年三甲五十五名進士。任福建壽寧知縣，加同知銜。

周垣 四川涪州人。光緒九年三甲五十六名進士。署湖北咸寧、黃梅知縣。

龔化龍 湖北黃陂縣人。光緒八年舉人，九年三甲五十七名進士。任安徽休寧知縣，十四年改雲南大姚知縣、平彝知縣、改楚雄知縣。

湯曜 字星軺。雲南昆陽州人。光緒九年三甲五十八名進士。任江蘇金匱知縣，補東臺知縣，二十四年署江蘇泰興知縣，調江都知縣，獎三品銜在任以道員候選。以疾乞休歸。年六十卒。

劉讀藜 四川渠縣人。光緒九年三甲五十九名進士。十二年任四川保寧府教授，改龍安府教授，三十年改嘉定府教授。

殷瑞生 奉天承德縣人。光緒九年三甲六十名進士。任工部主事。

程景明 福建莆田縣人。光緒九年三甲六十一名進士。任刑部主事。

談國政 漢軍鑲白旗人。光緒九年三甲六十二名進士。

姚大榮 字芷灃，號岩桓。貴州貴定縣人。光緒九年三甲六十三名進士。授內閣中書，十餘年始遷刑部主事，丁憂歸。補大理寺評事，記名御史，以道員補用。民國未仕。民國二十七年（1938）卒。年八十。著有《惜道味齋集》《馬關志洗冤錄》《世界文化史源》。

蘇玉霖 字器之。廣西鬱林直隸州人。光緒九年三甲六十四名進士。官至戶部員外郎、河南司行走。

竇渥之 山西沁水縣人。光緒九年三甲六十五名進士。任刑部主事。

謝必鏗 福建連江縣人。光緒九年三甲六十六名進士。十九年任四川墊江知縣，二十四年回任墊江，改雲陽知縣。

葛慶同 湖南善化縣人。光緒九年三甲六十七名進士。十一年任江蘇寶山知縣，十六年（1890）二月卒於任。

張荀鶴 字幼度、翊卿，號紫鳴。湖南華容縣人。咸豐二年（1852）生。光緒九年三甲六十八名進士。任兵部主事，升郎中，二十四年授山東道御史。

盛昌華 字洪秋，號緯丞。湖南武陵縣人。咸豐三年（1853）生。光緒九年三甲六十九名進士。任奉天廣寧知縣，十三年改錦縣知縣，十五年署安東知縣。

李秉瑞 廣西臨桂縣人。光緒九年三甲七十名進士。任禮部主事。

謝裕楷 陝西安康縣人，原籍福建龍岩。光緒九年三甲七十一名進士。十四年任直隸固安知縣。

馬琇荃 福建侯官縣。光緒九年三甲七十二名進士。十二年任廣西崇善知縣。

陳本仁 雲南昆明縣人。光緒九年三甲七十三名進士。任內閣中書，改刑部主事、員外郎，官至外務部郎中。

閻莘峰　字薔青，號小圃。河南河內縣（今泌陽）人。光緒九年三甲七十四名進士。選庶吉士，散館改吏部主事，升員外郎，官至郎中。

鄭籌　號鶴卿。福建長樂縣人。光緒九年三甲七十五名進士。任內閣中書。

兄鄭籛，光緒十五年進士。

梁莘　（原名梁葆誥）號莘農。廣東南海縣人。光緒九年三甲七十六名進士。任户部主事。

黃毓森　（原名黃金臺）河南光州直隸州人。光緒九年三甲七十七名進士。十一年任奉天通化知縣，改海城知縣，二十二年遷奉天府遼陽知州。

余連蕚　河南項城縣人。光緒九年三甲七十八名進士。任刑部主事。

簡叔琳　廣東番禺縣人。光緒九年三甲七十九名進士。十四年任山東沂水知縣，十八年任山東萊陽知縣。

晋榮　漢軍正黃旗。光緒九年三甲八十名進士。二十九年任甘肅伏羌知縣。

李邦慶　山東平陰縣人。光緒九年三甲八十一名進士。二十九年任安徽霍邱知縣。

倪廷慶　字樸齋。安徽桐城縣人。光緒九年三甲八十二名進士。任江西南城知縣，二十八年署南昌知縣。

周得程　甘肅皋蘭縣人。光緒九年三甲八十三名進士。即用知縣。

史春荃　字馨吾，號桫村。河南輝縣人。光緒三年以知縣用，九年三甲八十四名進士。晋同知銜，十九年歸，二十四年（1898）卒，年七十三。

周學基　（原名周紹劉）字琴孫，號篤生。廣西靈川人。光緒九年三甲八十五名進士。選庶吉士，散館十三年改浙江富陽知縣，十七年改諸暨知縣，二十年復任諸暨縣。

黎尹融　（一作黎君融，誤）字祝衡。貴州遵義縣人。光緒九年三甲八十六名進士。任署吉林賓州廳同知，十五年署農安知縣，後丁憂歸。

林鍾華　浙江鄞縣人。光緒九年三甲八十七名進士。

劉保厚　字子純。山東濟寧直隸州人。光緒九年三甲八十八名進士。十六年任貴州普安知縣，改貴州遵義知縣，官至貴州遵義知府。

謝濟民　廣西桂平縣人。光緒九年三甲八十九名進士。奉天即用知縣。

李揚宗　甘肅皋蘭縣人。光緒九年三甲九十名進士。任户部主事。

李經野　山東菏澤縣人。光緒九年三甲九十一名進士。任户部主事、員外郎，遷度支部郎中、湖北造幣廠總辦，官至廣東廉州府知府。

萬邦華　字春棠。湖北黃岡縣

人。光緒二年舉人，九年三甲九十二名進士。十三年署四川江油知縣。

王祖畬 字歲三，號漱、山總、紫翔，晚號溪山老農。江蘇鎮洋縣人。光緒九年三甲九十三名進士。選庶吉士，改河南湯陰縣，年餘丁父憂歸里。於安道、尊道、瀛州、婁東、學海書院講學。著有《春秋經傳考釋》《溪山老農文集》《太倉州志稿》《鎮洋縣志稿》等。

顧儒基 字卜訓。江蘇通州直隸州人。光緒九年三甲九十四名進士。任內閣中書，二十三年官至奉天府軍糧同知。

謝池春 字獻修，號漁珊。湖南耒陽縣人。道光二十四年（1844）生。光緒九年三甲九十五名進士。十五年任直隸曲周知縣。

劉德馨 （原名劉德醇）河南河內縣人。光緒九年三甲九十六名進士。十一年署陝西宜君知縣。

魯衛 （原名魯鈞）江西新城縣人。光緒九年三甲九十七名進士。

沈熙廷 浙江定海廳人。光緒九年三甲九十八名進士。二十年代理溧陽知縣。

黃葆年 江蘇泰州人。光緒九年三甲九十九名進士。十二年任山東臨淄知縣，改滋陽知縣，十六年任山東朝城知縣，十九年署山東萊陽知縣，署福山知縣，二十一年任滕縣知縣，二十四年改山東泗水知縣。

張景星 山西太平縣人。光緒九年三甲一百名進士。十一年任吉林通化知縣，十二年改廣西柳城知縣，十八年改山西大同府教授。

顧曾烜 字姓谷、方宦。江蘇通州邁隸州人。光緒九年三甲一百零一名進士。十六年任陝西宜君知縣，十九年改醴泉知縣，署耀州知州，二十四年署郃陽知縣。以足疾歸。

段承霖 雲南呈貢縣人。光緒九年三甲一百零二名進士。

楊沛霖 甘肅狄道州人。光緒九年三甲一百零三名進士。十四年任河南新野知縣。卒於任。

王蕙蘭 字仲芳，號諝軒。山東長清縣人。光緒九年三甲一百零四名進士。十三年起任直隸阜平、武强、撫寧、任丘知縣。著有《蘭室制藝》。

周安 廣西靈川縣人。光緒九年三甲一百零五年進士。任刑部主事。

包宗經 字迺佘，號伯琴。浙江鎮海縣人。光緒九年三甲一百零六名進士。任刑部福建司主事兼奉天司行走，十三年改安徽涇縣知縣，候升直隸州知州尋加知府銜，十八年改署懷寧知縣，十九年調署宣城。卒年四十九。

舒泰 滿洲正紅旗人。光緒九年三甲一百零七名進士。任河南單縣知縣，二十四年改河南南召知縣，二十九年改鞏縣知縣。

孫崇緯 字星樓。江蘇泰興縣

人。光緒九年三名一百零八名進士。刑部主事，升員外郎，官至雲南普洱府知府。

朱壽保 浙江富陽縣人。光緒九年三甲一百零九名進士。十年任浙江溫州府教授。

胡毓麒 浙江山陰縣人。字宵匡、彥珍，號少卿。咸豐十年四月二十九日生。光緒九年三甲一百十名進士。任湖南瀘溪和縣。

趙湘洲 字元香。貴州貴陽府人。光緒九年三甲一百十一名進士。任工部主事，改農工商部商務司主事。

聶興圻 四川富順縣人。光緒九年三甲一百十二名進士。任戶部主事，遷戶部員外郎。

陶守愚 安徽六安直隸州人。光緒九年三甲一百十三名進士。十六年任奉天海城知縣，二十二年改承德知縣。

王善士 山西平定直隸州人。光緒九年三甲一百十四名進士。十年任山西大同府教授。

孔廣鐘 字醉棠。江蘇元和縣人。光緒九年三甲一百十五名進士。十二年四月任浙江奉化知縣。十三年（1887）五月卒。

王耀曾 福建侯官縣人。光緒九年三甲一百十六名進士。十三年任廣東澄海知縣，二十九年改廣西崇善知縣。

沈寶青 （原名沈縉青）字劍英。江蘇溧陽縣人。光緒九年三甲一百十七名進士。十二年任浙江歸安知縣，二十三年調補諸暨知縣，二十六年署錢塘知縣，任仁和知縣，保用知府。二十七年卒於任。

黎大鈞 （一作黎大均）湖北黃陂縣人。同治九年舉人，光緒九年三甲一百十八名進士。任戶部主事，遷四川司郎中，三十一年官至山東兗沂曹濟道，升四品京堂。

徐寶鍔 字子佩，號星文。陝西韓城縣人。道光二十三年六月初三日生。光緒九年三甲一百十九名進士。任知縣。

黃玉忠 廣西容縣人。光緒九年三甲一百二十名進士。任山東即用知縣。

鄭仰虞 福建長汀縣人。光緒九年三甲一百二十一名進士。

石香圃 河南虞城縣人。光緒九年三甲一百二十二名進士。任雲南寧洱知縣，改劍州知州。

王福鍾 江西玉山縣人。光緒九年三甲一百二十三名進士。

李津 漢軍鑲藍旗。光緒九年三甲一百二十四名進士。十四年任廣西昭平知縣。

樊學賢 （改名樊恭珮）江西萍鄉縣人。光緒九年三甲一百二十五名進士。二一十一年任奉天錦縣知縣。二十四年二月卒。

張問崇 陝西清澗縣人。光緒九年三甲一百二十六名進士。十四年任廣東揭陽知縣。

高鵬飛 山東昌邑縣人。光緒

九年三甲一百二十七名進士。河南即用知縣。

徐紹康 字少洲。順天武清縣人。光緒九年三甲一百二十八名進士。任內閣中書。

水鴻飛 字冀墀。浙江鄞縣人。光緒九年三甲一百二十九名進士。十二年任安徽休寧知縣，十六年改歙縣知縣，十八年改安徽當塗知縣。

李翊燾（一作李翊燾）江西臨川縣人。光緒九年三甲一百三十名進士。

蘇人毅 福建閩縣人。光緒九年三甲一百三十一名進士。十一年任廣西天保知縣。

葉士荃 字叔謙。江蘇常熟縣人。光緒九年三甲一百三十二名進士。任刑部主事。

王慎猷 陝西涇陽人。光緒九年三甲一百三十三名進士。二十年任江西瀘溪知縣。

趙五星 字子聯。河南氾水縣人。光緒九年三甲一百三十四名進士。任江西知縣，改湖北，十一年署麻城縣，丁父憂，改巴樂縣。

劉維翰 字墨莊，號笠魚。直隸景州人。光緒九年三甲一百三十五名進士。任四川榮昌知縣，加同知銜，調補彭明，署理鄰水縣。致仕歸。

劉 詡 直隸蔚州人。光緒九年三甲一百三十六名進士。

江昶榮（原名江上蓉）福建臺灣縣人，祖籍廣東鎮平縣。光緒九年三甲一百三十七名進士。

呂佩瑀 廣西陸川縣人。光緒九年三甲一百三十八名進士。湖南即用知縣，署寧鄉、紹陽、安福等知縣，補新田知縣、理猺通判。

田 恂 河南祥符縣人。光緒九年三甲一百三十九名進士。十三年三月代理山東夏津知縣，十八年任山東定陶知縣，二十三年任壽光知縣。

劉泰穌 河南安陽縣人。光緒九年三甲一百四十名進士。任江西安仁知縣。

孫國楨 直隸樂亭縣人。光緒九年三甲一百四十一名進士。十二年任山東樂安知縣，二十二年改滋陽知縣，二十四年任山東曲阜知縣，二十六年改山東范縣知縣。

胡賓周 字恪三。河南鄧州人。光緒九年三甲一百四十二名進士。十五年起曾四任直隸安肅知縣，調永年知縣，二十四年署直隸雄縣知縣，二十八年遷開州知州。四品銜。

陳熙敬（原名廷俊）廣東信宜縣人。光緒九年三甲一百四十三名進士。即用知縣署江西永豐知縣。

王樹玉 山東萊陽縣人。光緒九年三甲一百四十四名進士。任山東濟南府教授。

黃金鉞 廣東順德縣人。光緒九年三甲一百四十五名進士。十二年任江蘇宿遷知縣。

承 先 滿洲正黃旗人。光緒九年三甲一百四十六名進士。十五年任貴州都勻知縣。

唐開文　貴州思南府人。光緒九年三甲一百四十七名進士。十三年任河南登封知縣。

王恭三　號子銘。福建永福縣人。光緒九年三甲一百四十八名進士。任貴州知縣。

鄭昌運　江西武寧縣人。光緒九年三甲一百四十九名進士。任河南遂平知縣。

高承瀛　山東濰縣人。光緒九年三甲一百五十名進士。十五年任四川巫山知縣，二十五年改井研知縣。

巢鳳岡　江西新昌縣人。光緒九年三甲一百五十一名進士。任甘肅合水知縣，十九年代甘肅階州直隸州知州，二十八年任山丹知縣。

田應達　湖南鳳凰廳人。光緒九年三甲一百五十二名進士。十七年任陝西洵陽知縣，改懷遠知縣。

陳貽香　福建長樂縣人。光緒九年三甲一百五十三名進士。十一年任陝西宜川知縣，十五年改武功知縣，十八年任永壽知縣，二十五年改略陽知縣，二十八年復任永壽知縣，改米脂知縣。

沈贊颺　江西德化縣人。光緒九年三甲一百五十四名進士。十六年任湖南城步知縣，改湖南善化知縣，二十八年官至湖南靖州直隸州知州。

何紹堂　雲南昆明縣人。光緒九年三甲一百五十五名進士。二十

二年任福建霞浦知縣。

唐枝中　字薪傳。廣西平樂縣人。光緒九年三甲一百五十六名進士。十四年任四川清溪知縣，二十二年改雅安知縣，二十九年署四川榮縣知縣。

張汝洽　甘肅會寧縣人。光緒九年三甲一百五十七名進士。十四年署陝西大荔知縣，十八年署陝西洋縣知縣，二十七年任淳化知縣。二十九年（1903）卒於任。

許文泳　浙江歸安縣人。光緒九年三甲一百五十八名進士。

楊鴻濂　字鏡秋。湖北沔陽州人。咸豐八年舉人，光緒九年三甲一百五十九名進士。十二年任福建閩縣知縣。

恩　鍾　漢軍鑲藍旗人。光緒九年三甲一百六十名進士。十五年任河南項城知縣，改河南祥符知縣、安陽知縣。

陳曰稔　字秋田，號樵峰。浙江鎮海縣人。光緒九年三甲一百六十一名進士。任山西廣靈知縣，二十四年改山西太平知縣。

李汝鶴　江蘇豐縣縣人。光緒九年三甲一百六十二名進士。十三年署陝西平利知縣，十七年改盩厔知縣，十八年任醴泉知縣，二十五年改延長知縣，二十六年署鄠縣知縣，三十年任永壽知縣。三十三年卸任。

江廷燮　字繹堂。安徽婺源縣人。光緒九年三甲一百六十三名進

士。即用知縣發江蘇。

段　鱗　雲南建水縣人。光緒九年三甲一百六十四名進士。十四年任河南洧川知縣。

崔增瑞　山西山陰縣人。光緒九年三甲一百六十五名進士。十二年任廣東普寧知縣。

王藥修　字萼亭。安徽英山縣人。光緒九年三甲一百六十六名進士。任內閣中書，升侍讀，京察一等十八年遷山東兗州府知府，調東昌知府，候補道。解組歸。

蓋天佑　山西浮山縣人。光緒九年三甲一百六十七名進士。

李九江　字清溪。甘肅狄道州人。光緒九年三甲一百六十八名進士。任湖北棗陽知縣，署咸寧、江夏知縣。

黃樹勛　貴州思南府人，原籍江西新喻縣。光緒九年三甲一百六十九名進士。任四川珙縣知縣。

孫祖華　（榜名孫祖英）浙江會稽縣人。光緒九年三甲一百七十名進士。三十年任浙江寧波府教授。

楊廣欽　字敬得。河南夏邑縣人。光緒九年三甲一百七十一名進士。任江西興國知縣，因省親告終養歸，卒於家。

范錫恭　安徽定遠縣人。光緒九年三甲一百七十二名進士。十一年任安徽寧國府教授。

李士則　字孝堂。甘肅伏羌縣人。光緒九年三甲一百七十三名進士。候選知縣，三十三年任四川名山知縣。以病去職。

方苐林　安徽定遠縣人。光緒九年三甲一百七十四名進士。任內閣中書。

王景檀　山東黃縣人。光緒九年三甲一百七十五名進士。

柳思誠　江西萍鄉縣人。光緒九年三甲一百七十六名進士。十六年任湖南會同知縣，二十七年改山東安丘知縣。

黃培俊　字灼二。浙江寧海縣人。光緒九年三甲一百七十七名進士。歸班候選知縣。

王壽培　字養源。江蘇高郵州人。光緒九年三甲一百七十八名進士。授廣東知縣，留省垣十餘年始補授石城知縣。任五月卒於官。

張丕弼　順天寶坻縣人。光緒九年三甲一百七十九名進士。十一年任直隸宣化府教授，二十一年改承德府教授。

趙汝齡　山西盂縣人。光緒九年三甲一百八十名進士。

王慶禔　順天寶坻縣人。光緒九年三甲一百八十一名進士。十二年任直隸晉州學正。

光緒十二年（1886）丙戌科

第一甲三名

趙以炯 字福祖、仲瑩，號鶴林。貴州貴陽府人，原籍湖南湘潭。咸豐七年（1857）三月初一日生。光緒五年舉人，十二年一甲第一名狀元（貴州有史以來第一名狀元），授修撰。十四年充四川副考官，十七年督廣西學政，二十三年任順天同考官。二十六年丁母憂歸里，主講學古書院，服闋入都告歸。三十二年（1906）八月卒。年五十。

長兄趙以煥，光緒十六年進士；弟趙以煊，同科進士。

鄒福保 字咏春。江蘇元和縣人。光緒十二年一甲第二名榜眼。授編修。十八年充會試同考官，十九年再充江西鄉試副考官，升任洗馬，二十年充福建鄉試副考官，二十三年再充順天鄉試同考官，官至侍講學士。

馮煦（1843—1927，原名馮熙）字夢華，號蒿庵。江蘇金壇縣人。光緒十二年一甲第三名探花。授編修。十四年充湖南鄉試副考官。歷任安徽鳳陽知府、山西河東道，二十九年授四川按察使，三十一年遷安徽布政使，三十三年五月授安徽巡撫。三十四年六月解職。民國十六年七月卒，年八十五。曾總纂《江南通志》，輯《六十一家詞選》，著有《蒙香室詞集》《蒿庵類稿隨筆》。

第二甲一百三十名

彭述 字硯秒，號向青。湖南清泉縣人。光緒十二年二甲第一名進士。選庶吉士，授編修。十八年充會試同考官，十九年充湖北鄉試副考官，二十一年仍以編修再任會試同考官，二十二年補浙江道御史，改順天北城、西城巡城御史，戶科掌印給事中，官至福建延建邵道。

姜自騶 字季良，號雲史。廣東陽江直隸廳人。光緒十二年二甲第二名進士。選庶吉士，授編修。

兄姜自駒，光緒六年進士。

蔡金臺　字燕孫，號君薔。江西德化縣人。光緒十二年二甲第三名進士。選庶吉士，授編修。十七年督甘肅學政，升湖廣道御史，三十年充會試同考官，官至給事中。

周爰諏　字政伯，號幟山。陝西蒲城縣人。光緒十二年二甲第四名進士。選庶吉士，授編修。官至侍講學士，十八年充會試同考官，二十年山西鄉試副考官，二十三年順天鄉試同考官，遷翰林院侍講學士，京察一等截取道員。加二品銜，辛亥歸。民國十七年（1928）卒。年七十六。著有《蒲城文獻徵錄》《竹梧別館五種》《三史節鈔》《歷代史序》《近史表》《五代史論》《朱批諭旨精萃》《國史館隨筆》《鹽鐵論錄》等。

張星吉　字景垣，號翼辰、鶴峰。山東菏澤縣人。光緒十二年二甲第五名進士。選庶吉士，授編修。二十年充順天同考官，二十九年雲南鄉試主考官，官至雲南迤南道、廣西右江兵備道。

姚丙然　字菊仙，號澹人。浙江錢塘縣人。光緒十二年二甲第六名進士。選庶吉士，授編修。十八年充會試同考官，官至侍講學士。二十三年督山東學政，旋革職。

陳昌紳　號杏孫。浙江錢塘縣人。光緒十二年二甲第七名進士。選庶吉士，授編修。十七年充順天鄉試同考官。

謝元麒　廣西臨桂縣人。光緒十二年二甲第八名進士。官至刑部郎中。

華學瀾　（1860—1906）字里安。直隸天津縣人。光緒十二年二甲第九名進士。選庶吉士。授編修。歷任進士館教務提調。著有《里安算學》《辛丑日記》等。

吳慶坻　字稼如，號子修、敬疆。浙江錢塘縣人。光緒十二年二甲第十名進士。選庶吉士，授編修。歷任會典館幫辦，二十三年督四川學政，二十九年督湖南學政，三十年九月病免。光緒三十二年，東渡日本考察學制，歸國後，創辦湖南第一師範學堂、湖南工藝學堂等。民國七年和沈曾植同受聘續修《浙江通志》。後病死家鄉。著有《補松廬詩文錄》《悔餘生詩》《蕉廊脞錄》《辛亥殉難記》等。

劉啓襄　字少棠。江蘇寶應縣人。光緒十二年二甲十一名進士。選庶吉士。未散館早卒。

為同科進士劉啓彤從弟。

吳鴻甲　（原名吳汝熊）字唱初，號昶仙。江蘇江陰縣人。光緒十二年二甲十二名進士。選庶吉士，授編修。十八年充會試同考官，二十年任湖北鄉試正考官，二十四年補陝西道御史，官至刑科給事中。

吳品珩　字佩燕，號緯蒼、亦園。浙江東陽縣人。光緒十二年二甲十三名進士。任刑部主事，升外務部員外郎，遷湖北荊宜施道，宣統二年任安徽按察使，三年遷安徽布政使。

王蔭槐 字植青。四川威遠縣人。光緒十二年二甲十四名進士。選庶吉士，授編修。二十年充會試同考官和廣東鄉試副考官，宣統年改雲南順寧府緬寧廳通判。

王榮商 字友萊。浙江鎮海縣人。光緒十二年二甲十五名進士。選庶吉士，授編修。升侍讀。十七年充順天鄉試同考官，二十九年任四川鄉試正考官。

于齊慶 字安甫，號海帆。江蘇江都縣（今揚州）人。光緒十二年二甲十六名進士。選庶吉士，授編修。十七年充順天鄉試同考官，二十一年充會試同考官，升侍講，二十八年再任順天鄉試同考官，官至侍讀學士。著有《小尋暢樓文鈔》。

馮芳澤 （改名馮誦清）字雨人。江蘇崇明縣人。光緒十二年二甲十七名進士。選庶吉士，授編修。

丁秉乾 字鑒堂。甘肅秦州直隸州人。光緒十二年二甲十八名進士。選庶吉士，散館改兵部主事，十九年改陝西保安縣知縣。二十三年丁憂歸。後主講西和書院。

張燮堂 字寅清，號季理。河南祥符縣人。光緒十二年二甲十九名進士。選庶吉士，授編修。十七年、二十三年兩任順天同考官，二十五年外官至陝西鳳翔知府。

連捷 字仲三。漢軍鑲黃旗人。光緒十二年二甲第二十名進士。

選庶吉士，授編修。外官至湖北知府。

常牧 湖南長沙縣人。光緒十二年二甲二十一名進士。任刑部主事，改江蘇贛榆知縣。

楊士驤 字蓮府、蓮甫，號萍石。安徽泗州直隸州人。咸豐十年（1860）六月二十七日生。光緒十二年二甲二十二名進士。選庶吉士，授編修。纍遷直隸通永道，二十八年授直隸按察使，二十九年遷江西布政使，改直隸布政使，三十二年授山東巡撫。三十三年署，三十四年授直隸總督兼北洋大臣。奏請減免直隸京畿人夫差役，宣統元年（1909）五月初十日卒。年五十。贈太子少保，尋削。謚"文敬"。編著有《山東通志》《楊文敬公奏議》。

孫錫第 字吉芝。江蘇六合縣人。光緒十二年二甲二十三名進士。選庶吉士，授編修。

宋伯魯 字子鈍、芝棟、芝友、芝田，號竹心。陝西醴泉縣人。光緒十二年二甲二十四名進士，選庶吉士，授編修。十七年充順天鄉試同考官，二十年山東鄉試副考官，二十二年遷山東道御史。百日維新時與康有爲等人交往密切。戊戌政變後，被革職通緝，後在原籍羈押。辛亥後，任陝西通志館館長。著有《海棠仙館詩集》《知唐桑艾錄》《己亥談時》等。

余肇康 字堯衢，號麟徵。湖南長沙縣人。光緒十二年二甲二十五名進士。任工部主事，二十一年縶遷湖北荊州知府，二十二年改漢陽知府，二十五年武昌知府，二十九年遷湖北荊宜施道，三十年授山東按察使，三十一年改江西按察使，三十二年降調，任法部參議。三十三年革。

王廷相 字梅岑。直隸承德府人。咸豐元年（1851）四月初七日生。光緒十二年二甲二十六名進士。選庶吉士，授編修。任國史館協修，光緒十七年督山西學政，二十二年遷江南道御史。因彈劾戶部侍郎張蔭桓去職。主講城南龍槐書院兼易水、涿鹿兩郡講席。二十六年（1900）八國聯軍攻入北京，隨李秉衡禦敵，七月十七日於通州八家灣遇難。年五十。贈五品卿銜。

朱延熙 （原名朱忠恕）字季清，號益齋。安徽太湖縣人。光緒十二年二甲二十七名進士。選庶吉士，授編修。二十八年充陝西鄉試主考官，外官至湖北鹽巡道，湖南鹽法道，署按察使。賞加二品銜。

凌彭年 字菁臣。廣東番禺縣人。光緒十二年二甲二十八名進士。選庶吉士，授編修。

繆祐孫 字右岑。江蘇江陰縣人。光緒十二年二甲二十九名進士。任戶部主事，考取外國游歷員，赴俄國周游往返十萬餘里，歸後調總理衙門章京，遷戶部郎中。後派赴俄國當差，中風而卒。著有《俄游彙紀》《漢書引經考證》。

葛振元 字義乾。安徽懷寧縣人。光緒十二年二甲三十名進士。選庶吉士，散館改湖北保康縣知縣，二十年調沔陽縣。卒於任。年四十七。

陳志喆 字琳卿，號西岑。江西進賢縣人。光緒十二年二甲三十一名進士。選庶吉士，十六年任廣東會同知縣，二十九年改任四川江油知縣。

劉玉珂 字佩和，號越魁。湖北安陸縣人。光緒二年舉人，十二年二甲三十二名進士。選庶吉士，授編修。十七年充廣西鄉試主考官，升左中允。二十一年任會試同考官。

徐嘉言 字叔猷。江西豐城縣人。光緒十二年二甲三十三名進士。選庶吉士，改兵部主事，外官山西沁源等處知縣。

陳犧唐 字燮聊。江蘇江陰縣人。光緒十二年二甲三十四名進士。任工部主事。曾游歷英法，以疾歸。主講禮延、西郊兩書院。善畫山水花卉。著有《游編》四冊。

姚肇瀛 江蘇婁縣人。光緒十二年二甲三十五名進士。任刑部主事。

羅光烈 字揚庭。四川什邡縣人。光緒十二年二甲三十六名進士。選庶吉士，授編修。以國史纂修，晉侍講銜。歸後主講尊經書院卒。著有《幾何學發微》。

沈曾桐 （1853—1921）字子封，號同叔、莊嚴。浙江嘉興縣人。光緒十二年二甲三十七名進士。選庶吉士，授編修。十八年充會試同考官，二十八年充湖北鄉試副考官、廣東提學使，宣統三年改雲南按察使。八月修墓假歸。

周承光 字藜青，號紫垣。江西鄱陽縣人。光緒十二年二甲三十八名進士。選庶吉士，授編修。十七年充順天鄉試同考官，二十三年補山東道御史。

楊琮典 四川彭縣人。光緒十二年二甲三十九名進士。十二年任四川松潘直隸廳教授。

陳遹聲 （榜名陳潛）字駿公，號悔門、蓉署。浙江諸暨縣人。咸豐六年（1856）八月十四日生。光緒十二年二甲四十名進士。選庶吉士，授編修。歷任江蘇松江府知府、財政處提調、政務處總辦、四川重慶關監督，三十三年官至四川川東道等。宣統二年引疾歸。著有《論畫要略》《鑒藏要略》《明逸民詩》《畸廬稗說》等。

李端榘 字子方，號少舟、心壺。貴州貴築縣人。光緒十二年二甲四十一名進士，選庶吉士，十六年改陝西沔陽知縣，十九年署長安知縣，改鳳縣知縣，二十一年署華州知州，二十二年改寶雞知縣，又任郃陽等縣知縣。

兄李端棻，同治二年進士，官禮部尚書；弟李端棨，光緒二十四年進士。

陸壽臣 字廉史、蓮詩，號枚生。浙江山陰縣人。光緒十二年二甲四十二名進士。選庶吉士，散館改刑部主事。

宋滋蘭 （1854—1895）字佩之、夢馨。福建政和縣人。光緒十二年二甲四十三名進士。選庶吉士，授編修。以目疾乞歸。掌教於松溪、東皋書院。《馬關條約》割讓臺灣於日本，欲赴臺灣助巡撫唐景崧抗日，疽發，病卒。著有《後庵居士詩鈔》《文集》《周易異文考》《毛詩異文考》《後庵偶筆》《首疢齋吟稿》《詞館日記》等。

弟宋滋薯，光緒十二年同榜進士。

韓培森 字承如、子嶠。浙江餘姚縣人。光緒十二年二甲四十四名進士。選庶吉士，授編修。二十三年補江西道御史，官至掌江西道御史。光緒二十六年（1900）八月初二日殉難，照四品賜恤。

柯劭忞 字鳳孫、鳳笙、奉生，號蓼園。山東膠州人。光緒十二年二甲四十五名進士。選庶吉士，授編修。二十七年督湖南學政，歷國子監司業，升侍讀，三十三年署貴州提學使，署學部丞參上行走、京師大學堂總監督，宣統三年任典禮院學士。民國時，任約法會議議員、參議院參政、一九一四年任清史館總纂兼代館長，組織人員經十多年撰成《清史稿》。并撰寫《天文志》《時曆志》，整理儒林、文苑、疇人傳；又任北京大學國學導師，一九二五年任東方文化事業委員會委員長。撰成《新元史》《新元史考異》。另有《文獻通考注》《春秋穀梁傳注》等。

楊天霖（1852—1900）字雨生。山西萬泉縣人。光緒十二年二甲四十六名進士。選庶吉士，授編修。二十六年充陝西鄉試主考官，歷任國史館協修、武英殿纂修，又任滿洲正白旗教習。二十六年八國聯軍攻入北京，憂鬱而死。

李焕堯　字仰琦，號藝南。廣東三水縣人。光緒十二年二甲四十七名進士。選庶吉士，散館改改禮部主事，外官知縣。

葛金烺　字景亮、毓山。浙江平湖縣人。道光十七年（1837）十一月十六日生。光緒十二年二甲四十八名進士（時年五十）。任刑部主事，升郎中。十六年（1890）正月初四日卒，年五十四。家藏書較豐，藏書處曰"愛日吟廬"。撰有《愛日吟廬書畫録》。

劉嶽雲　字佛卿。江蘇寶應縣人。光緒十二年二甲四十九名進士。任户部雲南司主事，升江南司員外郎，遷度支部郎中，官至浙江紹興知府，補用道。

邱　淮　四川宜賓縣人。光緒十二年二甲五十名進士。任户部主事。遷雲南臨安知府。二十八年任大理知府。

史緒任　河南輝縣人。光緒十二年二甲五十一名進士。任刑部主事，署廣東高等審判廳廳丞。

陳文堛　湖北蒲圻縣人。光緒二年舉人，十二年二甲五十二名進士。選庶吉士，散館改兵部主事，二十五年又改廣東始興知縣。

張　僖　字韻舫。山東濰縣人。光緒十二年二甲五十三名進士。任户部雲南司主事，二十年官至福建興化府知府。年四十三卒於任。

李瑋堂　字玉亭，號雪橋。山東膠州人。光緒十二年二甲五十四名進士。選庶吉士，十五年任福建政和知縣，二十四年調廣東西寧知縣，三十年改江西安仁知縣。

徐世昌　字卜五，號菊人，又號弢齋，別署水竹邨人。直隸天津縣人。光緒十二年二甲五十五名進士。選庶吉士，授編修。爲袁世凱策士。協助編練北洋軍，署兵部左侍郎，三十一年授巡警部尚書、軍機大臣。三十三年授東三省總督，宣統元年授郵傳部尚書，二年正月遷協辦大學士，八月授體仁閣大學士，三年任奕劻内閣協理大臣。民國七年由安福國會選爲總統。十一年被直隸軍閥趕下臺。民國二十八年（1939）四月卒。年八十五。組織多人編寫《清儒學案》二百零八卷，還編纂《晚晴簃詩彙》共收録有六千一百家，二萬七千餘首詩，另有《退耕堂文集》等。

盛　沅　（原名盛愷華）字子彬，號萍旨。浙江秀水縣（今嘉興）人。光緒十二年二甲五十六名進士。選庶吉士，散館改刑部主事，外官山西夏縣知縣，官至候補道。

童　春　字視三，號竹珊。浙江慈溪縣人。光緒十二年二甲五十七名進士。任工部主事，即用知縣分發山西。

徐受廉 字計甫，號築泉。漢軍正黃旗人。光緒十二年二甲五十八名進士。選庶吉士，授編修。

李子榮 字孔昭，號杜生。湖南衡山縣人。光緒十二年二甲五十九名進士。選庶吉士，散館改主事，外官四川長寧知縣、雙流知縣，二十五年改合江知縣，二十九年改北川知縣，三十年任大足知縣。

劉學謙 字地山，號益齋、退庵。直隸天津縣人。光緒十二年二甲六十名進士。選庶吉士，授編修。二十年充會試同考官，二十三年任陝西鄉試副考官，升禮科給事中、工科掌印給事中，二十九年充福建鄉試副考官，外官至浙江金衢嚴道。

余贊年 字治平，號鼎三。廣東南海縣人。光緒十二年二甲六十一名進士。選庶吉士，授編修。十七年充任順天同考官。

孫綜源 字博臣，號象庵。河南滎陽縣人。光緒十二年二甲六十二名進士。選庶吉士，授編修。二十八年充順天同考官。

鹿瀛理 字喬生。直隸定興縣人。光緒十二年二甲六十三名進士。選庶吉士，授編修。外官至河南候補知府，署陝州知州。

高熙喆 字仲緘，號亦愚。山東滕縣人，原籍浙江會稽。光緒十二年二甲六十四名進士。選庶吉士，授編修。二十年充山西鄉試正考官，掌貴州道御史、湖廣道御史，外任直隸宣化知府、大名知府，三十年官至甘肅寧夏知府。

楊聖清 字希夷。山東平度州人。光緒十二年二甲六十五名進士。任兵部主事，擢郎中，開福建道御史，外任四川保寧府知府。乞歸卒於家。

吳濬 字哲夫。安徽懷寧縣人。光緒十二年二甲六十六名進士。任戶部主事，十五年出使日、美任頭等參贊，調秘魯參贊。歸國後任四川建昌兵備道，二十八年改川東道。

孔憲教 字靜垓。湖南長沙縣人。光緒十二年二甲六十七名進士。選庶吉士，散館十五年改任福建順昌知縣。

康克明 雲南昆明縣人。光緒十二年二甲六十八名進士。

高覲昌 字葵北、紹芬，號省庵，後改字遁庵，別號葵園遁叟。江蘇丹徒縣人。光緒十二年二甲六十九名進士。選庶吉士，授編修。歷官廣東廉州知府、雷州知府、廣州知府，廣東巡警道，補肇羅道。

李錫齡 貴州貴陽府人。光緒十二年二甲七十名進士。任內閣中書，任昭通府魯河廳通判，十六年任臨安府同知。

仇繼恒 字淶之。江蘇上元縣人。光緒十二年二甲七十一名進士。選庶吉士，散館改戶部主事，二十五年外官陝西城固縣知縣，二十七年改鳳縣知縣，二十八年任陝西郃陽知縣，三十年卸，三十一年調富平知縣。

鮑心增 字潤漪。江蘇丹徒縣人。光緒十二年二甲七十二名進士。任吏部主事，升稽勛司郎中，二十八年充順天鄉試同考官，改軍機章京，官至山東青州府知府。

江希曾 字奐莊。安徽旌德縣人。光緒十二年二甲七十三名進士。選庶吉士，授編修。官至四川建昌道。

党慶奎 字月樵。廣西北流縣人。光緒十二年二甲七十四名進士。十三年任兵部主事。

沈維善 字伯翔、湘秋。浙江會稽縣人。光緒十二年二甲七十五名進士。選庶吉士，散館十五年改江西會昌知縣。

怡　齡 滿洲鑲黃旗人。光緒十二年二甲七十六名進士。任刑部主事，二十七年改河南陝州直隸州知州，官至署河南高等審判廳廳丞。

章紹洙 字魯泉。浙江鄞縣人。光緒十二年二甲七十七名進士。任刑部主事，三十年改直隸無極知縣、慶雲知縣。

丁良翰 字佑臣，號竺生。山東濰縣人。光緒十二年二甲七十八名進士。選庶吉士，十九年起任浙江嵊縣、富陽、於潛、湯溪、慶元等知縣。

劉孚京 （1855—1920）字鎬牛。江西南豐縣人。光緒十二年二甲七十九名進士。任刑部主事，二十年改廣東河源知縣，署饒平、揭陽知縣，未任以勞卒。著有《南事劉先生文集》。

馬芳田 字春農。奉天義州人。光緒十二年二甲八十名進士。選庶吉士，散館十五年改浙江龍游知縣。

余朝紳 浙江樂清縣人。光緒十二年二甲八十一名進士。選庶吉士，授編修。

葉大琛 字獻恭。福建閩縣人。光緒十二年二甲八十二名進士。任工部主事，三十年改浙江上虞知縣。

吳國鏞 湖南湘陰縣人。光緒十二年二甲八十三名進士。任禮部主事，官至禮部郎中。

王承蔭 字菊承。山東樂陵縣人。光緒十二年二甲八十四名進士。十三年任兵部主事。

吳　炳 字子蔚。雲南保山縣人。光緒十二年二甲八十五名進士。選庶吉士，授編修。外官任廣東知府。

尹殿颺 字皋卿。四川秀山縣人。光緒十二年二甲八十六名進士。選庶吉士，散館十五年改山東寧陽知縣。

江德宣 江西弋陽縣人。光緒十二年二甲八十七名進士。任工部主事，遷員外郎。

張登瀛 字翰臣。甘肅秦州直隸州人。光緒十二年二甲八十八名進士。任刑部貴州司主事，外任陝西直隸州知州，任農工商總局提調，二十八年補邠州直隸州知州。以疾卒。

劉果 字子毅，號少岩。河南太康縣人。光緒十二年二甲八十九名進士。任禮部主事，遷郎中，授禮部參議，三十三年遷禮部右丞，宣統三年遷典禮院學士。

渠綸閣 字經甫。山西五臺縣人。光緒十二年二甲九十名進士。選庶吉士，改任主事，外官改湖南石門知縣。

徐敏中 字精一，號紫敞。四川敘永直隸廳人。光緒十二年二甲九十一名進士。選庶吉士。散館改任工部主事。

葉大涵 福建閩縣人。光緒十二年二甲九十二名進士，任工部主事，改廣西懷集知縣。

柴作舟 字星輔。貴州修文縣人。光緒十二年二甲九十三名進士。分四川署樂至、遂寧、資陽、綿竹、崇慶州縣，任南充、成都知縣，二十八年升綿州直隸州知州，代理嘉定知府，丁父憂。調忠州直隸州知州升知府，署夔州知府，升道員。以疾乞休。民國二年（1913）二月卒。年六十四。

鄭寶琛 四川新都縣人。光緒十二年二甲九十四名進士。十三年任刑部主事（四品銜）、安徽司行走。

闊普通武 字安甫，號青海、楂客。滿洲正白旗人，他塔拉氏。光緒十二年二甲九十五名進士。選庶吉士，授編修。二十一年遷內閣學士，擢禮部左侍郎。戊戌變法後，加副都統銜，遷西寧辦事大臣，實則謫戍邊疆。

王基磐 湖北黃岡縣人。光緒八年舉人，十二年二甲九十六名進士。任刑部主事，官至京師內外城審判廳推事。

林鑑中 字保三。福建侯官縣人。光緒十二年二甲九十七名進士。選庶吉士，十六年改廣東靈山知縣，丁母憂。二十一年補湖南祁陽知縣，署桂東縣，調永興知縣。著有《濁泉》初、二、三、四編，皆自述官中事。

賀沅 字芷村，號景衡。直隸武強縣人。光緒十二年二甲九十八名進士。選庶吉士，散館十五年改福建上杭知縣。

姚桐生（原名姚光昉）字次梧。四川新繁縣人，光緒十二年二甲九十九名進士。任咸安宮教習，改禮部主事，改江蘇知縣。任月餘卒。著有《還蜀詩草》。

瑞洵 字信夫、景蘇，號坦園、退廠。滿洲正黃旗，博爾吉特氏。光緒十二年二甲一百名進士。選庶吉士，授編修。歷任國子監司業、侍講學士、功臣館總纂、國史館協修，二十五年授科布多參贊大臣，兼總署大臣。光緒二十七年解職。著有《散木居奏稿》。

林啓東 福建臺灣嘉義縣人。光緒十二年二甲一百零一名進士。任工部主事。

李翊煌 江西臨川縣人。光緒

十二年二甲一百零二名進士。任工部主事。

楊文春 廣西蒼梧縣人。光緒十二年二甲一百零三名進士。十三年任刑部主事。

胡文瀚 陝西翰陰廳人。光緒十二年二甲一百零四名進士。任知縣。

陳　田 字松山、崧山。貴州貴陽府人。光緒十二年二甲一百零五名進士。選庶吉士，授編修。二十七年任順天東城巡城御史，官至戶科給事中。曾劾慶親王奕劻、北洋大臣袁世凱，直聲震天下。見時事不可爲，潔身引退。民國後任《清史稿》協修。著有《明詩紀事鈔》。

兄陳燦，光緒三年進士。

陳恒慶 字子久。山東濰縣人。光緒十二年二甲一百零六名進士。任工部都水司主事、員外郎、郎中，河南道御史，掌雲南道御史，兵科給事中，外任奉天錦州府知府，代理巡警道事。兼辦全省墾務。晋二品。後歸里。

方培愷 河南羅山縣人。光緒十二年二甲一百零七名進士。任吏部主事，升郎中，官至廣西南寧府知府。

段樹榛 山東濟寧直隸州人。光緒十二年二甲一百零八名進士。十六年任安徽婺源知縣。

王明德 字懷馨。湖北鄖縣人。光緒八年舉人，十二年二甲一百零九名進士。任內閣中書，二十八年署四川資州直隸州知州，二十九年

遷四川綏定府知府、雅州知府，升永寧道，改安徽候補道。

曾福謙 號伯厚、景興。福建閩縣人。光緒十二年二甲一百十名進士。任刑部主事，改四川知縣。

秉　彝 滿洲正藍旗人。光緒十二年二甲一百十一名進士。任戶部主事。

趙俊升 奉天海城縣人。光緒十二年二甲一百十二名進士。任工部主事。

顧曾燦 字裘英。江蘇通州直隸州人。光緒十二年二甲一百十三名進士。任刑部主事。

文德馨 廣西鬱林直隸州人。光緒十二年二甲一百十四名進士。十三年任刑部主事。

李文煥 雲南保山縣人。光緒十二年二甲一百十五名進士。

梅汝鼎 字子潤、震伯。江西南昌人。光緒十二年二甲一百十六名進士。選庶吉士，改戶部主事，二十年任山東清平知縣，二十六年復任，二十八年改曲阜知縣，三十年任博興知縣，宣統年間任陽信知縣。

林仰崧 字子珊，號少舟。福建閩縣人。光緒十二年二甲一百十七名進士。選庶吉士，改直隸龍門知縣。

李子茂 字卯生。湖南衡山縣人。光緒十二年二甲一百十八名進士。選庶吉士，散館十六年改福建光澤知縣。

劉安科 漢軍鑲黃旗。光緒十

二年二甲一百十九名進士。任工部主事，改陝西靖邊知縣，改雲南太和知縣，晉寧州知州，改陸涼州知州、昆陽州知州，二十八年遷臨安府同知。

區　震　廣東南海縣人。光緒十二年二甲一百二十名進士。十三年任刑部主事。

胡之鈞　安徽太平縣人。光緒十二年二甲一百二十一名進士。任戶部主事。

張元奇　字貞午、珍午、君常，號薑齋。福建侯官縣人。光緒十二年二甲一百二十二名進士。選庶吉士，授編修。二十九年任順天北城巡城御御史、民政司司使。民國後，歷任奉天巡按使、政事堂銓敘局局長、內務部次長、參議院參政、肅政廳肅政使等。著有《稼軒詩鈔》，與人合編有《邵武縣志》。

鄒嘉來　字紫東。江蘇吳縣人。光緒十二年二甲一百二十三名進士。任禮部主事，升外務部郎中，三十一年任外務部參議，三十二年遷外務部左丞，宣統元年遷外務部右侍郎，二年授外務部會辦大臣兼尚書，三年改弼德院副院長。

鍾大椿　字壽若。福建侯官縣人。光緒十二年二甲一百二十四名進士。選庶吉士，散館改知縣。

秦樹聲　字宥橫，一字幼橫，號乖庵、晦鳴。河南固始縣人。光緒十二年二甲一百二十五名進士。歷任工部主事、員外郎、郎中，三十年外官雲南曲靖府知府、雲南府知府、雲南迤西道，改迤南道，宣統元年授雲南按察使（二年改稱提法使）。官至廣東提學使。二十九年曾舉經濟特科進士。民國後任清史館總纂。著有《西詳歷史槎》《讀書札記》。卒年七十餘。

承　德　字紹武。滿洲鑲藍旗人。光緒十二年二甲一百二十六名進士。選庶吉士，授編修。遷右中允，官至司經局洗馬。

榮　慶　字華卿，號實夫。蒙古正黃旗，鄂卓爾氏。光緒十二年二甲一百二十七名進士。選庶吉士，授編修。歷任洗馬、侍讀學士、鴻臚寺卿、通政副使，二十六年授大理寺卿，二十八年遷倉場侍郎，十二月授刑部尚書，改禮部、戶部、學部尚書、軍機大臣。三十一年授協辦大學士。兼學部尚書、翰林掌院學士，宣統二年復任禮部尚書，三年任弼德院院長。民國五年（1916）三月卒，年五十八。

周生錦　湖北孝感縣人。光緒八年舉人。十二年二甲一百二十八名進士。任戶部主事。

凌　芬　字紹周。廣西臨桂縣人。光緒十二年二甲一百二十九名進士。選庶吉士，十五年改山東丘縣知縣，十九年正月署山東聊城知縣，二十一年署歷城知縣，官至山東濟寧直隸州知州。

陳兆葵　字復心。湖南桂陽直隸州人。光緒十二年二甲一百三十名進士。選庶吉士，授編修。官至湖北荆宜施道。

第三甲一百八十六名

王文毓 （原名王瑞麟）江蘇吳江縣人。光緒十二年三甲第一名進士。十三年任刑部主事。

徐德欽 福建臺灣嘉義縣人。光緒十二年三甲第二名進士。十三年任工部主事。

吉紳 字書莽。鑲紅旗，宗室。光緒十二年三甲第三名進士。十二年任刑部主事，改外務部主事。

裴景福 （1865—1937）字伯謙，號睫闇。安徽霍丘縣人。光緒十二年三甲第四名進士。任戶部主事，改廣東陸豐知縣。富收藏，編印成《壯陶閣書畫録》二十卷、《壯陶閣字帖》六十四册，另著有《河海昆侖録》。

陳夔龍 （原名陳斌）字讓於，號筱石，別號庸庵居士。貴州貴陽府人，本籍江西崇仁。咸豐七年（1857）五月初三日生。光緒十二年三甲第五名進士。因其妻認奕劻爲義父，升遷很快。授兵部主事，進郎中，充總理各國事務衙門章京，擢侍讀學士，二十六年八國聯軍寇京師，兩宮出走，爲順天府尹，兼留京辦事大臣。參與議和。二十七年改河南布政使，十一月授漕運總督，二十九年授河南巡撫，三十二年改江蘇巡撫，三十三年遷四川總督，三十四年調湖廣總督，宣統元年改直隸總督。三年去職。著有《水流雲在圖記》《夢蕉亭雜記》《壁水春長集》等。

兄陳夔麟，光緒六年進士，廣東布政使。

松廷 滿洲鑲紅旗人。光緒十二年三甲第六名進士。十三年任國子監助教，官至廣東道御史。

莊鍾濟 字秉文。江蘇陽湖縣人。光緒十二年三甲第七名進士。選庶吉士，散館改吏部主事，十九年改陝西長武知縣，二十二年改臨潼知縣，二十三年回任長武知縣，二十六年改鳳翔知縣，三十一年調河南武安知縣。

石鏡潢 字星渚、心矩。安徽宿松縣人。光緒十二年三甲第八名進士。任刑部直隸司主事，升員外郎，二十九年考取御史記名，三十二年升廣東司郎中，改法部郎中，補遼沈道御史，掌江蘇道御史，宣統元年署雲南道御史。

楊森 字偉臣。廣西桂平縣人。同治二年舉人，九上公車，光緒十二年三甲第九名進士。選庶吉士，改戶部主事，改廣東龍川知縣，署遂溪知縣。尋卒於任。

趙以煃 字叔文。貴州貴陽府人。光緒十二年三甲第十名進士。任內閣中書。

長兄趙以煥，光緒十六年進士；二兄趙以炯，本科狀元。

鄭仲和 字惠村。福建連江縣

人。光緒十二年三甲十一名進士。歷署江西樂安知縣，改江蘇沭陽知縣、荊溪知縣，二十四年調保山知縣。

李英華 福建上杭縣人。光緒十二年三甲十二名進士。十三年任刑部主事。

姜子珍 直隸鹽山縣人。光緒十二年三甲十三名進士。任戶部主事，官至戶部員外郎。

邱爲鈺 福建長樂縣人。光緒十二年三甲十四名進士。

王新楨 字克亭，號楷庭。河南太康縣人。光緒十二年三甲十五名進士。選庶吉士，散館改刑部主事，十八年任陝西雒南知縣，二十八年署澄城知縣，三十年改吳堡知縣。

張則周 奉天錦縣人。光緒十二年三甲十六名進士。任刑部主事。改直隸滿城知縣，三十年改樂亭知縣、阜平知縣。

鄧士芬 （榜名鄧維璠）廣東英德縣人。光緒十二年三甲十七名進士。二十二年任安徽全椒知縣。

李夢瑩 字公執，號荔村。湖南長沙縣人。咸豐元年（1851）生。光緒十二年三甲十八名進士。任戶部主事。

茹寶書 廣東新會縣人。光緒十二年三甲十九名進士。

屈光燭 四川榮昌縣人。光緒十二年三甲二十名進士。

陳時中 廣西容縣人。光緒十

二年三甲二十一名進士。任陝西即用知縣。

侯葆文 字其甫。陝西郃陽縣人。光緒十二年三甲二十二名進士。任吏部主事、考功司行走，截取記名直隸州知州，二十二年分發甘肅代理慶陽知府，三十三年署階州直隸州知州，宣統元年補甘肅安西知府。引疾歸。卒年六十餘。

汪時琛 （原名汪時深）安徽旌德縣人。光緒十二年三甲二十三名進士。任刑部貴州司主事。

楊祖蘭 江西豐城縣人。光緒十二年三甲二十四名進士。任戶部主事。

李樹敏 河南信陽人。光緒十二年三甲二十五名進士。十七年任福建侯官知縣，二十一年再任，二十三年遷永春直隸州知州。

楊佑廷 山東費縣人。光緒十二年三甲二十六名進士。任恩縣教諭，截取知縣。

何守謙 字竹銘。廣東順德縣人。光緒十二年三甲二十七名進士。任奉天蓋平知縣。十八年任安東知縣。

譚國恩 廣東新會縣人。光緒十二年三甲二十八名進士。十三年任工部主事，二十八年遷廣西太平府知府。

劉啓彤 字丹彤。江蘇寶應縣人。光緒十二年三甲二十九名進士。任兵部職方司主事，十三年應詔游英、法諸國，十五年游印度、暹羅、越南，歸後父喪，服闋會辦海防支應局。後母喪哀毀卒。年四十四。

蔣茂壁　四川納溪縣人。光緒十二年三甲三十名進士。任內閣中書，官至廣東廣州府海防同知。

朱士黻　（原名朱裳）字孔陽，號緩卿。浙江上虞縣人。光緒十二年三甲三十一名進士。任湖南知縣。

黃祖直　江西臨川縣人。光緒十二年三甲三十二名進士。任禮部主事。

劉　培　直隸樂亭縣人。光緒十二年會元。三甲三十三名進士。任內閣中書，官至候補道。

傅秉鑒　字蘅塘，號曉湖。山東清平縣人。光緒元年舉人，十二年三甲三十四名進士。任户部主事，二十六年隨兩官西幸，采買米糧。回京後三十二年署蘭州知府，丁母憂。三十四年以四品銜簡任新疆財政局監理官。後奉調回甘肅。著有《新疆政見》《甘肅財政説明書》。

馬九如　山西翼城縣人。光緒十二年三甲三十五名進士。任刑部主事。

余應雲　（榜名余士珩）湖北麻城縣人。光緒十二年三甲三十六名進士。任刑部主事，三十年改貴州鎮遠知縣。後奉調回甘肅。

徐元瑞　直隸樂亭縣人。光緒十二年三甲三十七名進士。任河南嵩縣知縣，二十二年改太康知縣。

唐則璲　廣西臨桂縣人。光緒十二年三甲三十八名進士。十五年任貴州荔波知縣。

謝崇基　字德初、履莊。雲南恩安縣人。咸豐十一年（1861）生。光緒十二年三甲三十九名進士。選庶吉士，授檢討。充國史館協修，曾充日本留學生監督，京察一等，宣統元年，簡放天津兵備道，署直隸清河道。辛亥後隱居天津，以書畫自娛，民國十一年（1922）卒，年六十二。著有《兩漢洗齋詩文集》。

傅彦瑞　字子振，號嗣筱。浙江臨海人。光緒十二年三甲四十名進士。任安徽即用知縣。

江聯蓉　安徽旌德縣人。光緒十二年三甲四十一名進士。

張慶翎　湖北蘄州人。光緒五年舉人，十二年三甲四十二名進士。任户部主事。

何聯禧　江西鄱陽縣人。光緒十二年三甲四十三名進士。十三年任刑部主事。

逯　蓉　直隸東明縣人。光緒十二年三甲四十四名進士。十七年任山東觀城知縣，二十一年改掖縣知縣，二十九年任魚臺知縣，三十一年任肥城知縣，三十二年回任魚臺知縣，三十三年任山東博山、壽張知縣。

劉光祖　甘肅秦州直隸州人。光緒十二年三甲四十五名進士。任刑部主事。

宋育仁　字芸子、雲岩、講易，號道復。四川富順縣人。咸豐八年（1858）生。光緒十二年三甲四十六名進士。選庶吉士，授檢討。歷任廣西主考官，駐英、法、意、比四國參贊。戊戌政變後被革職。辛亥革命後，任國史館修纂。創辦《渝報》，主持成都尊經書院。民國二十年（1931）卒。主編有《四川通志》，著有《時務論》《泰西各國采風記》《問琴閣詩錄》等。

雷天柱 字石臣。陝西醴泉縣人。光緒十二年三甲四十七名進士。任吏部主事、文選司行走。年六十餘卒。

王樹枬 字晉卿，號陶廬，稱"陶廬老人"。直隸新城縣人。咸豐元年（1851）生。光緒十二年三甲四十八名進士。任户部主事，改四川銅梁知縣，十五年代青神知縣，十六年改四川資陽知縣，二十年署富順知縣，二十五年調甘肅寧夏府中衛知縣，三十年署甘肅蘭州道，改甘肅平慶涇固化道，三十二年官至新疆布政使。宣統三年五月解職。入民國，爲國史館協修、修纂處總纂，民國二十五年（1936）卒。纂《新疆圖志》，參與編修《清史稿》。著有《陶廬文集》《歐洲族類源流略》。

魏延齡 順天良鄉縣人。光緒十二年三甲四十九名進士。任户部主事。

高楓 字潤生。陝西榆林縣人。光緒十二年三甲五十名進士。署福建清流、南屏知縣，二十年授閩清知縣。在任七年。

党獻壽 陝西合陽縣人。光緒十二年三甲五十一名進士。二十九年任陝西郃陽知縣。

陳文然 山東昌樂縣人。光緒十二年三甲五十二名進士。任山東沂州府教授。

江峰青 安徽婺源縣人。光緒十二年三甲五十三名進士。二十四年任浙江嘉善知縣，官至署江西高等審判廳廳丞。

袁楚藩 湖南祁陽縣人。光緒十二年三甲五十四名進士。任兵部主事。

林福熙 福建閩縣人。同治十二年舉人，光緒十二年三甲五十五名進士。任廣東知縣，二十七年改浙江里安知縣，改任四川廣元知縣，三十三年改任渠縣知縣。

劉愈 陝西長安縣人。光緒十二年三甲五十六名進士。任河南杞縣知縣。

宋嘉炳 安徽懷遠縣人。光緒十二年三甲五十七名進士。十五年任河南新蔡知縣。

王誠羲 字實之。陝西韓城縣人。光緒十二年三甲五十八名進士。任吏部主事，升員外郎、郎中，遷江南道御史，掌四川道御史，記名知府。以疾告歸。未抵里卒。年六十五。

魏聯奎 河南汜水縣人。光緒十二年三甲五十九名進士。任刑部主事，升員外郎、郎中，三十四年縈遷法部左參議，宣統三年改法部左丞。辛亥去職。

回長廉　字心泉，號介甫。漢軍鑲黃旗人。光緒十二年三甲六十名進士。以知縣用，分湖北歷充鹽務稅務等局差，後任長樂知縣，以勞疾去任。

陳順鑲　四川漢州人。光緒十二年三甲六十一名進士。任內閣中書。

王葆琛　奉天承德縣人。光緒十二年三甲六十二名進士。二十二年任直隸定興知縣。

宋滋薯　字象之，號夢爻，自號夬庵。福建政和縣人。光緒十二年三甲六十三名進士。授刑部主事。未赴任，引疾歸。以疾卒。著有《夬庵自説》《毛詩釋義》《周易釋義》《夬庵詩集》《恐齋詩鈔》等。

兄宋滋蘭，光緒十二年同榜進士。

蔡壽星　福建臺灣彰化縣人。光緒十二年三甲六十四名進士。任戶部主事。

劉翰藻　江西永新縣人。光緒十二年三甲六十五名進士。

李宗唐　字虞臣。山東博山縣人。光緒十二年三甲六十六名進士。任內閣中書。

張阜成　（原名張文運）字子實，號鐵孫、幼廬。浙江鄞縣人。光緒十二年三甲六十七名進士。十八年任直隸完縣知縣。

朱汝賡　奉天寧遠州人。光緒十二年三甲六十八名進士。

金　鵬　廣西臨桂縣人。光緒十二年三甲六十九名進士。任戶部主事。

華鳳章　字兆先。直隸天津縣人。光緒十二年三甲七十名進士。二十二年任山西石樓知縣，二十八年官至山西解州直隸州知州。

徐友麟　字石庵。甘肅秦州直隸人。光緒十二年三甲七十一名進士。任四川知縣。丁父憂服闋，復至四川署缺，病卒。

梁卓午　山西廣靈縣人。光緒十二年三甲七十二名進士。即用知縣，任河南尉氏知縣。

龐紹統　山西介休縣人。光緒十二年三甲七十三名進士。即用知縣。

張丕基　廣東香山縣人。光緒十二年三甲七十四名進士。任刑部主事，官至刑部郎中。

葉在琦　（1866—1906）字肖韓。福建閩縣人。光緒十二年三甲七十五名進士。選庶吉士，授檢討。十七年督貴州學政，記名御史。二十九年任全閩大學堂監督。

夏葆彝　（原名夏耀奎）湖北黃岡縣人。光緒二年舉人，十二年三甲七十六名進士。任浙江知縣。著有《井字山人詩存》。

劉蘭馨　陝西朝邑縣人。光緒十二年三甲七十七名進士。任知縣。

劉憲仁　福建閩縣人。光緒十二年三甲七十八名進士。

任佑觀　號癸秋。湖南巴陵縣人。光緒十二年三甲七十九名進士。

署江西瑞昌知縣，改署龍南縣，補瑞金縣，命下旋卒。著有《繼述齋文集》。

王榮先 字仲午。湖北棗陽縣人。光緒十一年舉人，十二年三甲八十名進士。選庶吉士，改吏部主事、員外郎，官至外務部郎中。

王國慶 山東濰縣人。光緒十二年三甲八十一名進士。任刑部奉天司主事。

朱 暄 江西高安縣人。光緒十二年三甲八十二名進士。

嚴祖慶 河南信陽州人。光緒十二年三甲八十三名進士。二十七年任直隸容城知縣。

姜定鎬 字子京，號宅之。江蘇丹陽縣人。咸豐二年九月二十三日生。光緒十二年三甲八十四名進士。

李 垚 湖南沅陵縣人。光緒十二年三甲八十五名進士。任雲南羅次知縣。

杜友白 河南孟縣人。光緒十二年三甲八十六名進士。十五年任廣東海陽知縣。

胡寶仁 字懋卿，號筱玉。浙江瑞安縣人。光緒十二年三甲八十七名進士。任四川郫縣知縣，二十三年任四川太平知縣。

熊冠斗 湖北興國州人。光緒八年舉人，十二年三甲八十八名進士。任刑部主事。

張良邏 河南商城縣人。光緒十二年三甲八十九名進士。任江蘇懷安知縣。

沈士林 江蘇溧陽縣人。光緒十二年三甲九十名進士。二十二年任山西汾陽知縣。

楊書詹 廣西鬱林直隸州人。光緒十二年三甲九十一名進士。任刑部主事。

韓寶球 山東堂邑縣人。光緒十二年三甲九十二名進士。十四年任湖南江華知縣。

張 驤 四川成都縣人。光緒十二年三甲九十三名進士。任戶部主事，二十一年改山東昌邑知縣。二十四年復任。

史繼澤 字潤甫。貴州貴陽府人。光緒十二年三甲九十四名進士。十五年任廣東香山知縣，二十二年官至廣東羅定州直隸州知州。

楚 材 字晉卿。直隸灤平縣人。光緒十二年三甲九十五名進士。十五年任山東海豐知縣，十九年改山東利津知縣。

龔其藻 廣東南海縣人。光緒十二年三甲九十六名進士。十三年任廣東高州府教授。

謝昌年 字椿伯、引之，號壽田，晚號匱翁。浙江嘉興縣人。光緒十二年三甲九十七名進士。授戶部廣東司主事，十七年出爲金華府教授。

何文燿 字朗珊。廣東香山縣人。光緒十二年三甲九十八名進士。十八年署浙江奉化知縣，二十年改慶元知縣。

景 厚 字敦甫，號巒甫。滿

洲鑲藍旗，宗室。光緒十二年三甲九十九名進士。選庶吉士，授檢討。遷中允，二十四年以庶子任會試同考官，遷少詹事。二十九年授內閣學士，遷盛京禮部侍郎，三十一年改兵部左侍郎，三十二年改禮部侍郎，宣統三年署蒙古鑲紅旗副都統。

張燮霖 貴州安平縣人。光緒十二年三甲一百名進士。任山東知縣。

汪懋琨 字瑤庭。山東歷城縣人。光緒十二年三甲一百零一名進士。十六年任江蘇桃源、甘泉、長洲、吳縣、上海知縣，以疾歸。後修津浦鐵路，委以購地事宜。

陳閬 河南光山縣人。光緒十二年三甲一百零二名進士。二十六年任湖北棗陽知縣。

楊增輝 雲南蒙自縣人。光緒十二年三甲一百零三名進士。二十二年任四川內江知縣，三十年調山東海豐知縣，三十三年署山東泗水知縣。

左宜之 字堯卿。湖北武昌縣人。光緒十一年舉人，十二年三甲一百零四名進士。任浙江臨安知縣，十六年署慈溪知縣，改常山知縣、江山知縣，三十二年任浙江臨海知縣、永嘉知縣。

麟瑞 滿洲鑲紅旗人。光緒十二年三甲一百零五名進士。任國子監典簿，官至雲南曲靖府羅平州知州。

陳孝恪 山東滋陽縣人。光緒十二年三甲一百零六名進士。任戶部主事。

張堯淦 （原名張文炳）字抑侯，號質人。浙江歸安縣人。道光十五年四月二十五日生。光緒十二年三甲一百零七名進士。即用知縣。

劉有光 字謙山。雲南寧州人。光緒十二年三甲一百零八名進士。十七年任江蘇江陰知縣，改吳江知縣，二十九年署江蘇昆山知縣，宣統年間改青浦知縣。

史誠 字實夫。福建閩縣人。光緒十二年三甲一百零九名進士。任江西新淦知縣，升直隸州知州。卒於任。

李子春 江西武寧縣人。光緒十二年三甲一百十名進士。十六年八月代理山東膠州知州，十八年任山東披縣知縣，改江西吉安府教授。

李相 字鏡若。雲南昆明縣人。光緒十二年三甲一百十一名進士。授內閣中書，改知縣分發湖北，湖北總督張之洞重其才，委充中東學堂教習。兼修永慶、太平等處堤工。年四十二卒。著有《怡山詩集》。

弟李棻，光緒十五年進士。

馬樹芬 山東蓬萊縣人。光緒十二年三甲一百十二名進士。任廣西上林知縣。

慶頤 滿洲鑲黃旗人。覺羅氏。光緒十二年三甲一百十三名進士。任兵部主事，官至職方司郎中。

林履端 字椒臣。福建閩縣人。光緒十二年三甲一百十四名進士。

二十年任江西東鄉知縣。

王守訓 字仲彝，號松溪。山東黃縣人。道光二十九年正月初三日生。光緒十二年三甲一百十五名進士。選庶吉士，授檢討。

戴朝普 湖南長沙縣人。光緒十二年三甲一百十六名進士。

王源瀚 字海門。甘肅靜寧州人。光緒十二年三甲一百十七名進士。江西即用知縣，署南康知縣。告歸。卒年七十一。

子王曜南，光緒十二年進士。

楊汝濱 雲南昆明縣人。光緒十二年三甲一百十八名進士。二十三年任陝西平利知縣。

黃兆岷 江西興國縣人。光緒十二年三甲一百十九名進士。任十六年任安徽英山知縣，二十年改安徽天長知縣，二十七年改宣城知縣。

夏汝鏞 湖北廣濟縣人。光緒十二年三甲一百二十名進士。

胡懋齡 （榜名胡毓材）安徽涇縣人。光緒十二年三甲一百二十一名進士。

胡裔麟 字袚生。廣西蒼梧縣人。光緒十二年三甲一百二十二名進士。十七年署浙江太平知縣，十八年署樂清知縣，三十年改桐廬知縣。

杜甡 山西沁州直隸州人。光緒十二年三甲一百二十三名進士。即用知縣。

范克承 雲南太和縣人。光緒十二年三甲一百二十四名進士。十六年任福建臺灣安平知縣。

李賀初 廣東新會縣人。光緒十二年三甲一百二十五名進士。十三年任刑部主事。

李宗裕 字芸喬。湖南長沙縣人。光緒十二年三甲一百二十六名進士。任四川雅安知縣。

熊拜昌 江西新昌縣人。光緒十二年三甲一百二十七名進士。任內閣中書，二十三年改江西南康府教授。

何達聰 廣東順德縣人。光緒十二年三甲一百二十八名進士。十三年任廣東雷州府教授。

劉永清 甘肅秦安縣人。光緒十二年三甲一百二十九名進士。即用知縣，十六年改寧夏府教授。

何應心 字簡齋。陝西雒南縣人。光緒十二年三甲一百三十名進士。二十三年任四川夾江知縣。

聞捷 湖北蘄水縣人。同治九年舉人，十二年三甲一百三十一名進士。光緒十四年任河南偃師知縣，二十八年改河南魯山知縣。

王人文 字采臣。雲南太和縣人。光緒十二年三甲一百三十二名進士。任貴州貴築知縣、湄潭知縣，二十五年改開泰知縣，纍遷奉天錦州知府、廣西南寧知府、平梧道。三十三年授廣東按察使，三十四年遷陝西布政使改四川布政使。宣統二年曾護理四川總督，三年署川滇邊務大臣。因反對清廷鐵路國有政策，遭切責。

許益謙　福建永福縣人。光緒十二年三甲一百三十三名進士。任山西寧武知縣。卒於任。

郝秉忠　山西懷仁縣人。光緒十二年三甲一百三十四名進士。任吏部主事。

曹子昂　字伯仁，號鴻泉。山西介休縣人。道光二十年四月初五日生。光緒十二年三甲一百三十五名進士。

蔣傳爕　字和卿。湖北天門人縣。光緒十一年舉人，十三年三甲一百三十六名進士。任四川雅安知縣，二十年署蓬溪知縣。

兄蔣啓勛，咸豐十年進士。

楊澍　陝西澄城縣人。光緒十二年三甲一百三十七名進士。任奉天安東知縣，二十二年改海城知縣。

裴作則　山西五臺縣人。光緒十二年三甲一百三十八名進士。即用知縣，十七年任陝西甘泉知縣，二十二年署洛川知縣，二十五年改沔陽知縣。

董汝明　雲南嶍峨縣人。光緒十二年三甲一百三十九名進士。

楊嘉棟　（原姓宗）雲南賓川州人。光緒十二年三甲一百四十名進士。

程搏萬　江西浮梁縣人。光緒十二年三甲一百四十一名進士。官至署直隸祁州知州。

白焯　河南新鄭縣人。光緒十二年三甲一百四十二名進士。二十二年任山西屯留知縣。

劉榆生　江西安福縣人。光緒十二年三甲一百四十三名進士。二十年任湖南清泉知縣，改永順知縣，三十二年改湖南龍山知縣。

李坦　直隸樂亭縣人。光緒十二年三甲一百四十四名名進士。任吏部主事。官至吏部郎中、寶泉局監督。

唐樹譽　字伯庸。貴州遵義縣人。光緒十二年三甲一百四十五名進士。任雲南禄豐知縣、禄勸知縣、寧洱知縣、武定直隸州知州。

王皋　福建閩縣人。光緒十二年三甲一百四十六名進士。二十二年任河南上蔡知縣。

滕尚誠　字至如。甘肅皋蘭縣人。光緒十二年三甲一百四十七名進士。二十二年任安徽定遠知縣，署靈璧知縣。與上官不相能，解組歸，卒。

趙廷光　字伯容。貴州修文人。光緒十二年三甲一百四十八名進士。任湖南即用知縣，授武陵知縣，署保靖、宜章知縣。光緒末年以母老告終養歸。

王玉山　直隸冀州人。光緒十二年三甲一百四十九名進士。二十二年任河南光山知縣，二十八年改河南新安知縣。

宋萬選　字子青。甘肅皋蘭人。光緒十二年三甲一百五十名進士。二十三年任四川新都知縣，四川廣元知縣，二十九年改夾江知縣，三十二年署大竹知縣，三十四年署梁山知縣。

劉炳青 字書圃。甘肅隴西人。光緒十二年三甲一百五十一名進士。二十四年任江蘇丹陽知縣。

黃耀奎 字琴滄。直隸天津人。光緒十二年三甲一百五十二名進士。十五年署浙江麗水知縣。

張六翮 湖北沔陽州人。光緒十一年舉人，十二年三甲一百五十三名進士。任户部主事，改四川墊江知縣。

黃濟川 字子澂，號梅契、笠通。浙江金華縣人。光緒十二年三甲一百五十四名進士。即用知縣分發湖南，二十二年任綏寧知縣。

趙臣翼 順天大興縣人，原籍江蘇丹徒。咸豐六年（1856）八月初六日生。光緒十二年二甲一百五十五名進士。任內閣中書，二十五年改奉天鐵嶺知縣，改奉天興仁知縣，官至江西吉南贛寧道。

王秉籙 廣西融縣人。光緒十二年三甲一百五十六名進士。十六年任福建長泰知縣。

查文清 字沛思，號滄珊。浙江海寧州人。光緒十二年三甲一百五十七名進士。十六年任江蘇丹陽知縣。免職去。

七世祖查昇，康熙二十七年進士，少詹事。

續　曾（榜名續昌）蒙古正白旗人。光緒十二年三甲一百五十八名進士。二十四年任直隸深澤知縣。

蘇品仁 字静庵。雲南昆明縣人。光緒十二年三甲一百五十九名進士。任內閣中書，十六年署江蘇昆山知縣，改江蘇新陽知縣，二十五年任江蘇長洲知縣，官至直隸勸業道。

羅崇鼎 福建侯官縣人。光緒十二年三甲一百六十名進士。十九年任山東博山知縣，二十二年任山東掖縣知縣。

倪教敷 漢軍正藍旗人。光緒十二年三甲一百六十一名進士。任户部主事。

傅漢章 安徽盱眙縣人。光緒十二年三甲一百六十二名進士。貴州即用知縣。

唐國珍 廣西靈川縣人。光緒十二年三甲一百六十三名進士。二十七年任直隸河間知縣。

李蟠根 江蘇甘泉縣人。光緒十二年三甲一百六十四名進士。十九年任浙江昌化知縣，二十一年再任。

黃紹曾 字伯英，號稼軒。江西贛縣人。光緒十二年三甲一百六十五名進士。選庶吉士，授檢討。

楊錦江 直隸威縣人。光緒十二年三甲一百六十六名進士。任河南蘭儀知縣。

薛秉壬 字筱農。陝西長安縣人。光緒十二年三甲一百六十七名進士。任兵部主事，遷陸軍部員外郎。

父薛桂一，咸豐六年進士。

王肇修　山東費縣人。光緒十二年三甲一百六十八名進士。任刑部主事。

格呼鏗額　字少溪。蒙古正藍旗人。光緒十二年三甲一百六十九名進士。選庶吉士，授檢討。官至右春坊右中允。

周德至　順天涿州人。光緒十二年三甲一百七十名進士。十三年任吉林府教授。

梁乃賡　河南陳留人。光緒十二年三甲一百七十一名進士。二十一年署陝西涇陽知縣，二十四年署朝邑知縣，二十五年改宜君知縣。改河南汝寧府教授。

黃運春　江西金溪縣人。光緒十二年三甲一百七十二名進士。

許源清　字子春，號鶴泉。直隸新城縣人。光緒十二年三甲一百七十三名進士。十五年署文登知縣，十八年任山東招遠知縣，兼理榮城知縣，後充寧陽、滋陽土藥局長，二十六年任山東禹城知縣。後任候補道。賞加鹽運使銜。民國八年（1919）卒，年六十八。

劉自然　順天寧河縣人。光緒十二年三甲一百七十四名進士。

趙新　山西平遙縣人。光緒十二年三甲一百七十五名進士。即用知縣，十九年任廣東新安知縣。

劉瀛　字耕雲。福建閩縣人。光緒十二年三甲一百七十六名進士。二十二年任山西芮城知縣，二十七年改安邑知縣，三十年遷山西朔平府薩拉齊廳同知，三十二年改山西解州直隸州知州，官至知府。

丁照　浙江永嘉縣人。光緒十二年三甲一百七十七名進士。十五年任浙江紹興府教授。

王寰清　山東萊陽縣人。光緒十二年三甲一百七十八名進士。任直隸望都知縣。

段文元　河南汲縣人。光緒十二年三甲一百七十九名進士。任河南陳州府教授。

宗式坊　順天寶坻縣人。光緒十二年三甲一百八十名進士。任廣西武宣知縣，改永福知縣。

德壽　滿洲鑲紅旗人。光緒十二年三甲一百八十一名進士。三十三年任四川定遠知縣。

聶佐虞　江西新淦縣人。光緒十二年三甲一百八十二名進士。

劉學詢　廣東香山縣人。光緒十二年三甲一百八十三名進士。宣統二年授浙江金衢道。未到任。

潘泰謙　新疆迪化直隸州（今烏魯木齊）人。光緒十二年三甲一百八十四名進士。光緒十三年任茂名知縣，改廣東電白知縣、新會知縣。

王維德　直隸清苑縣人。光緒十二年三甲一百八十五名進士。任直隸正定府教授。

姚際虞　湖南衡陽縣人。光緒十二年三甲一百八十六名進士。任湖南長沙府教授。

光緒十五年（1889）己丑科

第一甲三名

張建勛　字季端，號愉谷。廣西臨桂縣人。咸豐七年（1857）生。光緒十五年一甲第一名狀元。授修撰。二十年充雲南鄉試主考官，二十三年督雲南學政，遷侍講，三十二年授黑龍江提學使。曾去日本考察學務。民國初年卒於京，終年六十五。著有《愉谷詩稿》。

李盛鐸　（1859—1936）字椒征、曦樵，號木齋。江西德化縣人。光緒十五年一甲第二名榜眼。授編修。二十四年升江南道御史，出任駐日公使，二十六年任順天府丞，三十年署太常寺卿，三十一年八月出使比利時大臣，宣統元年回國。宣統三年任山西按察使。十一月武昌起義後任山西布政使，護理巡撫。入民國，任山西民政長、參議院參政、農商總長、參議院議長、國政商榷會會長。藏書上萬種，著有《木犀軒藏書目録》。

劉世安　字靜皆。漢軍鑲黃旗。

光緒十五年一甲第三名探花。授編修。十七年充陝西鄉試主考官，十九年順天鄉試同考官，二十年督甘肅學政。

第二甲一百三十二名

杜本崇　字喬生。湖北善化縣人。光緒十五年二甲第一名進士。選庶吉士，授編修。遷掌福建道御史，外官至四川綏定知府。

周樹模　字少樸、孝頤，號沈觀、逢園。湖北天門縣人。咸豐十年（1860）七月初四日生。光緒十五年二甲第二名進士，選庶吉士，授編修。十七年充廣東鄉試副考官，二十年充會試同考官，二十八年任順天鄉試同考官，遷掌江西道御史，二十八年充順天鄉試同考官，二十九年充甘肅鄉試副考官，三十二年以江西道員署江蘇提學道，三十三年賞二品銜署奉天左參贊。三十四年署黑龍江巡撫。宣統三年兼任中俄勘界大臣。民國成立，任北洋政府平政院院長兼高等文官懲戒委員會委員長。民國十四年（1925）卒。年六十六。著有《沈觀齋詩文集》等。

饒士騰 字碧柯，號從五。江西南城縣人。光緒十五年二甲第三名進士。選庶吉士，授編修。

劉彭年 字壽篯、惺齋，號省庵。直隸天津縣人。光緒十五年二甲第四名進士。改刑部主事，升掌湖廣道御史，三十二年任民政部左參議，次年任民政部右丞。宣統元年病休。

丁惟禔 字伯平，號静移。山東日照縣人。光緒十五年二甲第五名進士。選庶吉士，授編修。十九年充陝西鄉試主考官。

費念慈 字屺懷，號西蠡，晚號藝風老人。江蘇武進縣人。光緒十五年二甲第六名進士。選庶吉士，授編修。十七年充浙江鄉試副考官，後以事被劾，放歸。寄居蘇州。著有《歸牧集》。

魏時鉅 （原名魏景熊）字子題。湖北武昌縣人。光緒五年舉人，十五年二甲第七名進士。選庶吉士，授編修。纍遷湖南岳州知府，官至湖南長沙知府。

熊方燧 字君遂，號經仲。江西高安縣人。光緒十五年二甲第八名進士。選庶吉士，授編修。十七年充順天鄉試同考官，官至侍讀。

陳嘉言 字梅生。湖南衡山縣人。光緒十五年二甲第九名進士。選庶吉士，授編修。遷掌京畿道御史，二十九年官至福建漳州知府。

許葉芬 字少翯。順天宛平縣人。光緒十五年二甲第十名進士。選庶吉士，授編修。官至江蘇鎮江知府，二十五年（1899）八月二十六日卒。

葉祥麟 安徽桐城縣人。光緒十五年二甲第十一名進士。十六年任吏部主事，二十五年改廣東信宜知縣。

曾廣鈞 （1866—1927）字重伯，號觙庵。湖南湘鄉縣人。光緒十五年二甲十二名進士。選庶吉士，授編修。纍官至廣西知府、雲南糧儲道。民國後，任國務院秘書。著有《環天室詩集》《環天室外集》《環天室文集》。

劉如煇 江蘇武進縣人。光緒十五年二甲十三名進士。任户部主事，遷浙江銀行總辦。

江　標 （初名江善寰）字建霞，號萱圃、師鄦，别號靈鶼閣主。江蘇元和縣人。光緒十五年二甲十四名進士。選庶吉士，授編修。二十年督湖南學政，改革書院，二十三年助巡撫陳寶箴規劃新政，與譚嗣同、黄遵憲辦時務學堂，刊《湘學新報》。戊戌政變後被革職囚於家中。二十五年（1899）卒。年四十。家中藏書較豐。著有《靈鶼閣叢書》《唐賢小集五十家》《黄蕘圃先生年譜》《紅蕉詞》等。

陳長檑 湖南瀏陽縣人。光緒十五年二甲十五名進士。選庶吉士，改刑部主事，二十年又改湖北宜都知縣。

鮑琪豹 字惠人，號叔蔚。安徽歙縣人。光緒十五年二甲十六名進士。任刑部主事，升刑部郎中，遷京師內外城地方檢察廳檢察長。

吳桂丹 字萬程，號秋舫。廣東高要縣（今肇慶）人。光緒十五年二甲十七名進士。選庶吉士，授編修。

徐仁鑄 字研甫、研英，號涵齋、縵惜。順天宛平縣人，原籍江蘇宜興。同治二年（1863）八月二十八日生。光緒十五年二甲十八名進士。選庶吉士，授編修。二十三年督湖南學政，十九年充四川鄉試副考官，提倡新學，請其父侍讀學士徐致靖推薦康有爲。二十四年戊戌政變後被慈禧太后革職。父入獄，母喪，哀痛致疾卒。年三十四。著有《酉軒今語》。

爲光緒二年進士徐致靖長子。

陳鍾信 字子實，號孟孚。四川富順縣人。光緒十五年二甲十九名進士。選庶吉士，改吏部主事，纍遷光祿寺少卿，官至順天府丞。卒年七十餘。

葉昌熾 字頌廬、菊裳，號緣督。江蘇長洲縣人。道光二十九年（1849）九月十五日生。光緒十五年二甲二十名進士。選庶吉士，授編修。纍遷國子監司業，加三品銜授侍讀。二十七年督甘肅學政，歷任國史館和會典館纂修、國史館提調、存古學堂總教習。三十三年充禮學館顧問官。民國六年（1917）九月二十二日卒，年六十九。著有《藏書紀事詩》《語石》《奇觚廎詩文集》《寒山詩志》《緣督廬日記抄》，參與修撰《清史稿》儒林、文苑傳稿。

王萬芳 （一作王萬方）字季遠，號楚佩。湖北襄陽縣人。光緒十四年舉人，十五年二甲二十一名進士。選庶吉士，授編修。官至浙江道御史。

王同愈 （1855—1941）字勝之，號栩緣、栩園。江蘇元和縣人。光緒十五年二甲二十二名進士。選庶吉士，授編修。二十三年督湖北學政，宣統二年授江西提學使。辭官後，居嘉定。善畫，山水得四王遺韻。著有《栩緣隨筆》等。

張孝謙 字巽之。河南商城縣人。光緒十五年二甲二十三名進士。選庶吉士，授編修。十九年充順天鄉試同考官，二十年充會試同考官，順天鄉試同考官，二十九年經濟特科廷試二等第十名。在北京參加強學會，任總董，并主持會務，從事維新變法活動，後學會被封閉。經李鴻章推薦主持官書局。

盧叢林 字筱山。雲南會澤縣人。光緒十五年二甲二十四名進士。選庶吉士，授編修。

士　魁 漢軍鑲白旗人。光緒十五年二甲二十五名進士。十六年任工部主事。

何爾鈞 福建閩縣人。光緒十

五年二甲二十六名進士。選庶吉士。未散館。

陳祥燕　字子封，號翔翰。浙江慈谿縣人。光緒十五年二甲二十七名進士。選庶吉士，改戶部主事，調江西鄱陽知縣，改德興知縣。

徐心泰　四川叙永直隸廳人。光緒十五年二甲二十八名進士。任戶部主事。

惲毓鼎　字薇蓀，號澄齋。順天大興縣人（後徙江蘇陽湖）。光緒十五年二甲二十九名進士。選庶吉士，授編修。歷任贊善、翰林院侍讀學士。後爲雲峰書院教席。著有《清光緒帝外傳》。

祖惲光宸，道光十八年進士，江西巡撫。

王世琪　字丙青。湖南寧鄉縣人。光緒十五年二甲三十名進士。任刑部主事、員外郎，纍遷大理寺少卿，光緒三十二年授法部右參議，三十四年改左參議，九月改總檢察廳廳丞，宣統三年十一月改大理院少卿。

劉啓端　字正卿、震青。江蘇寶應縣人。光緒十五年二甲三十一名進士。選庶吉士，授編修。十七年充湖北鄉試正考官，二十年充會試和順天同考官，升侍講。

從兄劉啓彤，光緒十二年進士。

羅鳳華　（原名羅宗熾）廣東順德縣人。光緒十五年二甲三十二名進士。十六年任禮部主事。

程棫林　字小山、邵珊。貴州思南府人。光緒十五年二甲三十三名進士。選庶吉士，授編修。十九年充甘肅鄉試正考官，升侍講，官至侍讀。卒年五十八。著有《説文補證》。

劉若曾　字仲魯，號沂庵。直隸鹽山縣人。光緒十五年二甲三十四名進士。選庶吉士，授編修。二十八年纍遷湖南辰州知府，三十一年改湖南長沙知府，遷江蘇常鎮道，宣統三年，由大理寺少卿遷修訂法律大臣，署法制院院使。

楊德鑅　江蘇上海縣人。光緒十五年二甲三十五名進士。十九年任四川三臺知縣，二十九年改安徽涇縣知縣。

許在衡　浙江山陰人縣。光緒十五年二甲三十六名進士。

周來賓　（原名周奎吉）浙江山陰縣人。光緒十五年二甲三十七名進士。任刑部主事，二十二年改寧波府教授。

吳獬　湖南臨湘縣人。光緒十五年二甲三十八名進士。任廣西荔浦知縣，二十五年改湖南沅州府教授。

陸鍾琦　字申甫，號少蓮。順天宛平縣人，原籍浙江蕭山。光緒十五年二甲三十九名進士。選庶吉士，授編修。歷任江蘇督糧道，三十三年授江蘇按察使，調江西、湖南按察使。宣統元年遷江蘇布政使。三年擢山西巡撫。赴任不久辛亥革命，新軍攻撫署拒降，中彈死。謚號"文烈"。

熙元 字太初、吉甫。滿洲正白旗，喜塔臘氏。同治二年（1863）十月二十日生。直隸總督裕祿子。光緒十五年二甲四十名進士。選庶吉士，授編修。遷侍講，官至國子監祭酒，二十六年八國聯軍入侵北京，七月二十二日偕嫂妻自殺。年三十八。贈太常寺卿。諡"文貞"。

陳庚經（原名陳華漢，一名陳昌爵）浙江會稽縣人。光緒十五年二甲四十一名進士。任戶部主事。

陳澤霖 直隸天津縣人。光緒十五年二甲四十二名進士。任工部主事，二十五年任陝西葭州知州，曾代理米脂知縣。二十八年卸。

鄧維琪（又名鄭維琪，未知所據）字華溪。貴州貴築縣人。生於咸豐六年（1856）。光緒十五年二甲四十三名進士。選庶吉士，十九年改四川彭山知縣、富順知縣，三十年改成都知縣，遷邛州知州，官至四川候補道。民國十七年（1928）卒於成都。年七十三。著有《牟珠詞》。

曹允源 字根蓀。江蘇吳縣人。光緒十五年二甲四十四名進士。任兵部主事，考取軍機章京，升員外郎、郎中，京察一等授直隸宣化知府，改大名府，二十九年調山東青州知府，三十一年改湖北襄陽知府，以二品頂戴任直隸口北道，官至湖北安襄荊鄖道。

孫鼎烈（1841—1910）字叔和。江蘇無錫縣人。光緒十五年二甲四十五名進士。選庶吉士，散館改浙江新昌知縣，二十五年署浙江太平知縣，官至四川候補道。

豫泰 字建候。蒙古鑲黃旗人。光緒十五年二甲四十六名進士。選庶吉士，授編修。十七年充順天同考官。

陳鳴秋 字韻庵，號屏樵。福建閩縣人。光緒十五年二甲四十七名進士。選庶吉士，改廣東廣寧知縣。嘆曰："吾懼為知縣，以其稱職之難也。"抵任凡三月，以疾卒於官。年六十。善畫山水，尤工水墨。

張澂 字研秋。甘肅古浪縣人。光緒十五年二甲四十八名進士。選庶吉士，授編修。官至福建建寧府知府、泉州知府。

崇壽 滿州鑲黃旗，溫徹亨氏。咸豐八年（1858）七月初九日生。光緒十五年二甲四十九名進士。選庶吉士，授編修。遷右贊善，官至侍讀。二十六年（1900）七月二十二日八國聯軍入侵北京，飲藥自殺。年四十三。贈太常寺卿銜。諡"文貞"（一作"文勤"）。

歐陽熙 字旭庵。江西彭澤縣人。光緒十五年二甲五十名進士。選庶吉士，散館改禮部主事，升員外郎、軍機章京，遷郎中，官至內閣印鑄局副局長。

夏聲喬 湖南善化縣人。光緒十五年二甲五十一名進士。二十年署直隸鹽山知縣，二十二年任直隸慶雲知縣。

馬步元（原名馬調元）字梅生。山東安丘縣人。由工部七品小京官升主事，光緒十五年二甲五十二名進士。選庶吉士，授編修。二十年充甘肅鄉試主考官。

劉爾炘　字又寬、曉嵐，號果齋。甘肅皋蘭縣人。同治三年（1864）生。光緒十五年二甲五十三名進士。選庶吉士，授編修。旋告歸。主講蘭州五泉書院。民國初，曾任甘肅省議會議長。民國二十年（1931）卒。著有《勸學邇言》《甘肅人物志》《果齋日記》《果齋續集》等。

法偉堂　字容叔，號濟廷、小山。山東膠州人。道光二十三年（1843）三月十八日生。光緒十五年二甲五十四名進士。即用知縣，改任山東青州府教授。十七年十月以"經明行修"賞國子監學正銜。晚年充濟南優級選科師範學堂總教習，全省師範傳習所所長。撰有《山左訪碑錄》。

丁寶銓（1869—1919）字衡甫，號默存。江蘇山陽縣人。光緒十五年二甲五十五名進士。任吏部主事、員外郎，纍遷山西冀寧道、廣東惠潮嘉道，三十二年授山西按察使，遷山西布政使，宣統元年十月授山西巡撫。宣統三年五月以病去職。謚"恪敏"。

傅世煒　字鄂伯、桐澂。四川華陽縣人。光緒十五年二甲五十六名進士。選庶吉士，授編修。纍遷陝西同州知府，二十三年改鳳翔知府，二十五年署漢中知府，二十七年署西安知府，擢道員。

賀濤　字松坡。直隸武強縣人。道光二十九年（1849）三月二十九日生。光緒十年任直隸大名府教諭，十五年二甲五十七名進士。任刑部主事。以目疾去官。曾主講信都、蓮池書院。民國元年（1912）五月初一日卒。年六十四。著有《賀先生文集》等。

張其鎡　廣西臨桂縣人。光緒十五年二甲五十八名進士。任刑部主事，官至江西建昌府知府。

熙瑛　字菊朋。滿洲鑲藍旗人。光緒十五年二甲五十九名進士。選庶吉士。授編修。遷右庶子、侍讀學士，二十九年授內閣學士，充順天鄉試副考官，三十一年擢學部左侍郎。十二月二十四日（1906年1月）卒。年四十九。

曹樹藩　字階人。廣西臨桂縣人。光緒十五年二甲六十名進士。選庶吉士，授編修。官至江西候補道。

張景旭　字子初。貴州鎮遠府人，光緒十五年二甲六十一名進士。任戶部主事，三十一年改四川丹稜等知縣。著有《雙梧吟館詩鈔》。

高樹（1848—1931）字蔚然，號珠岩。四川瀘州直隸州人。光緒十五年二甲六十二名進士。歷任兵部主事、軍機章京、員外郎、郎中，官至奉天知府。著有《金鸞瑣記》《思子軒傳奇》《鴿原録》等。

毛慶蕃（1846—1924）字君實、碩君。江西豐城縣人。光緒十五年二甲六十三名進士。任戶部員外郎，纍遷天津河間道，三十三年任江蘇提學使，三十四年授甘肅布政使。宣統元年十一月革。

瑞　賢　滿洲正白旗，宗室。光緒十五年二甲六十四名進士。官至山東道御史。

丁述曾　山東黃縣人。光緒十五年二甲六十五名進士。十六年任戶部主事。

沈瑜寶　字潤詳，號子美。浙江秀水縣人。光緒十五年二甲六十六名進士。任吏部主事。

父沈謙，道光三年進士，降調江蘇淮徐道。

賴紹濂　江西贛縣人。光緒十五年二甲六十七名進士。任兵部主事。

鄒洪緯　字經甫。江蘇丹徒縣人。光緒十五年二甲六十八名進士。任吏部主事，二十五年改直隸高陽知縣。卒於任。

段友蘭　字春岩。江西永新縣人。光緒十五年二甲六十九名進士。選庶吉士，授編修。十七年充福建鄉試副考官，二十年順天鄉試同考官，二十九年纍遷山東泰安知府，三十一年署山東青州知府，改登州知府，三十四年官至四川重慶知府。

葉新第　安徽黟縣人。光緒十

五年二甲七十名進士。選庶吉士，散館改主事，十九年改福建永安知縣，二十二年改福建閩縣知縣。

陳恩壽　直隸天津縣人。光緒十五年二甲七十一名進士。十六年任吏部主事。

薛啓榮　福建閩縣人。光緒十五年二甲七十二名進士。選庶吉士，散館改主事。

朱　錦　字雲甫。直隸天津縣人。光緒十五年二甲七十三名進士。選庶吉士，授編修。官至江西贛州知府。

趙蔚坊　山東黃縣人。光緒十五年二甲七十四名進士。十六年任吏部主事，改外務部主事。

愛　仁　字澤民。蒙古正黃旗人（京口駐防，居江蘇丹徒）。光緒十五年二甲七十五名進士。選庶吉士，散館改改主事，改河南羅山縣，三十年改内黃知縣、夏邑知縣。

趙爾萃　字小魯。漢軍正藍旗。光緒十五年二甲七十六名進士。二十一年二月任山東夏津知縣。二十五年卸任。丁母憂歸。

劉奉璋　字莪山。江蘇寶應縣人。光緒十五年二甲七十七名進士。選庶吉士，改戶部主事、總理事務衙門章京，官至外務部郎中，三品銜記名海關道。

李傳元　字菊農。江蘇新陽縣人。光緒十五年二甲七十八名進士。選庶吉士，授編修。二十七年充廣西鄉試主考官，遷浙江糧道，三十四年官至浙江提法使。宣統三年三月解職。

姚士璋 （原名姚櫪）字棫卿。浙江仁和人。光緒十五年二甲七十九名進士。選庶吉士，授編修。

景方昶 字旭初，號明久。貴州興義縣人。光緒十五年二甲八十名進士。選庶吉士，授編修。官至湖南辰州知府。賞食三品俸。

陳春瀛 福建長樂縣人。光緒十五年二甲八十一名進士。十六年任刑部主事。

余誠格 字壽平。安徽望江縣人。咸豐六年十二月初五（1857年1月）生。光緒十五年二甲八十二名進士。選庶吉士，授編修。十七年充江西鄉試副考官，二十一年任會試同考官，二十四年補山東道御史，纍遷廣西太平思順道，三十一年授廣西按察使遷廣西布政使，改陝西、湖北布政使，宣統三年授陝西巡撫（未任），閏六月改任湖南巡撫。九月辛亥革命去職。

張鴻翊 字文洲、文周。湖北黃岡縣人。光緒十一年舉人，十五年二甲八十三名進士。選庶吉士，授編修。二十九年充順天鄉試同考官，再任會試同考官。

孔繁昌 字仲光。貴州貴築縣人。光緒十五年二甲八十四名進士。選庶吉士，十八年改山西臨縣知縣，調河南閿鄉知縣。

鍾承祺 廣西鬱林直隸州人。光緒十五年二甲八十五名進士。任內閣中書。

王祖同 字肖庭、小亭。河南鹿邑縣人。光緒十五年二甲八十六名進士。選庶吉士，授編修。遷掌雲南道御史，任江西饒州知府，二十九年改廣西慶遠知府，候補道署河南布政使。辛亥後，任河南內務司司長、參政院參政、約法會議議員、廣西巡按使。袁世凱稱帝時，特封二等男。1916年，廣西反袁時被驅走。

袁用賓 湖北麻城縣人。光緒八年舉人，十五年二甲八十七名進士。任刑部主事，二十二年改四川南部知縣，官至四川候補道。

徐德沅 字伯興，號芷帆。安徽太湖縣人。光緒十五年二甲八十八名進士。選庶吉士，授編修。山西道御史，官至掌陝西道御史。卒於任。

王鐵珊 字伯唐。安徽英山縣人。咸豐十年（1860）五月十六日生。光緒十五年二甲八十九名進士。任兵部主事。二十六年（1900）八國聯軍入侵北京，七月二十一日“不忍國事敗壞”自盡死。年四十一。追贈道員。

王爲相 山東諸城縣人。光緒十五年二甲九十名進士。十六年任刑部主事。

陳懷忠 （一作陳懷中）福建閩縣人。光緒十五年二甲九十一名進士。二十八年任直隸南宮知縣。

薛寶辰 （1850—1926）字幼農，

號壽萱。陝西長安縣人。光緒十五年二甲九十二名進士。選庶吉士，授編修。十九年充山西鄉試主考官，官至翰林院侍讀學士。辛亥去職。著有《琚齋文詩鈔》《儀正堂筆記》《筌蹏編本年》《筌蹏絜圖說》《醫學絕句》等。

魏有聲 字闓屏。江蘇丹陽縣人。光緒十五年二甲九十三名進士。任刑部湖廣司主事，外任安徽和州知州。

唐烜 字昭卿，一字昭青，晚號芸叟。直隸鹽山縣人。光緒十五年二甲九十四名進士。任刑部主事，官至大理院推事。著有《虞淵集》。

高枬 字叔慎，號城南。四川瀘州直隸州人。光緒十五年二甲九十五名進士。選庶吉士，授編修。遷掌山東道御史，二十六年任順天北城巡城御史，官至刑科給事中。

王尤 字小墅。江蘇通州人。光緒十五年二甲九十六名進士。選庶吉士。未散館。

朱延薰 （一作朱廷薰，誤）字舜琴。安徽太湖縣人。光緒十五年二甲九十七名進士。選庶吉士，授編修。十九年以病歸。二十年（1894）正月卒。年四十九。

弟朱延熙，光緒十二年進士。

戚揚 字升准。浙江山陰縣人。光緒十五年二甲九十八名進士。選庶吉士，改刑部主事，二十年改福建安溪知縣，調江西東鄉知縣，二十七年改江西南昌知縣，二十八年任臨川知縣，三十一年官至江蘇松江知府。

張維彬 字仲文。雲南江川縣人。光緒十五年二甲九十九名進士。選庶吉士，十七年改山西安澤知縣、岳陽知縣，二十四回安澤任。官至河南淅川廳同知。

鍾廣 （1854—1940，初名鍾廣，後冠姓楊，易名楊鍾羲）號芷晴。漢軍正黃旗，姓尼堪氏。光緒十五年二甲一百名進士。選庶吉士。授編修。纍官湖北襄陽、安陸知府，改江蘇江寧、淮安知府。1923年，與王國維同為溥儀南書房行走。輯《八旗文經》，撰《雪橋詩話》《白山詞介》，另有《雪橋詞》等。

金蓉鏡 （1854—？）字甸丞，號潛父，一號潛廬，又號香嚴。浙江秀水人。光緒十五年二甲一百零一名進士。任工部主事、軍機處行走，再起為湖南靖州知州，官至湖南永順知府。有酷吏之稱。著有《潛廬全集》《滮湖遺老集》。

趙繼泰 （原名趙復泰）安徽太湖縣人。光緒十五年二甲一百零二名進士。十六年任刑部主事。

陳昌曇 湖南龍陽縣人。光緒十五年二甲一百零三名進士。十六年任户部主事。

王繼香 字止軒。浙江會稽縣人。光緒十五年二甲一百零四名進士。選庶吉士，授編修。官至河南開封知府。

高增融　字仲昭。陝西米脂縣人。光緒十五年二甲一百零五名進士。任户部主事、員外郎，官至甘肅副監理財政官。

何文瀾　浙江蕭山縣人。光緒十五年二甲一百零六名進士。十六年任户部主事。

趙秉璋　山東諸城縣人。光緒十五年二甲一百零七名進士。選庶吉士，散館改兵部主事，升郎中，官至廣東道御史。

孟瀅　河南鄭州人。光緒十五年二甲一百零八名進士。任禮部主事，二十年改湖北羅田知縣，二十三年調甘肅安化知縣。

馮端　字子莊。漢軍正白旗人。光緒十五年二甲一百零九名進士。選庶吉士，十八年改廣東乳源知縣，二十九年改普寧知縣，官至廣東嘉應直隸州知州。

張鵠輔　字茝南。江蘇吳縣人。光緒十五年二甲一百十名進士。任吏部主事，官至廣西潯州府知府。

林孝恂　字伯穎。福建閩縣人。光緒十五年二甲一百十一名進士。選庶吉士，改主事，二十年任浙江金華知縣，二十四年署浙江海寧知州，二十五年補石門知縣，三十一年改浙江仁和知縣，候補知府，升道員。任海塘提調，以病歸。

梁于渭　（？—1912）字鴻飛、杭叔。廣東番禺縣人。光緒十五年二甲一百十二名進士。官禮部祠祭司主事。

李登雲　湖南衡山縣人。光緒十五年二甲一百十三名進士。任刑部主事，改浙江臨安知縣，二十六署樂清知縣。

劉蔭椿　直隸靜海縣人。光緒十五年二甲一百十四名進士。二十二年任奉天錦州府教授，二十九年改直隸順德府教授。

吳嘉瑞　字吉府，號雁舟。湖南長沙縣人。光緒十五年二甲一百十五名進士。選庶吉士，授編修。外官任貴州都勻知府，宣統三年官至貴州貴東道。

武玉潤　字德卿。河南祥符縣人。光緒十五年二甲一百十六名進士。選庶吉士，改刑部主事，升員外郎、郎中，三十年遷山東兗州知府，三十一年改山東沂州知府，官至江西南昌知府。

錢鴻文　浙雲嘉善縣人。光緒十五年二甲一百十七名進士。十六年任刑部主事。二十九年改福建寧祥知縣。

林國贊　廣東番禺縣人。光緒十五年二甲一百十八名進士。任刑部主事。

萬和錫　江西德化縣人。光緒十五年二甲一百十九名進士。任兵部主事。

羅厚焜　安徽宿松縣人。光緒十五年二甲一百二十名進士。任户部主事。

劉錦榮　奉天錦縣人。光緒十五年二甲一百二十一名進士。任吏部主事，二十四年改山西石樓知縣，二十六年改山西洪洞知縣。

程仲昭 字朗川。陝西韓城縣人。光緒十五年二甲一百二十二名進士。十七年任安徽霍山知縣，調署巢縣知縣，升直隸州知州，候補知府，署盱眙知縣，代理泗州衛守備。後被中傷降調歸，卒年七十。

張允言 直隸豐潤縣人。光緒十五年二甲一百二十三名進士。任戶部主事，升員外郎、郎中，官至大清銀行監督。

曾光岷 四川華陽縣人。光緒十五年二甲一百二十四名進士。任刑部主事、提牢廳提牢。

父曾咏，道光二十四年進士。

熊起渭 湖北黃安縣人。光緒八年舉人，十五年二甲一百二十五名進士。任戶部主事，二十六年改廣西永康知州，遷安化廳同知。

唐右楨 字咏南。湖南武陵縣人。光緒十五年二甲一百二十六名進士。選庶吉士，散館改廣西融縣知縣。

王敊 字典文。山東安丘縣人。光緒十五年二甲一百二十七名進士。任刑部江蘇司主事。

柯劭忞 字敬儒，號麟伯。山東膠州人。光緒十五年二甲一百二十八名進士。即用知縣，署安徽貴池知縣，二十二年改太湖知縣，後晉直隸州知州。

劉元亮 字鞠農、菊農，號陶庵。山東章丘縣人。光緒十五年二甲一百二十九名進士。選庶吉士，授編修。二十三年督廣西學政。三十四年（1908）卒。年四十八歲。

陳金臺 河南郾城縣人。光緒十五年二甲一百三十名進士。任戶部主事，官至安徽滁州知州。

陸鍾岱 字天池。順天宛平縣人。光緒十五年二甲一百三十一名進士。十六年任內閣中書，官至民政廳廳丞。

孔昭棻 字顯弼，號印川。江蘇寶應縣人。光緒十五年二甲一百三十二名進士。授山東即用知縣，十七年抵長清縣。因風烈浪湧溺死。

第三甲一百六十一名

孫廷翰（？—1917）字問清。浙江諸暨縣人。光緒十五年三甲第一名進士。選庶吉士，授檢討。充國史館纂修，進文淵閣校理。

楊芾 字若米。江蘇高郵州人。光緒十五年三甲第二名進士。任兵部主事，升員外郎、郎中，官至山東萊州府知府，補用道。

章紹曾 字省吾。江西南昌縣人。光緒十五年三甲第三名進士。任江蘇知縣。

黃傳祁 字仲蘇。湖南長沙縣人。光緒十五年三甲第四名進士。授江蘇即用知縣，二十二年任江蘇崇明知縣，二十六年改江蘇句容知縣。

李夢斗 山東諸城縣人。光緒

十五年三甲第五名進士。二十七年任福建清流知縣。

陳寶森 廣東新會縣人。光緒十五年三甲第六名進士。十六年任工部主事。

王嶽崧 （原名王繡廊）字小木，別字嘯牧。浙江里安縣人。光緒十五年三甲第七名進士。任安徽潛山知縣，改安徽霍丘知縣，二十二年改蒙城知縣，二十四年改定遠知縣。

錢駿祥 字新甫，號耐庵。浙江嘉興縣人。工部尚書錢應溥子。光緒十五年三甲第八名進士。選庶吉士，授檢討。二十年督山西學政，歷任會典館和國史館纂修、編書處總校、侍講、侍讀。二十七年歸鄉，任敷文書院。著有《晋輞集》《子影集》等。

希廉 字紹甫。滿洲正紅旗，宗室。光緒十五年三甲第九名進士。選庶吉士，授檢討。遷國子監司業、祭酒、二十九年授內閣學士，三十一年擢泰寧鎮總兵。

高涵和 字伊澤、詩澤。福建侯官縣人。光緒十五年三甲第十名進士。二十七年補陝西宜君知縣，二十八年署陝西宜川知縣。

李鵬飛 字雲九，號梅生。浙江仁和縣人。光緒五年浙江鄉試解元，十五年三甲十一名進士。選庶吉士，二十一年改江蘇昭文知縣。

王同鼎 （榜名王同白）安徽桐城縣人。光緒十五年三甲第十二名進士。

郭曾程 字南雲。福建侯官縣人。光緒十五年三甲十三名進士。任內閣中書，改江蘇丹陽知縣，二十五年任宜興知縣，二十八年署江蘇江陰知縣，三十年署江蘇元和知縣，改如皋知縣。

祖父郭相蔭，道光十二年進士，湖北巡撫。

朱壽慈 （原名朱振鼎）江西蓮花廳人。光緒十五年三甲十四名進士。十七年署安徽懷遠知縣。

張曜斗 字星樞。陝西長安縣人。光緒十五年三甲十五名進士。分發河南代理永寧知縣，二十四年補實任，保在任候補直隸州知州，升補陝州直隸州知州。未任卒。年五十二。

陳曾佑 字蘇生，號篤齋。湖北蘄水縣人。光緒八年舉人，十五年三甲十六名進士。選庶吉士，授檢討。遷江南道御史，三十二年纍遷貴州道，署甘肅提學使，宣統元年署甘肅布政使。

夏時泰 湖南衡陽縣人。光緒十五年三甲第十七名進士。任湖北竹溪知縣，改東湖知縣。

薛賀圖 福建侯官縣人。光緒十五年三甲十八名進士。二十二年任廣東澄邁知縣。

郭集琛 湖北黃陂縣人。光緒十四年舉人，十五年三甲十九名進士。任户部主事，官至員外郎。

潘守廉 山東濟寧直隸州人。

光緒十五年三甲第二十名進士。二十四年任河南南陽知縣。

宮耀月 字竹樓，號鏡亭。山西繁峙縣人。光緒十五年三甲二十一名進士。選庶吉士，改甘肅平羅知縣，二十二年改山東齊東知縣。

黃榜書 字少瀛。廣西桂平縣人。光緒十五年三甲二十二名進士。任户部雲南清吏司主事，丁父憂歸。服闋改廣東直隸州。後歸卒於家。

江倣 四川秀山縣人。光緒十五年三甲二十三名進士。任河南光山知縣。

劉華 字寶含，號劍潭。陝西韓城縣人。光緒十五年三甲二十四名進士。任吏部文選司主事，升員外郎、郎中，二十八年充順天鄉試同考官，遷湖南岳州知府，宣統三年改湖南常德知府。辛亥後歸里。爲孔廟奉祀官。年七十卒。

翁天祐 （一作翁天祜）廣東海豐縣人。光緒十五年三甲二十五名進士。任福建浦城知縣。

朱懷新 字逸甫，號苗孫。浙江義烏縣人。光緒十五年三甲二十六名進士。任工部主事，改廣東鎮平知縣，升用直隸州知州。

兄朱一新，光緒三年進士。

區宗初 廣東番禺縣人。光緒十五年三甲二十七名進士。二十四年任山西平魯知縣。

劉元誠 湖北天門縣人。光緒八年舉人，十五年三甲二十八名進士。二十二年任江蘇金山知縣。

濟生 蒙古鑲白旗人。光緒十五年三甲二十九名進士。

易貞 字丞午。河南商城縣人。光緒十五年三甲三十名進士。任禮部主事、軍機章京、員外郎、軍機處領班、三品章京，宣統三年任典禮院學士。

劉盛堂 雲南會澤縣人。光緒十五年三甲三十一名進士。任廣東開平知縣。

費道純 四川閬中縣人。光緒十五年三甲三十二名進士。任刑部主事，官至河南候補道，贈內閣學士銜。

梁鑾藻 字伯朴，號鈴院。廣東順德縣人。光緒十五年三甲第三十三名進士。選庶吉士，授檢討。

鄭維翰 江蘇江寧縣人。光緒十五年三甲三十四名進士。

唐宗海 字容川。四川彭縣人。光緒十五年三甲三十五名進士。任禮部主事。是清末著名醫學家，爲中西醫彙通的倡導者。著有《血證論》《本草問答》《傷寒論淺注補正》《金匱要略淺注補正》《中西彙通醫經精義》等。

朱秉成 （原名朱之雋）字文川。浙江山陰縣人。光緒十五年三甲三十六名進士。十九年任江蘇常熟知縣，二十四年十二月改江蘇吳縣知縣，三十年署金壇知縣。

于宗潼 山東福山縣人。光緒十五年三甲三十七名進士。任工部主事，遷員外郎，纍遷四川成都知府，官至四川勸業道。辛亥革命去職。

王祖武 河南鹿邑縣人。光緒十五年三甲三十八名進士。十六年任工部主事。

喻兆蕃 字庶三。江西萍鄉縣人。光緒十五年三甲三十九名進士。選庶吉士，散館改刑部主事，二十九年官至浙江寧波知府。

魏秀琦 字挺生。福建侯官縣人。光緒十五年三甲四十名進士。任兵部主事、員外郎，官至兵部郎中。

譚汝玉 湖南湘潭縣人。光緒十五年三甲四十一名進士。十六年任內閣中書，二十四年改浙江於潛知縣。

雷光第 陝西咸寧縣人。光緒十五年三甲四十二名進士。十六年任刑部主事，二十一年改山西鄉寧知縣。

文明欽 字静川。貴州貴築縣人。道光二十七年（1847）五月十九日生。光緒十五年三甲四十三名進士。分山西知縣，十七年改廣西靈川知縣，十九年授藤縣知縣，丁憂服闋，三十年復任山西代理潞城知縣，調黎城縣，改右玉縣。辛亥去職。因道梗不能還鄉，居京城，民國五年（196）六月二十九日卒。年七十。著有《澹遠齋文集》《學愈愚齋文集》。

彭光湛 廣東南海縣人。光緒十五年三甲四十四名進士。任福建仙游知縣。

陳三立 字伯嚴，自號散原老人。江西義寧州人。光緒十五年三甲四十五名進士。官吏部主事。曾參與戊戌變法，被革職。後參與創辦江西鐵路公司，任總理。著有《散原精舍詩》。

毛慈望 河南武陟縣人。光緒十五年三甲四十六名進士。任工部主事。

何錫章 直隸天津縣人。光緒十五年三甲四十七名進士。任四川知縣。

王　埻 字覺生、爵生，號杏村。山東萊陽縣人。光緒十五年三甲四十八名進士。選庶吉士，授檢討。遷右春坊右中允、侍講學士、國子監祭酒，二十九年督河南學政，三十二年授內閣學士，遷法部右侍郎，任弼德院顧問大臣。

張用賓 湖北江夏縣人。光緒十四年舉人，十五年三甲四十九名進士。任户部主事。

劉秉鈞 字叔衡。山西遼州直隸州人。光緒十五年三甲五十名進士。選庶吉士，授檢討。官至湖廣道監察御史。

劉寶森 江西新昌縣人。光緒十五年三甲五十一名進士。十六年任刑部主事。

郭以誠 廣西臨桂縣人。光緒十五年三甲五十二名進士。

李映庚 江蘇海州直隸州人。光緒十五年三甲五十三名進士。直隸遷安知縣，官至直隸天津府知府。

郁保章　字憲臣。浙江嘉善縣人。光緒十五年三甲五十四名進士。任江蘇丹陽知縣，二十五改昭文知縣。

章乃正　字瑞士。浙江歸安縣人。光緒十五年三甲五十五名進士。任江西信豐知縣，二十六年改瑞金知縣。

徐培光　字葆常。貴州修文縣人。光緒十五年三甲五十六名進士。三十年任湖北蘄水知縣。

周秉道　廣西桂平縣人。光緒十五年三甲五十七名進士。任工部主事，改廣東陸豐知縣，改新寧知縣。

紀驤　湖北武昌縣人。光緒十五年三甲五十八名進士。

高永孝　安徽六安州直隸州人。光緒十五年三甲五十九名進士。十六年任工部主事。

劉邦槐　江蘇如皋縣人。光緒十五年三甲六十名進士。

謝臨春　四川開縣人。光緒十五年三甲六十一名進士。

王濟　甘肅秦安縣人。光緒十五年三甲六十二名進士。任江蘇知縣。

任廷颺　甘肅伏羌縣人。光緒十五年三甲六十三名進士。任刑部主事，官至員外郎。

賴宏　福建永定縣人。光緒十五年三甲六十四名進士。任廣西永淳知縣，二十九年改義寧知縣，三十一年改廣西桂平知縣，官至新寧知州。

楊墉　江西建昌縣人。光緒十五年三甲六十五名進士。

李錫庚　直隸樂亭縣人。光緒十五年三甲六十六名進士。任雲南平彝知縣、趙州知州，改沾益州知州。

寶豐　字和年，號雪樵、鏡生。滿洲正藍旗，宗室。道光三十年（1850）十一月初七日生。光緒十五年三甲六十七名進士。選庶吉士，授檢討。升侍讀，供職弘德殿，教授大阿哥讀書。二十六年（1900）八國聯軍入侵北京，欲隨西太后西逃不果，七月二十二月自殺。年五十一。贈太常寺卿。諡"文潔"。

黃炳辰　字叔龍，號星夢。廣西臨桂縣人。光緒十五年三甲六十八名進士。選庶吉士，二十年改甘肅古浪知縣。

李含菁　四川巴州人。光緒十五年三甲六十九名進士。三十年任甘肅張掖知縣，改甘肅平羅知縣。

連培型　字貽孫。江西南城縣人。光緒十五年三甲七十名進士。任刑部主事，升員外郎，宣統二年官至貴州遵義知府。

黃大華　字伯子，號鞠友。湖北武昌縣人。咸豐五年（1855）生。光緒十一年舉人，十五年三甲七十一名進士。二十二年任浙江德清知縣，署浙江西安知縣，二十六年署浙江錢塘知縣，二十七年兼仁和知縣，三十年再署錢塘知縣。宣統二年（1910）卒。

李光卓　廣西永福縣人。光緒十五年三甲七十二名進士。二十九年任湖南湘陰知縣。

湯汝和 廣西靈川縣人。光緒十五年三甲七十三名進士。任湖南江華知縣。

趙曾棟 直隸淶水縣人。光緒十五年三甲七十四名進士。任戶部主事，遷庫倫銀行總辦。

趙　銳 陝西城固縣人。光緒十五年三甲七十五名進士。任知縣。

程豐厚 字芑孫，號筱芙。安徽休寧縣人。光緒十五年三甲七十六名進士。選庶吉士，任刑部主事，二十年改山東昌樂知縣，在任五年告歸。

薩嘉樂 字多善，號稼庵。福建閩縣人。光緒十五年三甲七十七名進士。選庶吉士，授檢討。任國史館協修。

方鳳鳴 浙江蘭溪縣人。光緒十五年三甲七十八名進士。分發廣西即用知縣。

張瑞麟 雲南太和縣人。光緒十五年三甲七十九名進士。

金鴻翎 字汝儀。安徽英山縣人。光緒十五年三甲八十名進士。任內閣中書，二十四年改湖北漢陽府同知，二十六年改隨州知州，調武黃同知，捐升道員。加二品頂戴。著有《五經會考》《皖課真詮》。

賈作人 山西沁水縣人。光緒十五年三甲八十一名進士。

解　鎧 山西稷山縣人。光緒十五年三甲八十二名進士。任內閣中書。

曾慶蘭 湖北京山縣人。光緒十五年三甲八十三名進士。任湖北襄陽府教授，二十二年改河南新安知縣。

黃士廉 貴州貴築縣人。光緒十五年三甲八十四名進士。

紹　昌 字任庭。滿洲正白旗，覺羅氏。光緒十五年三甲八十五名進士。任內閣中書，遷侍讀，三十一年纍遷外務部左丞，改內閣學士，三十二年遷刑部右侍郎，改法部侍郎，宣統二年改法部大臣。

沈祖燕 字翼孫。浙江蕭山縣人。光緒十五年三甲八十六名進士。內閣中書，二十四年署江蘇常熟知縣，官至勸業道。

雷蔚瑞 陝西白水縣人。光緒十五年三甲八十七名進士。二十七年任河南榮澤知縣。

鄭克明 福建長汀縣人。光緒十五年三甲八十八名進士。十六年任內閣中書。

勞肇光 字次薌、少薌。廣東鶴山縣（今江門）人。光緒十五年三甲八十九名進士。選庶吉士，授檢討。官至安徽廬州知府。

馬家楨 字幹生。江蘇吳縣人。光緒十五年三甲九十名進士。任河南西華、新野、柘城知縣。以積勞卒於柘城。

溫仲和 （一作溫中和，誤）字慕柳。廣東嘉應直隸州人。光緒十五年三甲九十一名進士。選庶吉士，授檢討。著有《求在我齋集》。

鈺昶　滿洲鑲紅旗人。光緒十五年三甲九十二名進士。任吏部主事，官至員外郎。

黎宗幹　字詒谷，號苣孫。安徽宿松縣人。光緒十五年三甲九十三名進士。二十二年任山西潞城知縣。勤勞得疾卒於官，年四十四。

馮愼源　陝西大荔縣人。光緒十五年三甲九十四名進士。二十二年任雲南江川知縣。

董維埥　雲南賓川州人。光緒十五年三甲九十五名進士。二十二年任甘肅正寧知縣。

邱逢甲　（1864—1912）字仙根，號蟄仙，又號仲閼，別號南武山人、倉海君。福建臺灣彰化縣人。光緒十五年三甲九十六名進士。任工部主事。日本侵占臺灣時，組織義軍抗日，事敗去廣東加入同盟會。辛亥革命後，即以倉海爲名。赴南京組織臨時政府，任參議員等職。

楊紀元　雲南彌勒州縣人。光緒十五年三甲九十七名進士。

彭獻壽　廣西宜山縣人。光緒十五年三甲九十八名進士。

程元愷　安徽婺源縣人。光緒十五年三甲九十九名進士。三十年任安徽寧國府教授。

張立德　陝西榆林縣人。光緒十五年三甲一百名進士。任戶部主事，升員外郎。

弟張立仁，光緒十六年進士。

陳銑綬　山西平定直隸州人。光緒十五年三甲一百零一名進士。

潘尚志　字心存。江蘇吳縣人。光緒十五年三甲一百零二名進士。任江西上猶知縣。

李柏齡　江西萍鄉縣人。光緒十五年三甲一百零三名進士。任湖南興寧知縣。

陳本棠　湖北天門縣人。光緒八年進士，十五年三甲一百零四名進士。任江西知縣。

朱路　江蘇海州直隸州人。光緒十五年三甲一百零五名進士。十六年任內閣中書，改任郵傳部主事。

張華奎　字靄卿。安徽合肥縣人。光緒十五年三甲一百零六名進士。發四川以道員補用，後署川東道，參與辦理大足教案。十八年，補建昌道，次年，調署按察使，改署成綿龍茂道，又改川東道。處理成都教案。二十二年（1896）八月卒。

黃大琨　福建長樂縣人。光緒十五年三甲一百零七名進士。

鄭熾昌　字橘泉。江蘇吳縣人。光緒十五年三甲一百零八名進士。二十三年正月任山東臨朐知縣。

喻鴻鈞　湖北黃岡縣人。光緒十一年舉人，十五年三甲一百零九名進士。二十二年任貴州鎮遠知縣、龍里知縣，二十八年官至貴州大定府通判。

武瀛　字百川，號仙航。陝西富平縣人。光緒十五年三甲一百十名進士。任刑部主事，升員外郎、郎中，外任四川雅州知府，調四川高等審判廳廳丞。告歸。民國元年

（1912）卒。年五十八。著有《強學齋全集》。

朱德澤　河南羅山縣人。光緒十五年三甲一百十一名進士。

王天培　字植元。陝西富平縣人。光緒十五年三甲一百十二名進士。二十年署山東濰縣知縣，二十四年任山東范縣知縣。

袁信芳　字以燕、葦孫。浙江鄞縣人。光緒十五年三甲一百十三名進士。年已六十餘補江西廣昌知縣，任百餘日卒於官。

魏立　甘肅伏羌縣人。光緒十五年三甲一百十四名進士。二十五年代理陝西隴州知縣，二十六年任陝西清澗知縣，二十八年署洛川知縣、汧陽知縣，三十四年署紫陽知縣，宣統二年署邠州直隸州知州，三年署耀州知州。

劉汝訢　山西臨縣人。光緒十五年三甲一百十五名進士。二十五年任陝西神木知縣，三十年改孝義廳同知，三十二年改麟游知縣。

張庭詩　山東黃縣人。光緒十五年三甲一百十六名進士。任山東日照縣教諭，升四川昭化知縣。

劉允恭　直隸遵化直隸州人。光緒十五年三甲一百十七名進士。二十三年署江蘇溧陽知縣。

王予符　字星階。山東益都縣人。光緒十五年三甲一百十八名進士。二十年任山東兗州府教授。

王啓烈　浙江鄞縣人。光緒十五年三甲一百十九名進士。

王同德　安徽太平縣人。光緒十五年三甲一百二十名進士。任四川巴縣知縣。

李棻　字香畬。雲南昆明縣人。光緒十五年三甲一百二十一名進士。任浙江蕭山知縣，在任八年，改遂安知縣。

兄李相，光緒十二年進士。

熊文壽　湖北麻城縣人。光緒十一年舉人，十五年三甲一百二十二名進士。

唐書年　（原名唐晋祺）字史雲，號祝笙。山東寧海州人。咸豐七年六月初五日生。光緒十五年三甲一百二十三名進士。

阮善繼　陝西安康縣人。光緒十五年三甲一百二十四名進士。任知縣。

梁肇榮　字則仲，號幼麟。福建侯官縣人。光緒十五年三甲一百二十五名進士。選庶吉士，改主事，改廣東鶴山知縣，二十七年任順天中城正指揮。

逯懿　字俊卿，號雨山。河南林縣人。咸豐五年七月二十九日生。光緒十五年三甲一百二十六名進士。任直隸知縣。

楊增新　字鼎臣，一字子周。雲南蒙自縣人。同治六年（1867）生。光緒十五年三甲一百二十七名進士。任甘肅渭源知縣，纍遷甘肅河州知府，升陸軍學堂總監，三十四年，官至新疆阿克蘇兵備道，擢鎮迪道兼提法使。辛亥革命後，任新疆都督兼民政長。後任新疆省長。民國十七年（1928）任新疆政府主席。被部下刺死。

　　武鑣　字子芬。甘肅隴西縣人。光緒十五年三甲一百二十八名進士。任刑部主事，二十五年改四川閬中知縣，宣統二年任四川名山知縣。

　　父武尚仁，咸豐二年進士。

　　吳國珍　漢軍鑲黃旗人。光緒十五年三甲一百二十九名進士。二十九年任江西永豐知縣。

　　張正基　貴州貴陽府人。光緒十五年三甲一百三十名進士。任湖南攸縣知縣，二十六年改酃縣知縣。

　　王紹勛　字熙陶，號華亭。河南輝縣人。咸豐七年二月二十六日生。光緒十五年三甲一百三十一名進士。

　　李錦　字洞齋。福建侯官縣人。光緒十五年三甲一百三十二名進士。任知縣，十六年改福建延平府教授。

　　楊萬選　山東陽穀縣人。光緒十五年三甲一百三十三名進士。三十年任雲南丘北知縣，遷大理府通判。

　　趙金壽　江西安福縣人。光緒十五年三甲一百三十四名進士。任刑部主事，二十四年改浙江孝豐知縣。

　　李汾　漢軍鑲藍旗包衣人。光緒十五年三甲一百三十五名進士。

　　李步瀛　陝西咸寧縣人。光緒

十五年三甲一百三十六名進士。任四川南江知縣，二十八年改四川秀山知縣。

　　李滋然　字命三。四川長壽縣人。光緒十五年三甲一百三十七名進士。二十一年任廣東電白知縣，二十九年改東莞知縣。

　　李硯田　字端溪。山東齊河縣人。光緒十五年三甲一百三十八名進士。即用知縣，分發四川，以親老改山東武定府教授。

　　周朝槐　廣東順德縣人。光緒十五年三甲一百三十九名進士。十六年任吏部主事，改外務部主事。

　　李進祿　河南盧氏縣人。光緒十五年三甲一百四十名進士。任福建海澄知縣。

　　蘇保國　雲南建水縣人。光緒十五年三甲一百四十一名進士。

　　楊佩芬　四川秀山縣人。光緒十五年三甲一百四十二名進士。二十三年任貴州餘慶知縣，二十四年改天柱知縣。

　　陳廷鑑　甘肅寧遠縣人。光緒十五年三甲一百四十三名進士。任戶部七品小京官。

　　超詣　江西安仁縣人。光緒十五年三甲一百四十四名進士。

　　史恩培　直隸遵化直隸州人。光緒十五年三甲一百四十五名進士。二十六年任山東新城知縣，改山東魚臺知縣，二十八年任山東滕縣知縣。

　　呂敬直　河南寧陵縣人。光緒

十五年三甲一百四十六名進士。二十五年任江西德化知縣。

閻維玉 山西太谷縣人。光緒十五年三甲一百四十七名進士。

曹琳 字佩卿。安徽青陽縣人。光緒十五年三甲一百四十八名進士。即用知縣分發河南，二十九年改直隸盧龍知縣。

石作棟 甘肅狄道州人。光緒十五年三甲一百四十九名進士。任貴州貴定知縣，二十八年改荔波知縣。

魏志良 江西新建縣人。光緒十五年三甲一百五十名進士。

馬覲臣 河南孟縣人。光緒十五年三甲一百五十一名進士。任直隸遷安知縣，二十三年改直隸望都知縣，三十年改清豐知縣。

曾思睿 廣西平樂縣人。光緒十五年三甲一百五十二名進士。

李子方 字端甫。河南睢州人。光緒十五年三甲一百五十三名進士。二十一年任山東海豐知縣，二十四年改丘縣知縣。

劉世珍 直隸豐潤縣人。光緒十五年三甲一百五十四名進士。任雲南定遠知縣，二十二年改奉天昌圖府教授。

鄭鎔 字肖彭。福建閩縣人。光緒十五年三甲一百五十五名進士。

任刑部主事，改江蘇丹陽知縣，丁憂代理無錫知縣。卒於任。

錢鴻逵 字翌臣。雲南昆明縣人。光緒十五年三甲一百五十六名進士。歸班候選知縣，改雲南麗江府教授，後出日本考察學務，兼雲南留學生監督。卒於日本。

張寅旦 字平山。雲南宣威州人。光緒十五年三甲一百五十七名進士。分發廣東知縣，改雲南景東廳教授。卒於任。

鄭永貞 山西大同縣人。光緒十五年三甲一百五十八名進士。

周文瀾 貴州石阡府人。光緒十五年三甲一百五十九名進士。二十二年任貴州黎平府教授。

王炳章 奉天義州人。光緒十五年三甲一百六十名名進士。任直隸河間府教授。

楊深秀 （本名楊毓秀）字漪邨。山西聞喜縣人。道光二十九年（1849）四月初二日生。同治初以舉人入資爲刑部員外郎，光緒十五年三甲一百六十一名進士。遷郎中，二十三年擢山東道御史。因參與"戊戌變法"，二十四年（1898）八月十三日與譚嗣同、林旭、楊銳、劉光第、康廣仁等被處斬。年五十。世稱"六君子"。著有《雪虛聲堂詩草》《楊漪邨侍御奏稿》《聞喜縣新志》。

光緒十六年（1890）庚寅恩科

本科爲清德宗親政恩科

第一甲三名

吳　魯　字肅堂，號肅辛。福建晉江縣人。光緒十六年一甲第一名狀元。授修撰。十七年充陝西鄉試副考官，同年督安徽學政，充國史館纂修，二十八年仍以修撰督雲南學政，回京後光緒三十二年四月調吉林提學使，偕各省提學赴日本考察學制及農工商，後充圖書館總校。歸籍卒。著有《讀禮纂錄》《紙談》《蒙學初編》《國恤恭記》《讀王文成經濟書後》等。

文廷式　字道希，號芸閣，自號純常子。江西萍鄉縣人。咸豐六年（1856）生。光緒十六年一甲第二名榜眼。授編修。德宗超授侍講學士。甲午戰時嚴劾李鴻章簽訂《馬關條約》，與康有爲等組織强學會。李鴻章授意楊崇伊彈劾，革職永不叙用，後避居日本。光緒三十年（1904）卒。年四十九。治史，工詩詞，是清末著名文人。著有《純常子枝語》《雲起軒詞鈔》《聞臣偶記》等。

吳蔭培　字樹白，號穎芝。江蘇吳縣人。光緒十六年一甲第三名探花。授編修。充日講起居注官，二十七年福建鄉試副考官，外官任廣東廉州知府、潮州知府、貴州鎮遠知府，二品遇缺即補用道。

第二甲一百二十六名

蕭大猷　湖南益陽縣人。光緒十六年二甲第一名進士。任兵部主事。

黃紹第　字陸笙、叔頌，號叔庸，號縵庵。浙江里安縣人。咸豐五年（1855）五月二十日生。兵部侍郎黃體芳次子。光緒十六年二甲第二名進士。選庶吉士，授編修。十九年充湖南鄉試主考官，二十年江南鄉試副考官，歷任湖北候補道、湖北全省學務處總辦、江楚編譯局總纂，三十三年署湖北提學使，改湖北武昌鹽法道。辭官歸里後搜集整理鄉里文獻，編有《里安百咏》等。和兄紹箕編著《二黃先生詩耇》。

父黃體芳，同治二年進士，官兵部侍郎；兄黃紹箕，光緒六年進士。

李立元 字仁宇，號簣孫。貴州開州（今開陽）人。光緒十六年二甲第三名進士。選庶吉士，授編修。二十三年充順天鄉試同考官，外官至四川順慶知府，酉陽直隸州知州，三十年遷寧遠知府，改嘉定知府。辛亥去職，民國十一年（1922）二月卒。年六十四。

徐季孺 字幼樨、又雅。山東曹縣人。光緒十六年二甲第四名進士。選庶吉士，授編修。十九年充陝西鄉試副考官，二十年督河南學政，官至山西太原知府。喜藏書。著有《悔齋詩存》《徐悔齋集》等。

孟慶榮 字黼臣、紱臣，號芝亭。直隸永年縣人。光緒十六年二甲第五名進士。選庶吉士，授編修。升贊善，翰林院侍讀，三十二年任學部左參議，三十三年官至學部右丞。宣統三年去職。

何聲灝 字伯梁。安徽望江縣人。光緒十六年二甲第六名進士。選庶吉士，改戶部主事，後任外務部主事。

孫紹陽 河南儀封縣人。光緒十六年二甲第七名進士。任吏部主事，升員外郎、郎中，三十三年任吏部左參議，三十四年遷吏部右丞，宣統三年官至典禮院直學士。

程秉釗 （原名程秉銛）字蒲孫，號公勱。安徽績溪縣人。光緒

十六年二甲第八名世士。選庶吉士，未散館。

朱益藩 （1861—1935）字艾卿，號定園。江西蓮花廳人。光緒十六年二甲第九名進士。選庶吉士，授編修。十九年充順天鄉試同考官，升侍講，二十三年充湖南鄉試主考官，遷侍讀學士，二十八年充浙江鄉試主考官，二十九年督陝西學政，三十二年督山東提學使。三十三年改大學堂監督、宗人府丞。充考試留學生閱卷大臣，贈太子太保。辛亥後隱居北京。工書法，京師許多匾額多出其手。

兄朱益濬，光緒三年進士。

謝佩賢 字偉如，號味餘。江西南城縣人。光緒十六年二甲第十名進士。選庶吉士，授編修。十九年充甘肅鄉試副考官。

王沛棻 字雨樵，號仲珊。河南光州直隸州人。光緒十六年二甲十一名進士。選庶吉士，改工部主事，三十年又改陝西靖邊知縣。宣統二年署陝西山陽知縣。

江仁徵 （1852—1909）字定甫，一字亭英。浙江鄞縣人。光緒十六年二甲十二名進士。任刑部主事，改江西永新知縣、上海總商會理事。著有《味吾廬詩文存》。

吳錫寯 陝西渭南縣人。光緒十六年二甲十三名進士。任戶部主事。

任文燦 字壁東。廣東花縣人。光緒十六年二甲十四名進士。選庶

吉士，改戶部主事，官至度支部員外郎。

劉崇照 字楚薌，號挺廬。浙江鎮海縣人。光緒十六年二甲十五名進士。選庶吉士，二十二年改江蘇鹽城縣知縣。

石振鋆 字貢存。湖北黃梅縣人。光緒十一年湖北鄉試解元，十六年二甲十六名進士。選庶吉士，未散館。

余堃 字子厚。四川巴州人。光緒十六年二甲十七名進士。選庶吉士，授編修。二十三年充雲南鄉試副考官，三十四年官至陝西提學使。辛亥去職。民國十二年（1923）卒。

李安 字磐石。江蘇通州直隸州人。光緒十六年二甲十八名進士。十六年任戶部主事。

王敦成 字少義。廣西藤縣人。光緒十六年二甲十九名進士。選庶吉士，改貴州甕安知縣。在任六年。

李經畬 字伯雄，號新吾、橘洲。安徽合肥縣人。光緒十六年二甲二十名進士。選庶吉士。授編修。官至侍講。民國時供職清史館，任提調，參與《清史稿》的修撰。長居北京。有《希呂印存》。輯有《合肥李勤恪公政書》。

爲道光二十七年進士文華殿大學士李鴻章之侄。

楊庚辰 直隸邢臺縣人。光緒十六年二甲二十一名進士。任刑部主事，改吉林府教授。

王清穆 字丹揆。江蘇崇明縣人。光緒十六年二甲二十二名進士。十六年任戶部主事，二十九年遷商部員外郎，改商部參議，三十二年正月任商部右丞，遷直隸按察使。因病辭歸。曾任上海南洋公學監督、大同商業銀行董事長。力爭路權，被舉爲江蘇鐵路公司總理。民國後，歷浙江財政清理官、江蘇財政司司長、太湖水利局督辦等。

趙以煥 字欽祖，號伯章。貴州廣順縣人。光緒十六年二甲二十三名進士。十九年任江蘇丹陽知縣，二十三年改吳縣知縣，調署江蘇武進知縣。積勞病卒於任。

二弟趙以炯，光緒十二年狀元；弟趙以煃，光緒十二年進士。

許晉祁 字介侯。廣西臨桂縣（今桂林）人。光緒十六年二甲二十四名進士。選庶吉士，授編修。二十年充順天鄉試同考官，二十一年任會試同考官，外官至湖南永州府知府（一作永順知府）。

江雲龍 （1858—1904）字潛之，號潤生、石琴。安徽合肥縣人。光緒十六年二甲二十五名進士。選庶吉士，授編修。改雲南河西知縣、寶寧知縣、雲州知州，歷任安徽淮安知府、湖南永順知府、江蘇知府。著有《師上明齋詩》。

載昌 字克臣，號鶴亭。滿洲鑲藍旗，宗室。光緒十六年二甲二十六名進士。選庶吉士，授編修。升右中允、國子監祭酒，太常寺少卿，二十八年充福建鄉試正考官，官至內閣學士。督山東學政。

焦錫齡 河南武安縣人。光緒十六年二甲二十七名進士。任吏部主事。

陳乃績 湖南長沙縣人。光緒十六年二甲二十八名進士。任江西瑞昌知縣。

潘寶琳 字仲瑜。廣東番禺縣人。光緒十六年二甲二十九名進士。選庶吉士，授編修。

吳懷清 字蓮溪，號慎初。陝西山陽縣人。光緒十六年二甲三十名進士。選庶吉士，授編修。二十九年充山東鄉試副考官，會試同考官，京察一等截取道員。加二品銜。宣統二年授翰林院滿秘書郎。著有《關中三李年譜》《皇朝謚法考》。民國十七年（1928）卒，年五十八。

陳光宇 字御三。江蘇江寧縣人。光緒十六年二甲三十一名進士。

李晉魁 山西榮河縣人。光緒十六名二甲三十二名進士。任刑部主事。二十四年任陝西南鄭知縣，二十七年署洛川知縣，二十八年改葭州知州。

朱祥暉 字壽眷，號瑞侯。湖北崇陽縣人。光緒十五年舉人，十六年二甲三十三名進士。選庶吉士，改戶部主事。

王修植 （1860—1900）字毓生，號儻庵。浙江定海直隸廳人。光緒十六年二甲三十四名進士。選庶吉士，授編修。官直隸候補道。委辦北洋水師學堂，又任北洋大學堂總辦，兼武定軍營務處幫辦。1897年，和嚴復等創辦《國聞報》。著有《工程測繪》。

王安瀾 字靜波。河南新鄭縣人。光緒十六年二甲三十五名進士。選庶吉士，授編修。

王以慜 （1855—1921）字子捷、夢湘，號檗塢。湖南武陵縣（今常德）人。光緒十六年二甲三十六名進士。選庶吉士，授編修。官至江西瑞州知府。著有《檗塢詩詞存》。

楊家驥 字德秀，號德孫。浙江慈溪縣人。光緒十六年二甲三十七名進士。選庶吉士，授編修。升翰林院撰文學士。

父楊泰亨，同治四年進士。

朱景軾 字麗青。雲南石屏州人。光緒十六年二甲三十八名進士。選庶吉士，授編修。

汪鳳梁 字蘭楣。江蘇元和縣人。光緒十六年二甲三十九名進士。選庶吉士，授編修。外官至四川順慶知府。

錢昌祚 河南祥符縣人。光緒十六年二甲四十名進士。十六年任工部主事。

楊廷椿 字壽萱。貴州貴築縣人。光緒十六年二甲四十一名進士。十六年任户部主事，改雲南知縣。

王慶平 字愛樹，號耜雲。江蘇上海縣人。光緒十六年二甲四十二名進士。選庶吉士，散館改禮部主事，升員外郎、郎中，歷任政務處總辦、軍機處領班、江南鹽運使、山西護法道，宣統三年授山西布政使，護理巡撫。十一月召京。

楊承禧　字致存，號捷庵。湖北江夏人。光緒八年舉人，十六年二甲四十三名進士。選庶吉士，授編修。官至四川候補道。繼張仲忻任《湖北通志》總纂。

蔡曾源　字夢泉，號仙峰。山東日照縣人。光緒十六年二甲四十四名進士。選庶吉士，授編修。遷福建道御史，掌雲南道御史，官至福建建寧知府。

關榕祚　廣西臨桂縣人。光緒十六年二甲四十五名進士。任吏部主事，纍遷江西廣信府知府，二十八年改雲南曲靖知府。

徐兆瑋　字少逵，號瑋如。江蘇昭文縣人。光緒十六年二甲四十六名進士。選庶吉士，授編修。辛亥後，任國會眾議院議員。著有《芙蓉莊紅豆錄》。

劉成傑　字仲梁。福建長樂縣人。光緒十六年二甲四十七名進士。選庶吉士，授編修。

夏之森　字曉岩。浙江嘉善縣人。光緒十六年二甲四十八名進士。選庶吉士，散館二十年改江西廣豐縣知縣。

朱贊廷　奉天錦縣人。光緒十六年二甲四十九名進士。任直隸赤城知縣，三十年任直隸肥鄉知縣。

黃家傑　（？—1918）字雋珊。江西新淦縣人。光緒十六年二甲五十名進士。選庶吉士，散館改安徽太平知縣、阜陽知縣，升安徽知府，宣統二年任黑龍江綏化知府，官至安徽淮泗道。民國後曾任安徽省省長。

黃澍芬　（《進士題名碑》作黃樹棻，恐誤。原名黃澍生）字彙泉，號時暗。江西清江縣人。光緒十六年二甲五十一名進士。選庶吉士，散館十九年改安徽懷遠知縣，二十二年回任懷遠知縣，二十七年改湖北來鳳知縣，改湖北鍾祥知縣。

王公輔　字仲容。四川富順縣人。光緒十六年二甲五十二名進士。選庶吉士，散館改湖北崇陽縣知縣，改京山知縣。

洪嘉與　字貞一，號茗溪。江西玉山縣人。光緒十六年二甲五十三名進士。散館改吏部主事，官至廣東知州。

張煥章　直隸獻縣人。光緒十六年二甲五十四名進士。十六年任戶部主事。

管象頤　字養山。山東莒州人。光緒十六年二甲五十五名進士。選庶吉士。散館改戶部主事，升員外郎，遷度支部郎中，候補參議，官至江南清理財政正監理官。

父管廷獻，光緒九年進士。

劉寅浚　湖北廣濟縣人。光緒八年舉人，十六年二甲五十六名進士。任戶部主事，三十二年官至貴州都勻知府、貴州府知府。

王履咸　字臨甫、澤山，號子

謙、六虛。浙江蕭山縣人。光緒十六年二甲五十七名進士。任工部主事虞衡司行走，改外務部主事。

王乃徵 字聘三、平珊。四川中江縣人。咸豐十一年生。光緒十六年二甲五十八名進士。選庶吉士，授編修。纍遷福建道御史，三十年升江西撫州知府，遷湖南岳常澧道，宣統元年十一月任直隸按察使，十二月遷順天府尹，二年五月改湖北、河南布政使，三年調貴州布政使。辛亥去職。張勛復辟時，曾授法部右侍郎。工書法善畫。民國二十二年（1933）卒。

王全綱 字有常，號幼裳。江蘇上海縣人。光緒十六年二甲五十九名進士。選庶吉士，散館改廣東海豐知縣，二十九年改海陽知縣。

鄭錫光 字德津，號友其、澹庵。福建閩縣人。光緒十六年二甲六十名進士。選庶吉士，授編修。以母年高歸鄉。掌教鰲峰、鳳池書院，後充教育會副會長，宣統三年（1911）卒。年五十二。

李寅齡 山東榮成縣人。光緒十六年二甲六十一名進士。任工部主事，改外務部主事。

華俊聲 字少蘭。直隸天津縣人。光緒十六年二甲六十二名進士。選庶吉士。授編修。二十年充會試同考官，二十三年任河南副考官，官至翰林院秘書郎。

夏寅官 字虎臣，號濟岑。江蘇東臺縣人。光緒十六年二甲六十三名進士。選庶吉士，授編修。民國後，任肅政廳肅政使、安福國會衆議院議員。

于受慶 字味辛，號益齋。江蘇江都縣人。光緒十六年二甲六十四名進士。選庶吉士，授編修。二十三年充順天同考官。

趙惟熙 字芝珊。江西南豐縣人。光緒十六年二甲六十五名進士。選庶吉士，授編修。二十年充會試同考官，督陝西、貴州學政，三十二年遷甘肅寧夏知府、甘肅巡警道，宣統三年授甘肅按察使。入民國，任甘肅省都督、參政院參政、約法會議議員。工書，能畫。

啓綬 字仲履。滿洲正白旗。光緒十六年二甲六十六名進士。選庶吉士，授編修。官至河南南陽知府、河南府知府。

聶寶琛 順天大興縣人。光緒十六年二甲六十七名進士。任禮部主事，官至典禮院總務廳廳長。

孫炳陽 貴州思南府人。光緒十六年二甲六十八名進士。二十年任貴州鎮遠府教授，改都勻府教授。

張蔚增 字子高。廣東博羅縣人。光緒十六年二甲六十九名進士。任工部主事，二十五年官至四川綿州直隸州知州。著有《鏤水仙館詩集》。

廖平（1852—1932，原名廖登廷，改名）字旭陔，字季平，晚號六譯。四川井研縣人。光緒十六年二甲七十名進士。曾任四川龍安府教授、松潘教授，射洪縣訓導，二十七年四川綏定府教授。久掌四川尊經書院。辛亥革命時曾任四川軍政府樞密院院長，六十七歲時中風半身不遂，民國二十一年（1932）八十一歲卒。撰有《四益館經學叢書》，後又增益爲《六譯館叢書》，又有《古今學考》等。

段大貞 陝西華州人。光緒十六年二甲七十一名進士。任內閣中書，改四川金堂知縣，升同知。

父段理，光緒三年進士。

柯樹德 福建長樂縣人。光緒十六年二甲七十二名進士。任吏部主事。

李延譔 山西盂縣人。光緒十六年二甲七十三名進士。任刑部主事。

吳煦 字子和。雲南保山縣人。光緒十六年二甲七十四名進士。選庶吉士，授編修。二十六年任順天南城巡城御史，二十八年充順天鄉試同考官，遷刑科給事中，官至廣東惠潮嘉道，曾署布政使。

霍勤燡 （1867—1932）字竹汀，號小梅。陝西朝邑縣人。光緒十六年二甲七十五名進士。選庶吉士。改刑部主事，二十九年外官任甘肅西寧兵備道，三十四年署甘凉道。辛亥後，在籍參與修志工作。

父霍爲棟，光緒三年進士。

彭文明 湖南湘鄉縣人。光緒十六年二甲七十六名進士。十六年任户部主事，三十二署江蘇江寧知府。

方克猷 字子壯、鳳池，號祖叔。浙江於潛縣人。光緒十六年二甲七十七名進士。授刑部主事，官至員外郎。爲清代數學家。著有《尖錐曲綫考》《八綫法衍》《四元數贅》《諸乘差對數説》等。

劉元弼 字伯良。湖北穀城縣人。光緒十四年舉人，十六年二甲七十八名進士。授吏部主事，歷員外郎、郎中，擢四川成綿兵備道，官至雲南迤西道。卒於任。

錢鴻策 江蘇江都縣人。光緒十六名二甲七十九名進士。十六年任户部主事。

李驥年 字莘軒。廣西永福縣人。光緒十六年二甲八十名進士。選庶吉士，授編修。官至四川候補知府。

吳錡 江西宜黃縣人。光緒十六年二甲八十一名進士。任工部主事、刑部員外郎，官至署福建交涉使。

李孝先 字南陔，號景沂。廣西賀縣人。同治八年（1864）生。光緒十六年二甲八十二名進士。選庶吉士，改工部主事，三十一年改浙江餘杭知縣。

沈搏青 字鵬九。江西湖口縣人。光緒十六年二甲八十三名進士。任吏部主事。

方燕年 字鶴人。安徽定遠縣人。光緒十六年二甲八十四名進士。十六年任户部主事，宣統三年山東候補道，署提學使。

錢昌瑜　廣東三水縣人。光緒十六年二甲八十五名進士。任工部主事。

侯維鵬　直隸吳橋縣人。光緒十六年二甲八十六名進士。任户部主事。

夏曾佑　（一作夏增佑）字穗生，號穗卿、號碎佛。浙江錢塘縣人。光緒十六年二甲八十七名進士。選庶吉士，散館授禮部主事。二十二年，至天津育才館執教。創辦《國聞報》，後入張之洞幕。二十五年改安徽祁門知縣，遷安徽泗州知州、廣德知州，江蘇候補知府。辛亥革命後，任北洋政府教育司司長、京師圖書館長。著有《中國古代史》《碎佛詩存》。

王景禧　字燕泉。山東費縣人。光緒十六年二甲八十八名進士。選庶吉士，授編修。任順天同考官。

王保彝　（本姓左）江蘇南匯縣人。光緒十六年二甲八十九名進士。十六年任户部主事。

兄王保健，光緒三年進士。

葆　平　滿洲正藍旗人。光緒十六年二甲九十名進士。任刑部主事，三十三年官至陝西邠州直隸州知州。

華仕銘　直隸天津縣人。光緒十六年二甲九十一名進士。十六年任户部主事。

區天驥　廣東南海縣人。光緒十六年二甲九十二名進士。十六年任刑部主事。

何天輔　廣東番禺縣人。光緒十六年二甲九十三名進士。十六年任刑部主事。

楊捷三　字少泉，號敏文。河南祥符縣（今開封）人。光緒十六年二甲九十四名進士。選庶吉士，授編修。歷任右贊善，官至侍講學士。

陸仰賢　字讓甫、再壽，號樓亭。浙江鄞縣人。光緒十六年二甲九十五名進士。任禮部主事，改湖南新田知縣，二十八年改攸縣知縣。

宋瞻宸　字仲黼。福建福安縣人。光緒十六年二甲九十六名進士。

文　榘　鑲藍旗，宗室。光緒十六年二甲九十七名進士。任宗人府堂主事。

韋履潔　字廉浦。雲南保山縣人。光緒十六年二甲九十八名進士。選庶吉士，散館改刑部主事。

陳瀚年　福建侯官縣人。光緒十六年二甲九十九名進士。任刑部主事。

孫百斛　字鼎臣。奉天承德縣人。光緒十六年二甲一百名進士。選庶吉士。授編修。官至奉天民政使。

范迪襄　（原名范迪忠）號稷山。湖此江夏縣人，原籍浙江會稽。光緒十四年舉人，十六年二甲一百零一名進士。任工部主事，改外務部主事。

吳尚廉　（榜名吳尚態）字介叔。廣東南海縣人。光緒十六年二甲一百零二名進士。任刑部主事，官至大理院推事。

黃斗元　安徽廣德州人。光緒十六年二甲一百零三名進士。十六年任刑部主事。

陳鍾澐　貴州貴築縣人，原籍江西臨川。光緒十六年二甲一百零四名進士。任廣西懷遠知縣。

徐鴻泰　河南杞縣人。光緒十六年二甲一百零五名進士。十六年任刑部主事。

榮　光　正藍旗，宗室。光緒十六年二甲一百零六名進士。任宗人府主事。

陳作儀　江蘇江寧縣縣人。光緒十六年二甲一百零七名進士。任湖南芷江知縣，二十六年改新寧知縣。

李毓芬　字少如。福建侯官人。光緒十六年二甲一百零八名進士。任戶部主事，遷員外郎，官至候補三四品京堂。

王海涵　字鏡潭，號南坡。甘肅伏羌縣（今甘穀）人。光緒十六年二甲一百零九名進士。選庶吉士，改刑部主事，二十五年改陝西高陵縣知縣，宣統二年署陝西涇陽知縣。二年去職。

胡安銓　字敬敷，號惺叔。四川璧山縣人。光緒十六年二甲一百十名進士。選庶吉士，散館改刑部主事。

吉同鈞　字石生。陝西韓城縣人。光緒十六年二甲一百十一名進

士。任刑部主事，官至刑部郎中。

田　庚　字少白。安徽懷遠縣人。光緒十六年二甲一百十二名進士。選庶吉士，授編修。三十一年纍遷江蘇徐州知府，官至江蘇徐州道。民國後任安徽省民政司長。

黃毓麟　甘肅皋蘭縣人。光緒十六年二甲一百十三名進士。十六年任刑部主事。

馮如衡　江蘇太倉直隸州人。光緒十六年二甲一百十四名進士。二十六年任廣東新寧知縣，官至廣東崖州知州。

李晉熙　（1849—1910）字春卿，號芸友。廣東海康縣人。光緒十六年二甲一百十五名進士。選庶吉士、散館授工部主事，改農工部主事，出爲滁州知州。曾主講遂溪潛移、徐聞貴生書院。著有《鹿雲齋詩集》《鹿雲齋集句》等。

劉瞻漢　江蘇陽湖縣人。光緒十六年二甲一百十六名進士。十六年任刑部主事，二十七年官至陝西邠州直隸州知州。丁憂去。

鄭叔忱　（1863—1905）字爾丹、啓丹。福建長樂縣人。光緒十六年二甲一百十七名進士。選庶吉士，授編修。升侍講學士，任京師大學堂提調、奉天府丞兼學政。二十年充順天鄉試同考官。

范仲垚　字幼坡，號樸庵。河南祥符縣人。光緒十六年二甲一百十八名進士。選庶吉士，授編修。

楊炳旂　（榜名楊斐）直隸邢臺

縣人。光緒十六年二甲一百十九名進士。授福建即用知縣。未到任卒。

楊覲圭（一作楊覲奎，非是）湖南善化縣人。光緒十六年二甲一百二十名進士。十六年任兵部主事。

胡成立　字信之。貴州貴築縣人。光緒十六年二甲一百二十一名進士。任禮部主事，改廣西知州。

黃曾源　字石孫。漢軍正黃旗。光緒十六年二甲一百二十二名進士。選庶吉士，授編修。二十八年纍遷安徽徽州知府，三十二年改山東青州知府，宣統元年官至山東濟南知府。

羅維垣　湖南善化縣人。光緒十六年二甲一百二十三名進士。任刑部主事、員外郎、郎中，法律館提調，地方審判廳丞，宣統三年官至法部左參議。

汪宗翰（原名汪耀祖）湖北通山縣人。光緒五年舉人，十六年二甲一百二十四名進士。任吏部主事，二十八年改甘肅敦煌知縣，改鎮原知縣。

秦家穆　四川忠州直隸州人。光緒十六年二甲一百二十五名進士。十六年任刑部主事，改浙江桐鄉知縣。

梁芝榮（原名梁鸚）廣東南海縣人。光緒十六年二甲一百二十六名進士。十六年任工部主事。

陳懋鼎　字徵宇。福建閩縣人。光緒十六年二甲一百二十七名進士。任內閣中書、宗人府堂主事，遷外務部員外郎、郎中，宣統元年官至外務部參議。

郭集芬　湖北黃陂縣人。光緒十四年舉人，十六年二甲一百二十八名進士。任刑部主事。

陳康瑞　字玉如，號雪樵。浙江慈溪縣人。光緒十六年二甲一百二十九名進士。任刑部主事，官至郎中。

李長郁　湖南清泉縣人。光緒十六年二甲一百三十名進士。二十年任安徽來安知縣，二十八年改安徽建德知縣、宣城知縣。

陳啓緒　字仲翕，號少溪。貴州貴築縣人。光緒十六年二甲一百三十一名進士。選庶吉士，二十二年改山西崞縣知縣。

陳寶璐　字敬果，號叔毅。福建閩縣人。光緒十六年二甲一百三十二名進士。選庶吉士，改刑部主事。未入都供職。後病卒。

爲咸豐二年進士陳承裘三子。

陸承宗　字松之。湖南長沙人。光緒十六年二甲一百三十三名進士。選庶吉士。未散館。

倪惟誠　雲南昆明人。光緒十六年二甲一百三十四名進士。十六年任戶部主事，改江蘇鎮江府太平州撫民同知。

米毓瑞（1854—1909）字蘭庭、蘭田，號玉生、香樵。山西忻州直隸州人。光緒十六年二甲一百三十五名進士。選庶吉士，授編修。官江西道御史，辭官後，主講太谷、忻州等書院。

羅傳瑞 廣東南海縣人。光緒十六年二甲一百三十六名進士。十六年任兵部主事。

第三甲一百八十七名

王肇敏 山東費縣人。光緒十六年三甲第一名進士。十六年任戶部主事。

何錫禔 字承佑。直隸正定縣人。光緒十六年三甲第二名進士。選庶吉士，改刑部主事，官至山西霍州知州。

周家琪 福建連城縣人。光緒十六年三甲第三名進士。十六年分安徽即用知縣。

蘇守慶 直隸交河縣人。光緒十六年三甲第四名進士。任內閣中書，改宗人府堂主事。

楊金鎧 字弗庭。雲南鶴慶州人。光緒十六年三甲第五名進士。十六年任兵事主事，三十三年纍遷四川綿州直隸州知州，官至四川順慶知府。

范宗瑩 字琇章。雲南太和縣人。光緒十六年三甲第六名進士。以知縣發廣東署新會、四會知縣，二十五年改大埔知縣，年未五十移疾歸。

劉樹屏 （原名劉景琦）字葆良。江蘇陽湖縣人。光緒十六年三甲第七名進士。選庶吉士，授檢討。十九年充順天同考官，二十八年官

至安徽候補道。

張學華 （原名張鴻傑）字漢三，號暗齋。廣東番禺縣人。光緒十六年三甲第八名進士。選庶吉士，授檢討。遷山西道御史，三十二年外任山東登州知府，改濟南知府，宣統二年遷濟東泰武臨道，署山東提學使，三年授江西按察使。曾主講潮州金山書院。辛亥後，避居香港。著有《暗齋詞》。

何士循 字勉之。河南息縣人。光緒十六年三甲第九名進士。光緒二十二年、二十八年、三十一年三任浙江樂清知縣，調湯溪知縣，宣統元年任浙江臨海知縣。

凌和鈞 浙江嘉善縣人。光緒十六年三甲第十名進士。十六年任工部主事。

何敬釗 字勉齋。浙江錢塘縣人。光緒十六年三甲十一名進士。任福建德化知縣，改江西高安知縣、樂平知縣，改東鄉知縣，二十九年任南昌知縣，三十三年回任南昌縣。

謝福慶 江蘇如皋縣人。光緒十六年三甲十二名進士。二十年任浙江建德知縣。

黃嘉禮 廣東南海縣人。光緒十六年三甲十三名進士。十六年分安徽即用知縣。

璥璐 滿洲鑲白旗（天津）人。光緒十六年三甲十四名進士。二十三年任山東掖縣知縣，二十七年署臨邑知縣，二十九年再任掖縣知縣，宣統二年任博山知縣。

梁聯芳　廣東順德縣人。光緒十六年三甲十五名進士。任內閣中書。

吳慶祥　字頌雲，號遜來。江蘇嘉定縣人。光緒十六年三甲十六名進士。選庶吉士，散館改浙江臨安縣知縣，二十五年調直隸新河知縣，二十八年改直隸任縣知縣。

張壯彩　字子俊。山東嶧縣人。光緒十六年三甲十七名進士。即用知縣，二十四年任江蘇安東知縣、清河知縣、上元知縣，三十二年任江蘇泰興知縣，三十四年（1908）卒。

李瀚鋆　廣東高明縣人。光緒十六年三甲十八名進士。十六年即用知縣。

伍文琯　字鳳軒。廣東順德縣人。光緒十六年三甲十九名進士。選庶吉士，散館改四川儀隴知縣。

植堯蘭　廣西懷集縣人。光緒十六年三甲二十名進士。十六年任內閣中書。

陳國華　湖北江陵縣人。光緒十五年舉人，十六年三甲二十一名進士。任兵部主事，改廣西靈川知縣。

嚴庚辛　陝西渭南縣人。光緒十六年三甲二十二名進士。任工部主事，三十三年任江蘇荊溪知縣，宣統年改金山知縣。

姚文倬　字純伯，號稷臣。浙江仁和縣人。光緒十六年三甲二十三名進士。選庶吉士，授檢討。二十年督雲南學政，外官至福建興泉永道，三十二年署福建提學使。宣統元年實授。辛亥革命去職。

孫石城　安徽天長縣人。光緒十六年三甲二十四名進士。十六年分陝西即用知縣。

齊耀珊　吉林伊通州人，原籍山東昌邑。光緒十六年三甲二十五名進士。任內閣中書，二十八年署湖北宜昌知府，三十三年官至湖北荊宜道、漢黃德道。

兄齊耀林，光緒二十一年進士。

陳禧年　字荃夫。福建侯官縣人。光緒十六年三甲二十六名進士。任湖南武陵知縣。

李銘熙　四川彭水縣人。光緒十六年三甲二十七名進士。十六年任戶部主事。

葛祥熊　字惕孫，號小崧、松竹。浙江慈溪縣人。光緒十六年三甲二十八名進士。任江蘇宿遷知縣，署婁縣知縣。

王作繠　山東蓬萊縣人。光緒十六年三甲二十九名進士。二十九年任江西萬安知縣。

黃昌年　（原名黃履初）字杼輿，號毓辰。湖南善化縣人。光緒十六年三甲三十名進士。選庶吉士，授檢討。二十九年充順天鄉試副考官，遷山西道、京畿道御史，官至直隸天津知府。

黃德潤　字雨田。雲南會澤人。光緒十五年舉人，十六年三甲三十一名進士。二十一年署四川渠縣知縣，二十八年改彭縣知縣，三十四年署四川雲陽知縣。

朱大誥 直隸靜海縣人。光緒十六年三甲三十二名進士。任吏部主事。

鄭恭 安徽黟縣人。光緒十六年三甲三十三名進士。十六年任刑部主事，二十年改江西永寧知縣，二十四年改臨川知縣，二十七年改廬陵知縣。

周翔鳳 江西金溪縣人。光緒十六年三甲三十四名進士。任額外中書，二十八年任四川敘永直隸廳同知，三十年改四川靖西關廳同知。

胡咏琛 福建侯官縣人。光緒十六年三甲三十五名進士。二十八年任山西文水知縣。

陳敬修 山東郯城縣人，光緒十六年三甲三十六名進士。十六年分浙江即用知縣。

方霆 字雨初。安徽太湖縣人。光緒十六年三甲三十七名進士。選庶吉士，授檢討。保送江西知府，調廣西署柳州知府。

翁熹 字又魯。浙江錢塘縣人。光緒十六年三甲三十八名進士。分發四川知縣，二十年任浙江紹興府教授。

葉文銓 字宗蕐，號種蕐。江蘇江寧縣（今南京）人。光緒十六年三甲三十九名進士。選庶吉士，散館改兵部主事。

張檢 字玉叔。直隸南皮縣人。光緒十六年三甲四十名進士。任吏部文選司主事，遷吏部郎中，

出任江西饒州知府，改南昌知府，擢江西巡警道。辛亥革命後歸里。

邱聿徽 號幼琴。福建長樂縣人。光緒十六年三甲四十一名進士。選庶吉士，授編修。

董康 字綬金。江蘇武進縣人。光緒十六年三甲四十二名進士。任刑部主事，升郎中，官至大理院刑科推丞、法律館提調。

張守炎 字星伻。山東海豐縣人。中舉人後任內閣中書，光緒十六年三甲四十三名進士。二十年任禮部主事，以知府用分發河南署懷慶知府，後辦理禹州釐稅局務，未幾告歸。卒年七十一。

張瑞芳 直隸寶坻縣人。光緒十六年三甲四十四名進士。十六年任户部主事，遷陝西銀行總辦。

羅廷煦 （一作羅建煦，未知何據）湖北武昌縣人。光緒五年舉人，十六年三甲四十五名進士。二十一年改直隸寧晉知縣，二十五年改直隸東明知縣，改長垣知縣。

張叙賓 直隸磁州人。光緒十六年三甲四十六名進士。任廣東新寧知縣。

張文煥 山西沁水縣人。光緒十六年三甲四十七名進士。任工部主事，改四川通江知縣。

張延鴻 （原名張孝瑞，《進士題名碑》作張廷鴻，恐誤）河南商城縣人。光緒十六年三甲四十八名進士。十六年即用知縣。

王貽典 字石逸。江蘇泰州人。

光緒十六年三甲四十九名進士。任刑部湖廣司主事，三十三年補法部奉天司員外郎，遷郎中，截取記名知府用。以疾卒於京師。年四十九。

為道光六年進士王廣業十一子。

羅棟材 廣西蒼梧縣人。光緒十六年三甲五十名進士。任廣東吳川知縣。

周毓棠 甘肅皋蘭縣人。光緒十六年三甲五十一名進士。十八年任陝西南鄭知縣，改略陽知縣，二十四年改長安知縣，二十五年任鳳翔知縣。

張文煥 直隸定興縣人。光緒十六年三甲五十二名進士。任刑部主事。

吳丙湘 江蘇儀徵縣人。光緒十六年三甲五十三名進士。官至河南候補道。

張志嘉 直隸安平縣人。光緒十六年三甲五十四名進士。十六年任刑部主事，官至營口地方審判廳廳長。

鄭襄 福建侯官縣人。光緒十六年三甲五十五名進士。二十五年任順天三河知縣。

陳寶璐 字仲勉。福建閩縣人。光緒十六年三甲五十六名進士。纍遷戶部郎中，官至雲南曲靖府知府。

陸輔清 廣西灌陽縣人。光緒十六年三甲五十七名進士。任吏部主事。

蕭綏琪（原名蕭先甲）字則皆。湖南益陽縣人。光緒十六年三甲五十八名進士。二十二雲署四川清溪知縣，二十三年任四川丹稜知縣。

晁鴻年 字燕生，號秋舫。陝西三原縣人。光緒十六年三甲五十九名進士。選庶吉士，散館改山西沁水知縣，官至山西朔平府和林格爾撫民通判。

歐仁衡 字平朔、月坪。浙江象山縣人。光緒十六年三甲六十名進士。授工部主事，丁父憂服闋調戶部，升郎中，改度支部郎中，任科長兼金銀庫長。辛亥丁母憂歸。

許南英（1855—1917）字子蘊，號蘊白、允白、窺園主人、留髮頭陀、龍子書生。福建臺灣安平縣（今臺南）人，祖籍廣東揭陽。光緒十六年三甲六十一名進士。授兵部主事，二十年，應臺灣巡撫唐景崧之聘，任臺灣通志館協修。甲午戰爭後，為臺灣籌防局統領。復起改廣東徐聞、陽春、三水、電白知縣。武昌起義後，任漳州革命政府民事局長。病逝於印度棉蘭島。著有《窺園留草》《窺園詞》。

俞明震（1860—1918）字恪士，號觚齋，晚號觚庵。順天宛平縣人，原籍浙江山陰。光緒十六年三甲六十二名進士。選庶吉士，散館改刑部主事，甲午戰後，臺灣民主國成立，為內務大臣。後隨巡撫唐景崧回大陸，任江南陸師學堂總辦。宣統二年，任甘肅提學使，署布政使。著有《觚庵詩存》四卷。

黄漢清　安徽合肥縣人。光緒十六年三甲六十三名進士。十六年任廣西即用知縣。

閻志廉　字芷生，號鶴泉。直隸安平縣人。光緒十六年三甲六十四名進士。選庶吉士，授檢討。充會試同考官。

張　堅　（本姓黃）江蘇上海人。光緒十六年三甲六十五名進士。任河南武安知縣。

劉奮熙　山西祁縣人。光緒十六年三甲六十六名進士。十九年任貴州天柱知縣。

葛汝葆　甘肅秦州直隸州人。光緒十六年三甲六十七名進士。十六年分江西即用知縣。

李綺青　廣東歸善縣人。光緒十六年三甲六十八名進士。任福建惠安知縣，二十九年改直隸武邑知縣，三十三年調直隸大名知縣，三十四年改東明知縣。

丁學恭　字霓仙。江蘇昭文縣人。光緒十六年三甲六十九名進士。任戶部主事。

劉增泰　陝西榆林縣人。光緒十六年三甲七十名進士。任貴州興義知縣，二十八年遷貴州鎮寧知州。

舒信孚　江西靖安縣人。光緒十六年三甲七十一名進士。二十八年任四川儀隴知縣。

程芹香　直隸深州直隸州人。光緒十六年三甲七十二名進士。十六年分湖北即用知縣，改天津府教授。

程庭武　（《進士題名碑》作張廷武，一作張庭武）河南安陽縣人。光緒十六年三甲七十三名進士。任甘肅寧夏府寧朔知縣，二十七年任甘肅武威知縣，二十九年署甘肅階州直隸州知州，改西寧府同知。

談廷瑞　甘肅皋蘭縣人。光緒十六年三甲七十四名進士。任刑部主事，十八年改陝西清澗知縣，十九年署陝西大荔知縣，官至陝西知府。

王龍詔　湖南邵陽縣人。光緒十六三甲七十五名進士。十六年即用知縣。

李光燿　順天大興縣人。光緒十六年三甲七十六名進士。十六年分四川即用知縣。

王廷銳　陝西三原人。光緒十六年三甲七十七名進士。十六年分山西即用知縣。

李兆蘭　直隸高陽縣人。光緒十六年三甲七十八名進士。二十四年任山東商河知縣，二十七年改山東荏平知縣。

喻炌　四川仁壽縣人。光緒十六年三甲七十九名進士。十七年任四川雅州府教授。

宋子聯　字捷三，號小梅、愚泉。江蘇高郵州人。光緒十六年三甲八十名進士。選庶吉士，改吏部主事，任軍機章京。

徐桂馨　江西廣豐縣人。光緒十六年三甲八十一名進士。任吏部主事。

姚楷　字醉蘭。安徽繁昌縣人。光緒十六年三甲八十二名進士。任山西臨晉知縣，兼榮河知縣，二十九年改萬泉知縣，三十年改陽曲知縣，三十二年遷山西解州直隸州知州。

陳雲霖　福建侯官縣人。光緒十六年三甲八十三名進士。任雲南通海知縣，改晉寧州知州，光緒二十九年調陝西鄠縣知縣，三十二年改三原知縣，三十三年回任鄠縣。宣統元年五月卸任，三年任扶風知縣。

林毓菁　福建侯官縣人。光緒十六年三甲八十四名進士。十六年分江蘇即用知縣。

俞官圻　字正馨，號子新。浙江山陰縣人。光緒十六年三甲八十五名進士。十六年分山東即用知縣，改江西贛縣知縣。

蘇繩武　陝西長安縣人。光緒十六年三甲八十六名進士。二十七年任河南光山知縣，官至信陽知州。

孫笥經　字孝如。山西平定直隸州人。光緒十六年三甲八十七名進士。選庶吉士，散館改吏部主事，升員外郎，官至吏部郎中。

張恭彝　福建侯官縣人。光緒十六年三甲八十八名進士。二十九年任江蘇沭陽知縣，署句容知縣，三十三年改安東知縣。

李燮陽　雲南昆明縣人。光緒十六年三甲八十九名進士。十六年任內閣中書。

王塾　字元達，號通侯。山東萊陽縣人。光緒十六年三甲九十名進士。選庶吉士，授檢討。官至署廣西桂林知府。有《王文勤遺稿》。

曾繼光　四川南溪縣人。光緒十四年舉人，十八年三甲九十一名進士。任廣西懷集知縣。

延棋　漢軍正白旗人。光緒十六年三甲九十二名進士。十六年分河南即用知縣。

王嘉謨　湖北宜城縣人。光緒二年舉人，十六年三甲九十三名進士。二十九年任山西廣陵知縣。

任于正　甘肅武威縣人。光緒十六年三甲九十四名進士。任內閣中書。

柳堂　河南扶溝縣人。光緒十六年三甲九十五名進士。二十一年任山東定陶知縣，二十二年任惠民知縣，二十七年任東平知縣，二十九年改德平知縣，三十三年署濟寧知州。

鄒炳文　江西新昌縣人。光緒十六年三甲九十六名進士。十九年任貴州普定知縣，二十六年遷貴州廣順知州。

蘇元樫　字次杉，號蔚東。山東日照縣人。光緒十六年三甲九十七名進士。二十三年任福建晉江知縣，三十年改福建侯官知縣。

韓福慶　湖北應山縣人。光緒十五年舉人，十六年三甲九十八名進士。任內閣中書。

董思寬　直隸清苑縣人。光緒

十六年三甲九十九名進士。十六年分河南即用知縣。

高振聲 字文明，號協華。浙江海寧州人。光緒十六年三甲一百名進士。二十五年補江蘇沭陽知縣，改教職歸。後被選爲商會會長，赴上海開全國商聯會，染病歸。卒年六十八。著有《遂園遺稿》。

梁維新 福建侯官人縣。光緒十六年三甲一百零一名進士。二十九年任山東滕縣知縣。

何國澄 廣東順德縣人。光緒十六年三甲一百零二名進士。任內閣中書。

呂道象 江西德化縣人。光緒十六年三甲一百零三名進士。十六年任戶部主事，改廣東長寧知縣，二十八年改番禺知縣，三十四年改江蘇鹽城知縣，宣統元年署江都知縣，官至江蘇海門直隸廳同知。

陳守晟 字中孚。湖南長沙縣人。光緒十六年三甲一百零四名進士。二十年任江蘇碭山知縣，二十四年改江蘇金壇知縣，三十一年改崇明知縣，三十二年署吳江縣。

鍾德瑞 廣西宣化縣人。光緒十六年三甲一百零五名進士。任廣東封川知縣。

陳焴 四川酉陽直隸州人。光緒十六年三甲一百零六名進士。十六年分江蘇即用知縣。

高潤生 （1859—1937）字眷飄、雨人，號笠園。順天固安縣人。光緒十六年三甲一百零七名進士。選庶吉士，授檢討。升江南道御史，掌廣西道御史，官至給事中。著有《爾雅穀名考》等。

史履晉 字康侯。直隸樂亭縣人。光緒十六年三甲一百零八名進士。任刑部主事，升員外郎，官至掌遼沈道御史。

張祖祺 江西臨川縣人。光緒十六年三甲一百零九名進士。二十三年累遷廣西潯州知府，官至廣西桂平梧道。

李舒馨 字桂齋，號畹民。陝西咸陽縣人。光緒十六年三甲一百十名進士。任山東即用知縣，二十四年補山東福山知縣，以救護日本輪船活人數百，保知府，調補山東泰安知府。未任卒，年四十九。

張觀德 山西夏縣人。光緒十六年三甲一百十一名進士。十六年任內閣中書，改四川知縣。

熊濟文 字質甫。貴州貴陽府人。光緒十六年三甲一百十二名進士。任內閣中書，遷四川叙永廳同知，官至四川寧遠知府。民國初年卒。

王遂善 字季良。山東長山縣人。光緒十六年三甲一百十三名進士。二十四年任直隸大名知縣，三十三年改直隸南皮知縣。

黃國琦 廣西宣化縣人。光緒十六年三甲一百十四名進士。任甘肅奉安知縣。

秦化西 （原名秦瑞珍）奉天蓋平縣人。光緒十六年三甲一百十五名進士。二十七年任甘肅平遠知縣。

徐春煦　陝西山陽人。光緒十六年三甲一百十六名進士。十五年分廣東即用知縣。

萬有嚴　江西新建縣人。光緒十六年三甲一百十七名進士。

鄭文欽　字景軒，號瑞亭。漢軍正紅旗人。光緒十六年三甲一百十八名進士。選庶吉士，散館改戶部主事，二十六年遷山西歸綏道。因巡撫毓賢戕害教民，文欽被罪去職。回籍途中憂憤，死時年未四十。

蘇岱　廣西靈川縣人。光緒十六年三甲一百十九名進士。十六年分陝西即用知縣。

安蔭甲　字乙垣。甘肅安定縣人。光緒十六年三甲一百二十名進士。任廣東羅浮知縣。

顏慶忠　字魯堂。福建永春直隸州人。光緒十六年三甲一百二十一名進士。十六年分湖南即用知縣。丁父憂，不久卒。

孫錦江　（改名孫泂）字漱泉。浙江黃岩縣人。光緒十六年三甲一百二十二名進士。授江西即用知縣，署進賢知縣。

鍈珍　蒙古鑲白旗人。光緒十六年三甲一百二十三名進士。十六年任刑部主事。

樊景曾　江西進賢縣人。光緒十六年三甲一百二十四名進士。任內閣中書。

蔡鎮　江西德化縣人。光緒十六年三甲一百二十五名進士。十

六年分廣東即用知縣。

松年　滿洲正藍旗包衣。光緒十六年三甲一百二十六名進士。十六年分江蘇即用知縣。

湯霖　湖北黃梅縣人。光緒十五年舉人，十六年三甲一百二十七名進士。任甘肅平番知縣。

劉選青　湖北江夏人。光緒十四年舉人，十六年一百二十八名進士。官至湖南候補道。

汪清麒　江蘇丹徒人。光緒十六年三甲一百二十九名進士。任浙江嘉善知縣，補用知府。

尹世彩　甘肅岷縣人。光緒十六年三甲一百三十名進士。二十六年任陝西懷遠知縣，宣統二年改陝西榆林知縣。

劉兆暄　字晶垣。江西南昌人。光緒十六年三甲一百三十一名進士。任直隸知縣，改江蘇知縣。

王貴省　山東茌平人。光緒十六年三甲一百三十二名進士。十六年分湖南即用知縣。

王玉珂　山東高密人。光緒十六年三甲一百三十三名進士。直隸即用知縣，二十四年任直隸武邑知縣。

朱芬　字竹虛。雲南石屏人。光緒十六年三甲一百三十四名進士。任直隸新城知縣。

崔廣沅　字泰薌，號子湘。山東嶧縣人。光緒十六年三甲一百三十五名進士。選庶吉士，改主事，外任廣東遂溪知縣。

王燿文　字實益，號紹秋。湖南寧鄉人。咸豐二年十二月十一日生。光緒十六年三甲一百三十六名進士。

葉南金　（原名葉幫俊）字恩及，號樸園。安徽桐鄉人。道光二十四年十一月十五日生。光緒十六年三甲一百三十七名進士。十六年分浙江即用知縣。

趙承翰　字蓮坪。陝西同官人。光緒十六年三甲一百三十八名進士。以知縣發山東，親老改河南知縣。屢解新疆、甘肅軍餉卓異，早卒。

祖父趙屏晉，雍正十一年進士。

施魯濱　福建長樂人。光緒十六年三甲一百三十九名進士。

王鶴松　字少銘。貴州貴築人。光緒十六年三甲一百四十名進士。任內閣中書，改貴州黎平府教授、思南府教授。

張文翰　字西園。山東安丘人。光緒十六年三甲一百四十一名進士。任湖北黃石港、溶口、安陸知縣。以積勞卒，身後蕭然。著有《望鶴軒詩集》。

花　銘　字石生。貴州貴築人。光緒十六年三甲一百四十二名進士。任雲南新平知縣、雲南縣知縣、恩安縣知縣。

劉　勛　雲南昆明縣人。光緒十六年三甲一百四十三名進士。十六年分廣東即用知縣。

黃增榮　（原名黃作榮）廣東南海縣人。光緒十六年三甲一百四十名進士。十六年分四川即用知縣。

孫光遠　奉天承德縣人。光緒十六年三甲一百四十五名進士。十六年分河南即用知縣。

曾　培　字篤齋。四川成都縣人。光緒十六年三甲一百四十六名進士。任兵部主事，二十六年署山東濰縣知縣，改樂安知縣，官至學部郎中。

焦國理　字治堂，號榆莊。甘肅鎮原縣人。咸豐六年四月初五日生。光緒十六年三甲一百四十七名進士。任知縣。

侯紹宣　字雨生。廣西永福縣人。光緒十六年三甲一百四十八名進士。任山西臨縣知縣，二十六年改太平知縣，三十三年遷山西解州直隸州知州。

張立仁　陝西榆林縣人。光緒十六年三甲一百四十九名進士。任山西盂縣知縣。

兄張立德，光緒十五年進士。

鄭毓蘭　陝西臨潼縣人。光緒十六年三甲一百五十名進士。十六年分廣西即用知縣。

曾廣運　字雲搏。四川隆昌縣人。光緒十六年三甲一百五十一名進士。二十八年任山東陽信知縣。

熊兆姜　字璜鉢。河南光山縣人。光緒十六年三甲一百五十二名進士。十六年分江南即用知縣。任江蘇江浦知縣，二十九年補江蘇江浦知縣，未任卒。

白象賢　山西平定直隸州人。

光緒十六年三甲一百五十三名進士。
二十六年任福建漳浦知縣。

羅鎔　字陶庵。貴州貴築縣
人。光緒十六年三甲一百五十四名
進士。任河南長葛、新野、項城知
縣。卒於任。

劉延坦　山東濟寧直隸州人。
光緒十六年三甲一百五十五名進士。
任湖北蒲圻知縣，官至湖北沔陽知
府。

陳慶彬　字子均。山東曲阜縣
人，原籍河南。光緒十六年三甲一
百五十六名進士。任直隸安平知縣，
二十一年改寧晉知縣、趙州知州，
代理定州州同，二十九年調吳橋知
縣，升直隸州知州。歸後卒，年七
十四。

郭岡　字春波。安徽太湖縣
人。光十六年三甲一百五十七名進
士。即用知縣，十九年七月代理江
蘇鎮洋知縣，加四品以直隸州補用。

梁葆仁　浙江新昌縣人。光緒
十六年三甲一百五十八名進士。二
十二年任湖北天門知縣。

谷如墉　山西神池縣人。光緒
十六年三甲一百五十九名進士。任
戶部主事，升員外郎，陝西清理財
政正監理官。

王寶光　雲南昆明縣人。光緒
十六年三甲一百六十名進士。

顏肇鼎　江西泰和縣人。光緒
十六年三甲一百六十一名進士。任
工部主事。

黃國琛　福建侯官縣人。光緒

十六年三甲一百六十二名進士。十
六年任戶部主事。

楊學敏　字希文，號時卿。雲
南昆明縣人。咸豐八年二月十四日
生。光緒十六年三甲一百六十三名
進士。十六年分湖南即用知縣。

施沛霖　字慎齋、潤齋。漢軍
鑲黃旗。光緒十六年三甲一百六十
四名進士。二十五年署江蘇元和知
縣，改武進知縣，二十八年任丹陽
知縣。以勞疾卒於任。

趙淵　字澧泉。山西河曲縣
人。光緒十六年三甲一百六十五名
進士。任四川知縣，二十三年署安
岳知縣，二十五年改德陽知縣，二
十八年遷四川崇慶州知州，三十一
年改瀘州直隸州知州，官至黑龍江
民政使。

慶春　滿洲鑲藍旗包衣。光
緒十六年三甲一百六十六名進士。
十六年任戶部主事，三十一年遷湖
北荊門直隸州知州。

溫繁炘　江蘇上元縣人。光緒
十六年三甲一百六十七名進士。十
八年任江蘇松江府教授。

耿濟瀛　字蓬樵。河南虞城縣
人。光緒十六年三甲一百六十八名
進士。二十六年任四川太平知縣，
改灌縣知縣。

黃福元　字念圮。江蘇昭文縣
人。光緒十六年三甲一百六十九名
進士。任浙江武義知縣。

范堯　四川西充縣人。光緒
十六年三甲一百七十名進士。十六

年分陝西即用知縣。

榮　禧　漢軍鑲黃旗人。光緒十六三甲一百七十一名進士。十六年任河南即用知縣。

劉秉權　山西太原縣人。光緒十六年三甲一百七十二名進士。十六年任內閣中書，官至甘肅涼州府同知。

張鳳岡　河南南陽縣人。光緒十六年三甲一百七十三名進士。二十八年任江西瀘溪知縣。

龍廣言　江西萬載縣人。光緒十六年三甲一百七十四名進士。任安徽桐城知縣，三十年改湖北當陽知縣、鍾祥知縣，宣統二年代理湖北安陸知府。

裕　祉　滿洲鑲黃旗人。光緒十六年三甲一百七十五名進士。十六年分福建即用知縣。

蔡寶仁　江西新昌縣人。光緒十六年三甲一百七十六名進士。任刑部浙江司主事。

吳學曾　河南光州直隸州人。光緒十六年三甲一百七十七名進士。任禮部主事。

姚鍾璜　字偉英。廣西桂平縣人。光緒十六年三甲一百七十八名進士。任福建長樂知縣，改廣東河源知縣。

于文鑑　山東掖縣人。光緒十六年三甲一百七十九名進士。任山東兗州府教授，二十四年改東昌府教授。

韓鏡蓉　山東武城縣人。光緒十六年三甲一百八十名進士。二十二年任山東濟南府教授。

黃天懷　廣西奉議州人。光緒十六年三甲一百八十一名進士。任江西分宜知縣。

孔繁樸　字厚庵，號盾生。山東曲阜縣人。孔子第七十四代孫。光緒十一年舉人，十六年三甲一百八十二名進士。奉使日本長崎理事官，三年歸後分陝西任乾州知州，二十四年改綏德直隸州知州，三十二年改商州直隸州知州，宣統三年補陝西同州知府。辛亥革命回籍任孔教會長，卒年六十八。

張　鍵　雲南昆明縣人。光緒十六年三甲一百八十三名進士。三十年任貴州銅仁知縣。

潘其祝　浙江泰順縣人。光緒十六年三甲一百八十四名進士。

苟春培　四川灌縣人。光緒十六年三甲一百八十五名進士。十七年任四川敘州府教授。

劉錫光　字公受。直隸滄州人。光緒十六年三甲一百八十六名進士。任內閣中書，遷侍讀，二十六年任陝西孝義廳同知。二十七年（1901）六月卒於任，年四十八。

冉文瑞　貴州松桃直隸廳人。光緒十六年三甲一百八十七名進士。任貴州石阡府教授。

光緒十八年（1892）壬辰科

第一甲三名

劉福姚 字伯崇，號守勤、忍庵。廣西臨桂縣人。光緒八年舉人，十八年一甲第一名狀元。授修撰。十九年充貴州鄉試主考官，二十三年充廣東鄉試副考官，二十九年充河南鄉試副考官，仕宦多年，官位不顯，最高職務爲翰林院秘書郎。他受座師翁同龢影響較大，思想傾向變革維新，翁被革職後，他也受冷遇歧視，後憂鬱而卒。著有《忍庵詞》傳世，與王闓運、朱祖謀相唱和，結集《庚子秋詞》。

吳士鑑 字進息，號絧齋、含嘉。浙江錢塘縣人。光緒十八年一甲第二名榜眼。授編修。二十六年充湖北鄉試主考官，督江西學政，歷任侍講學士、資政院議員。辛亥後，任清史館纂修。生平以評品金石、考訂碑板、精研史籍，有名於世。著有《含嘉室文集》《晋書斠注》等。

曾祖吳振棫，嘉慶十九年進士，雲貴總督；父吳慶坻，光緒十二年進士。

陳伯陶 （1855—1930）字象華，號子勵。廣東東莞縣人。光緒十八年一甲第三名探花。授編修。二十三年充雲南鄉試副考官，二十八年任山東鄉試副考官，歷任國史館協修。宣統元年授江寧提學使。二年乞養歸。著有《東莞縣志》等。

第二甲一百二十二名

惲毓嘉 字薇孫、孟樂。順天大興縣人。光緒十八年二甲第一名進士。選庶吉士，授編修。官至福建延平知府。

張鶴齡 （1867—1908）字誦萊、長儒，號嘯圃。江蘇陽湖縣人。光緒十八年二甲第二名進士。選庶吉士，散館改戶部主事，三十二年官至奉天提學使，署湖南按察使。光緒三十四年八月卒。

李雲慶 （1865—1934）字霖卿。湖北黃安縣人。光緒十四年舉人，十八年二甲第三名進士。選庶吉士，授兵部主事，纍遷至道員。後因貽誤兵敗受連，被降職。著有皮黃劇《鴛鴦鏡》等數種。

周學銘　字味西。安徽建德縣人。光緒十八年二甲第四名進士。選庶吉士，散館二十二年改四川蓬溪縣知縣，二十四年任江津知縣，官至江西候補道，署按察使。

趙啓霖　（1859—1935）字芷孫，號靜園。湖南湘潭縣人。光緒十八年二甲第五名進士。選庶吉士，授編修，升御史。宣統元年，出任四川提學使。二年乞養歸。推爲湘學堂、岳麓高等學堂、存古學堂監督。著有《靜園年譜》。

周景濤　字松孫，號恉生。福建侯官縣人。光緒十八年二甲第六名進士。選庶吉士，散館改刑部主事，又改江蘇阜寧知縣、如皋知縣。

寶　熙　字瑞臣、端丞，號沈庵。滿洲正藍旗，愛新覺羅氏，宗室。光緒十八年二甲第七名進士。選庶吉士，授編修。歷任翰林院侍讀，二十八年充湖北鄉試正考官，二十九年督山西學政，遷國子監祭酒，三十一年授內閣學士兼禮部侍郎，署度支部右侍郎，三十四年遷學部侍郎，修訂法律大臣、總理禁煙大臣。民國後，任大總統府顧問、約法會議議員、參政院參政、僞滿內務處長。著有《東游詩草》《沈庵詩文稿》。

汪詒書　（1867—？）字頌年，號閑止。湖南善化縣人。光緒十八年二甲第八名進士。選庶吉士，授編修。二十八年督廣西學政，改山西提學使，官至湖南長沙關監督。

田智枚　（1864—1921）字介臣，號簡軒。山東濰縣人。光緒十八年二甲第九名進士。選庶吉士，授編修。二十六年督雲南學政，官至翰林院撰文學士，宣統三年閏六月任弼德院秘書長。

屠　寄　（1856—1921，原名屠庚）字敬山，一作靜山、歸甫，別字師虞，自號結一宦主人，晚號無悶居士。江蘇武進縣人。光緒十八年二甲第十名進士。任浙江淳安知縣，改工部主事，改廣東、黑龍江輿圖局總辦，電報局總辦，北京大學國史館總纂，奉天大學總教習等。著有《蒙兀兒史記》一百六十卷，另有《黑龍江輿地圖》《輿圖說》《結一宦駢文》等。

湯壽潛　（原名湯震）字孝起，號翼仙、蟄仙。浙江山陰縣人。光緒十八年二甲十一名進士。選庶吉士，散館改安徽青陽、壽縣知縣，調江蘇青浦知縣，辭歸。後入張之洞幕，任兩淮鹽運使，總理滬杭鐵路。宣統元年授雲南按察使，十月督江西提學使。二年乞養。辛亥革命時，新軍起義被推舉爲浙江都督。南京臨時政府成立後，任交通總長。未就任去南洋。著有《爾雅小辨》《三通考輯要》《危言》等。

伍銓萃　字選青，號叔葆。廣

東新會縣人。光緒十八年二甲十二名進士。選庶吉士，授編修。宣統二年署武昌知府，同年授湖北鄖陽知府。

黃炳元 字君謙。江蘇昭文縣人。光緒十八年二甲十三名進士。選庶吉士，授編修。

杜彤 字子丹，號仰茲。直隸天津縣人。同治六年一月二日生。光緒十八年二甲十四名進士。選庶吉士，授編修。遷山東道御史，三十二年署新疆提學使，宣統二年署布政使，三年實授提學使。

許貞幹 字豫生。福建侯官縣人。光緒十八年二甲十五名進士。中進士前任道員，歸道員本班。分發浙江鹽運司，署按察使。左遷爲同知，後入北洋軍幕復原官，以疾卒。著有《八家四六注》。

范德權（原名范德梗）字瑾與，號叔坤、南仲。湖北武昌縣人。光緒十八年二甲十六名進士。選庶吉士，改四川銅梁知縣，官至江西候補道。

汪洵（？—1915，榜名汪學瀚，原名學溥）江蘇陽湖縣人。字子淵，號淵若。光緒十八年二甲十七名進士。選庶吉士，授編修。

王良弼 字靖軒，號槿仙。湖南常寧縣人。光緒十八年二甲十八名進士。選庶吉士，散館改刑部主事，官至廣東肇羅道。

史悠咸 順天宛平縣人。光緒十八年二甲十九名進士。

賴鶴年 字予齡，號壽軒、雲芝。廣西桂平縣人。光緒十八年二甲二十名進士。選庶吉士，授編修。乞假歸。後授道員，留臺灣辦糧臺，後官至四川候補道署布政使。以目疾歸。卒年五十五。

徐中銓 字季潤，號子衡。湖北當陽縣人。光緒十四年舉人，十八年二甲二十一名進士。選庶吉士，改戶部主事。

李希聖 字亦元。湖南湘鄉縣人。同治三年（1864）生。光緒十八年二甲二十二名進士。任刑部主事，二十八授京師大學堂提調。三十一年（1905）竟以發憤嘔血卒於學堂。年四十二。著有《光緒會計錄》《雁影齋詩》《庚子國變記》《庚子傳信錄》等。

盧維慶 字成祉，號仲吉。廣東番禺縣人。光緒十八年二甲二十三名進士。選庶吉士，授編修。

張元濟（1866—1959）字菊生，號小齋。浙江海鹽縣人。光緒十八年二甲二十四名進士。改刑部主事，升總署章京。戊戌政變時，革職出京赴滬，主持上海商務印書館；曾先後編輯出版教科書、《四部叢書》、百衲本《二十四史》等，三十三年授郵傳部參議，任南洋公學總理，宣統三年學部副大臣。著有《校史隨筆》《涵芬樓燼餘書錄》。

張瀛 字雨洲，號蓬仙。雲南石屏州人。光緒十八年二甲二十五名進士。選庶吉士，二十六年改江蘇昭文知縣，三十一年署江蘇吳縣知縣，官至吉林府知府。

胡繼瑗 字嗣立。安徽太平縣人。光緒十八年二甲二十六名進士。選庶吉士，改吏部主事。

饒士端 字直方，號正廷。江西南城縣人。光緒十八年二甲二十七名進士。選庶吉士，授編修。二十七年充甘肅鄉試主考官，官至知府。

陳錫瓚 福建閩縣人。光緒十八年二甲二十八名進士。任工部主事。

陳希賢 字明揚，號起士。福建閩縣人。光緒十八年二甲二十九名進士。選庶吉士，改浙江金華知縣，二十四年改浙江錢塘知縣，二十五年仁和知縣，官至候補道，署奉天遼西道。民國後任湖北內務司司長、實業司司長。

譚啓瑞 字輯五、岳生，號芝雲。貴州鎮遠縣人。光緒十八年二甲三十名進士。選庶吉士，授編修。二十三年廣西鄉試副考官，二十七年遷陝西潼商道，二十八年官至湖南衡永郴桂道。工繪畫，花鳥。

父譚鈞培，同治元年進士。

黃爾漚 字鼎禮，號運初。福建南安縣人。光緒十八年二甲三十一名進士。任刑部主事，三十年改江西安福知縣。以疾卒。

林國賡 字歇伯。廣東番禺縣人。光緒十八年二甲三十二名進士。選庶吉士，散館改吏部主事。

李哲明 字星樵，號静娱、迂石。湖北漢陽縣人。光緒十四年舉人，十八年二甲三十三名進士。選庶吉士，授編修。二十九年充貴州鄉試正考官，官至侍講。民國時供職清史館任協修，參與編撰《清史稿》。

蔡元培 （1868—1940）字鶴卿、孑農、孑民，號仲申。浙江山陰縣人。光緒十八年二甲三十四名進士。選庶吉士，授編修。二十四年後回鄉，任紹興中西學堂監督。并組織光復會，任會長。辛亥後，任南京臨時政府教育總長。民國五年任北京大學校長；并任國民黨中央監察委員。民國十六年後，歷任南京政府大學院院長、中央研究所所長、監察院長兼代司法部部長等。九一八事變後，發起成立中國民權保障同盟，任副主席。民國二十六年，移居香港，任國際反侵略大會中國分會名譽會長。後在香港病逝。著有《蔡元培教育文選》《蔡元培選集》等。

夏孫桐 字閏枝、悔生，晚號閏庵。江蘇江陰縣人。咸豐七年（1857）生。光緒十八年二甲三十五名進士，選庶吉士，授編修。入國史館，充文淵閣校理。二十六年充四川鄉試副考官，歷任浙江湖州知府、寧波知府、宣統二年署杭州知府。民國三十年十二月二十二（1942年2月7日）日卒。參修《清史稿》，撰《清史列傳畫一書法凡例》《清史循吏傳編輯大意》。曾協助徐世昌編《清儒學案》《晚清簃詩彙》。著有《悔龕詞》等。

吳家俊 字燮才，號黻廷。江西臨川縣人。光緒十八年二甲三十六名進士。二十一年改福建龍溪知縣。

劉恩黻 字慈溥。江蘇儀徵縣人。光緒十八年二甲三十七名進士。任禮部主事。撰有《麟榠詞》。

何藻翔（1865—1930，初名何國炎）字翽高，一字梅夏，號溥延，晚號鄒崖逋者。廣東順德縣人。光緒十八年二甲三十八名進士。任兵部主事，歷官總理各國事務衙門章京、外務部主事、員外郎、幫辦等。著有《嶺南詩存》等。

翟化鵬 字溟南。山東平陰縣人。光緒十八年二甲三十九名進士。選庶吉士，改刑部主事，官至外務部郎中。

范家祚 字佑之，號希淹。廣西臨桂縣（今桂林）人。光緒十八年二甲四十名進士。選庶吉士，授編修。

朱家寶 字經田，號硯農。雲南寧州人。咸豐十年（1860）八月二十二日生。光緒十八年二甲四十一名進士。選庶吉士，任禮部主事，二十八年遷保定知府，遷直隸通永道，光緒三十二年授江蘇按察使，三十三年三月署吉林巡撫，三十四年二月實授，六月改安徽巡撫。宣統三年九月辛亥革命去職。民國三年任民國直隸民政廳長兼都督。六年助張勛復辟，任民政部尚書。失敗後逃往日本。

章士荃（原名章士傑）江蘇婁縣人。光緒十八年二甲四十二名進士。任吏部主事。

葉爾愷（1864—1937）字伯高、柏皋，號悌君。浙江仁和縣人。光緒十八年二甲四十三名進士。選庶吉士，授編修。二十三年督陝西學政，三十二年署，宣統二年授雲南提學道。三年去職。辛亥後居上海，以賣字爲生。

郎承謨 字定齋，號希輔。四川鄷都縣人。光緒十五年舉人，十八年二甲四十四名進士。選庶吉士，授編修。改户部主事，二十四年以親老改貴州正安州知州，任古城廳同知、遵義知縣，宣統年間升平越州直隸州知州，署太定知府。未任，太夫人卒歸。辛亥革命後不復出，年四十八卒。

尹昌齡 字仲錫，號約堪、約龕、鶴修。四川華陽縣人，原籍湖南武岡。光緒十八年二甲四十五名進士。選庶吉士，二十年改陝西白河知縣，二十三年長安知縣，二十四年署渭南知縣，改大荔知縣，二十六年署咸寧知縣，二十七年升商州直隸州，宣統二年改鳳翔知府，官至西安知府。入民國，歷任四川內務司長、民政廳長，四川審計處長、內務司司長、黔中道尹、政務廳廳長、參議員、省政府賑災委員會主席等職。民國三十二年（1943）卒。

劉可毅 （1855—1900，原名劉毓麟）字葆真。江蘇武進縣人。光緒十八年二甲四十六名進士。選庶吉士，授編修。庚子年死於義和拳。贈世職。善詩文，有遺集。

劉潤珩 字礪吾。湖南湘陰縣人。光緒十八年二甲四十七名進士。任江蘇震澤知縣，二十九年改湖南永州府教授。

李 豫 字元奮。江西萍鄉縣人。光緒十八年二甲四十八名進士。選庶吉士，授編修。二十八年充順天鄉試同考官。

寇宗儁 字子良。貴州貴築縣人。光緒十八年二甲四十九名進士。任刑部主事，二十一年改福建莆田知縣，二十八年遷雲南雲龍州知州，官至大理府通判。

趙國泰 字階平，號薇垣。雲南蒙化直隸廳人。光緒十八年二甲五十名進士。選庶吉士，改四川秀山知縣，二十八年改四川宜賓知縣。

丁昌燕 字師雨。山東諸城縣人。光緒十八年二甲五十一名進士。選庶吉士，二十年任大足知縣，二十一年改四川大竹知縣。

程利川 字如方。浙江鎮海縣人。光緒十八年二甲五十二名進士。任戶部山東司主事，升員外郎、郎中，外任湖南岳州知府，以參議奏留本部，宣統元年任度支部參議，三年（1911）遷度支部右丞。十二月告歸卒於家，年四十七。

趙 熙 （1867—1948）字堯生，號香宋。四川榮縣人。光緒十八年二甲五十三名進士。選庶吉士，授編修。後歸。曾主講東川書院、川南經緯學堂、旭川書院。起補江西道御史。以彈劾權臣，聲震朝野。辛亥革命後歸。曾纂《榮縣志》，主修《四川通志》，著有《香宋詩文》《慈香小集》《峨嵋紀行詩》等。

衡 瑞 字輯五，號壽芝。蒙古正紅旗人。光緒十八年二甲五十四名進士。選庶吉士，改戶部主事。

裕 紱 字東麟。漢軍正白旗人。光緒十八年二甲五十五名進士。選庶吉士，改戶部主事，二十五年改山東日照知縣。

伏衍羲 字乾一。甘肅秦安縣人。光緒十八年二甲五十六名進士。任刑部主事，改四川榮昌知縣、南部知縣，宣統元年改四川蒼溪知縣。

王得庚 字緯辰，號寄齋。浙江仁和縣人。光緒十八年二甲五十七名進士。選庶吉士，散館改江蘇丹徒知縣，二十四年改華亭知縣，歷豐縣知縣、丹陽知縣，官江蘇候補道。

呂存德 字子恒。雲南鶴慶州人。光緒十八年二甲五十八名進士。授禮部主事。年二十八卒。著有《慎思記》《訟過記》。

方家澍 字雨亭，號志初。福建侯官縣人。光緒十八年二甲五十九名進士。選庶吉士，改兵部主事，又改浙江桐鄉知縣，調秀水縣，復任桐鄉知縣。卒於任。年四十六。

武延緒 字次彭，號彝年。直隸永年縣人。光緒十八年二甲六十名進士。選庶吉士，二十年改湖北京山知縣，改咸寧知縣。

周　鈞 字衡甫，號恒圃。江蘇山陽縣人。光緒十八年二甲六十一名進士。選庶吉士，授編修。後賞四品卿銜。

沈文瀚 字澥秋。江蘇泰興縣人。光緒十八年二甲六十二名進士。選庶吉士，授編修。

吳士武 字經卿。山西平定直隸州人。光緒十八年二甲六十三名進士。

趙士琛 字續廷，號獻夫。直隸天津縣人。光緒十八年二甲六十四名進士。選庶吉士，授編修。宣統年間官至貴州思南府知府。

傅國英 字允若，號菊生。福建南安縣人。光緒十八年二甲六十五名進士。點知縣，改授內閣中書。歸後主雙溪書院講席，年四十八卒。著有《雙溪詩賦集》。

李慶棻 順天武清縣人。光緒十八年二甲六十六名進士。任山西大同府豐鎮同知。

王銘淵 字薌泉。河南固始縣人。光緒十八年二甲六十七名進士。選庶吉士。未散館。

謝甘盤 江西南城縣人。光緒十八年二甲六十八名進士。任兵部主事。

張榕蔭 雲南南寧州人。光緒十八年二甲六十九名進士。二十三年任廣西懷遠知縣，三十年遷廣西全州知州。

藍　鈺 字瑞人，號式如、石如。江西高安縣人。光緒十八年二甲七十名進士。選庶吉士，授編修。

吳　鈁 字伯琴。江西宜黃縣人。光緒十八年二甲七十一名進士。任刑部主事，遷員外郎、郎中，官至奉天提法使。

池百煒 （一作池伯煒）字山銘，號滋膺。福建閩縣人。光緒十八年二甲七十二名進士。選庶吉士，改廣東惠來知縣。

王仁俊 字捍鄭，一字感尊。江蘇吳縣人。光緒十八年二甲七十三名進士。選庶吉士，改吏部主事，應召赴武昌張之洞幕府，任武昌知府，三十一年任黃州知府，曾赴日考察學務，後任學部行走、禮學館纂修、編譯圖書局長兼京師大學堂教習。著有《遼文粹》《遼史藝文志補正》《西夏文綴》《西夏藝文志》。另輯《敦煌石室真迹錄》《玉函山房輯佚書補編》。

延　燮 字理臣。滿州正白旗，納喇氏。漕運總督文彬子。光緒十八年二甲七十四名進士。選庶吉士，改湖北大冶縣知縣。

曹廣楨 字梅訪。湖南長沙縣人。光緒十八年二甲七十五名進士。任刑部主事，纍遷軍機領班章京，三十四年官至吉林提學使。宣統三年去職。

傅增淯 字雨農，號道南。四川江安縣人。咸豐六年（1856）生。光緒十八年二甲七十六名進士。選庶吉士，授編修。二十三年充順天鄉試同考官，二十八年督貴州學政，外官至江蘇知府。著有《澄懷堂詩文》。

弟傅增湘，光緒二十四年進士。

高寶鑾 字佩滄，號子鳴。浙江秀水縣（今嘉興）人。光緒十八年二甲七十七名進士。選庶吉士，授編修。

曾習經 字剛甫。廣東揭陽縣人。光緒十八年二甲七十八名進士。任戶部主事，三十三年授度支部左參議，宣統三年遷度支部右丞，病免。

周汝鈞 廣東番禺縣人。光緒十八年二甲七十九名進士。任刑部主事。

郭曾準 字親綸，號少萊。福建侯官縣人。光緒十八年二甲八十名進士。選庶吉士，改江西泰和知縣，二十八年改江西新建知縣，官至義寧州知州，候選知府。

祖父郭柏蔭，道光十二年進士；兄郭曾炘，光緒六年進士。

林頤山 字晉霞。浙江慈溪縣人。光緒十八年二甲八十一名進士。任江蘇知縣。曾爲南菁書院山長。著有《經述》。

姚晉圻（1857—1915）字彥長，號東安。湖北羅田縣人。光緒十五年舉人，十八年二甲八十二名進士，選庶吉士，改刑部主事。歷任各書院、師範學堂院長、監督及教務長等職，又爲湖北教育會長、禮學館顧問、法律諮議官。民國初年，任湖北教育司長。著有《經義和微記》《公羊春秋箋注》等。

劉顯曾 字誠甫。江蘇儀徵縣人。光緒十八年二甲八十三名進士。吏部主事，升員外郎，官至掌甘肅道御史。

吳良棻 字黼臣。河南商城縣人。光緒十八年二甲八十四名進士。選庶吉士，二十二年改廣西灌陽知縣。

陳兆豐 字彥滋，號雪岩。福建長樂縣人。光緒十八年二甲八十五名進士。選庶吉士，改四川平武知縣。

顧瑗 字亞蘧。河南祥符縣人。光緒十八年二甲八十六名進士。選庶吉士，授編修。遷山西道御史。張勳復辟時，授農工部右丞。著有《西徵集》。

牟育 字贊卿。浙江黃岩縣人。光緒十八年二甲八十七名進士。二十八年任四川蓬溪知縣。

王慶垣 字薇卿。順天通州人。光緒十八年二甲八十八名進士。選庶吉士，散館改戶部主事，二十五年改河南桐柏縣知縣。

江逢辰 字孝通，一字密庵，號雨人。廣東歸善縣人。光緒十八年二甲八十九名進士。官至吏部主事。嘗從梁鼎芬游，後主赤溪書院講席。母喪，哀毀卒。年僅三十餘。著有《密庵詩文集》《孤桐詞》。

蔡鎮藩 四川營山縣人。光緒十八年二甲九十名進士。任户部主事，後任四川造幣分廠總辦，四川清理財政副監理。

孫多玢 字溫如，號潤甫、理卿。安徽壽州人。光緒十八年二甲九十一名進士。選庶吉士，授編修。外官至特用道。

龔心銘 字景張。安徽合肥縣人。光緒十八年二甲九十二名進士。任兵部主事、刑部郎中、奉天司行走，著有《浦口湯泉小志》。

周頌聲 字理謙，號蓮舫。廣東順德縣人。光緒十八年二甲九十三名進士。選庶吉士，散館改廣西榮縣知縣、武緣知縣，二十五年改宣化知縣，官至廣西寧明州知州。

袁寶璜 字璨禹、清漁。浙江元和縣人。光緒十八年二甲九十四名進士。任刑部主事。著書均未成而卒。

葉德輝 字奐彬，號郎園、直山。湖南湘潭縣人。光緒十八年二甲九十五名進士。授吏部主事。1927年大革命中被殺。著有《郎園叢書》《郎園消夏百一詩》《觀書百咏》《沉迷要錄》等。

周雲 字世臣，號折鹿。山東東阿縣人。光緒十八年二甲九十六名進士。選庶吉士，改刑部主事，改河南宜陽知縣，二十八年改內黃知縣，二十九年改永城縣知縣，官至湖北漢黃德道。

王汝漢 漢軍鑲黃旗（廣州人）。光緒十八年二甲九十七名進士。二十三年任山東樂安知縣，二十九年任山東海豐知縣，三十三年改禹城知縣。

連甲 字仲甫、仲三，號蘭亭。鑲白旗滿洲包衣。光緒十八年二甲九十八名進士。選庶吉士，授編修。遷翰林院侍講，纍遷山西冀寧道，三十一年遷山東按察使，三十二年改山東提學使，又改任福建布政使，三十三年調安徽布政使，宣統三年閏六月改湖北布政使。九月去職。

李書翰 字錫甲，號墨卿。安徽太湖縣人。光緒十八年二甲九十九名進士。選庶吉士，改陝西白河知縣，調浙江金華知縣。

張祖厚 字宏齋。山東安丘縣人。光緒十八年二甲一百名進士。任吏部考工司主事，升驗封司員外郎。

饒軫 字捕星。廣東嘉應直隸州人。光緒十八年二甲一百零一名進士。任吏部主事。卒年五十四。

父饒應坤，道光十五年進士；兄饒軒，咸豐六年進士。父子三人進士。

哈銳 字退軒，號少泉。甘肅秦州直隸州（今天水）人。光緒十八年二甲一百零二名進士。選庶吉士，改刑部主事，又改四川南充縣知縣、樂山知縣、璧山知縣。

杜翱　字鶴雲，號桐巢。山東濱州人。光緒十八年二甲一百零三名進士。選庶吉士，二十年任甘肅環縣知縣，改武威知縣。

耆齡　字雨南。漢軍鑲黃旗人。光緒十八年二甲一百零四名進士。選庶吉士，改主事，二十五年改安徽潁上知縣，二十七年署安徽英山知縣。

唐文治　（1865—1954）字蔚芝，號茹經。江蘇太倉州人。光緒十八年二甲一百零五名進士。任户部主事、外務部主事、員外郎，二十九年授商部左丞，三十一年升任商部侍郎，三十二年任農工商部左侍郎署理尚書。旋辭職。後任上海實業學校監督、太倉中學監督、江蘇教育總會會長、無錫中學名譽校長等，爲我國著名教育家。著有《尚書大義》《詩經大義》《大學大義》《中庸大義》《孟子大義》《茹經堂文集》。

潘葆良　廣東順德縣人。光緒十八年二甲一百零六名進士。任内閣中書。

陳毓鑫　福建侯官縣人。光緒十八年二甲一百零七名進士。任刑部主事。

貴誠　滿洲正白旗人。光緒十八年二甲一百零八名進士。二十年任刑部主事，遷兵部員外郎。

桂森　鑲紅旗蒙古人（京口駐防，居江蘇丹徒）。光緒十八年二甲一百零九名進士。授江西即用知縣，任江西萍鄉知縣，二十八年改江西廣豐知縣。

存慶　滿洲鑲紅旗人，江寧駐防。光緒十八年二甲一百十名進士。任户部主事，改廣東連州直隸州知州。

胡鼎彝　字鼎臣，號鋭生。陝西榆林縣人。光緒十八年二甲一百十一名進士。選庶吉士，授編修。二十七年督湖北學政，外任河南汝寧知府，調署懷慶知府，官至河南勸業道，兼提學使。民國十三年（1924）卒。年六十九。

張瑞芬　直隸寶坻縣人。光緒十八年二甲一百十二名進士。任山東長清知縣。

文龍　（本姓張）字海雲。四川華陽縣人。光緒十八年二甲一百十三名進士。官至道員。

陳樹屏　字汝藩，號介庵。安徽望江縣人。光緒十八年二甲一百十四名進士。選庶吉士，二十八年改湖北江夏縣知縣，羅田知縣，三十三年署武昌知府。民國時，任湖北實業廳長。

貽穀　（原名吉昌）字藹人。滿洲鑲黃旗，烏雅氏。咸豐六年（1856）十一月十四日生。光緒十八年二甲一百十五名進士。選庶吉士，授編修。纍遷侍講學士、少詹事，二十六年授内閣學士兼兵部左侍郎，加授理藩部尚書銜。二十九年改綏遠將軍，充督辦蒙旗墾務大臣。三十四年被劾革職逮京，法部三年未決，遣戍川邊。宣統三年辛亥革命，改易州安置。工書善詩，素有滿洲才子之稱。著有《綏遠奏議》。

趙鼎仁 字承哉，號琴齋、静山。浙江鄞縣人。光緒十八年二甲一百十六名進士。選庶吉士。散館改戶部主事，二十五年改福建古田知縣。

王廷贊 山東泗水縣人。光緒十八年二甲一百十七名進士。四川即用知縣，二十九年任南部知縣。

沈寶琛 字乙齋。浙江嵊縣人。光緒十八年二甲一百十八名進士。任兵部主事，三十一年改安徽蕪湖知縣。

趙藍田 奉天鐵嶺縣人。光緒十八年二甲一百十九名進士。任工部主事。

陳應辰 江西進賢縣人。光緒十八年二甲一百二十名進士。任刑部主事，改福建寧化知縣，二十九年任永福知縣。

楊洪勛 陝西鎮安縣人。光緒十八年二甲一百二十一名進士。任刑部主事。

丁福申 江蘇山陽縣人。光緒十八年二甲一百二十二名進士。任吏部主事，官至吏部員外郎。

杜作航 字彩文，號葦如。江西清江縣人。光緒十八年二甲一百二十三名進士。選庶吉士，散館改浙江武義知縣。

俞鴻慶 字蓮徵，號伯鈞、劍江。湖南善化縣人。光緒十八年二甲一百二十四名進士。選庶吉士，

授編修。侍奉父母有孝行。光緒二十九年（1903）父卒，悲傷而逝。

高錫華 字子春，號紫葶。山西祁縣人。光緒十八年二甲一百二十五名進士。選庶吉士，改南城兵馬司指揮，二十二年改河南桐柏知縣，二十九年改陝西澄城知縣，三十一年改武功知縣，三十二年任陝西安定知縣。著有《澄觀草堂詩鈔》。

恩豐 字席臣。滿洲鑲黄旗人。光緒十八年二甲一百二十六名進士。任工部主事，官至外務部郎中。

李振甲 山東樂安縣人。光緒十八年二甲一百二十七名進士。任工部主事。

周鳳翔 四川彭山縣人。光緒十八年二甲一百二十八名進士。任刑部主事，官至大理院檢察官。

恩齡 漢軍鑲黄旗人。光緒十八年二甲一百二十九名進士。任禮部主事。

黄允中 福建侯官縣人。光緒十八年二甲一百三十名進士。任吏部主事，官至吏部員外郎。

曾述棨 字霽生，號思嚴。河南固始縣人。光緒十八年二甲一百三十一名進士。選庶吉士，散館改工部主事，宣統元年纍遷外務部參議，三年官至外務部左丞。

李宗膺 陝西城固縣人。光緒十八年二甲一百三十二名進士。任户部主事。

第三甲一百八十二名

饒寶書　廣東興寧縣人。光緒十八年三甲第一名進士。任戶部主事，官至外務部郎中。

章文綬　字丹甫。江西南昌縣人。光緒十八年三甲第二名進士。任福建知縣。

馮舜生　廣西桂平縣人。光緒十八年三甲第三名進士。任戶部主事，遷雲南維西廳通判、雲南鶴慶州知州、中甸廳同知、龍陵廳同知。

常棣華　山西汾陽縣人。光緒十八年三甲第四名進士。任內閣中書。

王殿甲　字翰卿，號姜溪。直隸清河縣人。光緒十八年三甲第五名進士。選庶吉士，二十年改四川南江知縣，二十四年改華陽知縣。

趙協莘　江西新建縣人。光緒十八年三甲第六名進士。工部主事，二十四年署浙江樂清知縣，宣統元年改湖南城步知縣。

渠本翹　山西祁縣人。光緒十八年三甲第七名進士。任內閣中書舍人、外務部主事，候補三品京堂，官至典禮院直學士。

呂懋光　江蘇陽湖縣人。光緒十八年三甲第八名進士。三十年署直隸昌黎知縣，官至保安州知州。

孫友萼　字花樓。山東郯城縣人。光緒十八年三甲第九名進士。任江蘇知縣，三十年署江蘇元和知縣，三十三年署江蘇金壇縣知縣，宣統年間任丹陽知縣。

孫樂嘉　山東蓬萊縣人。光緒十八年三甲第十名進士。任工部主事。

李兆春　（一作李兆椿）廣東番禺縣人。光緒十八年三甲第十一名進士。

錢錫爵　江蘇泰州人。光緒十八年三甲十二名進士。任工部主事。

為道光三十年進士錢桂森從子。

尚其亨　漢軍鑲藍旗人。光緒十八年三甲十三名進士。二十年任山東武定知府，二十一年改曹州知府，二十四年遷山東督糧道，二十六年授山東按察使，三十年遷山東布政使、出洋考察憲政，三十三年任福建布政使。宣統三年武昌起義去職。

齊紳甲　吉林伊通州人，原籍山東昌邑。光緒十八年三甲十四名進士。山西即用知縣。

堂弟齊中甲，光緒二十年進士。

熙彦　字雋甫。滿洲正白旗人。光緒十八年三甲十五名進士。二十年遷吏部員外郎，改商部郎中，三十二年由農工商部參議授左丞，遷農工商部左侍郎。宣統三年去職。

汪忠杰　字星甫。直隸朝陽縣人。光緒十八年三甲十六名進士。刑部主事，官至任大理院推事。以疾終，年未四十，聞者惜之。

父汪棣昌，同榜進士。

陳鳳藻　字翰丹。江蘇新陽縣人。光緒十八年三甲十七名進士。

任户部主事。

陳鉅前　福建閩縣人。光緒十八年三甲十八名進士。任兵部主事。三十一年改山東清平知縣。

馮鏡泉　廣東順德縣人。光緒十八年三甲十九名進士。

張炳文　福建晉江縣人。光緒十八年三甲二十名進士。任工部主事。

鍾爲楨　福建侯官縣人。光緒十八年三甲二十一名進士。任廣東崖州知州。

丁麟年　（1870—1930）字紱臣，號幼石。山東日照縣人。光緒十八年三甲二十二名進士。任户部主事，遷郎中，宣統二年遷陝西同州知府，三年署興安知府。辛亥去職。民國後曾任山東圖書館長。工書法，富收藏。著有《移林館吉金圖識》《山左鄉賢畫甄録》等。

胡從簡　字敬亭。四川新津縣人。光緒十八年三甲二十三名進士。用知縣，乞病歸竟不復出。著有《禮經考》《禮經釋例》《周禮句讀》《大戴禮記箋》《讀禮管窺》纍六百餘萬字。

王家驥　字孟雲。廣西臨桂縣人。光緒十八年三甲二十四名進士。二十四年任浙江臨海知縣，改武康知縣。

鄧廷佐　湖北黃安縣人。光緒十五年舉人，十八年三甲二十五名進士。任刑部主事。

洪汝源　字毅夫，號蓮吾。湖

南寧鄉縣人。光緒十八年三甲二十六名進士。選庶吉士，授檢討。光緒三十二年署四川眉州直隸州知州，官至四川知府。

李慎侯　江蘇丹徒縣人。光緒十八年三甲二十七名進士。任刑部主事。遷郎中。改淮安府教授。

汪文綬　安徽全椒縣人。光緒十八年三甲二十八名進士。任内閣中書，進江蘇候補知府，任淮安知府、記名提學使。加二品頂戴。

文緝熙　江西萍鄉縣人。光緒十八年三甲二十九名進士。即用知縣分發安徽。

吳思讓　四川秀山縣人。光緒十八年三甲三十名進士。

陳　瑜　字抱初。貴州貴陽府人。光緒十八年三甲三十一名進士。二十二年任安徽霍丘知縣，官至直隸津海關道。

何慶輔　浙江里安縣人。光緒十八年三甲三十二名進士。二十六年任廣西昭平知縣。

張祖望　字仰磻。順天宛平縣人。光緒十八年三甲三十三名進士。授廣東即用知縣。其從父母熱河服官以事謫黑龍江，卒於戍所，因無嗣，祖望隻身徒步走沙漠迎櫬歸葬，又遭弟喪哀毀卒。

王寶瑜　河南鄧州人。光緒十八年三甲三十四名進士。二十七年任山東荏平知縣、高密知縣，二十九年改山東肥城知縣。

陳乃賡　浙江海寧州人。光緒

十八年三甲三十五名進士。任刑部主事。

張聯駿 浙江仁和縣人。光緒十八年三甲三十六名進士。任户部主事。

顧仲安 字笣庭。山東聊城縣人。光緒十八年三甲三十七名進士。署安徽青陽知縣。以疾卒於任。

芳　鎮 滿洲正藍旗人。光緒十八年三甲三十八名進士。三十年任江蘇武進知縣，三十四年二月開缺。

周學海 字澂之、健之。安徽建德縣人。爲兩江總督周馥子。光緒十八年三甲三十九名進士。任內閣中書。二十四年任揚州府河務同知，官至浙江候補道。加二品銜。潛心醫學，著有《脈義簡摩》《脈簡補義》《診家直訣》《辨脈平脈章句》等。

管世駿 字德輿。浙江黄巖縣人。光緒十八年三甲四十名進士。任內閣中書，二十五年改浙江嚴州府教授。

譚子俊 字彦光。貴州貴築縣人。光緒十八年三甲四十一名進士。二十五年任福建南安知縣，二十九年署福建侯官知縣。

王世楨 字篤臣，號梧村。山東諸城縣人。道光二十八年八月十九日生。光緒十八年三甲四十二名進士。

萬雲路 字幼荃。河南羅山縣人。光緒十八年三甲四十三名進士。

選庶吉士。散館改禮部主事。

宋書昇 字晋之，號旭齋、員階。山東濰縣人。道光二十四年（1844）二月二十日生。光緒十八年三甲四十四名進士。選庶吉士，五品卿銜。後參與修訂《山東省志》，任山東書院山長。殫心於經術，《易》《詩》《書》皆有闡述；尤精曆算之學。民國四年（1915）卒，年七十二。著有《旭齋文鈔》等。

焦志賢 甘肅禮縣人。光緒十八年三甲四十五名進士。任户部主事。

宗錦晨 順天密雲縣人。光緒十八年三甲四十六名進士。任直隸大名府教授。

陳福蔭 廣西臨桂縣人。光緒十八年三甲四十七名進士。任户部主事，改湖北潛山知縣，二十九年任寧鄉知縣。

喬國楨 直隸南宮縣人。光緒十八年三甲四十八名進士。任吉林府教授，二十四年改奉天錦州府教授。

張延齡 河南襄城縣人。光緒十八年三甲四十九名進士。

陳登元 福建臺灣淡水縣人。光緒十八年三甲五十名進士。

陶福履 字綏之、稚箕，號畫峰。江西新建縣人。光緒十八年三甲五十一名進士。選庶吉士，散館改户部主事，三十二年又改湖南慈利知縣。著有《豫章叢書》。

孟廣模 （一作孟廣謨）山東章

丘縣人。光緒十八年三甲五十二名進士。任刑部主事。

李蘊華 字少川、晴川。陝西米脂縣人。光緒十八年三甲五十三名進士。二十四年任四川合江知縣，二十六年署會理州知州，三十二年任四川犍爲知縣，宣統元年改太平知縣。

張維城 陝西三原縣人。光緒十八年三甲五十四名進士。任知縣。

溥　岳 鑲紅旗，宗室。光緒十八年三甲五十五名進士。任工部主事。

陳雨濃 （《進士題名碑》作陳雨農）湖北蘄州人。光緒十五年舉人，十八年三甲五十六名進士。任工部主事。

陳祖綬 字墨農。浙江永嘉人。光緒十八年三甲五十七名進士。二十四年調補山西河津知縣，三十四年任山西武鄉知縣，宣統元年改山西靈石知縣。

溫錫純 江西寧都直隸州人。光緒十八年三甲五十八名進士。任湖南芷江知縣，二十八年改衡陽知縣，三十三年遷湖南桂陽直隸州知州。

吳寶鎔 字玉民，號希玉。浙江仁和縣人。道光二十年二月十二日生。光緒十八年三甲五十九名進士。任江西知縣。

羅迪楚 字錦江。四川犍爲縣人。光緒十八年三甲六十名進士。任內閣中書，改湖北監利知縣。

長　紹 字子壽，號元度。滿洲正藍旗，宗室。光緒十八年三甲六十一名進士。選庶吉士，改工部主事，官至安徽潁州知府。

蔣式瑆 （又名蔣士星，恐誤）字性甫。直隸玉田縣人。光緒十八年三甲六十二名進士。選庶吉士。授檢討。升廣東道、江南道御史。曾上疏彈劾慶親王奕劻將私産一百二十萬送往東交民巷英國滙豐銀行收存，因查無實據，又降任檢討。著有《守拙齋初稿》。

王慶埏 浙江會稽縣人。光緒十八年三甲六十三名進士。任江蘇丹徒知縣。

楊　楷 江蘇無錫縣人。光緒十八年三甲六十四名進士。任户部主事，餘見癸卯經濟特科。

汝作枚 陝西富平縣人。光緒十八年三甲六十五名進士。任直隸遷安知縣，奉天復州知州。

趙傳琴 雲南通海縣人。光緒十八年三甲六十六名進士。

高增爵 字少農。陝西米脂縣人。光緒十八年三甲六十七名進士。任內閣中書，二十八年遷四川眉州直隸州知州，三十年署資州直隸州知州，升綏運知府、成都知府，官至四川巡警道。

呂　森 字伯銘。廣西臨桂縣人。光緒十一年舉人，十八年三甲六十八名進士。任户部主事，改四川江安知縣，二十八年署四川渠縣知縣，三十二年任南川知縣。三十四年十二月去。

張心鏡　江蘇青浦縣縣人。光緒十八年三甲六十九名進士。二十四年任甘肅正寧知縣，二十八年署甘肅階州直隸州知州，二十九年任甘肅中衛知縣。

阮士惠　陝西山陽人。光緒十八年三甲七十名進士。任甘肅永昌知縣，改平涼知縣。

關天眷　甘肅秦州直隸州人。光緒十八年三甲七十一名進士。四川即用知縣。

劉　鐸　湖南善化縣人。光緒十八年三甲七十二名進士。任內閣中書，改外務部主事。

胡壽榮　雲南姚州人。光緒十八年三甲七十三名進士。任禮部主事。

馮永圖　廣東順德縣人。光緒十八年三甲七十四名進士。二十九年任廣東雷州府教授。

徐德溉　號養吾。安徽太湖縣人。光緒十八年三甲七十五名進士。任工部主事。

田寶蓉　字曉霞，號紫芝。陝西安康縣人。光緒十八年三甲七十六名進士。選庶吉士，二十二年改山東新泰縣知縣，二十七年升山東高唐州知州，二十八年卸。二十九年再任新泰知縣。

屠爾敏　河南商水縣人。光緒十八年三甲七十七名進士。任禮部主事，官至員外郎。

莫鎮疆　漢軍鑲藍旗人。光緒十八年三甲七十八名進士。

汪慶生　字崧甫。江蘇丹徒縣人。光緒十八年三甲七十九名進士。任戶部主事，改蘇州府教授。

雷寶荃　陝西安康縣人。光緒十八年三甲八十名進士。任直隸遷安知縣。

父雷鍾德，同治十年進士。

呂　曾　江西德化縣人。光緒十八年三甲八十一名進士。任工部主事。

夏時濟　湖南衡陽縣人，光緒十八年三甲八十二名進士。任戶部主事。

陳存志　江西贛縣人。光緒十八年三甲八十三名進士。

洪景楠　廣東番禺縣人。光緒十八年三甲八十四名進士。任內閣中書。

蔣廷黻　字雅鶴。浙江海寧州人。光緒十八年三甲八十五名進士。任吏部主事、員外郎、郎中，官至廣東韶州府知府。

王光棣　四川彭水縣人。光緒十八年三甲八十六名進士。二十四年任湖北公安知縣。

李蘭馨　河南唐縣人。光緒十八年三甲八十七名進士。任戶部主事，官至度支部員外郎。

孫培元　字子鈞。江蘇崇明縣人，光緒十八年三甲八十八名進士。任吏部主事、員外郎，遷山東道御史，官至掌雲南道御史。

施啓宇　字雨農，號稚擱。江蘇崇明縣人。光緒十八年三甲八十九名進士。二十五年任湖南江華知縣，二十六年遷武岡州知州，三十年官至湖南郴州直隸州知州。

左崇典 山西臨汾縣人。光緒十八年三甲九十名進士。任工部主事。

張鎮芳 字馨庵。河南項城縣人。爲袁世凱表弟。光緒十八年三甲九十一名進士。任户部主事，纍遷至天津道、長蘆鹽運使，宣統三年三月授湖南按察使，武昌起義後曾署直隸總督。民國後任河南都督、兼民政長，支持袁世凱稱帝。民國六年，參加張勛復辟，任内閣議政大臣、度支部尚書。後任天津鹽業銀行經理、董事長。

伍元芝 字蘭蓀，號忻甫。江蘇上元縣人。同治四年二月初六日生。光緒十八年三甲九十二名進士。

安秉玠 字錫候，號澔西。陝西郃陽縣人。光緒十八年三甲九十三名進士。選庶吉士，授檢討。

甘作虞 字問和。四川雲陽縣人。光緒十五年舉人，十八年三甲九十四名進士。山東即用知縣。假歸父卒，服闋病卒。

黄鴻逵 江西臨川縣人。光緒十八年三甲九十五名進士。任内閣中書。

宋企适 字南宫。山東膠州人。光緒十八年三甲九十六名進士。即用知縣，分發雲南任易門知縣，署劍川知州。僅年餘而卒。

許克家 雲南宜良縣人。光緒十八年三甲九十七名進士。三十年任廣東乳源知縣。

高逢源 字資庵。直隸寧晉縣人。光緒十八年三甲九十八名進士。任户部主事，改山西沁水知縣。

許文森 貴州貴築縣人。光緒十八年三甲九十九名進士。任直隸知縣。

李宗森 陝西咸寧縣人。光緒十八年三甲一百名進士。任知縣。

康咏 （原名康逢慶）福建長汀縣人。光緒十八年三甲一百零一名進士。任内閣中書。

陳棣堂 直隸任丘縣人。光緒十八年三甲一百零二名進士。任刑部主事。

盧維雛 字肅卿。湖北漢川縣人。光緒十七年舉人，十八年三甲一百零三名進士。二十一年任江蘇阜寧知縣，二十二年署山陽知縣，二十三年復任阜寧知縣，二十六年改江寧知縣。

葉濬 江西新建縣人。光緒十八年三甲一百零四名進士，任刑部主事。

籍忠宣 直隸任丘縣人。光緒十八年三甲一百零五名進士。任内閣中書。

嵩瑞 滿洲鑲藍旗人。光緒十八年三甲一百零六名進士。二十五年任浙江海鹽知縣。

阮大定 陝西山陽縣人。光緒十八年三甲一百零七名進士。任雲南太和知縣，改保山知縣、永平知縣。

朱　本　字道生。浙江錢塘縣人。光緒十八年三甲一百零八名進士。任安徽蒙城知縣，二十五年改安徽宿松知縣。

李翰屏　山東日照縣人。光緒十八年三甲一百零九名進士。二十八年任四川西昌知縣。

李時燦　河南汲縣人。光緒十八年三甲一百十名進士。任刑部主事、河南學務議長。

盧秉鈞　甘肅隆德縣人。光緒十八年三甲一百十一名進士。三十一年任陝西洵陽知縣。宣統二年卸任。

李祥麟　山東日照縣人。光緒十八年三甲一百十二名進士。任內閣中書。

劉亮藻　湖北黃安縣人。光緒十八年三甲一百十三名進士。任兵部主事，升郎中。

賀　欣　安徽宿松縣人。光緒十八年三甲一百十四名進士。任工部虞衡司主事，改吏部稽勳司主事，截取直隸州知州。

于相德　山東泗水縣人。光緒十八年三甲一百十五名進士。四川即用知縣。

劉鍾瓊　字子衡。貴州貴陽府人。光緒十八年三甲一百十六名進士。任廣西陽朔知縣。

翁立德　順天宛平縣人。光緒十八年三甲一百十七名進士。二十八年任福建邵武知縣。

劉正敷　河南鞏縣人。光緒十八年三甲一百十八名進士。任知縣。

謝德昭　陝西白河縣人。光緒十八年三甲一百十九名進士。任知縣。

李華芬　字漱六。湖南耒陽縣人。咸豐五年三月初五日生。光緒十八年三甲一百二十名進士。

陳偉勛　字山銘。河南鄢城縣人。光緒十八年三甲一百二十一名進士。二十二年任會理州知州，二十三年任四川灌縣知縣、屏山知縣，三十一年任四川涪州知州，三十四年改夾江知縣。

牛　瑗　字幼樵。甘肅通渭縣人。光緒十八年三甲一百二十二名進士。任刑部主事，二十五年官至四川保寧知府，二十七年以知府銜任四川綿州直隸州知州。

父牛樹梅，道光二十一年進士，四川按察使。

鄭炳章　福建侯官縣人。光緒十八年三甲一百二十三名進士。

湯原銑　（原名湯發桂）河南商丘縣人。光緒十八年三甲一百二十四名進士。三十年任湖南永州府督捕同知。

蹇念典　字伯常。貴州遵義縣人。光緒十八年三甲一百二十五名進士。分浙江知縣。卒於任。

郭兆春　湖北麻城縣人。光緒十八年三甲一百二十六名進士。

王懋昭　字伯藩。四川遂寧縣人。光緒十八年三甲一百二十七名進士。任雲南文山知縣，署彌勒知縣，署阿迷州知州。

劉素存　江西新昌縣人。光緒十八年三甲一百二十八名進士。十九年任江西九江府教授。

密昌墀　湖北漢陽縣人。光緒五年舉人，十八年三甲一百二十九名進士。任山西徐溝知縣，官至直隸州知州。

王克鼎　貴州平遠州人。光緒十八年三甲一百三十名進士。任廣東新寧知縣。假歸。年五十，大壽醉卒。

李心地　湖北沔陽州人。光緒十五年舉人，十八年三甲一百三十一名進士。任兵部主事、馬館監督。

王室藩　字樹屏。江西南昌縣人。光緒十八年三甲一百三十二名進士。任福建知縣。

祿　德　蒙古鑲黃旗人。光緒十四年舉人，十八年三甲一百三十三名進士。任刑部主事，三十四年補江蘇儀徵知縣。

孔昭倩　山東曲阜縣人。光緒十八年三甲一百三十四名進士。官至江蘇候補知府。

裘鴻勛　浙江慈溪縣人。光緒十八年三甲一百三十五名進士。任主事，改江西廣豐知縣。

龔心鑑　字仲藩，號衡堂、仲方。安徽合肥縣人。咸豐五年九月初三日生。光緒十八年三甲一百三十六名進士。

葛文模　山西安邑縣人。光緒十八年三甲一百三十七名進士。任刑部主事。

李培之　字心泉。河南氾水縣人。光緒十八年三甲一百三十八名進士。任順天宛平知縣，二十三年改寧河知縣，三十二年改順天文安知縣，官至順天府治中。

傅鍾濤　（一作傅仲濤）貴州貴陽府人。光緒十八年三甲一百三十九名進士。

劉積義　甘肅皋蘭縣人。光緒十八年三甲一百四十名進士。廣西即用知縣。

楊介康　字伯藏，號石麓。湖北沔陽州人。光緒十五年舉人，十八年三甲一百四十一名進士。選庶吉士，散館改廣東鶴山、新會知縣，官至湖南候補道。

蘇夢蘭　順天寧河縣人。光緒十八年三甲一百四十二名進士。二十五年任福建惠安知縣，三十三年改福建侯官知縣。

劉瑞璘　河南鄭州人。光緒十八年三甲一百四十三名進士。二十四年任陝西華陰知縣，二十六年改同官知縣、咸寧知縣，改任直隸欒城知縣。

沈樹人　順天武清縣人。光緒十八年三甲一百四十四名進士。

汪棣昌　字友棠。直隸朝陽縣人。光緒十八年三甲一百四十五名進士。官至戶部郎中、大通橋監督。方爲大用，乃壽未六十遽以疾終。

子汪忠杰，與父同榜進士。

陽　顗　廣西臨桂縣人。光緒

十八年三甲一百四十六名進士。任廣東普寧知縣。

王麟燊 字獻廷。四川彰明縣人。光緒十四年舉人，十八年三甲一百四十七名進士。任內閣中書。卒於天津。

和庚吉 雲南麗江縣人。光緒十八年三甲一百四十八名進士。任兵部主事。

楊敬遠 （原名楊熙霖）河南商城縣人。光緒十八年三甲一百四十九名進士。任吏部主事，官至吏部員外郎。

岳　齡 蒙古正白旗人。光緒十八年三甲一百五十名進士。二十八年任直隸威縣知縣，三十一年改直隸邢臺知縣。

陸廷楨 江蘇吳江縣人。光緒十八年三甲一百五十一名進士。二十一年任河南商城知縣。

劉　能 字問之。四川溫江縣人。光緒十八年三甲一百五十二名進士。署廣東陽春知縣，改署海豐縣，二十八年改歸善知縣，官至署韶州知府。卒於任。

李作楷 山西平定州直隸州人。光緒十八年三甲一百五十三名進士。

孫尚仁 甘肅皋蘭縣人。光緒十八年三甲一百五十四名進士。任刑部主事。

趙　鴻 安徽涇縣人。光緒十八年三甲一百五十五名進士。二十四年署江蘇華亭知縣。

郝增祐 字助庵、竹庵，號蘭港。奉天錦縣人。光緒十八年三甲一百五十六名進士。選庶吉士，改吏部主事。

秦士麟 廣西臨桂縣人。光緒十八年三甲一百五十七名進士。二十三年任陝西商南知縣，二十五年改淳化知縣，二十七年卸，宣統二年任鎮安知縣。三年去。

王雲清 號月樵。廣東儋州（今屬海南）人。光緒十八年三甲一百五十八名進士。官至湖北知縣。著有《儋州志》。

武光樽 雲南建水縣人。光緒十八年三甲一百五十九名進士。

劉　坦 （1847—？）字醴泉。山東蒲臺縣人。光緒十八年三甲一百六十名進士。

徐　聰 直隸邢臺縣人。光緒十八年三甲一百六十一名進士。授河南即用知縣。

李祖壽 字頌南，號崧生。浙江仁和縣人。咸豐六年四月十七日生。光緒十八年三甲一百六十二名進士。任江蘇知縣。

朱雲從 江西瑞昌縣人。光緒十八年三甲一百六十三名進士。分發福建即用知縣，三十年任福建南靖知縣。

張明允 字亞泉。陝西韓城縣人。光緒十八年三甲一百六十四名進士。任江蘇榷岩昭關稅、知縣。

洪兆麟 漢軍正白旗人。光緒十八年三甲一百六十五名進士。

黃士俊 貴州貴陽府人。光緒

十八年三甲一百六十六名進士。任兵部主事。

戴錫之 字壽臣，號南蜉、蕭山。貴州印江縣人。光緒十八年三甲一百六十七名進士。選庶吉士，撤消庶吉士。

劉珊璜 河南南陽縣人。光緒十八年三甲一百六十八名進士。

酈兆雷 廣東新寧縣人。光緒十八年三年一百六十九名進士。任江蘇江寧知縣，補江浦知縣，遷海州知州。

壽　椿 滿洲鑲白旗人。光緒十八年三甲一百七十名進士。二十九年任浙江秀水知縣。

丁錫奎 甘肅秦安縣人。光緒十八年三甲一百七十一名進士。二十二年任陝西靖邊知縣，二十七年署陝西韓城知縣。

王樹鼎 字彝臣。山西靈丘縣人。光緒十八年三甲一百七十二名進士。二十二年任江蘇安東知縣，二十八年署句容知縣。

承　勛 鑲白旗蒙古人（京口駐防，居江蘇丹徒）。光緒十八年三甲一百七十三名進士。授廣東即用知縣。

劉藜青 河南修武縣人。光緒

十八年三甲一百七十四名進士。任河南陳州府教授。

趙子璨 字朗三。山西靈石縣人。光緒十八年三甲一百七十五名進士。三十二年代理湖北德安知府。

檀家琮 安徽望江縣人。光緒十八年三甲一百七十六名進士。任內閣中書。

趙鑾揚 直隸天津縣人。光緒十八年三甲一百七十七名進士。任國子監助教，改吏部主事，又改雲南昆陽州知州，二十七年官至武定直隸州知州。

管廷綱 山東莒州人。光緒十八年三甲一百七十八名進士。二十九年任廣西雒容知縣。

周培懋 廣西宣化縣人。光緒十八年三甲一百七十九名進士。

游三立 江西奉新縣人。光緒十八年三甲一百八十名進士。

孫壽彝（原名孫壽祺）河南祥符縣人。光緒十八年三甲一百八十一名進士。任江蘇知縣，二十八年改河南南陽府教授。

楊士晟 字蔚霞。安徽泗州直隸州人。光緒十八年三甲一百八十二名進士。任內閣中書。

光緒二十年（1894）甲午恩科

本科爲太后六旬壽辰恩科

第一甲三名

張　謇（1853—1926）字季直，號嗇庵。江蘇通州直隸州人。三十二歲中舉，四十二歲光緒二十年一甲第一名狀元。授修撰。旋回籍辦實業。創辦了南通大生紗廠、通海墾牧公司、上海大達外江輪公司、資生鐵冶廠等大批實業；又創辦了通州師範、女子師範、農業學校、紡織學校、醫藥學校、盲啞學校、伶工學校等；創設了南通博物館、圖書館、氣象站、育嬰堂等社會事業；被學部任爲中華教育會會長。任南京政府實業部長、農工商部長兼全國水利總裁。著有《張季子九錄》《癸卯東游日記》《張謇函稿》等。

尹銘綬　字佩之。湖南茶陵州人。光緒二十年一甲第二名榜眼。授編修。二十三年充廣西鄉試主考官，二十六年督山東學政。

鄭　沅　字叔進，號習叟。湖南長沙縣人。光緒二十年一甲第三名探花。授編修。二十九年督四川學政，遷侍讀。辛亥後，任總統府秘書。民國三十二年（1943）卒。工書法，籀篆皆能，精鑒賞，善詩。著有《獨笑齋金石題跋記》。

第二甲一百三十二名

吳筠孫　字竹樓，號叔堅。江蘇儀徵縣人。光緒二十年二甲第一名進士。選庶吉士。授編修。三十年任山東泰安知府，宣統元年一遷湖北荊宜道，改江西潯陽道，民國時任江西贛北觀察使。

沈　衛（1862—1945）字淇泉、其泉，號兼巢。浙江秀水縣人。光緒二十年二甲第二名進士。選庶吉士，授編修。二十六年督陝西學政。推爲翰苑巨擘。

李家駒　字柳溪，號昂若。漢軍正黃旗人。光緒二十年二甲第三名進士。選庶吉士，授編修。二十九督湖北學政，歷任京師大學堂監督、學部右丞、出使日本考察日本憲政，三十四年授內閣學士，宣統元年，署學部右侍郎，協助開辦資政院，宣統二年任學部右侍郎。三年任資政院總裁兼協同纂擬憲法大臣。民國三年任參政院參政。抗戰時居北京。

徐仁鏡 字瑩甫，號軔初。順天宛平縣人，原籍江蘇宜興。光緒二十年二甲第四名進士。選庶吉士，授編修。戊戌時，參加保國會。政變後，被革職。以父入獄，母喪憂傷，年四十六卒。

爲光緒二年進士徐致靖次子。

朱啓勛 字曾翱，號又笏、薇農。江蘇宜興縣人。光緒二十年二甲第五名進士。選庶吉士，授編修。記名御史，後充大學提調。二十六年（1900）京師大疫，積勞病卒。著有《駢體文林類鈔》《味腴室詩文集》。

吳庭芝 字重卿。江西湖口縣人。光緒二十年二甲第六名進士。選庶吉士，授編修。官至直隸廣平知府。

李翹芬 字崇廣，號拔如。廣東順德縣人。光緒二十年二甲第七名進士。選庶吉士，授編修。

李組紳（一作李祖年）字晉臣，號紀堂。江蘇武進縣人。光緒二十年二甲第八名進士。選庶吉士，二十二年改山東文登知縣，歷任山東歷城、利津、泰安、益都知縣，遷山西澤州知府、汾州知府、寧武知府、太原知府。民國時，任山西財政廳長。輯有《聖譯樓叢書》。

胡紹蘇（原名胡見楨）江西新建縣人。光緒二十年二甲第九名進士。任刑部主事。

曾文玉 廣東新會縣人。光緒二十年二甲第十名進士。任工部主事。

武丕文 字偉康。山西平遙縣人。光緒二十年二甲十一名進士。二十九年署四川江油知縣，任清溪知縣，三十一年署雲陽知縣，三十三年再任雲陽。

汪述祖 安徽休寧縣人。光緒二十年二甲十二名進士。任吏部主事，遷員外郎。

饒芝祥 字九芝，號符九。江西南城縣人。光緒二十年二甲十三名進士。選庶吉士，授編修。二十九年充湖北副考官，改四川道御史，官至貴州銅仁知府。

周　祺 湖北羅田縣人。光緒十四年舉人，二十年二甲十四名進士。任內閣中書。

梁士詒 字翼夫，號燕孫。廣東三水縣人。光緒二十年二甲十五名進士。選庶吉士，授編修。光緒二十九年起爲袁世凱幕僚，歷任鐵路總局局長、宣統二年任郵傳部參議，署郵傳部大臣。民國後任總統府秘書長、交通銀行總理，爲舊交通系首領。後又出任安福國會參議院長，國務總理（1921 年 12 月—1922 年 1 月）。是袁世凱稱帝禍首。一九二八年逃居香港。

項芳蘭 字申甫。浙江里安縣

人。光緒二十年二甲十六名進士。任戶部主事。

陸士奎 （又名李士奎，不知所據）字耀星，號滌如。江蘇無錫縣人。光緒二十年二甲十七名進士。選庶吉士，二十八年改安徽鳳陽知縣、英山知縣，改蒙城知縣，三十一年署安徽懷寧知縣。

鄒毅洪 字致遠，號仁伯。雲南文山縣人。光緒二十年二甲十八名進士。選庶吉士，改貴州安平知縣，二十八年改貴州畢節知縣，三十三年任貴州印江知縣。

譚承元 江西南豐縣人。光緒二十年二甲十九名進士。任戶部主事，三十年改湖南石門知縣。

劉廷琛 字席儒，號幼雲。江西德化縣人。光緒二十年二甲二十名進士。選庶吉士，授編修。二十三年督山西學政，三十二年署陝西提學使，三十三年任學部右參議，改京師大學堂總監督，宣統三年任學部副大臣。張勛復辟時，授內閣議政大臣，後蟄居。

夏啓瑜 字伯瑾，號同甫。浙江鄞縣人。光緒二十年二甲二十一名進士。選庶吉士，授編修。二十三年督甘肅學政，官至江西吉安知府。

彭諟庠 字畏岩。江蘇元和縣人。光緒二十年二甲二十二名進士。任戶部主事。

汪一元 （改名汪一麟）字孟綏，號爽庵。安徽蕪湖縣人。光緒二十年二甲二十三名進士。選庶吉

士，改浙江安吉知縣，調上虞、山陰等知縣，過班知府。三十一年（1905）卒。

袁桐 字孟梧。漢軍鑲藍旗。光緒二十年二甲二十四名進士。任山東武城知縣，二十九年補山東濰縣知縣，三十年任山東安丘知縣，三十一年改山東長山知縣，三十二年任泰安知縣。

于普源 字弗航，號湘芸。山東濰縣人。光緒二十年二甲二十五名進士。選庶吉士，改安徽來安知縣，二十五年調太湖知縣，二十七年補靈璧知縣。民國十一年（1922）卒。年五十五。

馮恩崐 字伯岩，號伯年。浙江餘姚縣人。光緒二十年二甲二十六名進士。選庶吉士，授編修。二十三年充順天同考官、雲南副考官。後因事罷職。

儲英翰 字仙舫，號楂甫。江西南豐人。光緒二十年二甲二十七名進士。選庶吉士，散館二十二年改甘肅靖遠知縣。

李灼華 字炳蕭，號肖峰。安徽霍丘縣人。光緒二十年二甲二十八名進士。選庶吉士，授編修。官至掌山東道御史。

張其淦 （1859—1947）字豫荃、予泉，號邵村。廣東東莞縣人。光緒二十年二甲二十九名進士。選庶吉士。散館改山西黎城知縣，後官至安徽候補道，署提學使。龍溪書院山長。民國後，隱居上海。著有

《寓國從書》《夢痕仙館詩集》等。

王廷鉽 字仲度，號金如。陝西蒲城縣人。光緒二十年二甲三十名進士。選庶吉士，授編修。二十三年充甘肅鄉試副考官，二十九年順天鄉試同考官。

曾祖父王鼎，嘉慶元年進士，東閣大學士。

關冕鈞（1870—？）字耀芹，號伯珩。廣西蒼梧縣人。光緒二十年二甲三十一名進士。選庶吉士，授編修。歷任京張鐵路會辦、總辦，京綏鐵路總辦，考察各國憲政二等參贊。辛亥後，任約法會議議員、梧州關監督兼北京政府外務部特派廣西交涉員、參議院議員、殺虎口税務監督、塞北税務監督、山西鹽運使等。

林 鉞 字述卿，號鐵卿。福建閩縣人。光緒二十年二甲三十二名進士。選庶吉士，二十八年改廣東昌化知縣，改龍門知縣。

姚舒密 字仲周，號釋筠。山東巨野縣人。光緒二十年二甲三十三名進士。選庶吉士，授編修。二十三年充山西鄉試副考官，升掌浙江道御史，三十年充會試同考官，三十二年外任浙江衢州知府，官至浙江寧波知府。

景 禐 又名景瑗。字佩珍。滿洲鑲藍旗人。光緒二十年二甲三十四名進士。選庶吉士，授編修。升庶子，二十八年充順天鄉試同考官，升侍讀學士，任弼德院參議。著有《北徵集詩草》。

黄秉湘 字楚坍。四川永州縣人。光緒二十年二甲三十五名進士。選庶吉士，散館改江西廣豐知縣，官至湖北候補道。

龔啓芝 浙江東陽縣人。光緒二十年二甲三十六名進士。任刑部主事。

陳昭常 字平叔，號諫墀、簡抬。廣東新會縣人。同治七年（1868）九月初二日生。光緒二十年二甲三十七名進士。選庶吉士，任刑部主事、吉林長春知府、道員，光緒三十二年十月授郵傳部右丞，十二月解職。任山海關内外鐵路幫辦。三十四年六月署吉林巡撫。宣統元年六月實授，宣統三年辛亥革命去職。民國後，任吉林都督兼民政長、廣東民政長等。

裴汝欽 字建澄。江西清江縣人。光緒二十年二甲三十八名進士。選庶吉士，二十二年改福建甌寧知縣，二十九年攻閩縣知縣，遷廈門同知，民國後任福建省觀察使。

孫國楨 字筱川。江蘇常熟縣人。光緒二十年二甲三十九名進士。任户部主事，改任山東惠民知縣，二十二年改滋陽知縣，二十四年任曲阜知縣，二十八年改臨邑知縣。

郭育才（1856—1930）字木初，號升生。山東濰縣人。光緒二十年二甲四十名進士。選庶吉士，改兵部主事，署安徽六安直隸州知州。

莊綸儀 字靈皞，號紉秋。江

蘇陽湖縣人。光緒二十年二甲四十一名進士。二十六年任山東萊陽知縣，三十二年任山東泰安知縣，後任內閣中書。

翁成琪 字幼侯。福建侯官縣人。光緒二十年二甲四十二名進士。選庶吉士，散館二十四年改廣西藤縣知縣。

胡矩賢 字眉壽。湖南長沙縣人。光緒二十年二甲四十三名進士。選庶吉士，授編修。

江 衡 字霄緯，號溉齋。江蘇元和縣人。光緒二十年二甲四十四名進士。選庶吉士，二十二年改陝西城固知縣。

弟江標，光緒十五年進士。

鄭輔東 安徽桐城縣人。光緒二十年二甲四十五名進士。任戶部主事。

周子懿 雲南蒙自縣人。光緒二十年二甲四十六名進士。任內閣中書舍人。

沙元炳 （1864—1927）字健庵，號爲翁。江蘇如皋縣人。光緒二十年二甲四十七名進士。選庶吉士，授編修。民國後任江蘇議會議長、衆議會議員。著有《志頤堂詩文集》。

梁志文 廣東南海縣人。光緒二十年二甲四十八名進士。任吏部主事，升員外郎。

陳壽琯 福建閩縣人。光緒二十年二甲四十九名進士。任知縣，官至廣西補用知府。

俞省三 浙江蕭山縣人。光緒

二十年二甲五十名進士。任江西餘干知縣，改南昌知縣。

梁秉年 號蓮湖。浙江鄞縣人。光緒二十年二甲五十一名進士。任工部主事。

張濂經 山東文登縣人。光緒二十年二甲五十二名進士。任戶部廣西司主事。

張啓藩 字星垣。安徽泗州直隸州人。光緒二十年二甲五十三名進士。選庶吉士，授編修。宣統元年外官至榆林知府。辛亥去職。

達 壽 字葦一，號摯甫、智甫。滿洲正紅旗人。光緒二十年二甲五十四名進士。選庶吉士，授編修。歷任侍講、侍講學士，三十二年授內閣學士，遷學部右侍郎，三十四年改理藩部左侍郎，宣統三年署資政院副總裁。三年九月任袁世凱內閣理藩部大臣。民國三年任高等懲戒委員會委員、憲法起草委員會委員。五年任段祺瑞內閣內務部次長。張勛組閣時，任理藩部左侍郎、蒙藏委員會副總裁、將軍府將軍等。

張超南 福建永定縣人。光緒二十年二甲五十五名進士。任湖南衡陽知縣，改新寧知縣，三十年任湘潭知縣。

楊裕芬 廣東南海縣人。光緒二十年二甲五十六名進士。任戶部主事，官至直隸深州直隸州知州。

玉 彬 蒙古鑲紅旗人。光緒二十年二甲五十七名進士。二十四年任內閣中書。

張琨 字佩瑤，號均平。雲南太和縣（今大理）。光緒二十年二甲五十八名進士。選庶吉士，改順天文安知縣，三十年改淶水知縣，官至候補知州。著有《易序》《復旦芻言》。

范溶 字玉賓，號咸叔。四川華陽縣人，祖籍浙江仁和。光緒二十年二甲五十九名進士。選庶吉士，改福建平和知縣，遷道員。入京引見，出京至武昌卒於途。工書法。

張琴 字鶴儔。四川江油縣人。光緒二十年二甲六十名進士。選庶吉士，散館改安徽廬江知縣。

吳敬修 （1862—?）字鞠農、菊農，號悱庵。河南光州直隸州（今潢川）人。光緒二十年二甲六十一名進士。選庶吉士，授編修。升吏部左參議，候補三品京堂，二十七年督廣西學政。民國時，任肅政廳肅政使。

楊士燮 字味春。安徽泗州直隸州人。咸豐三年（1853）生。光緒二十年二甲六十二名進士。任浙江嘉興知縣，二十四年遷工部員外郎，掌江西道御史，二十八年充山西鄉試副考官，三十一年遷山西平陽知府，宣統三年署浙江杭州知府，官至浙江巡警道。民國二年（1913）卒。

熊希齡 （1870—1937）字秉三。湖南鳳凰廳人。光緒二十年二甲六十三名進士。選庶吉士，任湖南時務學堂提調，因參加維新運動，戊戌政變後，被革職。後充出洋考察憲政五大臣參贊，任奉天鹽運使等職。辛亥後，任財政總長和熱河都統。民國二年（1913年），任國務總理兼財政總長；又任國民政府賑務委員會委員，民國二十一年（1932年）任世界紅十字會中華總會會長，卒於香港。著有《東三省鹽法志》《香山集》。

靳學禮 河南安陽縣人。光緒二十年二甲六十四名進士。二十年任刑部主事，改商部主事。

陳君耀 字耀雨，號二兩。福建長樂縣人。光緒二十年二甲六十五名進士。選庶吉士，二十七年改江西南豐知縣，調新昌知縣。

呂承瀚 （原名呂承陽）湖北武昌縣人。光緒十七年舉人，二十年二甲六十六名進士。任戶部主事，改江蘇山陽知縣，二十五年改寶應知縣，二十六年高郵州知州，官至署福建巡警道。

汪聲玲 安徽旌德縣人。光緒二十年二甲六十七名進士。任內閣中書。

黎承禮 （名黎錦紫，以字行）字薇生。湖南湘潭縣人。光緒二十年二甲六十八名進士。選庶吉士，散館二十二年改四川崇寧知縣，二十四年署合州知州，二十五年任四川新都知縣。

方策安 湖北麻城縣人。光緒

二十年二甲六十九名進士。任禮部主事，官至禮部郎中。

劉昌言 湖北江夏縣人。同治十二年舉人，光緒二十年二甲七十名進士。任內閣中書，改江西崇義知縣。

朱錫恩 字湛清，號巽卿。浙江海寧州人。光緒二十年二甲七十一名進士。選庶吉士，授編修。二十三年充江南鄉試副考官，歷任國史館協修、醫學監督，二十九年以湖廣道御史充甘肅鄉試副考官，官至福建邵武知府。歸鄉後行醫自給。

陳品全 四川中江縣人。光緒二十年二甲七十二名進士。任禮部主事，二十八年改廣西永淳知縣。

王英冕 字邁卿。江蘇丹陽縣人。光緒二十年二甲七十三名進士。選庶吉士。未散館早卒。

周紹昌 字佩清，號霖叔。廣西靈川縣（祖籍湖南道州）人。光緒二十年二甲七十四名進士。選庶吉士，散館改刑部主事，官至大理院推事。民國時，任直隸內務司司長。

齊忠甲 （一作齊中甲，未知所據）字迪生，號慎之。奉天伊通縣籍人，祖籍山東昌邑。光緒二十年二甲七十五名進士。選庶吉士，授編修。掌江南道御史。民國時，任北京臨時參議院議員。

樓守愚 號木安。浙江諸暨縣人。光緒二十年二甲七十六名進士。

任兵部武選司主事，改廣西平樂知縣。

張懷信 字子誠，號季符。直隸安州人。光緒二十年二甲七十七名進士。選庶吉士，二十二年改山東定陶知縣，丁憂補浙江嵊縣知縣，遷海寧知州，三十二年任餘杭知縣。辭官歸里。

陳汝梅 福建長樂縣人。光緒二十年二甲七十八名進士。二十年任刑部主事。

廖鳳章 廣東南海縣人。光緒二十年二甲七十九名進士。二十九年任四川南川知縣。

王會釐 字季和，號小東。湖北黃岡縣人。光緒八年舉人，二十年二甲八十名進士。選庶吉士，授編修。三十年充會試同考官，官至翰林院秘書郎。

譚文鴻 字少山，號儀臣。貴州鎮遠府人。光緒二十年二甲八十一名進士。選庶吉士，散館改工部主事。

程友琦 字喬新，號洛儒。廣東南海縣人。光緒二十年二甲八十二名進士。選庶吉士，授編修。升山東道御史。

施之東 福建彰化縣人。光緒二十年二甲八十三名進士。二十年任兵部主事。

袁玉錫 字季九。湖北襄陽縣人。光緒十四年舉人，二十年二甲八十四名進士。任兵部主事，遷郎中，二十八年充順天鄉試同考官，三十一年纍遷貴州遵義知府，官至雲南勸業道。

王照（1859—1933）字藜青、小航，號水東。順天寧河縣人。光緒二十年二甲八十五名進士。任禮部主事，光緒帝稱其"勇猛可嘉"，賞三品卿銜，以四品京堂候補。後致力於國語拼音，任讀音統一會副會長。是我國著名漢字改革家。著有《水東集》《小航文存》。

沈雲沛　字雨人、雨畫，號東漁。江蘇海州人。光緒二十年二甲八十六名進士，選庶吉士，授編修。三十二年歷任農工商部左參議，三十三年升右丞，宣統二年署郵傳部左侍郎，幫辦津浦鐵路大臣，三年正月任吏部右侍郎，五月病免。曾幫辦資政院事務，弼德院顧問大臣。入民國，任參政院參政。在其家鄉海州曾先後創辦種植試驗場、墾牧公司、硝皮場等。爲清末實業家。

傅運生　江西高安縣人。光緒二十年二甲八十七名進士。任户部主事。

余毓瑞　湖北武昌縣人。二十年二甲八十八名進士。任主事。

徐夔颺　廣東東莞縣人。光緒二十年二甲八十九名進士。即用知縣，補直隸州知州。

林炳章（1873—1923）字冶陶，號惠亭。福建侯官縣人。光緒二十年二甲九十名進士。選庶吉士，授編修。歷任福建學堂副監督、福建高等學堂監督、候補四品京堂、郵傳部丞參。辛亥後，任福建鹽政督辦、福建鹽運使、福建省財政廳長、閩海關監督等。

鮑德麟　字祥士。浙江錢塘縣人。同治元年七月十二日生。光緒二十年二甲九十一名進士。任江蘇知縣。

何葆麟　字仲麒。安徽南陵縣人。光緒二十年二甲九十二名進士。任刑部主事，以員外郎用，派方略館纂修，外務部行走，以道員用，江南製造局，光緒三十三年任郵傳部僉事，宣統元年回部參議。辛亥引退，卒年七十一。

洪錦標　浙江里安縣人。光緒二十年二甲九十三名進士。選庶吉士，二十二散館改江西餘干知縣。

蔡琛　字源請，號獻廷。福建侯官縣人。光緒二十年二甲九十四名進士。選庶吉士，授編修。官至法制院參議。

王元慶　安徽舒城縣人。光緒二十年二甲九十五名進士。任吏部主事。

施有方　雲南昆明縣人。光緒二十年二甲九十六名進士。任內閣中書，二十七年署直隸南樂知縣，三十年改內丘知縣。

夏樹立　字廷玉。浙江錢塘縣人。光緒二十年二甲九十七名進士。選庶吉士，散館三十年改湖北恩施知縣，調江西零都知縣。

馮錫璜　廣西岑溪縣人。光緒二十年二甲九十八名進士。任內閣中書。

張錦春 貴州安順府人。光緒二十年二甲九十九名進士。二十年刑部主事，改雲南廣西直隸州丘北知縣，改雲州知州、恩安知縣，宣統年任新平知縣。

蕭立炎 江西萍鄉縣人。光緒二十年二甲一百名進士。選庶吉士，散館改知縣，二十八年遷廣西永安知州，官至廣西全州知州。

徐宗源 字左泉，號述樵。浙江仁和縣人。光緒二十年二甲一百零一名進士。任工部主事，改郵傳部主事。

茹恩彬 字文子，號樸君。山東蓬萊縣人。同治六年十月二十九日生。光緒二十年二甲一百零二名進士。

楊炳震 字仲屺。河南光山縣人。光緒二十年二甲一百零三名進士。任內閣中書，二十七年署江蘇常熟知縣，三十年改崇明知縣。

柴樸 甘肅皋蘭縣人。光緒二十年二甲一百零四名進士。二十四年任安徽鳳陽知縣。

李清琦 字璧生，號石鶴。福建彰化縣人。光緒二十年二甲一百零五名進士。改刑部主事。

范公謨 字叔年。廣東番禺縣人，原籍浙江上虞。光緒二十年二甲一百零六名進士。任吏部主事。

葉大可 字汝諧。四川成都縣人。咸豐二年（1852）年生。光緒二十年二甲一百零七名進士。選庶

吉士，二十二年改山東嘉祥知縣，二十六年任臨沂知縣、蘭山知縣、長山知縣，二十九年改山東長清知縣。

松鐸 滿洲鑲白旗，宗室。光緒二十年二甲一百零八名進士。任宗人府主事。

毓隆 字紹岑、少岑。滿洲正藍旗，宗室。光緒二十年二甲一百零九名進士。選庶吉士，授編修。歷任左中允、侍講學士、國子監祭酒、侍讀學士，光緒二十八年充四川鄉試正考官，遷詹事，三十年改翰林院學士，督安徽學政，三十四年遷內閣學士，宣統三年任典禮院直學士。

張忠 雲南太和縣人。光緒二十年二甲一百十名進士。二十年任刑部主事。

呂志元 安徽宣城縣人。光緒二十年二甲一百十一名進士。二十年任刑部主事。

孫鳴皋 字子久、自久。直隸易州人。光緒二十年二甲一百十二名進士。選庶吉士，二十二年改安徽南陵知縣，官至浙江知府。

李澍森 （本姓張）陝西涇陽縣人。光緒二十年二甲一百十三名進士。官至甘肅涇州知州。

郭傳昌 字學裘，號子冶。福建侯官縣人。光緒二十年二甲一百十四名進士。任工部主事，改廣東博羅知縣。

爲道光十二年進士，湖北巡撫

郭柏蔭四子。

孫鏘 字容康、玉仙，號王伯。浙江奉化縣人。光緒二十年二甲一百十五名進士。任內閣中書，二十四年任四川越雋廳同知。好古籍，於上海愛麗園築"十二萬卷樓"，所藏皆四庫未收秘笈。

陳德銘 安徽霍山縣人。光緒二十年二甲一百十六名進士。選庶吉士，授編修。

王景濬 直隸東光縣人。光緒二十年二甲一百十七名進士。二十年任刑部主事。

孫文翰 山東蓬萊縣人。光緒二十年二甲一百十八名進士。二十年任刑部主事。

熊賓 河南商城縣人。光緒二十年二甲一百十九名進士。任禮部主事。二十九年改湖北利川知縣。

余晉芳 字子清，號幼晴。湖北麻城縣人。光緒十四年舉人，二十年二甲一百二十名進士。選庶吉士，改户部主事，任雲南清理財政副監理、雲南銀行總辦。

葉泰椿 江西武寧縣人。光緒二十年二甲一百二十一名進士。任內閣中書，改宗人府堂主事。

李祖蔭 安徽巢縣人。光緒二十年二甲一百二十二名進士。二十五年任湖北襄陽知縣，三十年官至湖北荊門直隸州知州。

謝世珍 四川安岳縣人。光緒二十年二甲一百二十三名進士。任户部江西司主事，二十七年改雲南元謀知縣，官至陸涼州知州。

譚紹裳 字彥伯，號榕墅。湖南善化縣人。光緒二十年二甲一百二十四名進士。選庶吉士，散館改江西萬載知縣、新城知縣，三十一年調陝西扶風知縣。

劉錦藻 （1854—1929，原名劉安江）字澂如。浙江烏程縣人。光緒二十年二甲一百二十五名進士。任户部主事，官至內閣侍讀學士。著有《清朝續文獻通考》四百卷。

葉大年 字濂鄉，號梅珊。福建同安縣人。光緒二十年二甲一百二十六名進士。選庶吉士，授編修。

麥玉華 廣西容縣人。光緒二十年二甲一百二十七名進士。任工部主事虞衡司行走。

梁文燦 字質生、炙笙。山東濰縣人。光緒二十年二甲一百二十八名進士。選庶吉士，授編修。官至遼沈道、浙江道、福建道御史。

單溥元 安徽合肥縣人。光緒二十年二甲一百二十九名進士。任內閣中書。

沈鵬 字北山，號誦棠。江蘇常熟縣人。光緒二十年二甲一百三十名進士。選庶吉士，授編修。升御史，因彈劾榮祿等人獲罪，禁囚數年。死後，王夢蘭編有《沈北山哀思錄》。

張介禄 字受百。山東安丘縣人。光緒二十年二甲一百三十一名進士。浙江即用知縣，歷任臨安、蘭溪、鎮海、臨海、寧海、歸安知縣，升杭州府同知，候補知府。

賀鴻基 四川灌縣人。光緒二十年二甲一百三十二名進士。任戶部主事。

第三甲一百七十九名

朱紹文 字畏三，號惕齋。安徽宿松縣人。光緒二十年三甲第一名進士。任江西南康知縣。加同知銜。

楊錦江 字壽生，號問渠。浙江桐鄉縣人。光緒二十年三甲第二名進士。即用知縣。

沈祖桐 號梓屛。浙江歸安縣人。光緒二十年三甲第三名進士。任戶部陝西司主事。

胡汝霖 湖南長沙縣人。光緒二十年三甲第四名進士。任安徽黟縣知縣。

楊懋齡 雲南昆明縣人。光緒二十年三甲第五名進士。二十年任刑部主事。

吳式劍 字完其，號楚生。雲南保山縣人。光緒二十年三甲第六名進士。選庶吉士，授檢討。改主事，官至候補道。著有《強靜齋文稿》《詩錄駢文》《六書綱目》《切音導原》。

徐樹昌 字金甫，號壽臣。浙江平湖縣人。光緒二十年三甲第七名進士。任戶部主事。

范揚芳 字書圃，號梅卿。安徽黟縣人。咸豐四年六月十三日生。

光緒二十年三甲第八名進士。

楊長澡 （一作楊長藻）山西太谷縣人。光緒二十年三甲第九名進士。任工部主事。

譚先節 湖南寧鄉縣人。光緒二十年三甲第十名進士。任內閣中書。

謝崇厚 廣西宣化縣人。光緒二十年三甲第十一名進。二十年任兵部主事。

周寶清 四川成都縣人。光緒二十年三甲十二名進士 .。任內閣中書。

金文翰 字起雲，號西林。江蘇嘉定縣人。同治七年四月十一日生。光緒二十年三甲十三名進士。

曾祖金襄，乾隆四十六年進士。

管得泉 江蘇泰州人。光緒二十年三甲十四名進士。二十三年任山東海豐知縣，改郯城知縣，三十三年代理歷城知縣。

李　英 號育夫。安徽太湖縣人。光緒二十年會元，三甲十五名進士。任內閣中書，署四川昭化知縣，三十四年補授酆都知縣。加同知銜。

江慶瑞 安徽桐城縣人。光緒二十年三甲十六名進士。任主事，外務部郎中。

張祥齡 字子馥、子芯。四川漢州人。咸豐三年（1853）生。光緒二十年三甲十七名進士。二十二年任陝西懷遠知縣，二十六年代西安知縣，二十七年改大荔知縣，二十八年署陝西襃城知縣。二十九年（1903）卒。著有《前後蜀雜事詩并注》。

馮紹斌 廣東順德縣人。光緒二十年三甲十八名進士。三十年任福建歸化知縣。

郭書堂 河南項城縣人。光緒二十年三甲十九名進士。二十年任刑部主事。

孫星煜 山東蓬萊縣人。光緒二十年三甲二十名進士。任湖北枝江知縣。

趙從蕃 江西南豐縣人。光緒二十年三甲二十一名進士。任工部主事，升員外郎、郎中，官至廣西勸業道。

蕭文昭 湖南善化縣人。光緒二十年三甲二十二名進士。二十年任刑部主事，三十二年署浙江衢州知府。

陶聯琇 字雲石，號秀充。浙江會稽縣人。咸豐八年九月二十六日生。光緒二十年三甲二十三名進士。任江蘇崇明知縣。

祖父陶雲，道光九年進士。

文 溥 蒙古正藍旗人。光緒二十年三甲二十四名進士。任內閣中書，改工部主事，遷外務部郎中，官至浙江寧紹台道。

廉 慈 蒙古鑲紅旗人。光緒二十年三甲二十五名進士。任戶部主事。

趙潤生 廣西全州人。光緒二十年三甲二十六名進士。二十二年任湖南湘陰知縣，改南州直隸廳撫民通判。

桂 坫 字禮甫，號南屏。廣東南海縣人。光緒二十年三甲二十七名進士。選庶吉士，授檢討。官至浙江侯補道，署嚴州知府。著有《續南海縣志》。

徐允清 雲南昆明縣人。光緒二十年三甲二十八名進士。

王叔謙 山東膠州人。光緒二十年三甲二十九名進士。任福建上杭知縣。

孫 愚 雲南呈貢縣人。光緒二十年三甲三十名進士。宣統三年任四川丹稜知縣。

父孫佩金，同治十三年進士。

孫同康 （改名孫雄）字師鄭、君培，號鄭齋。江蘇昭文縣人。光緒二十年三甲三十一名進士。選庶吉士，改吏部主事，歷任京師大學堂文科監督。入民國後任國史館協修。著述頗多。有《鄭齋類稿》《眉韻樓詩集》等。

莫如晉 廣西陽朔縣人。光緒二十年三甲三十二名進士。二十八年任山西汾陽知縣，宣統元年改山西太谷知縣。

鄒銘恩 湖南善化縣人。光緒二十年三甲三十三名進士。二十六年任廣西上林縣知縣。

蔡中燮 湖北京山縣人。光緒十七年舉人，二十年三甲三十四名進士。任兵部主事，官至民政部員外郎。

孫文詒　字燕秋。江蘇上海縣人。光緒二十年三甲三十五名進士。任浙江鎮海知縣，三十二年署浙江奉化知縣，十月卸，三十四年署浙江臨海知縣，宣統二年復任臨海知縣。

楊寅揆　安徽桐城縣人。光緒二十年三甲三十六名進士。

劉檽壽　直隸天津縣人。光緒二十年三甲三十七名進士。任江西知縣。

黃汝楫　雲南趙州人。光緒二十年三甲三十八名進士。任戶部主事，二十九年任四川松潘廳同知。

成象乾　字自鑒，號秋航。山東樂安縣人。光緒二十年三甲三十九名進士。任福建知縣。未幾以疾卒。

趙　怡　貴州遵義人。光緒二十年三甲四十名進士。任四川新津知縣。

黃鳳岐　湖南安化人。光緒二十年三甲四十一名進士。任雲南開化知府。

夏莫川　河南新鄉人。光緒二十年三甲四十二名進士。

李鏡江　字蓉波。直隸灤州人。光緒二十年三甲四十三名進士。二十四年任山東寧陽知縣。卸任後偶染時疾，卒於濟南，年三十七。

林　怡　福建侯官人。光緒二十年三甲四十四名進士。任禮部主事。

林揚光　字孕熙，自號勝莊老人。福建侯官人。光緒二十年三甲四十五名進士。二十九年任陝西白河知縣，署陝西西鄉知縣，三十三年改安康知縣，兼陝西興安知府，遷福建禁煙局總辦。著有《農學僉載》，編《陝西全省軍用地圖說》及《勝莊文鈔》《詩鈔》等。

李繼沆　字荷生。山東濟寧州人。光緒二十年三甲四十六名進士。任刑部主事。

容益光　字謙甫。陝西寶雞人。光緒二十年三甲四十七名進士。任內閣中書，改四川鹽源知縣，三十二年改四川新都知縣。

佟文政　漢軍正黃旗人。咸豐七年（1857）生。光緒二十年三甲四十八名進士。任禮部主事。

陳　誠　福建長樂人。光緒二十年三甲四十九名進士。二十三年任江蘇碭山知縣，二十七年丁憂歸。

黎元熙　廣西靈川人。光緒二十年三甲五十名進士。任雲南大姚知縣，昆明知縣，大理府賓川州知州、尋甸州知州、鎮雄州知州，巧家廳同知。

陳永壽　字同山。直隸清苑人。光緒二十年三甲五十一名進士。授內閣中書，改河南知縣，二十三年署河南考城知縣，二十六年代理祥符知縣，調署唐縣。辛亥辰歸里。卒於家。

尹春元　字捷三，號東橋。山東長治人。光緒二十年三甲五十二名進士。選庶吉士，散館改河南湯陰知縣。

馬瀛焕 湖南長沙縣人。光緒二十年三甲五十三名進士。

葉芸 字帙香。山東歷城縣人。光緒二十年三甲五十四名進士。二十九年任江蘇山陽知縣，三十一年改教職。

謝遠涵 （1872—1950）字敬虛、鏡虛，號浩然。江西興國縣人。光緒二十年三甲五十五名進士。選庶吉士，授檢討。升四川道御史，任江西諮議局局長。民國時，任內務部次長、代理總長，辦九江商埠事宜，署江西省省長，江西全省官礦督辦，國民革命軍第四集團軍總司令部秘書長等。

續綿 滿洲鑲紅旗人。光緒二十年三甲五十六名進士。任戶部主事，二十九年官至直隸深州直隸州知州。

鄭炳 山西陽曲縣人。光緒二十年三甲五十七名進士。三十年任湖南臨湘知縣，改清泉知縣。

趙鴻 字兵六。貴州廣順人。光緒二十年三甲五十八名進士。任四川知縣，遷石阡府同知。

汪康年 （1860—1911）字穰卿、毅伯，晚號恢伯。浙江錢塘縣人。光緒二十年三甲五十九名進士。任內閣中書。創《時務報》於上海，後改《中外日報》。又設《京報》《芻報》於京城。清末卒於天津。好藏書、刻書。著有《汪穰卿遺著》《汪穰卿筆記》等。

蕭逢源 福建鳳山縣人。光緒二十年三甲六十名進士。任浙江歸安知縣。

單夢祥 山東黃縣人。光緒二十年三甲六十一名進士。任廣東高要知縣、豐順知縣。

來熊 浙江蕭山縣人。光緒二十年三甲六十二名進士。任廣西上林知縣。

楊增鈺 四川江津縣人。光緒二十年三甲六十三名進士。二十年任刑部主事。

劉衍茂 四川萬縣人。光緒二十年三甲六十四名進士。三十年任福建邵武知縣。

彭希祖 廣西興業縣人。廣西興業人。光緒二十年三甲六十五名進士。二十八年任山西臨晉知縣。

杜召棠 字仿陵，號伯憩。浙江上虞縣人。道光二十二年四月初八日生。光緒二十年三甲六十六名進士。任江蘇寶應知縣。

曹子昂 直隸樂亭縣人。光緒二十年三甲六十七名進士。任廣東惠來知縣。

沈同芳 （原名沈志賢）字友卿。江蘇武進縣人。光緒二十年三甲六十八名進士。選庶吉士，散館改河南唐縣知縣。後加編修銜。

鍾傑 雲南建水縣人。光緒二十年三甲六十九名進士。任吏部主事。

劉慶篤 字吉甫。甘肅會寧人。光緒二十年三甲七十名進士。任內閣中書、軍機處主事。

　　胡逢恩　山東膠州人。光緒二十年三甲七十一名進士。任內閣中書，安徽候補知府。加鹽運使銜。

　　周　培　直隸樂亭縣人。光緒二十年三甲七十二名進士。任內閣中書，候選知府。

　　王樹中　字建侯。甘肅皋蘭縣人。光緒二十年三甲七十三名進士。二十二年署安徽太和知縣。二十六年補授，丁外艱歸。

　　謝　質　四川新都縣人。光緒二十年三甲七十四名進士。三十年任廣東高要、海陽知縣，補連山直隸廳同知。

　　承　霖　宗室。滿洲正藍旗人。光緒二十年三甲七十五名進士。任宗人府主事。

　　張林焱　字仲明，號筱塢。甘肅皋蘭縣人。光緒二十年三甲七十六名進士。選庶吉士，授檢討。

　　羅文繡　陝西藍田縣人。光緒二十年三甲七十七名進士。任知縣。

　　齊令辰　直隸高陽縣人。光緒二十年三甲七十八名進士。任户部主事。

　　李維世　奉天錦縣人。光緒二十年三甲七十九名進士。任內閣中書。

　　招翰昭　廣東南海縣人。光緒二十年三甲八十名進士。任廣西荔浦知縣。

　　周梻謙　湖南寧鄉縣人。光緒二十年三甲八十一名進士。二十三年任江蘇甘泉知縣，三十二年丁憂免。

　　李士田　山東博興縣人。光緒二十年三甲八十二名進士。任內閣中書，二十七年改直隸高邑知縣，三十一年改直隸元氏知縣、肅寧縣知縣。

　　魏達文　湖北應山縣人。光緒八年舉人，二十年三甲八十三名進士。任內閣中書，改廣西知縣。

　　吳燕紹　江蘇震澤縣人。乾隆二十年三甲八十四名進士。任內閣中書，遷吏部主事。民國時供職清史館，參分編撰《清史稿》，主撰西藏部分。

　　李良年　廣西永福縣人。光緒二十年三甲八十五名進士。任雲南平彝知縣，二十四年改丘北知縣、文山知縣，黑鹽井提舉司提舉，二十六年遷雲南臨安府府同知。

　　楊　蔚　江蘇高郵州人。光緒二十年三甲八十六名進士。授即用知縣，歷河南濬縣、遂平、永城、澠池、西華、固始、項城知縣，報効江皖賑捐，以道員留豫補用。

　　張肇基　甘肅秦安縣人。光緒二十年三甲八十七名進士。二十九年任江西吉水知縣。

　　朱寶翰　廣西平南縣人。光緒二十年三甲八十八名進士。

　　李見荃　河南林縣人。光緒二十年三甲八十九名進士。官至湖南靖州直隸知州。

　　高積政　河南項城縣人。光緒

二十年三甲九十名進士。

蒲明發　字曉帆。四川南充縣人。光緒二十年三甲九十一名進士。任吏部文選司主事，兼稽勛司行走。

啓　泰　滿洲鑲黃旗人。光緒二十年三甲九十二名進士。二十八年任直隸阜平知縣。

鄭錫典　（一作鄭憲典）雲南太和縣人。光緒二十年三甲九十三名進士。二十九年任廣西桂平知縣。

萬慶昌　江西新建縣人。光緒二十年三甲九十四名進士。三十四年任甘肅靈臺知縣。

胡慧融　廣東順德縣人。光緒二十年三甲九十五名進士。任廣東廉州府教授。

林丙修　（原名林文蔚）字霽生。浙江黃岩縣人。光緒二十年三甲九十六名進士。授江蘇即用知縣，署華亭知縣，二十九年任江蘇吳縣知縣。

章燮理　安徽銅陵縣人。光緒二十年三甲九十七名進士。

辛可燿　山東蓬萊縣人。光緒二十年三甲九十八名進士。三十年任直隸唐縣知縣。

陳世瑞　字麐生。貴州思南府人。光緒二十年三甲九十九名進士。署廣西思恩知縣，改馬平知縣，調永安知州。年五十卒於任。

劉鳳翰　直隸天津縣人。光緒二十年三甲一百名進士。二十七年任山西太谷知縣，二十八年改壺關知縣。

孫友蓮　字幼青。山東郯城縣人。光緒二十年三甲一百零一名進士。任戶部主事。

程世杰　（原名程世洛）安徽績溪縣人。光緒二十年三甲一百零二名進士。

祁永膺　廣西博白縣人。光緒二十年三甲一百零三名進士。二十八年任甘肅隴西知縣。

保　謙　滿洲鑲藍旗包衣。光緒二十年三甲一百零四名進士。任內閣中書。

郭家葆　字松琥，號幼峰。河南信陽州人。光緒二十年三甲一百零五名進士。內閣中書。

李兆麟　河南葉縣人。光緒二十年三甲一百零六名進士。任內閣中書，改宗人府堂主事。

李允廉　字彥卿。貴州貴築縣人。光緒二十年三甲一百零七名進士。任四川知縣。

溫聯桂　順天宛平縣人。光緒二十年三甲一百零八名進士。官至宜昌府同知駐歸州。

茹震模　廣西蒼梧縣人。光緒二十年三甲一百零九名進士。

涂翀鳳　江西豐城縣人。光緒二十年三甲一百十名進士。任刑部主事，官至大理院推事。

韓　墀　河南祥符縣人。光緒二十年三甲一百十一名進士。任刑部主事，官至甘肅秦州知州。

徐　苞　江西豐城縣人。光緒二十年三甲一百十二名進士。任內閣中書。

任承允 甘肅秦州直隸州人。光緒二十年三甲一百十三名進士。任內閣中書。

父任其昌，同治四年進士。

單 棨 字戟門。山東高密縣人。光緒二十年三甲一百十四名進士。四川即用知縣，三十一年任四川東鄉知縣。

壽 朋 字擢珊，號海濤。滿洲鑲黃旗人。道光二十五年二月初五日生。光緒二十年三甲一百十五名進士。

王 瑚 （1865—1933）字禹功，號鐵珊。直隸定州直隸州人。光緒二十年三甲一百十六名進士。選庶吉士，改四川慶符知縣，二十六年改灌縣知縣，調綿竹知縣，民苦留不得，弃官去，後任四川營務處總辦、遷廣西柳州知府、廣東欽廉兵備道、河南新軍二十九軍協統、吉林伊蘭兵備道、東三省巡警局總辦。民國後，任雄縣知縣、湖南肅政使、京兆尹、江蘇省長、黃河水利委員會副會長、輔仁大學教授等。生前曾爲馮玉祥講學。

鄢 坤 江西南城縣人。光緒二十年三甲一百十七名進士。

廖允儒 河南商城縣人。光緒二十年三甲一百十八名進士。

劉寶壽 江西新昌縣人。光緒二十年三甲一百十九名進士。二十六年任湖南龍山知縣，二十八年改湖南沅陵知縣。

張斗南 甘肅伏羌縣人。光緒二十年三甲一百二十名進士。二十七年任貴州安平知縣，二十八年改銅梓知縣。

張淑棟 河南項城縣人。光緒二十年三甲一百二十一名進士。二十年任刑部主事。

吳貽穀 湖北孝感縣人。光緒二十年三甲一百二十二名進士。任知縣。

陳景星 字笑山。貴州石阡縣人。光緒二十年三甲一百二十三名進士。二十六年任山東臨沂知縣，三十年任蘭山知縣，代理沂州知府。

郭南溪 陝西商縣人。光緒二十年三甲一百二十四名進士。任知縣。

王永慶 四川巴縣人。光緒二十年三甲一百二十五名進士。

李九烈 字又承，號柳村。漢軍鑲藍旗人。咸豐三年八月十二日生。光緒二十年三甲一百二十六名進士。

廣 麟 號瑞周。漢軍正藍旗包衣。光緒二十年三甲一百二十七名進士。

徐冲霄 陝西寶雞縣人。光緒二十年三甲一百二十八名進士。三十年任廣西懷遠知縣。

劉宜篤 山西安邑縣人。光緒二十年三甲一百二十九名進士。

王 瑋 甘肅皋蘭縣人。光緒二十年三甲一百三十名進士任。內閣中書。

陳仕揚　廣西北流縣人。光緒二十年三甲一百三十一名進士。任江蘇桃源知縣。

史　塋　陝西華陰縣人。光緒二十年三甲一百三十二名進士。任河南知縣。

陳瑞玉　字獻廷，號蘊山、運三。浙江德清縣人。光緒二十年三甲一百三十三名進士。二十八年任浙江台州府教授。

林檉藩　福建閩縣人。光緒二十年三甲一百三十四名進士。任福建閩縣知縣。

胡愷麟　順天寶坻縣人。光緒二十年三甲一百三十五名進士。

梁于汶　直隸灤州人。光緒二十年三甲一百三十六名進士。二十九年任山西蒲縣知縣。

翁有成　字志吾。浙江仁和縣人。光緒二十年三甲一百三十七名進士。二十九年任金壇知縣，三十一年改江蘇丹陽知縣，宣統二年改常熟知縣。

賀錫齡　字與九。陝西米脂縣人。光緒二十年三甲一百三十八名進士。授湖北即用知縣，未就任，主講米脂、榆林書院。

王熙齡　江西南城縣人。光緒二十年三甲一百三十九名進士。任工部主事。

陶世鳳　江蘇金匱縣人。光緒二十年會元，三甲一百四十名進士。任兵部主事，改度支部主事。

許　塋　湖北羅田縣人。光緒十七年舉人，二十年三甲一百四十一名進士。三十年任湖南酃縣知縣。

陳瑞鼎　字伯調。湖北武昌縣人。光緒十五年舉人，二十年三甲一百四十二名進士。任浙江龍泉知縣，二十七年署江西南昌知縣，升江蘇松江知府。

徐　鋆　字子丹。江蘇吳縣人。光緒二十年三甲一百四十三名進士。任內閣中書。二十八年任山東德平知縣。

王學伊　山西文水縣人。光緒二十年三甲一百四十四名進士。二十年任刑部主事，二十一年改甘肅固原直隸知州，二十五年署肅州直隸知州。

顧祖彭　字壽人。江蘇上元縣人。光緒二十年三甲一百四十五名進士。選庶吉士，改戶部主事，升員外郎，官至農工商部郎中。

王之傑　字瀚珊，號蓮溪。陝西咸寧縣人。光緒二十年三甲一百四十六名進士。任刑部主事。改法部，年四十四卒於家。

翰　屏　漢軍正白旗人。光緒二十年三甲一百四十七名進士。

徐　曾　安徽宿松縣人。中舉後任安徽巢縣訓導。光緒二十年三甲一百四十八名進士。任浙江宣平知縣，以海運有功保升直隸州知州。

溫亮珠　山西興縣人。光緒二十年三甲一百四十九名進士。三十年任直隸曲陽知縣。

陳培庚　湖北安陸縣人。光緒

十七年舉人，二十年三甲一百五十名進士。任内閣中書，二十九年遷貴陽府同知，官至貴州候補道。

緒　儒　字鳴臣。滿洲鑲紅旗人。光緒二十年三甲一百五十一名進士。任内閣中書，纍遷外務部員外郎，官至外務部郎中。

邱士林　字智謀，號心鏡。江西臨川縣人。道光二十四年二月初二日生。光緒二十年三甲一百五十二名進士。

張協中　甘肅皋蘭縣人。光緒二十年三甲一百五十三名進士。河南即用知縣。

張　彝　陝西長安縣人。光緒二十年三甲一百五十四名進士。任内閣中書，二十九年改山西安澤知縣、絳縣知縣。

賀國瑛　安徽宿松縣人。光緒二十年三甲一百五十五名進士。任河南盧氏知縣，二十六年補澠池知縣，加同知銜代理信陽州知州。

錫　麟　滿洲鑲紅旗人。光緒二十年三甲一百五十六名進士。二十年任刑部主事。

楊鴻勛　（改名楊文勛）字麟閣，號儀卿。貴州貴築縣人。光緒二十年三甲一百五十七名進士。任内閣中書，改湖北鶴峰知州、宜城知縣。宣統年間卒於武昌。

李蔭垣　山西趙城縣人。光緒二十年三甲一百五十八名進士。

涂步衢　江西奉新縣人。光緒二十年三甲一百五十九名進士。二

十四年任貴州永寧知州。

薛炳善　湖南益陽縣人。光緒二十年三甲一百六十名進士。

高麟超　河南鎮平縣人。光緒二十年三甲一百六十一名進士。任四川汶川知縣、筠連知縣。

劉德元　山東肥城縣人。光緒二十年三甲一百六十二名進士。

田鴻文　奉天錦縣人。光緒二十年三甲一百六十三名進士。三十年補直隸香河知縣。

韓紹徽　字筱珊。貴州貴陽府人。光緒二十年三甲一百六十四名進士。二十年任刑部主事。二十六年（1900）八國聯軍入侵北京，七月二十一日，於刑部署中自殺。

廣　勛　蒙古鑲白旗人。光緒二十年三甲一百六十五名進士。

韓兆霖　江西鉛山縣人。光緒二十年三甲一百六十六名進士。任内閣中書。

李延慶　山東聊城縣人。光緒二十年三甲一百六十七名進士。二十二年任安徽宿松知縣，改建德知縣、靈璧知縣。

陳瑞徵　陝西韓城縣人。光緒二十年三甲一百六十八名進士。二十九年任甘肅崇信知縣。

曹中成　山西太谷縣人。光緒二十年三甲一百六十九名進士。任内閣中書舍人。

胡葆頤　河南光山縣人。光緒二十年三甲一百七十名進士。任山西榆次知縣。

鄭崧生　江西上饒縣人。光緒二十年三甲一百七十一名進士。三十四年任直隸元氏知縣。

承　厚　字似村。滿洲正藍旗人。光緒二十年三甲一百七十二名進士。二十三年任安徽安慶府同知，三十一年任江蘇江陰知縣。

戴永清　雲南通海縣人。光緒二十年三甲一百七十三名進士。任貴川婺川知縣，三十年任貴州安平知縣。宣統二年復任。

周正岐　山東即墨縣人。光緒二十年三甲一百七十四名進士。

江春霖　字仲默，號杏村。福建莆田縣人。咸豐五年（1855）五月初六日生。光緒二十年三甲一百七十五名進士。選庶吉士，授檢討。歷任武英殿纂修，國史館協修，新疆、河南、江南、四川諸道御史。以屢劾慶親王奕劻父子、醇親王載灃兄弟、大學士徐世昌等數十人聞名。宣統二年稱疾歸里。民國七年（1918）正月初五日卒。年六十四。著有《江侍御奏議》。

鄭玉麟　字緯生。貴州貴陽府人。光緒二十年三甲一百七十六名進士。任雲南大理府雲龍州知州。

陶邵學　廣東番禺縣人。光緒二十年三甲一百七十七名進士。任內閣中書。

侯錫彤　河南輝縣人。光緒二十年三甲一百七十八名進士。任四川大寧知縣。

鄭揆一　廣西臨桂縣人。光緒二十年三甲一百七十九名進士。

光緒二十一年（1895）乙未科

第一甲三名

駱成驤（1865—1926）字公驌。四川資州直隸州人。光緒十九年舉人，二十一年一甲第一名狀元。他是四川省清代唯一的一名狀元。官修撰。二十四年充會試同考官，遷京師大學堂首席提調官，二十九年充廣西鄉試主考官，二十九年赴日本研習法政，回國加廣西政法學堂，宣統二年督山西提學使。辛亥革命爆發，回四川，被推爲議會會長。發起四川武士會，被推爲會長。晚年在四川法政學校、成都高等師範學校任教。民國十五年病故於成都。著有《國文中堅集》《清漪樓遺稿》。

喻長霖（1857—1944）字志韶，號潛甫。浙江黃巖縣人。光緒二十一年一甲第二名榜眼。授編修。二十八年充順天鄉試同考官，應聘爲京師大學堂師範預科教務，又充兩浙師範學堂監督，曾赴日本考察教育。著有《惺諟齋初稿》。

王龍文 字澤寰，號補泉。湖南湘鄉縣人。光緒二十一年一甲第三名探花。授編修。後因事罷官。

第二甲九十九名

蕭榮爵 字漱員。湖南長沙縣人。光緒二十一年二甲第一名進士。選庶吉士，授編修。二十六年督甘肅學政，三十年充會試同考官。

吳緯炳 字貞木，號經才。浙江錢塘縣人。光緒二十一年二甲第二名進士。選庶吉士，授編修。升京畿道監察御史，二十六年充雲南鄉試主考官（因義和團之亂鄉試未進行），同年督甘肅學政。尋丁憂歸。

凌福彭 廣東番禺縣人。光緒二十一年二甲第三名進士。任戶部主事，遷保定知府，二十六年改天津知府，遷長蘆鹽運使，三十四年改順天府尹，宣統元年官至直隸布政使。

卓孝復（原名卓凌雲）字芝南，號毅齋。福建閩縣人。光緒二十一年二甲第四名進士。任刑部主事，商部員外郎、郎中，京察一等授浙江杭州知府，護巡警道，署督糧道，宣統二年調湖北荊宜施道，官至湖南岳常澧道。辛亥後去官。

傅維森（1864—1902）字君寶，號志丹。廣東番禺縣人，祖籍河南。光緒二十一年二甲第五名進士。選庶吉士，授編修。譚鍾麟聘爲端溪書院山長。著有《缺齋遺稿》。

曹汝麟　字石卿，號石如。安徽青陽縣人。光緒二十一年二甲第六名進士。選庶吉士，授編修。二十八年充順天鄉試同考官。

林開暮（1862—1937）字貽書、益蘇，號放庵。福建長樂縣人。光緒二十一年二甲第七名進士。選庶吉士，授編修。二十六年督河南學政，三十二年以道員用，署江西提學道，宣統元年外任徐州兵備道。辛亥後，辭官居京。

父林天齡，咸豐十年進士。

雷鎮華　字少儀，號廉麓。陝西朝邑縣人。光緒二十一年二甲第八名進士。選選吉士，改山西五臺知縣，調趙城知縣，三十年改山西安澤知縣。歸後主講豐登書院。

父雷棣榮，同治十三年進士；伯父雷榜榮，咸豐六年進士。

張繼良（改名張蘭思）字商南、南陔，號慈生。江蘇常熟縣人。光緒二十一年二甲第九名進士。選庶吉士。改刑部主事。又改任山東萊蕪、山西河津知縣。民國期間，任江蘇省公署秘書、河南督理軍務

署顧問。輯有《素蘭集補遺》。

齊耀琳　字震岩、鎮岩。吉林伊通州人。光緒二十一年二甲第十名進士。選庶吉士，授編修。遷直隸遵化直隸州知州，署天津知府，歷任天津道、直隸提法使，宣統三年任江蘇布政使、辛亥革命後清廷任河南布政使，河南巡撫。民國政府時，歷任吉林省民政廳長、江蘇巡按使、江蘇省省長兼代督辦、北京古學院經史研究會研究員。

爲光緒十八年進士齊紳甲侄。

趙炳麟（1875—？）字竹垣、竺垣，號長榮。廣西全州人。光緒二十一年二甲十一名進士。選庶吉士，授編修。歷任福建、江南、京畿諸道監察御史，官至四品候補京堂。辛亥後，歷任資政院議員、廣西桂全鐵路督辦、廣西宣慰使、山西實業廳廳長等。

劉嘉琛（1861—1936）字幼樵，號盡南。直隸天津縣人。光緒二十一年二甲十二名進士。選庶吉士，授編修。二十六年督山西學政，宣統二年署四川提學使。三年修墓假歸。民國任清史館編撰。

趙曾琦（一作趙增琦）字鴻佐，號紹平。四川宜賓縣人。光緒二十一年二甲十三名進士。選庶吉士，散館授編修。

潘齡皋　字頤山、小泉，號錫九。直隸安州人。光緒二十一年二甲十四名進士。選庶吉士，二十八年改甘肅皋蘭知縣、隆德知縣，三

十年升甘肅秦州直隸州知州，三十四年改肅州直隸州知州，甘肅巡警道兼提法使，後改署布政使。民國後，任甘肅省安肅道尹兼嘉峪關監督、甘肅禁煙大臣、甘肅省省長。

李瑞清 字仲麟，號梅庵、梅癡。江西臨川縣人。光緒二十一年二甲十五名進士。選庶吉士，未散館改江蘇候補道，任江寧提學使。兩江師範監督。張勛復辟時，授學部右侍郎。工書法，善畫，畫家張大千即其門人。著有《梅庵詩文集》《清道人選集》等。

劉燕翼 字襄孫。浙江仁和縣人。光緒二十一年二甲十六名進士。選庶吉士，授編修。外官至江蘇松太倉道。

葉蒂棠 字頌垣。福建侯官縣人。光緒二十一年二甲十七名進士。選庶吉士，授編修。官至遼瀋道監察御史、河南道御史。

彭樹華 字藻才。江西萍鄉縣人。光緒二十一年二甲十八名進士。選庶吉士。

陳枬 字巽倩。江蘇嘉定縣人。光緒二十一年二甲十九名進士。選庶吉士，授編修。

劉雲衢 江西新昌縣人。光緒二十一年二甲二十名進士。任吏部主事，二十九年改貴州安化知縣。

胡思敬 字漱唐、瘦唐，號退廬居士。江西新昌縣人。光緒二十一年二甲二十一名進士。選庶吉士，改吏部主事，後任廣東道、遼瀋道監察御史。張勛復辟時，授都察院副都御吏。曾輯《豫章叢書》一百六十四種。著有《戊戌履霜錄》《問影樓輿地叢書》等多部著作。

郭燦 字杙南、梅庚。四川資州人。光緒二十一年二甲二十二名進士。任刑部主事，纍遷雲南迤東道，官至巡警道。

談國楫 字濟五，號飽帆。漢軍鑲白旗人。光緒二十一年二甲二十三名進士。選庶吉士，改任知縣，官至黑龍江度支使。

羅長裿 字申田。湖南湘鄉縣人。光緒二十一年二甲二十四名進士。選庶吉士，授編修。捐納升道員，任職四川，助四川總督趙爾巽籌畫四川邊軍事。宣統二年，官升駐藏左參贊。因治軍嚴，被不法軍士投崖而死。

謝馨 字宗山、紹宣，號伯蘭。陝西安康縣人。光緒二十一年二甲二十五名進士。選庶吉士，授編修。二十九年改任雲南通海知縣。

許受衡 江西龍南縣人。光緒二十一年二甲二十六名進士。任刑部主事，官至總檢察廳廳丞。民國後參予撰寫《清史稿》刑法部分。

朱永觀 字遜軒，號光甫。廣西橫州人。光緒二十一年二甲二十七名進士。選庶吉士，散館改刑部主事，又改任廣東清遠知縣。

呂鈺 雲南雲南縣人。光緒二十一年二甲二十八名進士。任內閣中書、安徽候補道。民國時參與編纂《清史稿》工作，任《清史稿》協修。

劉汝驥 字仲良，號李直。直隸靜海縣人。光緒二十一年二甲二十九名進士。選庶吉士，授編修。遷江西道御史，宣統二年授安徽安慶知府，官至安徽徽州知府。

何莘耕 字又伊，號介吾。江西金溪縣人。光緒二十一年二甲三十名進士。選庶吉士，二十四年改任湖南漵浦知縣，改湖南善化知縣。

袁緒欽 湖南長沙縣人。光緒二十一年二甲三十一名進士。任戶部主事。

陳望林 字慰蒼。福建侯官縣人。光緒二十一年二甲三十二名進士。選庶吉士。散館二十四年改任貴州永從知縣，改貴定知縣。

聶延祐 字仲夏，號承軒。貴州貴築縣人。光緒二十一年二甲三十三名進士。選庶吉士，二十九年改廣西桂平知縣，改四川彰明知縣。

吳鈞 字秉臣，號小谷。甘肅西寧貴德廳。光緒二十一年二甲三十四名進士。選庶吉士，改戶部主事。民國時任北京政府參議院議員。

秦望瀾 字少觀。甘肅會寧縣人。光緒二十一年二甲三十五名進士。任兵部主事、員外郎，遷遼沈道、貴州道御史。民國二年被選爲北京政府政治會議議員。三年任約法會議議員，六年任臨時參議院議員、《清史稿》協修。

蕭之葆 字筱梅。陝西三水縣。光緒二十一年二甲三十六名進士。選庶吉士，改刑部主事，官至郎中。

王焯 字卓聲。順天寧河縣人。光緒二十一年二甲三十七名進士。任吏部主事，官至陝西延安府知府。

興廉 字捷南。蒙古鑲黃旗。光緒二十一年二甲三十八名進士。選庶吉士，散館改吏部主事，又改外務部主事。

尹慶舉 字策廷，號翔墀。廣東東莞縣人。光緒二十一年二甲三十九名進士。選庶吉士，授編修。官至四川重慶知府。

李長華 字樾人。直隸玉田縣人。光緒二十一年二甲四十名進士。任吏部主事、文選司行走。

孫榮枝 浙江仁和縣縣人。光緒二十一年二甲四十一名進士。任內閣中書，改戶部主事。

李最高 湖南臨湘人。光緒二十一年二甲四十二名進士。

戴展誠 字邃庵，號疆庵。湖南武陵縣人。光緒二十一年二甲四十三名進士。改任知縣，三十三年官至學部右參議。宣統三年去職。

涂福田 字介庵。湖北黃陂縣人。光緒十五年舉人，二十一年二甲四十四名進士。選庶吉士，改戶部主事，又改直隸巨鹿知縣。

謝榮熙 廣東三水縣人。光緒二十一年二甲四十五名進士。任吏部主事。

康有爲　字廣廈，號長素、更生，人稱"南海先生"。廣東南海縣人。咸豐八年（1858）二月初五日生。光緒二十一年二甲四十六名進士。授工部主事，自光緒十四年起曾七次上書要求變法，爲維新派領袖。創辦《中外紀聞》等報紙。集各省在京一千三百多名舉人簽名上書，提出反對與日本議和、遷都抗戰、變法圖強等三項主張。史稱"公車上書"。二十四年光緒帝召見，命在總理衙門上行走，特許專折言事。終於促成"維新變法"。光緒帝實行新政遭舊臣及慈禧太后反對。慈禧復垂簾，囚光緒帝，盡罷新政，逮譚嗣同等六人處斬。康有爲南逃至吳淞藏英兵艦，後亡命日本，流轉南洋，歐美各國，思想趨於保守。1911年辛亥革命建立共和，但康有爲卻主張"存帝號以統五族"，反對共和保存國粹。組織保皇會，參與張勳復辟。民國十六年（1927）卒於青島，年七十。著有《孔子改制考》《新學僞經考》《大同書》《戊戌奏稿》《日本變政考》《康南海先生詩集》等。

李國材　廣西平南縣人。光緒二十一年二甲四十七名進士。任刑部主事。

葛毓芝　字養田。直隸樂亭縣人。光緒二十一年二甲四十八名進士。選庶吉士，散館改任戶部主事。

成連增　字益齋。山西文水縣人。光緒二十一年二甲四十九名進士。選庶吉士，散館改戶部主事。

龔心釗　（1870—1940）字仲勉、懷西，號勉齋、瞻麓。安徽合肥縣人。光緒二十一年二甲五十名進士。選庶吉士，授編修。三十年任會試同考官。輯有《定山堂文集》。

李翰芬　（原名李純貞，又名李毓芬）字顯宗，號守一。廣東香山縣（今中山）人。光緒二十一年二甲五十一名進士。選庶吉士，授編修。二十九年任湖北主考官，三十二年署廣西提學使。辛亥去職。

吳命新　山西臨縣人。光緒二十一年二甲五十二名進士。任工部主事，三十三年署陝西定邊知縣，宣統元年改陝西岐山知縣，三年二月卸任。

徐孝豐　湖北黃陂縣人。光緒二十一年二甲五十三名進士。任刑部主事，升員外郎，官至郎中。

于疏枚　字卜臣，號臥廬。山東臨淄縣人。光緒二十一年二甲五十四名進士。選庶吉士，授編修。截取知府。未及補授以疾卒。年四十五。

寸開泰　雲南騰越廳人。光緒二十一年二甲五十五名進士。

趙鶴齡　字孟雲，號與九。雲南鶴慶州人。光緒二十一年二甲五十六名進士。選庶吉士，授編修。調海軍，官至副都統（一作官至候補道）。

呂傳愷　（鄉榜名呂師傅）浙江永康縣人。光緒二十一年二甲五十七名進士。任工部主事。

胡　峻　字雨嵐，號貞庵。四川華陽縣人。光緒二十一年二甲五十八名進士。選庶吉士，授編修。後總理四川高等學堂，并創辦法政、鐵路及體育諸學校等。後辦川漢鐵路，遊歐美購買材料，因勞嘔血，宣統元年（1909）卒。年僅四十。曾書《蒼雲閣日記》二十餘册。

趙世德　直隸永年縣人。光緒二十一年二甲五十九名進士。任禮部主事。

歐家廉　字介持。廣東順德縣人。光緒二十一年二甲六十名進士。選庶吉士，授編修。官至湖南道監察御史。

文　林　字翰臣。蒙古正白旗。光緒二十一年二甲六十一名進士。選庶吉士，散館改工部主事，又改廣東始興縣知縣。

沈　桐　浙江德清縣人。光緒二十一年二甲六十二名進士。任内閣中書，官至奉天東邊道。

趙廷珍　字敬忱。順天武清縣人。光緒二十一年二甲六十三名進士。任吏部主事，升員外郎，官至内閣承宣廳廳長。

傅蘭泰　字夢岩。蒙古正黄旗人。光緒二十一年二甲六十四名進士。任户部主事，升員外郎，二十八年充順天鄉試同考官，遷度支部郎中，三十三年授度支部右丞，宣統三年改度支部左丞。

汪世杰　字京波。四川犍爲縣人。光緒二十一年二甲六十五名進士。任刑部主事，遷員外郎、郎中，官至奉天高等檢察廳檢察長。

吴建讓　陝西城固縣人。光緒二十一年二甲六十六名進士。任内閣中書。

王迺槃　湖北黄陂縣人。光緒十四年舉人，二十一年二甲六十七名進士。任户部主事。

金　鉽　字式金，號蘅薏。江蘇泰興縣人。光緒二十一年二甲六十八名進士。選庶吉士，授編修。

張　濂　直隸良鄉縣人。光緒二十一年二甲六十九名進士。任兵部主事。

劉明華　廣西博白縣人。光緒二十一年二甲七十名進士。二十一年任吏部主事。

錫　嘏　字伯純，號子常。滿洲正藍旗，宗室。光緒二十一年二甲七十一名進士。選庶吉士，授編修。遷翰林侍講，三十二年官至山西提學使、宣統二年授陸軍部左參議。

廖基鈺　字湘浦。江西奉新縣人。光緒二十一年二甲七十二名進士。選庶吉士，授編修。官至浙江道御史。

王荃善　四川西充縣人。光緒二十一年二甲七十三名進士。任工部主事。

世　榮　字仁甫，號耀東。蒙古鑲白旗人。光緒二十一年二甲七十四名進士。選庶吉士，授編修。

遷國子監司業，官至侍讀學士。著有《靜觀齋詩稿》。

胡嗣芬 字景威，號宗武。貴州開州（今開陽）人。光緒二十一年二甲七十五名進士。選庶吉士，二十四年改任河南夏邑知縣，官至四川勸業道。

弟胡嗣瑗，光緒二十九年進士。

李增芳 雲南蒙化直隸廳人。光緒二十一年二甲七十六名進士。任戶部主事。

趙黻鴻 字青侶，號狷公。漢軍正白旗。光緒二十一年二甲七十七名進士。選庶吉士，改工部主事，又改江蘇奉賢知縣。

陶榮 浙江會稽縣人。光緒二十一年二甲七十八名進士。任戶部主事。

孫紹宗 直隸蠡縣人。光緒二十一年二甲七十九名進士。任兵部主事，官至員外郎。

萬本端 字君直、子莊，號萸生。江西德化縣人。光緒二十一年二甲八十名進士。選庶吉士，授編修。二十九年充順天鄉試同考官，一改工部員外郎，宣統元年任河南歸德知府。

父萬青黎，道光二十年進士。

顧壽椿 字芝眉。陝西咸寧縣人。光緒二十一年二甲八十一名進士。任戶部主事，改署河南登封、新安知縣，三十年補涉縣知縣，充京師禁煙公所提調，奏保直隸知州，又以孝欽皇后奉安工程加三品。告

歸。卒年七十五。著有《可興齋詩話》《楹聯賸語》。

曹元弼 字彥叔。江蘇吳縣人。光緒二十一年二甲八十二名進士。任內閣中書，三十四年官至郎中。向光緒帝進呈所著《禮經校釋》，特賞翰林院編修。後任湖北兩湖書院山長。著有《復禮堂文集》。

豐和 鑲白旗蒙古人（京口駐防，居江蘇丹徒）。光緒二十一年二甲八十三名進士。任吏部主事，改江西即用知縣。

李景驤 字季緘，號少峰。福建侯官縣人。光緒二十一年二甲八十四名進士。選庶吉士，散館改廣西來賓縣知縣，三十年改廣西貴縣知縣、宣化知縣。

張世培 字心田，號樹蓀。順天通州人。光緒二十一年二甲八十五名進士。選庶吉士，授編修。遷陝西道御史，官至給事中。

雷以動 字靜甫，號煉生。湖北松滋縣人。光緒二十年舉人，二十一年二甲八十六名進士。選庶吉士，改禮部主事，又改湖南耒陽知縣、桑植知縣。

吳鴻森 江蘇江都縣人。光緒二十一年二甲八十七名進士。任刑部主事。

安文瀾 字瀚卿。直隸定州直隸州人。光緒二十一年二甲八十八名進士。三十三年任山西武鄉知縣。

任錫純 湖南長沙縣人。光緒二十一年二甲八十九名進士。任內

閣中書，遷刑部主事。

林玉銘 字雪庵。福建侯官縣人。光緒二十一年二甲九十名進士。選庶吉士，散館二十四年改廣東澄邁知縣，改新會知縣。

陳恩榮 字戟園。順天大興縣人。光緒二十一年二甲九十一名進士。選庶吉士，散館改刑部主事，任山東觀城知縣，三十二年改山東萊蕪縣知縣。

舒鴻儀 安徽懷寧縣人。光緒二十一年二甲九十二名進士。任兵部武選司主事，民政部員外郎、郎中，軍機章京，記名御史，直隸巡警道、通永道。民國後任總統府政治顧問、內務部司長、奉天道尹。

陳翰聲 字蓉生。山東濰縣人。光緒二十一年二甲九十三名進士。選庶吉士，改河南舞陽知縣，調甘肅古浪，三十年改華亭知縣。卒於任。

張憲文 山西崞縣人。光緒二十一年二甲九十四名進士。

黃瑞蘭 湖南平江縣人。光緒二十一年二甲九十五名進士。

汪贊綸 江蘇陽湖縣人。光緒二十一年二甲九十六名進士。任工部主事，二十五年改安徽涇縣知縣。

楊恩元 字覃生。貴州普定縣人。光緒二十一年二甲九十七名進士。任禮部主事。著有《三不惑詩文集》。

章 華 字曼仙、縵仙。湖南長沙縣人。光緒二十一年二甲九十八名進士。選庶吉士，散館改工部主事，官至郵傳部郎中、軍機章京。民國任國務院僉事、東方事業委員會研究員。著有《倚山閣詩》等。

劉慶騏 廣東順德縣人。光緒二十一年二甲九十九名進士。

馬汝驥 字良存。貴州貴陽府人。光緒二十一年二甲一百名進士。任吏部主事，二十八年改道員，入蜀總辦四川武備學堂及員警總局，加二品銜，管四川通省釐金總局，三十四年代建昌道兼署遂寧知府。民國十九年（1930）卒。年六十三。

第三甲一百九十名

文同書 廣西靈川縣人。光緒二十一年三甲第一名進士。任刑部主事，官至員外郎。

余炳文 字浩吾。河南商城縣人。光緒二十一年三甲第二名進士。選庶吉士，授檢討。官至浙江嚴州知府。

曹邦彥 陝西韓城縣人。光緒二十一年三甲第三名進士。任知縣。

秦錫圭 字鎮國，號硯畦、介侯。江蘇上海縣人。光緒二十一年三甲第四名進士。選庶吉士，改山西壽陽知縣。民國時，任護法國參議會議員、南社社員。著有《補晉執政表》等。

張堯燊 四川射洪縣人。光緒二十一年三甲第五名進士。任刑部主事。

魏元曠 （原名魏煥奎）江西南昌縣人。光緒二十一年三甲第六名進士。任刑部主事，改法部，署京師審判廳推事長。

陳恩洽 江蘇泰州縣人。光緒二十一年三甲第七名進士。任户部主事。

范國良 安徽懷遠縣人。光緒二十一年三甲第八名進士。任禮部主事。

曲江宴 山東黃縣人。光緒二十一年三甲第九名進士。任吏部主事，官至浙江糧道。

邢維經 山東新城縣人。光緒二十一年三甲第十名進士。任工部主事、軍機章京。

江蘊琛 字韻川，號紉軒。廣西融縣人。光緒二十一年三甲十一名進士。選庶吉士，二十四年改雲南楚雄知縣、保山知縣，二十八年遷順寧府緬寧廳通判，元江直隸州知州，遷麗江知府，官至雲南永昌知府。

黃維翰 江西崇仁縣人。光緒二十一年三甲十二名進士。任兵部主事，官至黑龍江呼蘭府知府。

顧光照 江蘇江都縣人。光緒二十一年三甲十三名進士。任户部主事。

葛亮維 貴州畢節縣人。光緒二十一年三甲十四名進士。任刑部主事。

父葛明遠，光緒二十四年進士。

金鏡芙 字小山。順天通州人。

光緒二十一年三甲十五名進士。任工部主事，官至民政部員外郎。

白嘉澍 雲南昆明縣人。光緒二十一年三甲十六名進士。任工部主事，改貴州貴定知縣。

高祖培 陝西米脂縣人。光緒二十一年三甲十七名進士、任刑部主事，京師內外城地方審判廳推事。

李之釗 字敬堂。河南光山縣人。光緒二十一年三甲十八名進士。選庶吉士，改兵部主事，復改山東壽張知縣。

周鳳鳴 直隸天津縣人。光緒二十一年三甲十九名進士。任雲南知縣，二十九年改山東嶧縣知縣。

王桐蔭 直隸東光縣人。光緒二十一年三甲二十名進士。任刑部主事。

方朝治 湖南巴陵縣人。光緒二十一年三甲二十一名進士。二十七年任山東朝城知縣。

李步沆 山東金鄉縣人。光緒二十一年三甲二十二名進士。任刑部主事，官至員外郎。

曹甡孫 字易庭、念荻，號儀陸。順天武清縣人。同治七年七月十八日生。光緒二十一年三甲二十三名進士。

黎敬先 湖南湘陰縣人。光緒二十一年三甲二十四名進士。二十一年任湖南常德府教授。

石長信 字魚及，號厚庵。安徽宿松縣人。光緒二十一年三甲二十五名進士。選庶吉士，授檢討。

官至給事中。

李于鍇　字冶成，號叔堅。甘肅武威縣人。光緒二十一年三甲二十六名進士。選庶吉士，授檢討。二十四年改山東蓬萊知縣、泰安縣，遷給事中，三十二年官至山東沂州知府。民國時期任甘肅省警察廳廳長。

黃秉瀛　四川永川縣人。光緒二十一年三甲二十七名進士。任內閣中書，三十一年署陝西咸陽知縣，三十四年改鳳縣知縣，宣統二年任紫陽知縣，改武功知縣。三年卸任。

楊錫霖　字雨農。直隸遵化直隸州人。光緒二十一年三甲二十八名進士。選庶吉士。

潤　芳　滿洲鑲白旗人。光緒二十一年三甲二十九名進士。任刑部主事、提牢廳提牢，二十八年官至河南許州直隸州知州。

蕭　榘　湖南邵陽縣人。光緒二十一年三甲三十名進士。任刑部主事。

劉廷珍　福建寧德縣人。光緒二十一年三甲三十一名進士。二十八年任奉天蓋平知縣。

黃樹榮　福建寧德縣人。光緒二十一年三甲三十二名進士。任戶部主事，改廣東茂名知縣。

慶　隆　漢軍鑲藍旗。光緒二十一年三甲三十三名進士。任吏部主事，官至甘肅寧夏府知府。

李若堃　字應乾。四川眉州直隸州人。光緒二十一年三甲三十四

名進士。任刑部河南司主事。戊戌政變後國事日非，憂憤成疾，假歸。

鄭宗郇　福建莆田縣人。光緒二十一年三甲三十五名進士。

李景祥　浙江鄞縣人。光緒二十一年三甲三十六名進士。任奉天廣寧縣知縣，二十六年改承德知縣。

曠子椿　江西泰和縣人。光緒二十一年三甲三十七名進士。任刑部主事，二十八年改江西袁州府教授。

周　沆　字季貞。貴州遵義縣人，光緒二十一年三甲三十八名進士。任戶部主事，改雲南文山知縣，宣統年任雲南廣西直隸州知州，官至雲南徵江府知府。

劉蓉第　順天昌平州人。光緒二十一年三甲三十九名進士。二十九年任陝西潼關廳同知，三十三年署漢陰廳通判，宣統三年回任潼關廳同知。九月去職。

劉嘉斌　字蔚如。江蘇丹徒縣人。光緒二十一年三甲四十名進士。任刑部主事，升員外郎，改法部制勘司郎中，記名道府，宣統三年升法部右參議。

王繩武　陝西寶雞縣人。光緒二十一年三甲四十一名進士。三十年任江西廣昌知縣。

高崧生　江西新建縣人。光緒二十一年三甲四十二名進士。任戶部主事。

董觀瀛　山東鄒平縣人。光緒二十一年三甲四十三名進士。二十

四年代理江蘇丹徒知縣，二十六年四月補靖江知縣。

蕭樹昇 字翰香。山東歷城縣人。光緒二十一年三甲四十四名進士。任戶部主事。因母年邁請假歸里奉母。後主講濟南書院。

寶　銘 字鼎臣。滿洲正藍旗，宗室。光緒二十一年三甲四十五名進士。任吏部員外郎、郎中，三十三年遷吏部左丞，宣統三年改內閣叙官局局長。

崔登瀛 廣東南海縣人。光緒二十一年三甲四十六名進士。任內閣中書、宗人府堂主事。

彭錫蕃 字用侯。安徽潛山縣人。光緒二十一年三甲四十七名進士。任江西興安知縣，三十一年補廬陵縣，在任四年，護吉安知府，宣統二年署鉛山知縣。辛亥後被推爲副議長，以疾卒。

崔保齡 字鶴籌。江蘇泰州人。光緒二十一年三甲四十八名進士。二十七年任安徽當塗知縣，二十九年改宿松知縣，三十三年回任宿松縣。

李樂善 陝西咸寧縣人。光緒二十一年三甲四十九名進士。任知縣。

姚晉埏 湖北羅田縣人。光緒十七年舉人，二十一年三甲五十名進士。任戶部主事。

榮春暉 湖北黃陂縣人。光緒二十年舉人，二十一年三甲五十一名進士。任刑部主事，二十八年改浙江常山知縣。

趙家蕙 字季香。貴州廣順州人。光緒二十一年三甲五十二名進士。任四川彭縣知縣，二十九年署溫江知縣。三十二年（1906）卒。

兄趙湘洲，光緒九年進士。

呂　篤 甘肅階州直隸州人。光緒二十一年三甲五十三名進士。任戶部主事，任廣西藤縣知縣，三十一年署廣西陸川知縣。

何業健 字乾初，號松平。陝西石泉縣人。光緒二十一年三甲五十四名進士。選庶吉士，散館二十五年改山東樂陵知縣，三十年調郯城知縣。民國時任安徽省英湖道道尹。

邱炳萱 福建長樂縣人。光緒二十一年三甲五十五名進士。二十九年任湖北鄖縣知縣。

都守仁 字子恒，號潮孫。浙江桐鄉縣人。咸豐四年六月十九日生。光緒二十一年三甲五十六名進士。任江蘇知縣。

何重熙 河南光山縣人。光緒二十一年三甲五十七名進士。任戶部主事，二十八年改陝西保安知縣。三十年卸。

貢士元 安徽寧國縣人。光緒二十一年三甲五十八名進士。任刑部主事。民國後任奉天臺安、法庫知縣。

朱遠綬 字椿鶴。廣西臨桂縣人。光緒二十一年三甲五十九名進士。二十九年任四川太平知縣。

王藎臣　字子賓。河南光州直隸州人。光緒二十一年三甲六十名進士。三十一年任山東淄川知縣，後調署平陰知縣，宣統二年任山東濟陽知縣。

張　鍇　雲南昆明縣人。光緒二十一年三甲六十一名進士。任吏部主事，升郎中，官至內閣叙官局副局長。

劉德全　湖北穀城縣人。光緒二十年舉人，二十一年三甲六十二名進士。二十五年任陝西洵陽知縣，二十九年署富平知縣，署渭南知縣，三十年改咸寧知縣。

周之麟　字閣書。貴州貴築縣人。光緒二十一年三甲六十三名進士。任刑部主事。

林朝圻　四川威遠縣人。光緒二十一年三甲六十四名進士。

廖鳴龍　（一作廖鳴韶）福建侯官縣人。光緒二十一年三甲六十五名進士，任工部主事。

桂　福　滿洲正白旗人。光緒二十一年三甲六十六名進士。任雲南定遠知縣，二十六年改順寧知縣，三十年遷景東直隸廳同知，官至雲南廣南府知府。

致　善　字元甫。漢軍正黃旗人。光緒二十一年三甲六十七名進士。任內閣中書，記名海關道，官至陸軍部司長。

王從禮　河南商丘縣人。光緒二十一年三甲六十八名進士。任安徽霍丘知縣。

潘宜經　字偉堂。寄籍陝西白河縣人。光緒二十一年三甲六十九名進士。三十二年署江蘇江陰知縣，三十三年革。

王德懋　河南祥符縣人。光緒二十一年三甲七十名進士。任工部主事。

瑞　徵　滿洲鑲黃旗人。光緒二十一年三甲七十一名進士。任山西太谷知縣。

張仲儒　直隸靜海縣人。光緒二十一年三甲七十二名進士。二十九年任江蘇宜興知縣，改山東知縣。

譚廷颺　字乃廣。山東歷城縣人。光緒二十一年三甲七十三名進士。任刑部主事，官至大理院推事。

王　恕　安徽涇縣人。光緒二十一年三甲七十四名進士。任內閣中書舍人，二十八年官至浙江衢州府同知。

恒　善　字子元。滿洲正黃旗人。光緒二十一年三甲七十五名進士。授四川資州，後改安縣。有惠政。

謝元洪　（鄉榜名謝昌期，原名謝恩培）字苞庭。浙江山陰縣人。光緒二十一年三甲七十六名進士。授主事，二十三年改任江蘇興化知縣，在任三年調甘泉知縣，改安東知縣，三十四年升海州直隸州知州。

景　湘　滿洲鑲紅旗人。光緒二十一年三甲七十七名進士。任戶部主事，改商部司務。

張翰光　河南氾水縣人。光緒

二十一年三甲七十八名進士。任兵部主事。

王鳳文 陝西咸寧縣人。光緒二十一年三甲七十九名進士。任戶部主事，改直隸饒陽知縣。

李發宜 湖南醴陵縣人。光緒二十一年三甲八十名進士。二十八年任湖北漢陽知縣。

徐信善 （原名徐步賢）浙江歸安縣人。光緒二十一年三甲八十一名進士。任戶部主事。

李慶霖 雲南昆明縣人。光緒二十一年三甲八十二名進士。三十年任廣西北流知縣。

王玉相 山東魚臺縣人。光緒二十一年三甲八十三名進士。三十年任山東武定府教授、泰安府教授。

鄒增祐 字受丞。四川涪州人。光緒二十一年三甲八十四名進士。即用知縣發廣東升嘉應知州。加知府銜。

張存諧 廣西博白人。光緒二十一年三甲八十五名進士。

葉祖修 甘肅靜寧州人。光緒二十一年三甲八十六名進士。任工部主事，改山西五寨知縣。

曾祖葉桂，道光二年進士。

曹葆珣 字仲璘。順天武清縣人。光緒二十一年三甲八十七名進士。任戶部主事，遷稅務處幫辦。

林振光 字芝馨。福建長樂縣人。光緒二十一年三甲八十八名進士。授廣東會同知縣，改署林高縣，告歸。著有《迎碧山房詩》《海南公餘隨筆》。

高如恂 山東海陽縣人。光緒二十一年三甲八十九名進士。

朱遠繕 廣西臨桂縣人。光緒二十一年三甲九十名進士。任甘肅皋蘭知縣。

豫咸 漢軍鑲藍旗。光緒二十一年三甲九十一名進士。二十五年任山東茌平知縣，二十八年任費縣知縣，三十年任滋陽知縣，三十二年正月署聊城知縣，三十三年署德州知州，三十四年官至安徽安慶府知府。

劉輝 湖北黃陂縣人。光緒二十年舉人，二十一年三甲九十二名進士。二十二年任奉天安東知縣。

陳侃 河南光山縣人。光緒二十一年三甲九十三名進士。二十八年任福建建寧知縣。

迎喜 蒙古正紅旗人。光緒二十一年三甲九十四名進士。任直隸吳橋知縣。

韓克敬 山西汾陽縣人。光緒二十一年三甲九十五名進士。三十一年任四川南溪知縣。

楊瑞鱸 雲南太和縣人。光緒二十一年三甲九十六名進士。

陳楨 雲南昆明縣人。光緒二十一年三甲九十七名進士。二十八年十二月署四川夾江知縣，三十一年改富順知縣。

楊雲卿 雲南呈貢縣人。光緒二十一年三甲九十八名進士。任雲南昭通府教授。

愛興阿　字濟臣。滿洲正藍旗人。光緒二十一年三甲九十九名進士。任兵部主事、軍機章京，三十一年官至陝西延安知府。

羅經權　字子衡。甘肅金縣人。光緒二十一年三甲一百名進士。選庶吉士。三十四年改任山東沂水縣知縣。民國後任甘肅安夏觀察使。

黃葆初　字筠軒。福建長樂縣人。光緒二十一年三甲一百零一名進士。

林清照　字鏡如。福建閩清縣人。光緒二十一年三甲一百零二名進士。選庶吉士，改任奉節知縣，二十五年署四川江油知縣，二十七年任蘆山知縣。

朱珩　廣東花縣人。光緒二十一年三甲一百零三名進士。任刑部主事，官至京師高等審判廳推事。

楊道鈞　字子秉，號福同。江蘇陽湖縣人。咸豐八年九月十五日生。光緒二十一年三甲一百零四名進士。

韋錦恩　廣西奉議州人。光緒二十一年三甲一百零五名進士。任吏部主事。

劉興東　雲南會澤縣人。光緒二十一年三甲一百零六名進士。

胡鑑瑩　字玉山，號郎如。安徽英山縣人。光緒二十一年三甲一百零七名進士。任湖南安鄉知縣，改沅江、桃源、安化、善化知縣，二十九年改衡陽知縣，宣統二年補桂陽知州，保升道員。

張鳳臺　河南安陽縣人。光緒二十一年三甲一百零八名進士。二十五年任直隸大名知縣，二十九年改束鹿知縣，官至奉天興京府知府。

張致安　貴州遵義縣人。光緒二十一年三甲一百零九名進士。任湖南永定知縣，二十五年改耒陽知縣。

何榮烈　（原名何廷楨）浙江石門縣人。光緒二十一年三甲一百十名進士。即用知縣，分發江蘇署婁縣知縣。

呂正斯　山東文登縣人。光緒二十一年三甲一百十一名進士。任工部主事。

孔慶墥　山東曲阜縣人。光緒二十一年三甲一百十二名進士。江蘇即用知縣。

戴光　四川合州人。光緒二十一年三甲一百十三名進士。二十五年任江蘇上元知縣，二十九年署鹽城知縣，三十年正月參。

繼曾　滿洲正黃旗人。光緒二十一年三甲一百十四名進士。任兵部主事。

姜良材　江蘇六合縣人。光緒二十一年三甲一百十五名進士。任安徽知縣，辦安徽漕運釐稅。非所長，三月而罷。未補官而卒。著有《景波山房詩集》《詞集》《寄影齋雜紀》等。

邢驤　字芸渠。湖北黃梅縣人。光緒十七年舉人，二十一年三甲一百十六名進士。任湖南永順知縣，三十年改四川南江知縣。

馬如鑑　甘肅隴西縣人。光緒二十一年三甲一百十七名進士。任湖北即用知縣。

錫　鐸　字木臣，號聖予。滿洲鑲紅旗人。光緒二十一年三甲一百十八名進士。選庶吉士，二十四年改河南泌陽縣知縣。

周丙榮　字子善，號樹華。江蘇如皋縣人。同治二年十二月十九日生。光緒二十一年三甲一百十九名進士。

陳惠愷　字英吾。湖北黃陂縣人。光緒十四年舉人，二十一年三甲一百二十名進士。任刑部主事，宗人府堂主事，改京師內外城地方審判廳推事。

呂咸熙　雲南浪穹縣人。光緒二十一年三甲一百二十一名進士。任兵部主事。

凌洪才　江西萬年縣人。光緒二十一年三甲一百二十二名進士。三十年任直隸任丘知縣。

藍　鏞　江西高安縣人。光緒二十一年三甲一百二十三名進士。光緒三十二年代理江蘇鹽城知縣。

楊書勛　廣西鬱林直隸州人。光緒二十一年三甲一百二十四名進士。任河南陳留知縣。

張錫鴻　字鶴村。山東歷城縣人。光緒二十一年三甲一百二十五名進士。任直隸知縣，二十九年歷熱河赤峰知縣、奉天本溪知縣。

楊允文　河南武安縣人。光緒二十一年三甲一百二十六名進士。二十四年任山西興縣知縣。

林宗奇　福建侯官縣人。光緒二十一年三甲一百二十七名進士。任承德知縣，二十四年改奉天海城知縣。

王桂枝　陝西乾州直隸州人。光緒二十一年三甲一百二十八名進士。任知縣。

黃世澤　四川營山縣人。光緒二十一年三甲一百二十九名進士。

郭景象　山西孝義縣人。光緒二十一年三甲一百三十名進士。任刑部主事。

張庚銘　江蘇海州直隸州人。光緒二十一年三甲一百三十一名進士。

姚炳熊　（原名姚學源）浙江烏程縣人。光緒二十一年三甲一百三十二名進士。任吏部主事，三十二年六月遷江蘇太倉州知州。宣統二年七月回任，八月丁憂歸。

張樹楨　字逸朋，號景襄。山東海豐縣人。光緒二十一年三甲一百三十三名進士。任廣東英德知縣。卒於任。

高暄陽　江西彭澤縣人。光緒二十一年三甲一百三十四名進士。二十三年任奉天懷仁知縣。

陳繼洋　山東曹縣人。光緒二十一年三甲一百三十五名進士。任奉天桓仁知縣。

吳星映　陝西朝邑縣人。光緒二十一年三甲一百三十六名進士。

任知縣。

秦獻祥　廣西永福縣人。光緒二十一年三甲一百三十七名進士。二十八年任江蘇碭山知縣，三十四年改教職。

汪春榜　字殿丞。安徽歙縣人。光緒二十一年三甲一百三十八名進士。任兵部主事。

王樹人　四川洪雅縣人。光緒二十一年三甲一百三十九名進士。二十八年任湖南永定知縣。

陳養源　甘肅秦州直隸州人。光緒二十一年三甲一百四十名進士。二十七年四月署山東夏津知縣，六月卸。改山東巨野縣、平陰知縣。

梁士選　甘肅禮縣人。光緒二十一年三甲一百四十一名進士。任內閣中書，二十八年改陝西紫陽知縣。三十二年卸。

劉國良　河南新鄭縣人。光緒二十一年三甲一百四十二名進士。二十九年任山西五寨知縣。

林灝深　字朗溪。福建侯官縣人。光緒二十一年三甲一百四十三名進士。任禮部主事、軍機章京，升員外郎，三十二年官至學部參議。

曾祖林則徐，嘉慶十六年進士，兩廣總督。

魏倬　山西廣靈縣人。光緒二十一年三甲一百四十四名進士。任刑部主事。

張之銳　河南鄧州人。光緒二十一年三甲一百四十五名進士。二十八年任江西萬載知縣。

李體仁　山東鄆城縣人。光緒十四年舉人，二十一年三甲一百四十六名進士。二十八年任陝西蒲城知縣，二十九年、三十四年回任蒲城。十一日緣事解任。

王寶田　順天宛平縣人。光緒二十一年三甲一百四十七名進士。

米種　字秀實。甘肅文縣人。光緒二十一年三甲一百四十八名進士。二十四年任奉天通化知縣，三十一年改四川北川知縣，改石泉知縣。

張志軒　山東平陰縣人。光緒二十一年三甲一百四十九名進士。

王志昂　字雲階，號尚卿。山西陽曲縣人。同治二年七月初一日生。光緒二十一年三甲一百五十名進士。

張俶瀟　湖北武昌縣人。光緒十七年舉人，二十一年三甲一百五十一名進士。二十六年任陝西白河知縣，二十八年改雒南知縣。

余際春　字梅村。安徽潛山縣人。光緒二十一年三甲一百五十二名進士。二十九年任山東菏澤知縣，三十一年署山東莒州知州，三十三年任山東日照、平原知縣，升補膠州直隸州知州。

王曜南　甘肅靜寧州人。光緒二十一年三甲一百五十三名進士。四川即用知縣。

父王源翰，光緒十二年進士。

孫秉衡　山西渾源縣人。光緒二十一年三甲一百五十四名進士。

三十二年任山東青州海防同知。

朱應杓　江蘇上元縣人。光緒二十一年三甲一百五十五名進士。任內閣中書，遷外務部主事、司務。

鮑俊卿　直隸撫寧縣人。光緒二十一年三甲一百五十六名進士。任吉林長春府教授，二十九年改直隸宣化府教授。

邊三益　字敬伯。陝西興平縣人。光緒二十一年三甲一百五十七名進士。任廣西養利知州。

詹愷　湖北恩施縣人。光緒二十年舉人，二十一年三甲一百五十八名進士。三十年任貴州遵義知縣。

侯晋康　陝西合陽縣人。光緒二十一年三甲一百五十九名進士。任戶部主事。

胡調元　字容村。浙江溫州里安縣人。光緒二十一年三甲一百六十名進士。三十一年任江蘇金壇知縣，改寶山知縣。

王伊　（原名王綏彤）河南羅山縣人。光緒二十一年三甲一百六十一名進士。任戶部主事。

丁良佐　字少堂。貴州修文縣人。光緒二十一年三甲一百六十二名進士。二十七年任廣西賀縣知縣。

呂繼純　漢軍正白旗人。光緒二十一年三甲一百六十三名進士。

周捷三　湖北武昌縣人。光緒二十一年三甲一百六十四名進士。二十八年任安徽建平知縣。

張受中　字正甫。山西沁源縣人。光緒二十一年三甲一百六十五名進士。任直隸阜平知縣，二十九年任直隸昌黎知縣。

劉鎤　湖南攸縣人。光緒二十一年三甲一百六十六名進士。任禮部主事。

趙炳麟　（又名趙長榮）直隸饒陽縣人。光緒二十一年三甲一百六十七名進士。任承德府教授，改保定府教授，三十年改河間府教授。

陳宸　湖北嘉魚縣人。光緒十五年舉人，二十一年三甲一百六十八名進士。任四川雅安知縣。

石長佑　字涒庵。安徽宿松縣人。光緒二十一年三甲一百六十九名進士。署江西龍泉知縣，二十七年補新喻知縣，候升直隸州知州。

陳永昌　江西靖安縣人。光緒二十一年三甲一百七十名進士。任浙江桐廬知縣。

石寅恭　山西盂縣人。光緒二十一年三甲一百七十一名進士。二十八年任陝西清澗知縣，三十四年改鳳縣知縣。宣統三年卸任。

林向滋　直隸天津縣人。光緒二十一年三甲一百七十二名進士。任江西清江知縣。

秦紱卿　河南鹿邑縣人。光緒二十一年三甲一百七十三名進士。任內閣中書。

雷光甸　陝西渭南縣人。光緒二十一年三甲一百七十四名進士。任禮部主事，改甘肅平羅知縣。

文俊　滿洲鑲黃旗人。光緒

二十一年三甲一百七十五名進士。

吳江澂 直隸遷安縣人。光緒二十一年三甲一百七十六名進士。即用知縣，分發四川。

陳 模 字季範，號式庵。浙江諸暨縣人。光緒二十一年三甲一百七十七名進士。即用知縣，分發山西任介休知縣，候補直隸州知州。

劉彤光 山東巨野縣人。光緒二十一年三甲一百七十八名進士。任戶部主事，三十一年改山西文水知縣。

張 樸 字械堂。山西懷仁縣人。光緒二十一年三甲一百七十九名進士。三十一年任直隸靈壽知縣，宣統二年任直隸寧晉知縣。

德 銳 滿洲正白旗人。光緒二十一年三甲一百八十名進士。二十六年署陝西洋縣知縣，二十八年改三原知縣。

白子剣 字元之。貴州貴陽府人。光緒二十一年三甲一百八十一名進士。任貴州興義府教授。

郭兆禄 福建福安縣人。光緒二十一年三甲一百八十二名進士。二十八年任福建興化府教授。

張拱辰 江西都昌縣人。光緒二十一年三甲一百八十三名進士。

二十八年任江西撫州府教授。

葛龍三 奉天承德縣人。光緒二十一年三甲一百八十四名進士。任直隸淶水知縣。

黃關同 河南商城縣人。光緒二十一年三甲一百八十五名進士。三十年署四川渠縣知縣。

羅良弼 湖北麻城縣人。光緒二十年舉人，二十一年三甲一百八十六名進士。任湖北荊州府教授。

劉林立 順天大城縣人。光緒二十一年三甲一百八十七名進士。二十二年任陝西定邊知縣，二十七年署陝西華陰知縣，改扶風知縣，三十二年任鎮安知縣，三十四年署隴州知州，宣統二年署咸陽知縣，三年署富平知縣。

王熙元 河南武陟縣人。光緒二十一年三甲一百八十八名進士。

步翔藻 字嘯梧。河南杞縣人。光緒二十一年三甲一百八十九名進士。任內閣中書，二十八年充順天鄉試同考官，官至福建漳州府糧捕同知。

海 明 正藍旗，宗室。光緒二十一年三甲一百九十名進士。任宗人府主事。

光緒二十四年（1898）戊戌科

第一甲三名

夏同龢 字用卿。貴州麻哈州人。光緒二十三年舉人，二十四年一甲第一名狀元。授修撰。掌修國史，二十八年充湖南鄉試副考官，清末赴日本留學三年。辛亥後，歷任湖南國稅廳籌備處處長、衆議會議員、國務院法制局僉事和參事、江西實業廳廳長等職。工詩，善畫。

夏壽田 （1872—1935）字午詒、午彝、武夷，號耕父。湖南桂陽直隸州人。光緒二十四年一甲第二名榜眼。授編修。辛亥後，任袁世凱總統府秘書、顧問、約法會議議員。

俞陛雲 字階清，號裴庵、樂靜。浙江德清縣人。光緒二十四年一甲第三名探花。授翰林院編修。入國史館，二十八年充四川鄉試副考官，登經濟特科。後隱居北平。民國三年（1914）入清史館。著有《小竹里館吟草》《絢華室詩記》《樂靜詞》《詩鏡淺説》《唐五代兩宋詞選釋》《入蜀驛程記》等。

第二甲一百五十名

李稷勛 字伯崱，號堯琴、瑤琴。四川秀山縣人。咸豐十年（1860）十月二十五日生。光緒二十四年二甲第一名進士。選庶吉士，授編修。官至郵傳部左參議，總理川漢鐵路事務。宣統二年去職。善詩、古文。著有《甓庵詩錄》。

陸懋勛 （1868—？）字勉齋、冕儕，號潛廬。浙江仁和縣人。光緒二十四年二甲第二名進士。選庶吉士，授編修。官任候補知府。民國時，任浙江巡按使署秘書、江蘇高等檢察長。著有《歷代户口考略》《錢幣考》等。

魏家驊 字梅蓀、梅村。江蘇江寧縣人。同治四年（1865）八月二十四日生。光緒二十四年二甲第三名進士。選庶吉士，授編修。光緒二十九年召試經濟特科二等。三十一年任山東東昌知府，官至雲南迤東道。民國二十一年（1932）卒。年六十九。

姜秉善　字少雲。直隸天津縣人。光緒二十四年二甲第四名進士。選庶吉士，二十九年任四川蒼溪知縣，調中江縣知縣，改長寧知縣。卒於任。

黄誥　字宣廷。漢軍正黄旗。光緒二十四年二甲第五名進士。纍遷江蘇候補道，三十一年出使義國大臣，三十四年回國。宣統二年官至陝西陝安道。三年辭歸。

傅增湘　（1872—1950）字叔和、沅叔、潤元，自署藏園居士、雙鑒樓主人。四川江安縣人。同治十一年（1872）生。光緒二十四年二甲第六名進士。選庶吉士，授編修。二十九年充順天鄉試同考官，歷任國史館協修，三十四年任直隸提學使，先後創辦天津北洋女子師範學堂、京師女子師範學堂，并任中國教育會副會長。辛亥後，任唐紹儀顧問，出席南北會。民國六年，任王士珍内閣教育總長。著有《秦游日録》《衡廬日記》《静嘉堂觀書記》《藏園群書經眼録》《雙鑒樓善本書目》《藏園居士六十自述》《清代典試考略》，輯有《宋代蜀文輯》。等。

兄傅增淯，光諸十八年進士。

孟錫珏　（1874—？）字玉雙。順天宛平縣人。光緒二十四年二甲第七名進士。選庶吉士，授編修。後任江北提督署總文案兼督練處參議、奉天盤圮驛墾務總辦、奉天提學使、津浦全路總辦。民國後，任

肅政廳肅政使、臨時參議會議員。

秦曾潞　字彦儔，號杏衢。江蘇嘉定縣（今上海）人。光緒二十四年二甲第八名進士。選庶吉士，授編修。

葉在藻　字秀文。福建閩縣人。光緒二十四年二甲第九名進士。選庶吉士。未散館。

父葉大遒，光緒六年進士。

何作猷　字汝宏，號仲秋。廣東香山縣（今中山）人。光緒二十四年二甲第十名進士。選庶吉士。授編修。官至甘肅甘州府知府。

朱彭壽　字小汀，號述庵、述叟、壽鑫齋主人。同治八年（1869）六月二十二日生。浙江海鹽人。光緒十四年舉人，十六年入粟内閣中書，二十年遷内閣侍讀，賞加四品銜。二十四年二甲十一名進士。仍任侍讀，後任練兵處文案委員、提調。光緒三十三年遷陸軍部右丞、左丞，宣統三年改典禮院直學士，二品頂帶。辛亥後民國三年任稅務處長沙關監督，七年任北洋政府秘書、秘書長幫辦，十七年卸職以著書自娛。一九五〇年三月二十六日卒於北京，終年八十二。家有藏書十萬卷。曾應徐世昌之約編纂《清儒學案》，著有《舊典備徵安樂康平室隨筆》《古今人生日考》《稿本清代人物史料三編》，均已出版，《丹鉛索録》《詩學駢枝》《常談討源》《廣四八目》《經籍屬辭纂例》等未出版。

堂叔朱昌頤，道光六年狀元；堂兄朱丙壽，同治四年進士。

江志伊 （1859—1909）字莘農，號樂堯。安徽旌德縣人。光緒二十四年二甲十二名進士。選庶吉士，授編修。官至貴州思州知府。後返籍，創辦男女小學，并創辦農業試驗場。辛亥後，任蕪湖第二農業學校、第五中學教員。

潘鴻鼎 字舜來，號鑄禹。江蘇寶山縣（今上海）人。光緒二十四年二甲十三名進士。選庶吉士，授編修。

何元泰 字階平。浙江會稽縣人。光緒二十四年二甲十四名進士。選庶吉士，三十年改江蘇東臺知縣。

施愚 字鶴雛，號小山。四川涪州人。同治十二年（1873）生。光緒二十四年二甲十五名進士。選庶吉士，授編修。曾游學日、法、英、美，留學德國五年，任奕劻內閣弼德院參議。民國時，歷任袁世凱總統府秘書、法制局局長、參政院參政、約法會議議長。民國五年，擁護袁世凱稱帝，封一等伯爵。袁死後，充江蘇督軍李純幕僚。民國十九年（1931）卒。

父施紀雲，光緒九年進士。

范軾 字眉生。湖北黃陂縣人。光緒二十三年舉人，二十四年二甲十六名進士。任兵部主事，官至江西撫州府知府。

蔭恒 字笛樓。滿洲鑲白旗，索綽洛氏。為大學士寶鋆孫，因祖父功賜舉人。光緒二十四年二甲十七名進士。選庶吉士，授編修。歷國子監司業，官至侍讀。官至乾清門頭等侍衛。

錢能訓 字幹臣。浙江嘉善縣人。光緒十九年舉人（年二十五），二十年任刑部主事，二十四年二甲十八名進士。授員外郎，遷河南道御史，二十九年充廣西鄉試副考官，改江南道御史，三十二年遷巡警部左參議，擢巡警部左丞，改民政部左丞，三十三年署順天府尹，宣統二年授陝西布政使，改湖北布政使，三年護理巡撫。辛亥革命去職。民國初年曾任內務部次長、平政院長、內務部總長，七年十月至八年六月代國務總理，以病退。民國十三年（1924）五月四日病卒。年五十六。

莊清吉 山東費縣人。光緒二十四年二甲十九名進士。選庶吉士，三十年改直隸柏鄉縣知縣。

黃大壎 （1861—1930）字伯音，號棣齋。江西石城縣人。光緒二十四年三甲二十名進士。選庶吉士，授編修。任江西農工商礦局坐辦，派赴日本考察，返國後，任江西高等學堂監督。後歷任南潯鐵路總辦、江西諮議局副議長、江西通志局總纂。著有《東游瑣錄》等。

梁用弧 字伙侯。廣東順德縣人。光緒二十四年二甲二十一名進士。選庶吉士，改戶部主事，遷郵傳部員外郎。張勛復辟時，任郵傳部左丞。

趙汝湧　山東蓬萊縣人。光緒二十四年二甲二十二名進士。二十四年任戶部主事。

莫迦鋘　廣東南海縣人。光緒二十四年二甲二十三名進士。二十四年任工部主事。

蔡壽年　福建侯官縣人。光緒二十四年二甲二十四名進士。二十四年任刑部主事。

許汝棻　江蘇丹徒縣人。光緒二十四年二甲二十五名進士。二十四年任戶部主事，後任福建財政副監理官、福建銀行總辦。

丁維魯　字揆也、葵野。山東日照縣人。光緒二十四年二甲二十六名進士。選庶吉士，散館改知縣，官至直隸候補道。北洋政府時，任山東濟西觀察使。

杜德輿　四川長寧縣人。光緒二十四年二甲二十七名進士。二十四年任戶部主事。

李福簡　浙江東陽縣人。光緒二十四年二甲二十八名進士。選庶吉士。未散館。

父李品芳，道光三年進士。

華焯　字蘭石，號瞻如。江西崇仁縣人。光緒二十四年二甲二十九名進士。選庶吉士，授編修。

朱寶瑩　（原名朱耀奎）字佩珩，號繡甫。江蘇宜興縣人。光緒二十四年二甲三十名進士。選庶吉士，授編修。

吳震春　（1869—1944）字雷川。浙江錢塘縣人。光緒二十四年二甲三十一名進士。選庶吉士，後以辦學務授編修。民國後，任教育部僉事。1924年，任燕京大學副校長。1928年，任教育部次長。次年，辭職。任燕京大學校長。1933年，辭退。

范鐘　字仲林，號中木。江蘇通州直隸州人。咸豐八年七月二十日生。光緒二十四年二甲三十二名進士。任河南知縣。

張鴻基　字恩厚，號恕堂。湖南長沙縣人。光緒二十四年二甲三十三名進士。選庶吉士。

伍毓崧　字香山。湖南新化縣人。光緒二十四年二甲三十四名進士。選庶吉士，改雲南太和縣知縣，二十九年任建水知縣，遷鎮南州知州、武定直隸州知州。著有《木公山人詩集二卷》。

蔡桐昌　廣西博白縣人。光緒二十四年二甲三十五名進士。任刑部主事。

于式棱　字淵若。廣西賀縣人。光緒二十四年二甲三十六名進士。選庶吉士，授編修。

吳功溥　字用康，號伯庸。廣東番禺縣人。光緒二十四年二甲三十七名進士。選庶吉士，三十三年任四川汶川縣知縣。

曾廣嵩　字幼華，號佑懷。福建古田人縣。光緒二十四年二甲三十八名進士。選庶吉士。

李彝坤　字次甫。廣東順德縣人。光緒二十四年二甲三十九名進士。選庶吉士，三十一年改任廣西貴縣知縣。

何聯恩　字錫之。浙江餘姚縣人。光緒二十四年二甲四十名進士。選庶吉士，改刑部主事，升員外郎，官至刑部郎中。

趙東階　字躋堂。河南氾水縣（今滎陽）人。光緒二十四年二甲四十一名進士。選庶吉士，授編修。

易子猷　字叔夔。江西宜春縣人。光緒二十四年二甲四十二名進士。選庶吉士、散館改工部主事。

張百禔　湖南長沙縣人。光緒二十四年二甲四十三名進士。任刑部主事。

汪明源　字文卿。湖北黃岡縣人。光緒十五年舉人，二十四年二甲四十四名進士。選庶吉士，散館改戶部主事，又改山西浮山知縣。

彭泰士　字頡沐。江蘇長洲縣人。光緒二十四年二甲四十五名進士。二十四年任四川內江知縣，二十八年改彭山知縣。

薛俶善　湖南益陽縣人。光緒二十四年二甲四十六名進士。二十四年任戶部主事。

凌福勛　字魯生，號丹霞。安徽定遠縣人。光緒二十四年二甲四十七名進士。選庶吉士。未散館。

魏　震　直隸天津縣人。光緒二十四年二甲四十八名進士。任刑部主事，官至商部員外郎。

何國灃　字定怡，號蘭愷。廣東順德縣人。光緒二十四年二甲四

十九年進士。選庶吉士，授編修。

陳進鉅　陝西漢陰廳人。光緒二十四年二甲五十名進士。二十四年任戶部主事。

李端棨　字不遇、子衛。貴州貴築縣人。光緒二十四年二甲五十一名進士。選庶吉士，授編修。官至廣東廉州知府。

兄李端棻，同治二年進士，官禮部尚書；兄李端榘，光緒十二年進士。

管象晋　字康錫。山東莒州人。光緒二十四年二甲五十二名進士。選庶吉士。授編修。官至知府。

張鳴珂　字錫疇。湖北黃岡縣人。光緒二十三年舉人，二十四年二甲五十三名進士。選庶吉士，授編修。官至直隸知府。

陸增煒　江蘇鎮洋縣人。同治十一年（1872）生。光緒二十四年中試會元，二甲五十四名進士。任刑部主事、員外郎，遷民政部郎中，官至陝西興安府知府。

趙椿年　江蘇陽湖縣人。光緒二十四年二甲五十五名進士。任內閣中書，纍遷江西候補知府、農工商部參議上行走。

崔肇琳　字湘琪，號雲汝。廣西桂平縣人。光緒二十四年二甲五十六名進士。選庶吉士，散館改任陝西富平知縣，三十年改華陰知縣，宣統元年改保安知縣。二年二月丁憂去。民國後任廣西梧州知事、財政廳長。

羅　琛　字笠農。四川富順縣人。光緒二十四年二甲五十七名進士。選庶吉士。

章廷黻　浙江會稽縣人。光緒二十四年二甲五十八名進士。二十四年任戶部主事。

鄧邦述　字孝先，晚號群碧翁，又號漚夢老人。江蘇江寧縣人，祖籍江蘇吳縣。光緒二十四年二甲五十九名進士。選庶吉士，授編修。後入端方幕。1907年，任吉林民政司民政使。卒後，其藏書全部散盡。善著述，有《群書樓善本書錄》《群玉詩集》等。

張光鼎　奉天吉林府人。光緒二十四年二甲六十名進士。二十四年任工部主事。

區家偉　廣西蒼梧縣人。光緒二十四年二甲六十一名進士。任禮部主事，官至郎中。

蔣　熊　字渭樵。湖北孝感縣人。光緒十五年舉人，二十四年二甲六十二名進士。選庶吉士，散館三十一年改四川射洪知縣。

張學智　字愚若。雲南昆明縣人。光緒二十四年二甲六十三名進士。選庶吉士，改任浙江嘉興縣知縣，二十九年改里安知縣。

何肇勛　四川興文縣人。光緒二十四年二甲六十四名進士。二十四年任工部主事。

周　渤　字士貞。湖南長沙縣人。光緒二十四年二甲六十五名進士。選庶吉士，授編修。任山西太原知府。北洋政府時，任山西民政長、安福國會眾議院議員。

雲　祥　字紀五，號麟卿。漢軍正藍旗。光緒二十四年二甲六十六名進士。選庶吉士，授編修。二十九年任順天同考官。

魏鴻儀　字可莊，號蘊可。甘肅伏羌縣人。光緒二十四年二甲六十七名進士。選庶吉士，三十年改任四川南江知縣。戊戌變法曾列名公車上書，辛亥革命後，任眾議會議員等。

王世相　甘肅皋蘭縣人。光緒二十四年二甲六十八名進士。官至陝西候補道。

暴翔雲　河南滑縣人。光緒二十四年二甲六十九名進士。二十四年任工部主事。

蔣炳章　字季和，號虎衫、別號留庵。江蘇吳縣人。光緒二十四年二甲七十名進士。選庶吉士，授編修。歷任江蘇高等學堂監督、江蘇省教育會副會長、蘇州市公所總董事等職。

阿　聯　字簡齋，號簡臣。滿洲鑲紅旗人。光緒二十四年二甲七十一名進士。選庶吉士，授編修。官至侍讀。

志　琮　（1873—1951）字叔瑜，號地山。滿洲正藍旗人。居大興。光緒二十四年二甲七十二名進士。改知縣，歷任廣西岑溪、昭平、賀縣知縣，升潯州知府、梧州知府，廣東廣州知府，廣西蒼梧道。後歷任陸榮廷、吳佩孚顧問。1951年，聘爲中央文史館館員。

陳驤 字子騰，號石麟。直隸天津縣人。光緒二十四年二甲七十三名進士。選庶吉士，授編修。三十四年署貴州提學使。宣統三年去職。

麥秩嚴 廣東南海縣人。光緒二十四年二甲七十四名進士。任刑部主事，遷福建道御史、京畿道御史。

龍學泰 江西永新縣人。光緒二十四年二甲七十五名進士。二十四年任內閣中書舍人。

查秉鈞 字衡仲。安徽涇縣人。光緒二十四年二甲七十六名進士。選庶吉士，二十九年改任貴州普安知縣。官至貴州候補道。民國後任安徽都督府秘書長及第一屆省議會議長，國民政府賑濟委員會委員，民國三十年（1941）卒於重慶。

周國光 湖南湘鄉縣人。光緒二十四年二甲七十七名進士。任兵部主事。

陳培錕 字韻珊。福建閩縣人。光緒二十四年二甲七十八名進士。選庶吉士。授編修。歷任福建高等學堂、農林學堂監督，省警務廳廳長兼煙局總辦，閩海道尹，汀漳道尹，廈門道尹。1927年，任省政府委員兼財政廳廳長。1948年免職。父陳海梅，同榜進士。

李華柏 （《進士題名碑錄》作李華伯）江西德安縣人。光緒二十四年二甲七十九名進士。任內閣中書。

鍾錫璜 字彤階，號仲珏。廣東南海縣人。光緒二十四年二甲八十名進士。選庶吉士，授編修。

楊增犖 江西新建縣人。光緒二十四年二甲八十一名進士。任刑部主事。

章際治 字琴若。江蘇江陰縣人。光緒二十四年二甲八十二名進士。選庶吉士，未散館以辦學務授編修。

張履春 字宜仲。江西南豐縣人。光緒二十四年二甲八十三名進士。選庶吉士，授編修。三十二年官至湖北安陸知府。

文斌 字郁周，號伯英。滿洲正藍旗，宗室。光緒二十四年二甲八十四名進士。選庶吉士，授編修。官至侍讀。

黃彥鴻 字芸漵，號宗爵。福建臺灣淡水縣人。光緒二十四年二甲八十五名進士。選庶吉士，授編修。官至軍機章京。

董若洵 字景蘇。江蘇陽湖縣人。光緒二十四年二甲八十六名進士。選庶吉士，二十九年散館改任廣西柳城縣知縣。

劉重堪 字寶箴。湖南新寧縣人。光緒二十四年二甲八十七名進士。二十七年任江蘇興化知縣，二十九年署蕭縣知縣。

壽富 字伯弗，號菊客。滿洲鑲藍旗，宗室。同治四年（1865）生。禮部侍郎寶廷子。光緒二十四年二甲八十八名進士。選庶吉士，未散館。曾和康有爲組成“知耻學會”爲維新派中堅骨幹。以京師大學堂分教習，赴日本考察學校章程。二十六年（1900）八國聯軍侵入京城，七月二十三日自縊死。年三十六。照侍讀學士賜恤。著有《日本風土志》《菊客文集》《讀經札記》《搏虎集》等。

閻鳳閣　字瑞庭。直隸高陽縣人。光緒二十四年二甲八十九名進士。充省師範教習，赴日本習法政，辦本省自治，設諮議局，當選議長。年六十一卒。

王士傑　河南武陟縣縣人。光緒二十四年二甲九十名進士。任禮部主事，官至郎中。

楊咏裳　湖南善化縣人。光緒二十四年二甲九十一名進士。三十一年任貴州修文知縣、安南知縣。

李效曾　字成甫。山東安丘縣人。光緒二十四年二甲九十二名進士。任户部主事，改度支部田賦司主事。

胡祥鑅　字劭介。江蘇元和縣人。光緒二十四年二甲九十三名進士。二十四年任户部主事，官至商部郎中。

曾瑞荼　字綏臣。貴州銅仁縣人。光緒二十四年二甲九十四名進士。任吏部主事卒。

黃家駿　廣東南海縣人。光緒二十四年二甲九十五名進士。二十四年任刑部主事。

郭恩廣　字松存。山東濰縣人。

光緒二十四年二甲九十六名進士。選庶吉士，授編修。

陳汝康　字安伯。浙江海寧縣人。光緒二十四年二甲九十七名進士。選庶吉士。未散館。

趙傳忍　雲南通海縣人。光緒二十四年二甲九十八名進士。任刑部主事，改湖北南漳知縣。

蔡　瑋　浙江桐鄉縣人。光緒二十四年二甲九十九名進士。任兵部主事。

盧元樟　江蘇丹徒縣人。光緒二十四年二甲一百名進士。任福建漳浦知縣，改江蘇松江府教授。

林景緩　字志颺，號朵峰。浙江鄞縣人。光緒二十四年二甲一百零一名進士。即用知縣，二十九年任福建壽寧知縣。

廖佩珣　廣東歸善縣人、光緒二十四年二甲一百零二名進士。任內閣中書。

任本恕　雲南昆明縣人。光緒二十四年二甲一百零三名進士。任刑部主事，改貴州貴定知縣。

興　元　滿洲鑲藍旗人。光緒二十四年二甲一百零四名進士。任工部主事。

榮　貴　漢軍鑲白旗人。光緒二十四年二甲一百零五名進士。

潘昌煦　字笛笙，號春暉。江蘇元和縣人。光緒二十四年二甲一百零六名進士。選庶吉士，授編修。歷任國史館協修、武英殿協修。民國後任北京政府政務堂法制局參事和司法官、懲戒委員會委員、大理院代院長、大總統府顧問、燕京大學和清華大學講師。

趙恩綸 江西安福縣人。光緒二十四年二甲一百零七名進士。

歐鏞 廣東順德縣人。光緒二十四年二甲一百零八名進士。任兵部主事。

石光暹 安徽宿松縣人。光緒二十四年二甲一百零九名進士。任吏部考工司主事，兼驗封司行走。

楊潤身 甘肅秦州直隸州人。光緒二十四年二甲一百十名進士。任刑部主事。

聶謙吉 江西清江縣人。光緒二十四年二甲一百十一名進士。二十四年任刑部主事。

袁勵準 字珏生，號中舟。順天宛平縣人。光緒二年十二月二十四日（1877年2月）生。光緒二十四年二甲一百十二名進士。選庶吉士，授編修。二十九年又舉經濟特科一等。歷任京師大學堂提調、工業學堂監督、南書房行走，官至侍講學士。民國後任清史館纂修、輔仁大學教授。民國二十四年（1935）卒。年六十。工詩，善書法。著有《中州墨錄》《西山游記》《南游日記》等。

祖父袁懋績，道光二十七年榜眼。

何廷獻 福建閩縣人。光緒二十四年二甲一百十三名進士。二十四年任戶部主事。

王芹芳 字允亭，號鑑衡。奉天鳳凰直隸廳人。咸豐十年五月十五日生。光緒二十四年二甲一百十四名進士。任山西知縣，代理綏遠理事同知。

張美玉 江西德化縣人。光緒二十四年二甲一百十五名進士。任刑部主事。

陳啓棠 字蔭南。廣西北流縣人。光緒二十四年二甲一百十六名進士。二十九年任山東商河知縣，三十二年署山東平原知縣，三十四年復任商河知縣。

饒叔光 字竹蓀。湖北武昌縣人。光緒十七年舉人，二十四年二甲一百十七名進士。選庶吉士，散館改主事，官至禮部員外郎。

汪拔群 （榜作王撥群，誤）江西弋陽縣人。光緒二十四年二甲一百十八名進士。

魯爾斌 字襄臣。陝西合陽縣人。光緒二十四年二甲一百十九名進士。選庶吉士，授編修。官至甘肅甘州知府。

程式穀 江西新建縣人。光緒二十四年二甲一百二十名進士。任吏部主事。

舒榮 鑲紅旗，宗室。光緒二十四年二甲一百二十一名進士。任宗人府主事。

林燿增 （一作林耀曾）廣東南海人。光緒二十四年二甲一百二十二名進士。任吏部主事。

張傑 貴州清鎮縣人。光緒

二十四年二甲一百二十三名進士。任刑部主事，二十八年改雲南鄧川州知州。

徐德炳 湖北鍾祥縣人。光緒二十四年二甲一百二十四名進士。任刑部主事，改雲南南安州知州。

胡大崇 湖北江夏縣人。光緒二十三年舉人，二十四年二甲一百二十五名進士。任戶部主事，改度支部主事、廣東財政副監理、廣東造幣廠幫辦。

韓肅儉 山東滋陽縣人。光緒二十四年二甲一百二十六名進士。二十四年任工部主事。

陳恩頤 湖北黃安縣人。光緒二十四年二甲一百二十七名進士。任內閣中書。

李維楨 奉天廣寧縣人。光緒二十四年二甲一百二十八名進士。任即用知縣，遷吉林知府。

方象堃 安徽桐城縣人。光緒二十四年二甲一百二十九名進士。

商廷修 字梅生。漢軍正白旗人，廣州駐防。光緒二十四年二甲一百三十名進士。任戶部主事。工詩，善畫梅。

王希賢 廣西臨桂縣人。光緒二十四年二甲一百三十一名進士。三十年任山東德平知縣、樂陵知縣。

饒士翹 江西南城人。光緒二十四年二甲一百三十二名進士。

蕭開甲 直隸樂亭人。光緒二十四年二甲一百三十三名進士。任戶部主事。

傅邦翰 浙江鄞縣人。光緒二十四年二甲一百三十四名進士。任吏部主事。

桂殿華 安徽石埭人。光緒二十四年二甲一百三十五名進士。三十二年署江蘇淮安知府，三十三年六月署揚州知府。

許鄧起樞 字仲籛，號仲期。湖南湘鄉縣人。光緒二十四年二甲一百三十六名進士。選庶吉士，授編修。外官至浙江台州知府。

楊沅 廣東嘉應直隸州人。光緒二十四年二甲一百三十七名進士。即用知縣。

周維藩 字南屏，號價臣、價人。安徽合肥縣人。光緒二十四年二甲一百三十八名進士。選庶吉士，授編修。外官山西大同鎮總兵。民國後任安福國會眾議院議員。

牛東藩 河南祥符縣（今開封）人。光緒二十四年二甲一百三十九名進士。選庶吉士，散館改任吏部主事。

盧金書 山東蓬萊縣人。光緒二十四年二甲一百四十名進士。

甯述俞 字子愚。陝西潼關廳人。光緒二十四年二甲一百四十一名進士。任戶部主事、湖廣司行走，加員外郎銜保送軍機章京，改度支部代理副司長，辛亥後歸。卒年六十二。

孟廣來 山東濟寧直隸廳人。光緒二十四年二甲一百四十二名進士。二十四年任戶部主事。

郭日章　陝西漢陰廳人。光緒二十四年二甲一百四十三名進士。任工部主事。

何端樹　廣東番禺縣人。光緒二十四年二甲一百四十四名進士。

于鳳閣　直隸南宮縣人。光緒二十四年二甲一百四十五名進士。三十年任安徽懷遠知縣。

江忠振　字仲麟，號棣圃。安徽婺源縣人。同治十年二月二十四日生。光緒二十四年二甲一百四十六名進士。官至江蘇補用知府。

曾祖江之紀，道光六年進士。

蘇耀泉　號朗亭。甘肅會寧縣人。光緒二十四年二甲一百四十七名進士。任浙江烏程知縣，三十二年署浙江新昌知縣。

謝緒璠　字魯卿。四川三臺縣人。光緒二十四年二甲一百四十八名進士。選庶吉士，授編修。國史方略館提調，二十九年充順天同考官，外官至知府。

王闊城　直隸滄州人。光緒二十四年二甲一百四十九名進士。任吏部主事。

孫光祖　貴州黃平州人。光緒二十四年二甲一百五十名進士。任吏部主事。

第三甲一百九十三名

王思衍　（一作王恩衍）山東蘭山縣人。光緒二十四年三甲第一名進士。任刑部主事。

蔡世信　江西贛州人縣。光緒二十四年三甲第二名進士。三十一年任安徽歙縣知縣。

陳智偉　廣西臨桂縣人。光緒二十四年三甲第三名進士。任兵部主事。

周應昌　（1864—？）字嘯溪。江蘇東臺縣人，光緒二十四年三甲第四名進士。二十八年任河南淯川知縣。著有《霞棲詩鈔》。

呂慰曾　河南林縣人。光緒二十四年三甲第五名進士。任內閣中書，改刑部主事。

宋嘉俊　雲南晋寧州人。光緒二十四年三甲第六名進士。二十四年任刑部主事，三十四年改四川江津知縣、墊江知縣。

王道凝　字緊亭。山東巨野縣人。光緒十一年舉人，二十四年三甲第七名進士。二十八年任湖南永順知縣。

陳湘濤　四川宜賓縣人。光緒二十四年三甲第八名進士。任內閣中書，三十四年遷貴州松桃廳同知，宣統年間官至貴州思南知府。

丁錫祜　山東濰縣人。光緒二十四年三甲第九名進士。任户部廣東司主事、山西候補直隸州知州。

陳應濤　福建閩縣人。光緒二十四年三甲第十名進士。任吏部主事。

朱名炤　字潛齋。山東平陰縣人。光緒二十四年三甲十一名進士。選庶吉士，改刑部主事，又改河南長葛縣知縣、西平知縣。

盧德復 山東福山縣人。光緒二十四年三甲十二名進士。二十四年任户部主事。

朱映清 湖北大冶縣人。光緒二十年舉人，二十四年三甲十三名進士。任福建漳浦知縣。

尹家楣 湖北恩施縣人。光緒十五年舉人，二十四年三甲十四名進士。任工部主事，纍遷郵傳部參議，官至直隸候補道。

王守恂 直隸天津縣人。光緒二十四年三甲十五名進士。二十四年任刑部主事，升員外郎，纍遷河南巡警道。

胡濬 字笈孫，號芰叔。直隸天津縣人。光緒二十四年三甲十六名進士。選庶吉士，散館改刑部主事，官至大理院推事。民國時居天津以賣字爲生，書法學顏真卿。

蔡侗 字同人，號愚溪。山西平定直隸州人。光緒二十四年三甲十七名進士。選庶吉士，改禮部主事。

鄧曾黻 字矩銘。江西新淦縣人。光緒二十四年三甲十八名進士。選庶吉士，散館改廣東電白知縣，二十九年改和平知縣。

劉景熙 江西贛縣人。光緒二十四年三甲十九名進士。任禮部主事。

方雷 安徽桐城縣人。光緒二十四年三甲二十名進士。二十八年任湖北南漳知縣。

孫卿裕 山東諸城縣人。光緒二十四年三甲二十一名進士。任内閣中書，宣統二年遷陝西留壩廳同知、佛坪廳同知。

慶廉 滿洲正紅旗人。光緒二十四年三甲二十二名進士。任户部主事，二十九年改山西馬邑知縣，三十四年遷山西絳州直隸州知州。

成沂 漢軍正黃旗人。光緒二十四年三甲二十三名進士。任兵部主事。

李如松 （一作李樹松）湖南清泉縣人。光緒二十四年三甲第二十四名進士。二十九年任江蘇崇明知縣，三十年九月革。

劉維垣 山東沂水縣人。光緒二十四年三甲二十五名進士。

余寶菱 字伯山，號子鏡。陝西安康縣人。光緒二十四年三甲二十六名進士。選庶吉士，改吏部主事。

張璧田 直隸遵化直隸州人。光緒二十四年三甲二十七名進士。二十四年任刑部主事，改任商部主事。

史悠瑞 江蘇陽湖縣人。光緒二十四年三甲二十八名進士。任禮部主事。

鄭師灼 江蘇江寧縣人。光緒二十四年三甲二十九名進士。任内閣中書。

宜勛 滿洲正白旗人。光緒二十四年三甲三十名進士。任廣東增城知縣。

黃壽裒　字補臣。浙江山陰縣人。光緒二十四年三甲三十一名進士。選庶吉士，授檢討。著有《夷門草》《莫宦草》。

甯鵬南　字翼雲。安徽懷寧縣人。光緒二十四年三甲三十二名進士。任工部主事，改湖北知縣。

林鎮荊　福建平和縣人。光緒二十四年三甲三十三名進士。任吏部主事。

范晉藩　廣西陸川縣人。光緒二十四年三甲三十四名進士。任廣東即用知縣，三十年補樂昌知縣，改澄海縣、東莞知縣，署揭陽知縣。

范桂莘　字棣臣，號華樓。直隸藁城人。光緒二十四年三甲三十五名進士。選庶吉士，授檢討。

譚文蔚　陝西鳳翔縣人。光緒二十四年三甲三十六名進士。任刑部主事，官至員外郎。

劉漢雲　四川萬縣人。光緒二十四年三甲三十七名進士。

秦達章　浙江會稽縣人。光緒二十四年三甲三十八名進士。二十四年任刑部主事，二十七年改安徽霍山知縣。

沈似爌　浙江蕭山縣人。光緒二十四年三甲三十九名進士。二十四年任刑部主事，官至京師高等審判廳推事。

高桂馨　字一山，號丹五。直隸天津縣人。光緒二十四年三甲四十名進士。選庶吉士，以辦學務授檢討。

鄭寶謙　字心益。貴州玉屏縣人。光緒二十四年三甲四十一名進士。任內閣中書，改四川知縣。

張孚襄　河南南陽縣人。光緒二十四年三甲四十二名進士。宣統二年任江蘇武進知縣。

于銘訓　字式之，號帛園。山東萊陽縣人。光緒二十四年三甲四十三名進士。代理安徽阜陽知縣，署理江蘇沭陽知縣。

文　杰　漢軍鑲白旗。光緒二十四三甲四十四名進士。任兵部主事，二十九年署甘肅涇州知州。

梁　楷　廣東南海縣人。光緒二十四年三甲四十五名進士。二十四年任工部主事。

祝嘉聚　河南固始縣人。光緒二十四年三甲四十六名進士。任吏部主事。

張梅亭　山東萊蕪縣人。光緒二十四年三甲四十七名進士。任禮部主事。

郝毓椿　山東新城人。光緒二十四年三甲四十八名進士。任浙江海鹽知縣。

朱郁春　湖北武昌縣人。光緒二十四年三甲四十九名進士。任安徽知縣。

王廷揚　字維新，號孚山。浙江金華縣人。光緒二十四年三甲五十名進士。任工部主事，改江西補用知縣。

何壽朋　廣東大埔縣人。光緒二十四年三甲五十一名進士。任江西知縣，官至吉林府知府。

李紹烈　字西垣。湖北襄陽縣人。光緒十七年舉人，二十四年三甲五十二名進士。任吏部主事，遷吏部郎中，官至資政院一等秘書官。

樂　秀　滿洲鑲白旗人。光緒二十四年三甲五十三名進士。任福建南安知縣。

高　壽　四川瀘州直隸州人。光緒二十四年三甲五十四名進士。

劉翼經　福建侯官縣人。光緒二十四年三甲五十五名進士。任禮部主事。

夏先鼎　湖北孝感縣人。光緒二十四年三甲五十六名進士。任戶部主事。

趙耀基　字于常。雲南鶴慶州人。光緒二十四年三甲五十七名進士。三十年任四川筠連知縣，改洪雅知縣。

李鍾嶽　字崧生。山東安丘縣人。光緒二十四年三甲五十八名進士。任浙江江山知縣，補山陰知縣。以秋瑾一案忤郡守，遂以此去任，抑鬱而卒。

戴光祖　字有恒，號伊耕。江蘇元和縣人。道光二十三年閏三月初九日生。光緒二十四年三甲五十九名進士。任湖北知縣。

龍煥綸　字贊侯。廣西臨桂縣人。光緒二十四年三甲六十名進士。選庶吉士，改廣東平遠知縣。

蔣玉泉　字伯厚。浙江餘姚縣人。咸豐八年五月十七日生。光緒二十四年三甲六十一名進士。任內閣中書。

林東郊　字霽原。河南洛陽縣人。光緒二十四年三甲六十二名進士。選庶吉士，授檢討。官至廣西思恩知府。民國時，任眾議院議員。善畫山水。

張　權　字君立，號聖可。直隸南皮縣人。光緒二十四年三甲六十三名進士。任戶部主事，出使美國參贊，歸後補郎中，官至候補四品京堂。辛亥後歸。

唐樾森　廣西宣化縣人。光緒二十四年三甲六十四名進士。任兵部主事。

陳柏侯　（索引作陳伯侯，恐有誤）福建閩縣人。光緒二十四年三甲六十五名進士。二十七年任廣東始興知縣，三十年改電白知縣。

馬　楨　四川巴縣人。光緒二十四年三甲六十六名進士。任貴州龍里知縣、龍山州知州、興義知縣。

向步瀛　字南皋。四川新繁縣人。光緒二十四年三甲六十七名進士。署江西上高知縣，二十八年授信豐知縣，宣統元年擢貴州勸業道。三年母老告歸。

林師望　福建侯官縣人。光緒二十四年三甲六十八名進士。任工部主事。

向昌甲　雲南文山縣人。光緒二十四年三甲六十九名進士。二十九年任湖北雲夢知縣。

陸乃棠　廣東南海縣人。光緒

二十四年三甲七十名進士。任知縣。

胡世昌 字華圃。直隸交河縣人。光緒二十四年三甲七十一名進士。任四川黔江、屏山、太平知縣，調華陽知縣，三十四年改四川崇慶知州，升本省直隸州知州。

長 春 字潤芝。滿洲鑲紅旗人。光緒二十四年三甲七十二名進士。任內閣中書，改兵部主事。

陳耕三 號灌番。福建長樂縣人。光緒二十四年三甲七十三名進士。任安徽五河知縣。

劉煥光 福建閩清人。光緒二十四年三甲七十四名進士。三十三年任陝西保安知縣。宣統元年九月卸。

朱運新 江蘇婁縣人。光緒二十四年三甲七十五名進士。任刑部主事。

李 濤 廣東新會人。光緒二十四年三甲七十六名進士。

朱滄鰲 字第六。貴州貴築縣人。光緒二十四年三甲七十七名進士。任主事，改四川知縣。

吳 鏗 直隸武邑縣人。光緒二十四年三甲七十八名進士。二十四年任工部主事。

陳海梅 字香雪。福建閩縣人。八上公車，光緒二十一年會元，二十四年三甲七十九名進士。選庶吉士，散館改浙江龍泉縣知縣。在任五年，被劾去官。

子陳培錕，同榜進士。

韋朝冕 廣東宣化縣人。光緒

二十四年三甲八十名進士。

李麟昌 字功譜。廣東香山縣人。光緒二十四年三甲八十一名進士。授福建閩清知縣。

郭顯球 江西新建縣人。光緒二十四年三甲八十二名進士。二十八年任雲南易門知縣，進大理府賓州知州。

陳易奇 號蘅芬。福建長樂縣人。光緒二十四年三甲八十三名進士。任甘肅階州成縣知縣。

任承紀 字述之。貴州甕安縣人。光緒二十四年三甲八十四名進士。任湖北興山知縣。

任肇新 陝西周至人。光緒二十四年三甲八十五名進士。任內閣中書，官至甘肅西寧府同知。

楊廷璣 福建晉江縣人。光緒二十四年三甲八十六名進士。任內閣中書。

蕭元怡 江蘇上元縣人。光緒二十四年三甲八十七名進士。二十九年任山西潞城知縣。

王儀通 字志庵。山西汾陽縣人，祖籍浙江山陰。光緒二十四年三甲八十八名進士。二十四年任刑部主事，遷大理院民科推丞。

熊廷權 雲南昆明縣人。光緒二十四年三甲八十九名進士。

包 源 直隸河間縣人。光緒二十四年三甲九十名進士。任內閣中書。

王可培 直隸樂平縣人。光緒二十四年三甲九十一名進士。二十年任山東寧陽知縣。

李　魁　福建詔安縣人。光緒二十四年三甲九十二名進士。三十四年任四川彭山知縣。

張興慧　湖南寧鄉縣人。光緒二十四年三甲九十三名進士。

韓桂攀　順天寶坻縣人。光緒二十四年三甲九十四名進士。

王廷材　江蘇婁縣人。光緒二十四年三甲九十五名進士。官至戶部員外郎。

王蘭庭　字畹香。安徽六安直隸州人。光緒二十四年三甲九十六名進士。選庶吉士，授檢討。三十年充會試同考官。

崔寶仁　陝西蒲城縣人。光緒二十四年三甲九十七名進士。任刑部主事。

陳其昌　江西高安縣人。光緒二十四年三甲九十八名進士。任浙江秀水知縣。

張斯鈺　山西應州人。光緒二十四年三甲九十九名進士。任福建沙縣知縣。

劉肇夏　陝西三原縣人。光緒二十四年三甲一百名進士。任知縣。

唐景崙　浙江秀水縣人。光緒二十四年三甲一百零一名進士。任直隸定縣知縣。

吳立亭　字子仲。山東昌邑縣人。光緒十八年任滕縣訓導。二十四年三甲一百零二名進士。二十八年任陝西中部知縣，三十一年改陝西三水知縣，宣統元年改石泉知縣。

三年九月去。

羅運松　貴州婺川縣人。光緒二十四年三甲一百零三名進士。任河南知縣。

趙延泰　字階元，號嘉樂。浙江仁和縣人。光緒二十四年三甲一百零四名進士。任湖南安鄉知縣。

段獻增　雲南安寧州人。光緒二十四年三甲一百零五名進士。二十八年任直隸鹽山知縣。

張三銓　山西絳州直隸州人。光緒二十四年三甲一百零六名進士。任河南郟縣知縣，二十八年改河南鄢陵知縣。

彭鳳沼　山東濰縣人。光緒二十四年三甲一百零七名進士。任河南孟津知縣。

權尚忠　甘肅武威縣人。光緒二十四年三甲一百零八名進士。廣西即用知縣，二十九年改山西崞縣知縣。

劉麟翔　山西遼州人。光緒二十四年三甲一百零九名進士。

唐毓麟　字史華。江蘇六合縣人。光緒二十四年三甲一百十名進士。任刑部主事。

陳　綱　福建同安縣人。光緒二十四年三甲一百十一名進士。二十四年官至刑部郎中。

馮紹唐　字惺園。奉天遼陽州人。光緒二十四年三甲一百十二名進士。選庶吉士，授檢討。民國年間任奉天省實業廳長。

周長清　雲南昆明縣人。光緒

二十四年三甲一百十三名進士。

詹　照　河南商城縣人。光緒二十四年三甲一百十四名進士。

陳維倫　福建福清縣人。光緒二十四年三甲一百十五名進士。

李　熙　字蔭午。福建侯官縣人。光緒二十四年三甲一百十六名進士。任廣東知縣。

陳緯元　字經漁，號辛湄。四川綿州直隸州人。光緒二十四年三甲一百十七名進士。即用知縣，任浙江孝豐知縣，改湖北黃安、穀城知縣。

陳桂芳　福建漳平縣人。光緒二十四年三甲一百十八名進士。二十四年任刑部主事。

馮　由　湖南衡陽縣人。光緒二十四年三甲一百十九名進士。

吳孝愷　福建閩縣人。光緒二十四年三甲一百二十名進士。任江西樂安知縣。

劉允亨　字次元。山東壽光縣人。光緒二十四年三甲一百二十一名進士。河南候補知縣。宣統二年回籍，不數年卒。

潘餘慶　雲南鶴慶州人。光緒二十四年三甲一百二十二名進士。二十八年任直隸望都知縣。

謝家冶　安徽和州直隸州人。光緒二十四年三甲一百二十三名進士。任四川即用知縣。

廉　榮　直隸寧河縣人。光緒二十四年三甲一百二十四名進士。任內閣中書。

傅松齡　河南鹿邑縣人。光緒二十四年三甲一百二十五名進士。二十九年任四川巴縣知縣。

周　震　江蘇甘泉縣人。光緒二十四年三甲一百二十六名進士。二十八年任江蘇鎮江府教授。

孫占鰲　陝西大荔縣人。光緒二十四年三甲一百二十七名進士。任知縣。

孫其敬　河南息縣人。光緒二十四年三甲一百二十八名進士。二十六年十二月任陝西宜君知縣。二十七年十二月去。

梁造舟　山西夏縣人。光緒二十四年三甲一百二十九名進士。任刑部主事。

黃惠安　江西崇仁縣人。光緒二十四年三甲一百三十名進士。

李士麟　四川遂寧縣人。光緒二十四年三甲一百三十一名進士。官至貴州思南知府。

傅學慇　陝西漢陰縣人。光緒二十四年三甲一百三十二名進士。二十八年任雲南彌勒知縣，宣統年改雲南太和知縣。

高煥然　字昕齋，號星齋。浙江松陽縣人。咸豐十一年九月初十日生。光緒二十四年三甲一百三十三名進士。任廣東長寧、靈山知縣，署欽州知州，以肅清邊防功，保升知府。

于廷琛　（《進士題名碑錄》作于廷琛）漢軍正紅旗人。光緒二十四年三甲一百三十四名進士。

王元綖　字文甫、文夫。山東寧海州人。光緒二十四年三甲一百三十五名進士。任安徽歙縣知縣。著有《養鹽錄》。

鄭元瀿　（《進士題名碑錄》作鄧元瀿，恐誤）甘肅皋蘭縣人。光緒二十四年三甲一百三十六名進士。直隸即用知縣，三十年署直隸新河知縣，三十一年改撫寧知縣。民國三年任直隸東明縣長。

周　欽　雲南會澤縣人。光緒二十四年三甲一百三十七名進士。

潘紹周　字挺生。江蘇荊溪縣人。光緒二十四年三甲一百三十八名進士。授廣西即用知縣，任宣化知縣，染瘴疾歸。卒年四十三。著有《混沌錄》《西宅吟草》《漱芳集》。

計登瀛　陝西富平縣人。光緒二十四年三甲一百三十九名進士。三十年任山西太谷知縣，改山西榮河知縣、曲沃知縣。

彭文翰　直隸獻縣人。光緒二十四年三甲一百四十名進士。三十三年任四川榮經知縣。

陳斌麟　河南信陽州人。光緒二十四年三甲一百四十一名進士。二十四年任戶部主事。

翟　鎧　直隸永年縣人。光緒二十四年三甲一百四十二名進士。

陳兆坤　江西臨川縣人。光緒二十四年三甲一百四十三名進士。

張　輅　浙江錢塘縣人。光緒二十四年三甲一百四十四名進士。任直隸知縣。

張之埏　河南項城縣人。光緒二十四年三甲一百四十五名進士。

王安定　安徽無爲州人。光緒二十四年三甲一百四十六名進士。二十八年任直隸東光知縣。

鄭鍾靈　字崧生。四川閬中縣人。光緒二十四年三甲一百四十七名進士。二十九年任廣西桂平知縣。卒年七十。

黎效松　廣西藤縣人。光緒二十四年三甲一百四十八名進士。

魏命侯　甘肅金縣人。光緒二十四年三甲一百四十九名進士。任山西榆社知縣。

黃鍾杰　貴州貴築縣人。光緒二十四年三甲一百五十名進士。任甘肅知縣、直隸知縣。

黃和鑾　字翰坡。浙江寧海縣人。光緒二十四年三甲一百五十一名進士。

張鳳藻　浙江烏程縣人。光緒二十四年三甲一百五十二名進士。

陳德英　廣西鬱林直隸州人。光緒二十四年三甲一百五十三名進士。

周榮期　湖南善化縣人。光緒二十四年三甲一百五十四名進士。二十七年任安徽盱眙知縣。

陸春官　字春生，號悔庵。江蘇江寧縣人。咸豐七年十二月十四日生。光緒二十四年三甲一百五十五名進士。

熊光瓚　字亦庵。江西南昌縣人。光緒二十四年三甲一百五十六名進士。二十八年任廣西昭平知縣，三十年改廣西凌雲知縣。

方　正　字守之。四川涪州人。光緒二十四年三甲一百五十七名進士。二十八年任貴州天柱知縣。

趙以成　字玠予，號澹廬。福建閩縣人。光緒二十四年三甲一百五十八名進士。任內閣中書，二十九年任浙江長興知縣。不善逢迎上官遂去官。著有《澹廬文鈔》《下車文告》等。

應德完　字合芳，號資補、滋圃。浙江永康縣人。光緒二十四年三甲一百五十九名進士。

楊兆龍　字雨田。雲南昆明縣人。光緒二十四年三甲一百六十名進士。三十四年官至四川綿州直隸州知州。

黃錫麟　廣東南海縣人。光緒二十四年三甲一百六十一名進士。任知縣。

廉　瑄　順天寧河縣人。光緒二十四年三甲一百六十二名進士。

葛明遠　字子惠。貴州畢節縣人。光緒二十四年三甲一百六十三名進士。任江西知縣。

子葛亮維，光緒二十一年進士。

陳景韶　字翊臣。福建侯官縣人。光緒二十四年三甲一百六十四名進士。三十二年署江蘇長洲知縣，宣統二年改丹徒知縣，未到任。十月署江蘇丹陽知縣。

馬振儀　安徽桐城縣人。光緒二十四年三甲一百六十五名進士。

張本謨　字聖欽。貴州郎岱廳人。光緒二十四年三甲一百六十六名進士。任安徽天長知縣，改貴州安順府教授，二十六年改興義府教授。

呂承彥（《進士題名碑錄》作吳承彥）漢軍正白旗人。光緒二十四年三甲一百六十七名進士。

陳良均　字筱梧，號厚齋。陝西山陽縣人。光緒二十四年三甲一百六十八名進士。分發甘肅代寧州知州，補華亭知縣，保升同知。卒於三原。著有《紅杏書屋詩集》。

崇　芳　字秋圃。滿洲正黃旗人。光緒二十四年三甲一百六十九名進士。國子監助教，改任刑部堂主事，纍遷遼沈道、京畿道御史。

屠佩環　字仰琴，號嗣淵。浙江蕭山縣人。光緒二十四年三甲一百七十名進士。三十年任浙江嘉興府教授。

崇　本　滿洲鑲白旗人。光緒二十四年三甲一百七十一名進士。

孫雲錦　甘肅靜寧州人。光緒二十四年三甲一百七十二名進士。任知縣。

榮　煜　蒙古正黃旗人。光緒二十四年二甲一百七十三名進士。任吏部主事，改外務部主事。

張　鋼　福建漳浦縣人。光緒二十四年三甲一百七十四名進士。

王熾昌　字壽卿。山西臨汾縣人。光緒二十四年三甲一百七十五名進士。三十年補山東蓬萊知縣，三十一年任山東博興知縣。歸里後清亡。卒年五十七。

　　如　麟　字瑞綏，號仁九。蒙古正黃旗人。咸豐九年十一月二十六日生。光緒二十四年三甲一百七十六名進士。

　　林樹森　（一作林樹聲）字季伯。山東寧海州人。光緒二十四年三甲一百七十七名進士。任廣西馬平知縣。到任三月病卒。年五十七。

　　袁勵端　順天宛平縣人。光緒二十四年三甲一百七十八名進士。宣統三年任山東鄒平知縣。

　　魏鴻勛　字績臣。福建寧德縣人。光緒二十四年三甲一百七十九名進士。任山西汾陽知縣，二十八年改武鄉、曲沃等縣知縣。

　　祖父魏敬中，嘉慶二十四年進士。

　　端木棻　福建侯官縣人。光緒二十四年三甲一百八十名進士。任山東福山知縣，三十二年署山東沾化知縣，任山東平陰知縣。

　　徐炳麟　字夢星。湖北孝感縣人。光緒二十四年三甲一百八十一名進士。未任，卒年三十二。

　　程　穌　字雲生、蓉蓀。江蘇奉賢縣人。光緒十九年署荊溪縣訓導。二十四年三甲一百八十二名進士。二十七年任直隸交河知縣，改邯鄲知縣，三十三年調浙江象山知縣、石門知縣，宣統二年任浙江臨海知縣。

　　王世奎　甘肅皋蘭縣人。光緒二十四年三甲一百八十三名進士。任吏部主事。

　　陳濬芝　福建安溪縣人。光緒二十四年三甲一百八十四名進士。

　　馮士傑　直隸定州直隸州人。光緒二十四年三甲一百八十五名進士。二十四年十二月任直隸保定府教授。

　　朱榮先　貴州清鎮縣人。光緒二十四年三甲一百八十六名進士。三十三年任四川北川知縣。

　　魯　晉　字伯珊，號子厚。河南固始縣人。同治三年十二月二十日生。光緒二十四年三甲一百八十七名進士。

　　胡同頴　字英夫。江蘇昭文縣人。光緒二十四年三甲一百八十八名進士。二十五年任江蘇常州府教授。

　　李德運　山東高密縣人。光緒二十四年三甲一百八十九名進士。

　　王　濱　河南裕州人。光緒二十四年三甲一百九十名進士。

　　李剛己　河北南宮縣人。光緒二十四年三甲一百九十一名進士。歷任山西靈丘、繁峙、五臺、靜樂等知縣，至大同知縣，兼署知府。民國三年受聘於保定高等師範國文部。著有《李剛己遺集》五卷。

　　劉聲駿　山西盂縣人。光緒二十四年三甲一百九十二名進士。

　　馮臺異　河南唐縣人。光緒二十四年三甲一百九十三名進士。

光緒二十九年（1903）癸卯科

第一甲三名

王壽彭（1874—1929）字眉軒，號次篯。山東濰縣人。光緒二十九年一甲第一名狀元。授修撰。赴日本考察政治、實業和教育，宣統二年署湖北提學使，創建兩湖優級師範學校。代理湖北巡撫。辛亥革命去職。民國後，黎元洪任總統，召回京，任總統府秘書，張宗昌督軍山東時，任山東教育廳廳長，其間合并省立農、工、礦、法、商學校爲山東大學，自任校長。辭職後，定居天津。病死於家。著有《考察錄》。

左　霈　字雨荃。漢軍正黃旗。光緒二十九年一甲第二名榜眼。授編修。官至雲南麗江知府。

楊兆麟　字次典。貴州遵義縣人。光緒二十九年一甲第三名探花。授編修。官至浙江嘉興知府。

第二甲一百二十八名

黎湛技　字露苑，號潞庵。廣東南海縣人。光緒二十九年二甲第一名進士。選庶吉士，授編修。後爲溥儀授讀，晋太子少保。張勛復辟時授學部右丞。

胡嗣瑗　字晴初、琴初，號揟仲、翼仲。貴州開州人。光緒二十九年二甲第二名進士。選庶吉士，授編修。辛亥革命後任江蘇金陵道尹，馮國璋政府秘書長。張勛復辟時，授内閣閣丞。後隨溥儀到東北、天津，任清室天津辦事處顧問。後任僞滿州國秘書長、參議等。工詩詞書法。

兄胡嗣芬，光緒二十一年進士。

朱國楨　字星胎。湖北大冶縣人。光緒二十八年舉人，二十九年二甲第三名進士。選庶吉士，授編修。官至江蘇候補道。

胡炳益　字謙仲，號京修。江蘇昭文縣人。光緒二十九年二甲第四名進士。選庶吉士，授編修。

金兆豐（1870—1933）字瑞六，號雪孫。浙江金華縣人。光緒二十九年二甲第五名進士。選庶吉士，授編修。任京師大學堂提調、國史館實錄纂修。民國年間任清史館編纂。著有《清史大綱》等。

曹典初 字寅生，號淑甫。湖南長沙縣人。光緒二十九年二甲第六名進士。選庶吉士，授編修。

唐瑞銅 （原名唐爾銅）字士行。貴州貴築縣人。光緒二十九年二甲第七名進士。任户部主事、度支部員外郎。官至河南清理財政監理官，四品卿銜。

徐　謙 字季龍、士光，號安廬。晚年自署黄山樵客。安徽歙縣人。同治十年（1871）年生。光緒二十九年二甲第八名進士。選庶吉士，三十三年任編修。改法部參事、京師審判庭長等。段祺瑞内閣司法部次長、廣東軍政府司法部長、最高法院院長、北京政府司法總長、後歷任國民政府委員、國民黨中央執行委員會常委、軍委主席團委員等職。民國二十九年（1940）在香港病逝。著有《民約總論》《刑法叢編》《詩詞學》《勞資合一》等。

張恕琳 字心如，號新余。山東掖縣人。光緒二十九年二甲第九名進士。選庶吉士，授編修。加侍讀銜。

王大鈞 字鐸庵，號伯荃。浙江秀水縣人。光緒二十九年二甲第十名進士。選庶吉士，授編修。

范之杰 （1872—1957）字顯庭，號俊丞。山東歷城縣人，祖籍浙江會稽。光緒二十九年二甲十一名進士。選庶吉士，授編修。任安徽道監察御史。民國後任山東高等學堂校長、署江西高等檢察廳廳長、湖北省高等審判廳長、武昌關監督、上海文史館員等。

張　濂 字儀周，號仲清。直隸獻縣人。光緒二十九年二甲十二名進士。選庶吉士，授編修。民國時，任安福國會衆議會議員。

郭宗熙 （1878—1934）字詞白、侗佰、桐伯，號臣廠，湖南善化縣人。光緒二十九年二甲十三名進士。選庶吉士，授編修。留學日本法政大學。歷任長沙府中學堂監督、奉天森林監督、吉林東南路兵備道、琿春副都統。吉林省教育司司長、吉長道尹、吉林省長、中東路督辦、國立京師圖書館館長等。後隱居天津。

章　鈺 字式之、孟堅，又字茗理，別署蟄存，晚號霜根老人。江蘇長洲縣人，原籍浙江諸暨。光緒二十九年二甲十四名進士。任刑部主事、湖廣清吏司行走，歷南洋、北洋大臣幕府，兼京師圖書館編修、清史館纂修。曾校《資治通鑒》。另有《四當齋集》。

李慶萊 字葆康，號筱岳。廣東南海縣人。舉人，任中書舍人。光緒二十九年二甲十五名進士。選庶吉士，授編修。

張　坤 雲南昆明縣人。光緒二十九年二甲十六名進士。二十九年任禮部主事。

楊　渭　字慕曾，號竹村。山東濰縣人。光緒二十九年二甲十七名進士。選庶吉士，授編修、軍機處章京。辛亥革命去職。年五十卒。

商衍瀛　（1869—？）字雲亭，號蘊汀。漢軍正白旗，居廣東番禺。光緒二十九年二甲十八名進士。選庶吉士，授編修。官至秘書郎、偽滿洲國內務處處長。

田步蟾　字桂舫。江蘇清河縣人。光緒二十九年二甲十九名進士。任工部主事，官至員外郎。

張家駿　號毓皖、玉畹。河南林縣人。光緒二十九年二甲二十名進士。選庶吉士，授編修。官至法部參事。

夏啓瑞　浙江鄞縣人。光緒二十九年二甲二十一名進士。任刑部主事、江蘇沭陽知縣。

劉鳳起　（1876—1933）字未霖，號威遠。江西南城縣人。光緒二十九年二甲二十二名進士。選庶吉士，授編修。工書，偶畫山水，筆勁墨潤。

顧準曾　河南祥符縣人。光緒二十九年二甲二十三名進士。二十九年任禮部主事。

袁冀保　（一作袁翼保，誤）字佑卿。四川成都縣人。光緒二十九年二甲二十四名進士。選庶吉士，授編修。辛亥後，任四川知縣，又主講蓉中各校。長詩古文，工書法。民國三十四年（1945）卒。

夏之霖　浙江嘉興縣人。光緒二十九年二甲二十五名進士。任工部主事。

胡大勋　（原名胡大華）字蓮洲。湖北江夏縣人。光緒二十三年舉人，二十九年二甲二十六名進士。選庶吉士，授編修。

高毓泩　字淞荃，號潛卿。直隸靜海縣人。光緒二十九年二甲二十七名進士。選庶吉士，授編修。後任偽滿州國政府治安部參事。

朱篤慶　字元甫。奉天錦縣人。光緒二十九年二甲二十八名進士。選庶吉士。

陸鴻儀　字棣威，號立庵。江蘇元和縣人。光緒二十九年二甲二十九名進士。選庶吉士，授編修。

甘鵬雲　湖北潛江縣人。光緒二十八年舉人，二十九年二甲三十名進士。任戶部主事，官至黑龍江清理財政副監理官。

郭則澐　（1881—1947）字嘯麓，號養雲、蟄雲。福建閩侯縣人。生於臺灣，長於北京。光緒二十九年二甲三十一名進士。選庶吉士，授編修。纍遷至浙江温處道，以頭品頂帶署浙江提學道。辛亥革命後，歷任北洋政府國務院秘書長、銓叙局長、僑務局總裁。著有《龍顧山房駢體文鈔》《庚子詩鑒》《十朝詩乘》《紅樓真夢》《清詞玉屑》等。

曾祖郭柏蔭，道光十二年進士，湖北巡撫；父郭曾忻，光緒六年進士，戶部侍郎。

郭立山　字復初。湖南湘陰縣

人。光緒二十九年二甲三十二名進士。選庶吉士，授編修。

區大典 字慎輝，號徽五。廣東南海縣人。光緒二十九年二甲三十三名進士。選庶吉士，授編修。

邵　章 （1872—1953）字伯炯、佰洞，號倬庵。浙江仁和縣人。光緒二十九年二甲三十四名進士。選庶吉士，授編修。任浙江中學堂、浙江兩級師範學堂、湖北法政學堂及東三省法政學堂監督，法律館諮議，奉天提學使。民國後，任約法會議議員，民國十八年任班禪秘書長。并長期任平政院評事兼第一庭庭長，并代院長。是民國著名學者和書法家。著有《倬庵遺稿》。

李　坤 字厚安、櫟生，號雪道人。雲南昆明縣人。光緒二十九年二甲三十五名進士。選庶吉士，丁憂歸。後任雲南高等學堂教務長，晋編修。民國後任師範學校國文教授。五年（1916）卒。年五十一。著有《思亭詩文鈔》《齊風説》《温泉志》。

徐彭齡 江蘇青浦縣人。光緒二十九年二甲三十六名進士。任刑部主事。

吴建三 湖南長沙縣人。光緒二十九年二甲三十七名進士。任刑部主事。

陳敬第 字叔通，號雲麋。浙江仁和縣人。選庶吉士，光緒二十九年二甲三十八名進士。選庶吉士，授編修。後留學日本，參加憲友會

和光復會；創辦杭州第一所女子學堂和杭州《白話報》。民國後，任第一屆國會衆議院議員、上海商務印書館董事、浙江興業銀行董事兼總經理辦公室主任。新中國成立後，任中央政府委員、全國人大常務副委員長、政協副主席、中華全國工商聯合會主任委員。

郭銘鼎 河南偃師縣人。光緒二十九年二甲三十九名進士。任兵部主事。

葉景葵 字揆初，號卷齋。浙江仁和縣人。光緒二十九年二甲四十名進士。任候補知府、大清銀行監督。景葵善畜牧，嘗隨父在河南太康調查記録，諮詢農人，整理飼養羊、牛、豬經驗，著有《芻牧要訣》。

張蔭椿 浙江錢塘縣人。光緒二十九名二甲四十一名進士。任户部主事。

孫智敏 （1881—？）字廑才，齋名知止居。浙江錢塘縣人。光緒二十九年二甲四十二名進士。選庶吉士。授編修。入民國後，曾任浙江高等學堂及兩級師範學堂監督。

胡　藻 字夢薌。江西新建縣人。光緒二十九年二甲四十三名進士。選庶吉士，授編修。

錢振鍠 （1875—1943）字夢鯨，號謫星、名山，別署星隱廬主人、海上羞客。江蘇陽湖縣人。光緒二十九年二甲四十四名進士。授刑部

主事，以丁憂歸。著有《名山全集》《星隱廬詩文集》，輯有《梅録詩集》《衛哀剩稿》。

孫寶書 字敬民。江蘇通州直隸州人。光緒二十九年二甲四十五名進士。官戶部主事。民國二年（1913）卒。年五十七。

鄭家溉 字從耘，號宗筠。湖南長沙縣人。光緒二十九年二甲四十六名進士。選庶吉士，授編修。

史寶安 （1875—1937）字吉甫。河南盧氏縣人。光緒二十九年二甲四十七名進士。選庶吉士，授編修。民國年間任安福國會參議院議員。著有《商業參考書》。

王鴻翔 字研蓀。江蘇丹徒縣人。光緒二十九年二甲四十八名進士。選庶吉士，未散館，以創辦實業授編修。

周蘊良 字味尊。浙江會稽縣人。光緒二十九年會元，二甲四十九名進士，選庶吉士。

陳旭仁 廣東新會縣人。光緒二十九年二甲五十名進士。任戶部主事。

任祖瀾 山東高密縣人。光緒二十九年二甲五十一名進士。任吏部主事。

陳黻宸 （1859—1917）字介石，後改名芾，學者稱"里安先生"。浙江里安縣人。光緒二十九年二甲五十二名進士。任戶部主事、京師大學堂教習，充廣西優級師範學堂教務長，至浙江諮議局議長。民國後，

任國會總議院議員、北京大學文科教授。著有《中國通史》《諸子通義》《史地原理》《飲水齋集》等。

任承沆 字卓人。江蘇宜興縣人。光緒二十九年二甲五十三名進士。任兵部武庫司主事。改京師內外城地方審判廳推事。

彭士襄 字應奎，號贊臣。江蘇吳縣人。光緒二十九年二甲五十四名進士。選庶吉士。

呂興周 直隸樂亭縣人。光緒二十九年二甲五十五名進士。任刑部主事。

單鎮 字東笙。江蘇吳縣人。光緒二十九年二甲五十六名進士，任刑部主事、商部員外郎，官至郎中。

賴瑾 廣西桂平縣人。光緒二十九年二甲五十七名進士。任吏部主事。改廣西賀縣知事，廣東龍川、惠陽縣知事（知事可能是民國後任）。

張之照 字遠林。直隸遵化直隸州人。光緒二十九年二甲五十八名進士。選庶吉士，授編修。

尚秉和 直隸行唐縣人。光緒二十九年二甲五十九名進士。任工部主事。

陳善同 字景虞，號雨人、與人。河南信陽州人。光緒二十九年二甲六十名進士。選庶吉士，授編修。升新疆道監察御史、署河南提學使。創辦河南留學歐美預備學校。辛亥後，任豫西觀察使、河南河務

總局局長、河南全省通志局總纂、河南實業廳長、財政廳長。後專事著述，有《河南通志》和《信陽志》等。

史國琛 江蘇荊溪縣人。光緒二十九年二甲六十一名進士。任工部主事。

袁嘉穀 （1872—1937）字樹五，號南耕、屏山。雲南石屏州人。光緒二十九年二甲六十二名進士。選庶吉士，未散館，取經濟特科，授編修。官任浙江候補道，宣統元年署提學使。民國後，任參議院議員、清史館協修、雲南鹽運使、雲南省政府顧問。工書法，獨具一格。著有《臥雪堂詩文集》《漢孟孝琚碑題跋》等。

李傚儒 字少端，號伯仿。河南睢州人。光緒二十九年二甲六十三名進士。選庶吉士。

侯延爽 字雪舫。山東東平州人。光緒二十九年二甲六十四名進士。任刑部主事。赴日本學習法政三年。民國時任臨時參議院議員。

王壎 直隸肅寧縣人。光緒二十九年二甲六十五名進士。任刑部主事，改廣東潮陽知縣、四會知縣。

汪昇遠 字荷生，號鵠揚。江蘇六合縣人。光緒二十九年二甲六十六名進士。選庶吉士，授編修。賞加侍講銜。

王宗基 浙江海鹽縣人。光緒二十九年二甲六十七名進士。纍遷

度支部郎中，山東清理財政正監理官。

張智遠 四川宜賓縣人。光緒二十九年二甲六十八名進士。二十九年任禮部主事。

談道隆 廣東新會縣人。光緒二十九年二甲六十九名進士。二十九年任禮部主事。

劉焜 字子襄、子湘、芷香，號松庵。浙江蘭溪縣人。光緒二十九年二甲七十名進七。選庶吉士，授編修。後任浙江、山東警務處長。民國十六年（1927）卒。筆錄有《庚子西狩叢談》等。

李澤蘭 江西寧都直隸州人。光緒二十九年二甲七十一名進士。任戶部主事。

夏壽康 （1872—1923）字受之、仲膺，號永怙。湖北黃岡縣人。光緒二十三年舉人，二十九年二甲七十二名進士。選庶吉士，授編修。任湖北諮議局副議長、湖北都督府參議。辛亥起義後，任湖北省內務司長、巡按使、銓敘局局長、肅政使、平政院院長。1922年，任湖北省省長。

王震昌 字孝起。安徽阜陽縣人。光緒二十九年二甲七十三名進七。選庶吉士，授編修。

周鏞 陝西涇陽縣人。光緒二十九年二甲七十四名進士。任刑部主事。

李海光 字月生，號伯瀾。河南商城縣人。光緒二十九年二甲七

十五名進士。選庶吉士。未散館。

賴際熙 （1865—1937）字煥文。廣東增城縣人。光緒二十九年二甲七十六名進士。選庶吉士，授編修。任清國史館總纂。民國成立後，任香港大學講師、香港崇正總會會長，倡設學海書樓。編有《清史大臣傳》等。

祝廷華 字丹卿。江蘇江陰縣人。光緒二十九年二甲七十七名進士。任吏部文選司主事兼驗封司行走。

顧承曾 字佰寅。河南祥符縣人。光緒二十九年二甲七十八名進士。選庶吉士。授編修。改戶部主事。

父顧璜，光緒二年進士。

楊肇培 直隸遵化直隸州人。光緒二十九年二甲七十九名進士。任工部主事。

楊鴻發 江蘇丹徒縣人。光緒二十九年二甲八十名進士。任吏部主事。

胡位咸 安徽績溪縣人。光緒二十九年二甲八十一名進士。任禮部主事，改江西長寧知縣。

朱德垣 廣西臨桂縣人。光緒二十九年二甲八十二名進士。任戶部主事。

陳雲誥 字紫綸，號蟄廬。直隸易州直隸州人。光緒二十九年二甲八十三名進士。選庶吉士，授編修。宣統三年任內閣弼德院參議。1951年，聘爲中央文史館館員。曾任北京市政協委員、中國書法研究社社長。

陳樹勛 字孔言，號竹銘。廣

西岑溪縣人。光緒二十九年二甲八十四名進士。選庶吉士，授編修。官至雲南候補知府。

張新曾 字煥辰。山東博山縣人。光緒二十九年二甲八十五名進士。任工部主事，直隸肥城知縣、昌黎知縣。

龔元凱 （1869—？）字福屏，號佛平、蛻龕。安徽合肥縣人。光緒二十九年二甲八十六名進士。選庶吉士，授編修。著有《鷗影詩稿集》。

龐毓同 字鶴笙。直隸棗強縣人。光緒二十九年二甲八十七名進士。分發河南知縣，宣統二年任汜水知縣。

藍文錦 字雲屏，號魯山。陝西西鄉縣人。光緒二十九年二甲八十八名進士，選庶吉士，授編修。官至雲南候補知府。汪僞時，任立法院立法委員。工書法，善詩文。

關文彬 廣東南海縣人。光緒二十九年二甲八十九名進士。任商部主事，官至員外郎。

郭家聲 順天武清縣人。光緒二十九年二甲九十名進士。任商部主事。

田毓瑤 江蘇山陽縣人。光緒二十九年二甲九十一名進士。三十二年任安徽寧國知縣，改太和知縣。

黃兆枚 湖南長沙縣人。光緒二十九年二甲九十二名進士。任吏部主事。

孫鴻烈 字勛臣。河南溫縣人。

光緒二十九年二甲九十三名進士。三十四年任直隸南皮知縣，改玉田知縣。

朱燮元 山東諸城縣人。光緒二十九年二甲九十四名進士。任工部主事。

吳增甲 字達臣。江蘇江陰縣人。光緒二十九年二甲九十五名進士。選庶吉士，未散館以辦學務授編修。

劉敬 字農生。福建閩縣人。光緒二十九年二甲九十六名進士。任刑部主事，改廣東知縣，改四川長壽知縣。善畫山水。

胡駿 字成基，號葆森。四川廣安州人。光緒二十九年二甲九十七名進士。選庶吉士，授編修。曾游日本考察新政。辛亥後，任四川省東川道尹、四川議會議長。工書法，善詩文。

何啓椿 福建侯官縣人。光緒二十九年二甲九十八名進士。任兵部主事，遷郵傳部員外郎。

高遵章 直隸青縣人。光緒二十九年二甲九十九名進士。

徐士瀛 江西玉山縣人。光緒二十九年二甲一百名進士。任戶部主事。

杜述琮 江西清江縣人。光緒二十九年二甲一百零一名進士。任刑部主事。

廖振榘 廣西平樂縣人。光緒二十九年二甲一百零二名進士。任禮部主事，官至兵部郎中。

李華炳 山西武鄉縣人。光緒二十九年二甲一百零三名進士。任兵部主事。

彭紹宗 湖南湘陰人。光緒二十九年二甲一百零四名進士。二十九年任戶部主事。

徐冕 四川遂寧縣人。光緒二十九年二甲一百零五名進士。任吏部主事。

薛登道 山西稷山縣人。光緒二十九年二甲一百零六名進士。任戶部主事，改陝西清理財政副監理官。

李德星 （原名李彬）安徽太湖縣人。光緒二十九年二甲一百零七名進士。任商部主事。

黃錫朋 江西都昌縣人。光緒二十九年二甲一百零八名進士。任工部主事。

李玉振 雲南太和縣人。光緒二十九年二甲一百零九名進士。任戶部主事，三十三年任陝西興平知縣，宣統元年改洛川知縣。三年歸。

朱壽朋 字錫伯，號曼庵。江蘇上海縣人。光緒二十九年二甲一百十名進士。選庶吉士，授編修。辛亥後，任外交部條約司司長。著有《光緒東華錄》二百二十卷。

劉彝銘 四川成都縣人。光緒二十九年二甲一百十一名進士。二十九年任戶部主事。

方履中 字開祥，號玉山。安徽桐城縣人。光緒二十九年二甲一百十二名進士。選庶吉士，未散馆，取經濟特科，授編修。宣統三年，任四川候補道署提學使。民國時，任四川省西川道道尹。

徐紹熙 安徽石埭縣人。光緒二十九年二甲一百十三名進士。任戶部主事，改江西金溪知縣。

楊廷綸 字芸朗。福建侯官縣人。光緒二十九年二甲一百十四名進士。選庶吉士，授編修。

汪應焜 安徽六安直隸州人。光緒二十九年二甲一百十五名進士。任戶部主事。

陳曾壽 湖北蘄水縣人。光緒二十八年舉人，二十九年二甲一百十六名進士。任刑部主事，改學部員外郎、郎中，記名御史。張勛復辟時，出任學部侍郎，後爲皇后婉容師傅。僞滿州國時，任近侍處長、陵廟事務總裁等。工詩詞，與陳三立、陳衍齊名，稱"海內三陳"。

沈澤生 江西高安縣人。光緒二十九年二甲一百十七名進士。任吏部主事。

王世澂 福建侯官縣人。光緒二十九年二甲一百十八名進士。任吏部主事、陸軍部司法官。

于君彥 字伯敬，號幼薌。福建閩縣人。光緒二十九年二甲一百十九名進士。選庶吉士，授編修。

鈕澤晟 （1866—1924）字寅身。浙江烏程縣人。光緒二十九年二甲一百二十名進士。委署湖南瀘溪知縣。後改爲英算專修學校校長、繅業高等小學校長、湖南商會理事及代總理等。著有《鈕寅身先生遺集》。

曾 熙 字嗣元，一字予緝，晚號農髯。湖南衡陽縣人。光緒二十九年二甲一百二十一名進士。任兵部主事。曾主石鼓書院講席。

孔昭晋 字康侯。江蘇吳縣人。光緒二十九年二甲一百二十二名進士。任禮部主事。

顧視高 （1877—1943）字仰山，號漁隱、崧甫。雲南昆明縣人。光緒二十九年二甲一百二十三名進士。選庶吉士，授編修。加侍講衛。任貴胄學堂教習、資政院議員。入民國，任北京臨時參議會議員、雲南法政學校校長。民國十九年，聘爲雲南省通志編纂和顧問；後主持續修《昆明縣志》。著有《漱石齋詩文集》。

李維鈺 字葆鍾。貴州貴築縣人。光緒二十九年二甲一百二十四名進士。任刑部主事，遷法部刑科推事，官至直隸知府。

温 肅 （原名温聯璋）字毅夫，號檗庵，晚自號清臣。廣東順德縣人。光緒二十九年二甲一百二十五名進士，選庶吉士，授編修。宣統二年，擢湖北道監察御史。張勛復辟時，授副都御史。民國後任香港大學漢文講師，是民國著名學者。著有《德宗實錄》《貞觀政要講義》《陳獨漉年譜》，另有奏稿、文集、詩集等。

蕭丙炎 字新之。江西盧陵縣人。光緒二十九年二甲一百二十六名進士。任內閣中書，官至掌廣西道御史。

龔慶雲 安徽合肥縣人。光緒二十九年二甲一百二十七名進士。任兵部主事，改山西和順知縣。

王彭（原名王葆清）湖北江夏縣人。光緒二十三年舉人，二十九年二甲一百二十八名進士。任兵部主事，官至黑龍江海倫府知府。

華宗智 字雨岑，號禹勤。四川長壽縣人。光緒二十九年二甲一百二十九名進士。選庶吉士，授編修。

周杰 字子皋。湖北天門縣人。光緒十七年舉人，二十九年二甲一百三十名進士。選庶吉士，授編修。

陳國祥 字寶賢，號敬銘。貴州修文縣人。光緒二十九年二甲一百三十一名進士。選庶吉士，留學日本法政大學歸國後授編修。加侍講銜。後歷任河南法政學堂監督、河南諮議局籌辦處總辦、北京臨時參議院議員、眾議院副議長，與陳敬第共創共和協進會；又加入進步黨，任約法會議議員、參政院參政等。

父陳後琨，光緒九年進士。

段士俊 甘肅皋蘭縣人。光緒二十九年二甲一百三十二名進士，任陝西知縣。

張祖蔭 字槐卿。順天寶坻縣人。光緒二十九年二甲一百三十三名進士。選庶吉士，授編修。宣統

年改雲南易門知縣，官至雲南阿迷州知州。

路士桓 字尚卿，號蒲亭。直隸南宮縣人。光緒二十九年二甲一百三十四名進士。選庶吉士，授編修。加侍講銜派赴日本，歸後官至陝西道監察御史。民國五年卒。年四十九。

王紹曾 直隸豐潤縣人。光緒二十九年二甲一百三十五名進士。三十四年署江蘇鹽城知縣，改任江蘇崇明知縣。

魏元戴（原名魏元霸）字建侯。江西南昌縣人。光緒二十九年二甲一百三十六名進士。任吏部主事。

程繼元 字述之。安徽休寧縣人。光緒二十九年二甲一百三十七名進士。任刑部主事，遷承德地方審判廳廳長。民國時任高等審判廳廳長。

曾光燨 四川邛州直隸州人。光緒二十九年二甲一百三十八名進士。任刑部主事，改湖南安福知縣。

第三甲一百七十四名

牛蘭 直隸獻縣人。光緒二十九年三甲第一名進士。二十九年任兵部主事。

楊繩藻 江西清江縣人。光緒二十九年三甲第二名進士。任刑部主事，三十三年改安徽銅陵知縣。

欒駿聲 奉天海城縣人。光緒二十九年三甲第三名進士。任刑部

主事，改京師内外城地方審判廳推事，後署湖北高等檢察廳檢察長。

紹　先　滿洲鑲黃旗人。光緒二十九年三甲第四名進士。任户部主事。

王蔭楠　直隸祁州人。光緒二十九年三甲第五名進士。

馬　晋　山西懷仁縣人。光緒二十九年三甲第六名進士。宣統元年署陝西韓城知縣。

吳　璆　字康伯，號公璞。江西新建縣人。光緒二十九年三甲第七名進士。選庶吉士，未散館，改江蘇候補道，署江寧提學使。民國時任清史館協修，參與修撰《清史稿。》著有《優缽羅室駢體文》《復堂詩集》。

李漢光　河南光山縣人。光緒二十九年三甲第八名進士。任户部主事，改甘肅文縣知縣。

陳　鈞　雲南石屏州人。光緒二十九年三甲第九名進士。任湖北天門知縣，改宜都知縣。

王揚濱　湖北江夏縣人。光緒二十八年舉人，二十九年三甲第十名進士。任兵部主事，改民政部僉事。

宋功迪　江西奉新縣人。光緒二十九年三甲十一名進士。三十四年任直隸静海知縣。

卓寶謀　福建閩縣人。光緒二十九年三甲十二名進士。二十九年任户部主事。

易順豫　湖南龍陽縣人。光緒

二十九年三甲十三名進士。任户部主事，改江西臨川知縣。

王丕煦　山東萊陽縣人。同治十三年（1874）生。光緒二十九年三甲十四名進士。任内閣中書。赴日本法政大學優等畢業，授浙江桐廬知縣。民國任山東布政使、黑龍江財政廳長。

胡獻琳　字玉山。江西南昌縣人。光緒二十九年三甲十五名進士。任直隸知縣，遷直隸州知州。

傅家瑞　順天大興縣人。光緒二十九年三甲十六名進士。

吳鼎金　福建侯官縣人。光緒二十九年三甲十七名進士。任吏部主事。

許宗傑　直隸正定縣人。光緒二十九年三甲十八名進士。

陳中孚　江西德化縣人。光緒二十九年三甲十九名進士。任湖北京山知縣。

趙曾檮　直隸淶水縣人。光緒二十九年三甲二十名進士。任工部主事。

景凌霄　陝西户縣人。光緒二十九年三甲二十一名進士。任户部主事、江寧清理財政副監理官。

關陳謩　福建莆田縣人。光緒二十九年三甲二十二名進士。任刑部主事。

李盛鑾　江西德化縣人。光緒二十九年三甲二十三名進士。三十一年任直隸棗强知縣。

董秉清　江蘇武進縣人。光緒

二十九年三甲二十四名進士。

張壽楠　陝西大荔縣人。光緒二十九年三甲二十五名進士。任知縣。

袁祖光　字小俏，號瞿園，別署暖初氏。安徽太湖縣人。光緒二十九年三甲二十六名進士。任吏部主事。著有《瞿園詩草》《瞿園詩餘》《緣香雪簃詩話》，另有《瞿園雜劇五種》、《瞿園雜劇編》五種及傳奇數種。

丁毓驥　山東黃縣人。光緒二十九年三甲二十七名進士。任刑部主事。

楊允升　江蘇銅山縣人。光緒二十九年三甲二十八名進士。任內閣中書，改郵傳部小京官。

楊熊祥　湖北江夏縣人。光緒二十八年舉人，二十九年三甲二十九名進士。任刑部主事，官至江西南康府知府。

黃敏孚　廣東順德縣人。光緒二十九年三甲三十名進士。

張衷沅　（索引作張忠沅）湖南瀏陽縣人。光緒二十九年三甲三十一名進士。

呂彥枚　字介庵。山東文登縣人。光緒二十九年三甲三十二名進士。任戶部主事。

靳志　河南祥符縣人。光緒二十九年三甲三十三名進士。任工部主事。

熊朝濱　字清泉。貴州黔西州人。光緒二十九年三甲三十四名進

士。任刑部陝西司主事，改四川天全州知州。

趙國光　河南汜水縣人。光緒二十九年三甲三十五名進士。任山西襄陵知縣。

鄧榮輔　廣西臨桂縣人。光緒二十九年三甲三十六名進士。任湖南衡陽知縣。

程昌黼　字君姚。江蘇通州直隸州人。光緒二十九年三甲三十七名進士。任廣東知縣。

魯藩　江西新建縣人。光緒二十九年三甲三十八名進士。二十九年任戶部主事。

張孝慈　陝西安康縣人。光緒二十九年三甲三十九名進士。任內閣中書，改甘肅通謂知縣。

蕭開瀛　字閬軒。貴州貴陽縣人。光緒二十九年三甲四十名進士。任禮部主事，改四川知州。

梁鴻藻　廣東新會縣人。光緒二十九年三甲四十一名進士。任湖南巴陵知縣。

李世田　安徽廣德州人。光緒二十九年三甲四十二名進士。任江蘇清河知縣。

宋嘉林　河南安陽縣人。光緒二十九年三甲四十三名進士。任直隸寧晉知縣。

郝繼貞　字啓元。直隸內丘縣人。光緒二十九年三甲四十四名進士。任安徽合肥知縣，宣統二年任安徽當塗知縣。

楊思　字慎之，號心田。甘

肅會寧縣人。光緒二十九年三甲四十五名進士。選庶吉士，授檢討。民國時，任甘肅省蘭山道尹、文肅道尹、甘肅省議會議長、政府委員兼民政長、甘肅省通志館長。解放後，任西北軍政委員會委員、西北監察委員會副主席、甘肅省政協副主席。

荊育瓚 山西猗氏縣人。光緒二十九年三甲四十六名進士。任吏部主事。

聶夢麟 字王書。直隸大名縣人。光緒二十九年三甲四十七名進士。任刑部主事，官至大理院推事。

朱寶璇 浙江嘉興縣人。光緒二十九年三甲四十八名進士。任內閣中書，改河南項城知縣。

高嘉仁 廣西蒼梧縣人。光緒二十九年三甲四十九名進士。二十九年任戶部主事。

褚煥祖 湖北江夏縣人。光緒二十八年舉人，二十九年三甲五十名進士。任江西知縣。

唐樹彤 廣西臨桂縣人。光緒二十九年三甲五十一名進士。

張銑 甘肅武威縣人。光緒二十九年三甲五十二名進士。任刑部主事，官至新疆焉耆府知府。

萬箎 江西豐城縣人。光緒二十九年三甲五十三名進士。宣統元年任四川新都知縣。

黃光厚 福建侯官縣人。光緒二十九年三甲五十四名進士。

李增榮 （1866—1933，更名李曾若）字昀谷，一字延真，號滋陽山人。四川綿竹縣人。光緒二十九年三甲五十五名進士。授山西嶧縣知縣，補平陽知縣，遷刑部主事、熱河理刑司員，歷國史館協修、司法部秘書。著有《李昀谷先生遺詩》《詩補錄》。

程起鳳 江西浮梁縣人。光緒二十九年三甲五十六名進士。三十一年湖南城步知縣，三十四年改湖南溆浦知縣。

黃韓鼎 浙江仁和縣人。光緒二十九年三甲五十七名進士。任山東城武知縣。

樊海瀾 河南開封禹州人。光緒二十九年三甲五十八名進士。

李肇律 字懷庚。四川雲陽縣人。光緒二十九年三甲五十九名進士。署廣西安化廳同知，改思恩知府。遭父喪遂不出。著有《啓賢堂文鈔》《馬四槐居遺筆》《深遠堂詩文集》。

王汝榆 順天涿州人。光緒二十九年三甲六十名進士。任刑部主事。

張鳳喈 安徽廬江縣人。光緒二十九年三甲六十一名進士。任南海知縣。

水祖培 字善端，號渠翹。湖北武昌縣人。光緒二十三年舉人，二十九年三甲六十二名進士。選庶吉士，授檢討。

鄒壽祺 字介眉、安稚，號景叔。浙江海寧州人。光緒二十九年三甲六十三名進士。宣統年任江蘇丹陽知縣。著有《論語集注》《訓詁》《考十七史》等。

蕭湘 四川涪州人。光緒二十九年三甲六十四名進士。任刑部主事，升員外郎，曾任四川諮議局副議長。

吳嘉謨 四川井研縣人。光緒二十九年三甲六十五名進士。二十九年任戶部主事。

解榮輅 字子仁、芷紉，號菊村。山西萬泉縣人。光緒二十九年三甲六十六名進士。選庶吉士，授檢討。民國後歷任陝西榆林道尹、安福國會參議院議員、山西教育司長、山西大學監督、山西軍政府民政長、山西尊孔社團“宗聖會社”名譽會長等。民國九年（1920）卒。

郭毓璋 字蘊生，號紫巖。陝西華州人。光緒二十九年三甲六十七名進士。分發浙江即用知縣，改湖北孝感知縣，代理武昌知縣、蘄州知州。致仕歸。民國十九年（1930）卒。年六十三。

黃純垓 湖南彬州直隸州人。光緒二十九年三甲六十八名進士。宣統二年任直隸交河知縣。

劉貞安 四川奉節縣人。光緒二十九年三甲六十九名進士。宣統二年官至貴州開州知州。

鄭廷琮 福建侯官縣人。光緒二十九年三甲七十名進士。任甘肅環縣知縣。民國七年任直隸高邑縣長。

謝慕韓 江西廬陵縣人。光緒二十九年三甲七十一名進士。宣統二年任廣東樂會知縣。

鄭輝典 字丙堂。雲南太和縣人。光緒二十九年三甲七十二名進士。任河南涉縣知縣。抵任未旬日以疾卒。著有《小赤城仙館詩鈔詞鈔》。

父鄭履端，同治元年進士。

馬君實 （一作馬振憲）字冀平。安徽桐城縣人。光緒二十九年三甲七十三名進士。選庶吉士，授檢討。民國年間任安徽省財政廳廳長、國務院參議等。

何壽章 字豫才。浙江山陰縣人。光緒二十九年三甲七十四年進士。精小學，工篆刻，善畫山水。

翁長芬 （一作翁長芳，或有誤）江蘇江寧縣人。光緒二十九年三甲七十五名進士。任浙江永嘉知縣，三十二年十月代理奉化知縣。十二月丁憂。

劉昌仁 四川長寧縣人。光緒二十九年三甲七十六名進士。三十年任雲南祿勸知縣。

有瑞 滿洲鑲黃旗，青州駐防。光緒二十九年三甲七十七名進士。任雲南順寧知縣，改昆明知縣、尋甸知州。

陳德昌 字紹庭。山東濰縣人。光緒二十九年三甲七十八名進士。以知縣分發廣東，署前山同知，三十三年改廣東新會知縣，後任廣東河源知縣。

金文田　字性山。浙江天台縣人，原籍廣西臨桂。光緒二十九年三甲七十九名進士。任山東即用知縣。

胡商彝　雲南石屏州人。光緒二十九年三甲八十名進士。任直隸任丘知縣。

劉道春　浙江德化縣人。道光二十九年三甲八十一名進士。任直隸遷安知縣。

曾肇嘉　字銓初。貴州貴築縣人。光緒二十九年三甲八十二名進士。任山西聞喜知縣、介休知縣，宣統三年改太谷知縣。

馬育麟　陝西綏德直隸州人。光緒二十九年三甲八十三名進士。任知縣。

薩起巖　福建閩縣人。光緒二十九年三甲八十四名進士。任河南魯山知縣。

張書雲　字慰農，號卿五。廣西臨桂縣人。光緒二十九年三甲八十五名進士。選庶吉士，授檢討。

廖毓英　福建侯官縣人。光緒二十九年三甲八十六名進士。任直隸寶坻知縣，三十二年補順天大興知縣。

常麟書　山西榆次縣人。光緒二十九年三甲八十七名進士。二十九年任戶部主事。著作甚豐，有《禮起易簡錄》《爾雅述誼》《中字知源錄》等。

朱栐春　湖北武昌縣人。光緒二十三年舉人，二十九年三甲八十八名進士。任赤峰直隸州知州。

延　昌　字子光，號壽丞。蒙古鑲白旗人（京口駐防，居江蘇丹徒）。光緒二十九年三甲八十九名進士。選庶吉士，授檢討。升內閣侍讀學士，宣統三年，任典禮院直學士。

張治仁　湖北江陵縣人。光緒二十年舉人，二十九年三甲九十名進士。任直隸盧龍知縣，官至吉林伊通州知州。

王景峨　湖南益陽縣人。光緒二十九年三甲九十一名進士。宣統二年九月任陝西西鄉知縣。辛亥去任。

何　諶　福建閩縣人。光緒二十九年三甲九十二名進士。

張德淵　江西萍鄉縣人。光緒二十九年三甲九十三名進士。宣統元年官至廣西泗城知府。

施汝欽　字少雲。雲南昆明縣人。光緒二十九年三甲九十四年進士。任貴州龍里知縣。忤上官罷歸。母喪哀毀卒。年五十五。著有《醉經廬詩六集》《補滇雲耆舊傳》。

尚光鉞　字左卿。安徽蕪湖縣人。光緒二十九年三甲九十五名進士。宣統二年十一月任江蘇清河知縣。年五十卒。

林步隨　字季武，號寄塢。福建閩縣人。光緒二十九年三甲九十六名進士。選庶吉士，授檢討。赴美留學。辛亥後，任北京高等商業學校校長、國務院秘書，署秘書長、制幣局總裁、銓叙局局長、蒙旗宣化使公署宣傳處長等。

為林則徐曾孫；兄林玉銘，光緒二十一年進士。

余登雲　安徽繁昌縣人。光緒二十九年三甲九十七名進士。

劉思明　（改名劉思濬）字文欽。貴州平越直隸州人。光緒二十九年三甲九十八名進士。任江蘇知縣。

張鵬翔　字步青。浙江海寧州人。光緒二十九年三甲九十九名進士。任江蘇華亭知縣，宣統三年署江蘇長洲知縣。

武曾任　浙江錢塘縣人。光緒二十九年三甲一百名進士。任江西大庾知縣。

陳煜庠　廣東花縣人。光緒二十九年三甲一百零一名進士。

閻希仁　直隸清苑縣人。光緒二十九年三甲一百零二名進士。任安徽太平知縣。

李澤宸　山東利津縣人。光緒二十九年三甲一百零三名進士。任直隸永年知縣。

張運魁　四川華陽縣人。光緒二十九年三甲一百零四名進士。三十年代理臨潼知縣，三個月卸，三十二年任長武知縣，三十四年卸，宣統元年任陝西城固知縣。

何品藜　（《進士題名碑録》作何品黎，恐誤）河南固始人。光緒二十九年三甲一百零五名進士。

馬天翮　福建侯官縣人。光緒二十九年三甲一百零六名進士。任江西南豐知縣。

恩　華　蒙古鑲紅旗人（京口駐防，居江蘇丹徒）。光緒二十九年三甲一百零七名進士。任吏部主事，升學部郎中，宣統三年官至弼德院參議。

黃　堃　字履芳。雲南永善縣人。光緒二十九年三甲一百零八名進士。署天全州，補彰明知縣，宣統元年改四川名山知縣、屏山知縣。

班吉本　字惠卿。漢軍鑲藍旗人。光緒二十八年舉人，二十九年三甲一百零九名進士。選庶吉士，授檢討。官至民政部員外郎。

馬進修　陝西綏德直隸州人。光緒二十九年三甲一百十名進士。任湖北蒲圻知縣。

培　成　滿洲鑲黃旗人。光緒二十九年三甲一百十一名進士。任陝西蒲城知縣，三十三年署陝西大荔知縣，三十四年改長武知縣。宣統元年卸。

高廷梅　浙江平湖縣人。光緒二十九年三甲一百十二名進士。任廣西武緣知縣。

張自省　直隸巨鹿縣人。光緒二十九年三甲一百十三名進士。

張文源　甘肅靜寧洲人。光緒二十九年三甲一百十四名進士。四川即用知縣，任內江知縣。

彭立杖　甘肅皋蘭縣人。光緒二十九年三甲一百十五名進士。四川即用知縣。

楊鳳翱　山東金鄉縣人。光緒二十九年三甲一百十六名進士。任江西信豐知縣。

閻廷獻　字晋青。直隸昌黎縣人。光緒二十八年舉人，二十九年三甲一百十七名進士。任内閣中書，改浙江臨海知縣，三十四年改山東新泰知縣，宣統二年署濰縣知縣。

杜光佑　字菊生。湖北江夏縣人。光緒二十九年三甲一百十八名進士。三十二年署浙江樂清知縣，三十三年任浙江天台知縣，三十四年改臨海知縣。

王允猷　浙江山陰縣人。光緒二十九年三甲一百十九名進士。任湖南常寧知縣。

汪春源　福建安平縣人。光緒二十九年三甲一百二十名進士。任江西安義知縣。

曹佐武　山西崞縣人。光緒二十九年三甲一百二十一名進士。

吕濬堃　廣西陸川縣人。光緒二十九年三甲一百二十二名進士。任安徽即用知縣，補祁門知縣，道銜。

魏垂象　甘肅秦安縣人。光緒二十九年三甲一百二十三名進士。福建即用知縣，任福清知縣。

陳　畬　浙江象山縣人。光緒二十九年三甲一百二十四名進士。任工部主事，官至吏部員外郎。

周　旭　字倜常、立堂。湖南湘陰縣人。光緒二十九年三甲一百二十五名進士。

鍾　麟　字書春。蒙古正白旗人。光緒二十九年三甲一百二十六名進士。任湖南瀏陽、永順、嘉禾知縣。宣統三年（1911）九月二十一日革命軍圍縣署，自殺。

孟宗輿　字紹宣。陝西長安縣人。光緒二十九年三甲一百二十七名進士。任四川樂山知縣。

侯來儀　河南温縣人。光緒二十九年三甲一百二十八名進士。

丁樹齊　字伯英。貴州貴陽府人。光緒二十九年三甲一百二十九名進士。任山東長清知縣。

于文鑚　山東新城縣人。光緒二十九年三甲一百三十名進士。河南即用知縣。

張瑞璣　山西趙城縣人。光緒二十九年三甲一百三十一名進士。三十年任陝西興平知縣，三十二年署韓城知縣，三十三年卸，三十四年署長安知縣，宣統元年改臨潼知縣，二年任咸寧知縣。三年九月去。

范振緒　號禹勤。甘肅靖遠縣人。光緒二十九年三甲一百三十二名進士。任工部主事、河南濟源知縣。工書畫。

吕調元　號燮甫。安徽太湖縣人。光緒二十九年三甲一百三十三名進士。即用知縣，分發直隸任隆平、獻縣、吴橋知縣，補授南宫知縣，宣統元年署清苑縣，調天津知縣。民國元年任天津知府，調保定知府，五年聘充國務院顧問，七年參議院議員，特任安徽省長。

和紳布　滿洲鑲藍旗人，青州駐防。光緒二十九年三甲一百三十四名進士。任直隸獻縣知縣。

孫回瀾　字仲皋。貴州清平縣人。光緒二十九年三甲一百三十五名進士。任江蘇昭文知縣，改任江蘇常熟知縣，宣統二年告養歸。

李　泰　字季安。陝西大荔縣人。光緒二十九年三甲一百三十六名進士。三十四年任山東昌樂知縣。

傅懷光　安徽廣德直隸州人。光緒二十九年三甲一百三十七名進士。

關捷三　河南淇縣人。光緒二十九年三甲一百三十八名進士。

周廷幹　字孟年，號恪叔。廣東順德縣人。光緒二十九年三甲一百三十九名進士。選庶吉士，授檢討。

姜宗泰　字子安、芝庵。山東萊陽縣人。光緒二十九年三甲一百四十名進士。任直隸故城、容城、河間、行唐知縣。

曾蘭春　福建莆田縣人。光緒二十九年三甲一百四十一名進士。

仵　墉　陝西蒲城縣人。光緒二十九年三甲一百四十二名進士。任知縣。

黃居中　甘肅階州直隸州人。光緒二十九年三甲一百四十三名進士。貴州即用知縣，宣統三年任貴州銅仁知縣。

張繼信　陝西安康縣人。光緒二十九年三甲一百四十四名進士。

任順天寧河知縣、改大興知縣。宣統二年八月升。

吳　庚　山西鄉寧縣人。光緒二十九年三甲一百四十五名進士三十三年代理臨潼知縣。宣統元年卸。

區大原　字裕輝，號季滔。廣東南海縣人。光緒二十九年三甲一百四十六名進士。選庶吉士，授檢討。

石金聲　字駿卿。山東博山縣人。光緒二十九年三甲一百四十七名進士。任戶部主事。

陳耀墀　廣東番禺縣人。光緒二十九年三甲一百四十八名進士。

王鍾仁　直隸盧龍縣人。光緒二十九年三甲一百四十九名進士。任山西天鎮知縣。

馬駿昌　廣西臨桂縣人。光緒二十九年三甲一百五十名進士。三十四年任山東蒲臺知縣。

劉春堂　字治琴。直隸肅寧縣人。光緒二十九年三甲一百五十一名進士。任甘肅隴縣知縣。

丁惟彬　山東日照縣人。光緒二十九年三甲一百五十二名進士。

周汝敦　雲南太和縣人。光緒二十九年三甲一百五十三名進士。

忠　興　滿洲正白旗人，荊州駐防。光緒二十九年三甲一百五十四名進士。二十九年任兵部主事。

孟廣範　山東曲阜縣人。光緒二十九年三甲一百五十五名進士。

李文韶　廣西岑溪縣人。光緒二十九年三甲一百五十六名進士。

俞樹棠 （一作俞澍棠）字棣生。浙江黄岩縣人。光緒二十九年三甲一百五十七名進士。任工部主事，廣西高等審判廳廳丞。

王益霖 字香如。江西南昌縣人。光緒二十九年三甲一百五十八名進士。任河南知縣。

楊克烈 山西安邑縣人。光緒二十九年三甲一百五十九名進士。

覃壽彭 字玉方。湖北蒲圻縣人。光緒二十八年舉人，二十九年三甲一百六十名進士。三十一年任山西武鄉知縣。

王廷槐 奉天五常廳人。光緒二十九年三甲一百六十一名進士。

陳其相 （榜名陳其桐）福建閩縣人。光緒二十九年三甲一百六十二名進士。

黄霖 湖南祁陽縣人。光緒二十九年三甲一百六十三名進士。

馬廷弼 字子良。山東安丘縣人。光緒二十九年三甲一百六十四名進士。廣東即用知縣。

王聲溢 山東招遠縣人。光緒二十九年三甲一百六十五名進士。任四川榮昌知縣。

林棟 福建壽寧縣人。光緒二十九年三甲一百六十六名進士。

任國子監監丞，官至禮部郎中。

吳鼎藻 字雲千，號蕭史。浙江鄞縣人。咸豐九年十二月十一日生。光緒二十九年三甲一百六十七名進士。

王永和 雲南昆明縣人。光緒二十九年三甲一百六十八名進士。宣統元年任山西安澤知縣。

哲克登額 蒙古鑲藍旗人，成都駐防。光緒二十九年三甲一百六十九名進士。任四川知縣。

夏瑞庚 字筱瑯。雲南昆明縣人。光緒二十九年三甲一百七十名進士。任内閣中書，官至學部員外郎，兼第三高等學校校長。卒於京。

狄樓海 山西猗氏縣人。光緒二十九年三甲一百七十一名進士。任刑部主事。

李慎五 山西平定直隸州人。光緒二十九年三甲一百七十二名進士。

袁大琇 湖南長沙縣人。光緒二十九年三甲一百七十三名進士。任四川夾江知縣。

王廷綸 直隸定州直隸州人。光緒二十九年三甲一百七十四名進士。三十一年代理山東淄川知縣，改巨野知縣。

光緒三十年（1904）甲辰恩科

本年因逢太后七十壽辰改正科爲恩科

第一甲三名

劉春霖　（1869—1944）字潤琴，號石筬。直隸肅寧縣人。光緒三十年一甲第一名狀元。授修撰。三十三年派往日本留學，攻政法。宣統元年回國後，任保定直隸高等學堂監督（校長），創辦直隸書局。民國後主持中央農事試驗場，袁世凱當政，任内使。曾任甘肅省長。他很有民族氣節，曾拒絶僞滿洲國邀請和僞華北政務委員會王揖唐的聘請，隱居不出，以賣字爲生，其書法聞名一時。民國三十三年（1944）病逝於北京。

朱汝珍　字聘三，號隘園、玉堂。廣東清遠縣人。光緒三十年一甲第二名榜眼。授編修。後官候補知府。賞食三品卿俸禄。輯有《詞林輯略》。

商衍鎏　字又章、藻亭，號冕臣、拙庵。漢軍正白旗人。光緒三十年一甲第三名探花。授編修。歷任國史館協修、實録館總校官。辛亥革命後，任總統府顧問、財政部秘書。一九四九年後，任中央文史館館員。著有《清代科舉考試述略》《商衍鎏詩書畫集》。

第二甲一百二十名

張啓後　字燕昌，號若曾。安徽泗州直隸州人。光緒三十年二甲第一名進士。選庶吉士，授編修。官至陝西榆林知府。辛亥革命後，任國會議員、安徽政府秘書長。善詩文。

林世燾　字昭彦，號次煌。廣西賀縣人。光緒三十年二甲第二名進士。選庶吉士，授編修。北洋政府時，任臨時參議會議員。

顔　楷　（原名顔桓）字雍者，號拔室。四川華陽縣人，原籍山東曲阜。光緒三十年二甲第三名進士。選庶吉士，授編修，加侍講學士銜。曾東渡日本考察法政。宣統間回四川任四川鐵路股東會長，爲保路與清廷鬥争。辛亥後歸，閉門養親教子。工書法，是清季著名書法家。

朱文劭 浙江黃岩縣人。光緒三十年二甲第四名進士。任刑部主事、廣西高等檢察廳檢察長。

王賡（1878—1948，原名王志洋，改王揖唐，以字行，後改名賡）字慎吾。安徽合肥縣人。光緒三十年二甲第五名進士，任兵部主事。民國時歷任北洋軍閥政府內務總長、安福國會眾議院議長等職。抗日戰爭期間，任敵偽華北政務委員會委員長、汪偽政府考試院院長等。著有《逸塘詩存》。

張茂炯 字頌清。江蘇吳縣人。光緒三十年二甲第六名進士。任戶部主事，官至度支部員外郎。署鹽政院總務廳長。

麥鴻鈞 字志昭，號惠農。廣東三水縣人。光緒三十年二甲第七名進士。選庶吉士，未散館改法部參事，改海軍軍法司司副。

翁兆麟 浙江錢塘縣人。光緒三十年二甲第八名進士。任禮部主事。

鄭言（原名鄭熙謀）四川華陽縣人，原籍福建侯官。光緒三十年二甲第九名進士。任刑部主事，官至署江蘇高等審判廳廳丞。

賀維翰 字儒楷。四川彭縣人，原籍湖南常寧。光緒三十年二甲第十名進士。選庶吉士，授編修。

黃瑞麒 字次如，號笥腴。湖南善化縣人。光緒三十年二甲十一名進士。選庶吉士，授編修。歷任京畿道御史、安徽道御史、國子監

御史、奕劻內閣印鑄局副局長署局長。民國後，任福建海關監督。民國四年（1915）卒。

徐潞 字仲蕃，號晉蕃。江蘇上元縣人。光緒三十年二甲十二年進士。選庶吉士，授編修。

林志烜 字儀正，號仲樞、籀庵。福建閩縣人。光緒三十年二甲十三名進士。選庶吉士，授編修。民國後入商務印書館。好收藏，善畫山水。著有《淵穎吳先生集札記》。卒年七十有二。

莊陔蘭 字心妊，號春亭。山東莒縣人。光緒三十年二甲十四名進士。選庶吉士，授編修。民國後任北洋政府參議員。

何景崧 順天寶坻縣人。光緒三十年二甲十五名進士。任工部主事。

熊坤 江西高安縣人。光緒三十年二甲十六名進士。任刑部主事。

宋育德 字翰生，號公威。江西奉新縣人。光緒三十年二甲十七名進士。選庶吉士，授編修。

陳震 福建閩縣人。光緒三十年二甲十八名進士。任吏部主事。

杜嚴 字毅齋，號友梅。河南河內縣人。光緒三十年二甲十九名進士。選庶吉士。授編修。

張成棟 字明鑾，號紫松。奉天鐵嶺縣人。光緒三十年二甲二十名進士。選庶吉士。授編修。

谷芝瑞 字仲符，號靄堂。直隸臨榆縣人。光緒三十年二甲二十一名進士。選庶吉士，授編修。民

國後任黑龍江綏蘭道道尹、北洋政府參政院議員、衆議院議員、國務院印鑄局局長。

莫以增 雲南呈貢縣人。光緒三十年二甲二十二名進士。任工部主事。

樓思誥 浙江錢塘縣人。光緒三十年二甲二十三名進士。任戶部主事，官至度支部員外郎。

岑光樾 字敏仲。廣東順德縣人。光緒三十年二甲二十四名進士。選庶吉士，授編修。

林乾 字祖慰，號健庭。福建南安縣人。光緒三十年二甲二十五名進士。選庶吉士。假歸，未幾以病卒。

陳毅 湖南湘鄉縣人。光緒三十年二甲二十六名進士。纍遷刑部郎中，宣統二年授郵傳部參議。三年去職。

江孔殷 字少荃、紹選，號蘭齋、霞公。廣東南海縣人。光緒三十年二甲二十七名進士。選庶吉士，以辦學務授編修。官至江蘇候補道。清末，任廣東清鄉總辦。

劉毅孫 安徽廬江縣人。光緒三十年二甲二十八名進士。任兵部主事，官至甘肅提法使。

郭壽清 （原名郭廷鈺）字儉全，號敬荃。江西吉水縣人。光緒三十年二甲二十九名進士。選庶吉士，授編修。

呂祖翼 安徽旌德縣人。光緒三十年二甲三十名進士。任戶部主事。

謝啓中 廣西臨桂縣人，原籍江西新建。光緒三十年二甲三十一名進士。任戶部主事。

龍建章 廣西順德縣人。光緒三十年二甲三十二名進士。任戶部主事。郵傳部局長。

潘浩 字冠曹，號養伯。江蘇宜興縣人。光緒三十年二甲三十三名進士。選庶吉士，以辦學務授編修。

王慶麟 字仁閣。貴州貴築縣人。光緒三十年二甲三十四名進士。選庶吉士，授編修。著有《南北史札記》《齊魯訪碑記》《五嶽游記》。

譚延闓 （1880—1930）字組安、祖庵，號畏三。湖南茶陵州人。光緒三十年二甲三十五名進士。選庶吉士，以辦學務授編修。宣統元年，任湖南諮議局議長。三年，參加各省諮議局聯合會第二次會議，被推爲主席。湖南軍政府成立，任參政院院長、民政部部長、都督。1912年，參加國民黨，後歷任湖南省長兼督軍、國民黨中央執行委員、中央政治委員會主席、國民革命軍第二軍軍長、國民政府主席、行政院長等。著有《非庵詩》《慈衛室詩》。

葉先圻 字君邃，號紫封。江西萍鄉縣人。光緒三十年二甲三十六名進士。選庶吉士，授編修。民國後歷任安福國會議員、汪僞政府立法院秘書長、汪僞政府文書局長、監察院監察委員。

楊毓泗 字潤東，號子泉。山東濟寧直隸州人。光緒三十年二甲三十七名進士。選庶吉士，授編修。留學日本三年加侍講銜。宣統元年任諮議局議長，辭歸。卒年五十六。

李翹燊 字賢發，號際唐。廣東新會縣人。光緒三十年二甲三十八名進士。選庶吉士，授編修。

王 枚 直隸河間縣人。光緒三十年二甲三十九名進士。任刑部主事。

許承堯 （1874—1946）字際唐，一作霽塘，號疑庵，晚號疑翁。安徽歙縣人。光緒三十年二甲四十名進士。選庶吉士，旋辭歸。任新巡學堂、紫陽學堂監督。復起至京任翰林院編修，兼國史館協修。辛亥革命後，歷安徽都督府高參、甘肅省府秘書長、甘肅渭川道尹等。著有《疑庵詩》十四卷。

蒲殿俊 字伯英、沚庵。四川廣安州人。光緒三十年二甲四十一名進士。曾赴日本梅謙法政大學留學，回國後任法部主事。宣統元年任四川諮議局議長，創辦《蜀報》。曾任保路同志會會長。武昌起義後，與梁啟超組織民主黨。後在北京任《晨報》主編。曾任段祺瑞政府內政部長，1927年歸四川閑居。著有《沚庵詩鈔》。

李盛和 字介石。湖北蘄水縣人。光緒二十九年舉人，三十年二甲四十二名進士。任兵部主事，充軍機章京，補陸軍部員外郎，晉郎中、軍實司司長，兼審計處處長，京察一等以道員用。

朱振瀛 江蘇宜興縣人。光緒三十年二甲四十三名進士。兵部主事，任陸軍部遴材科科長。海軍部軍防司司副。

唐尚光 字文明，號星航。廣西全州人。光緒三十年二甲四十四名進士。選庶吉士，授編修。

陳之鼐 （原名陳維燾）廣東番禺縣人。光緒三十年二甲四十五名進士。任戶部主事。

吳德鎮 字清藩，號寅升。直隸新城縣人。光緒三十年二甲四十六名進士。選庶吉士，授編修。民國時，任山東政務廳僉事、察哈爾興和道尹，政務廳長。

高振霄 （1876—1950）字芸麓、雲麓，號閑雲。浙江鄞縣人。光緒三十年二甲四十七名進士。選庶吉士，授編修。民國時，居滬教授。不能自給，賣書以補。是民國著名畫家。

蔣尊褘 浙江海寧州人。光緒三十年二甲四十八名進士。任戶部主事，官至郵傳部員外郎。

蘇源泉 甘肅會寧縣人。光緒三十年二甲四十九名進士。任禮部主事，遷郵傳部員外郎。

方兆鰲 福建閩縣人。光緒三十年二甲五十名進士。任兵部主事。

馬步瀛 陝西大荔縣人。光緒三十年二甲五十一名進士。任刑部主事。

季龍圖 江蘇鹽城人。光緒三十年二甲五十二名進士。任刑部主事。

童錫燾　字燮卿，號奎六。湖南寧鄉縣人。光緒三十年二甲五十三名進士。選庶吉士。

何毓璋　陝西石泉縣人。光緒三十年二甲五十四名進士。任刑部主事。

陳蜚聲　山東濰縣人。光緒三十年二甲五十五名進士。任禮部主事，升祠祭司員外郎、典禮院科長。

張恩壽　江蘇丹徒縣人。光緒三十年二甲五十六名進士。任刑部主事，官至郵傳部員外郎。

錢崇威　字重修，號自岩。江蘇震澤縣人。光緒三十年二甲五十七名進士。選庶吉士，授編修。民國時，任江蘇高等檢察廳廳長。善書。

朱點衣　字葆齋，號性園。安徽霍丘縣人。光緒三十年二甲五十八名進士。選庶吉士，授編修。

施堯章　雲南昆明縣人。光緒三十年二甲五十九名進士。任吏部主事。

閻士璘　字簡齋，號玉彬。甘肅隴西縣人。光緒三十年二甲六十名進士。選庶吉士，授編修。

李湛田　字丹孫，號佰愚。直隸寶坻縣人。光緒三十年二甲六十一名進士。選庶吉士，授編修。民國後任臨時參議院議員、眾議院議員。

李榘　（1874—？）字訪漁、防逾。直隸束鹿縣人。光緒三十年二甲六十二名進士。選庶吉士，授

編修。任北洋法政學堂監督、平政院平事。民國後任臨時參議院議員、眾議院議員、約法會議議員。

李景綱　字式具。直隸棗强縣人。光緒三十年二甲六十三名進士。任吏部主事。民國後任延慶知州，山西襄垣知事。

李言藹　字春如。山東安丘縣人。光緒三十年二甲六十四名進士。任度支部制用司主事。

唐桂馨　字督襄。貴州銅仁府人，原籍湖南邵陽。光緒三十年二甲六十五名進士。任戶部主事，改度支部主事。

汪士元　安徽盱眙縣人。光緒三十年二甲六十六名進士。官至直隸候補道。

潘鳴球　（1873—1932）又名霞青。江蘇陽湖縣人。光緒三十年二甲六十七名進士。歷任河南洛陽、商城知縣。著有《養和堂類稿》。

徐鍾恂　字信伯，號紹泉。江蘇山陽縣人。光緒三十年二甲六十八名進士。選庶吉士，授編修。

陳國華　（1870—1923）字榕根，號仲書、重樞。四川溫江縣人。光緒三十年二甲六十九名進士。選庶吉士，授編修。辛亥後，歸隱不仕。工書法，善詩文。

景潤　字子中，號嶷雨。滿洲正藍旗。光緒三十年二甲七十名進士。選庶吉士。授編修。官至侍讀。

吳琨　字頑若，號石生。雲

南昆明縣人。光緒三十年二甲七十一名進士。選庶吉士，授編修。民國後任雲南省實業廳長、財政廳長、內務司長。

梁禹甸 福建閩縣人。光緒三十年二甲七十二名進士。任兵部主事。

劉敦謹 浙江山陰縣人。光緒三十年二甲七十三名進士。任刑部主事。

陳繼舜 湖南長沙縣人。光緒三十年二甲七十四名進士。任户部主事。

沈鈞儒 字衡山。浙江秀水縣人。光緒三十年二甲七十五名進士。任刑部主事，留學日本東京政法大學，加入同盟會，參加中國民權保障同盟。先後擔任國民參政會參政員、廣東政府總檢察長、浙江教育司長等。中華人民共和國成立後，歷任中央人民政府委員、全國人大常委、政協副主席、最高人民法院院長、民盟主席等。

陳 度（1871—1947）字古逸，號琴禪。雲南廣西直隸州人，祖籍江西臨川。光緒三十年二甲七十六名進士。任吏部主事、雲南財政監理官、雲南造幣廠總辦。入民國後任銀行監察，曾代理外交司長。

程宗伊（1869—1943）字學川。浙江海鹽縣人。光緒三十年二甲七十七名進士。選庶吉士，入進士館肄業。由日本政法學堂畢業後回國，授編修。民國後，就南潯劉氏之聘任滬寓西席。著有《春風草堂駢體文集》《亦勉行堂詩文集》《遼金元地理今釋》等。

劉鍾俊 字用章。貴州修文縣人，原籍江西豐城。光緒三十年二甲七十八名進士。任主事，改湖南攸縣知縣。卒於任。

舒元璋 安徽黟縣人。光緒三十年二甲七十九名進士。任兵部主事。

錢 淦 字印霞，號鏡如。江蘇寶山縣人。光緒三十年二甲八十名進士。選庶吉士，授編修。

濮文波 字秋澄。安徽蕪湖縣人。光緒三十年二甲八十一名進士。任江蘇阜寧知縣。

龔福燾 湖南善化縣人。光緒三十年二甲八十二名進士。任刑部主事，改京師內外城地方審判廳推事。

謝鑾坡 廣東番禺縣人。光緒三十年二甲八十三名進士。任户部主事。

徐金銘 字庚生。山東歷城縣人。光緒三十年二甲八十四名進士。任度支部主事。

張成修（又名葛成修，復姓）字德三。河南固始縣人。光緒三十年二甲八十五名進士。選庶吉士，授編修。

張 琴（1876—1952）字景程，號治如、石匏老人，晚號石瓠。福建莆田縣人。光緒三十年二甲八十六名進士。選庶吉士，以辦學務授編修。首任興化第一所官辦興郡中學監督（校長）。民國成立，被選爲中華民國第一屆國會議員，并任福建教育廳長。在北京與愛國人士創辦《亞東新聞》報，任主筆。擁戴孫中山，受聘爲杜起雲師長秘書。後歸故里著述，有《六書考源》《桐雲軒碑帖題跋》《讀爾雅稿》《莆田縣志稿》《桐雲軒畫集》《桐雲軒詩文集》等。工山水。有題畫詩集《聲畫集》刊行。

張世畸 江西德化縣人。光緒三十年二甲八十七名進士。任刑部主事。

沈秉乾 （改名沈鑄光）江蘇泰州人。光緒三十年二甲八十八名進士。任工部主事。

鍾剛中 廣西宣化縣人。光緒三十年二甲八十九名進士。任吏部主事，改湖北通山知縣。

王炳宸 山西翼城縣人。光緒三十年二甲九十名進士。任度支部主事。

田明德 字澄伯，號韻松。陝西城固縣人。光緒三十年二甲九十一名進士。選庶吉士。未散館。

傅增濬 字學淵。四川江安縣人。光緒三十年二年九十二名進士。任吏部主事，調郵傳部，因肺疾卒於天津，年三十八。

陳啓輝 字晉緯，號篤初。廣東新會縣人。光緒三十年二甲九十三名進士。選庶吉士，授編修。

蘇 輿 （1873—1914）字嘉瑞，號厚庵、厚齋、閑齋。湖南平江縣人。光緒三十年二甲九十四名進士。選庶吉士，授編修。遷郵傳部郎中、借補員外郎，曾留學日本。收錄王先謙、葉德輝等人文章，成《翼教叢編》。又著有《春秋繁露義證》等。

張國溶 （1877—1943）字海若，號侑丞。湖北蒲圻縣人。光緒二十八年舉人，三十年二甲九十五名進士。選庶吉士。授編修。民國後，歷任湖北諮議局副議長、約法會議議員、政事堂參議、評政院評事、猷威將軍。1928年退居北京，專事書畫和金石研究。

段國垣 山西稷山縣人。光緒三十年二甲九十六名進士。任度支部主事。

雷延壽 陝西渭南縣人。光緒三十年二甲九十七名進士。任中書舍人，改工部主事。

馬蔭榮 字樾庵。山東荏平縣人。光緒三十年二甲九十八名進士。選庶吉士，未散館以辦學務授編修。民國時期任參議院議員。

閻祖訓 江西德化人。江西德化縣人。光緒三十年二甲九十九名進士。任吏部主事。

單志賢 江西高安縣人。光緒三十年二甲一百名進士。

關賡麟 廣西南海縣人。光緒三十年二甲一百零一名進士。任兵部主事，官至郵傳部僉事。

戴寶輝 字伯璠。貴州貴築縣人，原籍江西臨川。光緒三十年二甲一百零二名進士。任刑部主事，改江蘇知縣，改直隸慶雲知縣。

何振清 廣西賀縣人。光緒二十年二甲一百零三名進士。任吏部主事。

張詒 直隸定州直隸州人。光緒三十年二甲一百零四名進士。任度支部主事。

章祖申 字苣生，號邃漁。浙江烏程縣人。光緒三十年二甲一百零五名進士。選庶吉士，以出洋供差授編修。歷任北洋政府駐比利時代辦、外交部參事、駐瑞典挪威公使。民國十一年（1922）卒。

吳晉夔 浙江鎮海縣人。光緒三十年二甲一百零六名進士。任戶部山西司主事，署鹽政院南鹽廳廳長。

楊巨川 甘肅金縣人。光緒三十年二甲一百零七名進士。任刑部主事，改湖南麻陽知縣，遷雲南威遠廳同知、昭通府大關廳同知。

湯化龍 字濟武。湖北蘄水縣人。光緒二十八年舉人，三十年二甲一百零八名進士。任刑部主事，曾留學日本。歷任湖北諮議局議長，各省諮議局聯合會主席。武昌起義後，爲湖北軍政府民政長。曾任衆議院議長、內務總長等職。1918年9月，被國民黨籍華僑在加拿大刺殺。

李景銘 福建閩縣人。光緒三十年二甲一百零九名進士。任戶部主事，官至度支部員外郎。

王季烈 字君九。江蘇長洲縣人。光緒三十年二甲一百十名進士。任刑部主事，遷學部郎中。官京師譯學館監督、學部專門司司長、資政院欽選議員。曾在天津創建審音社，輯有《集成曲譜》《與從曲譜》等。

雷多壽 陝西渭南縣人。光緒三十年二甲一百十一名進士。任戶部主事。署鹽政院北鹽廳廳長。

朱元樹 號敏人。浙江餘姚縣人。光緒三十年二甲一百十二名進士。選庶吉士，授編修。

胡家鈺 直隸承德府人。光緒三十年二甲一百十三名進士。任禮部主事，官至員外郎。

許業笏 字子晉，號子和。江西彭澤縣人。光緒三十年二甲一百十四名進士。選庶吉士，授編修。

陳世昌 山東濰縣人。光緒三十年二甲一百十五名進士。任工部主事，改吏部文選司主事。

宋名璋 江西奉新縣人。光緒三十年二甲一百十六名進士。任禮部主事。

歐陽驌 廣東順德縣人。光緒三十年二甲一百十七名進士。任工部主事。

張其鍠 （1877—1927）廣西臨桂縣（今桂林）人。光緒三十年二甲一百十八名進士。授湖南芷江縣知縣，候選郎中，統領湖南南路巡防營。入民國後，歷任廣西省長、湖南軍事廳長、陸軍上將等。著有

《墨經通解》等。

張介孚　字子中。山東安丘縣人。光緒三十年二甲一百十九名進士。任法部制勘司主事。

張名振　四川長壽縣人。光緒三十年二甲一百二十名進士。任工部主事，官至弼德院二等秘書官。

第三甲一百五十名

張　鴻　（原名張澂）字隱南。江蘇常熟縣人。光緒三十年三甲第一名進士。任外務部主事，官至外務部郎中。

竺麐祥　字靜符，號潯賦。浙江奉化縣人。光緒三十年三甲第二名進士。選庶吉士，授檢討。加侍講銜。

陳賡虞　直隸安州人。光緒三十年三甲第三名進士。任刑部主事。

陳正學　四川奉節縣人。光緒三十年三甲第四名進士。任刑部主事，改湖南桂陽知縣。

劉啓瑞　字翰月。江蘇寶應縣人。光緒三十年三甲第五名進士。任內閣中書，五品銜。

父劉嶽雲，光緒十二年進士。

白葆端　直隸新城縣人。光緒三十年三甲第六名進士。任工部主事，改山西平陸知縣、平魯知縣。

陳敉功　廣西臨桂縣人。光緒三十年三甲第七名進士。

隨勤禮　江蘇江寧縣人。光緒三十年三甲第八名進士。任吏部主事。

姚　華　字重光、一鄂，晚改字茫父，號弗堂。貴州貴築縣人，原籍江西臨川。光緒二年（1876）生。二十三年舉人，三十年三甲第九名進士。授工部虞衡司主事，赴日本留學法政，回國後，任郵傳部船政司主事、郵政司建核科科長。民國後1913年當選爲參議院議員。弃官，執教於京師清華學堂、朝陽大學等。工書畫，會詩詞，民國十九年（1830）卒。著有《弗堂曲話》《菉漪室曲話》《菉漪曲》等。

舒嘉猷　雲南鶴慶州人。光緒三十年三甲第十名進士。

張雲翼　廣東順德縣人。光緒三十年三甲第十一名進士。山西即用知縣。

梁成哲　山西徐溝縣人。光緒三十年三甲十二名進士。任刑部主事，改直隸容城知縣。

顧顯曾　河南祥符縣人。光緒三十年三甲十三名進士。任內閣中書。

周之楨　湖北漢陽人。光緒二十九年舉人，三十年三甲十四名進士。任刑部主事、黑龍江高等檢察廳檢察長。

方　貞　河南商城縣人。光緒三十年三甲十五名進士。任工部主事。

張則川　湖北黃陂縣人。光緒二十八年舉人，三十年三甲十六名進士。任禮部主事，官至員外郎。

曲卓新　字荔齋。山東寧海州人。光緒三十年三甲十七名進士。

任内閣中書，度支部主事。民國後任財政部司長。山東、河南、江蘇、浙江等省財政廳長。

董繩熏 安徽宣城縣人。光緒三十年三甲十八名進士。福建即用知縣，改任江蘇銅山知縣。

邵孔亮 安徽懷寧縣人。光緒三十年三甲十九名進士。直隸即用知縣。

張朝輔 江蘇江都縣人。光緒三十年三甲二十名進士。任安徽鳳臺知縣。

舒偉俊 字石逸。江西豐城縣人。光緒三十年三甲二十一名進士。選庶吉士，授檢討。

劉遠駒 湖北黃安縣人。光緒二十八年舉人，三十年三甲二十二名進士。任户部主事。

袁永廉 字履清。貴州貴築縣人，原籍江西清江。光緒三十年三甲二十三名進士。任户部主事、山西清理財政監理官。

李延真 湖北麻城縣人。光緒三十年三甲二十四名進士。雲南即用知縣。

畢太昌 字孟和，號覲文。河南羅山縣人。光緒三十年三甲二十五名進士。選庶吉士，授檢討。民國時，任安福國會參議院議員。

陳宗蕃 福建侯官縣人。光緒三十年三甲二十六名進士。任刑部主事，改郵傳部主事，遷員外郎。

歐陽紹祁 江西分宜縣人。光緒三十年三甲二十七名進士。任工部主事。

何震彝 字鬯威。江蘇江陰縣人。光緒三十年三甲二十八名進士。任内閣中書。

聶傳曾 江西清江縣人。光緒三十年三甲二十九名進士。湖北即用知縣。

果　晟 滿洲鑲黃旗，江寧駐防。光緒三十年三甲三十名進士。任吏部主事。

朱秉筠 廣東新會縣人。光緒三十年三甲三十一名進士。廣西即用知縣。

彭運斌 河南鄧州人。光緒三十年三甲三十二名進士。任刑部主事。

鄭元楨 福建南平縣人。光緒三十年三甲三十三名進士。任兵部主事，改廣東龍門知縣。

周觀濤 字海漁。江西德化縣人。光緒三十年三甲三十四名進士。三十四年任四川江津知縣，宣統元年官至四川劍州知州。

邵從熄 四川青神縣人。光緒三十年三甲三十五名進士。山東即用知縣。

朱澤年 廣東新會人縣。光緒三十年三甲三十六名進士。廣西即用知縣。

王鴻牊（原名王抱一）福建閩縣人。光緒三十年三甲三十七名進士。任刑部主事。

葉大華 字淑瑞。福建閩縣人。光緒三十年三甲三十八名進士。任刑部主事，改廣東茂名知縣。工畫山水。

熊範輿 字鐵崖。貴州貴陽縣人。光緒三十年三甲三十九名進士。任知縣，後入雲貴總督幕僚，授遺缺知府。民國後曾任省公署秘書長。

賈景德 山西沁水縣人。光緒三十年三甲四十名進士。山東即用知縣。

陳熙朝 河南獲嘉縣人。光緒三十年三甲四十一名進士。任吏部主事。

王 烜 甘肅皋蘭縣人。光緒三十年三甲四十二名進士。任戶部主事。

王慧潤 （王慧憫，誤）河南內鄉縣人。光緒三十年三甲四十三名進士。任戶部主事。

程叔琳 字惕庵，號子蔭。湖北黃岡縣人。光緒二十九年舉人，三十年三甲四十四名進士。選庶吉士，授檢討。

張又杕 陝西澄城縣人。光緒三十年三甲四十五名進士。任刑部主事。

雷 恒 （1867—1916）字常伯，號見吾。江西新建縣人。光緒三十年三甲四十六名進士。選庶吉士，以辦學務授檢討。曾赴日本留學，後任侍講學士、兩江師範教務長。辛亥後返里。

孫家鈺 河南固始縣人。光緒三十年三甲四十七名進士。任直隸正定知縣。

楊光瓚 字玉圃。四川隆昌縣人。光緒三十年三甲四十八名進士。安徽即用知縣。

張履謙 直隸承德府人。光緒三十年三甲四十九名進士。任刑部主事，遷京師內外城地方審判廳推事。

邱景章 字端甫，號蘇齋。安徽全椒縣人。光緒三十年三甲五十名進士。任湖南嘉禾、寧鄉、清泉知縣，補邵陽知縣。辛亥後充縣議會會長、縣立中學校長。

郭鍾美 安徽合肥縣人。光緒三十年三甲五十一名進士。任四川江北廳同知。

章 梫 （原名章桂馨）字一山。浙江寧海人。光緒三十年三甲五十二名進士。選庶吉士，未散館以辦學務授檢討，改編修。張勳復辟時任學部左丞。著有《一山文存》《一山詩存》等。

吳兆梅 廣西興安縣人。光緒三十年三甲五十三名進士。任湖南新寧知縣。

陳兆槐 湖南新化縣人。光緒三十年三甲五十四名進士。宣統三年補江蘇上元知縣。

姜迺升 字雲階。直隸承德府朝陽縣人。光緒三十年三甲五十五名進士。三十四年任山東壽光知縣。

宮炳炎 字文光、一字蘿山，號潤生。山東寧海州人。光緒三十年三甲五十六名進士。任陝西石泉知縣。

覃壽堃 湖北蒲圻縣人。光緒

二十八年舉人，三十年三甲五十七名進士。任湖南新寧知縣，遷廣東欽州知州。

欒守綱　字慎三，號笑髯。山東歷城縣人，原籍茌平。光緒三十年三甲五十八名進士。任度支部主事、清理財政副監理官。

錢昌頤　江蘇如皋縣人。光緒三十年三甲五十九名進士。湖北即用知縣。

謝桓武　河南唐縣人。光緒三十年三甲六十名進士。任內閣中書，改山西定襄知縣，官至山西高等審判廳廳丞。

鄧　隆　甘肅河州人。光緒三十年三甲六十一名進士。任四川南充知縣，三十四年任新都知縣。

陸光熙　（原名陸惠熙）字亮臣，號潛齋。浙江蕭山縣人。光緒四年（1878）九月初三日生。光緒三十年三甲六十二名進士。選庶吉士，授檢討。曾赴日本學習陸軍。官至翰林院侍講。宣統三年（1911）九月初八，辛亥革命太原起義時民軍破撫署，與父一同被新軍所殺，年三十四。贈世職。諡“文節”。

父陸鍾端，光緒十五年進士，任山西巡撫。

張俊英　字子林。直隸束鹿縣人。光緒三十年三甲六十三名進士。福建即用知縣。民國十年任河南氾水知事。

彭守正　湖北漢陽縣人。光緒二十八年舉人，三十年三甲六十四名進士。任吏部主事。

馮巽占　浙江錢塘縣人。光緒三十年三甲六十五名進士。任刑部主事。

尚崇基　山西利津縣人。光緒三十年三甲六十六名進士。江蘇即用知縣。

王寶璜　湖北江夏縣人。光緒二十八年舉人，三十年三甲六十七名進士。任浙江平陽知縣。

忻江明　浙江鄞縣人。光緒三十年三甲六十八名進士。任安徽桐城知縣，宣統二年任安徽寧國知縣，三年改潛山知縣。

閔　道　雲南蒙自縣人。光緒三十年三甲六十九名進士。任兵部主事，改河南濬縣知縣。

楊濟時　湖南祁陽縣人。光緒三十年三甲七十名進士。任河南汝陽知縣。

趙錄績　字孝陸。山東安丘縣人。光緒三十年三甲七十一名進士。任內閣中書，升宗人府主事，改民政部警政司主事。

朱崇年　廣東新會縣人。光緒三十年三甲七十二名進士。任刑部主事，遷高等檢察廳檢察官。

雲　書　字企韓，號仲森。蒙古正白旗人（京口駐防，居江蘇丹徒）。光緒三十年三甲七十三名進士。選庶吉士，授檢討。官至翰林院侍講。辛亥後，任肅政廳肅政使。

崔炳炎　字祝農，號蘭溪。直隸鹽山縣人。同治二年正月十二日生。光緒三十年三甲七十四名進士。廣東即用知縣。

林基遠 山東文登縣人。光緒三十年三甲七十五名進士。浙江即用知縣。

孫鸞 字仲翔。貴州貴築縣人。光緒三十年三甲七十六名進士。任湖南保靖知縣。

任嘉莪 順天寧河縣人。光緒三十年三甲七十七名進士。任山西神池知縣。己卯重逢鄉舉。

王樹忠 （原名王楠）廣東東莞縣人。光緒三十年三甲七十八名進士。直隸即用知縣。

曹元鼎 字銘之，號彝仲。浙江歸安縣人。光緒三年九月二十三日生。光緒三十年三甲七十九名進士。任湖北黃陂知縣。

黃爲基 江西德化縣人。光緒三十年三甲八十名進士。河南即用知縣。

馮汝琪 浙江桐鄉縣人。光緒三十年三甲八十一名進士。任刑部主事，官至法部郎中。

張肇銓 字馬衡，號幼平。山東章丘縣人。光緒三十年三甲八十二名進士。三十四年任貴州貴築知縣、天柱知縣。

程鎮瀛 湖北黃岡縣人。光緒二十八年舉人，三十年三甲八十三名進士。任江西南康知縣。

葉大章 福建閩縣人。光緒三十年三甲八十四名進士。山西即用知縣。

劉光簣 四州富順縣人。光緒三十年三甲八十五名進士。任江西貴西知縣。

楊灝生 奉天吉林府人。光緒三十年三甲八十六名進士。宣統元年任直隸臨榆知縣。

李應壽 山東棲霞縣人。光緒三十年三甲八十七名進士。任甘肅高臺知縣。

章圭瑑 江蘇嘉定縣人。光緒三十年三甲八十八名進士。任工部主事。

朱大璵 字魯珍。江蘇吳縣人。光緒三十年三甲八十九名進士。任刑部主事。

葉湘 江西新建縣人。光緒三十年三甲九十名進士。三十四年任福建霞浦知縣。

孟應奚 福建閩縣人。光緒三十年三甲九十一名進士。任湖南江華知縣。

李鳳書 字管圃。山東莒州人。光緒三十年三甲九十二名進士。廣東即用知縣。因時事日非，未就職。家居手不釋卷，卒年四十二。

李熙仁 雲南昆明縣人。光緒三十年三甲九十三名進士。江西即用知縣。

李臣淑 江西永寧縣人。光緒三十年三甲九十四名進士。山東即用知縣。

王元璐 山東濟寧直隸州人。光緒三十年三甲九十五名進士。任四川高縣知縣。

仲延仕　山東寧陽縣人。光緒三十年三甲九十六名進士。廣西即用知縣。

周安康　廣西臨桂縣人。光緒三十年三甲九十七名進士。任山東章丘知縣，宣統三年署山東歷城知縣。

劉紹曾　直隸安州人。光緒三十年三甲九十八名進士。任山西永濟知縣。

陳迪吉　江西新建縣人。光緒三十年三甲九十九名進士。安徽即用知縣。

李維第　直隸深州直隸州人。光緒三十年三甲一百名進士。浙江即用知縣。

賽沙敦　（原名賽沙吞）滿洲鑲白旗人，青州駐防。光緒三十年三甲一百零一名進士。任禮部主事。

劉縣訓　山西猗氏縣人。光緒三十年三甲一百零二名進士。江西即用知縣。

榮　濬　字心川。蒙古鑲黃旗人，荊州駐防。光緒二十三年舉人，三十年三甲一百零三名進士。任湖北天門知縣。宣統三年辛亥革命被殺。

李德鑑　字葆誠，號朗侯。安徽太湖縣人。三十年三甲一百零四名進士。選庶吉士，授檢討。三十二年奉旨出使東洋稽查學務。

楊大芳　山西平定直隸州人。光緒三十年三甲一百零五名進士。直隸即用知縣。

程天錫　字晉三。甘肅文縣縣人。光緒三十年三甲一百零六名進

士。授雲南禄豐知縣，以耳疾未任。

王言綍　河南息縣人。光緒三十年三甲一百零七名進士。四川即用知縣。

韋延秩　山西曹縣人。光緒三十年三甲一百零八名進士。貴州即用知縣。

賓光椿　廣西博白縣人。光緒三十年三甲一百零九名進士。湖南即用知縣。

李維漢　四川叙永直隸廳人。光緒三十年三甲一百十名進士。任江蘇知縣、叙永中學校長。

張廷棟　江蘇山陽縣人。光緒三十年三甲一百十一名進士。三十二年任山東濟陽知縣，宣統二年任山東定陶知縣，改雲南麗江府中甸廳同知。

徐　培　廣西臨桂縣人。光緒三十年三甲一百十二名進士。任內閣中書，改湖北咸豐知縣。

田明理　字威仲。陝西城固縣人。光緒三十年三甲一百十三名進士。三十三年任四川綿竹知縣，宣統二年改四川灌縣知縣。

范家駒　廣東潮陽縣人。光緒三十年三甲一百十四名進士。官至三品銜刑部郎中、江蘇司行走。

史之選　江蘇荊溪縣人。光緒三十年三甲一百十五名進士。任禮部光禄司主事，改河南虞城知縣。

夏和清　河南光山縣人。光緒三十年三甲一百十六名進士。任郵傳部主事。

饒孟任　字敬伯。江西南昌縣人。光緒三十年三甲一百十七名進士。任工部主事，留學英國歸後改陸軍部，奏留內閣法制局。

張應濟　山西介休縣人。光緒三十年三甲一百十八名進士。任內閣中書。

李　凝　江西新建縣人。光緒三十年三甲一百十九名進士。河南即用知縣。

梁善濟　（1862—？）字伯祥、伯強，號庸齋。山西崞縣（今原平）人。光緒三十年三甲一百二十名進士。選庶吉士，授檢討。後任山西全省教育會長、山西諮議局議長、衆議員、國民政府教育部次長。工詩文書法。

陳金華　廣西永福縣人。光緒三十年三甲一百二十一名進士。宣統元年署四川遂寧知縣、隆昌知縣。

段　維　字綱伯，號用霖。陝西岐山縣人。光緒三十年三甲一百二十二名進士。任刑部主事，改法部制儀司主事，加員外郎銜，歸後主講鳳鳴、朝陽書院。母喪哀毀卒。年六十。著有《梅雪堂詩文集》《避亂吟》《青門瑣記》。

鄭猷宣　福建長樂縣人。光緒三十年三甲一百二十三名進士。甘肅即用知縣。

張學寬　字栗庵。安徽含山縣人。光緒三十年三甲一百二十四名進士。三十二年署山東萊陽知縣，三十四年任山東泰安知縣，宣統三年升知州。

李壽祺　廣西北流縣人。光緒三十年三甲一百二十五名進士。廣東即用知縣。

余維翰　湖南平江縣人。光緒三十年三甲一百二十六名進士。直隸即用知縣。

王文煥　河南長葛縣人。光緒三十年三甲一百二十七名進士。浙江即用知縣。

張肇基　雲南寶寧縣人。光緒三十年三甲一百二十八名進士。任江西吉水知縣。

許樹聲　雲南昆明縣人。光緒三十年三甲一百二十九名進士。陝西即用知縣。

增　春　滿洲正白旗人，杭州駐防。光緒三十年三甲一百三十名進士。任浙江山陰知縣。

陳煥章　（1881—1933）廣西高要縣人。光緒三十年三甲一百三十一名進士。任內閣中書。1907年赴美留學，創辦“昌教會”，從事保皇立憲活動。後發起“孔教會”，出版《孔教會雜志》。1923年，任北京孔教大學校長。

林振先　福建閩縣人。光緒三十年三甲一百三十二名進士。江蘇即用知縣。

董　鏞　字韻生。直隸安肅縣人。光緒三十年三甲一名三十三名進士。任山東冠縣知縣，調署寧海州知州。

茹欲可　陝西三原縣人。光緒

三十年三甲一百三十四名進士。任廣東三水知縣。

喬海峰 山西趙城縣人。光緒三十年三甲一百三十五名進士。陝西即用知縣。

江紹杰 字漢珊、夢蘅，號季英。安徽旌德縣人。光緒三年十月二十一日生。光緒三十年三甲一百三十六名進士。

林 蒼 字弼臣，號耕謀。福建閩縣人。光緒三十年三甲一百三十七名進士。任江西石城知縣。辛亥謝病歸。

邢 端 （1883—1959）字莊甫、冕之，號蟄人。貴州貴陽縣人，原籍江蘇上元縣。光緒三十年三甲一百三十八名進士。選庶吉士，授檢討。後歷任八旗工廠總辦、直隸高等工業學校監督、直隸工業專門學校校長、北京圖書館主任、農商部僉事、農商部礦政司司長、井陘礦務局總辦。1928年後閑居。1951年，聘任爲中央文史館館員。著有《明萬曆科進士表》《清代貴州鄉試考官解元表》《清代黔人館選題名》《蟄廬叢稿》等。

金 梁 （1878—?）滿洲正白旗人，杭州駐防。寄居北京，號息侯。光緒三十年三甲一百三十九名進士。任內閣中書，遷奉天省政務廳長。光緒三十四年，曾典守瀋陽故宮文物。

蘇兆奎 字鳳崗。四川華陽縣人。光緒三十年三甲一百四十名進士。授湖南零陵知縣、宜章知縣、調桃源知縣。入民國後，署川東道尹。

張稱達 湖南永綏廳人。光緒三十年三甲一百四十一名進士。任吏部主事。

郭輔唐 陝西渭南縣人。光緒三十年三甲一百四十二名進士。

夏道輝 湖北江夏縣人。光緒二十九年舉人，三十年三甲一百四十三名進士。任內閣中書。

王景崧 湖南益陽縣人。光緒三十年三甲一百四十四名進士。直隸即用知縣。

王慎賢 字逸海、翼海。江蘇吳縣人。光緒三十年三甲一百四十五名進士。選庶吉士，授檢討。

萬寶成 甘肅會寧縣人。光緒三十年三甲一百四十六名進士。山西即用知縣。

楊靖恭 字位侯，號岳生。河南祥符縣人。光緒八年九月十五日生。光緒三十年三甲一百四十七名進士。山西即用知縣。

章錫光 浙江會稽縣人。光緒三十年三甲一百四十八名進士。任湖南桃源知縣。

王承佐 浙江山陰縣人。光緒三十年三甲一百四十九名進士。山西即用知縣。

李景濂 直隸邯鄲縣人。光緒三十年三甲一百五十名進士。任內閣中書，改學部主事。

主要参閲書目

明清進士題名碑録索引

清朝進士題名録

清史稿

清史列傳

明清進士録

清代職官年表

稿本清代人物史料三編

清代人物大事纪年

清代大学士部院大臣總督巡撫
全録

清秘述聞三種

清代山東進士

明清貴州七百進士

清代人物生卒年表

清代浙江進士群體研究

清代進士群體與学术文化

清代翰林傳略

清代翰林名録

中国文學家大辞典清代卷

清代御史題名

清史稿辞典

畿辅通志

湖南通志

山西省府縣志七十多种

山東省府縣志一百多种

河南省府縣志一百多种

江苏省府縣志六十多种

浙江省府縣志五十多種

福建省府縣志六十多種

廣東省府縣志七十多種

廣西省府縣志六十多種

陝西省府縣志六十多種

甘肃省府縣志四十多種

四川省府縣志七十多種

湖北省府縣志六十多種

江西雀府縣志八十多種

安徽省府縣志六十多種

云南省府縣志四十多種

缙紳録四十多部

清代地方官制考

中國歷史人物傳記資料庫

地方志人物傳记

光緒三年丁丑科同年齒録

光緒六年庚辰科會試同年齒録

清代狀元譜

八旗通志

辞海

姓氏筆畫索引

姓名筆畫索引

丁嘉藻	1346	卜大川	647	于可託	126	于超	750
丁燾	1701	卜文煥	1807	于四裳	25	于萬川	1700
丁墉	1716	卜永昇	77	于民新	1736	于棟如	257
丁壽昌	1536	卜兆龍	464	于式枚	1799	于雲石	45
丁壽泉	1808	卜汝弼	26	于式棱	1963	于雯峻	813
丁壽祺	1612	卜松源	611	于成麒	1724	于鼎	946
丁壽鶴	1827	卜俊民	460	于光甲	1597	于開泰	633
丁爾俊	278	卜祚光	862	于廷琛	1976	于普源	1924
丁毓琛	1765	卜峻超	314	于旭鍾	1182	于疏枚	1946
丁毓驥	1991	卜葆紛	1466	于芳	139	于登俊	166
丁偦	957	卜雲程	1337	于克襄	1132	于登瀛	1761
丁鳳年	1661	卜貽直	870	于辰	571	于蔭霖	1613
丁榮祚	865	卜景超	307	于肖龍	134	于嗣昌	204
丁維	1695	卜寧一	692	于汧	537	于嗣登	16
丁維魯	1963	卜燕賓	1793	于沛霖	265	于滄瀾	1782
丁璜	1473	卜鏡	233	于良弼	1318	于殿章	1240
丁蕙	243	八拜	147	于君彥	1988	于璉	152
丁德泰	1358	八達里	114	于枋	550	于蔚華	1284
丁澎	117	刁克崇	292	于尚齡	1291	于銘訓	1972
丁履泰	1071	刁昇	22	于明寶	30	于鳳閣	1970
丁樹齊	1996	刁承祖	499	于采	363	于廣	443
丁學恭	1894	刁思卓	1053	于受慶	1885	于齊慶	1840
丁儁嵩	695			于朋舉	80	于漢翔	315
丁錫奎	1921	**三畫**		于周禮	489	于醇儒	1515
丁錫祜	1970	三都	112	于宗瑛	821	于暲	626
丁穎璞	1340	三格	472	于宗綏	1599	于德培	1156
丁聲蚩	612	三格	524	于宗潼	1872	于學宗	1155
丁應龍	155	三格	662	于宗翰	1679	于凝祺	565
丁濰	693	三壽	1462	于建章	1664	于澧	343
丁鎮西	1680	于大鯤	582	于相德	1918	于鍾德	1715
丁鎧	1313	于之挺	80	于柟	518	于鍾霖	1774
丁騰海	218	于之輻	395	于重寅	181	于鴻漸	104
丁寶楨	1580	于元吉	395	于振	529	于蘅霖	1738
丁寶銓	1865	于中行	679	于振宗	371	于鵬翀	109
丁寶綸	1400	于中法	1633	于耿光	1824	于鵬翰	129
丁續曾	494	于文泉	1790	于豹文	803	于瀗	232
丁麟	821	于文駿	667	于凌辰	1493	于覺世	179
丁麟年	1913	于文鑛	1996	于烜	746	于騰	1640
七十	435	于文鑑	1900	于棻	469	于瓚	346
七十一	538	于允中	1202	于敏中	664	于觀霖	1783
七十一	816	于世杰	667	于漢	292	干廷燩	1352
七十四	653	于本宏	478	于紹舜	304	干建邦	403

清代進士傳錄

王介福	1417	王以寬	823	王世永	1016	王用欽	1755
王介錫	63	王以懋	1883	王世英	166	王用賓	1310
王介禧	819	王以鋙	1104	王世荃	1298	王用賓	1331
王今遠	654	王以潔	1418	王世相	1965	王用儀	911
王公任	186	王允中	951	王世奎	1979	王立中	1361
王公楷	206	王允中	1232	王世亮	1280	王立性	679
王公輔	1884	王允升	1603	王世綬	1250	王立常	510
王公選	19	王允文	433	王世琪	1863	王玄冲	196
王丹楓	1053	王允持	328	王世琛	460	王玄琚	196
王文在	1683	王允晋	424	王世棠	1187	王必名	1697
王文充	623	王允琳	274	王世勛	896	王必昌	736
王文林	1301	王允善	1660	王世瑞	801	王永	1006
王文治	843	王允楚	1137	王世遠	1554	王永年	1821
王文炳	397	王允猷	391	王世楨	1914	王永芳	801
王文員	1791	王允猷	1996	王世裔	74	王永和	1998
王文冕	849	王允輝	1091	王世睿	493	王永春	334
王文煥	2013	王允諧	47	王世維	909	王永祚	399
王文清	558	王允澤	345	王世濲	1988	王永恭	859
王文榮	1656	王允謙	1640	王世疆	43	王永清	267
王文煌	219	王允灌	1424	王世興	378	王永緒	940
王文毓	1849	王予符	1877	王世濬	811	王永慶	1938
王文韶	1571	王玉	1536	王世耀	1301	王民瞻	51
王文標	722	王玉山	1857	王世騰	895	王弘培	501
王文徵	805	王玉珂	1897	王世顯	160	王邦光	598
王文錦	1617	王玉相	1647	王本立	1447	王邦治	907
王文錦	1708	王玉相	1954	王可大	294	王邦鼎	1808
王文龍	213	王玉書	1616	王可培	1974	王邦璽	1678
王文璿	587	王玉森	1712	王丙	1207	王式丹	406
王文驤	1246	王玉輝	968	王左待	343	王式文	1821
王方田	1720	王玉衡	1108	王丕烈	571	王式烈	633
王方衡	1605	王玉衡	1616	王丕煦	1990	王式穀	344
王斗文	924	王玉璿	488	王丕鰲	1799	王吉	215
王斗樞	82	王正	1238	王丕顯	1392	王吉人	149
王斗機	296	王正茂	831	王平格	1537	王吉士	1237
王心朝	450	王正雅	1023	王旦	301	王吉武	284
王尹	213	王正誼	1367	王甲士	347	王吉相	295
王尹方	278	王正璽	1611	王田穎	1079	王考祥	181
王引之	1068	王功成	78	王史	1022	王芝蘭	1809
王引昌	1781	王甘敷	653	王四杰	1340	王臣	964
王以昌	591	王甘霖	1243	王仕雲	96	王再興	8
王以訓	782	王世仁	817	王令樹	303	王在隆	1719
王以衡	1047	王世仕	721	王用中	497	王在璋	747

王作楷	431	王武曾	1415	王叔謙	1933	王采珍	777
王作肅	1146	王青蓮	1120	王肯構	451	王念臣	457
王作綍	1891	王青熙	1404	王肯穀	635	王念祖	206
王作賓	601	王玥	1325	王卓然	1575	王念祖	1822
王作樞	1735	王長年	269	王果	1121	王念孫	946
王作霖	706	王長庚	1148	王昆	613	王服經	1167
王作礪	458	王長卿	1244	王昌言	392	王育	1185
王伯良	1629	王坦	422	王昌嗣	143	王育柟	657
王伯勉	36	王坦	434	王昕	1639	王育琮	1021
王伯翔	82	王坦	542	王明	513	王育槺	575
王希旦	817	王坦修	940	王明試	132	王法	190
王希旦	1413	王坤	102	王明德	1847	王注	278
王希洪	482	王劼	237	王易	243	王治	328
王希曾	479	王者臣	353	王咏春	1613	王治	1290
王希賢	1969	王者政	1357	王咏霓	1799	王治國	652
王孚	416	王者都	234	王和中	1301	王治模	1035
王孚	646	王者棟	582	王和軒	1609	王宗炎	973
王孚鏞	897	王者詔	1521	王季烈	2006	王宗基	1985
王含真	289	王者馨	1808	王季球	1742	王宗誠	1028
王甸	431	王其華	726	王秉正	994	王宗燦	592
王奐曾	294	王其章	670	王秉直	48	王宗燾	1203
王系	580	王其慎	1616	王秉和	645	王定柱	1036
王言	305	王若金	1619	王秉運	589	王宜亨	189
王言惠	489	王若閎	1154	王秉義	435	王宜章	313
王言綍	2012	王若羲	140	王秉銓	184	王宓	860
王序賓	1536	王茂松	1191	王秉籙	1858	王建中	49
王辛	78	王茂蔭	1373	王秉鑑	634	王建中	560
王辛元	459	王苹	430	王岱	1721	王建本	1629
王兑	1579	王英冕	1928	王岱東	900	王建言	1769
王沅	999	王林	812	王侃	358	王建樞	101
王沛思	301	王枚	164	王佃	335	王居正	693
王沛棻	1881	王枚	2002	王佩文	1676	王居建	413
王沛獻	855	王松	153	王佩葵	937	王承佐	2014
王沔水	295	王松	1372	王依書	4	王承祜	302
王沆	1453	王松年	1096	王所掄	661	王承烈	276
王忻	19	王杰	857	王金相	1465	王承烈	454
王宏	20	王東林	1083	王金映	1763	王承祥	266
王宏善	798	王東槐	1450	王金鼎	1702	王承堯	575
王宏謨	1533	王雨穀	1743	王金策	1232	王承藎	1845
王良弼	1903	王協和	734	王金臺	1582	王承勛	1297
王壯圖	422	王協夢	1209	王金鎔	1825	王承裘	105
王奉曾	999	王協燦	480	王命岳	115	王承煦	1827

王時鴻 466
王晟 977
王恩 903
王恩光 1810
王恩注 1063
王恩祥 1491
王恩淮 1785
王恩霈 1388
王恩慶 1385
王峻 549
王乘燮 1798
王俁 399
王攸 1168
王皋 1857
王師 600
王師旦 301
王師曾 1611
王逢年 1702
王訓 42
王訓 750
王訓 1442
王衷亮 1356
王效虞 1570
王衮 1587
王竑 393
王益孚 635
王益朋 115
王益霖 1998
王烜 2009
王浩 639
王海涵 1888
王海觀 1177
王涉 1580
王浚 1552
王宸佶 804
王家相 631
王家相 1172
王家棟 244
王家棟 1096
王家景 1081
王家勛 1415
王家勤 1576
王家幹 903
王家楨 42
王家賓 879
王家賓 1811
王家駒 852
王家憲 780
王家璧 1487
王家驌 371
王家麟 1661
王家驥 1913
王朗 750
王書勛 1511
王書瑞 1557
王孫延 353
王孫晋 930
王孫蔚 87
王孫熊 397
王孫謀 385
王恕 526
王恕 1953
王紘 398
王紘 898
王純鑌 545
王珻 435
王捷三 1680
王埰 35
王教 64
王培 1191
王培仁 1660
王培心 1738
王培生 334
王培佑 1819
王培宗 393
王培宗 699
王執玉 691
王掞 251
王基 936
王基磐 1846
王棻 1186
王萃 219
王梅 234
王桴 485
王處厚 912
王處俊 992
王勗 173
王冕南 1655
王國元 1014
王國均 1696
王國相 187
王國彥 319
王國祚 615
王國瑋 77
王國棟 487
王國楨 96
王國慶 1854
王崧辰 1707
王崇本 1121
王崇曾 191
王笙 637
王進祖 1043
王偉士 784
王偉任 750
王得庚 1906
王從諫 359
王從禮 1953
王象天 45
王象瑜 1614
王訪 1035
王康 575
王康平 1782
王康佐 719
王康侯 45
王鹿瑞 398
王章 43
王章炳 38
王章粲 189
王翊 662
王翊 758
王翊清 1425
王商霖 682
王堃 1408
王清 59
王清江 1814
王清渠 1465
王清棟 738
王清遠 765
王清綬 1815
王清箱 700
王清選 1382
王清穆 1882
王淑京 468
王淏 501
王涵 395
王惟叙 19
王惟詢 1189
王寅 1350
王寅亮 1614
王寅弼 1198
王密 978
王啓沃 286
王啓烈 1877
王啓渠 1723
王啓曾 1427
王啓圖 1459
王啓緒 777
王啓綸 1723
王啓聰 1044
王階 125
王隆道 1744
王貫三 277
王紱 776
王組 631
王紳 319
王紹先 484
王紹祖 186
王紹隆 62
王紹勛 1878
王紹曾 827
王紹曾 1394
王紹曾 1989
王紹廉 1824
王紹緒 994
王紹蘭 1044
王琦 1182
王琦慶 1209
王琰 675

王瑞慶	1471
王瑪	1770
王瑋	648
王瑋	1938
王瑋慶	1212
王塏	1321
王聖來	1341
王聖時	168
王蓮塘	1590
王夢旭	471
王夢桂	956
王夢堯	510
王蒼	502
王蔭楠	1990
王蔭槐	1840
王蔭豐	1618
王椿	713
王椿蔭	1651
王楚士	723
王楚堂	1124
王楷	738
王楷	1561
王楨	7
王楨	361
王楨	488
王楫	431
王槐	1394
王槐三	1661
王楙績	501
王椽	1143
王軾	1013
王輅	539
王匯	109
王業昌	437
王煦	1286
王煦	1701
王照	934
王照	1929
王嗣昌	416
王嗣衍	374
王嗣皋	66
王嵊	1067
王嵩高	878
王嵩誕	812
王嵩齡	965
王榘曾	1162
王筠	232
王筠節	1465
王與襄	178
王傳	353
王魁鑾	1674
王鈵紳	1575
王鉞	181
王鉉	229
王愈擴	257
王會汾	668
王會英	1743
王會清	1164
王會極	1413
王會鰲	1928
王頌蔚	1801
王誠羲	1852
王裒	357
王廉	1708
王靖	722
王新楨	1850
王雍	322
王義樟	1418
王猷	587
王猷	798
王遡曾	930
王煜	1288
王煒	508
王淮源	1168
王溥	523
王溥	569
王溥	794
王溥	1437
王源瀚	1856
王滄	624
王溯維	397
王慎修	1629
王慎猷	1835
王慎賢	2014
王愷	1044
王福保	1638
王福清	941
王福鍾	1834
王褆躬	111
王殿甲	1912
王殿麟	1509
王際有	41
王際華	730
王際康	326
王經庭	1647
王綏祖	979
王綏猷	956
王瑶	856
王瑶臺	1055
王嘉生	65
王嘉禾	1781
王嘉安	1642
王嘉喆	1721
王嘉善	1748
王嘉曾	891
王嘉禄	246
王嘉會	669
王嘉謨	1895
王嘉麟	1417
王壽	1136
王壽同	1487
王壽長	577
王壽枬	1787
王壽培	1837
王壽國	1683
王壽彭	1980
王聚奎	1742
王蘘亭	1127
王熙	42
王熙元	1959
王熙載	775
王熙鋆	1809
王熙齡	1939
王榜	48
王榕吉	1501
王輔運	35
王碩人	634
王爾烈	918
王爾琨	1648
王爾鑑	607
王奪標	104
王暠	547
王鳴	754
王鳴岐	1722
王鳴球	245
王鳴盛	807
王圖	607
王圖炳	461
王毓芝	1811
王毓恂	67
王毓祥	107
王毓濂	1413
王毓藻	1657
王僧愷	835
王僧慧	453
王鋌	713
王銛	1639
王銓	1142
王銓衡	745
王銘鼎	1480
王銘淵	1907
王銘錫	742
王鳳文	1954
王鳳池	442
王鳳池	1670
王鳳沼	1793
王鳳森	1617
王鳳鼎	32
王鳳翔	1476
王鳳翥	1198
王鳳翥	1394
王鳳鳴	866
王鳳翰	1178
王誥	374
王塾	1895
王廣心	58
王廣佑	1573
王廣寒	1714

王興賢	170
王學伊	1939
王學華	1619
王學雋	1144
王學渟	896
王學潛	761
王學濂	879
王鍈	56
王錕	963
王錫	1577
王錫九	216
王錫九	560
王錫九	1394
王錫元	1672
王錫年	528
王錫命	281
王錫命	726
王錫奎	998
王錫書	698
王錫琨	1282
王錫瑄	98
王錫蒲	1165
王錫輔	259
王錫璋	621
王錫蕃	1751
王錫慶	459
王錫韓	232
王錫齡	1507
王錦	692
王錦雯	1250
王錀	881
王錞	262
王鋡	151
王穎士	302
王穎芳	1787
王諮	14
王凝	489
王凝命	196
王龍文	1942
王龍詔	1894
王熾昌	1978
王縈緒	840
王澤	1089
王澤弘	116
王澤長	305
王澤普	1720
王濂	161
王濂	1801
王憲成	1504
王寰	1030
王寰清	1859
王縡	1654
王璪	660
王璪	1368
王璵	555
王壔	1436
王壎	149
王聲溢	1998
王聯堂	1377
王聯璧	1780
王蓍	423
王藎臣	1953
王檢	622
王檢	1081
王懋才	319
王懋官	178
王懋昭	1662
王懋昭	1918
王懋修	1695
王懋竑	504
王懋德	321
王臨	824
王臨元	212
王黻	1387
王闊城	1970
王嶽崧	1871
王鍾	1143
王鍾仁	1997
王鍾吉	1092
王鍾玫	195
王鍾健	901
王鍾淮	1513
王鍾靈	160
王斂福	517
王謨	969
王謨	1034
王謙	247
王謙	543
王謙益	762
王燮	275
王應元	773
王應申	976
王應芬	993
王應辰	1099
王應垣	1036
王應奎	1013
王應奎	1369
王應珮	443
王應掄	1168
王應遇	915
王應瑜	772
王應蔚	1493
王應綵	594
王燦	161
王鴻	703
王鴻中	996
王鴻飛	1656
王鴻兟	2008
王鴻翔	1984
王鴻誥	1757
王鴻緒	270
王鴻薦	563
王鴻舉	1724
王濬	342
王濟	1874
王翼	400
王績	723
王璸	913
王覲宸	977
王藩	538
王藩	813
王藩	1079
王藩	1324
王題雁	1602
王瞻祖	205
王曜南	1957
王鵠	1236
王簡	967
王簡	1278
王簡之	345
王鎮	868
王鎮新	1279
王鎧	968
王鎬	430
王颺昌	156
王謹微	417
王燿文	1898
王勸	49
王蘇	1031
王藻	1292
王藥修	1837
王轍	567
王麗天	763
王贈芳	1189
王贈華	698
王贊	192
王贊元	1764
王贊襄	1519
王鐄	452
王鏗	81
王鵬	987
王鵬翥	1158
王鵬壽	1692
王瀚	638
王瀛	470
王懷曾	1741
王寵受	79
王鷺	120
王繩武	1951
王繩曾	596
王繡	75
王馨穀	96
王蘭	1800
王蘭生	515
王蘭芬	1029
王蘭谷	1561
王蘭昇	1731
王蘭庭	1975

清代進士傳錄

毛運昌	912	介孝璹	237	文彬	1575	方木生	1340
毛登瀛	1013	介福	626	文煥	1803	方曰璉	319
毛遠宗	434	介錫周	523	文啓	1531	方文瑞	367
毛夢蘭	1176	卞士弘	302	文琦	1694	方允鑔	1453
毛業溥	862	卞士雲	1304	文超靈	290	方玉璪	1248
毛鈺	438	卞永寧	289	文達	1221	方玉麟	762
毛慈望	1873	卞岳	762	文朝輔	1721	方正	1978
毛殿颺	369	卞咸和	411	文雅	1259	方功渤	1719
毛際可	155	卞翊清	1784	文景藩	276	方功鉞	1275
毛鳳五	1679	卞雲龍	1035	文斌	1966	方世儒	690
毛鳳儀	949	卞斌	1091	文瑞	1472	方可丹	545
毛鳳儀	1295	卞撫辰	1371	文瑄	663	方用儀	1264
毛鳳雛	802	卞樂	759	文楠	942	方永澄	345
毛漪秀	161	文大漳	486	文輅	1603	方邦基	598
毛璋	1681	文玉	1537	文槊	1887	方式濟	444
毛輝祖	734	文在瀛	1393	文魁	601	方同煦	1096
毛德馨	702	文光	1309	文溥	1321	方廷熺	816
毛慶蕃	1866	文光	1718	文溥	1933	方舟	202
毛澂	1807	文同書	1949	文壽崋	1247	方兆鰲	2002
毛樹棠	1230	文廷式	1880	文蔚	1276	方汝紹	1693
毛謨	1073	文廷杰	1237	文鳳喈	1352	方汝謙	829
毛應藻	890	文兆奭	705	文榮	1699	方孝標	53
毛鴻順	1409	文志鯨	357	文寧	1000	方苞林	1837
毛鴻圖	1625	文秀	1394	文綸	1193	方克壯	500
毛鴻賓	1442	文林	1947	文德馨	1847	方克猷	1886
毛鴻藻	1748	文杰	1972	文慶	1286	方辰	390
毛鵑	356	文郁	1813	文澂	1656	方伸	299
毛繡虎	1285	文明	395	文緝熙	1913	方伯	445
仁元文	694	文明欽	1873	文翰	1660	方希賢	92
仇元基	704	文岱	389	文穎	1516	方亨咸	40
仇匡國	357	文治	1671	文龍	1910	方宏度	486
仇兆鰲	324	文宗歐	1630	文謨	749	方長庚	1249
仇汝顯	1808	文昭	565	文藝	1296	方坦	1488
仇炳台	1638	文保	566	文懿	1317	方若珽	31
仇效忠	1341	文俊	1958	亢保	717	方林	949
仇琨	1203	文風堂	963	亢福	982	方來	257
仇然	716	文炳	1166	方一韓	446	方昂	925
仇鳳翀	162	文祖堯	678	方于光	62	方秉楨	207
仇繼恒	1844	文起	1509	方大淳	1384	方洰	1659
介玉潮	729	文格	1491	方天寶	744	方宗鈞	1325
介孝瑞	339	文倬天	176	方元啓	213	方建鐘	1009
介孝璪	390	文祥	1514	方元鶚	1104	方春熙	829

清代進士傳錄

一六

孔傳大	655	孔繼鈺	1718	甘熙	1443	左敬祖	54
孔傳心	610	孔繼鴻	1105	甘學淳	714	左喬林	1386
孔傳正	698	孔繼鏷	1426	甘燾	1778	左運昌	1827
孔傳忠	446	巴永阿	1340	甘鵬雲	1982	左輔	1041
孔傳性	1108	巴金泰	701	甘醴銘	1678	左霈	1980
孔傳孟	25	巴彥學	784	世臣	579	左駿章	1533
孔傳炯	697	巴海	112	世昌	1521	左璘	1704
孔傳堂	567	巴海	358	世禄	480	左繼儒	585
孔傳習	1224	巴從周	1377	世榮	1947	左衢	799
孔傳勛	1782			世綸	1373	石之玫	160
孔傳曾	1151	**五畫**		艾元徵	9	石之珂	740
孔傳鉞	1267	玉山	1428	艾廷選	1763	石元珪	1492
孔傳綸	1171	玉星燭	832	艾芳	564	石曰琮	357
孔傳藤	1406	玉保	990	艾茂	784	石文秀	823
孔毓文	815	玉祥	1793	艾恩蔭	621	石文桂	292
孔毓珒	454	玉書	1355	艾厥修	169	石文煒	1098
孔毓儀	412	玉彬	1926	艾暢	1463	石文漣	1053
孔毓璣	440	玉啓	1811	艾肇端	1125	石去浮	555
孔廣什	940	玉綬	1174	艾慶瀾	1763	石申	20
孔廣泉	1531	玉衡	1461	艾濂	1168	石生暉	485
孔廣森	924	玉藻	1328	古澧	613	石永華	837
孔廣義	1358	玉麟	1049	古韻	1410	石成峰	1734
孔廣謨	1663	功普	1237	术其黌	1701	石光暹	1968
孔廣鐘	1834	功襲	1167	札拉芬	1701	石光璽	513
孔廣鑒	1743	甘山	867	左元烺	1494	石交泰	1241
孔邁	136	甘曰戀	528	左方海	917	石如璉	288
孔暹	266	甘文林	855	左有言	377	石玖光	870
孔慶墫	1955	甘立功	794	左周	915	石攻玉	703
孔慶鈺	1449	甘立猷	973	左宜之	1855	石志仁	996
孔慶鏻	1422	甘立德	893	左挺生	1780	石作棟	1879
孔興釪	263	甘汝來	484	左峴	267	石長甲	1143
孔興壇	293	甘守先	1455	左雋	1614	石長佑	1958
孔憲教	1844	甘志道	649	左射斗	22	石長信	1950
孔憲曾	1757	甘作賡	1917	左逢源	669	石杰	493
孔憲毅	1598	甘岳	1168	左乾春	1415	石虎臣	1577
孔繁昌	1867	甘美	702	左盛均	1826	石金聲	1997
孔繁樸	1900	甘晋	1472	左崇典	1917	石承藻	1149
孔繼中	1551	甘家春	1118	左章昞	1218	石拱極	416
孔繼尹	1220	甘家斌	1045	左章照	1128	石城	1101
孔繼涵	922	甘常俊	1712	左紹佐	1799	石香圃	1834
孔繼埰	1127	甘啓運	1682	左紹鑾	1723	石振鋆	1882
孔繼勛	1382	甘爲仁	716	左瑛	1506	石時榘	1061

石峻	1573	平步青	1636	田自禪	833	田雲翼	375
石家紹	1288	平住	403	田名徵	1354	田雯	225
石敏	786	平泰	757	田多眷	346	田景瀛	1586
石產瑚	1177	平恕	932	田均豫	865	田智枚	1902
石渠	1746	平遠	974	田志隆	715	田詔金	1300
石寅亮	1788	平聖敬	882	田志勤	616	田瑞瑛	1319
石寅恭	1958	平聖臺	809	田步蟾	1982	田嵩年	1264
石葆元	1130	占木蘇	147	田我霖	1707	田福謙	1484
石朝棟	1243	申士秀	885	田弟怡	773	田際春	1586
石鼎	1083	申允恭	957	田沆	362	田嘉穀	462
石景芬	1315	申弘謨	215	田沇	716	田嘉種	914
石景宗	1141	申企中	1065	田長文	470	田慕芳	368
石爲崧	341	申旭	246	田雨公	1439	田碩	957
石爲藝	806	申茂	539	田明理	2012	田需	297
石裕紳	1723	申尚毅	1756	田明德	2005	田種玉	124
石禄	291	申逢吉	1514	田易	421	田種玉	565
石瑋	38	申涵盼	208	田依渠	1603	田種玉	979
石會昌	1644	申啓賢	1122	田庚	1888	田毓璠	1986
石意恭	1492	申啓鑣	1121	田怡	1788	田鳳儀	925
石壽祺	1771	申瑋	440	田承謨	437	田廣恩	1815
石毓萱	1203	申絃祚	124	田畇	346	田廣運	467
石鳳揚	1430	申瑶	1022	田恂	1835	田實發	603
石廣均	1325	申寧吉	900	田起龍	111	田肇埏	295
石養源	951	申錫	195	田軒來	352	田緒宗	106
石維昆	3	申穟	201	田秋	1413	田維敬	1053
石綸	1207	田一倫	10	田逢吉	118	田潤	1307
石潤廣	267	田七善	189	田逢年	1700	田翰墀	1675
石樹珠	1619	田大壄	494	田衷孚	399	田樹楨	1470
石學階	1645	田元春	1326	田祥	1438	田樹棻	1621
石鴻韶	1806	田五柱	613	田書年	1613	田興梅	1045
石曜	136	田六善	25	田烝髦	195	田薫	154
石韞玉	1028	田文洛	1165	田萃禎	51	田應達	1836
石贊清	1444	田玉芝	500	田國足	37	田鴻文	1940
石鏡潢	1849	田玉成	835	田國俊	1615	田豐玉	1489
石鯨	150	田甘雨	728	田得吉	1609	田壘	675
石譽生	189	田世豐	784	田得名	334	田蘇游	1739
石爐	683	田可大	186	田從典	346	田瀾海	1743
石襲曾	576	田永年	1048	田象三	308	田穗	1115
石麟	610	田弘祖	246	田瑛	1033	田寶岐	1719
石鷫燾	989	田成玉	278	田喜霈	206	田寶蓉	1916
布彥泰	1465	田成玉	611	田植仁	1673	田體清	1163
平志	1143	田光復	380	田厥茂	2	田顯吉	208

田麟	150	史致蕃	1310	史澄	1453	丘彝	262
由樹甲	1018	史致諤	1440	史履晋	1896	丘鏞	497
史三榮	16	史致儼	1070	史編	23	付德	597
史士傑	51	史恩培	1878	史樹駿	49	白乃貞	104
史才	887	史流芳	320	史樸	1431	白士弘	682
史大立	1663	史書笏	1046	史罶	642	白上青	1501
史大成	115	史陸輿	300	史積中	1032	白小子	281
史大勛	836	史彪古	95	史積英	1002	白子男	635
史之選	2012	史國華	972	史積容	921	白子剣	1959
史天顯	677	史國琛	1985	史積琦	646	白子雲	471
史允琦	37	史崧秀	1595	史積新	1285	白守廉	1043
史丙榮	1444	史崇恂	143	史燧	64	白玠	263
史甲先	191	史悠咸	1903	史謙光	742	白明義	1203
史申義	338	史悠瑞	1971	史曠如	978	白所見	24
史弘謨	68	史象晋	70	史屬廷	127	白昭	764
史在甲	482	史逸堂	343	史藻	955	白彦良	226
史伯言	220	史逸裘	122	史鏘	574	白昶	1765
史良植	26	史塋	1939	史譜	1131	白桓	1652
史長昆	290	史惇化	531	史寶安	1984	白恩佑	1528
史茂	554	史紹聞	1310	史寶徵	1328	白凌雲	872
史尚節	429	史斑	820	史繼澤	1854	白兼	454
史尚轍	164	史琮	862	史夔	309	白象賢	1898
史具勛	27	史揚	769	史鶴齡	239	白葆端	2007
史昌孟	542	史貽直	389	叱騮	543	白雲龍	1108
史易	904	史貽謨	732	冉中涵	1122	白遇道	1728
史秉直	295	史策先	1379	冉文瑞	1900	白焯	1857
史秉直	1308	史評	1151	冉玉行	1045	白惺涵	81
史佩瑢	1381	史普	385	冉永淦	1107	白夢鼐	260
史念徵	1289	史載	5	冉宗洙	704	白嘉澍	1950
史泓	388	史夢琦	910	冉廣燏	944	白種岳	1143
史承謨	92	史傳遠	866	冉瑾	544	白鳳	1001
史孟和	1259	史誠	1855	冉覲祖	353	白榮西	1319
史春荃	1832	史鳴皋	775	生永錫	1464	白潤	1538
史胤庚	156	史毓光	213	丘元武	175	白畿	345
史奕簪	754	史隨	444	丘允通	206	白聯元	1462
史炳符	1448	史緒任	1843	丘尚志	451	白濬銑	1351
史祐	1061	史增	514	丘泰	166	白璿	437
史紀夏	136	史賢	1719	丘時中	132	白雙南	1457
史泰	103	史震林	677	丘時成	288	白鎔	1070
史珀	286	史調	645	丘晟	433	白瀛	668
史珥	819	史慶義	426	丘圜卜	213	白譓卿	1348
史致光	1007	史遵古	266	丘璐	138	白麟	881

曲卓新 2007
曲聖凝 28
曲福綬 1792
曲震 293
曲槦 514
同揆奎 1564
同照 1647
吕土 824
吕士秀 18
吕大猷 39
吕子班 1110
吕元亮 881
吕元恩 1814
吕元勛 1674
吕日登 554
吕曰正 398
吕中吕 1067
吕公滋 941
吕文光 785
吕文櫻 434
吕玉麟 1223
吕正音 135
吕正斯 1955
吕功 496
吕邦俊 1619
吕式古 1517
吕式枚 1680
吕式榑 1652
吕存德 1906
吕光亨 774
吕光焕 1101
吕廷雲 272
吕延慶 1279
吕兆麒 1111
吕兆麟 210
吕守曾 553
吕圻 1495
吕志元 1930
吕孚鳳 458
吕序程 1508
吕東表 722
吕尚傅 307
吕和鐘 118
吕佺孫 1423
吕佩瑀 1835
吕炎律 1819
吕承彦 1978
吕承瀚 1927
吕奏韶 104
吕咸熙 1956
吕彦枚 1991
吕宮 30
吕祖望 95
吕祖翼 2001
吕珮芬 1795
吕振 233
吕振騏 1337
吕倌孫 1442
吕益昌 580
吕祥齡 1182
吕崇修 1301
吕崇素 543
吕崇謐 725
吕偉標 1216
吕烱 804
吕清 1086
吕紹栻 4
吕紹端 1704
吕琨 317
吕葆中 419
吕敬直 1878
吕朝瑞 1578
吕森 1915
吕雲棟 934
吕雯 1017
吕鼎祚 543
吕道象 1896
吕曾 1916
吕補袞 79
吕夢飛 1261
吕傳愷 1946
吕鈺 1944
吕滉 457
吕溶 1277
吕慎多 12
吕慎修 1644
吕際虞 739
吕際韶 1592
吕爾昌 883
吕鳴純 48
吕銓 1517
吕銘 1017
吕鳳岐 1774
吕鳳梧 131
吕榮光 963
吕維檼 18
吕維榦 246
吕璜 1199
吕賢基 1398
吕賢楨 1759
吕德玉 1440
吕調元 1996
吕賡雅 610
吕澄 339
吕審韶 819
吕慰曾 1970
吕履恒 363
吕篤 1952
吕興周 1984
吕錦文 1566
吕龍光 1286
吕熾 584
吕憲瑞 1644
吕懋光 1912
吕謙恒 444
吕應鍾 88
吕濬堃 1996
吕耀斗 1548
吕耀曾 431
吕鐘三 1628
吕瀧 813
吕繼純 1958
吕爚 299
吕顯祖 151
吕纘祖 1
回長庚 1853
年仲隆 123
年常阿 749
年羹堯 403
朱一玠 901
朱一深 784
朱一新 1752
朱一鳳 441
朱一瓊 1328
朱乃恭 1702
朱三 113
朱士冲 44
朱士彦 1109
朱士達 178
朱士達 1242
朱士鈺 622
朱士廉 1393
朱士黻 1851
朱大成 400
朱大任 258
朱大乾 211
朱大章 234
朱大資 508
朱大誥 1892
朱大璵 2011
朱山 773
朱之玉 18
朱之佐 185
朱之問 501
朱之傑 1617
朱之焜 99
朱之弼 4
朱之璘 459
朱之翰 44
朱之錫 2
朱之辨 546
朱之鐸 694
朱子春 1829
朱子璠 881
朱天保 485
朱天榮 497
朱天寧 47
朱元英 439

朱栻之	1288	朱清忠	598	朱敦厚	241	朱熙宇	1656
朱桂楨	1079	朱淳	1342	朱敦棣	603	朱裴	9
朱桓	618	朱淥	1074	朱善祥	1757	朱鳴英	1314
朱桓	1046	朱涵	716	朱曾仲	706	朱毓文	1309
朱迪然	1639	朱啓昆	377	朱煐	556	朱毓崧	1739
朱時中	1455	朱啓勛	1923	朱運新	1974	朱銘瓚	1793
朱時冕	546	朱啓鳳	1765	朱榮	1149	朱鳳台	42
朱倬紱	939	朱張銘	123	朱發	619	朱鳳英	591
朱射斗	212	朱階吉	1226	朱瑞椿	1042	朱鳳森	1103
朱鬯侯	1537	朱陽	791	朱遠綏	1952	朱鳳標	1360
朱逢辛	1345	朱綏	74	朱遠繕	1954	朱鳳檦	1512
朱訓誥	178	朱綏	933	朱夢元	1487	朱語	606
朱袞	291	朱紹文	1932	朱蓉	1014	朱誥	922
朱旂	116	朱紹恩	1216	朱楷	1361	朱榮先	1979
朱益濬	1777	朱紹鳳	80	朱楣	1210	朱榮經	626
朱益藩	1881	朱瑛	73	朱楸	1198	朱肇開	624
朱家學	1356	朱琦	1335	朱楸春	1994	朱熊光	1006
朱家濂	781	朱琦	1402	朱軾	370	朱綸	456
朱家寶	1905	朱琰	894	朱暄	1854	朱綵	276
朱案扶	765	朱琬	413	朱路	1876	朱綬	101
朱朗	499	朱琛	1706	朱嗣韓	1084	朱綬	786
朱㞪	374	朱彭年	1768	朱嵩	356	朱緇衣	501
朱祥暉	1883	朱彭壽	1961	朱嵩	754	朱瑨	650
朱書	410	朱斯裕	413	朱筠	810	朱璜	1211
朱陵	552	朱敬	842	朱傳	806	朱璋	492
朱能作	1227	朱蒗	129	朱傳熙	1790	朱霈	1747
朱能恕	805	朱朝玠	1429	朱魁鰲	244	朱輝珏	364
朱理	1008	朱惠	1213	朱鈺	1012	朱嶒	1255
朱逵	1065	朱雲	286	朱靖旬	1616	朱儀訓	1588
朱逵吉	1208	朱雲從	1920	朱煜南	1107	朱德芬	1211
朱掄英	993	朱雯	226	朱煌	1036	朱德垣	1986
朱菜元	811	朱紫佐	1821	朱源	1493	朱德華	1249
朱堅	1358	朱紫佩	1737	朱滄鰲	1974	朱德淵	1128
朱盛江	712	朱鼎漣	721	朱福基	1671	朱德澋	1510
朱虛	47	朱閭章	545	朱福詵	1795	朱德澄	1422
朱國俊	21	朱景星	1661	朱際明	137	朱德璲	1221
朱國淳	1250	朱景軾	1883	朱嘉善	649	朱德澤	1877
朱國楨	1980	朱稭	777	朱壽朋	1987	朱賡颺	1772
朱國賓	1517	朱策	1608	朱壽保	1834	朱慶旦	684
朱崇年	2010	朱鈐	937	朱壽康	1530	朱慶芬	1517
朱崇慶	1298	朱爲弼	1141	朱壽慈	1871	朱慶祺	1367
朱偓	1031	朱爲霖	1429	朱壽熊	1775	朱慶頤	1022

清代進士傳錄

二四

任兆堅	1570	任啓運	621	任澤和	1027	全奎	1202
任兆熙	735	任郿祐	1123	任謙	372	全祖望	651
任克溥	65	任紹爌	232	任謙	821	全乾象	526
任辰旦	247	任琪	134	任應烈	594	全順	1350
任步月	1746	任瑛	1535	任應龍	990	全魁	783
任佐	27	任琚	811	任璿	307	全鈺	1237
任佑觀	1853	任朝棟	1637	任蘭枝	475	全福	1164
任伯寅	1075	任雄	136	任觀瀛	307	全慶	1345
任沛霖	1496	任貴震	1728	伊允楨	1662	合拉	114
任玥	205	任爲琦	1373	伊克唐阿	1340	合撲	585
任坪	350	任翔	710	伊里布	1095	兆元	1199
任其昌	1675	任楓	245	伊秉綬	1021	兆麟	652
任英	1112	任暄猷	121	伊恒瓚	914	朵如正	1764
任尚蕙	1017	任嵩	482	伊泰	411	危映奎	815
任昌祚	29	任傳綸	1597	伊桂	776	危履亨	887
任明哲	1714	任塍	1809	伊桑阿	146	名昌	467
任秉哲	788	任遡昉	171	伊雲崧	1202	多山	1050
任泩	1307	任煊	1050	伊貴綬	695	多仁	1479
任宗泰	1830	任漣	1629	伊福納	606	多泰	1721
任承允	1938	任溥	458	伊爾敦	506	多倫五	803
任承沆	1984	任殿選	1520	伊興阿	698	多象謙	4
任承紀	1974	任際虞	513	伊應鼎	659	多爾技	630
任荃	1413	任嘉義	2011	伊鏗額	1416	色卜星額	1145
任相	521	任熙弼	1608	伊闓	134	色冷	147
任重光	1601	任爾瓊	381	伊巇	154	色通額	614
任奕靈	350	任衛蕙	1010	伊麟泰	1557	色勒步	113
任祖瀾	1984	任銓	1166	伊靈阿	749	色黑得	146
任泰	1324	任塾	239	向大觀	167	色楞額	447
任振世	278	任端書	664	向日貞	483	色誠	562
任起鵬	1574	任養正	1202	向廷柱	723	衣璟如	63
任埈	118	任肇新	1974	向步瀛	1973	羊琦	105
任連升	1605	任增	814	向序	1123	羊鰲	581
任秩五	1521	任震行	652	向昌甲	1973	米天英	841
任倫備	359	任震遠	866	向時鳴	1677	米天琦	868
任祥麟	1766	任輝第	1512	向嵐	718	米步青	717
任陳晉	707	任澍南	1015	向曾賢	1052	米協麟	1737
任基振	907	任澐	426	向肇隆	1132	米毓瑞	1889
任國楨	1540	任履素	718	向賢	1731	米漢雯	200
任國寧	639	任璣	221	向德華	631	米調元	371
任煥奎	1786	任樹森	1277	行仁	761	米錦	884
任清漣	280	任樹楷	1646	全士鑄	1658	米穜	1957
任啓泰	260	任錫純	1948	全林	1634	米襄	50

那羆	146	牟國須	235	杜元麟	583	杜宣	1102
那穆齊禮	830	牟國瓏	353	杜友白	1854	杜泰	778
那謙	1777	牟惇儒	1101	杜文焕	433	杜珣	322
阮士惠	1916	牟朝宜	728	杜允中	172	杜華章	969
阮大定	1917	牟雯	1236	杜正詩	1643	杜桂	169
阮元	1020	牟蔭喬	1726	杜世銘	1621	杜剛	1086
阮升基	1036	牟愨	468	杜本崇	1860	杜甡	1856
阮文焘	1034	牟標	1632	杜田之	1589	杜卿靄	1493
阮文藻	1285	牟樹棠	1657	杜召棠	1935	杜逢庚	1678
阮芝生	834	牟穎儒	1100	杜光先	394	杜浣	1393
阮光鼎	1617	牟戀圻	1738	杜光佑	1996	杜宸甫	120
阮汝昭	615	牟鴻鶱	980	杜先瀛	525	杜能忠	399
阮汝暻	559	牟瀜	521	杜廷楷	1464	杜堃	1239
阮佩蘭	1770			杜多斑	188	杜淇英	345
阮基	840	**七畫**		杜充輝	1642	杜啓運	498
阮貽昆	1199	扶道弘	636	杜汝用	127	杜紹祁	1267
阮善繼	1877	折庫納	112	杜防	1490	杜琢章	1573
阮壽松	1538	折庫納	113	杜如芝	1548	杜塝	963
阮爾詢	313	折遇蘭	849	杜均	916	杜塄	1094
阮維誠	562	志和	1573	杜李	378	杜詔	463
阮調元	1680	志琼	1965	杜作航	1911	杜遂	514
阮瑩遲	1336	志鈞	1817	杜希旦	83	杜湘	1168
阮學浩	602	志銳	1797	杜希軫	1357	杜滋	1539
阮學濬	619	芮永肩	852	杜彤	1903	杜瑞聯	1568
阮鞠廷	47	芮永祺	714	杜良祚	52	杜瑞麟	1686
阮應商	413	芮振宗	940	杜若拙	713	杜詹	1409
阮燦輝	1247	芮復傳	451	杜來鳳	25	杜義山	1554
如山	1444	芮繼宗	1608	杜來錫	1579	杜煜	604
如麟	1979	花沙納	1362	杜述琮	1987	杜壽朋	1613
牟元文	879	花杰	1073	杜果	38	杜鳳梧	1307
牟曰笏	568	花尚	279	杜昌炎	900	杜潑	37
牟曰簹	770	花咏春	1251	杜秉陽	1015	杜蕭	685
牟廷典	836	花銘	1898	杜受田	1303	杜震遠	193
牟江歷	625	花譜春	1381	杜受履	1512	杜震鐸	683
牟安儒	1141	芳鎮	1914	杜念曾	797	杜墨林	1621
牟若紛	819	克明	1498	杜官德	745	杜德興	1963
牟昌裕	1033	克星額	1373	杜承美	16	杜慶元	1801
牟育	1908	杜一鴻	859	杜南棠	1013	杜薇之	1179
牟貞相	966	杜三德	659	杜庭琛	1626	杜翰	1496
牟衍駿	1429	杜天培	514	杜彦士	1305	杜臻	154
牟恒	369	杜天樞	1718	杜首瀛	806	杜學禮	1489
牟國玠	321	杜元躬	888	杜炳玠	1807	杜錡	797

李文燦 296
李文燿 1717
李文藻 859
李文瀛 1600
李文瀾 1552
李方 1367
李方茂 871
李方泰 784
李方熙 383
李方榕 661
李心地 1919
李孔陽 846
李孔嘉 230
李以健 990
李允升 718
李允升 1105
李允秀 353
李允性 716
李允登 196
李允廉 1937
李予之 254
李予申 767
李玉振 1987
李玉書 512
李玉琅 578
李玉鳴 641
李玉璋 565
李玉鉉 422
李玉樹 799
李正揆 706
李正蔚 110
李正儀 1450
李世田 1991
李世珍 1678
李世垣 628
李世㑭 904
李世洽 50
李世祥 1828
李世基 654
李世彬 1296
李世望 937
李世寅 1791
李世悳 227
李世猷 1221
李世輔 783
李世錫 210
李世鎬 2
李世耀 66
李世鐸 15
李本仁 1425
李本芳 1273
李本昕 830
李本泓 225
李本晟 58
李本涵 339
李本榆 1072
李本樟 622
李可汧 123
李可琳 1553
李可喬 77
李可端 1064
李可蕃 1114
李可瓊 1133
李丕先 158
李丕則 137
李平 174
李平先 1719
李目 34
李甲第 567
李生之 190
李生芳 9
李生美 51
李仕良 1675
李仕清 823
李仙根 199
李仙蟠 1244
李用清 1671
李用曾 1791
李用楫 287
李印萬 1262
李立元 1881
李立道 729
李永庚 201
李永清 1449
李永紹 329
李永錫 765
李弘 159
李弘建 320
李弘敏 141
李匡然 577
李邦慶 1832
李式 204
李式圃 1294
李吉言 1545
李芝 759
李臣淑 2011
李再可 1179
李再瀛 1024
李在青 1189
李有倫 231
李有基 989
李百齡 271
李百齡 1320
李存周 1200
李而侗 381
李成芳 1127
李成芳 1517
李成性 24
李成桂 723
李成棟 184
李成輅 363
李成龍 567
李成蹊 610
李成蹊 1117
李成鑛 79
李光斗 1729
李光地 250
李光廷 1566
李光宇 1807
李光里 1177
李光卓 1874
李光泗 650
李光型 631
李光胤 24
李光彥 1478
李光前 631
李光祚 624
李光晉 1078
李光時 979
李光座 62
李光國 822
李光涵 1346
李光萬 897
李光雲 922
李光鉞 1431
李光墺 520
李光燿 1894
李光瀛 1177
李光瀛 1239
李同亨 158
李同聲 447
李因培 731
李先立 370
李先枝 528
李先固 305
李先益 704
李先達 805
李廷芳 904
李廷佑 944
李廷宋 566
李廷柏 871
李廷屏 916
李廷揚 845
李廷敬 947
李廷勛 378
李廷欽 879
李廷棨 1216
李廷棨 1355
李廷幹 1259
李廷楠 1558
李廷楷 1508
李廷試 798
李廷模 404
李廷輔 1236
李廷鉽 1586
李廷實 1768
李廷樞 49
李廷樞 353

李英	739	李和雨	333	李宗瀚	1042	李柏齡	1876
李英	1932	李和卿	1805	李宗寶	828	李柱	147
李英華	1850	李和燮	1812	李宜芳	602	李威	517
李直	577	李秉瑞	1831	李宜青	654	李威	1589
李林	378	李岳瑞	1830	李宜突	813	李威	960
李林	828	李岱生	168	李宜蕃	830	李威	1805
李林松	1061	李岱陽	15	李空凡	436	李厚泰	1176
李枝長	172	李佩琳	1586	李祉	1627	李厚望	452
李枝昌	759	李佩蓮	1237	李建中	734	李耷	322
李來泰	85	李佩銘	1803	李建北	1135	李貞木	1401
李松齡	866	李阜	255	李居易	182	李則廣	1377
李杭	1486	李金臺	721	李居廣	468	李映岱	722
李杰牲	1067	李金臺	1055	李承芳	796	李映庚	1873
李東垣	1648	李金藻	1120	李承庚	780	李映棻	1498
李雨霈	74	李金鰲	1463	李承祖	965	李星沅	1370
李協中	1439	李念兹	1765	李承綏	299	李昭美	1251
李郁芬	1757	李念慈	153	李承報	944	李昭煒	1742
李郁華	1686	李周南	1213	李承瑞	774	李品三	1526
李郁然	1287	李周望	379	李承暄	937	李品芳	1305
李奇生	104	李庚映	638	李承端	1011	李品亨	1682
李肯文	676	李炌	13	李承霖	1451	李适	14
李尚卿	1789	李治泰	981	李孟雨	41	李科捷	590
李尚隆	273	李治國	509	李孟群	1534	李重華	549
李果	647	李治運	589	李春元	1822	李重華	1521
李果成	585	李性	394	李春芳	1785	李重發	1216
李果實	452	李性悌	383	李春暄	1320	李重輪	1275
李昆	1609	李宗文	754	李珏	810	李笈	416
李昌平	1100	李宗孔	34	李珍	391	李修行	496
李昌垣	32	李宗白	39	李瑢	649	李修卿	623
李昌昱	815	李宗沆	1217	李珆	15	李保中	1154
李昌祚	106	李宗昉	1109	李垚	1854	李保泰	979
李昌祺	1576	李宗泰	1619	李封	817	李信芳	1553
李昌瑞	1574	李宗唐	1853	李持柏	1759	李泉	1052
李昌熾	1335	李宗培	300	李城	1349	李帥正	401
李門人	197	李宗森	1917	李挺芳	1447	李胤嵒	9
李明墥	1532	李宗裕	1856	李莒	1194	李胤楓	227
李昉梾	451	李宗蓮	1734	李茹旻	482	李奕疇	982
李迪	598	李宗鄴	1698	李南英	260	李竑鄴	262
李忠廷	897	李宗澍	998	李相	1855	李音	545
李迥	227	李宗義	1525	李柟	278	李彥珂	46
李岷琛	1704	李宗膺	1911	李栴	343	李彥珽	133
李和吉	359	李宗燾	1490	李柏	1413	李彥彬	1309

李培初	165	李國柱	608	李煥	429	李珹	431
李培茂	235	李國祚	659	李煥	1161	李琮	402
李培英	1630	李國琇	1672	李煥斗	269	李琬	431
李培炆	1258	李國梓	1521	李煥春	1501	李琬	768
李培祐	1525	李國棠	1506	李煥堯	1843	李琬	1143
李培真	11	李國楠	1641	李煥然	194	李堯棟	932
李培基	9	李國榛	1411	李清	520	李堯疇	514
李培榮	951	李國鳳	383	李清芳	646	李超	693
李培緒	1183	李國賡	1765	李清時	710	李超凡	1321
李培謙	1302	李國禧	750	李清琦	1930	李超咸	1347
李培蘭	1825	李國瀛	1537	李清植	550	李賁	6
李接第	218	李國麟	803	李清傑	1178	李揚宗	1832
李基	232	李崇忠	1723	李清瑞	1621	李斯昇	707
李基生	696	李崇洸	1784	李清載	600	李斯義	342
李基和	275	李崇照	1356	李清鳳	1426	李期遠	346
李棻	1198	李崇禮	978	李清鑑	1770	李萬倉	1318
李棻	1478	李峒	560	李淇	1585	李萬傑	1448
李棻	1877	李符恭	514	李淇	1589	李蕚	1337
李萃	873	李敏	423	李渠	868	李葆善	1793
李萃吉	1653	李敏行	765	李淮	540	李葆實	1818
李菡	1289	李敏孫	175	李淳	872	李葆樹	1493
李菡芳	1314	李敏第	593	李淳	1437	李敬	35
李彬	264	李敏賢	1311	李淳	1464	李敬修	1281
李彬	1201	李進	279	李淳玉	1282	李敬修	1828
李彬	1339	李進禄	1878	李淯仁	327	李敬躋	831
李彬然	1248	李得春	1540	李悙	437	李朝鼎	329
李梅	743	李從圖	1349	李惇	974	李朝儀	1341
李梅賓	526	李從龍	598	李寅	1731	李朝儀	1515
李堅	942	李象井	949	李寅齡	1885	李植	743
李盛和	2002	李象元	356	李密	357	李植	914
李盛唐	606	李象辰	1780	李啓芃	749	李植惠	636
李盛鐸	1860	李象奎	803	李陽棫	942	李森	1533
李盛鑾	1990	李象溥	1162	李緞	441	李棟	722
李堂	417	李象鵠	1072	李緞藻	1713	李梛	871
李堂	712	李象鵾	1197	李組紳	1923	李棶	389
李常吉	849	李章堉	801	李紳文	341	李硯田	1878
李晶	1575	李翊	827	李紹芳	382	李雲青	1212
李冕	714	李翊煌	1846	李紹昉	1248	李雲來	1724
李晥	346	李翊燽	1835	李紹周	381	李雲起	23
李國材	1946	李率先	453	李紹烈	1973	李雲程	816
李國杞	1343	李烔	794	李瑛	40	李雲會	293
李國相	556	李煥	92	李琦	1002	李雲慶	1901

李廉士 175
李廉泉 1499
李新祐 1134
李新莊 1586
李雍 368
李義得 1510
李慈銘 1802
李煜 308
李煌 1228
李煊 100
李煒 1459
李溱 1674
李溥 25
李源 18
李源 913
李源 1162
李愫 84
李慎 1579
李慎五 1998
李慎修 463
李慎修 1157
李慎侯 1913
李愿 581
李福田 1682
李福泰 1500
李福簡 1963
李禎 317
李殿邦 325
李殿林 1705
李殿圖 895
李遜 610
李際昌 194
李際昌 1558
李際隆 681
李嬂 383
李棨 933
李經世 1798
李經野 1832
李經畬 1882
李瑧文 187
李静淵 939
李嘉禾 1087
李嘉秀 1253
李嘉胤 71
李嘉祐 1122
李嘉瑞 1786
李嘉猷 294
李嘉端 1343
李嘉賓 1679
李嘉樂 1654
李臺 851
李壽彭 553
李壽祺 2013
李壽蓉 1595
李聚元 1158
李熙 1976
李熙仁 2011
李熙文 1728
李熙雍 359
李熙齡 1350
李蔚 36
李蔚 320
李蔚 898
李模 183
李榕 1566
李輔 1499
李輔世 284
李鳴鳳 1626
李毓芬 1888
李毓岐 431
李毓英 308
李毓昌 1163
李毓珍 1514
李毓楠 140
李毓鍾 1335
李毓馨 1432
李僡 1291
李僎 1182
李銓 1830
李銘 974
李銘 1373
李銘常 59
李銘皖 1458
李銘熙 1891
李銘霍 1660
李鳳岐 492
李鳳書 2011
李鳳彩 404
李鳳棲 674
李鳳翔 418
李鳳翥 375
李廣滋 1172
李端 532
李端 1071
李端 1712
李端棻 1653
李端遇 1655
李端棨 1964
李端榘 1842
李精基 659
李粹白 171
李熉 1080
李榮 1035
李榮 1282
李榮宗 28
李榮陛 883
李漢光 1990
李漢章 1406
李漢章 1585
李潢 919
李漸鴻 1557
李漱芳 839
李滌 649
李賓 1716
李寧遠 821
李實 750
李實 992
李實 1054
李實秀 6
李實蕡 575
李肇庚 1814
李肇南 1711
李肇律 1992
李肇錫 1686
李肇豐 290
李熊 207
李緒昌 1671
李綺青 1894
李維世 1936
李維著 1514
李維第 2012
李維楨 1239
李維楨 1969
李維鈺 1988
李維榛 578
李維漢 2012
李維醇 1400
李維誠 1777
李維藩 1392
李綬 775
李瑞 267
李璋 1219
李璋 1602
李璋煜 1266
李奭棠 1
李增芳 1948
李增福 1273
李增榮 1992
李毅 591
李毅人 1718
李慤存 660
李蕡 452
李蕡 628
李蕡 898
李蕡生 1185
李蕃 839
李蕊 1741
李樟 434
李賢書 1220
李賢經 611
李震生 121
李霄 321
李鄴 802
李輝斗 1202
李頲 63
李稷勛 1960
李儀古 73
李皞鳳 268

李職桓	1125	李懷庚	1416	李鸞	605	吳士俊	1808
李藝	806	李懷莪	721	車文龍	255	吳士恒	183
李藩	1066	李馨	171	車申田	1357	吳士恒	679
李藩	1216	李馨國	1783	車汝建	1532	吳士珣	590
李蘊生	1335	李蘭	508	車汝震	1519	吳士進	507
李蘊芳	794	李蘭馨	1916	車克出	146	吳士愷	1690
李蘊華	1915	李耀庚	488	車克慎	1383	吳士鑑	1901
李曜庚	887	李耀琛	1577	車松	459	吳大文	952
李壘	1358	李耀瑚	1248	車柏	557	吳大光	1648
李蟠	373	李鐘盛	216	車宸英	1143	吳大受	535
李蟠根	1124	李騰蛟	996	車敏來	481	吳大宣	1233
李蟠根	1858	李騰淵	788	車萬育	233	吳大勛	1035
李鵠	840	李寶銘	1633	車鼎晉	374	吳大澂	1684
李鵠	1223	李寶箴	1643	車順軌	1457	吳大衡	1776
李鎧	214	李繼可	1051	車際亨	611	吳之珍	110
李鎬	684	李繼白	143	車學富	1634	吳之紀	57
李鎔	934	李繼沆	1934	車瀛	1386	吳之珩	898
李鎔經	1232	李繼泌	391	束存敬	97	吳之浚	1577
李韞英	1186	李繼修	374	束啓宗	276	吳之瑜	327
李彝坤	1963	李瓘輝	1645	吾祖望	962	吳之璘	656
李蓮	950	李纍珠	433	吾德寧	1229	吳之頤	240
李薊	1000	李鐵林	1703	步翔藻	1959	吳之錡	396
李蘇	416	李鐸	881	步際桐	1342	吳之鏌	81
李藻	1428	李夔班	815	步際逵	1367	吳之觀	1475
李霭	12	李鶴年	1510	步毓巖	1051	吳子雲	130
李蕭平	1137	李鶴亭	1762	呈麟	1208	吳天鉽	569
李贊元	133	李鶴鳴	260	吳一斐	310	吳天錫	417
李鑊	358	李鶴齡	1581	吳一嵩	742	吳天錫	1619
李鏞金	118	李體仁	1957	吳一蜚	243	吳天璧	254
李鏡	901	李鑑	1374	吳一騏	962	吳天麒	69
李鏡	1091	李鑠	1433	吳乙照	1157	吳元臣	311
李鏡江	1556	李麟昌	1974	吳卜雄	387	吳元春	700
李鏡江	1934	李麟徵	1064	吳人傑	1224	吳元炳	1633
李鏡圖	925	李觀光	237	吳人驤	900	吳元琪	929
李鵬	1052	李衢	1254	吳三錫	228	吳元詒	391
李鵬飛	1871	李衢亨	1676	吳于宣	1008	吳元會	736
李鯨	18	李讓中	258	吳于績	187	吳元慶	1049
李勸	333	李灝	170	吳士玉	419	吳元龍	226
李瀚	973	李灝	432	吳士功	628	吳五鳳	1017
李瀚鋆	1891	李驥元	1001	吳士武	1907	吳日升	1783
李瀛	365	李驥年	1886	吳士奇	836	吳日燦	555
李瀛瑞	1830	李鑾宣	1030	吳士俊	1388	吳曰爌	220

清代進士傳錄

吳建三	1983	吳宣璣	1652	吳家駒	813	吳紹昱	993
吳建讓	1947	吳冠庠	1521	吳家懋	1267	吳紹浣	959
吳居閬	1045	吳祖昌	1470	吳家騏	505	吳紹濂	946
吳承捷	449	吳祖修	617	吳孫逢	650	吳琪	333
吳承潞	1670	吳祖留	556	吳翀	488	吳琪滋	93
吳玨	877	吳祖椿	1775	吳通源	898	吳琦起	364
吳珂鳴	149	吳泰	654	吳琇	303	吳琨	2003
吳垣	328	吳泰	796	吳琇	655	吳琠	189
吳荃	391	吳泰來	848	吳培朱	767	吳琠	910
吳南岱	54	吳珽	542	吳培源	678	吳斑	1524
吳相	416	吳珩	1369	吳黃龍	228	吳琮	629
吳咸德	1016	吳珒	315	吳堂	397	吳瑄	186
吳貞度	127	吳振棫	1212	吳國用	190	吳琯	724
吳省欽	878	吳振蛟	589	吳國珍	1878	吳超	628
吳省蘭	959	吳振鎬	467	吳國鄉	1044	吳超	1128
吳晟	348	吳起鳳	137	吳國對	148	吳超	1782
吳星映	1956	吳起鳳	1643	吳國霖	1807	吳達善	657
吳思樹	929	吳哲	917	吳國縉	107	吳斯鈞	666
吳思權	1236	吳華年	1685	吳國鏞	1845	吳葆晉	1352
吳思讓	1913	吳華孫	587	吳崇紳	1121	吳敬修	1927
吳品珩	1839	吳華淳	1432	吳從至	401	吳敬恒	1226
吳峋	1670	吳晉剡	98	吳象寬	542	吳敬義	1454
吳拜	472	吳晉夔	2006	吳訥	669	吳朝彥	1676
吳保泰	1454	吳栻	521	吳翊	469	吳朝鳳	1494
吳保臨	1394	吳桂	956	吳翊昌	1316	吳森	879
吳保齡	1796	吳桂丹	1862	吳率祖	612	吳軫	206
吳信中	1149	吳桂枝	904	吳焕	967	吳惠元	1489
吳俊	935	吳時謙	370	吳焕彩	850	吳覃詔	919
吳俊升	921	吳晟	285	吳清鵬	1225	吳雲	1039
吳胤蕃	217	吳晟	311	吳淇	155	吳雲芝	1319
吳亮中	86	吳恩韶	1155	吳淞	1137	吳雲步	803
吳庭芝	1923	吳豈黃	190	吳涵	182	吳雲卿	247
吳庭煇	1198	吳釗	530	吳涵	309	吳雲從	594
吳美秀	161	吳逢甲	1407	吳惇	917	吳雲濤	1717
吳炳	678	吳衷一	73	吳啓昆	520	吳雯清	94
吳炳	1280	吳烜	1011	吳啓宗	327	吳斐	922
吳炳	1791	吳浣安	649	吳啓楠	1481	吳棠	976
吳炳	1845	吳浤	95	吳視	810	吳貽咏	1044
吳洁恒	952	吳浚	1295	吳隆元	366	吳貽桂	938
吳洪	215	吳浚宣	1713	吳貫	319	吳貽清	936
吳恒秀	281	吳宸生	470	吳緅	670	吳貽穀	1938
吳宣珏	1744	吳家俊	1905	吳紹正	1700	吳鼎	1113

吳翰書	1315	吳嶽	369	吳懷清	1883	邱先德	1010
吳頤	1095	吳鍾	362	吳繩顯	1256	邱廷瀾	828
吳樹	428	吳鍾粵	582	吳蘭芬	1548	邱仰文	632
吳樹茱	1798	吳鍾駿	1360	吳蘭蓀	1166	邱仰嶙	707
吳樹梅	1749	吳講	1732	吳獻麟	996	邱兆榮	1815
吳樹萱	974	吳襄	476	吳耀斗	1669	邱聿徵	1892
吳樹德	1808	吳應斗	979	吳耀曾	1747	邱玖華	625
吳樹聲	229	吳應枚	550	吳鶚	330	邱岳	768
吳冀泰	1371	吳應庚	304	吳寶治	1279	邱性善	694
吳暾	337	吳應咸	1061	吳寶恕	1683	邱建猷	1417
吳穆	1780	吳應造	590	吳寶裕	1134	邱柱	692
吳興宗	656	吳應茱	490	吳寶鎔	1915	邱庭濩	936
吳興宗	873	吳應揚	1695	吳繼心	1644	邱音越	1086
吳學淳	1573	吳應寬	1540	吳繼昌	1269	邱炳萱	1952
吳學曾	1900	吳應鴻	996	吳躍龍	703	邱晉昕	1805
吳學瀚	620	吳燦西	1617	吳霽	876	邱桂山	952
吳學顥	364	吳鴻	771	吳巖	828	邱軒昂	560
吳儒清	789	吳鴻甲	1839	吳鑛	156	邱時隨	679
吳衡照	1194	吳鴻恩	1636	吳觀域	441	邱恩榮	786
吳錡	1886	吳鴻森	1948	吳觀禮	1705	邱逢甲	1876
吳錕	524	吳鴻鈞	1590	吳纘姬	848	邱家煒	1192
吳錫岱	1576	吳濤	507	吳鸞	1156	邱家燧	1429
吳錫炤	417	吳濬	1844	別楣	259	邱垛	1010
吳錫章	1735	吳翼基	872	岑天構	746	邱象升	118
吳錫寯	1881	吳燾	1758	岑光樾	2001	邱清聯	718
吳錫麒	949	吳翮	138	岑紹參	820	邱淮	1843
吳錫齡	945	吳瞻	279	岑傅霖	1698	邱超	1061
吳錦元	883	吳瞻淇	408	岑鶴	230	邱雲騰	1172
吳穎	85	吳雙	1444	秀平	1478	邱景章	2009
吳獮	1863	吳鎮	1632	秀蔭	1771	邱景湘	1382
吳龍見	645	吳鎮充	744	秀寧	1096	邱勛	1060
吳龍章	105	吳鎮域	817	邱士林	1940	邱爲鈺	1850
吳龍應	550	吳鎬	396	邱大英	817	邱登	1337
吳濂	626	吳謹儀	1122	邱上峰	558	邱夢旂	1282
吳濂	902	吳轍	317	邱元遂	655	邱煌	1135
吳憲文	1321	吳黼藻	1998	邱日榮	879	邱對欣	1600
吳憲青	684	吳關杰	420	邱日增	656	邱銘勛	1634
吳駿昌	1487	吳贊元	1093	邱文愷	924	邱肇熊	655
吳聯奎	1699	吳鐣	1974	邱文藻	1460	邱璜	1699
吳聯珠	646	吳鵬南	715	邱以德	1375	邱璋	1459
吳懋政	794	吳瀚	833	邱世彥	957	邱翰元	1223
吳曙	447	吳懷玉	1537	邱立和	1065	邱樹棠	1119

清代進士傳錄

何焕章	1787	何夢瑤	604	何樞	1602	何鎔	1815
何深	424	何夢篆	542	何賓高	1647	何謹順	1574
何惟烈	1564	何業健	1952	何震彝	2008	何藻翔	1905
何啓椿	1987	何愚	983	何輝寧	627	何疇	694
何隆遇	467	何愚	1278	何輝綬	1257	何鵬霄	1299
何紹東	722	何嵩祺	1626	何德峻	910	何懷道	1099
何紹基	1420	何傳中	1786	何德新	740	何蘭汀	1113
何紹堂	1836	何傳興	1543	何德臻	1762	何蘭馥	1077
何紹瑾	1482	何會祥	1050	何劉育	1319	何耀綸	1585
何達善	642	何煜	421	何慶元	1408	何騰三	473
何達聰	1856	何煊	1176	何慶恩	1633	何繼儼	1650
何葆麟	1929	何溥	520	何慶輔	1913	何儼	547
何敬釗	1890	何福咸	1543	何毅夫	742	何鑑	429
何朝宗	334	何福堃	1776	何澄	93	何顯	786
何朝彦	1073	何際美	229	何履亨	1604	何觀海	1176
何朝恩	1357	何際泰	158	何璟	1528	但明倫	1250
何森林	1391	何壽朋	1972	何璠	832	但紳	1551
何棟	782	何壽章	1993	何樹萼	615	但弼	1761
何棟	38	何壽增	1666	何學林	1045	但鍾良	1443
何惠群	1177	何熙績	1296	何儒顯	207	侶敬	1167
何雲扶	106	何爾鈞	1862	何錫章	1873	佟元	1371
何鼎	1628	何鳴章	1413	何錫禔	1890	佟文政	1934
何開泰	1550	何毓福	1572	何諶	1994	佟保	591
何景崧	2000	何毓璋	2003	何龍文	359	佟崙	626
何景雲	450	何廣	194	何燧	785	佟景文	1095
何貴高	1614	何廣生	982	何緝	159	佟綽圖	1315
何貴蕃	379	何端樹	1970	何聲灝	1881	佟濬	673
何御龍	656	何齊聖	544	何聯恩	1964	皂保	1505
何循	947	何養恒	1715	何聯禧	1851	佛保	1086
何詒霈	1141	何粹然	1719	何鍾相	1741	佛爾卿額	929
何斌臨	375	何榮烈	1955	何鍾泰	1083	佛爾國春	1609
何道生	1010	何榮章	1350	何鍾蘭	1417	佛爾國保	1288
何焯	407	何榮階	1779	何謙泰	839	佛爾清格	660
何渾	872	何榮楠	1807	何燮	1241	佘一元	32
何裕承	1399	何榮緒	1218	何應心	1856	佘文銓	1174
何喬雲	285	何漢	720	何應杰	1111	佘志貞	301
何瑞	418	何肇宗	403	何應鰲	463	佘松生	357
何瑞丹	1567	何肇勛	1965	何燦	1564	佘象斗	216
何瑞榴	1343	何維棟	1820	何覲	241	佘雲祚	267
何瑞霖	1626	何增元	1136	何覲揚	1298	佘聖言	567
何遠	344	何增筠	1417	何鎮之	1591	佘漢章	736
何聘珍	1618	何蕚聯	1278	何鎔	1373	余一耀	320

辛本棻	1414	汪以誠	1701	汪作楫	568	汪晉徵	301
辛可燿	1937	汪玉林	1052	汪作霖	1099	汪桂	1069
辛有光	673	汪正元	1646	汪彤程	1690	汪桂林	1078
辛克一	546	汪正澤	738	汪沅	217	汪桂葆	1164
辛孚德	1700	汪世杰	1947	汪長齡	988	汪致和	808
辛禹昆	322	汪世樽	1305	汪拔群	1968	汪致炳	1800
辛禹奕	459	汪世澤	1587	汪杰	1359	汪時元	1570
辛禹籍	459	汪本	1127	汪述祖	1923	汪時泰	206
辛炳晟	1147	汪本銓	1344	汪雨時	1577	汪時琛	1850
辛師雲	1362	汪可準	97	汪昌	1720	汪時渭	1587
辛家彥	1735	汪由敦	548	汪昌國	709	汪恩	1072
辛從益	1029	汪永瑞	46	汪昇遠	1985	汪倬	445
辛紹業	1066	汪永錫	807	汪明源	1964	汪俟	360
辛開一	926	汪永聰	793	汪忠均	1180	汪師韓	620
辛煒	413	汪有朋	137	汪忠杰	1912	汪浩然	258
辛樂舜	269	汪有恭	1535	汪迴瀾	995	汪浴日	46
辛聯瑋	1333	汪百川	1120	汪知松	910	汪家璆	666
汪一元	1924	汪百名	879	汪受礽	1806	汪理朝	1196
汪于泗	1287	汪百禄	1274	汪受祺	491	汪培祖	382
汪士元	811	汪存寬	808	汪庚	1093	汪培基	1386
汪士元	2003	汪先烺	1529	汪河	1235	汪執桓	578
汪士奇	179	汪廷珍	1019	汪泇民	451	汪基遠	74
汪士侃	1175	汪廷樞	1624	汪洼	960	汪炎	728
汪士楚	318	汪廷儒	1486	汪波	576	汪梅鼎	1042
汪士鋐	373	汪廷璵	751	汪宗沂	1809	汪國鳳	1625
汪士鵬	192	汪仲洵	1615	汪宗魯	108	汪敏修	1602
汪大亨	870	汪份	408	汪宗翰	1889	汪康年	1935
汪大經	813	汪自修	1374	汪承元	1579	汪墍	1470
汪大醇	631	汪全德	1131	汪孟鋗	895	汪焕	914
汪上林	864	汪兆宏	1027	汪春源	1996	汪清麒	1897
汪元方	1380	汪兆柯	1201	汪春榜	1957	汪淑問	196
汪元望	953	汪兆瑾	311	汪封渭	1313	汪紹曾	1402
汪元麟	688	汪汝弼	1134	汪南培	1323	汪琳	1231
汪日宣	1258	汪汝綸	1828	汪叔疇	1670	汪琬	120
汪日鯤	488	汪守和	1057	汪度弘	438	汪萬鴻	1620
汪升英	385	汪如洋	971	汪彥博	1011	汪朝棨	1604
汪文在	651	汪如淵	1069	汪彥增	1660	汪朝模	1784
汪文炳	1803	汪如練	1827	汪洵	1903	汪棣昌	1919
汪文炯	408	汪如藻	950	汪祖綬	1596	汪極三	1182
汪文綬	1913	汪見祺	443	汪昶	964	汪雲任	1235
汪文樞	1694	汪虬	252	汪泰來	464	汪鼎金	713
汪以淳	165	汪佑煌	910	汪振甲	594	汪開銓	545

沈作霖 792
沈近思 387
沈沛然 651
沈沆 926
沈初 874
沈長泰 835
沈其雲 1288
沈若木 829
沈英 1279
沈英世 627
沈奇生 151
沈叔埏 1014
沈肯松 1001
沈尚仁 255
沈昌宇 586
沈昌寅 590
沈咏彤 1694
沈秉成 1595
沈秉荃 1385
沈秉乾 2005
沈佳 341
沈受謙 1686
沈宗敬 337
沈宗湘 646
沈孟堅 590
沈拱辰 1306
沈荃 84
沈南春 974
沈迺崧 1240
沈咸 1224
沈咸熙 844
沈貞亨 95
沈映鈐 1379
沈星標 1712
沈衍慶 1428
沈胤城 274
沈胤範 239
沈彥緡 689
沈炳垣 1505
沈宣 386
沈祖桐 1932
沈祖燕 1875
沈祖諫 1578
沈祖懋 1437
沈珩 224
沈珣 158
沈振嗣 161
沈振鵬 975
沈起元 517
沈華旭 1049
沈莪皆 1328
沈栻 771
沈桂芬 1523
沈桐 1947
沈致中 684
沈時中 1104
沈恩華 1674
沈恩棨 1758
沈倫 67
沈逢恩 1310
沈逢舜 656
沈家本 1825
沈家鶚 389
沈孫璉 933
沈逵 127
沈培種 512
沈棻 136
沈彬 622
沈國器 1780
沈崐 333
沈崇寧 172
沈第 1233
沈從隆 393
沈鹿鳴 849
沈清 661
沈清任 792
沈清瑞 1009
沈清藻 945
沈淑 529
沈涵 283
沈梁 541
沈惇成 1243
沈紹九 1619
沈琳 864
沈琦 1367
沈超然 1338
沈葆楨 1527
沈敬書 898
沈朝初 298
沈雲 1500
沈雲沛 1929
沈雲蜚 670
沈雲驥 1409
沈雅 672
沈貽孫 891
沈閎劭 81
沈遇黄 613
沈景熊 1006
沈景瀾 621
沈復昆 279
沈欽臨 1100
沈鈞 1370
沈鈞儒 2004
沈善昌 1547
沈善登 1688
沈道寬 1269
沈曾桐 1841
沈曾純 375
沈曾琦 317
沈曾植 1811
沈曾發 468
沈曾懋 392
沈焯 1048
沈焯 60
沈湖 764
沈湘 1408
沈裕雲 671
沈瑞鶴 428
沈瑜寶 1866
沈蓮 1717
沈業富 810
沈嵩士 409
沈筠 299
沈詩杜 908
沈詩李 908
沈漣 838
沈溥 892
沈源深 1626
沈愷曾 311
沈福清 1251
沈碧城 908
沈搏上 64
沈搏青 1886
沈嘉麟 507
沈墉 1535
沈壽嵩 1474
沈慕韓 677
沈熙廷 1833
沈熙麟 1500
沈爾熼 314
沈鳴珂 1639
沈毓寅 1374
沈齊禮 627
沈榮仁 533
沈榮光 660
沈榮昌 731
沈榮嘉 927
沈漢 156
沈寧 257
沈維坤 1003
沈維崧 563
沈維善 1845
沈維誠 1787
沈維鐈 1114
沈璜 1613
沈穀 286
沈燾 62
沈樂善 1048
沈德潛 687
沈衛 1922
沈慶曾 390
沈毅 667
沈遴 522
沈潛 1821
沈慰祖 588
沈翰 886
沈樹人 1919
沈樹本 460

沈霖溥	1762	沈驚遠	690	宋在詩	521	宋宜福	1143
沈學厚	1060	沈麃	133	宋至	410	宋昱	872
沈學廉	1153	沈鑑	1294	宋光伯	1437	宋品金	622
沈錫之	1237	沈鏷彪	1246	宋廷採	783	宋俊起	1104
沈錫周	1815	沈鏄	202	宋廷楨	1173	宋衍鏞	1460
沈錫晋	1727	忻江明	2010	宋廷樑	1790	宋帝簡	744
沈錫輅	503	完逎仁	1333	宋延芳	1194	宋炳文	1517
沈錫慶	1508	完智	1052	宋延春	1379	宋炳垣	1352
沈獨立	269	宋一端	424	宋企适	1917	宋洙	680
沈澤生	1988	宋丁奇	884	宋名璋	2006	宋恂	705
沈濂	1312	宋士俊	83	宋汝梅	569	宋恪符	1548
沈璐	1060	宋士琇	165	宋安書	1745	宋祖保	114
沈韓	534	宋士楷	1145	宋如辰	329	宋祖墀	265
沈懋聲	208	宋大寅	1247	宋志梁	314	宋紀	741
沈鍠	1530	宋大業	324	宋志濂	1576	宋珩	677
沈謙	1005	宋之京	1711	宋杞	14	宋華金	520
沈變文	596	宋之屏	21	宋作賓	1676	宋晋	1494
沈燨燔	693	宋之樹	499	宋伯魯	1840	宋恩溥	1620
沈鴻儒	911	宋之儒	97	宋沛霖	1327	宋師祁	238
沈濤	649	宋之顯	101	宋良	1377	宋逢泰	133
沈濬	866	宋子昌	1409	宋良薰	1603	宋家蒸	1658
沈禮	1164	宋子聯	1894	宋劼毅	1190	宋書昇	1914
沈禮因	1143	宋元徵	339	宋長城	615	宋培之	1372
沈翼機	420	宋五仁	783	宋其沅	1082	宋梅	724
沈績熙	1710	宋巨源	734	宋若霖	782	宋梅	763
沈鎬	458	宋仁華	1257	宋若臨	654	宋國彥	49
沈鎬	1533	宋仁溥	904	宋范勛	683	宋國經	1220
沈鎔經	1692	宋文運	78	宋林曙	1338	宋國榮	124
沈藻	326	宋文榜	1366	宋來賓	1556	宋敏求	302
沈攀	280	宋文錦	582	宋奇傑	73	宋焕	745
沈疇初	863	宋文鏡	223	宋昌芹	930	宋淑信	1805
沈贊颺	1836	宋丑維	904	宋昌玤	899	宋紹波	1716
沈鵬	1415	宋玉珂	1495	宋牧民	6	宋紹菜	1371
沈鵬	1931	宋功迪	1990	宋季豐	1678	宋琬	33
沈鵬程	1054	宋世烈	953	宋秉謙	1805	宋越	755
沈繩祖	870	宋可大	1187	宋岱齡	1714	宋萬選	1857
沈巍皆	1229	宋可發	77	宋金鑑	1548	宋朝楠	345
沈瀾	619	宋立球	1792	宋庚	1113	宋械臣	1748
沈寶青	1834	宋必達	222	宋育仁	1851	宋雲會	577
沈寶柟	1655	宋邦英	1044	宋育德	2000	宋晶	469
沈寶琛	1911	宋邦綏	665	宋治咸	1097	宋景涑	793
沈繼賢	492	宋邦榮	988	宋宜誠	916	宋景琇	331

宋備恪	1500	宋徽興	32	阿哈代	147	邵自昌	958
宋翔	26	宋鋒	612	阿彦達	1365	邵自悦	962
宋湘	1070	宋慶和	1178	阿進泰	381	邵自錦	1075
宋渭	956	宋慶遠	209	阿進泰	416	邵自鎮	869
宋滋薺	1853	宋澍	988	阿達布	146	邵自鱗	1146
宋滋蘭	1842	宋樹甲	1168	阿肅	820	邵如崙	682
宋運新	804	宋叡	221	阿爾達禮	147	邵伯胤	105
宋弼	734	宋學洙	35	阿爾賽	378	邵言綸	449
宋登元	802	宋學濂	1607	阿薩里	113	邵亨豫	1547
宋瑋	714	宋衡	325	阿錫台	364	邵其德	692
宋載廞	1390	宋鍚	582	阿聯	1965	邵松年	1818
宋夢蘭	1580	宋錦	629	阿應鱗	1118	邵昆嶽	200
宋夢蘭	1644	宋謙	307	壯純	525	邵秉中	1471
宋蔭培	1806	宋應文	1270	壯德	647	邵秉忠	259
宋楠	601	宋鴻	276	邵一聯	882	邵岳斗	242
宋楚望	635	宋鼇	842	邵于道	163	邵宗周	229
宋照	506	宋覲	855	邵士梅	184	邵宗渭	1415
宋嗣京	248	宋瞻宸	1887	邵士標	14	邵建謨	765
宋嵩巘	556	宋簡	1033	邵士鎧	1034	邵春卿	1553
宋筠	445	宋鎔	934	邵大生	546	邵洪	926
宋嘉玉	1407	宋懷金	496	邵大椿	541	邵祖節	754
宋嘉林	1991	宋繹	295	邵大業	618	邵泰	516
宋嘉俊	1970	宋鑒	758	邵之旭	456	邵晉涵	921
宋嘉炳	1852	宋鱗	497	邵子彝	1621	邵桂芳	1418
宋聚業	376	良成	762	邵天球	620	邵倫清	886
宋熙	705	良卿	719	邵元度	306	邵沖	209
宋蔚謙	1569	良貴	1732	邵曰誠	1268	邵培惠	1004
宋鳴珂	978	良弼	1716	邵曰濂	1685	邵基	516
宋鳴琦	1018	良鎮	1677	邵心豫	1775	邵堂	1233
宋銑	846	初元方	700	邵孔亮	2008	邵從熄	2008
宋鳳鳴	806	初彭齡	972	邵玉清	997	邵庚曾	864
宋廣蔭	1718	初喬齡	1011	邵正笏	1246	邵章	1983
宋漢凌	1760	阿什坦	112	邵世茂	128	邵涵	1609
宋潢	1090	阿永阿	768	邵世恩	1715	邵啓元	1518
宋潢	1116	阿成峨	542	邵占鼇	1597	邵瑛	997
宋賓王	1357	阿克丹	1540	邵旦平	390	邵葆祺	1066
宋肇昌	1530	阿克丹	1623	邵甲名	1246	邵葆醇	1032
宋維屏	1513	阿克敦	440	邵必昌	709	邵葆鍾	1132
宋暲	566	阿里漢	1572	邵成楨	522	邵遠平	230
宋德宜	115	阿林	992	邵光胤	100	邵塏	1627
宋德澤	1770	阿金	355	邵延齡	200	邵嗣宗	791
宋徽烈	356	阿思哈	146	邵仲陟	135	邵嗣堯	255

清代進士傳錄

范宗裕	930	范輅	953	林之正	632	林廷杰	1556
范宗瑩	1890	范照藜	1042	林之望	1531	林廷選	1512
范承典	1455	范榘坊	1411	林之濬	420	林廷禧	1383
范承宣	719	范煒	229	林天木	537	林廷變	1625
范承祖	1278	范溶	1927	林天培	1085	林竹	402
范承遜	1341	范嘉業	318	林天澍	743	林仰崧	1847
范承謨	86	范鳴珂	1601	林天齡	1622	林向滋	1958
范咸	536	范鳴璃	1575	林元英	1201	林兆南	1717
范思皇	781	范徹	186	林元桂	395	林兆鯤	892
范炳士	1178	范廣衡	1812	林元烾	1803	林名世	842
范泰初	1371	范德鎔	1804	林元德	675	林汝舟	1435
范泰恒	746	范德馨	1639	林元賡	1760	林汝謨	1184
范振緒	1996	范德權	1903	林日焴	560	林守鹿	797
范晉藩	1972	范澍	1146	林中麟	728	林孝恂	1869
范栻	891	范澐	966	林壬	1776	林志烜	2000
范桂尊	1972	范鰓	288	林丹雲	1306	林芳	1223
范逢恩	1009	范樹檀	622	林文竹	1117	林杞材	1216
范衷	918	范錫恭	1837	林文英	343	林步青	1792
范家相	809	范龍	75	林文炳	1741	林步隨	1994
范家祚	1905	范龍	883	林文輝	129	林步瀛	1698
范家駒	2012	范鴻謨	1601	林孔焕	719	林作霖	1203
范容治	656	范鏊	973	林玉銘	1949	林灼三	1701
范琇	433	范鏞	1386	林正芳	86	林良	680
范基祚	390	范鐘	1963	林世文	995	林良弼	1256
范國良	1950	范寶璈	974	林世忠	748	林青	1119
范進	77	范鶴年	1023	林世燾	1999	林長存	212
范從律	619	范顯祖	102	林可梁	313	林其年	1601
范清沂	757	茅元銘	933	林可喬	396	林其茂	649
范梁	1461	茅景容	1752	林可煜	365	林其宴	927
范惟粹	81	茅潤之	1158	林丙修	1937	林其翔	1758
范紹淳	207	茅豫	1016	林甲	431	林其淵	579
范堯	1899	林人榤	848	林生澤	1694	林其籠	750
范揚芳	1932	林乃樫	1791	林令旭	593	林枝春	664
范朝綱	780	林士俊	1281	林召棠	1303	林述訓	1554
范森	764	林士菁	1809	林式恭	1582	林東郊	1973
范械士	790	林士瑛	1200	林芝齡	1497	林東垣	1078
范景	391	林士傅	1317	林有芑	1146	林明倫	757
范鄂鼎	248	林士斌	1233	林有席	797	林昂	463
范曾輝	819	林大木	1593	林有騏	631	林忠順	79
范運鵬	1599	林大宏	947	林光照	872	林佶	462
范發愚	28	林上砥	1392	林光鋒	697	林京	717
范軾	1962	林之升	1697	林先樑	1355	林怡	1934

林宗奇	1956	林崢嶸	1251	林愛霖	886	林聰	938
林承澤	1802	林象祖	231	林誠	276	林聯桂	1337
林承謨	766	林煥曦	1744	林誕禹	811	林檉藩	1939
林春芳	248	林清照	1955	林煊	1642	林懋祉	1689
林春溥	1117	林啓	1757	林溥	1024	林懋勣	1422
林春溶	1418	林啓東	1846	林溥	1572	林闈階	837
林挺然	1014	林紱	1290	林福熙	1852	林嶸	502
林則徐	1188	林紹光	1060	林壽圖	1510	林穗	1765
林映棠	1412	林紹年	1727	林模	274	林鍾岱	1084
林星章	1323	林紹祖	386	林聞譽	524	林鍾華	1832
林星廣	1738	林紹唐	796	林聞鶴	1218	林應春	390
林思睿	386	林紹龍	1118	林毓菁	1895	林鴻	704
林炳章	1929	林琛	303	林銓	1097	林鴻年	1419
林炳麟	989	林堯英	209	林鳳儀	1221	林翼池	742
林洪烈	354	林揚光	1934	林維雍	674	林瓊蕤	597
林祖述	1685	林揚祖	1349	林璁	574	林叢光	566
林祖望	410	林彭年	1318	林樑材	1672	林顥	165
林飛鶴	1240	林彭年	1622	林儀鳳	167	林簡士	663
林振光	1954	林朝	581	林儀鳳	480	林雙鯉	662
林振先	2013	林朝圻	1953	林德明	880	林鎮荆	1972
林振采	883	林朝陽	1120	林調陽	1679	林颿華	1085
林振榮	1301	林棟	1998	林調燮	694	林燿增	1968
林起宗	12	林雲京	54	林慶章	1135	林鏞	1624
林起龍	8	林雲銘	150	林慶貽	1579	林鏡	388
林恭範	800	林開暮	1943	林瑩	455	林鵬飛	588
林桂茂	1161	林開鎬	743	林澍蕃	918	林鶚騰	1458
林軒開	1126	林景拔	471	林履端	1855	林鐘	254
林連茹	637	林景綏	1967	林豫吉	364	林繻	1624
林時行	1242	林策	1067	林燕典	1487	林露	940
林時蕃	904	林發深	1593	林翰清	1780	林鶴來	485
林健學	1105	林發森	1375	林頤山	1908	林鑑中	1846
林師望	1973	林瑞春	1099	林樹森	1979	林鑛	388
林逢年	1351	林瑞泉	743	林樹儀	1307	林麟焻	266
林家和	1146	林蒼	2014	林曇	869	林贊	591
林祥緓	1187	林蒲封	588	林興濟	690	林灝深	1957
林培厚	1153	林嗣環	63	林學易	819	來秀	1553
林基迮	2011	林嵩基	539	林學鳴	695	來宗敏	1066
林萃禧	1319	林嵩堯	1767	林衡瑞	834	來玨	435
林乾	2001	林筠	1240	林錫廣	1502	來垣	243
林國柱	1709	林鈺	1118	林澤芳	1520	來珩	1065
林國廣	1904	林鉞	1925	林緈	455	來起峻	936
林國贊	1869	林愈蕃	787	林駿聲	1574	來益清	828

來楫	404	卓道異	715	明晟	539	呼鳴盛	1763
來煦	1531	卓誠	1660	明訓	1273	呼震	1552
來鳳郊	1680	卓儞	1182	明通	1212	咼正儀	152
來熊	1935	卓樗	1453	明德紹	991	迋鶴壽	1338
來維禮	1825	卓彝	32	明誼	1252	牧可登	540
來燕雯	398	卓寶謀	1990	易子彬	1668	和元化	17
來學醇	1274	尚九遷	101	易子猷	1964	和氏璽	354
來謙鳴	532	尚大發	244	易曰廉	1228	和色本	1318
松年	1332	尚五品	886	易文基	882	和尚	147
松年	1897	尚光鉞	1994	易永元	377	和庚吉	1920
松廷	1849	尚廷書	996	易均鼎	1724	和桂	1135
松阿達	1629	尚冲翰	1125	易含章	1145	和淳	1425
松峻	1256	尚彤庭	436	易良俶	1197	和深	611
松堉	1791	尚其亨	1912	易長華	1249	和紳布	1997
松森	1664	尚林焱	1634	易長楨	1348	和寧	930
松福	1302	尚秉和	1984	易卓梅	1281	和潤	1456
松壽	531	尚金章	69	易昌	1026	季邦楨	1708
松齡	870	尚居易	432	易周	767	季芝昌	1360
松齡	1660	尚連城	1282	易貞	1872	季芷	37
松鐸	1930	尚彬	541	易炳奎	1782	季芳馨	644
杭光晋	1000	尚崇基	2010	易炳晃	1400	季佩	823
杭宜禄	432	尚翌岐	168	易桐	1333	季念詒	1544
杭齊蘇	25	尚開模	1250	易乘	372	季炬	860
郁士超	428	尚登岸	265	易堂俊	1564	季振宜	51
郁大鐏	1006	尚際明	16	易象兑	110	季恩沛	1222
郁之章	57	尚鳴岐	1482	易象離	1724	季開生	61
郁世焜	300	尚慶雲	1027	易煥暄	1163	季運隆	499
郁芬	447	尚慶潮	1509	易棠	1349	季愈	384
郁昆	1703	尚聰	189	易順豫	1990	季還春	68
郁保章	1874	果晟	2008	易道沛	74	季學錦	917
郁鼎鐘	1334	果祥	1620	易鳳庭	1124	季龍圖	2002
郁瑞	465	果齊斯歡	1121	易學清	1699	季鎔	1720
郁裴	306	果漢源	1590	易禧善	1112	竺之侃	1163
郁鋐	1586	昆岡	1638	易簡	464	竺麐祥	2007
奈曼	582	昌天錦	498	易鏡清	1195	竺鑑	1356
奇山	830	昌齡	545	易鑑章	1701	秉彝	1847
奇勒倫	428	門都孫	114	昂天翮	331	侍朝	855
奇豐額	913	門德禮	145	昂紹善	248	岳世仁	1545
卓孝復	1942	門錡	838	忠斌	1677	岳生夒	555
卓秉恬	1123	明山	610	忠興	1997	岳廷元	969
卓斯義	658	明之綱	1574	呼延振	1486	岳宏譽	201
卓景濂	1599	明安	1079	呼華國	693	岳秉烜	1588

清代進士傳錄

周人龍	1406	周日新	1290	周丕澧	1602	周汝鈞	1908
周人麒	707	周日藻	748	周生錦	1848	周汝敦	1997
周人驥	573	周曰炳	1247	周仕魁	739	周守一	736
周于德	888	周曰萬	784	周令樹	124	周安	1833
周士拔	904	周曰贊	776	周立瑛	1221	周安康	2012
周士皇	275	周升桓	814	周立瀛	1489	周如蘭	1232
周士俊	1591	周仁棟	837	周必超	1555	周坊	1538
周士炳	1507	周仁壽	1520	周永年	922	周志闓	955
周士璵	389	周公軾	63	周永緒	66	周芬佩	742
周才盛	745	周文郁	263	周召	978	周芳杏	1690
周才錦	1597	周文昭	1555	周邦	877	周克寬	1773
周大律	561	周文華	49	周邦鼎	235	周克遵	869
周大訓	214	周文浚	1735	周式	208	周材芳	1752
周大業	979	周文焯	636	周式度	414	周步驤	1262
周大璋	558	周文瑞	902	周式濂	1581	周作哲	681
周大賚	527	周文燁	41	周圭	1064	周作楫	1264
周之旦	141	周文熹	1716	周有堂	466	周伯貞	1646
周之适	979	周文瀾	1879	周有聲	1052	周位庚	885
周之美	264	周文權	787	周有簠	1383	周近梁	350
周之域	1060	周方熾	741	周百順	1238	周孚裕	1713
周之冕	1723	周方燧	679	周而淳	88	周含萬	1307
周之琦	1150	周心傳	850	周成文	138	周系英	1040
周之鼎	22	周孔從	718	周光斗	392	周沐潤	1429
周之瑪	1320	周玉甲	436	周光炯	1620	周沛生	137
周之楨	496	周玉章	667	周光祖	1615	周沆	1951
周之楨	1171	周玉梁	1122	周因培	1341	周宏	224
周之楨	2007	周玉麒	1486	周廷揆	1673	周宏緒	1227
周之麟	175	周正	352	周廷森	1012	周宏綱	1063
周之麟	255	周正岐	1941	周廷棟	944	周良玉	1745
周之麟	1953	周正思	618	周廷勛	1163	周良卿	1312
周子懿	1926	周世英	1573	周廷御	1146	周良翰	190
周王春	463	周世昌	78	周廷幹	1997	周青雲	787
周天任	456	周世紀	692	周廷槐	386	周長清	1975
周天位	319	周世培	486	周廷燮	550	周長發	556
周天柱	823	周世盛	783	周廷獻	1679	周坦	1203
周天度	791	周世紫	716	周延年	1586	周劼	1531
周天祐	465	周世祿	545	周仲球	92	周其愨	1390
周天爵	1205	周世縈	953	周仲墀	1316	周若棠	1412
周元位	1175	周世澤	217	周兆基	999	周茂洋	1347
周元超	501	周世績	992	周兆璋	1764	周茂源	55
周元鼎	925	周本治	479	周兆錦	1273	周來賓	1863
周友檀	1660	周丙榮	1956	周旭	1996	周來豐	729

清代進士傳錄

周然	630	周資陳	644	周維祺	1713	周錦心	1760
周翔鳳	1892	周裔和	741	周維新	1243	周凝光	848
周道	594	周新邦	305	周維新	1742	周龍甲	93
周道昌	234	周煌	668	周維壇	1016	周龍光	953
周道治	1535	周源緒	1421	周維翰	1606	周龍官	557
周道泰	258	周慎	237	周維翰	1652	周潞	1433
周道隆	911	周福清	1714	周維藩	1969	周澤深	899
周道裕	457	周肅文	884	周璜	1686	周濂	1254
周道新	138	周際華	1100	周璋	512	周憲	429
周道新	361	周際釗	1181	周震	1976	周壎	779
周遂良	1805	周際雲	1374	周範	1589	周聲澍	1652
周曾發	58	周際銓	1280	周範蓮	587	周聯緗	652
周曾毓	1249	周嘉植	51	周德至	1859	周懋勛	394
周渤	1965	周嘉猷	832	周德榮	1523	周鍔	1012
周渼	734	周壽昌	1503	周德潤	1197	周鍾岱	1590
周棻	965	周壽椿	1136	周德潤	1637	周謙	937
周祺	1923	周輔	865	周慶恩	1675	周應昌	1970
周遐齡	638	周鳴旂	1674	周慶曾	200	周應祖	1417
周統	322	周鳴鹿	1534	周澂	495	周應宿	657
周瑊	868	周鳴鑾	1187	周頤昌	1408	周燦	179
周頊	1272	周毓元	547	周樹棠	1297	周鴻憲	364
周瑞松	1675	周毓真	525	周樹槐	1191	周濤	1269
周瑞清	1613	周毓桂	1430	周樹模	1860	周瀋	1641
周瑞圖	1386	周毓棠	1893	周樸	17	周濟	1144
周聖化	317	周毓麟	1117	周輯瑞	1509	周濱	775
周蒲璧	314	周銘恩	1366	周曆長	9	周禮	64
周蓉第	1679	周銘詒	746	周霖	110	周禮	679
周幹臣	1624	周鳳來	455	周興岱	919	周禮東	743
周楨	468	周鳳喈	1200	周學伋	754	周翼洙	808
周楨	1754	周鳳翔	940	周學光	1267	周瓊	80
周棽謙	1936	周鳳翔	1911	周學健	530	周瓊	949
周滙淙	1358	周鳳翥	1827	周學海	1914	周騏	1687
周雷	649	周鳳鳴	1950	周學基	1832	周燾	695
周照	753	周鳳翩	683	周學源	1560	周蘊良	1984
周照	1759	周鳳藻	1783	周學銘	1902	周顥	1401
周嗣昌	138	周誥	1449	周學濬	1485	周鎮南	1458
周嗣綬	855	周榮期	1977	周儒	636	周鎬	1314
周嵩	539	周漢	944	周錡	1276	周彞	375
周傳昌	567	周漁	180	周錫恩	1822	周蘇	403
周鉞	1097	周維垣	1085	周錫章	1078	周璽	1080
周頌聲	1909	周維秬	280	周錫溥	953	周鏞	347
周誠之	1459	周維祺	1010	周錫齡	1200	周鏞	1289

九畫

春山	465	郝善	114	胡一蛟	184	胡世墉	1193
春和	1242	郝善	1306	胡一鴻	879	胡世銓	925
春輅	1402	郝祺	485	胡一麟	354	胡世藻	291
春溥	1750	郝誠炳	571	胡三順	76	胡本淵	1060
春臺	487	郝誠然	630	胡士著	228	胡可及	168
春熙	1395	郝慎行	863	胡士僑	509	胡丕昌	1356
春熙	1399	郝璉	720	胡大成	211	胡印遠	1633
珂克僧額	1591	郝毓椿	1972	胡大成	1075	胡必達	897
封大受	1031	郝適	854	胡大任	1441	胡必選	184
封汝弼	1769	郝榮衔	1655	胡大定	164	胡永亨	268
封宗良	1282	郝褘	675	胡大崇	1969	胡永泰	208
封祝唐	1805	郝增祐	1920	胡大勛	1982	胡永煥	1018
封躬	1390	郝璞	706	胡之鈞	1848	胡永焯	1720
封景岷	1482	郝霍	566	胡之楚	682	胡邦盛	655
封蔚礽	1589	郝瑗	851	胡之銑	1148	胡邦翰	795
封毓璋	1511	郝曙	457	胡之鍈	1166	胡考生	308
拱翊勛	839	郝應宿	1531	胡之駿	19	胡芝發	35
郝士鈞	339	郝濬	438	胡子材	1588	胡西圖	145
郝士鉉	498	郝觀光	1123	胡天培	728	胡在角	661
郝士錞	300	郝鏞	453	胡元博	1344	胡在恪	117
郝大成	728	郝獻明	135	胡元照	1669	胡有誠	1651
郝文光	1301	郝耀昂	1830	胡日宣	1658	胡成立	1889
郝允哲	954	郝繼貞	1991	胡中藻	650	胡成均	1790
郝世正	646	郝鐸	1582	胡公著	166	胡光泰	1460
郝世俊	1771	郝懿行	1085	胡文柏	1348	胡光琦	941
郝本裕	1590	荊之茂	108	胡文超	873	胡光瑗	206
郝同筬	1669	荊王采	296	胡文淵	1805	胡光塋	1363
郝年	214	荊元實	293	胡文銓	949	胡光濤	530
郝延年	1164	荊文康	402	胡文學	95	胡同穎	1979
郝兆鈺	1157	荊汝翼	1022	胡文燦	458	胡先達	1300
郝肖仁	16	荊宇寧	1219	胡文瀚	1847	胡先聲	1035
郝林	310	荊如棠	766	胡方朔	1193	胡廷玉	1736
郝秉忠	1857	荊孝錫	303	胡以溫	21	胡廷弼	1477
郝浴	57	荊其惇	67	胡允	66	胡廷璪	1696
郝翀翰	38	荊育瓚	1992	胡允珍	1314	胡廷幹	1740
郝惟訓	92	荊柯	125	胡正仁	1384	胡廷槐	781
郝惟訥	31	荊彥	105	胡功祁	1691	胡廷槐	1414
郝惟謨	273	荊洪揚	279	胡世昌	422	胡廷儀	1102
郝紹湯	1659	荊塏	993	胡世昌	1974	胡延齡	758
郝博文	610	荊槐芳	1319	胡世科	689	胡延夒	1601
		荊嶂	744	胡世琦	1211	胡任興	360
		荊曜	978	胡世塏	949	胡兆龍	3

清代進士傳錄

胡虞潢	128	胡德溶	1017	胡馨	1427	柯支澍	764
胡虞繼	495	胡調元	1958	胡獻琳	1990	柯可棟	634
胡煦	467	胡慶元	1334	胡獻瑤	105	柯光蔚	1119
胡煦	502	胡慶源	1509	胡耀南	796	柯劭忞	1842
胡暉吉	1251	胡澐	1318	胡騰蛟	783	柯劭憼	1870
胡嗣芬	1948	胡潤	351	胡瀾一	739	柯雨官	1081
胡嗣瑗	1319	胡澄	269	胡寶仁	1854	柯祖培	1769
胡嗣瑗	1980	胡履吉	1561	胡寶鐸	1707	柯時懋	679
胡嵩年	1387	胡燕昌	1630	胡繼瑗	1904	柯逢時	1820
胡筠	1291	胡薇元	1786	胡權	265	柯搶	1659
胡鈺	1011	胡輯瑞	1677	胡躍龍	108	柯偉生	741
胡會恩	282	胡霖蒼	1289	胡巖	1233	柯喬年	414
胡寘	54	胡霖澍	1491	胡鑛	231	柯煜	541
胡裔麟	1856	胡錫祜	1801	胡鑑	1219	柯榮庚	354
胡義質	1598	胡錫麟	1227	胡鑑	1272	柯瑾	813
胡溶	1101	胡燏棻	1733	胡鑑	1627	柯廣昌	68
胡愷麟	1939	胡澤潢	717	胡鑑斗	1787	柯樹德	1886
胡際泰	667	胡駿	1987	胡鑑瑩	1955	柯簪	73
胡瑨	817	胡聯奎	1576	胡麟徵	356	柯願	228
胡壽椿	1525	胡懋宣	246	胡纘	340	查之屏	1785
胡壽榮	1916	胡懋勛	635	茹芝	1672	查子庚	1621
胡爾默	496	胡懋齡	1856	茹林	542	查日華	1462
胡鳴珂	701	胡變臣	743	茹昌鼎	486	查文清	1858
胡鳴皋	260	胡應泰	1398	茹金	1335	查文經	1330
胡鳴鸞	1101	胡應魁	998	茹恩彬	1930	查有筠	1153
胡毓英	248	胡應徵	21	茹棻	997	查克丹	568
胡毓筠	1612	胡應潘	65	茹欲可	2013	查克建	377
胡毓麒	1834	胡鴻典	1782	茹敦和	814	查昇	336
胡銓	381	胡鴻澤	1738	茹鉉	228	查秉鈞	1966
胡鳳岡	1647	胡濬	1971	茹震模	1937	查炳華	1292
胡端北	785	胡禮箴	1409	茹慶銓	1793	查庫蘭	710
胡養正	707	胡翼聖	82	茹璽	660	查祥	503
胡榮	949	胡魁元	860	茹寶書	1850	查培繼	103
胡賓周	1835	胡魁楚	878	南日廷	763	查彬	1432
胡維炳	633	胡簡敬	122	南弘緒	485	查訥勤	1098
胡維祺	1299	胡藻	1983	南宮秀	660	查雲標	462
胡慧融	1937	胡鵬雲	884	南宮鼎	788	查復經	942
胡增瑞	1365	胡韻	129	南起鳳	67	查善長	818
胡樞	164	胡瀛	508	南儀	77	查曾印	1002
胡嶠	685	胡瀛	1771	南濟漢	981	查蔭元	1812
胡德浩	446	胡瀛生	1745	柯一騰	772	查虞昌	813
胡德琳	794	胡瀛濤	1759	柯天健	422	查嗣庭	421

清代進士傳錄

侯明	346	侯鳳林	899	俞世銓	1604	俞壽祺	1733
侯侗	1634	侯榮封	1502	俞成	741	俞輔廷	1498
侯周臣	169	侯熒光	1412	俞成慶	1824	俞爾昌	800
侯於薊	721	侯維垣	432	俞廷柏	979	俞誦芬	1246
侯承誥	1272	侯維翰	214	俞廷楡	985	俞德淵	1231
侯玳	1555	侯維鵬	1887	俞廷瑞	216	俞璘	199
侯封	605	侯璋	243	俞廷樟	1041	俞樾	1544
侯封公	327	侯賜樂	742	俞兆晟	419	俞樹風	1352
侯封鎬	1672	侯賜履	582	俞兆曾	324	俞樹棠	1998
侯垣	1450	侯履中	1463	俞汝本	1432	俞鴻圖	462
侯亮工	1448	侯樹衡	1532	俞武琛	675	俞鴻慶	642
侯度	494	侯樸	197	俞長城	327	俞鴻慶	1911
侯玆	605	侯學詩	919	俞長策	420	俞鴻馨	516
侯振世	74	侯錫彤	1941	俞長贊	1468	俞瀚	831
侯晉康	1958	侯錫理	1258	俞東枝	1324	俞鐸	88
侯桐	1268	侯親賢	1267	俞肯堂	1171	俞麟振	1813
侯恩濟	1723	侯濂	1119	俞昌言	956	俞灝	150
侯健融	998	侯曦	167	俞明震	1893	俎可嘗	430
侯陳齡	659	侯寶三	303	俞官圻	1895	俎如蕙	219
侯紘	663	侯體隨	170	俞玤	220	昝茹穎	464
侯執信	581	侯麟勛	303	俞荔	555	計登瀛	1977
侯執縉	187	帥方蔚	1322	俞奎垣	1563	亮保	990
侯乾元	824	帥光祖	886	俞省三	1926	奕書	1339
侯國正	607	帥念祖	531	俞恒潤	1074	奕萛	1314
侯國泰	27	帥承瀚	1139	俞恒澤	1076	奕澤	1192
侯國璋	1377	帥承瀛	1057	俞宣琅	187	音德布	1429
侯紹宣	1898	帥桂	701	俞冠群	1809	彥昌	1536
侯萬福	1242	帥遠燡	1525	俞陛雲	1960	施一桂	910
侯葆文	1850	帥壽昌	1208	俞牲	956	施人鏡	1672
侯棣	574	衍秀	1565	俞陳琛	250	施士洁	1762
侯雲登	1482	衍恩	1104	俞培元	1734	施大晃	276
侯黑	147	衍豫	1313	俞梅	410	施之東	1928
侯鈴	1159	俞大猷	932	俞崇修	110	施之博	1668
侯鈞	738	俞之俊	1623	俞寅	304	施化理	1298
侯瑜	448	俞之琰	149	俞紹型	1441	施介曾	1383
侯夢卜	190	俞之琰	917	俞雲來	253	施有方	1929
侯嗣章	1586	俞元祺	518	俞雲錦	1516	施廷弻	1687
侯嗣達	594	俞日炟	1063	俞開甲	873	施廷槐	266
侯靖	472	俞化鵬	351	俞復亨	206	施汝欽	1994
侯溥	332	俞文漪	630	俞焯	1341	施杓	1021
侯殿邦	212	俞允若	1571	俞焜	1268	施沛霖	1899
侯殿禎	257	俞世治	628	俞遜	110	施典章	1760

洪鏊	1742	祖澤潛	144	韋一鶴	103	姚文倬	1891
洪燿	1115	祖澤闊	88	韋天寶	1277	姚文熊	239
洪譽	106	祝元仁	585	韋成賢	3	姚文燕	209
洪鐘	750	祝文彬	369	韋延秩	2012	姚文燮	176
洪鑌	1706	祝文震	88	韋坦	1428	姚孔鋠	619
洪麟綬	1603	祝世功	1694	韋杰生	1431	姚玉田	1512
洪觀	1443	祝弘坊	253	韋典治	931	姚玉麟	942
洪鑾	884	祝匡基	72	韋佩金	966	姚世道	670
洗國幹	315	祝廷華	1986	韋承瀛	1558	姚世榮	516
洗斌	1475	祝安國	412	韋炳	14	姚丙成	1161
洗寶榦	1826	祝孝承	1022	韋逢甲	1432	姚丙然	1839
恒林	1555	祝孝溶	1195	韋基烈	635	姚左垣	845
恒春	1279	祝孝憑	1086	韋崧杰	1311	姚玄煥	34
恒祥	1166	祝其杏	765	韋朝冕	1974	姚永年	994
恒祥	1296	祝松雲	1816	韋煥	1643	姚永先	513
恒善	1443	祝昌	60	韋運標	1074	姚弘仁	350
恒善	1953	祝岷	824	韋業祥	1665	姚弘緒	349
恒福	1107	祝秉章	1619	韋嗣賢	126	姚再薰	1723
恒福	1465	祝祜	1428	韋德成	1269	姚成烈	731
恒熙	1260	祝祐	1516	韋履潔	1887	姚光發	1478
恒德	557	祝堃	987	韋錦恩	1955	姚廷祐	689
恒齡	1646	祝淳禧	1164	韋謙恒	874	姚廷訓	1083
宣向榮	1095	祝期	277	胥庭清	45	姚廷著	66
宣聰	955	祝萬年	1000	胥寅亮	1724	姚廷清	1297
宦儒章	803	祝萬章	568	胥琬	210	姚延啓	82
宦懋和	1743	祝萬選	451	胥瑞瑢	1611	姚延祺	1804
宫廷珍	19	祝雲棟	923	娃爾答	146	姚自弘	184
宫伯元	584	祝勛	672	姚一經	454	姚汝晋	1216
宫建章	394	祝喻	77	姚三辰	481	姚芳遠	916
宫思晋	1273	祝詒	414	姚士升	150	姚克欽	294
宫炳炎	2009	祝曾	1032	姚士林	652	姚步瀛	907
宫煥	1152	祝墰	1538	姚士璋	1867	姚步瀛	1668
宫煥文	623	祝煋燔	969	姚士蕙	337	姚近韓	1462
宫夢仁	271	祝嘉聚	1972	姚士鵬	1006	姚近寶	1411
宫懋言	408	祝壽昌	1558	姚士勤	452	姚杰	1026
宫鴻曆	421	祝德全	986	姚大榮	1831	姚述祖	644
宫雒	494	祝德麟	875	姚之駰	516	姚東濟	1627
宫耀月	1872	祝慶揚	1208	姚元之	1130	姚協于	430
祖之望	961	祝慶蕃	1206	姚日昇	614	姚協贊	1691
祖之麟	144	祝應晋	186	姚文田	1068	姚金符	1276
祖文謨	255	祝翼模	352	姚文光	320	姚定基	1716
祖述堯	94	祕象震	560	姚文起	929	姚承恩	1385

秦朝釪 756
秦雄飛 812
秦雄褒 681
秦鉅倫 229
秦敦原 1240
秦道然 442
秦曾潞 1961
秦淵 1059
秦夢熊 782
秦靖然 462
秦漣 970
秦源寬 417
秦福照 1308
秦聚奎 1481
秦睿 929
秦鉽 115
秦廣之 307
秦禟 305
秦維嶽 1032
秦綬章 1819
秦璜 718
秦璜 733
秦蕙田 640
秦樂德 104
秦賡彤 1605
秦澍春 1731
秦潮 890
秦璟 235
秦樹熾 486
秦樹聲 1848
秦霖熙 1787
秦學洙 396
秦學瀚 873
秦錫九 1299
秦錫圭 1949
秦錫琈 631
秦擴 343
秦鍾簡 1688
秦應逵 1740
秦鎮藩 1555
秦鎬 416
秦勷 678
秦繩曾 1133
秦獻祥 1957
秦夔揚 1819
秦鑄 498
秦鏕 127
秦贇 792
秦驤 435
珠隆阿 1067
珠爾杭阿 1082
班吉本 1995
班第 147
班達禮 293
班聯 585
敖册賢 1581
敖名震 1731
敖彤臣 1558
敖星煌 1423
敖國琦 1537
素博通額 1208
馬人龍 872
馬九如 1851
馬士龍 583
馬士龍 1175
馬大士 182
馬上襄 608
馬之驦 59
馬天選 274
馬天翮 1995
馬元文 720
馬元烈 727
馬元勛 400
馬元瑞 1599
馬中律 1735
馬中驌 172
馬文波 1316
馬文華 1620
馬文夢 1610
馬文煜 340
馬文璧 228
馬文耀 1639
馬文灝 940
馬方鈺 1296
馬尹 433
馬孔懷 277
馬玉堂 1520
馬玉墀 1165
馬玉麟 1336
馬正午 663
馬世俊 199
馬世璜 1575
馬丙 594
馬丙昭 1576
馬丕基 1078
馬丕瑶 1643
馬永璋 1627
馬歿 795
馬邦舉 1143
馬吉樟 1821
馬芝 185
馬有章 1108
馬百慶 1492
馬存樸 1806
馬光 194
馬光啓 139
馬光裕 33
馬光遠 129
馬光學 565
馬光瀾 1244
馬先登 1537
馬廷弼 1998
馬廷柟 1065
馬廷槐 1443
馬廷錫 1186
馬廷燮 1060
馬廷贊 79
馬延承 996
馬仲融 24
馬兆增 1365
馬兆鰲 719
馬汝舟 1102
馬汝基 303
馬汝爲 413
馬汝驥 1949
馬如龍 110
馬如鑑 1956
馬志燮 1172
馬芳田 1845
馬步元 1865
馬步蟾 1190
馬步瀛 2002
馬步鑾 1291
馬秀儒 1407
馬作肅 430
馬伯輅 706
馬伯樂 1230
馬希爵 281
馬豸 192
馬沅 1356
馬宏琦 570
馬良臣 1203
馬君實 1993
馬長淑 610
馬其昌 19
馬苔 1187
馬明義 1680
馬侃 1789
馬佩瑶 1558
馬金門 531
馬受曾 445
馬育麟 1994
馬宗良 761
馬宗閔 1413
馬宗璉 1104
馬官龍 1375
馬建三 1103
馬建奇 637
馬相如 1642
馬咸厚 547
馬映辰 1340
馬映階 1481
馬思聖 1016
馬品藻 1476
馬俊良 865
馬胤昌 16
馬亮 1341
馬彦森 1778

清代進士傳錄

袁守待	433	袁桐	1924	袁學謨	564	耿克仁	304
袁安	402	袁格	347	袁儒忠	597	耿佐明	142
袁安	615	袁時中	245	袁錫齡	1727	耿灼然	1532
袁如凱	1198	袁恩詔	1677	袁錫夒	673	耿念劬	197
袁志潔	568	袁浴	11	袁魁	1062	耿拱極	87
袁芳	750	袁宸韐	367	袁懋功	6	耿效忠	143
袁芳瑛	1505	袁國梓	479	袁鍊	741	耿惇	303
袁秀巒	869	袁國梓	55	袁鍊	1199	耿維祐	1123
袁希仁	1148	袁渚孫	830	袁鍾秀	648	耿賢舉	736
袁希祖	1523	袁紹安	1180	袁鍾慧	1393	耿德曙	268
袁希璋	1769	袁葉茂	1770	袁鍾麟	362	耿履端	1205
袁良	368	袁鼎先	167	袁應珹	1315	耿學模	865
袁坦	1239	袁景星	237	袁應惇	1193	耿錫嘏	1204
袁英	70	袁舜蔭	179	袁鴻謨	129	耿應張	92
袁枚	687	袁善	1704	袁濬	479	耿濟瀛	1899
袁秉義	897	袁楚藩	1852	袁績巒	1522	耿願魯	250
袁秉銓	44	袁虞禮	747	袁璿	220	耿繡彝	418
袁依仁	627	袁嵩齡	1550	袁鎮南	1754	耿麟	1256
袁炘	1356	袁槃實	1582	袁鎬	940	華士眉	69
袁泳錫	1496	袁誠格	1690	袁襜如	17	華士瞻	121
袁宗聖	628	袁煇山	1609	袁鵬圖	1806	華日新	1488
袁定遠	264	袁溥	1406	袁韻春	1747	華允彝	901
袁承業	1583	袁嘉穀	1985	袁耀玉	523	華仕銘	1887
袁承燀	215	袁嘉德	885	袁寶璜	1909	華廷傑	1513
袁春鼎	1016	袁鳴謙	1335	袁寶彝	1778	華廷標	1380
袁珏	1126	袁銑	1193	袁繼梓	231	華亦祥	173
袁拱	316	袁銓	1541	袁鑑	826	華金壽	1725
袁思幹	1699	袁銘泰	1392	都守仁	1952	華宗智	1989
袁思韓	1497	袁鳳彩	26	都麥	433	華定祁	1512
袁保恒	1544	袁齊宏	787	都爾巴	114	華俊聲	1885
袁保宸	1792	袁肇繼	182	都鏞	786	華恒泰	663
袁信芳	1877	袁緒欽	1945	哲成額	883	華祝三	1526
袁俊	1350	袁綽	191	哲克登額	1998	華振鷺	177
袁風清	1339	袁維豐	862	耆齡	1910	華晉芳	1596
袁彥齡	1351	袁增	758	耿于垣	4	華栻	642
袁恢先	185	袁皞	455	耿之昌	469	華時中	1317
袁祖光	1991	袁德達	725	耿曰椿	1440	華黃	307
袁祖安	1643	袁履方	1317	耿介	99	華國清	1531
袁昶	1759	袁樹	885	耿文傑	322	華章志	177
袁振瀛	1353	袁橋	314	耿古德	414	華翊亨	1464
袁起穎	867	袁勵準	1968	耿弘啓	182	華焯	1963
袁起濤	541	袁勵端	1979	耿名臣	1647	華煜	1702

清代進士傳錄

夏之蓉	620	夏時雍	680	夏聯鈺	1810	党聲震	295
夏之霖	1982	夏時濟	1916	夏燦	391	党蘭修	1756
夏子鍚	1649	夏家升	1577	夏蘇	805	党獻壽	1852
夏子齡	1423	夏家泰	1510	夏疇	246	時大杭	1450
夏文蔚	1067	夏家鐏	1583	夏獻烈	1551	時功旃	1163
夏以鋒	225	夏孫桐	1904	夏獻蓉	1606	時本榮	952
夏玉瑚	1698	夏撝謨	1647	夏獻馨	1599	時永新	1743
夏正笏	1143	夏冕	577	原立誠	1648	時式敷	1230
夏世安	89	夏國培	1158	原承猷	659	時鈞轍	621
夏立中	522	夏國琦	1290	原珏	1369	時遠	680
夏永	803	夏寅官	1885	原峰峻	1574	時銘	1140
夏同善	1597	夏啓瑞	1982	原衷戴	571	時餘	638
夏同穌	1960	夏啓瑜	1924	原遜志	980	時慶萊	1729
夏先鼎	1973	夏葆彝	1853	致善	1953	時聯輝	1239
夏廷芝	620	夏雲來	304	柴大伸	191	畢太昌	2008
夏廷楨	1369	夏雲岫	1376	柴友芝	1597	畢友宜	307
夏廷楫	1569	夏開衡	507	柴廷望	275	畢曰湜	584
夏廷榘	1389	夏勛	1274	柴作舟	1846	畢至	1398
夏汝鏞	1856	夏奠川	1934	柴起鵬	1006	畢光堯	1222
夏安運	91	夏道輝	2014	柴偉觀	168	畢光榮	1298
夏扶黃	720	夏曾佑	1887	柴望	46	畢志璜	740
夏扶章	716	夏裕綸	1660	柴望岱	7	畢秀	158
夏沆	238	夏瑞庚	1998	柴景高	777	畢沅	843
夏良士	837	夏慎樞	466	柴勝任	213	畢奉先	1717
夏長泰	134	夏際唐	1240	柴煌	264	畢忠吉	155
夏若魯	1815	夏壽田	1960	柴模	975	畢拱垣	275
夏昌申	1355	夏壽康	1985	柴德茂	1148	畢保釐	1626
夏迪忱	321	夏熙采	280	柴緝生	796	畢亮	1630
夏和清	2012	夏熙澤	403	柴樸	1930	畢振姬	17
夏金章	691	夏衡	1814	柴潚	21	畢盛青	219
夏庚復	1804	夏銘修	1341	党以讓	128	畢盛贊	211
夏治源	531	夏肇庸	1702	党兆熊	820	畢宿壽	699
夏建謨	1296	夏璜	1178	党步衢	1815	畢棠	1631
夏承煜	1469	夏璇源	913	党直	209	畢道遠	1480
夏封泰	564	夏敷九	5	党紹修	1201	畢楷	1312
夏修恕	1128	夏震川	1783	党偉元	647	畢漣	551
夏炳	1006	夏樹立	1929	党雲龍	943	畢誼	506
夏恒	1343	夏霖	77	党蒙	1759	畢瀟	468
夏紀	354	夏錫金	160	党新綏	766	畢應辰	1544
夏起載	183	夏錫麒	1601	党漢章	1648	畢瀠	487
夏晉	263	夏聲律	1659	党維世	694	畢鎮	904
夏時泰	1871	夏聲喬	1864	党慶奎	1845	畢瀚昭	1605

徐化龍	12	徐有壬	1354	徐步月	1722	徐春煦	1897
徐文洞	1691	徐有孚	1416	徐步雲	1161	徐春溶	267
徐文炯	626	徐光文	733	徐步雲	1554	徐玨	108
徐文烜	165	徐光祖	1618	徐步蟾	785	徐玨	867
徐文幹	961	徐光祚	992	徐我達	43	徐垣	689
徐文煜	690	徐光第	1550	徐作梅	1698	徐相	1435
徐文駒	447	徐同倫	194	徐作霖	1258	徐郡	1635
徐文燿	1386	徐先第	335	徐良梅	1481	徐貞	1828
徐文藻	1420	徐廷芳	727	徐青照	1294	徐思莊	1295
徐文驤	1082	徐廷宣	417	徐長發	924	徐信善	1954
徐方光	447	徐廷槐	604	徐苞	1937	徐美大	267
徐方杰	1427	徐延旭	1629	徐林春	1355	徐炳文	1818
徐心田	1106	徐延泰	896	徐來清	91	徐炳烈	1611
徐心泰	1863	徐自任	546	徐松	1129	徐炳唐	1724
徐引	1550	徐行	1555	徐卓	1395	徐炳麟	1979
徐以升	534	徐兆瑋	1884	徐昆	994	徐炟	63
徐以烜	592	徐兆舉	31	徐昆	1106	徐炯	310
徐允升	1768	徐兆豐	1734	徐昌緒	1595	徐祐彥	851
徐允年	559	徐兆瀾	1691	徐昇	101	徐祖昌	635
徐允清	1933	徐旭	376	徐明弼	50	徐昶	235
徐玉山	1769	徐旭曾	1086	徐昂發	384	徐既同	194
徐玉田	669	徐旭齡	117	徐忠銳	1584	徐振	372
徐玉立	1134	徐名綖	1071	徐季孺	1881	徐振采	273
徐玉書	787	徐名彝	785	徐秉文	952	徐振墉	1534
徐玉豐	1471	徐冲霄	1938	徐秉哲	821	徐振翰	1766
徐世昌	1501	徐州牧	133	徐秉義	270	徐振瀛	1581
徐世昌	1843	徐江	1157	徐秉霖	902	徐起巖	588
徐世錦	940	徐汝升	563	徐依	468	徐華嶽	1090
徐本	505	徐汝嶧	312	徐金銘	2004	徐晉	347
徐可先	44	徐汝瀾	979	徐受廉	1844	徐桂辛	1759
徐申錫	1524	徐汝瓚	672	徐京	1814	徐桂馨	1894
徐用錫	442	徐安民	575	徐法績	1227	徐桐	1548
徐立御	556	徐如澍	946	徐河清	1572	徐連	1179
徐立綱	948	徐孝常	699	徐泮	1231	徐致祥	1628
徐必遠	61	徐孝豐	1946	徐宗一	1626	徐致章	118
徐必遜	289	徐志晉	973	徐宗勉	1575	徐致敬	218
徐必觀	1112	徐志鼎	955	徐宗海	1557	徐致靖	1757
徐永宣	390	徐芳昇	210	徐宗幹	1274	徐致覺	53
徐永祐	473	徐克剛	1590	徐宗源	1930	徐時行	905
徐台英	1472	徐杆	135	徐定邦	955	徐時作	579
徐吉士	789	徐杞	464	徐定超	1824	徐時英	1165
徐芝湷	1659	徐辰告	1444	徐奏鈞	1401	徐時樑	1511

徐廣臣	1584	徐謙	1825	殷圻	1043	翁同書	1453
徐廣颿	1095	徐謙	1981	殷芳庭	1099	翁同龢	1594
徐潮	275	徐變鈞	1340	殷李堯	1750	翁廷資	455
徐潤	1124	徐應照	1308	殷長福	1123	翁延緒	1600
徐潤第	1055	徐鴻	1101	殷國尊	316	翁兆麟	2000
徐寯	739	徐鴻昇	696	殷章	278	翁如麟	163
徐慰祖	1017	徐鴻泰	1888	殷鼎	281	翁孝濬	1425
徐履端	345	徐鴻逵	362	殷瑞生	1831	翁長芬	1993
徐璞玉	1647	徐濟言	567	殷輅	897	翁長庸	33
徐璣	599	徐孺芳	180	殷源	1730	翁若梅	897
徐樹本	374	徐鎮	208	殷嘉樹	1502	翁叔元	282
徐樹昌	1932	徐鏞	1170	殷壽彭	1451	翁佶	119
徐樹屏	472	徐鵬揚	152	殷壽臻	1494	翁祖烈	1420
徐樹敏	410	徐瀚	1191	殷聚五	1340	翁祖望	59
徐樹庸	352	徐瀛	1426	殷齊賢	1218	翁張憲	854
徐樹楠	1414	徐耀	1387	殷維藩	213	翁斌孫	1783
徐樹銘	1523	徐耀祖	798	殷增	1341	翁曾源	1649
徐樹穀	325	徐騰	105	殷謙	1696	翁運標	540
徐曇	814	徐騰暉	94	殷觀光	163	翁嵩年	338
徐學至	912	徐瀾	975	奚又灝	625	翁與之	226
徐學柄	498	徐寶治	1553	奚大壯	1138	翁煌	312
徐學晋	1141	徐寶森	1197	奚先愷	1238	翁壽籛	1732
徐學勤	968	徐寶森	1386	奚寅	897	翁昰	288
徐學榜	449	徐寶善	1269	奚湛	405	翁霈霖	869
徐衡	662	徐寶鍔	1834	奚祿詒	197	翁樹培	1014
徐錫仁	667	徐寶謙	1810	奚源	572	翁霍霖	968
徐錫祉	1766	徐繼昌	399	奚澄	1292	翁錫祺	1769
徐錫麒	1605	徐繼達	1553	倉景愉	1438	翁燾	1892
徐錦	733	徐繼畬	1329	倉聖脉	922	翁燿	834
徐謂弟	110	徐鐸	643	翁士偉	136	翁藻	540
徐凝績	1222	徐夑典	1396	翁大中	376	卿祖培	1115
徐熾	1627	徐夑颿	1929	翁天祐	1872	卿悦	510
徐潞	2000	徐鑑	978	翁元圻	986	逢希澄	1557
徐憲文	1034	徐鑑	1134	翁文達	683	逢泰	399
徐駿	476	徐鑑	1209	翁方綱	793	逢潤古	1670
徐聰	1920	徐鑑銘	1804	翁心存	1283	留保	518
徐聯奎	899	徐灝	254	翁世庸	159	託賢	403
徐檀	1341	徐驤	1120	翁立準	956	凌之調	663
徐懋昭	228	殷元福	372	翁立德	1918	凌心坦	1777
徐霞彩	500	殷台杰	750	翁有成	1939	凌心垣	1693
徐鍾恂	2003	殷如璋	1704	翁有儀	1082	凌世御	922
徐謙	1197	殷兆鏞	1458	翁成琪	1926	凌邦靖	1792

高振洛	1448	高喆	866	高箕承	1618	高聯	284
高振霄	2002	高達	194	高毓浤	1982	高聯壁	287
高振聲	1896	高萬鵬	1691	高鳳起	139	高興	385
高貢齡	1514	高植	672	高熊夢	1424	高徽翰	1575
高桂	7	高棫生	975	高維新	455	高鍾嶽	471
高桂馨	1972	高棠尊	446	高維嶽	1756	高燮曾	1727
高桐	699	高晫	155	高璜	254	高鴻飛	1468
高桐	1722	高景	11	高增融	1869	高鴻儒	1591
高峻	592	高景之	217	高增爵	1915	高璿	597
高倬	1512	高景蕃	554	高榲	1388	高觀昌	1844
高釗中	1751	高集祥	1557	高標	139	高曠	766
高逢源	1917	高欽中	1551	高輝	477	高曜	326
高凌雲	154	高善祥	614	高賜禧	1037	高鎮	1438
高凌雲	1204	高翔麟	1155	高賜禮	1173	高鎮峰	452
高凌霄	1801	高渭占	1081	高樂生	1013	高燨	107
高家泰	1500	高運	248	高德修	446	高攀嵩	424
高容	705	高遐昌	295	高魯	1439	高鏡澄	1576
高容聲	1249	高登先	192	高廣恩	1758	高鵬南	4
高朗	1496	高登陞	740	高遴	759	高鵬飛	1834
高掄印	846	高瑜	144	高遵章	1987	高鵬起	216
高菜	209	高瑋	10	高瑩	320	高曦	141
高烎	878	高楓	1852	高潤生	1896	高鶚	1049
高梧	1653	高業成	1107	高履觀	1257	高敦齡	1202
高爽	23	高暄陽	1956	高層雲	285	高臚璟	1661
高峽雲	1282	高傳循	1680	高緝顥	457	高寶鑾	1908
高崧	371	高細	1061	高翰	667	高繼光	670
高崧	1162	高會嘉	1508	高樹	1865	高繼光	1740
高崧生	1951	高裔	285	高樹勛	1305	高顯	195
高崗	187	高耑	489	高奮生	847	高顯貴	573
高崇基	1552	高溥	1415	高積政	1936	高麟超	1940
高第	598	高殿臣	1408	高積健	1814	高觀鯉	754
高第甲	1789	高嘉仁	1992	高積勛	1789	高鑾宣	1547
高得善	1567	高埔	880	高學濂	952	郭一元	70
高焕然	1976	高壽	1973	高學瀛	1653	郭一鷗	10
高淑曾	581	高壽名	332	高翔	33	郭一鶚	58
高涵和	1871	高熙喆	1844	高錫華	1911	郭乙山	788
高寅	191	高蔚光	1699	高錫疇	1661	郭九同	401
高寅生	1762	高蔚宸	745	高龍光	179	郭乃心	1700
高紹曾	1354	高蔚溶	1201	高龍躍	1334	郭于蕃	380
高琯	292	高爾公	256	高澤	615	郭士璟	132
高球	241	高爾修	76	高澤弘	469	郭士衡	930
高揚	605	高種之	183	高澤履	1160	郭大經	1154

郭大鍾	1216	郭兆	782	郭定	683	郭象升	1276
郭之祚	294	郭兆春	1918	郭定柱	1541	郭翊	1800
郭之屏	744	郭兆垣	418	郭承休	1167	郭望安	1413
郭之培	62	郭兆禄	1959	郭承恩	1138	郭淳	1032
郭之銓	695	郭兆福	1738	郭珍	1557	郭淳章	1204
郭天性	806	郭名杰	1450	郭指南	171	郭深基	1647
郭天禄	786	郭汝材	1766	郭南溪	1938	郭寅	911
郭天錦	251	郭汝誠	1481	郭柯	805	郭階平	1144
郭元澧	866	郭安仁	1732	郭柏蔭	1367	郭紹宗	835
郭日章	1970	郭安鈺	1314	郭則澐	1982	郭紹曾	1430
郭曰槐	638	郭安齡	1183	郭思儀	1371	郭紹璞	527
郭曰燧	117	郭如岐	568	郭皇畿	15	郭琮	663
郭仁圖	1154	郭如皋	723	郭亮	40	郭堯都	194
郭六宰	839	郭如翰	1318	郭美	541	郭超凡	1415
郭文炳	293	郭如儆	81	郭炳南	1648	郭萬俊	1764
郭文匯	1273	郭均	1010	郭恒	257	郭敬佑	1767
郭方	40	郭志青	1145	郭恒辰	1215	郭植	711
郭以誠	1873	郭志融	1511	郭祚炳	1002	郭雲漢	1620
郭允升	306	郭芳蘭	1681	郭祚熾	862	郭雅注	1816
郭允屏	280	郭杞	401	郭泰成	1136	郭鼎鉉	236
郭世亨	1425	郭冏	1899	郭振	552	郭遇熙	306
郭世奇	684	郭利賓	1363	郭晉熙	395	郭景汾	217
郭世純	116	郭位	557	郭桐生	1546	郭景象	1956
郭世誼	840	郭沛霖	1435	郭連城	157	郭景僖	1347
郭世誼	1041	郭沆	372	郭恩賡	1967	郭程先	1631
郭世閭	1316	郭良貴	784	郭師泰	1497	郭集芬	1889
郭本才	768	郭長清	1605	郭家英	694	郭集琛	1871
郭石渠	579	郭其觀	1334	郭家修	1629	郭爲瑛	229
郭四維	44	郭茂泰	192	郭家葆	1937	郭爲嶠	656
郭印瑚	1506	郭肯堂	678	郭家聲	1986	郭道生	1307
郭立山	1982	郭尚先	1173	郭祥瑞	1524	郭道闓	1324
郭永錫	1410	郭昌	153	郭書堂	1933	郭曾炘	1795
郭匡	702	郭昌年	1354	郭孫俊	601	郭曾程	1871
郭圲	1142	郭昂	255	郭孫順	466	郭曾準	1908
郭在逵	978	郭知遜	27	郭琇	262	郭裕	701
郭在磐	1218	郭佩璆	160	郭棻	98	郭瑄第	100
郭成峻	744	郭依山	981	郭乾	980	郭夢惠	1580
郭成巍	841	郭金鈜	58	郭彬圖	1294	郭夢齡	1308
郭先本	1483	郭命新	236	郭偉	431	郭椿	1700
郭廷肇	1475	郭育才	1925	郭偉人	700	郭椿壽	1527
郭廷謹	1766	郭治	303	郭偉峨	289	郭楷	1050
郭行義	75	郭宗熙	1981	郭從矩	1624	郭嗣齡	498

郭嵩燾 1529
郭傳昌 1930
郭新鄰 682
郭源 1723
郭壽清 2001
郭熙 85
郭輔唐 2014
郭鳴高 1258
郭種德 1534
郭毓璋 1993
郭銘鼎 1983
郭鳳岡 1474
郭誌 415
郭肇基 26
郭肇鐄 672
郭熊飛 1297
郭維城 1255
郭維暹 1312
郭維鍵 1388
郭維藩 1499
郭綬光 923
郭璋 1241
郭鞏 183
郭增祿 1717
郭邁 722
郭樟 1379
郭磊 681
郭嶕之 367
郭稷 526
郭牖心 1336
郭儀韓 432
郭衛城 840
郭賡平 1798
郭賡武 674
郭慶治 1711
郭慶棠 1780
郭慶新 1711
郭潔 497
郭潔 863
郭璣 869
郭操 513
郭樑 547
郭篤 1786
郭興讓 823
郭錫恩 1370
郭錦春 704
郭諫 149
郭龍光 1067
郭縉光 999
郭擢 655
郭懋勛 202
郭徽祚 347
郭鍾美 2009
郭燮 941
郭應元 526
郭應辰 1255
郭應軫 1297
郭應霖 1614
郭燦 1944
郭鴻賓 1821
郭濬 90
郭濚 705
郭禮圖 1470
郭瓊宴 1280
郭覲辰 1329
郭藩 300
郭礎 88
郭鎮 19
郭鏞 864
郭鵬霄 18
郭懷仁 1651
郭懷芳 634
郭懷琮 138
郭鏞 721
郭鑒庚 1258
郭鑑襄 1567
郭顯球 1974
郭驥遠 1506
席元榜 1163
席式 72
席光縉 1261
席尚清 1202
席珍 1746
席教事 13
席煜 1088
席樹馨 1592
庫三那 147
庫察 146
唐大琬 1769
唐山 728
唐之元 558
唐之材 370
唐之岳 838
唐之賓 217
唐之儀 502
唐子瞻 199
唐子鏘 285
唐元愷 1746
唐壬森 1527
唐仁埴 1009
唐文灼 904
唐文治 1910
唐文運 765
唐文蔚 743
唐文黼 246
唐正仁 1223
唐正恩 1553
唐世厚 870
唐世徵 204
唐右楨 1870
唐四表 281
唐弘宇 697
唐光圻 1719
唐光雲 748
唐先甲 1077
唐廷詔 1297
唐廷綸 1421
唐廷樾 778
唐仲冕 1041
唐守道 1520
唐李杜 1427
唐辰 764
唐步雲 1814
唐若時 652
唐枝中 1836
唐來松 880
唐尚光 2002
唐金榜 1382
唐金鑑 1392
唐服膺 1218
唐炌 134
唐泓 305
唐宗海 1872
唐建中 479
唐建庚 1310
唐建寅 1793
唐封 268
唐則璲 1851
唐庭賡 607
唐彥褎 75
唐彥暉 127
唐炳 690
唐冠賢 579
唐泰瀾 1645
唐桂生 666
唐桂馨 2003
唐時亨 141
唐效堯 591
唐烜 1868
唐書年 1877
唐孫華 342
唐執玉 408
唐盛 1433
唐國珍 1858
唐國賓 1608
唐國翰 1638
唐進賢 625
唐翊清 1581
唐淮 844
唐惇培 1266
唐寅清 174
唐啓蔭 1616
唐紱章 1593
唐紹祖 443
唐琳枝 1259
唐琦 930
唐朝彝 242
唐開文 1836

清代進士傳錄

陸禹貢	1102	陸蔭奎	1247	陸懋宗	1623	陳于際	850
陸炳然	1669	陸嗣淵	1311	陸懋勛	1960	陳于蕃	500
陸炯	304	陸嗣齡	1692	陸鍾	991	陳于豫	340
陸炯	1266	陸嵩	26	陸鍾呂	234	陳士元	1167
陸祖修	299	陸嵩高	898	陸鍾岱	1870	陳士林	829
陸祚蕃	271	陸筠	326	陸鍾琦	1863	陳士枚	1336
陸振芬	62	陸筠	1767	陸應瑄	277	陳士炳	1735
陸華疆	22	陸殿鵬	1769	陸應穀	1370	陳士師	744
陸桂森	710	陸經正	272	陸燦	741	陳士琰	694
陸烈	749	陸經遠	311	陸鴻儀	1982	陳士雅	1011
陸秩	686	陸瑤林	158	陸翼	482	陳士鈞	1716
陸師	397	陸趙泰	485	陸璿	150	陳士槙	1217
陸逢寵	428	陸嘉穎	620	陸叢桂	180	陳士愷	1355
陸培	559	陸壽臣	1842	陸隴其	250	陳士鳳	887
陸梓	1055	陸壽名	103	陸韜	380	陳士敷	416
陸彪	64	陸壽昌	1045	陸騰鳳	111	陳才芳	1728
陸偉然	671	陸模孫	1011	陸寶忠	1755	陳大化	755
陸象雲	797	陸輔清	1893	陸繼輝	1703	陳大文	938
陸寅	339	陸爾熙	1654	陸鑑	148	陳大任	489
陸張烈	395	陸鳴珂	136	陸霈	326	陳大玠	554
陸紹琦	448	陸鳴時	100	陳一太	83	陳大典	1499
陸紹曾	747	陸廣霖	689	陳一道	45	陳大忠	1351
陸琮	482	陸榮登	253	陳一蜚	380	陳大受	618
陸堯松	1191	陸賓	289	陳一德	839	陳大春	1002
陸堯春	1229	陸肇昌	322	陳一鶴	1762	陳大章	341
陸葆德	1734	陸增祥	1542	陳人文	412	陳大喻	687
陸朝瑛	34	陸增煒	1964	陳人採	1277	陳大復	709
陸菜	240	陸樟	1123	陳人集	594	陳大經	717
陸開榮	1051	陸賜書	421	陳人龍	582	陳大誥	1611
陸景華	1114	陸儀	661	陳九叙	941	陳大賓	401
陸鈞	757	陸德元	293	陳九韶	595	陳大綱	1205
陸舜	225	陸毅	342	陳九齡	642	陳大輦	422
陸敦庸	1413	陸潤庠	1725	陳乃廣	1913	陳大驥	1735
陸善格	1800	陸憬	848	陳乃績	1883	陳上年	65
陸翔華	124	陸履貞	1589	陳又良	380	陳山岵	1371
陸湘	935	陸履敬	188	陳三立	1143	陳之佐	216
陸運際	24	陸薪傳	1681	陳三立	1873	陳之琯	639
陸運熺	36	陸樹本	666	陳三省	279	陳之敬	1450
陸返昌	320	陸篪	180	陳于上	763	陳之遇	514
陸費墀	889	陸錫智	1223	陳于午	838	陳之鼏	2002
陸費錫	212	陸錫熊	864	陳于荊	350	陳之綱	1035
陸蒼霖	927	陸懋廷	149	陳于達	221	陳之儀	226

清代進士傳錄

陳廷楹	49	陳汝秋	1025	陳作新	819	陳其彥	262
陳廷煒	427	陳汝峰	1521	陳作樞	968	陳其美	97
陳廷經	1488	陳汝梅	1071	陳作樞	1491	陳其晟	1516
陳廷碩	1051	陳汝梅	1928	陳作儀	1888	陳其嵩	581
陳廷綸	395	陳汝康	1967	陳作霖	390	陳其煜	880
陳廷樞	74	陳汝欽	1816	陳作霖	1697	陳其寬	1803
陳廷慶	985	陳汝弼	306	陳伯陶	1901	陳其潤	683
陳廷鑑	1878	陳汝睿	707	陳希祖	1029	陳其錕	1323
陳任重	943	陳汝銓	1432	陳希敬	1311	陳其凝	593
陳自新	1767	陳汝霖	542	陳希紫	1100	陳若沂	404
陳自彰	499	陳汝霖	1644	陳希曾	1038	陳若璉	663
陳伊言	1148	陳汝衡	1279	陳希賢	1904	陳若霖	1013
陳似源	443	陳汝聰	775	陳孚	263	陳若疇	1087
陳舟	677	陳守中	1427	陳孚	904	陳枚	1452
陳兆文	1751	陳守仁	455	陳孚辰	219	陳松齡	1569
陳兆坤	1977	陳守創	368	陳序球	1710	陳柵	1944
陳兆昌	704	陳守㲄	1896	陳灯	140	陳述芹	1218
陳兆桂	1412	陳聿昌	1721	陳灼	1495	陳述經	1191
陳兆崙	595	陳如岳	1820	陳沂震	389	陳兩儀	614
陳兆焕	1746	陳孝友	1167	陳沆	486	陳雨濃	1915
陳兆葵	1848	陳孝恪	1855	陳沆	563	陳協	9
陳兆槐	2009	陳均	425	陳沆	1245	陳協文	404
陳兆鳳	1537	陳志紀	180	陳宏	214	陳卓	32
陳兆熊	1251	陳志喆	1841	陳宏度	1053	陳尚友	666
陳兆慶	1789	陳志魁	1318	陳宏謀	536	陳尚書	824
陳兆翰	1697	陳芳胄	273	陳宏衢	880	陳杲	1097
陳兆騏	1223	陳芳楷	543	陳良均	1978	陳昆	1516
陳兆豐	1908	陳克繩	671	陳良佐	836	陳昆玉	1414
陳兆鷥	66	陳克讓	1310	陳良翼	882	陳昌	816
陳旭	633	陳材	663	陳初哲	906	陳昌	1729
陳旭	719	陳材	702	陳君耀	1927	陳昌言	1786
陳旭仁	1984	陳杓	652	陳壯履	374	陳昌紳	1839
陳名珍	1826	陳杞	1699	陳奉兹	847	陳昌圖	890
陳名傑	1577	陳步瀛	859	陳武要	493	陳昌齊	923
陳冲漢	196	陳吳嶽	386	陳玢	989	陳昌曇	1868
陳亦濂	437	陳見智	256	陳長復	547	陳明倫	1745
陳衣德	539	陳見龍	472	陳長橿	1861	陳易	629
陳池鳳	996	陳秀芝	1588	陳長鎮	752	陳易奇	1974
陳池養	1178	陳何龍	1103	陳坦	268	陳昂	1429
陳汝元	900	陳作芹	927	陳其昌	1737	陳昉	1282
陳汝亨	573	陳作梅	710	陳其昌	1975	陳迪吉	2012
陳汝咸	349	陳作楫	1168	陳其相	1998	陳忠靖	36

陳書曾	1368	陳望林	1945	陳萬策	503	陳景星	1938
陳理泰	1707	陳望曾	1741	陳莫纕	625	陳景祺	1572
陳琇瑩	1751	陳焕文	1720	陳敬	163	陳景雍	1575
陳捷	298	陳焕章	2013	陳敬	1126	陳景韶	1978
陳培英	975	陳焕新	1768	陳敬五	1097	陳景鎏	1802
陳培庚	1939	陳清標	764	陳敬修	1892	陳勛	288
陳培錕	1966	陳淦	755	陳敬第	1983	陳智偉	1970
陳基	75	陳淳	233	陳敬簡	1505	陳喬榮	1538
陳莨	374	陳惟煜	525	陳惠正	603	陳策	177
陳彬	887	陳啓宗	791	陳惠華	548	陳策	649
陳彬	1199	陳啓貞	291	陳惠敏	308	陳筌	796
陳彬	1813	陳啓泰	1685	陳朝君	318	陳順鑲	1853
陳彬綬	1595	陳啓棠	1968	陳朝暉	109	陳舒	66
陳盛朝	1315	陳啓輝	2005	陳朝幹	489	陳畬	1996
陳常	120	陳啓緒	1889	陳朝凝	1606	陳鉅前	1913
陳常夏	213	陳啓邁	1470	陳森烺	1602	陳鈖	834
陳冕	377	陳綖	437	陳棫	448	陳欽	1709
陳冕	1817	陳組	770	陳棣堂	1917	陳欽元	887
陳略	1051	陳紹芳	553	陳惠	536	陳欽銘	1691
陳國士	1785	陳紹型	1298	陳惠愷	1956	陳鈞	625
陳國祝	245	陳紹棠	1793	陳惠疇	712	陳鈞	823
陳國華	1891	陳紹學	654	陳雲	1038	陳鈞	1990
陳國華	2003	陳貳西	263	陳雲章	1176	陳爲燠	1810
陳國祥	1989	陳琪	1048	陳雲誥	1986	陳舜裔	510
陳國鼎	1609	陳琳	718	陳雲霖	1895	陳舜裔	573
陳國楨	143	陳琦	637	陳雅琛	402	陳斌	1082
陳國經	12	陳琨	698	陳紫芝	304	陳斌麟	1977
陳國綱	254	陳琠	841	陳貽香	1836	陳善	720
陳國璽	926	陳琮	1018	陳貽樞	1415	陳善同	1984
陳崧齡	1730	陳琯	943	陳鼎	1798	陳翔墀	1697
陳崇本	947	陳堯仁	380	陳鼎元	322	陳道	762
陳進鉅	1964	陳堯光	930	陳鼎雯	1365	陳道坦	1219
陳進衒	1627	陳堯言	206	陳開泰	357	陳道隆	1262
陳偉勛	1918	陳堯典	288	陳開基	849	陳道凝	533
陳偖	453	陳堯叟	631	陳開第	1483	陳道濟	795
陳彩	89	陳堯華	995	陳遇隆	1319	陳遂	606
陳象沛	1474	陳超曾	1072	陳遇堯	800	陳曾佑	1871
陳象渭	916	陳達	1693	陳景仁	188	陳曾壽	1988
陳象樞	597	陳萬元	761	陳景仁	676	陳焯	84
陳康祺	1707	陳萬全	998	陳景芳	768	陳焯	482
陳康瑞	1889	陳萬言	940	陳景良	1394	陳焯	1190
陳章炳	1335	陳萬青	984	陳景星	766	陳焴	1896

陳湘濤	1970	陳槐林	1830	陳綷	339	陳皷永	125
陳渭川	1555	陳煦	1005	陳經禮	839	陳圖	1762
陳渼	1005	陳煦	1098	陳瑃	191	陳毓元	1316
陳惺馴	1696	陳嗣諶	609	陳嘉言	1861	陳毓光	1825
陳運鎮	1178	陳嗣龍	906	陳嘉琰	892	陳毓秀	1666
陳榮仁	1738	陳嵩	410	陳嘉勛	1466	陳毓咸	1063
陳祺昌	350	陳嵩	1403	陳嘉善	63	陳毓椆	1363
陳登元	1914	陳嵩年	861	陳嘉猷	387	陳毓祺	1524
陳登泰	1032	陳嵩慶	1089	陳嘉樹	1283	陳毓璋	1143
陳登瀛	1097	陳筠	774	陳嘉謀	796	陳毓鑫	1910
陳統	609	陳與同	1797	陳嘉謨	861	陳毓麟	1764
陳瑞玉	1939	陳傳均	1207	陳嘉謨	1254	陳僴儀	595
陳瑞球	1175	陳傳奎	1605	陳嘉謨	1764	陳僴	696
陳瑞鼎	1939	陳傳經	1154	陳壽	1753	陳儔卿	234
陳瑞虬	1589	陳魁宇	247	陳塘	950	陳銑綬	1876
陳瑞徵	1940	陳鈺	1167	陳塘	1407	陳銓	830
陳瑜	1700	陳會	456	陳壽元	1569	陳銘	1126
陳瑜	1913	陳頌揚	1609	陳壽昌	1685	陳鳳	565
陳瑄	269	陳詩	454	陳壽琯	1926	陳鳳友	559
陳瑄	272	陳詩	628	陳壽祺	1076	陳鳳池	1221
陳塏	1294	陳詩	969	陳壽祺	1602	陳鳳來	1307
陳聖宗	983	陳詩	1176	陳壽圖	1476	陳鳳翥	1657
陳聖俞	186	陳詩庭	1087	陳慕楷	738	陳鳳圖	1310
陳聖泰	130	陳誠	538	陳熙昱	1791	陳鳳漣	947
陳聖時	819	陳誠	1934	陳熙健	1300	陳鳳墀	1826
陳聖准	764	陳裔虞	802	陳熙敬	1835	陳鳳樓	1821
陳夢元	818	陳新燕	698	陳熙朝	2009	陳鳳翰	1215
陳夢球	363	陳義暉	256	陳熙曾	1327	陳鳳翬	868
陳夢雷	253	陳煜庠	1995	陳熙愷	1761	陳鳳藻	1912
陳夢説	767	陳煊	1682	陳模	1425	陳鳳靈	1718
陳夢熊	609	陳溥	484	陳模	1959	陳廣德	1515
陳夢麒	762	陳源兗	1437	陳輔世	215	陳適度	93
陳夢蘭	1572	陳源潾	1829	陳爾綿	742	陳齊永	286
陳夢麟	1706	陳愷	528	陳霆萬	364	陳齊紳	794
陳蓉纕	584	陳愘	237	陳戩	117	陳齊登	553
陳蒸	1199	陳福	623	陳蝁聲	2003	陳齊實	530
陳蒸	1600	陳福蔭	1914	陳睿思	242	陳養源	1957
陳椿年	1541	陳福謙	1787	陳喜鑑	556	陳榮昌	1715
陳椿冠	1412	陳禋祉	152	陳鳴玉	1572	陳榮昌	1819
陳楠	1643	陳肅如	1629	陳鳴秋	1864	陳榮洙	1659
陳楷	1626	陳預	1030	陳鳴謙	1581	陳榮紹	1585
陳楨	1954	陳彙義	900	陳鳴謙	1781	陳榮榕	786

陳榮爕	1270	陳德銘	1931	陳翰聲	1949	陳禧年	1891
陳寬	1429	陳德榮	469	陳翰爵	854	陳璸	1261
陳肇	1232	陳德調	1205	陳頤璧	803	陳駿	1569
陳肇英	1161	陳德薰	1763	陳樹屏	1910	陳聲通	1115
陳肇昌	168	陳德顥	755	陳樹勛	1652	陳聯拔	802
陳肇森	880	陳徵芝	1116	陳樹勛	1753	陳藎章	1600
陳肇傑	1618	陳銳	344	陳樹勛	1986	陳懋芳	165
陳皷	1602	陳銳	468	陳樹楠	1722	陳懋侯	1753
陳隨貞	440	陳餘芳	454	陳樽	898	陳懋鼎	1889
陳蕭	1529	陳魯	1459	陳霖	604	陳懋德	416
陳綱	559	陳論	231	陳暻文	497	陳霞蔚	1004
陳綱	1975	陳賡元	1166	陳還	396	陳鍔	687
陳維岳	1776	陳賡虞	2007	陳興祚	690	陳鍾芳	1534
陳維周	1643	陳慶升	769	陳學山	614	陳鍾信	1862
陳維垣	1254	陳慶芝	1178	陳學海	479	陳鍾潩	1888
陳維屏	1258	陳慶松	1470	陳學棻	1636	陳鍾濂	1097
陳維倫	1976	陳慶門	560	陳學道	833	陳鍾麟	1084
陳維國	102	陳慶桂	1806	陳學詩	1015	陳謨	133
陳維愷	1679	陳慶彬	1899	陳學源	1254	陳謨	467
陳維嶽	429	陳慶偕	1401	陳學穎	952	陳謨	1073
陳維嶽	1568	陳慶萱	1712	陳鏌	765	陳謨	1554
陳綸	455	陳慶槐	1032	陳錕	1466	陳謙生	40
陳璜	109	陳慶禧	1708	陳錫	898	陳爕	881
陳瑞	584	陳慶鏞	1369	陳錫光	865	陳爕元	1198
陳璋	361	陳毅	2001	陳錫恩	1792	陳應台	1513
陳駟門	1329	陳澐	939	陳錫熙	993	陳應辰	1911
陳駟門	1717	陳澐	1232	陳錫煆	286	陳應乾	170
陳增玉	1827	陳潛	201	陳錫麒	1640	陳應聘	1381
陳增印	1270	陳潤璨	1790	陳錫瓚	1904	陳應遴	213
陳增稔	1256	陳澂	682	陳錫麟	1405	陳應龍	762
陳蕚棻	1608	陳澄清	1156	陳錦	1654	陳應禧	1806
陳遷鶴	327	陳慰祖	560	陳穎函	1374	陳應聯	793
陳震	976	陳履中	740	陳謀	769	陳應濤	1970
陳震	2000	陳履亨	1754	陳凝	78	陳燦	1781
陳震先	204	陳通聲	1842	陳龍驤	192	陳鴻	1170
陳震東	1273	陳豫朋	361	陳熷	981	陳鴻作	1615
陳輝甲	1270	陳緯	162	陳澤春	1811	陳鴻翊	1436
陳闓	1855	陳緯元	1976	陳澤霖	1864	陳鴻漸	980
陳儀	491	陳璟	558	陳濂	892	陳鴻賓	1037
陳德英	1977	陳壇	1400	陳憲冲	72	陳鴻綬	1820
陳德昌	1993	陳燕	1236	陳憲周	497	陳鴻墀	1133
陳德銓	1513	陳翰	279	陳憲曾	1285	陳鴻犖	976

孫如僅	1578	孫念召	1680	孫祖華	1837	孫崇墉	1826
孫如璧	768	孫念祖	1352	孫祚昌	262	孫崇緯	1833
孫孝芬	613	孫念祖	1610	孫紀雲	1672	孫笥經	1895
孫均銓	1168	孫念曾	1748	孫珩	1185	孫敏浦	1167
孫志仁	393	孫河	1251	孫振	378	孫象賢	123
孫志祖	893	孫治	1436	孫起峘	1098	孫清士	1720
孫志銘	1554	孫宗元	133	孫起端	1245	孫淦酉	1260
孫克明	396	孫宗溥	664	孫起綸	261	孫惟哲	654
孫辰東	932	孫宗緒	473	孫晋墀	1462	孫啓後	98
孫步雲	764	孫宗穀	1772	孫桐生	1577	孫啓烈	172
孫見龍	476	孫宗錫	1772	孫根深	45	孫貫一	1196
孫希元	1033	孫宗禮	1433	孫原吉	1634	孫紹宗	1948
孫希旦	958	孫宗彝	36	孫致彌	339	孫紹陽	1881
孫含中	883	孫官雲	1606	孫時宜	442	孫紹曾	1718
孫序賢	1272	孫承烈	1698	孫恩壽	1584	孫堪	1605
孫汶	1117	孫承恩	148	孫倪城	608	孫超	1438
孫良貴	691	孫承謀	1039	孫皋	320	孫超群	455
孫良慧	875	孫奏	205	孫卿裕	1971	孫揚淦	554
孫長綏	1607	孫珏	1050	孫效曾	875	孫期昌	90
孫長慶	1593	孫珀齡	7	孫益廷	1054	孫萬春	1713
孫坦	692	孫拱極	688	孫泫澤	1806	孫葆元	1354
孫其正	1740	孫厚德	983	孫家良	1430	孫葆田	1732
孫其敬	1976	孫貞勵	456	孫家棟	161	孫朝華	1788
孫若群	230	孫星	280	孫家鈺	2009	孫朝慶	313
孫英	743	孫星衍	1007	孫家鼐	1610	孫雲	1659
孫枝	811	孫星煜	1933	孫家穀	1286	孫雲錦	1978
孫枝秀	1298	孫昭	546	孫家穀	1604	孫鼎臣	1504
孫來賀	453	孫昭	789	孫家賢	917	孫鼎烈	1864
孫杰	1592	孫昭錫	81	孫家醇	1534	孫閎達	234
孫述庭	1262	孫俌	779	孫家穆	1712	孫景烈	701
孫郁	232	孫胤光	140	孫家澤	1436	孫景燧	861
孫卓	297	孫胤裕	9	孫家鐸	1483	孫智敏	1983
孫尚仁	1920	孫胤驥	118	孫培元	1916	孫智賢	955
孫尚謙	1334	孫庭楷	456	孫培金	1510	孫喬年	995
孫尚簡	931	孫彥	1602	孫芡	747	孫喬齡	1082
孫果	534	孫炳陽	1885	孫梅	911	孫欽若	1499
孫昇龍	670	孫炳煜	1701	孫常	404	孫欽昂	1602
孫峋源	1369	孫炳臺	1294	孫常春	1764	孫欽晃	1689
孫秉衡	1957	孫炤	768	孫略	643	孫詔	473
孫岳頒	310	孫洙	773	孫國楨	1835	孫詒武	738
孫佩金	1731	孫湺	314	孫國楨	1925	孫詒經	1631
孫金堅	454	孫宣化	242	孫國璽	528	孫翔林	1442

陶正靖	587	陶福同	1750	堵拱微	106	黃元圮	762
陶世鳳	1939	陶福恒	1304	堵嶷	135	黃元俊	676
陶必達	468	陶福祖	1823	培成	1995	黃元軒	1122
陶式玉	294	陶福履	1914	執謙	655	黃元善	1614
陶成	453	陶模	1688	萇士周	725	黃元榜	802
陶光昌	746	陶爾稯	350	萇孕秀	134	黃元寬	675
陶廷杰	1209	陶�	1538	勒福	697	黃元鐸	544
陶廷臯	1181	陶榮	1948	勒箴言	1621	黃日祚	53
陶廷琡	988	陶德燾	525	勒騰額	418	黃日煥	218
陶廷颺	1105	陶銳	1760	黃人驥	896	黃中位	1098
陶延中	160	陶慶增	1397	黃九叙	882	黃中通	67
陶自悦	344	陶澍	1111	黃土鈞	656	黃中理	366
陶汝霖	1590	陶澐	1344	黃士元	1520	黃中理	1778
陶守愚	1834	陶樹	740	黃士俊	1920	黃中傑	1113
陶克讓	1198	陶諭	160	黃士琰	244	黃中瑄	107
陶杏秀	766	陶聯琇	1933	黃士貴	162	黃中模	1170
陶作楫	189	陶應遇	865	黃士塤	271	黃中實	99
陶沇	1299	陶鎔	1194	黃士廉	1875	黃升	293
陶汶	1401	陶彝	388	黃士箕	1427	黃丹桂	1063
陶良瑜	557	陶鏽	690	黃士瀛	1309	黃丹書	786
陶邵學	1941	陶寶森	1604	黃士鑑	604	黃文虎	478
陶其愫	800	陶繼堯	1253	黃士觀	1090	黃文奎	1505
陶金烇	1280	陶鑑	993	黃大中	1748	黃文則	658
陶金諧	759	姬之篁	187	黃大本	691	黃文昭	639
陶春元	1387	姬光璧	1099	黃大阜	1366	黃文修	606
陶貞一	461	姬泰聚	1447	黃大華	1874	黃文都	706
陶思深	740	姬學周	1144	黃大琨	1876	黃文梓	786
陶思賢	613	能德	146	黃大德	415	黃文棠	1645
陶恩培	1397	桑廷茝	819	黃大壎	1962	黃文瑄	1373
陶家驥	1793	桑春榮	1365	黃大齡	796	黃文璧	1605
陶國奇	436	桑格	374	黃大齡	1100	黃斗元	1888
陶清安	1761	桑淇	744	黃之玖	577	黃允中	1911
陶淑	829	桑開運	130	黃之相	805	黃允昌	624
陶梁	1150	桑調元	629	黃之晋	1499	黃允肅	539
陶惟煇	1229	納布	114	黃之雋	516	黃玉忠	1834
陶紹緒	1547	納冷額	113	黃之綬	471	黃玉堂	1730
陶斯咏	1127	納國棟	671	黃天相	1256	黃玉階	1425
陶雲升	1570	納麟寶	964	黃天瑞	625	黃玉鉉	184
陶運穌	1165	紐汝騏	691	黃天懷	1900	黃玉衡	703
陶搢綏	1763			黃元文	1696	黃玉衡	1189
陶虞颺	258	**十一畫**		黃元吉	778	黃世成	644
陶愈隆	618	堵廷棻	39	黃元吉	1201	黃世名	1249

黃世傑	724	黃任	254	黃來晨	1558	黃居中	1997
黃世模	899	黃任萬	1090	黃松年	1412	黃承吉	1140
黃世樞	850	黃自元	1683	黃杰	1711	黃承祈	1167
黃世德	916	黃自起	56	黃郁章	1082	黃承祖	453
黃世澤	1956	黃兆枚	1986	黃叔琳	348	黃承箕	261
黃本田	896	黃兆岷	1856	黃叔琬	442	黃孟甫	1108
黃本訥	291	黃兆槐	1699	黃叔鋐	209	黃孟鴻	1428
黃本麒	955	黃兆麟	1455	黃叔璥	440	黃拱	1370
黃可潤	689	黃旭	1174	黃叔顯	737	黃垣	657
黃占鰲	723	黃汝香	1754	黃卓元	1728	黃垣	815
黃立	291	黃汝亮	764	黃尚模	816	黃相旦	494
黃立尹	720	黃汝梅	1511	黃昆	1270	黃貞麟	149
黃永	120	黃汝楫	1934	黃昌年	1891	黃昭著	991
黃永年	641	黃守訓	1409	黃昌禔	953	黃思永	1794
黃永祺	939	黃守儞	720	黃明懿	666	黃思芝	1107
黃弘	647	黃宅中	1286	黃易	192	黃思宸	1074
黃吉芬	981	黃安濤	1169	黃昃	612	黃俊熙	1800
黃在中	559	黃初緒	242	黃迪光	1182	黃亮	304
黃在中	1182	黃如杕	768	黃迪策	1315	黃亮可	294
黃有華	1295	黃如瑾	150	黃典	544	黃奕瑞	967
黃有德	684	黃均隆	1762	黃咏	646	黃音	454
黃有觀	702	黃志璜	272	黃岡竹	724	黃彥博	228
黃百穀	631	黃志遜	2	黃和鑾	1977	黃彥標	368
黃成采	1608	黃克業	680	黃秉均	1761	黃彥鴻	1966
黃成采	1812	黃步堂	1143	黃秉坤	110	黃炳元	1903
黃光岳	568	黃見三	1591	黃秉湘	1925	黃炳光	1385
黃光周	1515	黃利通	369	黃秉經	890	黃炳辰	1874
黃光厚	1992	黃利通	966	黃秉銓	450	黃炳忠	1449
黃光祥	1675	黃利觀	1703	黃秉瀦	1951	黃炳奎	1041
黃光彬	1539	黃秀	525	黃岳牧	536	黃炳啓	46
黃光焯	1306	黃伸	276	黃金山	1722	黃洪輝	164
黃光憲	639	黃位斗	1358	黃金鉞	1607	黃洙	1032
黃因璉	1049	黃含章	676	黃金鉞	1835	黃洽	1043
黃先瑜	1561	黃沛	1126	黃金韶	1532	黃宣泰	60
黃廷金	1602	黃良棟	895	黃金聲	1277	黃宮	669
黃廷珍	1365	黃初	1292	黃金襄	219	黃宮柱	317
黃廷貴	452	黃壯	726	黃河昆	631	黃祐	546
黃廷綬	1507	黃邵士	157	黃河清	866	黃祖直	1851
黃廷範	1406	黃長森	1701	黃河清	954	黃珪	834
黃廷瑤	1390	黃其表	1368	黃泌	838	黃振國	442
黃廷瓚	1517	黃茂	1116	黃宗漢	1399	黃起元	1609
黃仲容	1304	黃英采	1804	黃居中	100	黃哲	823

清代進士傳錄

黃華	486	黃基	1652	黃朝薦	23	黃瑞鵬	704
黃華璧	1255	黃彬	1640	黃惠	822	黃瑞麒	2000
黃晉洺	1675	黃梓春	1222	黃惠安	1976	黃瑞蘭	1949
黃桂丹	1657	黃堂	865	黃雲	661	黃瑞鶴	662
黃桂滋	1783	黃國琦	1896	黃雲史	121	黃載華	1202
黃桂鋆	1824	黃國琛	1899	黃雲企	257	黃塤	1284
黃桂馥	1460	黃國瑾	1752	黃雲書	1321	黃夢菊	1462
黃桂鑣	1669	黃國寶	744	黃雲蒸	91	黃夢鱗	323
黃桐勛	1494	黃崗竹	656	黃雲鵠	1583	黃楚彥	855
黃軒	320	黃崇光	1188	黃雲鶴	136	黃楷	867
黃軒	918	黃崇惺	1712	黃斐	251	黃楫汝	208
黃軒臣	578	黃崇禮	1554	黃斐然	572	黃槐	677
黃軒齡	1810	黃符綵	895	黃貽楫	1725	黃槐森	1638
黃時沛	1050	黃敏孚	1991	黃鼎	116	黃虞再	141
黃時清	888	黃象雍	61	黃鼎楫	335	黃晟	1621
黃晃	979	黃翊	1690	黃開泰	1520	黃煦	1666
黃恩彤	1327	黃塈	1995	黃開運	160	黃暄	1217
黃恩培	1126	黃焕彰	527	黃遇隆	727	黃暉烈	312
黃恩錫	799	黃淳熙	1535	黃景	798	黃嵩齡	950
黃恩燾	1519	黃啓駿	940	黃傑	1299	黃與堅	177
黃峻	1682	黃紳	700	黃鉅	481	黃傳祁	1870
黃秩韶	1585	黃紹芳	1426	黃鈖	84	黃傳禮	1823
黃倬	1456	黃紹第	1880	黃鈖	722	黃傳耀	1786
黃師度	1376	黃紹琦	511	黃爲基	2011	黃鈺	1578
黃師閶	1565	黃紹曾	1858	黃善福	1630	黃鉞	1029
黃師範	599	黃紹魁	855	黃道弘	207	黃義超	978
黃師瓊	465	黃紹箕	1795	黃道坪	605	黃義尊	886
黃流瓚	821	黃紹薪	1657	黃道晉	175	黃煌	614
黃家甲	613	黃紹謀	1751	黃道恩	839	黃煇齡	1760
黃家傑	1884	黃琰	574	黃道讓	1634	黃煒	954
黃家駒	1708	黃琮	1331	黃曾源	1889	黃漣	812
黃家駿	1967	黃琬	683	黃焜望	1058	黃粱室	211
黃家聲	1415	黃越	454	黃湛昌	1608	黃慎忠	1616
黃家禮	897	黃超群	728	黃湘	1688	黃慎修	1355
黃孫懋	640	黃揚鑣	1192	黃運春	1859	黃福	707
黃能	1301	黃彭年	1527	黃運啓	165	黃福元	1899
黃純垓	1993	黃達	798	黃登穀	671	黃福垕	1305
黃捷山	757	黃葆年	1833	黃登賢	645	黃福棫	1818
黃培	914	黃葆初	1955	黃登鯨	1331	黃群杰	1752
黃培任	681	黃敬中	457	黃登瀛	1784	黃裝	438
黃培昌	1498	黃敬璣	37	黃統	1542	黃經	1485
黃培俊	1837	黃朝輔	1353	黃瑞圖	1528	黃綏誥	1239

黃瑤觀	652	黃維清	1790	黃龍眉	362	黃躍之	1059
黃摶扶	1729	黃維祺	134	黃禧祖	1810	黃鶴	1105
黃嘉爾	1810	黃維翰	1700	黃璨	1743	黃鶴鳴	497
黃嘉端	1715	黃維翰	1950	黃韓鼎	1992	黃鶴鳴	868
黃嘉禮	1890	黃綬	157	黃懋祺	1392	黃鶴齡	709
黃臺	1182	黃璋	657	黃嶽	821	黃壖	1017
黃壽衮	1972	黃增榮	1898	黃輿	369	黃巖	763
黃壽齡	934	黃樞臣	102	黃鍾杰	1977	黃體立	1600
黃熙	170	黃賢	964	黃鍾音	1382	黃體芳	1650
黃榜	1146	黃賜履	1464	黃爵滋	1309	黃瓚	441
黃榜書	1872	黃暹	1105	黃爕	953	黃瓚	781
黃輔辰	1408	黃儀	321	黃爕	1083	黃顯祖	634
黃輔相	1516	黃德峻	1289	黃燦章	1700	黃顯章	1067
黃輔清	1223	黃德衷	1122	黃鴻中	507	黃顯瓚	1761
黃輔極	638	黃德焻	237	黃鴻逵	1917	黃麟祥	1452
黃爾漚	1904	黃德潤	1891	黃鴻閣	789	黃觀清	725
黃裳吉	275	黃德濂	1238	黃濤	776	黃驤雲	1350
黃裳華	1780	黃徵乂	1258	黃潛	1291	梅之珩	330
黃鳴傑	1073	黃慶昌	1379	黃濟川	1858	梅予援	724
黃圖	509	黃慶珍	1616	黃翼堂	1078	梅立本	825
黃圖	992	黃慶雲	612	黃翼爲	1619	梅光鼎	130
黃圖昌	289	黃慶藢	1496	黃燾世	481	梅廷對	481
黃圖南	1583	黃澍芬	1884	黃觀光	367	梅廷標	401
黃毓桂	1631	黃澍綸	697	黃鎔	1022	梅汝鼎	1847
黃毓恩	1665	黃澐	634	黃彝年	1753	梅克芳	1260
黃毓森	1832	黃翰華	1586	黃蘇	184	梅茂南	1190
黃毓麟	1888	黃樹棠	1105	黃霮	1998	梅枚	523
黃銘先	1409	黃樹勛	1837	黃關同	1959	梅雨田	1641
黃鳳岐	1934	黃樹榮	1951	黃贊禹	1461	梅理	792
黃鳳樓	1371	黃樹賓	1441	黃贊湯	1382	梅啓照	1562
黃誥	1961	黃機	33	黃鵬奮	1430	梅啓熙	1652
黃齊煥	1033	黃興樹	1724	黃瀛元	918	梅雲程	763
黃鄭錦	1673	黃學璠	801	黃瀠之	1758	梅曾亮	1300
黃榮庚	1551	黃錫彤	1613	黃繩先	835	梅毅成	491
黃榮熙	1641	黃錫朋	1987	黃繹	701	梅鋗	245
黃漢清	1894	黃錫祚	1254	黃蘭谷	591	梅樹德	1205
黃寬	719	黃錫禔	1140	黃蘭森	291	梅鍾澍	1443
黃寬	756	黃錫禔	1112	黃耀奎	1858	梅體萱	1426
黃肇宏	1761	黃錫寶	1167	黃騰達	869	麥玉華	1931
黃緒祖	1808	黃錫麟	1978	黃爔	1204	麥佑	913
黃維同	1369	黃穎	1205	黃瀾安	1181	麥秩嚴	1966
黃維烈	1077	黃謀烈	1656	黃顥中	68	麥祥	1253

麥錫良	1786	曹志宏	482	曹家桂	761	曹廣楨	1907
麥鴻鈞	2000	曹志周	300	曹搶彬	458	曹霈	381
麥寶常	1737	曹志清	1736	曹基申	1119	曹熊	1178
曹一士	594	曹芸緗	1135	曹國維	311	曹樞	429
曹人傑	1200	曹辰容	367	曹象恒	769	曹儀	479
曹九成	915	曹步雲	1828	曹涵	527	曹德元	968
曹三德	393	曹秀先	641	曹紹曾	1521	曹德贊	1171
曹士鶴	1461	曹佐武	1996	曹琪	61	曹慶恩	1790
曹大任	1614	曹作舟	1810	曹琳	1879	曹澍鍾	1439
曹大俊	1607	曹君弼	864	曹期嘉	81	曹寯瀛	1818
曹大隆	560	曹坦	873	曹葆珣	1954	曹履泰	1378
曹之升	989	曹林韻	203	曹蕙華	1053	曹璞玉	748
曹之錦	19	曹松篁	1061	曹森	1293	曹燕懷	258
曹子昂	1857	曹昌祺	1709	曹雲昇	676	曹翰書	1564
曹子昂	1935	曹昌燮	1755	曹雲路	248	曹樹奎	1375
曹天瑾	701	曹典初	1981	曹貽誠	1584	曹樹藩	1865
曹元鼎	2011	曹垂璨	40	曹鼎望	183	曹樸	319
曹元弼	1948	曹秉哲	1667	曹詒孫	1794	曹興仁	1427
曹友夏	492	曹秉濬	1639	曹尊彞	1488	曹學彬	1791
曹中成	1940	曹佳和	1186	曹焜	875	曹學閔	820
曹中技	1558	曹官淳	208	曹榮	1356	曹學詩	754
曹仁虎	863	曹春曉	1310	曹裕嗣	614	曹錫田	1243
曹文植	843	曹城	920	曹登庸	1523	曹錫齡	949
曹以燻	1593	曹貞吉	233	曹登雲	122	曹錫寶	826
曹允源	1864	曹晒	795	曹登瀛	1721	曹熾昌	1580
曹玉珂	182	曹思義	422	曹發先	758	曹擢新	1333
曹玉樹	979	曹俊亮	1589	曹馴	1704	曹聯桂	1396
曹世璞	368	曹彥枃	365	曹夢龍	576	曹鍾浩	130
曹本榮	58	曹炳燮	1512	曹夢鶴	1052	曹燮	1792
曹申吉	120	曹炯	1459	曹槐	744	曹燮湘	1694
曹禾	233	曹恒吉	609	曹梁堅	1371	曹鴻勛	1749
曹永琪	511	曹祝齡	1027	曹會成	1590	曹鴻棨	1677
曹邦彥	1949	曹振邦	195	曹煒	1651	曹鴻舉	1530
曹有光	229	曹振鏞	985	曹源	1468	曹繩柱	590
曹同統	98	曹連擢	233	曹源郊	505	曹驤	1508
曹延懿	353	曹烈	212	曹福元	1820	曹覺	334
曹兆麒	726	曹牲孫	1950	曹經	688	曹鏸	795
曹汝淵	1075	曹笏	1408	曹榕	1761	曹鐭	533
曹汝廣	1476	曹師恕	1200	曹爾堪	86	曹鑑倫	298
曹汝麟	1943	曹師聖	824	曹鳴	460	曹鑑臨	479
曹守垣	606	曹浦蓮	1262	曹衛達	1382	曹巒	578
曹如琯	450	曹家甲	379	曹膏	840	區士彬	1764

區大典	1983	盛沅	1843	常建	128	國興	1631
區大原	1997	盛英	713	常居仁	14	崔一元	815
區天驥	1887	盛昌華	1831	常保住	583	崔九巖	243
區玉麟	1153	盛治	68	常恒昌	1217	崔乃鏞	521
區拔熙	1274	盛昺	1483	常紀	838	崔三戟	1282
區宗初	1872	盛昱	1773	常泰	1067	崔士俊	4
區洪湘	956	盛思本	1210	常珩	1614	崔之瑛	101
區家偉	1965	盛度	398	常格	380	崔子明	27
區雲漢	1710	盛炳緯	1796	常時泰	175	崔天寵	220
區湛森	1787	盛泰符	1339	常恩	1551	崔丹桂	1676
區震	1848	盛格	713	常紳	319	崔文海	1666
區諤良	1712	盛時杰	962	常琬	609	崔玉徵	1576
區應嵩	1828	盛唐	1131	常棣華	1912	崔正音	822
區簡臣	220	盛堂	1002	常貴	811	崔本	1065
戚人銑	1690	盛符升	236	常禄	1372	崔甲黙	317
戚人鏡	1186	盛康	1492	常維潮	1607	崔永安	1796
戚士彦	1545	盛惇崇	985	常德	574	崔永福	1082
戚天保	1527	盛朝輔	1374	常鋐禧	202	崔光笏	1353
戚令畹	242	盛植型	1604	常翼聖	235	崔光弼	1166
戚延錫	212	盛嘉祐	913	常麟書	1994	崔廷韶	1194
戚良宰	38	盛增	1253	閉法易	1279	崔兆儒	245
戚宗彝	1158	盛潤	1299	婁光	1660	崔汝立	1804
戚發言	600	盛鍾賢	303	婁道南	1566	崔志道	1641
戚貞	1455	盛應謙	788	婁聚玄	103	崔佐	1715
戚振鷺	588	雪格	777	婁維岑	168	崔作霖	70
戚揚	1868	常九經	170	婁維嵩	44	崔希騆	903
戚朝卿	1828	常大忠	107	曼惠吉	1584	崔其濂	1807
戚善勗	1829	常大淳	1304	鄂山	1064	崔迪吉	194
戚蓼生	912	常山	1128	鄂木順額	1271	崔秉鍊	1122
戚維禮	1405	常山	1760	鄂芳	1652	崔侗	1374
戚學標	995	常山鳳	1479	鄂恒	1327	崔侖	1744
戚藩	136	常文之	1746	鄂倫	618	崔育榮	970
戚麟祥	440	常生	433	鄂容安	617	崔承之	1587
盛一林	1659	常廷旌	819	鄂絡額湖	1302	崔荊南	1525
盛一朝	1644	常仲讓	280	鄂爾介	147	崔迺疊	1617
盛元	1431	常自牧	10	鄂爾奇	461	崔奎瑞	1770
盛化振	1162	常住	399	鄂爾端	1259	崔映辰	967
盛世佐	760	常若柱	37	鄂樂舜	589	崔映淮	887
盛民譽	201	常英	1108	國治	1376	崔修紳	924
盛弘鏜	413	常英瑚	1185	國柱	733	崔保齡	1952
盛交	48	常忠	1662	國炳	1777	崔胤弘	12
盛安	1037	常牧	1840	國棟	719	崔炳炎	2010

崔洲	1463	崔徽璧	253	崇謙	1628	許正綏	1345
崔宣	510	崔誼之	100	過松齡	142	許世墉	882
崔紀	504	崔澄	1754	笪重光	86	許世壎	1223
崔起茂	745	崔澄寰	1677	笪慕韓	1493	許本巽	721
崔致遠	426	崔嶸	684	符大紀	696	許本墉	1394
崔崋	196	崔穆之	1623	符兆鵬	1657	許平	581
崔特峰	981	崔錫華	1179	符乘龍	681	許田	410
崔掄奇	47	崔錫榮	1202	符鼎庸	1551	許邦光	1189
崔培元	1648	崔錦中	1721	符爲霖	1679	許吉椐	677
崔問余	1088	崔鑰	696	符渭英	128	許在衡	1863
崔國因	1706	崔龍見	863	符漢理	837	許有韜	1266
崔國政	1374	崔鍾琅	540	符應琦	125	許有麟	1683
崔國榜	1695	崔鍾瑭	547	符鴻	1142	許光泗	1222
崔國慶	1629	崔謨	724	敏保	870	許光震	133
崔偲	1164	崔應書	980	敏登額	1140	許廷桂	1634
崔象山	1087	崔燦	451	敏勤	1164	許延邵	160
崔煥章	1668	崔燾	1351	進州	114	許自俊	268
崔淇	639	崔瀛	263	得木圖	145	許全臨	201
崔紱	1347	崔瀾	1790	魚飛漢	76	許兆培	1471
崔琳	533	崔瀾	1591	魚鶯翔	335	許兆棠	975
崔琳	605	崔寶仁	1975	象曾	1076	許兆椿	933
崔敬修	1432	崔鶴齡	473	訥勒亨額	1256	許亦崧	1540
崔景儀	1000	崔顯宗	1165	訥欽	1780	許汝恪	1282
崔尃	22	崇士錦	851	許乃安	1365	許汝棻	1963
崔傑	70	崇文	1379	許乃釗	1406	許汝盛	627
崔舜球	1780	崇文	1634	許乃普	1263	許汝霖	311
崔湘	1733	崇本	1978	許乃賡	1229	許均	505
崔登瀛	1952	崇光	1521	許乃濟	1170	許志進	352
崔夢吉	216	崇芳	1978	許三禮	221	許克家	1917
崔蒞	486	崇杞林	1399	許士煌	980	許克猷	289
崔槐	1181	崇保	1497	許士璜	83	許虬	151
崔楸	470	崇俊	1724	許大鈜	1279	許利賓	1531
崔虞齡	1261	崇亮	1463	許之漸	119	許作屏	1042
崔靖	302	崇泰	1748	許王猷	476	許伯政	712
崔蔚林	163	崇家鼇	1486	許元淮	1023	許希孔	603
崔爾仰	149	崇弼	1138	許元善	705	許迎年	387
崔鳴鷟	212	崇壽	1864	許元鏌	705	許亨超	1081
崔毓峰	970	崇碩	1180	許日章	966	許青龍	873
崔銓淦	1643	崇寬	1797	許日熾	496	許其光	1542
崔廣沅	1897	崇實	1549	許曰琮	244	許其誼	393
崔肇琳	1964	崇綺	1664	許文泳	1836	許來音	208
崔增瑞	1837	崇綬	1146	許文森	1917	許奇寯	1716

清代進士傳錄

康廉采	175	章廷楓	998	章銓	928	梁于渭	1869
康殿邦	125	章廷黻	1965	章鋆	1559	梁士詒	1923
康際清	1828	章汝金	1131	章箴	1203	梁士選	1957
康模	1617	章守勳	1014	章德藻	1738	梁士鶴	1663
康綸鈞	1009	章志堅	1750	章慶齡	963	梁才俁	167
康慶雲	761	章佑昌	624	章霖	139	梁上國	947
康樵	417	章含	1494	章學淳	1573	梁之儒	1279
康霖生	190	章沆	1268	章學誠	963	梁弓	303
康縉	1617	章尚忠	188	章錫光	2014	梁天昂	1737
康鐸	915	章秉銓	593	章燮理	1937	梁元桂	1565
鹿廷瑛	265	章采嶽	151	章應璧	389	梁中靖	1096
鹿廷瑄	265	章法護	1830	章瓊	1474	梁仁壽	745
鹿祐	315	章宗瀛	947	章藻功	410	梁文山	622
鹿耿	471	章貞	141	章耀廷	1632	梁文煥	160
鹿師祖	738	章洪鈞	1727	章寶傳	712	梁文燦	1931
鹿裕曾	1222	章祖申	2006	章繼緒	576	梁心恒	259
鹿傳霖	1639	章振蕚	331	章鑣	716	梁孔珍	928
鹿賓	313	章華	1949	商民宗	106	梁以桂	56
鹿維基	1061	章倬標	1530	商廷修	1969	梁本恭	1118
鹿邁祖	588	章梲	2009	商昌	1499	梁本檀	1448
鹿遵祖	675	章國錄	564	商衍鎏	1999	梁用弧	1962
鹿學良	1804	章淡如	1697	商衍瀛	1982	梁芝榮	1889
鹿謙吉	563	章紹洙	1845	商起	1043	梁有恭	1281
鹿瀛理	1844	章紹曾	1870	商景泰	1054	梁成哲	2007
章乃正	1874	章朝栻	978	商載	1089	梁同書	792
章乃畲	1627	章朝勑	1302	商璉	943	梁同新	1421
章士荃	1905	章雲鷺	40	商盤	589	梁廷棟	1730
章大奎	1332	章開宗	856	商衡	876	梁仲衡	1686
章天垣	794	章爲棣	1027	商顯仁	128	梁舟	160
章元科	267	章道宣	1359	望君錄	537	梁兆吉	437
章文綬	1912	章道鴻	1110	粘克昇	968	梁兆榜	778
章世元	817	章榮	1232	清安泰	993	梁汝弼	1515
章世德	317	章楹	627	清昌	1067	梁志文	1926
章平事	111	章雷	1300	渠本翹	1912	梁作文	840
章永康	1586	章業	1390	渠綸閣	1846	梁作則	723
章台	561	章煦	935	淮清	131	梁序鏞	1241
章圭瑑	2011	章嗣衡	1487	淦良繪	749	梁英佐	827
章有大	590	章鈺	1981	淡士淳	1087	梁枚	1778
章光斗	1507	章煒	1349	淡士濤	1079	梁杰	1167
章光斗	1663	章愷	731	淡春臺	1281	梁述孔	1428
章先甲	1671	章際治	1966	梁乃廣	1859	梁協南	1427
章廷表	331	章輔廷	1682	梁于汶	1939	梁奇	105

屠洵	479	張士彬	1807	張子發	344	張日譽	675
屠祖賚	706	張士達	672	張王典	378	張曰璉	534
屠倬	1152	張士凱	950	張王治	43	張曰衛	1583
屠寄	1902	張士煐	1693	張井	1101	張中陽	1165
屠紳	881	張士瑄	546	張天佑	783	張仁法	1552
屠程珠	378	張士塤	227	張天畏	512	張仁黼	1752
屠湘之	1331	張士甄	59	張天保	563	張介孚	2007
屠溶	228	張士璉	562	張天植	53	張介祿	1931
屠嘉正	554	張士銓	1647	張天植	891	張介福	1329
屠爾敏	1916	張士醇	1234	張天爵	954	張今第	1537
屠粹忠	158	張士鋥	1812	張天翼	166	張月甫	611
屠德隆	149	張士毅	522	張天翼	509	張勿遷	528
屠應麟	558	張士駰	206	張元一	1663	張六行	863
張一恒	321	張士錦	347	張元臣	377	張六部	68
張一震	77	張士蘭	1413	張元亨	1448	張六翮	1858
張一鵠	152	張士鏸	1808	張元杰	1407	張文	753
張二載	904	張士驤	413	張元奇	1848	張文化	1178
張人崧	547	張大有	362	張元泰	862	張文旦	192
張人龍	991	張大枬	1548	張元健	1608	張文杜	660
張人駿	1687	張大奇	166	張元宰	1114	張文車	1108
張九功	727	張大受	456	張元培	1627	張文郁	805
張九章	1829	張大宗	643	張元鼎	1104	張文明	22
張九鈞	616	張大垣	188	張元鈞	1416	張文泗	1568
張九搏	1609	張大業	1307	張元普	1691	張文治	246
張九徵	35	張大綱	821	張元模	1116	張文炳	7
張九巖	43	張大維	1067	張元樞	38	張文莊	676
張九鎰	666	張大鯤	836	張元徵	289	張文煥	1892
張九鐔	961	張大觀	1515	張元銳	403	張文煥	1893
張乃史	582	張之埏	1977	張元慶	28	張文鼎	1642
張又泰	785	張之洞	1649	張元龍	677	張文旌	1026
張又栻	2009	張之昶	1145	張元濟	1903	張文焜	682
張三奇	749	張之屏	1081	張元鎮	27	張文運	701
張三畏	268	張之珩	512	張元懷	487	張文楷	1792
張三異	71	張之浚	588	張太冲	981	張文靖	1060
張三銓	1975	張之堂	1700	張友程	366	張文源	1995
張于廷	195	張之萬	1522	張友榮	905	張文鳳	1096
張于畊	680	張之棟	1145	張日昇	1107	張文德	1634
張于淳	1310	張之照	1984	張日旼	655	張文翰	1898
張于德	219	張之溢	260	張日星	207	張文璿	1692
張士任	215	張之鋭	1957	張日浣	68	張文璽	1335
張士育	805	張之璧	64	張日章	1266	張文韜	109
張士恭	722	張巳	107	張日晟	1230	張文齡	585

清代進士傳錄

張仲儒	1953	張守岱	1509	張芳	23	張亨衢	1348
張仰垣	654	張守炎	1892	張芳	105	張灼	987
張自省	1995	張守訓	1811	張芳桂	915	張汧	22
張自涵	76	張安世	714	張克巖	304	張沄	1580
張自超	411	張安茂	31	張杞	180	張沐	158
張自植	1479	張礽杰	1727	張吾瑾	137	張沆度	1343
張自新	675	張如阜	1204	張步虛	1126	張沆清	1678
張向辰	1198	張如相	1125	張步瀛	359	張完臣	139
張向辰	1771	張如綖	703	張吳彰	782	張宏仁	838
張兆安	1086	張如嘉	967	張見田	1492	張宏猷	916
張兆辰	1480	張如緒	402	張見龍	127	張良璋	1639
張兆昌	546	張如錦	326	張足法	662	張良遏	1854
張兆泰	1336	張如騫	206	張岑	484	張初旭	13
張兆祥	1185	張好奇	108	張我鼎	142	張壯國	653
張兆棟	1514	張羽颺	335	張我樸	89	張壯彩	1891
張兆楷	1743	張玕	1207	張秀芝	1134	張岊	32
張兆魁	1724	張玘	897	張秀實	43	張青筒	1529
張兆熊	1432	張玘	957	張佑	1118	張玠	1646
張兆衡	1274	張圻隆	209	張作舟	452	張玢	448
張兆鰲	887	張孝泉	775	張作舟	703	張表	55
張夙成	44	張孝捏	644	張作楠	1167	張坦	474
張旭	472	張孝時	350	張作霖	836	張坦	583
張旭	1097	張孝揚	560	張伯行	333	張坦	796
張旭東	1768	張孝詩	1179	張位	964	張坤	1733
張旭燨	1660	張孝慈	1991	張位中	1021	張坤	1981
張名枝	1101	張孝謙	1862	張位清	673	張抱	197
張名振	2007	張志尹	111	張希仲	1533	張其仁	1335
張名時	579	張志亨	538	張希良	323	張其文	1583
張冲	639	張志奇	603	張希哲	1315	張其行	206
張冲光	281	張志卓	197	張希聖	496	張其玞	1248
張冲魁	1584	張志彦	1301	張希賢	900	張其抱	17
張冲霄	1711	張志軒	1957	張希濂	1128	張其相	364
張江	535	張志棟	279	張希顔	100	張其淦	1924
張汝洽	1836	張志廉	1134	張孚至	568	張其善	204
張汝弻	1535	張志嘉	1893	張孚襄	1972	張其蕙	1606
張汝詢	1098	張志緒	1048	張含瑾	178	張其鍠	2006
張汝熙	1756	張志賢	1695	張含輝	98	張其鎰	1865
張汝緒	1086	張志學	970	張彤標	510	張其翼	1735
張汝賢	278	張志龍	1757	張迎芳	190	張若采	1031
張汝潤	654	張志濂	1026	張迎禊	94	張若梧	197
張汝樹	1147	張志禧	164	張亨升	178	張若涵	539
張汝諧	975	張芾	1396	張亨嘉	1823	張若湉	594

張衍基	1164	張祖榮	273	張晋	415	張衷沅	1991
張衍熙	1596	張祖謨	1717	張晋	1537	張衷玠	197
張叙	163	張祖籙	266	張晋祺	1474	張衷恪	401
張叙賓	1892	張祚	326	張晋熙	1304	張益亨	266
張俞都	770	張祚先	48	張桂芬	1790	張兼山	1305
張亮采	1554	張祚昌	605	張桓	1035	張烷	1576
張奕曾	260	張姚成	951	張桐	1473	張海鵬	1714
張庭詩	1877	張姚錫	1414	張軒儒	222	張海瀾	1244
張庭樺	1333	張玨	614	張連茹	1201	張流謙	19
張庭學	1560	張泰交	317	張烈	253	張家相	928
張庭蘭	1715	張泰交	1141	張烈	259	張家栻	1252
張彦	806	張泰來	261	張致中	726	張家槐	1677
張彦昌	534	張泰基	569	張致安	1955	張家鈺	1571
張彦珩	4	張泰烱	654	張時中	1627	張家駒	939
張彦雲	1479	張泰開	708	張時英	232	張家駿	1982
張施大	140	張珆	45	張時棟	833	張家驤	1637
張美玉	1968	張珠	915	張時雍	362	張祥河	1271
張美如	1155	張斑	221	張時霖	1031	張祥雲	1015
張炳	153	張素	562	張時憲	924	張祥齡	1932
張炳	1021	張素	779	張畢宿	42	張書紳	453
張炳	1387	張素臣	681	張恩斌	128	張書雲	1994
張炳	1816	張素志	611	張恩煦	1631	張書勛	889
張炳文	1913	張素履	403	張恩溥	1316	張書璽	1484
張炳星	1631	張振金	1473	張恩壽	2003	張陳典	643
張炳塋	1479	張振期	1770	張恩榮	1737	張恕可	338
張炳塋	1529	張振嗣	390	張俠	109	張恕琳	1981
張炳彬	1662	張振新	1599	張倜瀾	1957	張翀	19
張炳琳	1752	張振義	538	張倬	264	張翀霄	1584
張炳題	566	張振鳳	304	張隽選	1630	張能第	601
張洪謨	543	張振德	1127	張倓	157	張能鱗	43
張洽	294	張起宗	355	張健翮	1281	張務訥	725
張洄	1294	張起鳳	836	張射標	403	張純熙	12
張洄	1563	張起鶴	382	張師元	767	張現龍	110
張洛	357	張起麟	440	張師右	1544	張理澄	1661
張洲	842	張起麟	698	張師赤	724	張琅函	1722
張恂	261	張都甫	213	張師泌	1073	張埰	912
張宣	305	張華甫	921	張師亮	1603	張培	877
張宣	487	張華奎	1876	張師誠	1031	張培仁	1532
張祖厚	1909	張莅	1186	張師德	1196	張埼	1477
張祖望	1913	張恭彝	1895	張剣	574	張執琮	1016
張祖祺	1896	張莪	418	張豹	333	張基	100
張祖蔭	1989	張晋	103	張逢辛	1498	張基對	720

清代進士傳錄

張景崧	447	張道湜	54	張發辰	267	張楚林	1789
張景載	766	張道淵	1657	張發祖	528	張楷	244
張景福	1606	張道源	327	張結綠	260	張楷	1237
張景謙	500	張道經	1678	張綎	495	張楷	1707
張貴良	1783	張道幟	854	張統緒	957	張楨	1775
張勛	1616	張曾	636	張瑚	660	張槐	970
張凱嵩	1518	張曾	1272	張瑚	776	張輅	1977
張智遠	1985	張曾亮	1666	張瑞生	405	張甄陶	732
張喬芬	1690	張曾炳	863	張瑞芬	1910	張虞惇	373
張傅霖	1078	張曾祚	252	張瑞芳	1892	張虞熙	485
張傑	1678	張曾墀	986	張瑞珍	1543	張業南	1078
張傑	1968	張曾敞	782	張瑞徵	91	張晟	290
張集	285	張曾裕	343	張瑞璣	1996	張煦	684
張集成	1358	張曾敫	1710	張瑞麟	1660	張煦	1587
張集馨	1344	張曾慶	356	張瑞麟	1875	張煦春	1791
張集鑑	1392	張曾鏞	1756	張瑀	351	張暉	52
張復	338	張曾靄	1174	張瑗	349	張暉	269
張復	566	張焯奎	1804	張瑗	619	張暉吉	935
張舒翰	1479	張焜	1201	張瑄	74	張照	446
張舒翹	1428	張焞	205	張瑄	1707	張照南	1589
張鈞	607	張湛逢	185	張瑋	174	張署	1260
張鈞	884	張湘	810	張載遠	729	張嵩	450
張鈞	1816	張湄	617	張聖功	655	張嵩齡	290
張翕	230	張富業	1082	張聖治	705	張榘	1573
張爲仁	132	張富經	1234	張聖訓	568	張筠	1822
張爲章	1648	張運泰	722	張聖愉	1087	張傳焌	631
張爲煥	254	張運煦	1078	張蓮	316	張鉞	435
張爲經	356	張運魁	1995	張夢白	487	張鉞	506
張爲儀	619	張運遥	912	張夢拓	507	張鉞	596
張舜舉	67	張榮	1674	張夢拯	1502	張愈大	109
張詔	1604	張裕南	1416	張夢連	1222	張愈奇	355
張詒	2006	張裕崋	752	張夢蛟	23	張肆三	1681
張敦仁	961	張祺恒	1548	張夢祺	1445	張誠基	911
張敦均	846	張禄圖	269	張夢蓉	1373	張資淇	612
張敦來	1190	張禄徵	264	張夢楊	743	張新曾	1986
張敦培	950	張弼	1489	張夢熊	365	張新標	59
張敦道	1305	張登傑	394	張夢徵	504	張煒	507
張善述	718	張登選	142	張夢蘭	1260	張煒	1476
張翔	1160	張登崋	122	張夢驥	1242	張煒基	1716
張翔鳳	356	張登瀛	1684	張蒲	685	張潘	86
張尊賢	184	張登瀛	1845	張蔭圻	537	張漣	982
張道進	1366	張登鰲	854	張蔭椿	1983	張溥	1013

張德需	1736	張樸	1959	張錦帆	1412	張懋德	140
張德懋	999	張楷	102	張錦芳	1020	張懋德	382
張盤基	370	張機	423	張錦枝	1058	張懋澄	1762
張銷	493	張轄	1093	張錦春	1930	張鍇	1953
張調元	428	張翩	26	張錦玿	1074	張鍾秀	558
張調陛	404	張翩	385	張鍵	1900	張鍾英	218
張廣颺	1691	張翩	585	張錄	254	張鍾彥	1516
張慶長	779	張翩飛	136	張魺	783	張鍾琬	833
張慶翎	1851	張奮翼	1521	張謀照	968	張飀	162
張慶源	861	張霖	252	張諧之	1678	張謙	391
張慶麟	1646	張霖	818	張凝籙	244	張謙宜	470
張澍	1083	張曉	260	張燧	394	張燮	1039
張潮普	939	張曉	459	張澧中	1235	張燮	1619
張澐卿	1566	張暻樞	426	張澧翰	1375	張燮堂	1840
張潤	814	張積勛	1401	張濂	1947	張燮霖	1855
張潤民	247	張篤行	17	張濂	1981	張謐	500
張澂	414	張興仁	1476	張濂堂	1144	張應午	1791
張澂	1864	張興留	1609	張濂經	1926	張應科	191
張履元	1027	張興慧	1975	張憲文	1949	張應桂	90
張履春	1966	張學尹	1196	張憲齡	511	張應造	490
張履恒	1216	張學孔	1372	張嵩	852	張應雲	1295
張履謙	2009	張學孜	450	張縉	480	張應鈞	606
張鼉飛	1330	張學庠	450	張縉雲	1247	張應勝	217
張豫泰	1808	張學華	1890	張璨	509	張應曾	863
張豫章	336	張學浩	695	張璐	903	張應瑞	144
張璞璧	473	張學智	1965	張璐	1507	張應濟	2013
張璟	335	張學寬	2013	張駿	978	張燦斗	1512
張璟槃	1617	張翰	1212	張鵠輔	1869	張鴻	2007
張璲	292	張衡	208	張壎	605	張鴻荃	1564
張薇	1657	張衡猷	869	張擴廷	1269	張鴻逵	1433
張翰光	1953	張鎮	1014	張聰賢	1130	張鴻基	108
張翰揚	118	張錫庚	1419	張聯元	356	張鴻基	1963
張翰揚	458	張錫基	1603	張聯芳	189	張鴻翊	1867
張樾	1474	張錫路	1330	張聯芳	888	張鴻鼎	1493
張樹本	1395	張錫穀	1021	張聯奎	1155	張鴻遠	1637
張樹甲	1603	張錫嶧	123	張聯第	20	張鴻猷	219
張樹侯	383	張錫嶸	1582	張聯箕	142	張鴻儀	247
張樹屏	159	張錫謙	1133	張聯駿	1914	張鴻翼	1646
張樹滋	1816	張錫鴻	1956	張蓋	135	張濟世	788
張樹楨	1956	張錫齡	798	張檢	1892	張睿	1922
張樹槐	1001	張鋼	1978	張懋能	427	張彌	721
張樹德	1432	張錦	1004	張懋勛	1163	張翼	104

揭鳳階	1167	彭作霖	703	彭涵霖	1475	彭潤章	1700
喜崇福	797	彭作籍	1386	彭啓瑞	1743	彭履坦	1234
喜禄	1300	彭希洛	1009	彭啓豐	570	彭履德	1797
彭人瑛	525	彭希祖	1935	彭貫一	1108	彭樹華	1944
彭九齡	1663	彭希鄭	1024	彭紹升	860	彭樹葵	647
彭三壽	1261	彭希濂	998	彭紹宗	1987	彭翩	94
彭于潞	953	彭良裔	1076	彭紹兹	707	彭學皆	1765
彭士芳	1795	彭良騫	814	彭紹觀	830	彭學麟	703
彭士俊	155	彭君毅	1655	彭琨生	1827	彭錫珖	975
彭士商	528	彭述	1838	彭期	243	彭錫璜	928
彭士襄	1984	彭虎文	1221	彭葆初	1631	彭錫蕃	1952
彭大賓	1577	彭昌運	1077	彭敬吉	684	彭諟庠	1924
彭上騰	182	彭侶	703	彭惠疇	1443	彭譚	994
彭久餘	1421	彭宗岱	1284	彭斫	328	彭澤	1340
彭之華	527	彭宗達	1570	彭雲鶴	1026	彭澤春	1626
彭之鳳	159	彭定求	282	彭開祐	288	彭懋謙	1716
彭元玞	939	彭定澤	1296	彭程萬	1166	彭襄	137
彭元海	1387	彭建修	737	彭舒尊	1345	彭應會	1050
彭元瑞	826	彭始摶	341	彭舜齡	65	彭鴻翊	1821
彭文明	1886	彭垚曦	1709	彭運斌	2008	彭禮	745
彭文翰	1977	彭南録	799	彭瑞毓	1559	彭翼宸	220
彭斗山	1355	彭亮	524	彭載廣	928	彭翼蒙	960
彭心鑑	568	彭美	1675	彭聖培	101	彭蘊章	1402
彭以竺	1420	彭洙	512	彭鈺	953	彭蘊輝	1074
彭玉田	1228	彭冠	829	彭會淇	283	彭韜	623
彭世昌	1626	彭祜	500	彭殿元	339	彭繩祖	1592
彭世洙	1437	彭泰士	1964	彭嘉炯	1528	彭瓏	179
彭立栻	1995	彭泰毓	1668	彭嘉恕	1153	彭齡	1290
彭玄齡	187	彭起渭	525	彭嘉寅	1519	彭獻壽	1876
彭永思	1171	彭桂馨	1607	彭鳴盛	1484	彭纊	65
彭孕星	925	彭倩	429	彭鳳沼	1975	達英	1204
彭邦畯	1208	彭倬	1758	彭鳳儀	1080	達林	1024
彭邦疇	1132	彭脩	1808	彭端淑	636	達春布	1145
彭光湛	1873	彭斌	1123	彭寧求	309	達哈塔	113
彭同祖	868	彭浚	1129	彭肇洙	629	達時濟	707
彭廷訓	419	彭家屏	523	彭維新	425	達倫	1313
彭兆遂	377	彭孫遹	174	彭輝昇	1701	達清阿	1124
彭守正	2010	彭崧毓	1397	彭億清	1747	達揚阿	146
彭如幹	896	彭崇信	681	彭慶鍾	1455	達舒	147
彭克儀	1633	彭崇洪	294	彭慶颺	1742	達椿	853
彭吳禮	898	彭翊	1297	彭遵泗	685	達嵩阿	1662
彭作邦	1217	彭清藜	1826	彭潤芳	1598	達壽	1926

萬文㬥	1317	萬咸燕	527	葛天申	715	葛維屏	103
萬方	706	萬彦	213	葛天柱	1273	葛德潤	620
萬方極	658	萬泰	129	葛天驊	68	葛慶同	1831
萬方慶	38	萬起魁	1144	葛文模	1919	葛豫章	980
萬以徵	800	萬起鴻	1457	葛方晉	1117	葛龍三	1959
萬世仁	720	萬貢珍	1316	葛斗南	414	葛曙	711
萬世美	1104	萬華	1185	葛正華	859	葛觀昌	256
萬世發	1062	萬逢時	1444	葛匡世	357	葛寶華	1823
萬世寧	658	萬家福	1311	葛色特	146	董一薰	335
萬世緯	262	萬培因	1618	葛汝葆	1894	董士昌	79
萬世馨	342	萬惟樞	2	葛言颺	264	董大醇	1078
萬本端	1948	萬啓心	1302	葛良杰	955	董大翮	41
萬立鈞	1809	萬啓昀	1179	葛良治	1478	董上治	48
萬永康	1767	萬雲	1078	葛長祚	331	董之銘	856
萬永福	1126	萬雲路	1914	葛東昌	1186	董之燧	351
萬民欽	418	萬鼎洋	1199	葛明遠	1978	董子醇	926
萬邦英	888	萬鼎琛	1115	葛咏裳	1803	董天柱	723
萬邦華	1832	萬爲恪	379	葛佩琯	458	董元俊	193
萬邦維	157	萬瑄	423	葛金烺	1843	董元度	804
萬有嚴	1897	萬瑄	457	葛宗昶	1133	董元章	1560
萬成勛	768	萬嵩	259	葛宗鄒	1616	董元勛	1620
萬光謙	713	萬愫	294	葛荃	610	董友篤	1224
萬年	1538	萬肅	277	葛柱邦	518	董文炳	1501
萬年茂	643	萬肅鐸	416	葛俊起	636	董文焕	1604
萬廷詔	315	萬際軒	1758	葛亮臣	427	董文駒	899
萬廷蘭	795	萬經	409	葛亮維	1950	董文驥	61
萬任	239	萬篪	1992	葛祖亮	641	董允怀	234
萬兆霖	1478	萬蕭	119	葛陞	48	董正方	1179
萬如濟	455	萬慶昌	1937	葛振元	1841	董正官	1393
萬里	543	萬錫珩	1735	葛起元	1336	董正揚	1113
萬里侯	164	萬錦雯	141	葛桐衞	1584	董世僖	1351
萬希煜	1141	萬轅	1268	葛高嶟	1472	董可成	657
萬良	1536	萬謙	254	葛祥熊	1891	董平章	1386
萬青藜	1454	萬應皋	50	葛萃	680	董用威	1425
萬卓	718	萬應新	1384	葛符	277	董邦達	618
萬物育	104	萬應馨	1022	葛淳	696	董朱英	706
萬和錫	1869	萬禮祖	543	葛惠保	252	董朱袞	70
萬承芩	530	萬繩宗	769	葛鼎元	222	董廷光	566
萬承宗	1210	萬繩祜	527	葛景萊	1470	董延楷	870
萬承風	989	萬寶成	2014	葛爾特	146	董自超	512
萬承絳	1499	葛乃衮	696	葛鳴鷗	279	董似穀	1441
萬承蒼	476	葛之覃	1755	葛毓芝	1946	董兆奎	1637

景日晬	354	單言揚	724	喻勖	49	程文彝	230
景方昶	1867	單若魯	9	喻煒	689	程世杰	1937
景四維	496	單務孜	229	喻增高	1397	程世淳	920
景考祥	477	單務嘉	207	喻樹琪	1620	程本節	375
景份	560	單國玉	104	喻鴻	1093	程甲化	205
景江錦	934	單偉志	1281	喻鴻鈞	1876	程必昇	132
景其濬	1562	單象庚	1588	喻覲采	450	程邦憲	1114
景厚	1854	單烺	699	喻懷仁	1431	程式金	1268
景貞吉	289	單朝詔	1327	喻懷恭	1528	程式轂	1968
景星	1328	單棨	1938	喻寶忠	896	程在嶸	916
景凌霄	1990	單瑞龍	938	喀爾喀	357	程有成	604
景崙	470	單夢祥	1935	喀爾欽	543	程光鄂	485
景隆吉	235	單夢齡	1223	凱音布	1106	程光琠	955
景善	1656	單傳經	1715	黑天池	458	程光鉅	562
景瑞	1659	單鈺	574	嵇永福	127	程同文	1069
景廉	1563	單溥元	1931	嵇承謙	858	程廷桂	1326
景淮	1953	單稽	978	嵇曾筠	420	程廷棟	668
景福	791	單德謨	580	嵇璜	592	程仲昭	1870
景襈	1925	單潔	670	程九區	723	程仰周	1662
景聞	1576	單翰	503	程士範	786	程汝璞	46
景綸	1179	單興詩	1406	程大中	836	程志和	1694
景潤	2003	單謂	567	程大光	853	程芹香	1894
景霖	1410	單懋德	1471	程大呂	272	程芳朝	30
景應熊	332	單懋謙	1361	程大聿	456	程材傳	539
景鴻賓	904	單燮	295	程大夏	306	程邑	92
景瀛	1770	單鎮	1984	程川佑	1210	程利川	1906
景麟	1186	單疇書	376	程之明	133	程秀	1739
貴昌	556	單鐸	737	程之章	846	程伯鑾	1134
貴恒	1716	單鑑	717	程天旋	129	程沅	910
貴逢甲	941	喻士藩	1177	程天錫	2012	程沇	876
貴誠	1910	喻元準	1190	程元吉	1136	程良惺	227
貴賢	1763	喻升階	890	程元基	912	程良器	220
貴徵	1021	喻兆蕃	1873	程元章	515	程附鳳	23
貴慶	1084	喻長霖	1942	程元愷	1876	程其珏	1733
貴齡	1165	喻秉綬	1600	程友琦	1928	程英銘	765
單父令	14	喻秉醇	1481	程仁圻	524	程奇略	281
單父麟	241	喻炘	1894	程仁均	1815	程叔琳	2009
單可琛	990	喻宗澤	865	程仁秩	625	程卓梁	1027
單立	329	喻宣孝	1118	程化龍	256	程昌期	971
單志賢	2005	喻珩	119	程化鵬	784	程昌黼	1991
單芸	837	喻章	816	程文正	353	程明昱	865
單作哲	659	喻敬彰	746	程文球	837	程明懋	1145

清代進士傳錄

清代進士傅錄

喬履信	600	傅秉鑒	1851	傅試萬	956	傅觀海	1552
喬學尹	478	傅京初	300	傅宣初	157	順安	1418
喬學易	1592	傅京輝	1142	傅輝文	554	集蘭	871
喬鍾昊	878	傅宗元	887	傅溥	696	焦友麟	1379
喬駿	1694	傅宗武	717	傅嘉年	1808	焦以厚	1012
傅九淵	1313	傅承絅	1101	傅壽彤	1587	焦以敬	622
傅大貞	1674	傅相	816	傅爾傑	479	焦以潤	1026
傅大章	1629	傅修孟	1012	傅齊賢	601	焦式冲	941
傅大業	211	傅彥瑞	1851	傅漢章	1858	焦有森	1634
傅之詮	457	傅炳墇	1681	傅潢	1197	焦汝翰	830
傅王雯	424	傅宣化	1241	傅蕭	568	焦志賢	1914
傅王雪	506	傅起巖	1587	傅維森	1943	焦長發	939
傅王露	490	傅桐豫	1784	傅維弻	1640	焦和生	1004
傅元	489	傅恩	598	傅維鱗	7	焦周屏	547
傅文炳	1302	傅浚	1492	傅綬	1215	焦祈年	529
傅以漸	1	傅宸楹	334	傅增淯	1908	焦承煇	1144
傅予潤	271	傅家瑞	1990	傅增湘	1961	焦春宇	1496
傅玉林	1050	傅宸	124	傅增濬	2005	焦桐	192
傅正撰	319	傅通	942	傅德臨	1156	焦釗烈	1128
傅世舟	90	傅培峰	1539	傅慶貽	1601	焦國理	1898
傅世煒	1865	傅培基	1734	傅豫	748	焦象賢	48
傅世綸	1613	傅國英	1907	傅樹堂	1816	焦紳	901
傅邦翰	1969	傅國卿	1591	傅樹崇	511	焦雲龍	1747
傅式芳	1736	傅清	765	傅篤興	1577	焦景新	1089
傅百撰	568	傅隆阿	704	傅學懃	1976	焦綏祚	485
傅光遇	332	傅紹祖	1335	傅學灝	614	焦毓棟	301
傅廷元	1793	傅琬	809	傅聚	558	焦毓鼎	357
傅廷俊	193	傅超衡	1769	傅錕	1755	焦毓瑞	57
傅廷錫	234	傅斯懌	1592	傅錫肇	697	焦榮	144
傅廷蘭	1147	傅森	365	傅鍾岳	862	焦肇駿	1685
傅汝桂	855	傅雲鵬	40	傅鍾璩	1161	焦肇瀛	1519
傅汝梅	1822	傅棠	1096	傅鍾濤	1919	焦維械	1260
傅丞憲	1745	傅遇年	1629	傅鍾麟	1673	焦澍	169
傅克生	334	傅景鐏	979	傅鍠	223	焦錫齡	1883
傅作求	1098	傅爲訏	635	傅應時	835	焦駿楓	1669
傅作霖	24	傅爲霖	1814	傅鵬飛	1121	鄔汝楫	141
傅作霖	895	傅詥	745	傅懷光	1997	鄔昇	779
傅彤	679	傅淵季	977	傅繩勛	1211	鄔昕	149
傅良臣	605	傅運生	1929	傅繹	1352	鄔純嘏	1670
傅長祺	34	傅馴	1607	傅蘭泰	1947	鄔象鼎	63
傅松齡	1976	傅楨	1645	傅響蓀	1784	鄔景從	61
傅咏	599	傅感丁	93	傅觀光	1745	鄔鳳翊	804

馮光祚	171	馮晋祚	850	馮景略	1630	馮錫仁	1796
馮光勛	1671	馮晋錫	1140	馮集梧	985	馮錫芳	1816
馮光遹	1726	馮栻	1508	馮鈐	685	馮錫宸	1010
馮廷鋆	913	馮栻宗	1670	馮舜生	1912	馮錫祺	209
馮廷櫆	311	馮桂芬	1451	馮巽占	2010	馮錫綸	1698
馮仲侯	1809	馮桂芳	1807	馮登府	1267	馮錫鏞	1355
馮兆吉	681	馮晟	1561	馮瑞	326	馮錫瓌	1929
馮兆峋	976	馮恩崐	1924	馮雷鳴	37	馮懊	674
馮兆麟	802	馮峻	1540	馮煦	1838	馮懋華	543
馮江錦	1340	馮倈	63	馮嗣京	513	馮鍾岱	1780
馮汝琪	2011	馮健	1745	馮詢	1282	馮爵	724
馮汝軾	462	馮皋彊	142	馮慈	783	馮謙	521
馮汝騏	1752	馮高瑔	871	馮溥	31	馮應壽	1730
馮汝𤫩	1828	馮浩	756	馮源	104	馮應榴	861
馮祁	665	馮春暉	1136	馮源濟	119	馮應銓	444
馮如衡	1888	馮培	959	馮慎源	1876	馮應榮	1800
馮志沂	1425	馮培元	1485	馮臺異	1979	馮燦	936
馮芳緝	1692	馮埍	924	馮壽鏡	1714	馮鴻模	562
馮芳澤	1840	馮國楨	1722	馮輔	1094	馮雝	339
馮克勛	1576	馮崧生	1764	馮爾昌	1654	馮璽	989
馮佐熙	1701	馮敏昌	963	馮暠	477	馮霈	1533
馮壯	166	馮清聘	1156	馮銘	322	馮贊勛	1271
馮奉初	1223	馮渠	750	馮廣譽	770	馮鏞	141
馮杰	1462	馮淳	612	馮端	1869	馮鏡泉	1913
馮叔爌	495	馮愉	683	馮端本	1596	馮鵬飛	780
馮昌奕	159	馮紹唐	1975	馮榮萱	1620	馮瀚	1055
馮昌紳	870	馮紹斌	1933	馮漢煒	505	馮譽驥	1486
馮咏	520	馮斑	39	馮肇楠	167	馮懺	1325
馮秉仁	666	馮琛	1504	馮標	91	馮麟	884
馮秉忠	858	馮貫徵	231	馮德珍	1572	斌桐	1432
馮秉彝	667	馮達道	34	馮德馨	1318	斌敏	1679
馮佩寶	317	馮蕚舒	150	馮鋐	1254	童士紳	710
馮金鑑	1754	馮朝綱	637	馮賡颺	1237	童大眝	1565
馮怡	512	馮森	1534	馮慶長	1701	童元璠	744
馮承基	1548	馮甡	156	馮遵祖	274	童文藻	1277
馮拱宸	1550	馮雲祥	1339	馮澎	660	童以炘	1471
馮貞世	743	馮雲路	1281	馮履咸	818	童秀春	1552
馮思澄	1213	馮雲會	437	馮履謙	834	童其瀾	628
馮美玉	50	馮雲鵷	1189	馮璟	1100	童宗顏	1177
馮淦	1218	馮雲驦	285	馮燕譽	1368	童春	1843
馮祖悅	556	馮雲驤	129	馮學培	1662	童保	514
馮起龍	1126	馮鼎高	897	馮學颺	905	童華	1440

清代進士傳錄

湯原清	157	溫世珍	899	滑操德	288	甯天瑞	280
湯原銑	1918	溫必聯	653	游三立	1921	甯心祖	125
湯俠	492	溫廷獻	1391	游大琛	1327	甯世琜	166
湯師淇	1460	溫汝适	999	游方震	727	甯世旋	203
湯家相	82	溫如玉	109	游永年	819	甯世簪	324
湯淳	207	溫如玉	739	游百川	1637	甯世藻	487
湯塿	804	溫仲和	1875	游光繹	1023	甯本瑜	1819
湯彭年	290	溫伯魁	799	游光纘	975	甯有誠	887
湯達	1118	溫忠翰	1635	游名柱	171	甯光璧	130
湯萬炳	527	溫秉貞	1128	游東昇	160	甯廷弼	1738
湯蕚棠	877	溫炘	1147	游昌廷	1217	甯自學	1126
湯雲林	1443	溫泮	134	游法珠	682	甯林	159
湯雲松	1459	溫宜銳	1143	游得宜	641	甯述俞	1969
湯鼎烜	1734	溫承悌	1323	游紹安	533	甯秉謙	436
湯景和	1204	溫亮珠	1939	游藝	1026	甯岳屏	1098
湯斌	102	溫時懋	996	游鏜	1783	甯時文	469
湯登泗	830	溫常綬	915	游顯廷	1566	甯國珍	128
湯聘	216	溫敏	735	游觀第	1627	甯堯采	328
湯聘	647	溫啓鵬	1186	惲世臨	1507	甯雲程	1321
湯傳榘	339	溫紹棠	1670	惲光宸	1434	甯雲鵬	1005
湯愈	879	溫葆初	776	惲東生	358	甯曾綸	1465
湯裔振	196	溫葆淳	1294	惲宗洵	519	甯爾講	189
湯壽潛	1902	溫葆經	668	惲彥彬	1703	甯誥	177
湯銘新	1700	溫焉	354	惲彥琦	1614	甯憲	1482
湯誥	960	溫肅	1988	惲啓巽	274	甯鵬南	1972
湯肇熙	1658	溫際清	1084	惲毓鼎	1863	運太	560
湯蕚聯	737	溫聞源	981	惲毓嘉	1901	裕昌	1720
湯調鼎	37	溫毓泰	247	惲燮	949	裕連	1824
湯慶源	1682	溫肇江	1363	惲鴻儀	1552	裕裎	1900
湯豫誠	454	溫儀	482	惲鵬	1003	裕祥	1765
湯霖	1897	溫德宜	1496	惲驦	210	裕綏	1906
湯錫蕃	1191	溫頤	836	富介齡	694	裕德	1753
湯濩	183	溫樹玼	47	富明阿	1311	裕謙	1226
湯儲璠	1189	溫錫純	1915	富呢雅杭阿	1490	裕豐	1513
湯謙	1052	溫聯桂	1937	富炎泰	814	禄成	685
湯藩	1008	溫皷廷	1698	富陞額	1257	禄保	562
湯曜	1831	溫繁炘	1899	富敏	597	禄德	1919
湯鵬	1306	溫應奇	218	富森泰	838	尋步月	1311
湯繩和	1798	溫應崇	259	富魁	579	尋紹舞	636
湯獻祥	1658	溫鵬翀	1424	富爾敦	402	尋鑾晋	1637
溫文禾	1422	溫鶴立	891	富鴻基	148	尋鑾煒	1568
溫予巽	1390	滑文蔚	9	甯之鳳	5	强上林	1211

一二〇

楊士文	418	楊元巒	1365	楊甘雨	677	楊廷枚	656
楊士芳	1701	楊元藻	941	楊世芳	449	楊廷相	682
楊士炘	260	楊尤奇	385	楊世英	1074	楊廷柱	904
楊士重	646	楊巨川	2006	楊世照	485	楊廷莢	1106
楊士晟	1921	楊日升	132	楊世銳	1017	楊廷琇	852
楊士炳	92	楊日升	245	楊世學	35	楊廷冕	1430
楊士雲	1181	楊日襄	1344	楊世顯	1222	楊廷琮	1065
楊士韶	740	楊曰壜	666	楊本仁	798	楊廷琚	430
楊士璣	822	楊曰鯤	1032	楊本昌	1081	楊廷棟	588
楊士徽	461	楊中訥	348	楊本春	45	楊廷爲	560
楊士燮	1927	楊中選	872	楊本厚	1517	楊廷椿	1883
楊士鏻	722	楊中興	592	楊本濬	1160	楊廷傳	1687
楊士鑑	554	楊中龍	1064	楊四奇	566	楊廷樺	833
楊士驤	1840	楊升元	610	楊仕顯	72	楊廷榕	710
楊才瑰	236	楊介康	1919	楊仙技	244	楊廷綸	1988
楊大功	40	楊六德	50	楊必蕃	714	楊廷選	516
楊大芳	2012	楊文正	137	楊永昇	563	楊廷璣	1974
楊大容	1498	楊文玢	674	楊永寧	102	楊廷錦	117
楊大琛	696	楊文定	1379	楊永謨	735	楊廷諫	82
楊大鴻	635	楊文春	1847	楊弘緒	527	楊延俊	1538
楊大鯤	187	楊文振	736	楊邦直	1034	楊延亮	1267
楊大鶴	299	楊文桂	565	楊邦雋	1338	楊延烈	1646
楊大灝	672	楊文揚	744	楊邦衛	1723	楊仲愈	1650
楊上容	1296	楊文淵	851	楊式坊	1445	楊仲增	992
楊上達	1518	楊文熙	1532	楊式穀	1472	楊任仁	694
楊久祐	1621	楊文瑩	1775	楊芝	1113	楊任楓	291
楊之旭	235	楊方立	756	楊朴	1183	楊自欽	512
楊之奇	285	楊方江	583	楊臣鄰	245	楊行健	66
楊之徐	347	楊方壽	756	楊西狩	87	楊全蘊	931
楊之琦	320	楊方嶽	815	楊在陞	19	楊兆晋	1356
楊子儀	1514	楊引祚	170	楊有光	794	楊兆運	1603
楊王發	415	楊以曾	1292	楊有涵	795	楊兆璜	1203
楊天保	726	楊以湲	919	楊存理	410	楊兆魯	86
楊天恩	742	楊以澄	1199	楊成爻	1710	楊兆銶	514
楊天培	765	楊允升	1991	楊成梧	747	楊兆龍	1978
楊天德	611	楊允文	1956	楊成章	1715	楊兆麒	1758
楊天霖	1843	楊允禎	233	楊光瓚	2009	楊兆麟	1980
楊元亮	1121	楊玉相	1733	楊先英	1557	楊企曾	853
楊元勛	73	楊正	449	楊先春	862	楊企震	426
楊元溥	1590	楊正中	154	楊先俊	1779	楊旬瑛	55
楊元愷	968	楊正傳	579	楊先棻	1641	楊名世	681
楊元蕃	133	楊正觀	1660	楊廷英	625	楊名昇	1083

楊書勛	1956	楊超元	1677	楊勛	693	楊嗣沅	1100
楊書詹	1854	楊超松	1770	楊傅	969	楊嗣曾	1131
楊通久	131	楊超恒	668	楊順時	1554	楊嗣璟	572
楊能格	1422	楊超曾	492	楊復吉	942	楊傳書	1826
楊純臣	221	楊萬春	372	楊鉅	1680	楊魁甲	522
楊捷	1097	楊萬程	415	楊鈖	903	楊誠一	1695
楊捷三	1887	楊萬選	1878	楊欽琦	1732	楊詢朋	510
楊掄	886	楊敬遠	1920	楊鈞	635	楊亶驊	1409
楊掄	962	楊敬儒	275	楊鈞	1723	楊靖恭	2014
楊培	701	楊悳馨	1768	楊鈞培	1658	楊雍	307
楊培	1385	楊森	117	楊爲棫	425	楊雍建	129
楊培基	1257	楊森	1849	楊普	660	楊煓	1258
楊彬	1339	楊森秀	467	楊道鈞	1955	楊煊	1156
楊晨	1773	楊棟	747	楊焕	623	楊煒	962
楊國相	139	楊棟秀	1099	楊焯	778	楊湹	929
楊國楨	330	楊惠元	1092	楊潜	466	楊溶	1809
楊國璋	1779	楊雲卿	1954	楊渭	1982	楊福五	1460
楊國翰	1276	楊雲開	1102	楊富崙	660	楊福祺	1441
楊國瓚	614	楊雲翼	501	楊運昌	19	楊福豫	1591
楊國麟	969	楊棠	366	楊裕仁	1472	楊福臻	1806
楊崙	337	楊鼎	32	楊裕芬	1926	楊殿邦	633
楊崇伊	1799	楊鼎	279	楊統	994	楊殿邦	1208
楊從矩	1457	楊鼎	931	楊瑁	502	楊殿邦	1368
楊欲仁	1136	楊鼎來	1691	楊瑞鱣	1954	楊殿梓	925
楊清魁	1815	楊鼎昌	1734	楊瑝	737	楊際春	1695
楊清輪	999	楊開沅	421	楊瑄	284	楊際泰	1339
楊淑修	1814	楊開泰	1278	楊瑄	836	楊際清	1762
楊淮	246	楊開基	1054	楊摘藻	1450	楊璪	368
楊深秀	1879	楊開第	1718	楊聖清	1844	楊嘉材	981
楊寅揆	1934	楊開鼎	688	楊夢枝	209	楊嘉棟	1857
楊啓珍	842	楊開會	1384	楊夢松	1357	楊嘉樹	817
楊紳世	940	楊遇升	1352	楊夢符	1017	楊墉	1874
楊紹	455	楊遇春	713	楊夢琰	520	楊壽楠	906
楊紹先	88	楊景	527	楊夢鯉	105	楊蔚	1936
楊紹武	68	楊景	1348	楊椿	507	楊蔚春	1393
楊紹和	1666	楊景山	855	楊楷	1915	楊蔚然	1166
楊紹霆	1298	楊景山	883	楊榢珩	923	楊模聖	64
楊瑛森	381	楊景孟	1601	楊虞宫	288	楊楗	840
楊琨	634	楊景曾	641	楊業	766	楊爾淑	291
楊琮典	1842	楊景曾	1249	楊業萬	1051	楊爾皓	334
楊堯臣	750	楊景軾	1236	楊愚	700	楊爾德	507
楊超	672	楊景煌	169	楊照藜	1515	楊霆	838

清代進士傳錄

楊鸞	702	賈仲山	1407	賈勤	145	雷光第	1873
裴元俊	1233	賈兆鳳	424	賈楨	1322	雷光業	137
裴元淦	1147	賈名伸	1063	賈楊宗	1232	雷先春	392
裴元善	1206	賈汝楫	352	賈鍋	1036	雷延壽	2005
裴曰修	687	賈汝霖	1642	賈煜	800	雷多壽	2006
裴充美	294	賈汝謙	1742	賈潂	509	雷冲霄	1633
裴君弢	539	賈如璽	553	賈構	885	雷池昆	290
裴君弼	379	賈坊	1341	賈鳴璽	241	雷長春	1137
裴思錄	613	賈芳林	1341	賈璜	1778	雷俊章	1722
裴望洙	1514	賈克慎	1264	賈蕃男	215	雷恒	400
裴嗣錦	1557	賈作人	1875	賈澄	1043	雷恒	2009
裴璉	494	賈壯	17	賈履中	1074	雷祖迪	1829
裴肇煦	589	賈其音	260	賈樾	1469	雷振聲	92
裴樹棻	575	賈林	404	賈樹勛	1591	雷時夏	1320
裴鴻勛	1919	賈秉鍾	1163	賈樹誠	1643	雷殷薦	501
裴寶鋪	1391	賈侍舜	1255	賈霖	658	雷翀霄	891
裴麟	846	賈春暄	1599	賈臻	1368	雷純	976
較孝	684	賈修明	1625	賈還樸	236	雷崶	1391
甄士林	1138	賈待聘	236	賈學閎	1221	雷竟振	236
甄之璜	470	賈亮采	1228	賈龍光	1631	雷淳	451
甄汝舟	656	賈洪詔	1461	賈燦	216	雷棣榮	1735
甄汝翼	609	賈都	11	賈聲槐	1084	雷景鵬	1199
甄松年	1027	賈牲	486	賈聯堂	1751	雷對	1538
甄承嗣	296	賈倫	452	賈戀功	1203	雷湛	136
甄昭	378	賈健	584	賈濬	43	雷瑞光	1583
甄鍋	642	賈琅	1260	賈譔策	1646	雷蔚瑞	1875
賈大夏	1253	賈捼	1015	賈寶廷	1314	雷榜榮	1595
賈之彥	359	賈軑	702	賈鐸	1589	雷噓和	18
賈之屏	371	賈國楨	1768	雷一龍	81	雷鳴皋	22
賈天培	1161	賈國維	419	雷天柱	1852	雷鳴陽	585
賈天祿	777	賈惪	841	雷天鐸	511	雷維霈	1012
賈元濤	1625	賈棟	990	雷五福	1389	雷維翰	1459
賈元鰲	748	賈景德	2009	雷曰履	755	雷輪	909
賈允升	1054	賈景誼	840	雷仁育	673	雷鉉	617
賈允諧	1348	賈程誼	70	雷文楣	1238	雷學海	1051
賈世陶	1494	賈策安	939	雷文輝	856	雷學淇	1224
賈弘祚	46	賈策治	940	雷文模	1228	雷學謙	126
賈邦鐸	1644	賈復元	132	雷以勳	1948	雷懋德	839
賈光烈	190	賈爲煥	944	雷以誠	1321	雷鍾德	1704
賈廷奭	64	賈曾	102	雷在夏	1827	雷應	433
賈廷藩	1475	賈瑚	1615	雷成模	1351	雷應暢	1018
賈廷蘭	124	賈瑜	1401	雷光旬	1958	雷觀光	915

雷頓虞業睦路嵩魁鈺會愛詹解誇誠廉裔靖慈煜溥準慎褚福

清代進士傳錄

際良	1017	趙中遜	501	趙立身	559	趙旭	183
經聞	713	趙午彤	1004	趙玄覽	164	趙旭	293
		趙升	845	趙永孝	705	趙旭昇	581
十四畫		趙升雋	585	趙永昌	1814	趙汝臣	1699
瑪祜	112	趙升朝	528	趙永祚	25	趙汝勗	1092
趙一心	81	趙仁基	1324	趙永清	1813	趙汝淑	1567
趙一林	1613	趙介	103	趙永襃	930	趙汝湧	1963
趙人鑑	188	趙丹	787	趙弘化	195	趙汝翰	1819
趙乃普	968	趙丹榲	673	趙臣翼	1858	趙汝齡	1837
趙三元	1006	趙文炳	193	趙在田	1073	趙守易	369
趙士宏	27	趙文晟	722	趙有淳	1595	趙祁	427
趙士英	420	趙文偉	1805	趙存洵	1258	趙如琬	750
趙士俊	23	趙文嬰	254	趙光	1267	趙好義	502
趙士琛	1907	趙文楷	1057	趙光表	1830	趙羽清	358
趙士楠	899	趙文源	1815	趙光祖	1215	趙志忭	47
趙士璠	197	趙文粹	1723	趙光烈	1273	趙克明	1204
趙士琟	1608	趙文瀛	1480	趙光裕	1343	趙佑	792
趙士聰	801	趙文麟	1306	趙光禄	1151	趙作舟	307
趙士麟	237	趙方晋	18	趙光搢	1447	趙作霖	269
趙士麟	569	趙以成	1978	趙光緒	358	趙希賢	192
趙士驤	321	趙以炯	1838	趙光蕙	1261	趙希濂	501
趙大湺	964	趙以焕	1882	趙光耀	193	趙亨鈴	1276
趙大鯨	549	趙以煃	1849	趙先雅	1231	趙沂	188
趙之旦	841	趙允涵	661	趙廷光	1857	趙汴	15
趙之珩	219	趙予信	437	趙廷佑	131	趙良霈	1049
趙之符	183	趙玉	1076	趙廷珍	1947	趙青藜	641
趙之鼎	246	趙玉振	305	趙廷俊	1148	趙長齡	1370
趙之瑞	748	趙未彤	1035	趙廷珪	253	趙坦	1421
趙之隨	295	趙世勛	436	趙廷健	749	趙其昌	305
趙子端	1641	趙世曾	1779	趙廷愷	1571	趙其星	200
趙子璟	1124	趙世緒	1553	趙廷熙	1201	趙英祚	1722
趙子璨	1921	趙世德	1947	趙廷輔	486	趙杭林	870
趙天賜	1183	趙世鐸	346	趙廷銘	1536	趙林	1705
趙天潤	319	趙本旛	822	趙廷璋	900	趙林成	1481
趙天衢	693	趙可大	520	趙廷錫	222	趙林臨	723
趙元模	1490	趙丙榮	1811	趙廷錫	1184	趙枚	500
趙五星	1835	趙申季	376	趙廷璧	676	趙來章	886
趙友夔	390	趙申喬	250	趙廷獻	765	趙來鳴	48
趙曰冕	93	趙由忠	713	趙延泰	1975	趙來震	930
趙曰瑛	511	趙由僖	782	趙任	1314	趙杭	860
趙曰睿	511	趙仕	566	趙似祖	1369	趙述	218
趙中元	679	趙用熊	749	趙兆熙	1450	趙東秀	805

清
代
進
士
傳
錄

趙椿齡	849	趙賓	20	趙霖	1366	趙繼昌	1017
趙楷	615	趙隨	242	趙霖吉	66	趙繼泰	1868
趙楫	1421	趙熊詔	439	趙曒	1184	趙繼學	1618
趙槐符	989	趙維旗	8	趙默	788	趙鰲	717
趙暄	383	趙維熊	1155	趙興周	1327	趙瓛	929
趙暐	438	趙維翰	854	趙學轍	1072	趙顒	983
趙嗣美	5	趙維翼	833	趙錫仁	366	趙鶴齡	1946
趙嗣晉	357	趙綏章	1495	趙錫孝	567	趙鑑遠	555
趙崸	105	趙瑾	44	趙錫恩	1744	趙瓚	489
趙與鴻	512	趙璁	287	趙錫禮	604	趙瓚	617
趙傳忍	1967	趙增	185	趙錦章	1720	趙曬	79
趙傳紀	861	趙增榮	1727	趙錄績	2010	趙麟	1059
趙傳琴	1915	趙蕃	448	趙憲	599	趙麟趾	565
趙鉞	1196	趙賢	755	趙憲鼎	189	趙灝	331
趙資	434	趙震	822	趙繹	1368	趙鑰	152
趙新	1576	趙輝棣	1721	趙環慶	1714	趙驤	941
趙新	1859	趙輝璧	1330	趙聯登	1718	趙驥	978
趙煠晃	210	趙德昌	700	趙藍田	1911	趙鑾揚	1921
趙煌	436	趙德潾	1360	趙黻鴻	1948	赫成峨	628
趙源澢	1788	趙德轍	1410	趙鍾彥	1157	赫特賀	1317
趙慎畛	1059	趙德麟	1677	趙鍾璨	1815	赫特赫訥	1297
趙福純	1577	趙徵介	413	趙襄宣	612	赫慎修	1606
趙殿最	411	趙銳	1875	趙燦	1043	壽以仁	60
趙璘	1277	趙賡麟	1713	趙燦垣	187	壽昌	1551
趙臺憲	334	趙慶熺	1288	趙鴻	1920	壽朋	1938
趙熙	1906	趙毅	609	趙鴻	1935	壽星保	1077
趙蔚坊	1866	趙遵律	957	趙鴻猷	402	壽奕磐	467
趙爾份	1147	趙潤生	1933	趙濬	308	壽耆	1817
趙爾孫	369	趙潤芳	1520	趙濟美	189	壽致浦	489
趙爾恕	769	趙澂	1102	趙翼	857	壽致潤	435
趙爾萃	1866	趙履亨	635	趙燾	62	壽富	1966
趙爾巽	1729	趙履道	1706	趙曜	268	壽椿	1921
趙爾楷	514	趙編	50	趙蓬	1114	壽頤	1672
趙爾震	1747	趙璟	604	趙蘇門	885	綦汝楫	123
趙睿榮	1035	趙擇雅	1722	趙鏞	1326	綦思本	1634
趙鳴玉	221	趙頤	740	趙鵬翔	1300	聚寧	1103
趙鳴琴	1588	趙樾	1474	趙獻論	105	慕天顏	136
趙銓	929	趙樹禾	1758	趙耀甲	566	慕芝田	1698
趙銘彝	1219	趙樹吉	1545	趙耀基	1973	慕泰生	606
趙鳳詔	339	趙樸	1643	趙鵷薦	108	慕琛	312
趙齊芳	23	趙奮霄	139	趙繼元	1686	慕榮榦	1687
趙榮	1226	趙霖	1108	趙繼抃	444	慕維城	1456

清代進士傳錄

熙瑛	1865	蔣兆鯤	1525	蔣起蛟	162	蔣會圖	1679
熙麟	1442	蔣艮	1797	蔣恭棐	517	蔣詩	1133
熙麟	1824	蔣如松	488	蔣師爚	978	蔣雍植	858
蔣一璁	847	蔣如瑤	75	蔣祥墀	1029	蔣漣	443
蔣士銓	827	蔣扶	211	蔣書升	414	蔣溥	586
蔣士鎔	1094	蔣扶暉	272	蔣陳錫	324	蔣殿賓	428
蔣士麒	1395	蔣志章	1504	蔣理祥	1585	蔣嘉猷	412
蔣士驥	1722	蔣芳洲	493	蔣埏	330	蔣爾琇	50
蔣大成	524	蔣辰祥	717	蔣培	1537	蔣鳴鹿	885
蔣大鏞	1496	蔣攸銛	1001	蔣基	952	蔣肇	416
蔣山	1661	蔣作梅	1064	蔣彬蔚	1596	蔣熊	1965
蔣之綎	33	蔣作錦	1614	蔣梓	525	蔣熊昌	879
蔣之蘭	575	蔣汾功	541	蔣常垣	1592	蔣綱	435
蔣元杰	1764	蔣良翊	821	蔣國華	832	蔣維垣	1652
蔣元封	1260	蔣良騏	777	蔣第	1045	蔣維淦	1054
蔣元益	731	蔣其章	1785	蔣傻	660	蔣瑾	1393
蔣元溥	1378	蔣若洛	721	蔣進	437	蔣德昌	311
蔣曰綸	852	蔣茂壁	1851	蔣翎	1080	蔣德埈	204
蔣中和	137	蔣英元	1560	蔣寅	134	蔣德福	1397
蔣仁錫	447	蔣林	497	蔣啓廷	1201	蔣慶均	1212
蔣文元	519	蔣杲	480	蔣啓敔	1293	蔣慶第	1566
蔣文祚	673	蔣昌期	1554	蔣啓勖	1632	蔣慶齡	1124
蔣文淳	445	蔣和寧	791	蔣陽麟	1553	蔣棚	773
蔣文慶	1215	蔣岳	694	蔣琦齡	1457	蔣學鏡	822
蔣方正	1317	蔣泂	477	蔣超	30	蔣錫震	443
蔣允焄	680	蔣宗海	796	蔣超伯	1511	蔣錫寶	1493
蔣予蒲	986	蔣承洙	1166	蔣超曾	1194	蔣龍光	123
蔣玉泉	1973	蔣拭之	650	蔣達	1475	蔣憲文	459
蔣立誠	1254	蔣楠	587	蔣萬寧	1093	蔣鍾麒	1386
蔣立鏞	1188	蔣奎樓	1570	蔣萬襫	495	蔣應焜	707
蔣弘道	185	蔣叙倫	1285	蔣雲寬	1071	蔣曜	155
蔣弘緒	228	蔣胤修	41	蔣勛	351	蔣馥	263
蔣式芬	1785	蔣亮	457	蔣策	1134	蔣璧方	1729
蔣式瑆	1915	蔣奕湛	849	蔣舒惠	1160	蔣霨遠	1410
蔣廷芳	699	蔣炳章	1965	蔣善譬	1634	蔣鏞	473
蔣廷恩	1261	蔣洽秀	477	蔣尊禕	2002	蔣鏞	1118
蔣廷錫	407	蔣宣	129	蔣曾煒	965	蔣瀜	1054
蔣廷黻	1916	蔣祖培	674	蔣湘垣	1143	蔣繪	185
蔣仲達	271	蔣祝	537	蔣載熹	840	蔣斅	356
蔣伊	271	蔣泰來	923	蔣遠	316	蔣繼芳	1700
蔣兆奎	894	蔣泰堦	1174	蔣遠發	306	蔣繼珠	1543
蔣兆龍	355	蔣振鷺	553	蔣傳變	1857	蔣繼軾	478

清代進士傳錄

廖鴻苞	1227	齊弼	989	鄭元濬	1977	鄭亦鄒	432
廖鴻荃	1169	齊聖渭	939	鄭元璧	1453	鄭州墅	183
廖鴻章	673	齊溥	386	鄭元鐸	1222	鄭江	508
廖鴻藻	1174	齊嘉紹	1034	鄭日奎	176	鄭汝楫	1338
廖燻	1764	齊德五	1481	鄭文明	1016	鄭守孟	1669
廖鏡伊	1816	齊學瀛	1827	鄭文思	1784	鄭守誠	1546
廖鏡明	1660	齊錫智	602	鄭文欽	1897	鄭守廉	1568
廖懷清	1004	齊澤	1786	鄭方坤	540	鄭安道	923
廖鶴年	1681	齊贊宸	92	鄭方城	626	鄭羽侯	102
廖觀	216	齊贊樞	101	鄭以任	547	鄭羽逵	445
廖驤	1805	齊鯤	1091	鄭允修	1298	鄭孝銘	1658
端木坦	1196	齊耀珊	1891	鄭玉振	1004	鄭志鯨	695
端木杰	1207	齊耀琳	1943	鄭玉弼	660	鄭芳蘭	1477
端木棻	1979	齊體物	296	鄭玉麟	1941	鄭克明	1875
端木國瑚	1390	精一	1721	鄭世俊	1157	鄭束	1669
端木煜	1031	鄭二成	213	鄭世恭	1560	鄭酉錫	307
齊士琬	391	鄭人琦	165	鄭世淵	1446	鄭步雲	791
齊士雄	679	鄭三才	485	鄭丕欽	1128	鄭秀	90
齊元發	1143	鄭于蕃	1480	鄭四端	111	鄭佑人	525
齊方起	423	鄭士玉	582	鄭用錫	1320	鄭言	2000
齊方書	1645	鄭士杰	1173	鄭永貞	1879	鄭言紹	1811
齊以治	277	鄭士超	1048	鄭永修	1261	鄭沅	1922
齊正訓	1079	鄭士蕙	1539	鄭邦立	1479	鄭忬	752
齊世南	870	鄭大奎	403	鄭邦任	1826	鄭長青	152
齊令辰	1936	鄭大進	661	鄭邦相	169	鄭長籙	1191
齊忠甲	1928	鄭大模	1037	鄭芝	1765	鄭拔進	554
齊秉震	1409	鄭大德	519	鄭有則	715	鄭其仁	702
齊建中	749	鄭之翀	830	鄭成章	1711	鄭其儲	473
齊承慶	1125	鄭之琮	335	鄭光坼	1031	鄭若潢	1240
齊彥槐	1171	鄭之僑	472	鄭光策	980	鄭東華	1510
齊洪勛	144	鄭之僑	673	鄭先民	196	鄭奇峰	1490
齊祖望	256	鄭之璞	36	鄭廷珪	1496	鄭叔忱	1888
齊翀	876	鄭之諶	218	鄭廷烈	662	鄭虎文	711
齊培元	1240	鄭之鍾	1517	鄭廷琮	1993	鄭杲	1813
齊康	1221	鄭子僑	1790	鄭廷楫	649	鄭昆瑛	326
齊淑倫	500	鄭子齡	1763	鄭仲和	1849	鄭昆璜	316
齊紳甲	1912	鄭天章	1768	鄭任鑰	423	鄭昆璧	165
齊達	593	鄭天策	812	鄭仰虞	1834	鄭昆璽	320
齊森	1167	鄭天壽	1736	鄭向	141	鄭昌運	1836
齊敦敏	1128	鄭天錦	800	鄭兆杞	1220	鄭明良	108
齊斌達	1313	鄭元善	1483	鄭名	67	鄭秉成	1730
齊普松武	1812	鄭元楨	2008	鄭名佐	903	鄭秉恬	1283

一三四

鄭寶謙	1972	翟天翱	633	熊天楷	815	熊恩綬	801
鄭繽	1793	翟中策	1005	熊元龍	727	熊倬	703
鄭鐸	611	翟升	1282	熊日華	714	熊浦雲	1421
鄭籛	1879	翟化鵬	1905	熊中砥	902	熊家彥	1441
鄭顯正	545	翟文貴	3	熊文壽	1877	熊家振	865
鄭觀吉	124	翟允之	1575	熊方受	1037	熊常鐏	1174
榮光	1888	翟正經	469	熊方燦	1861	熊淇	637
榮光世	1763	翟世琪	175	熊世謨	186	熊啓謨	845
榮春暉	1952	翟延初	181	熊本	421	熊朝濱	1991
榮保	1722	翟全仁	662	熊光大	1313	熊葦	361
榮垕源	1777	翟伯恒	1726	熊光裕	130	熊開楚	302
榮桂	1792	翟茂嗣	810	熊光瓚	1977	熊遇泰	1156
榮棻	1430	翟松	1427	熊廷基	1354	熊景釗	1706
榮第	1199	翟奎光	1371	熊廷聘	903	熊爲霖	726
榮開	138	翟宮槐	1395	熊廷權	1974	熊道階	803
榮貴	1967	翟飛聲	1629	熊兆姜	1898	熊焯	70
榮煜	1978	翟惟善	1380	熊兆璜	1035	熊暉吉	549
榮誥	1588	翟張極	511	熊亦奇	1818	熊傳栗	1288
榮慶	1166	翟雲升	1291	熊汝梅	1686	熊傳婺	1178
榮慶	1848	翟雲章	1549	熊守謙	1325	熊煌	723
榮錫楷	989	翟登峨	1484	熊如旭	162	熊爾卓	1806
榮禧	1900	翟發宗	1260	熊如洵	1063	熊爾梅	1804
榮濬	2012	翟槐	945	熊如澍	1106	熊僕	206
榮懷藻	1316	翟廉	178	熊伯龍	53	熊銓	679
榮麟	1025	翟鳴陽	1445	熊希齡	1927	熊鳳儀	1700
滿乃忠	854	翟鳳梧	22	熊言孔	938	熊賓	1931
滿保	367	翟鳳翥	6	熊坤	2000	熊維祝	359
滿保	427	翟鳳翔	1140	熊其光	1536	熊維祺	211
漆成美	973	翟德先	1123	熊茂林	1672	熊綸	244
漆紹文	464	翟錦觀	1135	熊直宋	549	熊賜履	167
漆埔	1710	翟鎧	1977	熊枚	920	熊賜璵	171
漆鑾	1017	翟鴻儀	319	熊佩之	1266	熊賜瓚	283
賓光椿	2012	翟翺	779	熊宗彥	164	熊範輿	2009
寧古齊	1115	翟繩祖	1002	熊郢宣	657	熊德芝	944
肇敏	621	翟寶善	1590	熊拜昌	1856	熊德慎	1102
隨勤禮	2007	翟灝	817	熊炳離	1332	熊潤南	1805
隨福	1680	熊一本	1214	熊冠斗	1854	熊璞	1233
蕭郎阿	814	熊一瀟	229	熊祖詒	1780	熊學烈	415
蕭音達	113	熊于兗	800	熊飛渭	225	熊學淵	1168
蕭滿達	1218	熊士偉	188	熊約祺	590	熊學鵬	599
翟于磐	172	熊士鵬	1147	熊起渭	1870	熊儕鶴	100
翟大程	847	熊之福	829	熊起璠	1787	熊錫祺	1341

清代進士傳錄

一三八

歐仁衡	1893	歐陽儒	1119	黎葆醇	1162	德風	802
歐文	1299	歐陽衛	1693	黎敬先	1950	德亮	1261
歐企修	259	歐陽齊	383	黎敦簡	257	德浚	1712
歐相箴	796	歐陽蕭	2006	黎翔	1622	德恒	1539
歐炳琳	1766	歐陽瑾	637	黎湛技	1980	德格勒	263
歐家廉	1947	歐陽燾	1661	黎楨	562	德剛阿	1165
歐陽士椿	956	歐陽藜照	1558	黎靖	1278	德啓	1161
歐陽上	798	歐陽豐	1375	黎溢海	940	德瑛	773
歐陽山	1260	歐陽璧	110	黎福疇	1571	德喜	1279
歐陽山	1449	歐陽繡之	1789	黎榮翰	1756	德喜保	1212
歐陽正煥	731	歐堪善	670	黎德符	1097	德惠	1373
歐陽立德	854	歐景芬	1767	黎樹楨	1555	德退	1148
歐陽光	1276	歐壽樞	1625	黎巒	1115	德蔭	1494
歐陽光緝	143	歐德芳	1707	黎翼之	223	德稜額	1414
歐陽廷景	1590	歐鍾諧	528	黎曜	232	德誠	1329
歐陽旭	280	歐鏞	1968	黎攀鏐	1312	德新	501
歐陽充鋏	322	賞鐟	1086	儀于庭	510	德新	1336
歐陽坦	762	暴大儒	1557	樂玉聲	382	德壽	1859
歐陽金	861	暴翔雲	1965	樂正宣	1644	德寧	1005
歐陽柱	871	噶爾噶圖	146	樂秀	1973	德寧	1213
歐陽柱	1359	噶爾薩	833	樂師夒	259	德銳	1959
歐陽厚均	1084	黎大鈞	1834	樂理瑩	1759	德潤	1719
歐陽星	706	黎上選	703	樂鳴韶	838	德興	1236
歐陽保極	1622	黎元熙	1934	樂觀韶	1789	德齡	495
歐陽泉	1280	黎日升	253	德山	1295	德齡	1391
歐陽泰	1718	黎尹融	1832	德文	1033	衛士适	247
歐陽時	1418	黎世序	1060	德玉	1235	衛士楨	434
歐陽健	988	黎永贊	1244	德玉	1494	衛之瓊	59
歐陽勳生	178	黎民牧	78	德生	965	衛王佐	108
歐陽紹祁	2008	黎吉雲	1385	德生	1676	衛元綱	1104
歐陽敬	1139	黎兆棠	1604	德弘	434	衛元燮	1550
歐陽雲	1579	黎東昂	567	德成	1392	衛邦彥	1107
歐陽鼎	180	黎金炬	1620	德成格	685	衛廷璞	535
歐陽欽	872	黎宗幹	1876	德光	612	衛如玉	1201
歐陽鈞	1829	黎承禮	1927	德克競額	805	衛伯龍	383
歐陽焯	169	黎恂	1217	德林	1280	衛東陽	1518
歐陽瑚	1145	黎致遠	445	德昌	953	衛昌績	424
歐陽夢旗	750	黎效松	1977	德朋阿	1125	衛建勛	321
歐陽照	780	黎益進	454	德春	1252	衛建藩	231
歐陽新	880	黎培敬	1622	德保	680	衛貞元	20
歐陽煊	1668	黎崇基	1438	德保	711	衛胤嘉	197
歐陽熙	1864	黎淞慶	1699	德俊	1406	衛既齊	236

清代進士傳錄

劉玉瓚	46	劉邦鼎	1242	劉廷檢	1403	劉圻	413
劉正品	1606	劉邦槐	1874	劉廷鏡	1734	劉圻	717
劉正國	767	劉吉	763	劉廷獻	88	劉志	837
劉正揆	887	劉朴	659	劉廷鑑	1526	劉志	872
劉正遠	472	劉臣良	1712	劉延坦	1899	劉志本	1333
劉正敷	1918	劉在益	784	劉仲晦	1363	劉志沂	1584
劉功傑	1306	劉在銓	262	劉仲篪	1658	劉志修	1219
劉世永	68	劉有光	1855	劉自立	1619	劉志慥	1085
劉世安	1860	劉有銘	1531	劉自唐	434	劉芬	827
劉世佐	643	劉有慶	1356	劉自清	1517	劉芳世	292
劉世昌	1762	劉成忠	1563	劉自然	1859	劉芳喆	200
劉世珍	1879	劉成萬	1353	劉自潔	476	劉芳軻	839
劉世禎	24	劉成傑	1884	劉伊	794	劉芳雲	1476
劉世寧	738	劉成詩	1335	劉兆元	66	劉芳遠	398
劉世德	1721	劉成誦	1764	劉兆奎	1315	劉芳聲	5
劉世燡	305	劉成駒	828	劉兆梅	1779	劉芳聲	42
劉世熹	565	劉成德	561	劉兆禄	1630	劉芳聲	55
劉世衢	572	劉至喜	1692	劉兆暄	1897	劉芳藹	573
劉本清	1319	劉光三	1214	劉兆璜	1476	劉芳躅	117
劉本植	1740	劉光斗	1299	劉兆藜	1147	劉芳譽	20
劉本夒	1274	劉光秀	401	劉企埰	1085	劉克家	6
劉可考	760	劉光祖	1851	劉名世	108	劉克邁	1414
劉可毅	1906	劉光第	1376	劉名載	1062	劉甫崗	793
劉丙	1116	劉光第	1825	劉名馨	1554	劉步元	1791
劉丕謨	506	劉光遠	1621	劉名譽	1802	劉步亭	1480
劉布春	161	劉光賁	2011	劉爭光	218	劉步顥	1441
劉仕望	1332	劉光藜	822	劉汝訢	1877	劉吳龍	534
劉用賓	1391	劉廷元	559	劉汝巽	650	劉佐世	268
劉印全	940	劉廷枚	1685	劉汝新	1443	劉佐臨	175
劉印星	1439	劉廷珍	1062	劉汝暮	975	劉佑	175
劉必暢	105	劉廷珍	1951	劉汝霖	1810	劉作垣	868
劉必顯	91	劉廷桂	129	劉汝驥	1945	劉作梅	350
劉永亨	1778	劉廷訓	25	劉宇昌	1249	劉作楫	401
劉永受	737	劉廷理	347	劉宇清	1793	劉作檠	160
劉永清	1856	劉廷梁	706	劉守成	674	劉伯英	1222
劉永標	1015	劉廷瑛	367	劉守坤	1334	劉伯塤	1508
劉弘猷	457	劉廷琛	1924	劉宅俊	1501	劉伯興	738
劉弘緒	592	劉廷榮	1298	劉安科	1847	劉伯壎	777
劉弘襄	229	劉廷楠	1015	劉如煇	1861	劉伯謙	962
劉加封	1113	劉廷榆	1473	劉如漢	193	劉位廷	787
劉台斗	1084	劉廷鉞	1723	劉扶曦	344	劉希向	813
劉邦柄	1161	劉廷翰	528	劉址	263	劉希甫	760

清代進士傳錄

劉洽	436	劉恩慶	1277	劉國策	1218	劉琪棻	1770
劉洵	760	劉恩黻	1905	劉國欽	57	劉琨耀	1442
劉洛中	318	劉峨	785	劉國黻	312	劉琰	358
劉洴	417	劉牲	639	劉崧駿	1525	劉琯	866
劉恒	778	劉師陸	1267	劉崐	1469	劉超凡	259
劉恒祥	261	劉師恕	396	劉崇照	1882	劉超遠	1159
劉恂	234	劉逢禄	1210	劉敏達	930	劉博	513
劉祖任	414	劉訓	720	劉偉	333	劉喜	147
劉祖向	184	劉凌雲	371	劉訢	122	劉彭年	1861
劉祖焕	1235	劉凌漢	1377	劉章天	1710	劉斯和	695
劉祖舜	320	劉高培	624	劉翊聖	95	劉斯嵋	1192
劉祝庚	1498	劉烒	908	劉堃	1494	劉斯寧	1158
劉祚長	104	劉澇	1421	劉望齡	150	劉斯增	1287
劉祚遠	121	劉浩基	534	劉焕	1797	劉斯興	854
劉蚤譽	25	劉海鰲	1687	劉焕光	1974	劉斯譽	1240
劉泰祥	167	劉家達	1484	劉焕章	850	劉斯顥	1027
劉泰穌	1835	劉家模	1827	劉清和	1241	劉萬程	1277
劉珙徵	367	劉家龍	1315	劉清源	1320	劉葆采	525
劉珧	65	劉家謙	1829	劉淑因	273	劉敬	1987
劉珩	1333	劉家麟	1315	劉淑愈	1334	劉敬宗	258
劉素存	1919	劉書文	1164	劉深	139	劉敬與	537
劉振	48	劉書年	1507	劉深	231	劉敬熙	1033
劉振中	1617	劉書雲	1600	劉涵	332	劉敬熙	1044
劉振基	167	劉陶	1077	劉梁嵩	225	劉敬德	418
劉振斯	562	劉能	1920	劉寅浚	1884	劉朝昇	1644
劉振儒	259	劉紘	75	劉啓秀	882	劉朝宗	141
劉起芬	702	劉純煒	690	劉啓彤	1850	劉朝宗	217
劉起宗	502	劉達選	278	劉啓和	244	劉朝祚	1124
劉起厚	953	劉教五	1170	劉啓瑞	2007	劉朝講	428
劉起振	663	劉培	1851	劉啓端	1863	劉植	430
劉華	1872	劉執中	98	劉啓襄	1839	劉楗	5
劉華邦	1680	劉執德	1745	劉視遠	1357	劉軼政	467
劉晉	1198	劉基長	391	劉隆卿	334	劉惠恒	52
劉晉元	583	劉彬士	1088	劉綏	684	劉雁題	856
劉晉泰	1119	劉彬華	1095	劉紹向	1616	劉雲章	1744
劉桂文	1804	劉梅	167	劉紹安	897	劉雲漢	380
劉桓	166	劉盛堂	1872	劉紹武	819	劉雲錦	944
劉校之	868	劉堂	378	劉紹珽	969	劉雲翿	450
劉連魁	1003	劉常德	1685	劉紹琯	1132	劉雲衢	1944
劉致中	763	劉國良	1957	劉紹曾	2012	劉雯曠	177
劉時通	380	劉國英	402	劉紹錦	911	劉鼎	293
劉恩溥	1667	劉國泰	607	劉琪枝	1681	劉鼎文	316

劉

劉榮琪	1508	劉德風	930	劉豫祥	263	劉錫齡	715
劉榮熙	1249	劉德鈞	1405	劉緝堯	48	劉錦榮	1869
劉榮鑣	1155	劉德熙	1389	劉緯	28	劉錦藻	1931
劉漢卿	74	劉德銓	1118	劉瓚	615	劉鐏	1309
劉漢雲	1972	劉德懋	1018	劉壇	1145	劉龍光	743
劉漪	25	劉德馨	1833	劉燕翼	1944	劉熺	545
劉肇夏	1975	劉德驥	1593	劉翰書	514	劉澤	1066
劉肇域	1590	劉徵	259	劉翰藻	1853	劉澤芳	15
劉肇基	5	劉徵泰	882	劉樾	1101	劉澤厚	196
劉肇崐	357	劉鋒	1764	劉樹芳	870	劉澤遠	1645
劉盡美	1223	劉銳	1548	劉樹屏	1890	劉澤溥	91
劉緒	1633	劉餘慶	1445	劉樹倫	1628	劉澤溥	241
劉維垣	1971	劉餘慶	1606	劉樹棠	1336	劉憲仁	1853
劉維烈	170	劉魯檜	157	劉標壽	1934	劉環	79
劉維焯	601	劉調元	1719	劉樸	676	劉鄿田	1723
劉維祺	255	劉誼	1272	劉樸	700	劉聲駿	1979
劉維新	523	劉慶元	1223	劉橄	255	劉盫	584
劉維禎	135	劉慶凱	1338	劉奮熙	1894	劉檽	749
劉維漢	502	劉慶篤	1935	劉霖	702	劉懋功	1571
劉維翰	1835	劉慶騏	1949	劉冀程	1233	劉懋夏	154
劉維禧	1423	劉慶藻	138	劉積義	1919	劉臨孫	109
劉維嶽	1545	劉慶麟	1147	劉築巖	1319	劉斷	887
劉慧奇	397	劉毅志	212	劉舉士	219	劉曙	976
劉璜	785	劉遵和	1261	劉興元	417	劉燾	49
劉璋	849	劉遵海	1300	劉興東	1955	劉嶽雲	1843
劉鎣	1261	劉煜	704	劉興桓	1512	劉鍾俊	2004
劉增	846	劉澍	17	劉興第	546	劉鍾洛	1446
劉增泰	1894	劉澍	1090	劉興漢	194	劉鍾祥	1601
劉穀孫	2001	劉澍覃	1582	劉學周	840	劉鍾璟	1556
劉穀萬	1119	劉潮	1251	劉學厚	1210	劉鍾瓊	1918
劉標	636	劉澐	479	劉學祖	625	劉鍾麟	1659
劉標	804	劉澐	1352	劉學詢	1859	劉鍠	1958
劉震	747	劉澐	1428	劉學謙	1844	劉鎧	367
劉霈	725	劉澐	1676	劉學燿	1375	劉謙	288
劉霈	1261	劉潛之	1403	劉學瀚	1682	劉謙	853
劉輝	1954	劉潤	1529	劉錫五	990	劉謙	1147
劉堯	280	劉潤珩	1906	劉錫丹	902	劉謙吉	231
劉縣訓	2012	劉潯	1385	劉錫光	1448	劉應祥	1498
劉德元	1940	劉履安	1695	劉錫光	1900	劉應龍	1589
劉德成	566	劉履泰	1609	劉錫金	1655	劉應麟	671
劉德全	1953	劉履旋	34	劉錫琦	1780	劉燦	511
劉德炎	36	劉選青	1897	劉錫嘏	907	劉燨	1654

潘弘道	685	潘思藻	782	潘楷	1347	潘觀成	926
潘成雲	397	潘衍桐	1688	潘業	1103	潘鷺	1012
潘光炤	489	潘衍鋆	1670	潘嗣德	159	遲之金	471
潘光岳	1229	潘奕雋	917	潘際雲	1132	遲炤	131
潘光煒	1185	潘奕藻	1003	潘經馺	852	遲逢元	698
潘光藻	1232	潘庭筠	959	潘榟	1170	遲煌	85
潘廷颺	766	潘炳年	1707	潘鳴球	2003	遲煊	135
潘自彊	1632	潘炳辰	1810	潘毓瑞	1519	豫咸	1954
潘江	1758	潘炯	704	潘漢	980	豫泰	1864
潘江	1770	潘恂	716	潘璋	281	豫師	1567
潘汝誠	668	潘祖同	1598	潘德周	995	豫益	1292
潘汝龍	670	潘祖蔭	1559	潘餘慶	1976	緱山鵬	821
潘守廉	1871	潘泰謙	1859	潘遵祁	1505	緱評	1435
潘安禮	574	潘恭辰	1091	潘履端	1823		
潘祁	855	潘恭常	1152	潘通	1774	**十六畫**	
潘好讓	293	潘晉晟	486	潘頤福	1733	璬璐	1890
潘均	685	潘桂	1512	潘樹柟	358	駱大俊	673
潘志標	223	潘浩	2001	潘樹霖	1113	駱仁埏	252
潘見龍	201	潘家鈺	1642	潘融春	247	駱文蔚	1570
潘作霖	1796	潘祥	474	潘錫恩	1191	駱宁楨	216
潘沐	286	潘純鈺	986	潘錫榮	1255	駱成驤	1942
潘宏選	824	潘彬	1779	潘錦	341	駱光宸	540
潘邵珪	209	潘國鏞	1585	潘憲武	881	駱利鋒	1530
潘其祝	1900	潘偉	709	潘曙	619	駱秉章	1363
潘茂才	966	潘從律	349	潘鮋	898	駱奎祺	1409
潘杰	1055	潘從龍	774	潘應賓	302	駱師璟	1102
潘述祖	481	潘淳	500	潘應樞	395	駱雲	248
潘廊	653	潘寀鼎	447	潘鴻鼎	1962	駱景宙	1825
潘尚志	1876	潘紹周	1977	潘濬	1357	駱夢觀	565
潘果	530	潘紹烈	1345	潘翹生	243	駱壽朋	443
潘昌煦	1967	潘紹經	1012	潘颺言	111	駱寬	951
潘明祚	380	潘紹觀	988	潘麗襄	1351	駱應炳	1137
潘泗水	37	潘斯濂	1526	潘黼	1240	駱燦	1052
潘宗岐	788	潘葆光	460	潘鵬雲	320	燕文僎	568
潘宗洛	345	潘葆良	1910	潘麒生	316	燕臣仁	615
潘宗壽	1712	潘朝佑	17	潘瀛選	60	燕位璋	922
潘宜經	1953	潘曾起	933	潘繡	1440	燕侯然	658
潘政舉	1427	潘曾瑩	1469	潘齡皋	1943	燕晉	1590
潘相	883	潘渭春	1496	潘寶琳	1883	燕增元	842
潘思光	761	潘滋樹	179	潘寶鐄	1753	薛乙甲	455
潘思榘	558	潘運皥	75	潘鐸	1362	薛又謙	930
潘思穆	820	潘楷	430	潘體震	409	薛士中	552

蕭榮爵	1942	賴相棟	1051	冀霖	366	盧俊章	1782
蕭漢申	1139	賴華鍾	1120	盧人珣	1333	盧庭琮	782
蕭維楑	81	賴晉	760	盧士杰	1579	盧帝臣	305
蕭綏琪	1893	賴能發	683	盧士登	177	盧前驥	278
蕭震	95	賴堂	823	盧大坼	357	盧炳	344
蕭震	434	賴煥辰	1741	盧天樞	187	盧炳濤	1115
蕭德充	1063	賴清鍵	1830	盧天澤	1606	盧耕心	914
蕭德宣	1220	賴紹濂	1866	盧元良	1354	盧振新	1189
蕭潤	660	賴萬程	659	盧元培	159	盧軒	447
蕭樹本	1099	賴勛	1081	盧元偉	1033	盧倹	186
蕭樹昇	1952	賴運揚	1585	盧元樟	1967	盧高	110
蕭樹藩	1722	賴際熙	1986	盧日新	1541	盧浙	1072
蕭翔材	170	賴瑾	1984	盧文弨	790	盧紘	75
蕭錦忠	1503	賴輝	396	盧文起	766	盧乾元	181
蕭濂	951	賴翰顒	623	盧世昌	821	盧崟	1708
蕭憲章	1739	賴澤霖	1120	盧占	113	盧琳	1386
蕭應荃	1150	賴鵬翀	899	盧生甫	430	盧琦	240
蕭應運	899	賴鶴年	1903	盧生蓮	634	盧超宗	1240
蕭鴻圖	1081	勵廷儀	386	盧生薰	534	盧彭	1004
蕭濬藩	1645	勵守謙	733	盧弘熹	421	盧景芳	140
蕭馥春	903	勵宗萬	517	盧光燮	1475	盧傑	544
蕭鎮	1083	霍之琯	178	盧同伯	1388	盧道悅	261
蕭鏞	1740	霍作明	633	盧先駱	1368	盧遂	949
蕭鵬程	296	霍來宗	1037	盧兆鰲	1107	盧運昌	80
蕭麟趾	638	霍宗光	1295	盧兆麟	837	盧綖	251
薩大年	1558	霍炳	12	盧聿炳	1822	盧聖存	887
薩木哈	146	霍勛	232	盧見曾	518	盧蔭文	1025
薩克持	1479	霍爲棻	1534	盧伯蕃	603	盧蔭溥	986
薩炳阿	1557	霍爲棷	1778	盧坤	1087	盧蔭蕙	975
薩起巖	1994	霍勤燡	1886	盧英偁	1710	盧煦春	1807
薩彬圖	981	霍儀泰	869	盧昆鑾	1289	盧愈奇	514
薩廉	1803	霍慶姚	1241	盧昌輔	1431	盧詵	1487
薩嘉樂	1875	霍潤生	1626	盧明楷	772	盧愷	724
薩爾吉祥	1239	霍樹清	1114	盧易	132	盧殿衡	1337
薩維翰	1591	霍鵬南	1676	盧秉政	1674	盧經	156
薩綸錫	496	冀升三	956	盧秉純	600	盧嘉會	896
薩穆哈	683	冀文錦	738	盧秉鈞	1918	盧毅	800
薩龍光	991	冀如錫	32	盧秉懿	638	盧熙	306
樹德	1224	冀紹芳	67	盧金書	1969	盧爾秋	1219
賴子猷	1548	冀棟	498	盧定勛	1469	盧毓嵩	1275
賴以立	1289	冀槊	501	盧建中	524	盧毓粹	50
賴宏	1874	冀靖遠	344	盧奎	1204	盧銓	576

錢志遙	596	錢捷	96	錢錫爵	1912	鮑俊卿	1958
錢志霖	627	錢崇威	2003	錢駿祥	1871	鮑桂星	1070
錢甫生	446	錢淇	1099	錢霞	252	鮑恩綬	1823
錢步文	1366	錢淦	2004	錢應霖	642	鮑梓	533
錢伯塤	920	錢紹隆	274	錢鴻文	1869	鮑勛	1607
錢君銓	77	錢琦	667	錢鴻逵	1879	鮑崇蘭	1274
錢茂秦	70	錢朝鼎	32	錢鴻策	1886	鮑琪豹	1862
錢林	1151	錢棠	1246	錢騏	1190	鮑開	463
錢枚	1078	錢開仕	1025	錢攀元	428	鮑開茂	14
錢來商	1625	錢開宗	99	錢寶甫	1076	鮑源深	1524
錢雨	206	錢策	818	錢寶青	1473	鮑鳳仞	52
錢昌祚	1883	錢爲光	760	錢寶琛	1247	鮑德麟	1929
錢昌瑜	1887	錢榮	984	錢寶廉	1543	鮑薦	305
錢昌頤	2010	錢禄泰	1758	錢露	864	鮑翰卿	1812
錢佳楠	1024	錢登峰	299	錢黯	127	鮑錕	908
錢金甫	298	錢登雲	1733	錢灃	925	鮑錫年	1455
錢金森	466	錢綖	45	錢鑣	605	鮑臨	1730
錢受祺	85	錢載	790	錢霈	976	鮑濟	186
錢受穀	844	錢塘	974	錫元	1783	鮑燮	401
錢炘和	1410	錢楷	1020	錫良	1741	諶命年	1642
錢珂	432	錢棐勛	1139	錫祉	1407	諶厚光	1332
錢南榮	1185	錢誠基	1255	錫珍	1684	諶紹洪	233
錢相	1269	錢裔禧	43	錫珍	1776	諶增模	1808
錢保衡	1680	錢源龍	738	錫恩	1825	酈兆雷	1921
錢度	645	錢福昌	1342	錫斾	1259	酈奕垣	108
錢斾	340	錢福胙	1031	錫嘏	1947	廩格	703
錢祐	468	錢肅凱	150	錫榮	1539	龍于飛	658
錢祖壽	31	錢榮世	425	錫縝	1598	龍元任	1228
錢振倫	1436	錢肇修	351	錫檀	1376	龍元僖	1397
錢振常	1712	錢維城	730	錫齡	1480	龍元儼	1528
錢振鍠	1983	錢瑛	1497	錫鐸	1956	龍文彬	1673
錢起源	1277	錢儀吉	1152	錫麟	1353	龍可旌	201
錢晉珏	413	錢德昌	1613	錫麟	1940	龍田光	1335
錢栻	961	錢選	332	鮑一復	216	龍光	242
錢桂森	1547	錢豫章	1014	鮑之鍾	907	龍光昱	607
錢栢	1601	錢璟	879	鮑文淳	1305	龍廷槐	1009
錢致純	953	錢璔	231	鮑心增	1845	龍仲槐	885
錢倬	451	錢樾	934	鮑功枚	1638	龍汝言	1206
錢師夔	624	錢標	1099	鮑存曉	1685	龍建章	2001
錢陳群	517	錢學彬	1030	鮑承燾	1285	龍泉	1676
錢孫振	534	錢錫庚	1778	鮑珊	1183	龍起潛	64
錢能訓	1962	錢錫晉	1804	鮑俊	1304	龍起濤	1743

藍潤	11	韓性善	455	韓遇春	391	韓懋德	1502
藍應元	851	韓宗文	178	韓欽	1605	韓魏	91
藍鏞	1956	韓宗綱	355	韓湯衡	965	韓瞻斗	1723
藍耀樞	1787	韓珏	631	韓弼元	1567	韓曜	1384
韓一松	1517	韓省愆	721	韓夢周	830	韓鎮周	1793
韓三公	473	韓重輝	27	韓蔭華	1575	韓霦	1450
韓三善	469	韓保萬	1120	韓椿	1386	韓鏡蓉	1900
韓士修	277	韓衍桐	775	韓楷	510	韓耀先	1659
韓士望	110	韓庭芑	111	韓詩	1679	韓寶球	1854
韓大信	1246	韓彥曾	603	韓慎	968	韓寶鴻	1621
韓大鏞	1788	韓宣	306	韓福慶	1895	檀家琮	1921
韓天垣	1359	韓班	1356	韓蕭儉	1969	檀萃	867
韓天燾	402	韓振歐	1308	韓經畬	1607	檀璣	1726
韓天驥	1024	韓桂攀	1975	韓裴	255	闊普通武	1846
韓日起	161	韓時謙	738	韓暢	924	魏士俊	1124
韓日煐	316	韓釗	1739	韓毓午	1680	魏士瑛	499
韓文卿	608	韓海	639	韓銓	580	魏士蘭	163
韓文鈞	1710	韓理	66	韓鳳修	1277	魏大文	832
韓文綺	1048	韓捧日	1462	韓鳳聲	433	魏大綱	1369
韓文鋒	71	韓掄衡	1060	韓維基	236	魏元烺	1159
韓允恭	434	韓培森	1842	韓維翰	278	魏元煜	1043
韓允嘉	171	韓黃	417	韓維鏞	1219	魏元樞	537
韓本晉	834	韓葵	270	韓綿禧	23	魏元戴	1989
韓有倬	80	韓乾元	887	韓綬	1406	魏元曠	1950
韓光德	718	韓從王	501	韓綬昌	1588	魏曰祁	332
韓因培	1127	韓象鼎	1430	韓慧基	510	魏曰郁	330
韓廷秀	1030	韓望	99	韓墀	1937	魏文	632
韓竹	273	韓烺	217	韓蕃	396	魏文碧	414
韓仲荊	1804	韓淑文	217	韓遴	141	魏文翰	1408
韓兆霖	1940	韓張	128	韓潮	1446	魏方泰	394
韓冲	67	韓紹徽	1940	韓履寵	1144	魏允升	139
韓充美	11	韓瑛	399	韓豫	79	魏玉峰	1393
韓孝基	395	韓超群	769	韓樹屏	1592	魏世泰	416
韓孝嗣	444	韓敬所	222	韓樹椿	1282	魏世隆	560
韓克均	1062	韓朝衡	890	韓樹猷	1702	魏立	1877
韓克敬	1954	韓厥田	1103	韓錫祚	107	魏必大	388
韓玟	1093	韓雄胤	129	韓錦	1146	魏邦彥	1118
韓亞熊	1299	韓雯煥	216	韓錦雲	1460	魏邦哲	91
韓范	12	韓貽豐	411	韓龍震	846	魏邦達	1608
韓受卿	1812	韓鼎晉	1051	韓爆	164	魏有聲	1868
韓庚寅	275	韓鼎盛	334	韓璵	59	魏成憲	998
韓法祖	383	韓燬	430	韓蓋光	222	魏光宇	1463

魏廷珍	475	魏國珖	656	魏德琬	1115	儲麟趾	688
魏廷皋	902	魏崧	1316	魏慶雲	191	鍾一誠	699
魏廷梁	1811	魏象乾	1609	魏颺	289	鍾大焜	1775
魏廷瑞	853	魏象樞	18	魏緗	1222	鍾大椿	1848
魏延祚	988	魏康孫	266	魏學誠	314	鍾大榮	1672
魏延齡	1852	魏煥	230	魏儒珍	1319	鍾元輔	525
魏似韓	69	魏煥章	634	魏錫祚	393	鍾文韞	981
魏亦晉	510	魏紹	746	魏駿猷	1295	鍾世耀	1479
魏志良	1879	魏紹濂	1036	魏聯奎	1852	鍾光序	831
魏克讓	605	魏博	940	魏謙六	1327	鍾廷瑞	1697
魏男	327	魏達文	1936	魏襄	1145	鍾兆相	799
魏秀琦	1873	魏敬中	1246	魏鴻	1232	鍾秀	702
魏希范	569	魏朝	486	魏鴻勛	1979	鍾秀	1125
魏希徵	282	魏雲桂	1748	魏鴻儀	1965	鍾汪杰	1242
魏沅	418	魏開禧	101	魏雙鳳	171	鍾英	1460
魏壯	433	魏傚祖	996	魏翶	988	鍾英	1787
魏其璸	627	魏鈞	1036	魏璧文	1662	鍾林樹	719
魏若虛	1002	魏敦廉	1320	魏羅洪	113	鍾昌	1172
魏茂林	1176	魏榮	1300	魏麟徵	238	鍾昌勤	1552
魏來田	1122	魏弼文	1691	魏觀	435	鍾明進	61
魏協	501	魏夢龍	752	魏纘晉	720	鍾和梅	752
魏垂象	1996	魏夢燭	684	儲士	156	鍾佩賢	1554
魏命侯	1977	魏睦庭	1461	儲大文	519	鍾定邦	934
魏郊	354	魏照藜	798	儲元升	551	鍾宜年	1443
魏泌	488	魏嶙	430	儲方慶	239	鍾承堂	1630
魏宗衡	219	魏傳熙	1717	儲在文	440	鍾承祺	1867
魏定國	426	魏鈿	545	儲兆豐	731	鍾孟鴻	1598
魏春華	953	魏裔介	13	儲英翰	1924	鍾保	1369
魏迺勸	1695	魏裔訥	203	儲郁文	521	鍾音鴻	1435
魏冒	80	魏溥	334	儲振	245	鍾飛鵬	629
魏重輪	382	魏源	1520	儲晉觀	618	鍾泰嶽	1104
魏起睿	869	魏殿元	267	儲秘書	861	鍾振超	1179
魏起鳳	799	魏嘉謀	387	儲掄	313	鍾烈	1738
魏起鵬	1759	魏壽期	324	儲雄文	521	鍾剛中	2005
魏都	330	魏爾康	16	儲善慶	241	鍾師唐	1100
魏晉楨	1753	魏鳳書	1103	儲曾	72	鍾家彥	1730
魏晉錫	908	魏肇高	967	儲嘉珩	1051	鍾朗	176
魏時鉅	1861	魏瑺	1168	儲德燦	1546	鍾祥	1162
魏倬	1957	魏埠	100	儲廣芸	1629	鍾琇	95
魏宸瑞	886	魏樞	599	儲龍光	551	鍾琇	1549
魏家驊	1960	魏震	71	儲燧	618	鍾國義	166
魏國正	839	魏震	1964	儲寶書	854	鍾章元	1314

清代進士傳錄

鍾啓峒	1503	謝士櫃	321	謝廷琪	579	謝隽杭	1801
鍾畹	585	謝才	703	謝廷鈞	1717	謝卿謀	1371
鍾傑	1935	謝上舉	234	謝廷經	1334	謝宸荃	211
鍾扆楨	1913	謝千子	703	謝廷榮	1477	謝家冶	1976
鍾裕	1348	謝王琰	755	謝廷澤	1804	謝家政	1753
鍾夢麟	583	謝王選	983	謝兆昌	240	謝家樹	694
鍾獅	679	謝王寵	436	謝池春	1833	謝宬	69
鍾銘文	402	謝王鶯	895	謝志遠	568	謝陳常	325
鍾鳳翔	709	謝天植	392	謝克一	1432	謝純欽	816
鍾廣	1868	謝天禄	719	謝希銓	1775	謝埚	683
鍾榮光	1519	謝天衢	865	謝彤詔	638	謝國史	606
鍾漢章	1465	謝元安	970	謝奉璋	803	謝國維	526
鍾璜	287	謝元俊	1767	謝長年	1278	謝國樞	991
鍾標錦	1331	謝元洪	1953	謝其情	1014	謝崧	1130
鍾儀奇	243	謝元暉	1200	謝若潮	1777	謝崇厚	1932
鍾儀傑	235	謝元福	1704	謝杰	639	謝崇基	1851
鍾德祥	1756	謝元麒	1839	謝昌年	1854	謝得懷	824
鍾德瑞	1896	謝元瀛	169	謝昌言	765	謝章鋌	1790
鍾德寳	1121	謝升	613	謝昇庸	744	謝清問	836
鍾慶	1121	謝化南	1825	謝秉鈞	1745	謝淑元	1045
鍾衡	587	謝公洪	294	謝佳玉	1533	謝惇	994
鍾錫瑞	1287	謝文起	1672	謝佩賢	1881	謝啓中	2001
鍾錫璜	1966	謝文運	242	謝金誥	1568	謝啓昆	860
鍾穎源	723	謝文濤	954	謝朋庚	550	謝啓華	1803
鍾駿聲	1622	謝文魁	1807	謝宜發	920	謝階樹	1149
鍾聲之	230	謝方潤	1483	謝垣	896	謝斯熊	988
鍾聲俊	780	謝玉成	264	謝城	1053	謝雲華	1426
鍾蟠雲	970	謝玉珩	1266	謝相	204	謝雲龍	1681
鍾瀛	1437	謝正濱	1222	謝咸	625	謝最淳	963
鍾懷智	992	謝甘盤	1907	謝重毅	1466	謝開寵	184
鍾蘭枝	757	謝世珍	1931	謝重燦	558	謝遇	900
鍾寳華	1594	謝世則	132	謝庭瑜	671	謝景謨	885
鍾儼祖	870	謝本嵩	1428	謝祖源	1751	謝御詔	220
鍾懿蓉	1744	謝包京	139	謝泰	68	謝敦源	852
鍾麟	1996	謝立本	1769	謝振定	973	謝敦臨	246
鍾靈	1803	謝玄銓	153	謝恭銘	1009	謝敦懿	128
謝九官	98	謝必鏗	1831	謝莘	538	謝道承	518
謝乃果	341	謝弘恩	697	謝桓武	2010	謝裕楷	1831
謝乃實	345	謝邦基	1200	謝配鵬	1789	謝登科	1166
謝于道	272	謝邦鑑	1516	謝時選	763	謝載鑾	684
謝士廷	957	謝光紀	508	謝恩	322	謝遠涵	1935
謝士峰	381	謝光鍾	760	謝甡	741	謝聘	898

聶興圻	1834	簡瑞	800	顏光斅	343	蘇元樫	1895
聶興禮	1761	雙頂	652	顏廷彥	1146	蘇文	635
聶謙吉	1968	雙慶	623	顏伯燾	1211	蘇文彥	1168
聶濟時	1809	邊九鰲	1224	顏希聖	534	蘇文炳	1608
聶燾	694	邊三益	1958	顏希聖	538	蘇文樞	9
聶鎬敏	1092	邊大义	197	顏卓之	1598	蘇玉霖	1831
聶蟾宮	559	邊孔揚	1244	顏宗儀	1580	蘇去疾	878
聶寶琛	1885	邊廷英	1103	顏昭纘	479	蘇石麟	577
藥師保	853	邊廷掄	835	顏培天	935	蘇弘祖	27
蘊秀	1341	邊青藜	1218	顏培瑚	1477	蘇成俊	356
豐安	1515	邊其恒	1629	顏崇潙	962	蘇廷玉	1214
豐和	1948	邊果	528	顏敏	56	蘇廷茱	1148
叢大為	130	邊厚慶	1492	顏敏	453	蘇廷魁	1404
叢元燦	471	邊浴禮	1486	顏象龍	156	蘇仲山	1524
叢中芷	717	邊崇瑄	1657	顏惇恪	1035	蘇兆奎	2014
叢方函	423	邊葆淳	1473	顏紹標	457	蘇兆登	1068
叢洞	543	邊橙	585	顏雲聳	769	蘇兆龍	653
叢澍	362	邊溪	455	顏楷	1999	蘇名顯	1593
叢壇	1540	邊鳴珂	1223	顏爾樞	1175	蘇汝恒	1694
瞿四達	23	邊鳳翽	1201	顏榮階	1658	蘇汝霖	96
瞿廷諧	65	邊龍驤	1101	顏筆鼎	1899	蘇汝霖	98
瞿孝春	353	邊鏞	744	顏慶忠	1897	蘇守慶	1890
瞿昂	1114	邊瀹慈	1721	顏履敬	1457	蘇圻	513
瞿信昭	638	邊寶泉	1650	顏豫春	1765	蘇作睿	564
瞿家鏊	1158	邊寶樹	1328	顏錫惠	1372	蘇彤紹	484
瞿曾輯	1025	邊繼祖	761	顏璹	886	蘇青鰲	936
瞿照	990	歸允肅	297	額客青額	114	蘇其焜	629
瞿溶	1206	歸泓	124	額庫里	113	蘇東柱	36
瞿懋甲	266	歸璉	469	額爾登額	605	蘇明善	1097
瞿鴻機	1709	歸鴻	408	額滕	295	蘇岱	1897
瞿續凝	1538	顏于鎬	1409			蘇佩訓	1621
闕文	674	顏士璋	1618	**十九畫**		蘇於洛	976
闕邦觀	1104	顏天榮	822			蘇孟暘	1350
曠子椿	1951	顏文楷	903	騷達子	438	蘇品仁	1858
曠敏本	642	顏允璨	1062	藺挺達	89	蘇保國	1878
曠楚賢	991	顏正色	276	藺惟謙	402	蘇俊	288
曠敦本	672	顏永錫	23	藺壔	562	蘇宣化	174
簡天章	612	顏有莊	1634	藺懷璣	888	蘇祖蔭	87
簡叔琳	1832	顏光佇	456	蘇一圻	580	蘇呼訥	1389
簡昌璘	835	顏光敏	240	蘇人穀	1835	蘇海色	113
簡宗杰	1643	顏光暉	513	蘇大忠	606	蘇澎	454
簡逢泰	1437	顏光猷	272	蘇大治	1695	蘇捷卿	1321
				蘇元峨	1395		

羅士毅	158	羅其貞	436	羅森	44	羅憲章	1501
羅大本	575	羅英	1227	羅棟材	1893	羅應選	28
羅大佑	1719	羅迪楚	1915	羅雲逵	42	羅濬	437
羅大初	261	羅典	775	羅爲孝	970	羅彌高	583
羅大侃	674	羅秉倫	274	羅憕	701	羅翼	489
羅大冕	1785	羅岳珪	643	羅運松	1975	羅豐賓	1242
羅大猷	47	羅定約	1317	羅登舉	1340	羅鎔	1899
羅天池	1330	羅宜誥	1278	羅瑞圖	1785	羅爌	495
羅天桂	1054	羅珍	1259	羅夢元	1165	羅爞	868
羅中錦	1127	羅厚焜	1869	羅蒼期	177	羅繞典	1347
羅升棓	1253	羅映台	248	羅楚望	980	羅攀桂	1053
羅文俊	1283	羅重熙	1661	羅楷	979	羅瀚隆	1560
羅文彬	1706	羅修造	981	羅傳球	1364	羅齡	633
羅文瑜	139	羅修源	947	羅傳瑞	1890	羅寶森	1512
羅文綱	1216	羅俊	316	羅源一	1428	羅繼謨	196
羅文繡	1936	羅衍嗣	292	羅源浩	646	羅鰲	741
羅尹孚	1192	羅勉仁	496	羅源漢	623	譚卜世	663
羅以純	721	羅炳	649	羅肅	1747	譚大經	957
羅以豐	1193	羅洪廣	1423	羅經	563	譚子中	1659
羅正先	747	羅冠	266	羅經	900	譚子俊	1914
羅正墀	936	羅振雲	1650	羅經學	1754	譚元	1065
羅世芳	649	羅耆勛	1249	羅經權	1955	譚文蔚	1972
羅世材	1081	羅華	689	羅嘉福	1508	譚文鴻	1928
羅世德	1200	羅配章	1761	羅僑	1621	譚玉	677
羅芝芳	783	羅宸	1085	羅銓	581	譚世暾	822
羅光烈	1841	羅家劻	1664	羅鳳華	1863	譚弘憲	103
羅光眾	91	羅家彥	1151	羅鳳彩	539	譚再生	396
羅廷彥	1034	羅家勤	1544	羅鳳儀	679	譚有德	779
羅廷梅	827	羅家頤	1540	羅鳳儀	1423	譚光祥	1040
羅廷煦	1892	羅孫燿	151	羅漢章	99	譚光第	1256
羅廷猷	565	羅國俊	914	羅維垣	1889	譚光藜	1743
羅廷儀	541	羅國珠	542	羅賢升	1601	譚先節	1932
羅仲玉	1319	羅國章	904	羅醇仁	747	譚廷襄	1389
羅全詩	803	羅崇鼎	1858	羅暹春	715	譚廷颺	1953
羅汝明	943	羅象晨	1385	羅德綷	1702	譚延闓	2001
羅均	849	羅清英	863	羅遵殿	1417	譚兆燕	1066
羅志謙	1079	羅惟清	782	羅興義	412	譚汝玉	1873
羅克拔	522	羅惇衍	1403	羅衡	1391	譚希閔	41
羅克昌	602	羅琦	1093	羅錦文	1727	譚言藹	1175
羅良弼	1959	羅琛	1965	羅錦城	1634	譚尚忠	781
羅長裿	1944	羅超曾	1334	羅錦森	951	譚尚箴	369
羅拔	981	羅博	198	羅龍光	1045	譚忠義	226

清代進士傳錄

一六〇

顧之麟	644	顧倬樞	1331	顧嘉蕙	1452	龔乃愈	662
顧王霖	1030	顧皋	1088	顧壽椿	1948	龔士楷	703
顧天挺	255	顧豹文	128	顧爾棠	609	龔士模	684
顧元愷	1289	顧衷	1647	顧需枚	253	龔大萬	926
顧元熙	1170	顧高嘉	171	顧鳴陽	355	龔元玠	819
顧五達	446	顧海	536	顧圖河	360	龔元鼎	1138
顧仁	37	顧悅履	360	顧鳳仞	1571	龔元凱	1986
顧文基	1735	顧家相	1766	顧維紡	646	龔化龍	1831
顧文彬	1473	顧菊生	1645	顧維鑄	555	龔文炳	1215
顧予咸	42	顧乾	712	顧璜	1750	龔文煥	1254
顧玉書	1037	顧彬	832	顧駉	862	龔文輝	1264
顧仔	505	顧敏恒	1012	顧震	858	龔文齡	1270
顧用霖	311	顧淶初	77	顧德慶	1022	龔心釗	1946
顧永年	324	顧惟訥	387	顧樹屏	1687	龔心銘	1909
顧芝	445	顧寅	1133	顧儒基	1833	龔心鑑	1919
顧成天	588	顧啓祥	203	顧錫鬯	651	龔孔傳	841
顧光旭	796	顧視高	1988	顧龍光	695	龔以鐙	1151
顧光照	1950	顧紹成	1811	顧濓	444	龔生達	662
顧仲安	1914	顧琛	303	顧駿	1508	龔必第	94
顧份	1457	顧悳懋	776	顧聲雷	891	龔在升	175
顧兆麟	513	顧葵	924	顧鴻逵	1515	龔同	802
顧名	1281	顧棟高	519	顧濤	1197	龔廷歷	94
顧汝修	714	顧雲臣	1669	顧禮琥	1002	龔廷颺	412
顧如華	76	顧開陸	423	顧贄	60	龔自珍	1353
顧汧	271	顧開第	1459	顧贄	553	龔自閎	1490
顧長緌	915	顧景錫	123	顧鎮	809	龔自闓	1487
顧其行	1754	顧敦敏	1581	顧藻	283	龔汝寬	374
顧英	1097	顧曾沐	1738	顧鏞	31	龔守正	1116
顧秉直	420	顧曾烜	1833	顧鵬	156	龔作楫	1281
顧岱	154	顧曾頤	287	顧瀛秀	222	龔其藻	1854
顧周	448	顧曾燦	1847	顧懷壬	1731	龔易圖	1611
顧宗泰	947	顧焯	289	顧蘭生	1445	龔秉衡	1168
顧承烈	506	顧瑗	1908	顧鐔	303	龔定國	1159
顧承曾	1986	顧蓮	1800	顧夑	1324	龔宜生	303
顧厚焜	1826	顧椿	1301	顧顯曾	2007	龔承鈞	1649
顧奎	1668	顧椿年	1027	鶴年	652	龔奏績	750
顧奎光	732	顧楷仁	385	鶴年	1372	龔相玉	512
顧洪善	284	顧暄	1373	續曾	1858	龔晉錫	429
顧祖彭	1939	顧嗣立	463	續綿	1935	龔桓	1220
顧祖鎮	506	顧鈺	1012			龔健颺	557
顧耿臣	149	顧煜	80	**二十二畫**		龔冕	1327
顧純	1110	顧準曾	1982	龔九震	126	龔國榜	903

進士異名對照表

柴望岱	順 3/2/68	（紫望岱）	趙胤翰	順 6/3/60	（趙允翰）
李胤岩	順 3/3/3	（李允喦）	朱廷璟	順 6/3/111	（朱廷燎）
朱裴	順 3/3/12	（朱棐）	劉紘	順 6/3/196	（劉絃）
藍潤	順 3/3/29	（藍滋）	范龍	順 6/3/203	（王龍）
王胤祚	順 3/3/68	（王景祚）	夏人佺	順 6/3/217	（夏大佺）
丁浴初	順 3/3/140	（丁裕初）	吳汝爲	順 6/3/267	（李汝爲）
薛胤隆	順 3/3/191	（薛允隆）	戴玄	順 6/3/278	（戴元）
李光胤	順 3/3/225	（李光允）	陳一太	順 6/3/308	（陳懿德）
趙士宏	順 3/3/273	（趙士弘）	仵魁	順 9/2/54	（仵劭昕）
程芳朝	順 4/1/2	（程鈺）	錢延宅	順 9/2/59	（趙延宅）
顧鏞	順 4/2/7	（楊鏞）	鄭秀	順 9/2/77	（艾秀）
劉果遠	順 4/2/9	（徐果遠）	張允欽	順 9/3/2	（周允欽）
錢朝鼎	順 4/2/14	（唐朝鼎）	吳雯清	順 9/3/62	（吳玄石）
陸朝瑛	順 4/2/47	（范朝瑛）	鄭蘊弘	順 9/3/88	（鄭蘊宏）
薛陳偉	順 4/2/55	（陳偉）	耿介	順 9/3/133	（耿冲璧）
李宗白	順 4/3/54	（李中白）	葛維屏	順 9/3/182	（諸葛維屏）
陳謙生	順 4/3/65	（徐謙生）	邵伯胤	順 9/3/217	（邵伯蔭）
李瑛	順 4/3/69	（鄒瑛）	何雲扶	順 9/3/228	（梁雲扶）
葉子循	順 4/3/71	（張子循）	韓錫祚	順 9/3/256	（安錫祚）
蔣胤修	順 4/3/77	（蔣永修）	徐謂弟	順 9/3/298	（徐渭第）
王家楨	順 4/3/82	（王家禎）	麻勒吉	滿順 9/1/1	（馬中驥）
萬應皋	順 4/3/213	（鄭應皋）	折庫納	滿順 9/1/2	（哲庫納）
方孝標	順 6/2/4	（方玄成）	瑪祜	滿順 9/2/2	（馬祜）
周莖	順 6/2/5	（范周莖）	阿什坦	滿順 9/2/3	（何錫談）
姜元衡	順 6/2/29	（黃元衡）	吳爾户	滿順 9/3/5	（吳爾祜）
馬紹曾	順 6/2/32	（馬燁曾）	魏羅洪	滿順 9/3/7	（威羅渾）
戴京曾	順 6/2/40	（曾子京）	吉通格	滿順 9/3/18	（吉通額）
馬之驦	順 6/2/62	（馬之腴）	宋祖保	滿順 9/3/19	（宋蘇保）
鄔景從	順 6/3/9	（周景從）	合拉	滿順 9/3/32	（哈拉）

八達里	滿順9/3/33	（巴達里）
塔必圖	滿順9/3/39	（塔必兔）
王益朋	順12/2/1	（王 聘）
周宸藻	順12/2/9	（周震藻）
王澤弘	順12/2/11	（王澤宏）
徐元粲	順12/2/17	（林元粲）
孫胤驥	順12/2/26	（孫允驥）
邱象升	順12/2/31	（丘象升）
杜宸甫	順12/2/53	（杜皇甫）
張惟赤	順12/2/57	（張 恒）
曹登雲	順12/2/70	（王登雲）
劉 輝	順12/2/72	（劉 輝）
李可汧	順12/3/7	（李開鄴）
張錫嶧	順12/3/15	（張錫懌）
吳宗虞	順12/3/36	（胡宗虞）
徐紹芳	順12/3/41	（項紹芳）
韋嗣賢	順12/3/51	（韋弦佩）
遲 炤	順12/3/118	（遲 照）
陳 謨	順12/3/140	（朱 謨）
李贊元	順12/3/148	（李 立）
謝包京	順12/3/225	（包國京）
高鳳起	順12/3/237	（高起鳳）
韓 遜	順12/3/268	（陳 遜）
陸左銘	順12/3/285	（朱左銘）
邵嘉胤	順12/3/286	（邵佳允）
賈 勤	滿順12/1/2	（查 親）
烏大禪	滿順12/2/3	（吳大闈）
莫樂洪	滿順12/2/4	（莫洛洪）
拉 色	滿順12/3/23	（拉 自）
托必泰	滿順12/3/27	（拖必泰）
色 冷	滿順12/3/34	（色楞額）
孫承恩	順15/1/1	（孫 曙）
富鴻基	順15/2/3	（富鴻業）
馬晉胤	順15/2/7	（馬晉允）
黃如謹	順15/2/26	（黃念祖）
蕭惟豫	順15/2/27	（蕭維模）
許 虬	順15/2/34	（顧 虬）
王士禎	順15/2/36	（王士禛）
趙 鑰	順15/2/43	（金 鼎）
杜 臻	順15/2/73	（徐 臻）
楊應標	順15/2/74	（楊應可）
黃邵士	順15/3/32	（邵 士）

屠粹忠	順15/3/46	（徐粹忠）
李天授	順15/3/62	（張天授）
張 叙	順15/3/124	（桑 叙）
翁如麟	順15/3/126	（馬如麟）
熊宗彥	順15/3/130	（鄒宗彥）
胡 樞	順15/3/136	（郭 樞）
王 渫	順15/3/139	（王明福）
陳廷敬	順15/3/195	（陳 敬）
楊引作	順15/3/221	（吳引祚）
顧高嘉	順15/3/236	（項 嘉）
徐元文	順16/1/1	（陸元文）
華亦祥	順16/1/2	（鮑亦祥）
王 勛	順16/2/1	（王世約）
周訓臣	順16/2/3	（周訓成）
張 瑋	順16/2/4	（許 瑋）
李爲霖	順16/2/20	（李 祿）
馬 驤	順16/2/64	（馬 繡）
蔣弘道	順16/3/58	（蔣宏道）
彭玄齡	順16/3/92	（彭 齡）
楊胤麟	順16/3/99	（楊允麟）
孫 纘	順16/3/168	（孫 瓚）
葉 蕡	順16/3/199	（潘葉蕡）
張衷玠	順16/3/260	（張 玠）
俞 璘	順18/2/5	（俞 嶙）
方 舟	順18/2/34	（王 舟）
李 熊	順18/3/37	（徐李熊）
黃楫汝	順18/3/49	（蘇楫汝）
田顯吉	順18/3/61	（田毓蕙）
朱元袷	順18/3/123	（殷元袷）
沈兆奎	順18/3/132	（沈胤浤）
張都甫	順18/3/142	（都 甫）
陳 宏	順18/3/150	（顧 宏）
徐致敬	順18/3/228	（張致敬）
王裕昌	順18/3/230	（程裕昌）
陳孚辰	順18/3/235	（陳孚宸）
俞 姓	順18/3/254	（俞 姓）
衛秦龍	順18/3/276	（衛秦翰）
趙廷錫	順18/3/290	（趙錫胤）
朱 彝	順18/3/301	（莊洪彝）
周 宏	康3/1/3	（秦 弘）
汪肇衍	康3/2/34	（汪肇璉）
李胤楓	康3/3/1	（李 楓）

蔣弘緒	康 3/3/16	（蔣宏緒）	吳暻	康 27/2/12	（吳璟）
胡士著	康 3/3/19	（胡上著）	史申義	康 27/2/22	（史伸）
邵遠平	康 3/3/40	（吳遠）	馬文煜	康 27/3/5	（馬文燡）
楊周憲	康 3/3/101	（周憲文）	惠周惕	康 30/2/7	（惠恕）
姜燦	康 3/3/103	（王燦）	蘇成俊	康 30/3/62	（蘇成進）
常翼聖	康 3/3/115	（常冀胤）	楊顥	康 33/2/22	（楊容）
沈胤範	康 6/2/7	（沈允範）	五哥	康 33/3/52	（五格）
陸菜	康 6/2/14	（陸進枋）	程本節	康 36/2/15	（程作棟）
任辰旦	康 6/3/82	（韓辰旦）	徐發	康 36/2/26	（陳發）
俞陳琛	康 9/2/5	（陳琛）	吳宗豐	康 36/3/2	（吳宗戀）
屠又良	康 9/2/14	（張又良）	何貴蕃	康 36/3/31	（何桂蕃）
王廷詔	康 9/3/115	（楊廷詔）	常格	康 36/3/43	（常哥）
陳其彥	康 9/3/116	（傅其彥）	福敏	康 36/3/73	（傅敏）
丘彝	康 9/3/117	（邱彝）	徐昂發	康 39/2/2	（管昂發）
博極	康 9/3/206	（博濟）	李楷	康 39/2/11	（沈李楷）
張暉	康 9/3/235	（柳暉）	陳聶恒	康 39/3/21	（聶恒）
王鴻緒	康 12/1/2	（王度心）	欽士佃	康 39/3/56	（周士佃）
陸祚蕃	康 12/2/3	（陸胤蕃）	陸張烈	康 39/3/78	（張烈）
蔣仲達	康 12/2/4	（林仲達）	查慎行	康 42/2/2	（查嗣璉）
許翼權	康 12/2/23	（祝翼權）	劉巘	康 42/2/44	（劉桂枝）
陳芳胄	康 12/2/24	（程芳胄）	張廷標	康 42/3/1	（倪廷標）
張祖榮	康 12/2/26	（顧祖榮）	孔毓儀	康 42/3/8	（孔幼儀）
丁松	康 12/2/35	（倪丁松）	李士杞	康 42/3/80	（李士禎）
秘巫笈	康 12/3/3	（秘丕笈）	葉昌	康 45/3/5	（閔昌）
沈胤城	康 12/3/7	（沈上鏞）	賈兆鳳	康 45/3/14	（王兆鳳）
曾寅	康 12/3/66	（曾憲祖）	余甸	康 45/3/15	（余祖訓）
性德	康 15/2/7	（成德）	陳秉忠	康 45/3/76	（何秉忠）
劉蔭樞	康 15/3/60	（劉應樞）	王允文	康 45/3/147	（馬允文）
李雲會	康 15/3/105	（李雲龍）	蔡驥良	康 45/3/152	（劉驥良）
錢金甫	康 18/2/12	（金甫）	德弘	康 45/3/170	（德通）
史陸輿	康 18/2/28	（陸輿）	王俊	康 45/3/212	（周俊）
佘志貞	康 18/2/39	（佘艷雪）	楊標	康 45/3/224	（朱標）
孫岳頒	康 21/2/7	（李岳頒）	徐用錫	康 48/2/19	（徐杏）
許汝霖	康 21/2/20	（許汝龍）	孫時宜	康 48/2/23	（沈時宜）
周金然	康 21/2/24	（金然）	莊令翼	康 48/3/15	（莊漢）
周聖化	康 21/3/44	（楊聖化）	錢甫生	康 48/3/19	（劉甫生）
余一耀	康 21/3/97	（余一燿）	郁芬	康 48/3/26	（李郁芬）
謝士櫃	康 21/3/117	（彭士櫃）	色楞額	康 48/3/36	（塞楞閣）
蔣陳錫	康 24/2/2	（陳錫）	倪溥	康 48/3/68	（陸溥）
袁同賢	康 24/3/82	（鮑同賢）	祝萬選	康 48/3/92	（錢萬選）
李勷	康 24/3/86	（孫勷）	錢倬	康 48/3/93	（樊倬）
查昇	康 27/2/2	（丘昇）	李應綬	康 48/3/98	（張應綬）

高鎮峰	康48/3/108	（陳鎮峰）	倪師孟	雍元/2/5	（沈師孟）
黃音	康48/3/144	（趙音）	吳釗	雍元/2/8	（席釗）
曾世琮	康48/3/173	（曾用琮）	胡光濤	雍元/2/11	（鄒光濤）
朱作霖	康48/3/218	（郎作霖）	松壽	雍元/2/21	（嵩壽）
潘葆光	康51/1/3	（徐葆光）	戴永椿	雍元/2/28	（戴永楨）
董宏	康51/3/2	（董胡宏）	張仕遇	雍元/2/40	（朱士遇）
錢金森	康51/3/4	（金森）	唐景佳	雍元/2/41	（黃景佳）
郭孫順	康51/3/8	（孫順）	沈韓	雍元/2/47	（俞韓）
徐天球	康51/3/13	（黃天球）	錢孫振	雍元/2/49	（孫振）
陳謨	康51/3/14	（陳王謨）	劉吳龍	雍元/2/51	（吳龍）
錢祐	康51/3/36	（錢祜）	蔡霖奏	雍元/2/63	（王霖奏）
張謙宜	康51/3/60	（張宜）	魏周琬	雍元/3/2	（周琬）
陳見龍	康51/3/101	（倪見龍）	蔡良慶	雍元/3/6	（黃良慶）
蔣鏞	康51/3/108	（張鏞）	蔣祝	雍元/3/27	（朱祝）
許王猷	康52/2/4	（王猷）	王藩	雍元/3/33	（章藩）
林儀鳳	康52/2/48	（顏儀鳳）	張來求	雍元/3/35	（俞來求）
陳春英	康52/3/22	（何春英）	張若涵	雍元/3/46	（張涵）
蔡大受	康52/3/31	（徐大受）	陸宗楷	雍元/3/68	（陳宗楷）
陸趙泰	康52/3/64	（趙泰）	王坦	雍元/3/89	（吳王坦）
敬篝	康52/3/74	（周篝）	施鍔	雍元/3/94	（黃施鍔）
秦宗淑	康52/3/113	（宋宗淑）	馮懋華	雍元/3/102	（沈懋華）
陳朝榦	康52/3/129	（陳朝楨）	嚴有禧	雍元/3/123	（戴有禧）
吳應棻	康54/2/3	（吳應楨）	鄭顯正	雍元/3/145	（王顯正）
張朱霖	康54/2/37	（朱霖）	王又樸	雍元/3/152	（王日柱）
沈士	康54/2/40	（顧沈士）	張兆昌	雍元/3/160	（蔡兆昌）
朱天榮	康54/3/47	（羅天榮）	鄭以任	雍元/3/170	（劉以任）
單翰	康57/2/2	（潘翰）	汪德容	雍2/1/3	（汪掄甲）
顧承烈	康57/2/26	（沈承烈）	徐天麒	雍2/2/6	（羊天麒）
張鉞	康57/2/27	（董鉞）	吳延熙	雍2/2/7	（徐延熙）
侯之緹	康57/2/28	（陳之緹）	程班	雍2/2/14	（唐班）
王恪	康57/2/36	（王慮）	吉士	雍2/2/28	（周起士）
翟張極	康57/3/57	（張極）	姚璨	雍2/2/35	（范璨）
陳瓊枝	康57/3/83	（李瓊枝）	徐煥然	雍2/2/41	（羊煥然）
郭操	康57/3/84	（郭璉）	金名世	雍2/2/50	（金昌世）
姜邵湘	康60/2/6	（邵湘）	金銘	雍2/2/81	（虞銘）
魯曾煜	康60/2/7	（朱曾煜）	饒允服	雍2/3/9	（楊允服）
楊廷選	康60/2/11	（楊廷勷）	祕象震	雍2/3/50	（秘象震）
錢陳群	康60/2/15	（陳群）	色誠	雍2/3/83	（色臣）
恩壽	康60/2/31	（恩受）	黎楨	雍2/3/86	（黎正）
姜任修	康60/2/34	（姜耕）	阮維誠	雍2/3/93	（阮維城）
戴壽名	康60/3/21	（祝壽名）	蠻子	雍2/3/115	（明善）
周毓真	康60/3/67	（周毓正）	謝志遠	雍2/3/190	（詹志遠）

葉　滋	雍 5/2/10	（王葉滋）	納國棟	乾 2/3/3	（納國梁）
高其閎	雍 5/2/19	（張其閎）	余文儀	乾 2/3/32	（蔣文儀）
黃軒臣	雍 5/3/43	（黃國瑗）	胡承瓈	乾 2/3/203	（胡承殿）
方嵩德	雍 5/3/46	（李嵩德）	梁啓心	乾 4/2/20	（梁詩南）
吳廣譽	雍 5/3/66	（唐廣譽）	張　鶯	乾 4/2/54	（茅　鶯）
陳奇芳	雍 5/3/80	（趙奇芳）	丁傳嵩	乾 4/3/17	（沈傳嵩）
陳高翔	雍 5/3/90	（楊高翔）	黃澍綸	乾 4/3/57	（黃　綸）
張廷簡	雍 5/3/117	（曹廷簡）	王光佩	乾 4/3/59	（王光珮）
鄂樂舜	雍 8/2/29	（鄂　敏）	徐孝常	乾 4/3/86	（徐　異）
熊約祺	雍 8/2/39	（高約祺）	劉定麟	乾 4/3/144	（劉廷麟）
齊　達	雍 8/2/68	（七　達）	陽　岐	乾 4/3/187	（楊　岐）
富　敏	雍 8/3/19	（傅　敏）	蔣應焻	乾 4/3/224	（蔣　燾）
董　衡	雍 8/3/32	（董　行）	任陳晉	乾 4/3/226	（陳　晉）
徐　琰	雍 8/3/53	（徐作琰）	蔡時田	乾 7/2/36	（蔡時敏）
程　璲	雍 8/3/84	（嚴　璲）	張端木	乾 7/2/43	（張若木）
趙　璟	雍 8/3/104	（季　暻）	劉錫齡	乾 7/2/83	（劉錫麟）
龍光昱	雍 8/3/164	（龍光顯）	包士瑞	乾 7/2/86	（周士瑞）
趙　毅	雍 8/3/188	（兆　毅）	皮殿選	乾 7/3/45	（皮青選）
唐　濂	雍 3/2/202	（孫　濂）	魏繽晉	乾 7/3/73	（魏桐蔭）
德　光	雍 3/3/245	（廣　仁）	廖方蓮	乾 7/3/102	（廖芳蓮）
田五柱	雍 8/3/255	（田五桂）	趙　杉	乾 7/3/189	（趙　杉）
周正思	雍 11/2/14	（周正峰）	汪　葵	乾 7/3/211	（汪晉勛）
賴翰顒	雍 11/2/69	（賴翰雍）	陳顧瀰	乾 10/2/35	（顧　瀰）
黃允昌	雍 11/2/77	（黃孕昌）	江龍光	乾 10/2/36	（陳龍光）
朱肇開	雍 11/2/84	（李肇開）	徐　綱	乾 10/2/46	（盛　綱）
洪　琛	雍 11/3/37	（王　琛）	陶　樹	乾 10/3/20	（陶　澍）
多爾技	雍 11/3/78	（多爾吉）	何又爽	乾 10/3/53	（何又壞）
劉昌五	雍 11/3/181	（辛昌五）	孫　英	乾 10/3/63	（趙孫英）
方　簡	乾元 /2/18	（楊　簡）	李　梅	乾 10/3/76	（李　杚）
羅岳珪	乾元 /2/25	（吳岳珪）	黃國寶	乾 10/3/86	（羅國寶）
張陳典	乾元 2/31	（陳　典）	闞　壽	乾 10/3/175	（觀　文）
吳龍見	乾元 /2/49	（吳見龍）	汪廷璵	乾 13/1/3	（汪　璿）
葉弘遇	乾元 /2/55	（蘇弘遇）	謝王琰	乾 13/2/44	（王　琰）
沈沛然	乾元 /3/31	（朱沛然）	邵齊然	乾 13/2/56	（邵　煥）
潘　郎	乾元 /3/65	（陳潘郎）	苟華南	乾 13/3/32	（敬華南）
何御龍	乾元 /3/118	（何衛龍）	劉　吉	乾 13/3/80	（劉　㤰）
周應宿	乾元 /3/134	（張應宿）	謝時選	乾 13/3/83	（潘時選）
周序美	乾元 /3/141	（姚序美）	綸音惠	乾 13/3/189	（博卿額）
鄭爲經	乾元 /3/201	（梁爲經）	柯一騰	乾 16/2/3	（柯蘭墀）
牛玉恬	乾元 /3/235	（牛少宏）	丁田樹	乾 16/2/16	（田　樹）
盧憲觀	乾 2/2/13	（盧觀光）	何逢僖	乾 16/2/28	（何逢禧）
沈　毅	乾 2/2/27	（沈守敬）	戴　天	乾 16/2/39	（戴天溥）

何 棟	乾 16/3/61	（何 敏）	彭吳禮	乾 31/3/31	（吳 禮）
吳 彰	乾 16/3/62	（張吳彰）	朱一玠	乾 31/3/65	（朱 毅）
胡端北	乾 16/3/104	（褚端北）	王 恩	乾 31/3/104	（王 忻）
盧文詔	乾 17/1/3	（盧嗣宗）	魏晉錫	乾 34/2/24	（魏晉賢）
博 明	乾 17/2/54	（貴 明）	金敬身	乾 34/2/33	（龔敬身）
賈 煜	乾 17/3/44	（賈 烜）	朱紉蘭	乾 34/2/40	（朱天申）
王雲鷁	乾 17/3/48	（華雲鷁）	陸有仁	乾 34/2/42	（汪有仁）
徐之珵	乾 17/3/132	（徐之甡）	張誠基	乾 34/2/50	（張隆基）
黃 漣	乾 19/2/46	（黃 澄）	李 植	乾 34/3/41	（李 埴）
薛田玉	乾 19/2/53	（田 玉）	俞之琰	乾 34/3/88	（俞廷垣）
李宜突	乾 19/2/62	（李宜相）	吳 昕	乾 36/2/14	（吳樹本）
汪大經	乾 19/2/63	（王大經）	鄭源燾	乾 36/2/23	（陳源燾）
茹敦和	乾 19/2/65	（李敦和）	程晉芳	乾 36/2/24	（程廷璜）
王兆燕	乾 19/2/68	（殷兆燕）	魯九皋	乾 36/2/27	（魯仕驥）
王開伯	乾 19/3/13	（王關伯）	祝雲棟	乾 36/2/43	（祝 昂）
苗輪實	乾 19/3/90	（苗稐實）	劉 焜	乾 36/3/29	（劉 煦）
趙本嶓	乾 19/3/133	（王本嶓）	和 寧	乾 36/3/96	（和 瑛）
戴文登	乾 22/2/3	（戴文燈）	吕雲棟	乾 37/2/12	（吕雲從）
沈若木	乾 22/2/27	（沈雲際）	張暉吉	乾 37/2/28	（張能照）
孫鶴翔	乾 22/2/55	（譚鶴翔）	百 齡	乾 37/2/49	（張百齡）
魯贊元	乾 22/2/58	（魯治亢）	周廷棟	乾 37/3/97	（周元良）
李師敏	乾 22/3/33	（李本杞）	蔡泰均	乾 37/3/103	（蔡大均）
翁 燿	乾 22/3/37	（翁 耀）	吳紹濚	乾 40/2/10	（吳紹燦）
張佩芳	乾 22/3/66	（張泇芳）	繆 晉	乾 40/2/27	（王 晉）
陳洪謨	乾 22/3/75	（陳鴻書）	陳觀國	乾 40/2/48	（陳師盤）
李漱芳	乾 22/3/111	（李清芳）	張姚成	乾 40/3/4	（姚天成）
何謙泰	乾 22/3/120	（何謙恭）	陳學穎	乾 40/3/21	（陳筆鋒）
吳肇煜	乾 25/2/29	（吳肇玉）	黃 燮	乾 40/3/29	（黃 中）
高奮生	乾 25/2/35	（高羽翼）	孫智賢	乾 40/3/62	（孫 瀚）
趙椿齡	乾 25/3/4	（趙 鋐）	鄧汝勤	乾 40/3/103	（鄧汝功）
金雲槐	乾 26/3/8	（金 槐）	章學誠	乾 43/2/51	（章文斅）
吳玉綸	乾 26/3/45	（吳 琦）	恭 泰	乾 43/3/6	（公 春）
褚廷璋	乾 28/2/8	（褚廷樟）	納麟寶	乾 43/3/10	（那麟保）
張 壽	乾 28/2/23	（張 燨）	許 霖	乾 43/3/27	（許 怦）
徐嗣曾	乾 28/2/24	（楊嗣曾）	王玉輝	乾 43/3/63	（王世綱）
施朝幹	乾 28/2/29	（施朝榦）	薛紹清	乾 43/3/70	（薛翊清）
魯 河	乾 28/3/1	（華 祝）	劉紹緒	乾 43/3/77	（劉紹斑）
廖玉麟	乾 28/3/3	（廖玉林）	冷紘玉	乾 43/3/95	（冷紘玉）
管幹珍	乾 31/2/34	（管幹貞）	王宗炎	乾 45/2/12	（王宗琰）
黃良棟	乾 31/2/52	（錢良棟）	程際盛	乾 45/2/40	（程 琰）
喻 章	乾 31/2/66	（喻寶忠）	劉顯祖	乾 45/3/12	（劉潛夫）
劉紹安	乾 31/3/17	（劉紹寅）	李光禮	乾 45/3/16	（李 禮）

鄭光策	乾 45/3/56	（鄭天策）
法式善	乾 45/3/87	（運　昌）
王　綬	乾 46/2/10	（王　受）
吳　湳	乾 46/2/56	（吳邦治）
慎學韓	乾 46/3/5	（慎咸熙）
鍾懷智	乾 46/3/34	（鍾毓蓮）
習振翎	乾 49/2/2	（習漢翎）
文　寧	乾 49/2/28	（文　榦）
勞樹棠	乾 49/3/7	（勞　瑾）
何元烺	乾 52/2/8	（何道冲）
沈清瑞	乾 52/2/10	（沈沅南）
瑚圖通阿	乾 52/3/58	（瑚圖靈阿）
吕　銘	乾 52/3/69	（吕振森）
祝孝承	乾 54/2/24	（祝慶承）
盧蔭文	乾 54/3/27	（盧陰文）
曹祝齡	乾 54/3/59	（曹夢齡）
陳　預	乾 55/2/12	（陳　豫）
鄭光圻	乾 55/2/23	（鄭　滮）
趙睿榮	乾 55/3/30	（趙棠榮）
郭世誼	乾 58/2/21	（郭正誼）
田興梅	乾 58/3/32	（田與梅）
黃因漣	乾 60/2/18	（黃因連）
任　煊	乾 60/3/19	（任　烜）
許鯉躍	乾 60/3/49	（儲鯉躍）
王　晭	乾 60/3/72	（王　晅）
孫益廷	乾 60/3/78	（孫奇峰）
周虎拜	乾 60/3/81	（周虎彝）
許應喈	嘉元 /2/6	（許應楷）
吳光悅	嘉元 /2/17	（吳廷燮）
黎世序	嘉元 /2/20	（黎承惠）
吳應咸	嘉元 /2/34	（吳　濳）
兀崇德	嘉元 /3/64	（兀尊德）
楊尚岑	嘉元 /3/82	（楊尚琳）
陳邦傑	嘉元 /3/100	（陳　橘）
胡萬青	嘉元 /3/101	（胡萬藻）
程同文	嘉 4/2/6	（程拱宇）
梁運昌	嘉 4/2/7	（梁　雷）
蔣雲寬	嘉 4/2/18	（蔣雲官）
何朝彥	嘉 4/2/39	（何朝快）
余本敦	嘉 4/2/48	（余本惇）
錢寶甫	嘉 4/2/67	（錢昌齡）
彭鳳儀	嘉 4/3/39	（彭繩祖）
楊汝達	嘉 4/3/78	（楊桂森）
蕭　鎮	嘉 4/3/85	（蕭應午）
周維垣	嘉 4/3/115	（周維翰）
佛　保	嘉 4/3/129	（佛　住）
黃士觀	嘉 6/2/17	（黃樹烈）
張　輶	嘉 6/2/51	（張玉麒）
鄭錫琪	嘉 6/2/61	（鄭　鈺）
伊里布	嘉 6/2/73	（伊禮布）
徐賡颺	嘉 6/2/74	（徐　忻）
秀　寧	嘉 6/2/78	（秀　堃）
王家棟	嘉 6/2/80	（王　堃）
錢　淇	嘉 6/3/19	（錢作淇）
周際華	嘉 6/3/50	（周際岐）
胡　溶	嘉 6/3/54	（胡　鎔）
徐　鴻	嘉 6/3/61	（虞　鴻）
胡鳴鸞	嘉 6/3/64	（胡鳴鑾）
朱鳳森	嘉 6/3/99	（朱奕森）
徐心田	嘉 6/3/136	（徐必思）
倪孟華	嘉 6/3/141	（倪世華）
黃思芝	嘉 6/3/153	（黃德城）
易禧善	嘉 7/2/21	（易元善）
朱廷慶	嘉 7/2/44	（朱繼登）
陳聲適	嘉 7/2/58	（陳聲籍）
程贊清	嘉 7/2/59	（程贊寧）
任鄘祐	嘉 7/3/80	（任鄘祜）
蔣慶齡	嘉 7/3/85	（蔣　棨）
葉銘熙	嘉 7/3/100	（葉銘齡）
柳體青	嘉 7/3/101	（柳　減）
惠　端	嘉 7/3/126	（慧　端）
孫源湘	嘉 10/2/17	（孫原湘）
于克襄	嘉 10/2/27	（于克家）
程伯鑾	嘉 10/2/46	（程中錚）
張秀芝	嘉 10/2/53	（張夢筆）
林慶章	嘉 10/2/59	（林永健）
許　機	嘉 10/2/87	（許繩祖）
錢楙勛	嘉 10/3/6	（葉楙勛）
敏登額	嘉 10/3/15	（特登額）
石長甲	嘉 10/3/54	（石文斗）
高　陛	嘉 10/3/139	（高　埅）
錢儀吉	嘉 13/2/26	（錢逵吉）
元在功	嘉 13/2/33	（元　閲）
恩　銘	嘉 13/2/47	（恩　寧）

李慎修	嘉13/2/83	（李慎彝）	楊思敬	嘉16/3/15	（楊惕龍）
茅潤之	嘉13/2/101	（茅棟）	陳柱勛	嘉16/3/34	（陳攀上）
劉斯寧	嘉13/2/102	（劉斯裕）	林士瑛	嘉16/3/52	（林士煥）
劉亨起	嘉13/3/4	（劉亨地）	崔錫榮	嘉16/3/82	（崔景春）
金鼎壽	嘉13/3/25	（金永源）	朱應詔	嘉16/3/92	（朱庭標）
周繩祖	嘉13/3/40	（周榮祖）	湯景和	嘉16/3/124	（湯恂齊）
易煥暄	嘉13/3/44	（易煥旦）	徐鑑	嘉19/2/23	（徐銑）
王余晉	嘉13/3/57	（王余芬）	程楸采	嘉19/2/26	（程贊采）
敏勤	嘉13/3/59	（既勤）	藍瑛	嘉19/2/51	（藍橋）
馮芝	嘉13/3/62	（馮繼）	德喜保	嘉19/2/58	（德崇）
吳蘭蓀	嘉13/3/103	（吳稚恭）	德寧	嘉19/2/61	（德厚）
廖鴻荃	嘉14/1/2	（廖金城）	陳炳極	嘉19/2/63	（陳元春）
許乃濟	嘉14/2/4	（沈乃濟）	程題雁	嘉19/3/24	（程題雁）
俞肯堂	嘉14/2/12	（俞坊）	盧爾秋	嘉19/3/45	（盧履基）
馬志燮	嘉14/2/21	（馬維騏）	李鵠	嘉19/3/97	（李嶧）
鄭士杰	嘉14/2/37	（鄭柏）	唐正仁	嘉19/3/100	（唐仁）
朱廷錫	嘉14/2/47	（朱福年）	汪璨	嘉19/3/109	（郭璨）
繆玉銘	嘉14/2/63	（繆琛）	裕謙	嘉22/2/8	（裕泰）
銘德	嘉14/2/66	（敏德）	羅英	嘉22/2/16	（羅瑛）
何煊	嘉14/2/71	（何炳）	周宏緒	嘉22/2/17	（周炳緒）
喻士藩	嘉14/2/80	（喻溥）	魯錫恩	嘉22/2/18	（曾錫恩）
熊傳棻	嘉14/3/5	（熊傳棸）	陶惟煇	嘉22/2/35	（陶帷輝）
陶文植	嘉14/3/26	（陶嘉植）	郎葆辰	嘉22/2/36	（郎福延）
黃瀾安	嘉14/3/37	（黃燧）	董基誠	嘉22/2/40	（董諒臣）
李嗣鄴	嘉14/3/38	（李天培）	董承熹	嘉22/2/46	（董毓崟）
楊士雲	嘉14/3/48	（楊愨）	俞德淵	嘉22/2/58	（俞登淵）
戚人鏡	嘉14/3/118	（戚士鏡）	王兆琛	嘉22/2/90	（王兆金）
吳毓英	嘉16/1/2	（王毓英）	那斯洪阿	嘉22/3/29	（那丹珠）
王惟詢	嘉16/2/10	（王維洵）	徐鼎臣	嘉22/3/53	（徐宸相）
張敦來	嘉16/2/16	（張敦頤）	王延年	嘉22/3/67	（王延）
王繼昺	嘉16/2/17	（王璟）	秦敦原	嘉22/3/88	（秦敦源）
徐瀚	嘉16/2/31	（徐翰）	倪植	嘉22/3/103	（倪慎樞）
汪鳴謙	嘉16/2/40	（汪銘謙）	陳沆	嘉24/1/1	（陳學濂）
羅尹孚	嘉16/2/44	（羅永符）	沈鑅彪	嘉24/2/5	（沈鑅）
奕澤	嘉16/2/45	（奕溥）	魏敬中	嘉24/2/6	（魏建中）
文綸	嘉16/2/46	（文綏）	文壽篳	嘉24/2/15	（方壽華）
朱壬林	嘉16/2/49	（朱霞）	方長庚	嘉24/2/38	（方復臨）
周凱	嘉16/2/70	（周愷）	蕭秉瑩	嘉24/2/60	（蕭炳椿）
易鏡清	嘉16/2/75	（易木杰）	徐經	嘉24/2/74	（徐述虔）
趙鉞	嘉16/2/90	（趙春沂）	陶繼堯	嘉24/2/81	（陶際清）
徐寶森	嘉16/3/6	（沈學理）	葉敬昌	嘉24/2/86	（葉敏昌）
吳廷煇	嘉16/3/14	（吳廷耀）	洪錫光	嘉24/3/9	（洪永錫）

郭鑒庚	嘉24/3/46	（郭聚奎）	劉築巖	道3/3/107	（劉　衡）
汪日宣	嘉24/3/52	（汪　淦）	曾毓璜	道3/3/115	（曾開省）
宜　崇	嘉24/3/60	（伊崇額）	雷以諴	道3/3/131	（雷　鳴）
蔣廷恩	嘉24/3/94	（蔣　棠）	王汝霖	道6/2/11	（王欽霖）
陳繼昌	嘉25/1/1	（陳守壑）	郭道闓	道6/2/13	（郭道愷）
陳岱霖	嘉25/2/12	（陳啓伯）	吳廷鉁	道6/2/16	（吳　贊）
楊慶琛	嘉25/2/51	（楊際春）	王廣業	道6/2/24	（王佐業）
徐寶善	嘉25/2/52	（徐三寶）	武天彄	道6/2/41	（武新銘）
盧　樹	嘉25/2/57	（盧炳垣）	項名達	道6/2/42	（項萬准）
龔文齡	嘉25/2/62	（龔昌齡）	黃恩彤	道6/2/44	（黃丕範）
朱　襄	嘉25/2/74	（朱一貫）	陳耀庚	道6/2/52	（陳　然）
瑞　峇	嘉25/2/79	（瑞麟保）	郭覲辰	道6/2/78	（郭立中）
周　碩	嘉25/2/82	（周　景）	雲茂琦	道6/2/81	（雲家冕）
陳　思	嘉25/3/37	（閔若恩）	柏　葰	道6/2/86	（松　葰）
趙　璠	嘉25/3/45	（趙　塘）	毓　本	道6/2/110	（豫　本）
許大鋐	嘉25/3/90	（許　鈺）	李　澂	道6/3/46	（李　淑）
陳　昉	嘉25/3/127	（陳　錕）	馬玉麟	道6/3/56	（馬裕霖）
黃　塤	道2/2/9	（黃本敦）	鄧亮功	道6/3/74	（鄧國煊）
孫家穀	道2/2/25	（孫家挾）	林聯桂	道6/3/78	（林家桂）
李希曾	道2/2/34	（李希增）	鄭汝楫	道6/3/93	（鄭佩蘭）
陶士霖	道2/2/73	（陶青芝）	斐　仁	道6/3/103	（同　仁）
楊以曾	道2/2/83	（楊以增）	熊錫祺	道6/3/135	（熊友稷）
黃　初	道2/2/88	（黃躍樞）	錢福昌	道9/1/2	（錢攀龍）
曹　森	道2/2/96	（曹士鯤）	夏　恒	道9/2/4	（夏慶雲）
沈　鑑	道2/3/2	（沈　鍈）	許正綬	道9/2/23	（許正陽）
溫葆淳	道2/3/3	（溫葆深）	李光涵	道9/2/35	（李攀龍）
許冠瀛	道2/3/35	（許士黌）	鍾　裕	道9/2/49	（鍾　格）
盛　潤	道2/3/72	（盛思信）	易長楨	道9/2/51	（易長發）
梅曾亮	道2/3/89	（梅曾蔭）	劉元標	道9/2/60	（劉孝標）
黃　能	道2/3/93	（黃　凱）	黃驤雲	道9/2/72	（黃龍光）
顎絡額湖	道2/3/110	（顎絡碩瑚）	何榮章	道9/2/73	（何　煓）
卞士雲	道3/2/5	（卞榮賢）	劉　坦	道9/2/76	（劉　坒）
鮑文淳	道3/2/16	（鮑廷淳）	王　寅	道9/2/83	（王　藹）
杜彥士	道3/2/19	（杜中士）	恩　來	道9/2/88	（豫　德）
鄭紹謙	道3/2/34	（鄭榮九）	奎　綬	道9/2/94	（奎　俊）
馬麗文	道3/2/66	（馬利文）	劉　澐	道9/3/3	（劉　衛）
韋崧杰	道3/2/94	（韋蒿壽）	楊遇升	道9/3/7	（楊裕深）
黎攀繆	道3/2/97	（黎攀鑾）	龔自珍	道9/3/19	（龔鞏祚）
齊斌達	道3/3/12	（琦　昌）	徐有壬	道9/3/36	（徐金粟）
周起岐	道3/3/60	（周起濱）	奎　光	道9/3/46	（奎　澤）
江文瑋	道3/3/95	（江文煒）	車申田	道9/3/72	（車寶南）
林萃禧	道3/3/101	（林荷培）	曾元炳	道9/3/82	（曾元卿）

瑞興	道9/3/102	（瑞興泰）	張雲藻	道15/2/51	（高　鑄）
鄧慶恩	道9/3/111	（鄧光瑜）	陳嵩	道15/2/69	（陳　塋）
高人鑑	道12/2/9	（高德鎔）	晏淳一	道15/2/73	（晏純一）
汪震基	道12/2/13	（汪振基）	徐鋅庚	道15/3/31	（徐寶書）
王朝傑	道12/2/18	（王朝枬）	侯熒光	道15/3/60	（侯榮光）
慶祺	道12/2/21	（慶　安）	李浩	道15/3/65	（李　灝）
郭利賓	道12/2/25	（郭用賓）	陳玉麒	道15/3/67	（陳北觀）
駱秉章	道12/2/27	（駱　俊）	陸敦庸	道15/3/77	（陸沾榮）
揚仁	道12/2/35	（楊　仁）	任荃	道15/3/79	（張　荃）
王璪	道12/2/70	（王　藻）	王家勛	道15/3/108	（王家寶）
張銘謙	道12/2/82	（張懷九）	張元鈞	道15/3/119	（張世鈞）
王應奎	道12/2/86	（宣景沂）	李汝璿	道15/3/140	（李鈞策）
黃拱	道12/2/97	（黃慶安）	徐士穀	道16/2/7	（徐文炳）
卜撫辰	道12/3/9	（卜　榕）	羅洪虔	道16/2/36	（羅廷颺）
倪崧	道12/3/18	（倪崧高）	梅體萱	道16/2/71	（梅　棠）
惠霖	道12/3/29	（惠　林）	楊銘柱	道16/3/28	（楊天柱）
陳文笏	道12/3/36	（陳錫縉）	許暉藻	道16/3/30	（許漢騫）
金鼎年	道12/3/75	（金鼎彝）	楊廷冕	道16/3/51	（楊家冕）
劉凌漢	道12/3/95	（劉象石）	韋杰生	道16/3/66	（韋才楣）
武雲衢	道13/2/13	（武天享）	朱右賢	道16/3/70	（敖右賢）
陳光緒	道13/2/36	（陳　詩）	錢振倫	道18/2/17	（錢福元）
孔繼勛	道13/2/38	（孔繼光）	支清彥	道18/2/19	（支元深）
張寅	道13/2/53	（張　煦）	彭世洙	道18/2/25	（彭世鑑）
程葆	道13/2/54	（程官堡）	倉景愉	道18/2/41	（倉景恬）
楊開會	道13/2/61	（楊開拓）	黃樹賓	道18/2/68	（黃棣昌）
王恩慶	道13/2/73	（王　壬）	鍾宜年	道18/3/5	（王宜年）
黎吉雲	道13/2/81	（黎光曙）	湯雲林	道18/3/11	（湯　椿）
李恩霖	道13/3/10	（恩　霖）	史丙榮	道18/3/18	（史炳榮）
吳鵠鴻	道13/3/19	（吳鴻謨）	招鏡常	道18/3/25	（招鏡蓉）
黃廷璠	道13/3/34	（黃庭璠）	曾國藩	道18/3/42	（曾子城）
戴鴻恩	道13/3/46	（戴宏恩）	郭名杰	道18/3/101	（郭世杰）
羅衡	道13/3/49	（羅天衡）	馮桂芬	道20/1/2	（馮桂芳）
黃懋祺	道13/3/73	（黃庭經）	王祖培	道20/2/3	（王　恭）
楊蔚春	道13/3/79	（楊亦錞）	廉兆綸	道20/2/4	（廉師敏）
王錫九	道13/3/106	（王恩植）	鄒焌杰	道20/2/11	（鄒正杰）
蔣士麒	道13/3/111	（蔣搏南）	史澄	道20/2/14	（史　淳）
翟宮槐	道13/3/115	（翟芳桐）	董恂	道20/2/18	（董　醇）
曹聯桂	道15/1/2	（曹本基）	彭慶鍾	道20/2/32	（彭飛鴻）
徐夔典	道15/2/2	（徐　鏞）	馬壽金	道20/2/40	（馬　鑄）
蔣德福	道15/2/10	（蔣德馨）	周炳鑑	道20/2/44	（周　燠）
鄭獻甫	道15/2/20	（鄭存紵）	鄭启掄	道20/2/50	（鄭大誠）
英淳	道15/2/45	（英　寶）	蔣琦齡	道20/2/59	（蔣琦淳）

鄭　鈞	道20/2/60	（鄭秉醇）	殷嘉樹	道24/3/95	（殷家霖）
蔡壽祺	道20/2/73	（蔡殿齊）	蕭錦忠	道25/1/1	（蕭　衡）
李　煒	道20/2/80	（李克洧）	何桂芬	道25/2/4	（何其盛）
胡光泰	道20/2/87	（胡楫華）	蔣志章	道25/2/6	（蔣志淳）
湯師淇	道20/3/8	（湯炳熙）	黃廷綬	道25/2/33	（黃安綬）
韓錦雲	道20/3/12	（韓日升）	羅嘉福	道25/2/39	（羅嘉謨）
布彥泰	道20/3/79	（布　彥）	蕭玉銓	道25/2/42	（蕭若峰）
張金鏞	道21/2/2	（張敦瞿）	胡慶源	道25/2/63	（胡　澐）
賀壽慈	道21/2/8	（賀霖若）	林壽圖	道25/2/74	（林英奇）
賈　樾	道21/2/13	（賈忠傑）	朱鳳標	道25/2/89	（朱鳳梧）
劉　崐	道21/2/16	（劉　琨）	張秉堃	道25/3/37	（張　英）
吳祖昌	道21/2/24	（吳啓清）	呂式古	道25/3/50	（呂茹古）
田樹楨	道21/2/30	（陳　疇）	莫　熾	道25/3/62	（莫毓崗）
朱錫珍	道21/2/47	（孔　陽）	施瓊芳	道25/3/84	（施龍文）
梁紹獻	道21/2/50	（梁獻廷）	許彭壽	道27/2/1	（許壽身）
蔡徵藩	道21/2/57	（蔡國瑛）	胡壽椿	道27/2/27	（胡定仁）
胡　焯	道21/2/80	（胡　傑）	華祝三	道27/2/32	（華作三）
盧光燮	道21/2/81	（盧慶綸）	沈葆楨	道27/2/39	（沈振宗）
洗　斌	道21/2/86	（洗倬邦）	唐壬森	道27/2/45	（唐　楷）
彭涵霖	道21/2/87	（彭涵淋）	陳　濬	道27/2/48	（陳　霖）
顏培瑚	道21/3/12	（顏琩瑚）	駱利鋒	道27/2/67	（駱敏修）
陳　濬	道21/3/18	（陳鴻壽）	朱壽康	道27/2/68	（朱　瑄）
李光彥	道21/3/20	（李熾昌）	余光倬	道27/2/102	（余汝侗）
楊重雅	道21/3/26	（楊元白）	揚儀韶	道27/3/15	（揚　翎）
萬兆霖	道21/3/30	（萬大鯤）	白　潤	道27/3/73	（白鳳池）
王　拯	道21/3/34	（王錫振）	樊丙南	道27/3/89	（樊雁飛）
鍾世耀	道21/3/39	（鍾　榮）	吳應寬	道27/3/109	（吳一松）
馬晉如	道21/3/71	（馬旛如）	許其光	道30/1/2	（許乃德）
吳啓楠	道21/3/72	（吳　笏）	孫衣言	道30/2/3	（孫依言）
王景淳	道24/2/1	（王景澄）	錢寶廉	道30/2/9	（錢　鎔）
吳駿昌	道24/2/13	（吳麟壽）	王凱泰	道30/2/39	（王敦敏）
盧　詵	道24/2/15	（盧　昆）	馬　斌	道30/2/41	（馬　霦）
曹尊彝	道24/2/31	（曹純一）	錢桂森	道30/2/45	（錢桂枝）
李宗燾	道24/2/48	（李宗焱）	周譽芬	道30/2/53	（周星譽）
笪慕韓	道24/2/88	（笪賢書）	李羲鈞	道30/2/91	（李錫鈞）
高　朗	道24/3/18	（高士廉）	黃榮庚	道30/2/94	（黃良采）
金　祐	趙24/3/20	（金祐瞻）	鄒溥霖	道30/3/3	（鄒子律）
張逢辛	道24/3/43	（張增瑞）	方葆珊	道30/3/63	（方　壺）
周寅清	道24/3/47	（周以清）	王炳同	道30/3/72	（王履謙）
汪　錚	道24/3/83	（汪覲光）	楊先英	道30/3/78	（楊先澤）
程祖潤	道24/3/84	（程錫書）	蕭培元	咸2/2/4	（蕭培英）
吉　第	道24/3/89	（黎吉第）	董元章	咸2/2/11	（董元醇）

張庭學	咸 2/2/12	（張 玠）		洪麟綬	咸 6/3/7	（洪昌震）
王 楷	咸 2/2/17	（王兆騏）		俞世銓	咸 6/3/18	（余士銓）
李鴻藻	咸 2/2/18	（李洪藻）		董文焕	咸 6/3/23	（董文涣）
黃先瑜	咸 2/2/19	（黃先渝）		陶寶森	咸 6/3/28	（陶壽頤）
賀澍恩	咸 2/2/57	（賀興霖）		秦賡彤	咸 6/3/31	（秦麗昌）
陸仁愷	咸 2/2/62	（陸仁恬）		黃文璧	咸 6/3/39	（黃 翎）
李 榕	咸 2/2/64	（李甲先）		戈尚志	咸 6/3/44	（戈 靖）
張鼎輔	咸 2/2/78	（張 珩）		廖正亨	咸 6/3/58	（廖匡渠）
謝金誥	咸 2/2/91	（謝奎光）		張丙炎	咸 9/2/5	（張世錚）
何桂芳	咸 2/3/1	（何桂芬）		梁思問	咸 9/2/22	（梁僧寶）
金耀遠	咸 2/3/19	（金耀遠）		杜壽朋	咸 9/2/26	（杜壽鵬）
相變塈	咸 2/3/37	（相 清）		周瑞清	咸 9/2/35	（周必全）
徐河清	咸 2/3/47	（徐 鑌）		黃錫彤	咸 9/2/39	（黃兆白）
王廣佑	咸 2/3/52	（張廣佑）		嚴 辰	咸 9/2/60	（嚴 鏞）
章學淳	咸 2/3/55	（章學淵）		徐爾鬘	咸 9/3/47	（徐醇澤）
許宗衡	咸 2/3/60	（許 鯤）		果 祥	咸 9/3/54	（米 詳）
興 恩	咸 2/3/66	（恩 興）		袁廷俊	咸 9/3/59	（袁季子）
范鳴瑢	咸 2/3/86	（范鳴穌）		宋恩溥	咸 9/3/60	（宋觀偉）
張 炎	咸 2/3/100	（張文楷）		楊久祐	咸 9/3/73	（楊久祐）
夏家升	咸 2/3/124	（夏家疇）		田樹榮	咸 9/3/87	（田書榮）
倪應頤	咸 2/3/125	（倪應戚）		林彭年	咸 10/1/2	（林殿芳）
趙福純	咸 2/3/126	（趙福淳）		高心夔	咸 10/2/15	（高夢漢）
王 淐	咸 3/2/21	（王 泉）		姚清祺	咸 10/2/18	（姚乾高）
楊榮緒	咸 3/2/31	（楊 榮）		錢來商	咸 10/2/32	（錢霈珊）
林式恭	咸 3/2/42	（林鳳輝）		沈源深	咸 10/2/41	（沈源琛）
劉澍覃	咸 3/2/44	（劉 寰）		李德洞	咸 10/2/74	（李德河）
張錫嶸	咸 3/2/49	（張錫榮）		李師濂	咸 10/3/36	（李師淳）
傅壽彤	咸 3/3/7	（傅昶青）		馮景略	咸 10/3/38	（馮應奎）
周鍾岱	咸 3/3/49	（周述謙）		王 桐	咸 10/3/67	（王 柱）
薩維翰	咸 3/3/70	（薩維瀚）		蔣啓勛	咸 10/3/70	（蔣武松）
王作孚	咸 2/3/71	（王永恩）		劉 緒	咸 10/3/78	（劉 繹）
徐從樞	咸 3/3/78	（徐從龍）		譚繼洵	咸 10/3/86	（譚繼淳）
孫 杰	咸 3/3/89	（孫昌烈）		吳元炳	咸 10/3/87	（吳元銳）
唐緂章	咸 3/3/110	（唐世翼）		何金壽	同元 /1/2	（何 鑄）
趙有淳	咸 6/2/3	（趙佑宸）		柳熙春	同元 /2/3	（柳 衣）
沈秉成	咸 6/2/7	（沈秉輝）		尹紹甫	同元 /2/47	（尹蕭怡）
譚鍾麟	咸 6/2/10	（譚二監）		王允謙	同元 /2/49	（王憲曾）
錫 縝	咸 6/2/37	（錫 淳）		徐肇梅	同元 /2/57	（徐肇峒）
李文瀛	咸 6/2/70	（李文淳）		段福昌	同元 /3/8	（段本能）
豁穆歡	咸 6/2/78	（霍穆歡）		崔銓淦	同元 /3/30	（崔晉承）
范希淳	咸 6/2/82	（范熙博）		喬玉琛	同元 /3/113	（喬玉墅）
陳壽祺	咸 6/2/100	（陳 源）		周 蘭	同 2/2/1	（周玉麒）

楊仲愈	同 2/2/8	（楊仲愉）		張朝瀅	同 7/3/14	（張紹棠）
周維翰	同 2/2/27	（周爲翰）		王懋修	同 7/3/19	（王夢修）
張鵬翼	同 2/2/44	（張鵬翜）		楊際春	同 7/3/24	（楊維儀）
樓譽普	同 2/2/62	（樓　咏）		薛振鈺	同 7/3/44	（薛金鑑）
裴峻德	同 2/2/70	（裴天德）		蕭振漢	同 7/3/80	（蕭　振）
郝榮衒	同 2/2/71	（郝冰衒）		黎淞慶	同 7/3/81	（黎　章）
劉子鏡	同 2/2/72	（劉子銓）		馮佐熙	同 7/3/122	（馮佐法）
王鴻飛	同 2/3/5	（王炳堃）		梁燿樞	同 10/1/1	（梁耀樞）
孟詞宗	同 2/3/31	（孟希孟）		高岳崧	同 10/1/2	（高松牲）
顏榮階	同 2/3/39	（顏廷玉）		崔國因	同 10/2/27	（崔國英）
松　森	同 4/2/4	（松　林）		余　弼	同 10/2/44	（余君弼）
張清華	同 4/2/6	（張兆甲）		黃崇惺	同 10/2/107	（黃崇姓）
蕭晉蕃	同 4/2/26	（蕭晉卿）		劉臣良	同 10/2/114	（劉桂芳）
崔煥章	同 4/2/32	（崔家灝）		良　弼	同 10/3/54	（傅良弼）
歐陽煊	同 4/2/41	（歐陽烜）		謝廷鈞	同 10/3/66	（謝廷推）
慶錫榮	同 4/2/60	（慶首恒）		趙惟鏻	同 10/3/75	（趙　鏻）
尹壽衡	同 4/2/63	（尹克墨）		季　鎔	同 10/3/120	（季　鎣）
汪叙疇	同 4/2/64	（汪樹烈）		譚宗浚	同 13/1/2	（譚懋安）
朱福基	同 4/2/74	（朱載基）		華金壽	同 13/2/1	（華　鑄）
濮文遑	同 4/3/12	（濮守照）		諸可炘	同 13/2/15	（諸可興）
周鳴旂	同 4/3/13	（周銘岐）		周晉麒	同 13/2/23	（周晉祺）
黃晉洺	同 4/3/27	（黃中瓚）		王亦曾	同 13/2/31	（王　楨）
王元晉	同 4/3/52	（王甫晉）		張廷燎	同 13/2/36	（張廷蘭）
甘醴銘	同 4/3/85	（甘　杰）		蔣璧方	同 13/2/37	（蔣道成）
錢保衡	同 4/3/109	（錢保鋆）		殷　源	同 13/2/47	（殷葆源）
楊　鉅	同 4/3/125	（楊大猷）		尚　賢	同 13/2/68	（向　賢）
黃　峻	同 4/3/156	（黃誦芬）		胡燸棻	同 13/2/89	（胡國棟）
吳寶恕	同 7/2/2	（吳春生）		潘頤福	同 13/2/96	（潘恭壽）
孫慧基	同 7/2/7	（孫德厚）		湯鼎烜	同 13/2/107	（湯烈維）
周崇傅	同 7/2/8	（周純傅）		辛家彥	同 13/2/110	（辛　槤）
邵曰濂	同 7/2/21	（邵維城）		萬錫玠	同 13/2/111	（萬鳴珂）
周　騏	同 7/2/33	（周星詔）		顧文基	同 13/2/112	（顧　枚）
慕榮榦	同 7/2/43	（慕榮幹）		張其翼	同 13/2/118	（張誠泰）
潘衍桐	同 7/2/53	（潘汝桐）		吳錫章	同 13/2/121	（吳錫璋）
許景澄	同 7/2/59	（許癸身）		張景祁	同 13/3/6	（張左鉞）
鄭訓承	同 7/2/64	（鄭訓成）		韓　釗	同 13/3/45	（劉　釗）
張喬芳	同 7/2/66	（張培芳）		李昭煒	同 13/3/85	（李昭燮）
周芳杏	同 7/2/72	（周芳樸）		程開運	同 13/3/101	（程昭鑑）
蒲預麟	同 7/2/73	（蒲趾孫）		鄭葆恬	同 13/3/102	（鄭　傑）
王鵬壽	同 7/2/97	（王鵬運）		常文之	同 13/3/164	（常文敏）
宗丙壽	同 7/2/112	（宗　彝）		毛鴻藻	同 13/3/191	（毛鴻鈞）
曹燮湘	同 7/2/123	（曹翰湘）		馮文蔚	光 2/1/3	（馮文源）

劉中策	光 2/2/5	（劉綸襄）	黃紹箕	光 6/2/6	（黃紹基）
陶福同	光 2/2/6	（陶福嗣）	郭曾炘	光 6/2/10	（郭曾炬）
金壽松	光 2/2/11	（金星桂）	陳夔麟	光 6/2/11	（陳 凱）
張仁黻	光 2/2/26	（張世恩）	盛炳緯	光 6/2/18	（盛炳耀）
潘寶鐄	光 2/2/32	（潘寶鑒）	王咏霓	光 6/2/42	（王 霓）
崔 澄	光 2/2/53	（崔 登）	吳道鎔	光 6/2/44	（吳國鎮）
曹昌燮	光 2/2/59	（曹 傑）	楊崇伊	光 6/2/45	（楊同桂）
劉宗標	光 2/2/61	（劉有科）	柏錦林	光 6/2/47	（柏錦森）
陸寶忠	光 2/2/63	（陸爾城）	紀 虁	光 6/2/57	（紀恩庸）
王炳燮	光 2/2/66	（王 炳）	郭 翊	光 6/2/59	（郭翊廷）
鄭紹成	光 2/2/73	（鄭學成）	胡錫祜	光 6/2/74	（胡錫純）
陳思相	光 2/2/107	（陳思霖）	王頌蔚	光 6/2/75	（王叔炳）
蔡文田	光 2/2/121	（李文田）	李慈銘	光 6/2/86	（李 模）
曹 榕	光 2/2/145	（曹 榮）	楊依斗	光 6/3/2	（楊 梅）
陳熙愷	光 2/2/148	（陳壽根）	汪受劭	光 6/3/10	（汪忠録）
何德臻	光 2/3/1	（何德溙）	孫汝梅	光 6/3/12	（孫燕詒）
沈霖溥	光 2/3/10	（沈敦禮）	徐寶謙	光 6/3/83	（徐薦謙）
王金映	光 2/3/12	（王金彝）	連文冲	光 6/3/84	（連 潔）
馮崧生	光 2/3/37	（馮松生）	顧紹成	光 6/3/104	（顧景魏）
林嵩堯	光 2/3/92	（林廷彥）	張銘穌	光 6/3/105	（張雲錦）
劉琪棻	光 2/3/141	（劉琪芬）	查蔭元	光 6/3/123	（查元輝）
潘 通	光 3/2/14	（潘良駿）	程惟孝	光 6/3/130	（程維孝）
江澍昀	光 3/2/23	（鍾 璜）	程懋祺	光 6/3/144	（程 禄）
吳祖椿	光 3/2/27	（吳樹年）	闞 絅	光 6/3/152	（闞鳳池）
楊文瑩	光 3/2/28	（楊文鑒）	程仁均	光 6/3/160	（程仁鈞）
錫 珍	光 3/2/40	（錫 鈞）	魯 鵬	光 9/2/15	（魯聯輝）
李維誠	光 3/2/48	（李維諴）	曹福元	光 9/2/24	（曹元荽）
袁寶彝	光 3/2/68	（袁綉景）	施紀雲	光 9/2/28	（施綰雲）
管辰熙	光 3/2/89	（管辰熙）	陳咸慶	光 9/2/50	（陳之幹）
盧俊章	光 3/2/121	（盧士傑）	鄭葆清	光 9/2/68	（鄭其癸）
于滄瀾	光 3/2/127	（于志淹）	黃桂鋆	光 9/2/81	（黃桂清）
吳 超	光 3/2/132	（吳 源）	濟 中	光 9/2/92	（濟 澂）
李崇洸	光 3/3/26	（李崇光）	劉子煥	光 9/2/94	（劉 選）
江濟民	光 3/3/30	（江 薪）	陳受頤	光 9/2/98	（陳守法）
任煥奎	光 3/3/54	（任秋元）	李蔭鑾	光 9/2/106	（李蔭蘭）
沈維誠	光 3/3/73	（沈茂楓）	梁鴻壽	光 9/2/122	（梁知尹）
梁瑞祥	光 3/3/88	（梁佩祥）	戚朝卿	光 9/3/13	（戚人傑）
成沐蔭	光 3/3/93	（成 佩）	張平格	光 9/3/35	（平 格）
武人選	光 3/3/102	（武人道）	梁 萃	光 9/3/76	（梁葆誥）
王保建	光 3/3/177	（左保建）	黃毓森	光 9/3/77	（黃金臺）
唐毓衡	光 3/3/181	（唐世澤）	周學基	光 9/3/85	（周紹劉）
朱銘瓚	光 3/3/194	（朱明燦）	劉德馨	光 9/3/96	（劉德醇）

魯 衛	光 9/3/97	（魯 鈞）	唐書年	光 15/3/123	（唐晉祺）
沈寶青	光 9/3/117	（沈縮青）	楊深秀	光 15/3/161	（楊毓秀）
樊學賢	光 9/3/125	（樊恭佩）	程秉釗	光 16/2/8	（程秉銛）
黎大鈞	光 9/3/118	（黎大均）	黃澍芬	光 16/2/51	（黃樹生）
李翊熽	光 9/3/130	（李翊濤）	廖 平	光 16/2/70	（廖登廷）
江昶榮	光 9/3/137	（江上蓉）	夏曾佑	光 16/2/87	（夏增佑）
陳熙敬	光 9/3/143	（陳廷俊）	王保裹	光 16/2/89	（左保裹）
孫祖華	光 9/3/170	（孫祖英）	范迪襄	光 16/2/101	（范迪忠）
馮 煦	光 12/1/3	（馮 熙）	吳尚廉	光 16/2/102	（吳尚態）
吳鴻甲	光 12/2/12	（吳汝熊）	楊炳旂	光 16/2/119	（楊 斐）
馮芳澤	光 12/2/17	（馮誦清）	汪宗翰	光 16/2/124	（汪耀祖）
朱延熙	光 12/2/27	（朱忠恕）	梁芝榮	光 16/2/126	（梁 鶚）
陳遹聲	光 12/2/40	（陳 濬）	劉樹屏	光 16/3/7	（劉景琦）
盛 沅	光 12/2/56	（盛愷華）	張學華	光 16/3/8	（張鴻傑）
姚桐生	光 12/2/99	（姚光昉）	黃昌年	光 16/3/30	（黃履初）
王文毓	光 12/3/1	（王瑞麟）	羅廷煦	光 16/3/45	（羅建煦）
陳夔龍	光 12/3/5	（陳 斌）	張延鴻	光 16/3/48	（張孝瑞）
汪時琛	光 12/3/23	（汪時深）	蕭綬祺	光 16/3/58	（蕭先甲）
朱士黻	光 12/3/31	（朱 裳）	張 堅	光 16/3/65	（黃 堅）
余應雲	光 12/3/36	（余士珩）	程庭武	光 16/3/73	（張庭武）
張阜成	光 12/3/67	（張文運）	秦化西	光 16/3/115	（秦瑞珍）
夏葆彜	光 12/3/76	（夏耀奎）	孫錦江	光 16/3/122	（孫 洞）
張堯淦	光 12/3/107	（張文炳）	葉南金	光 16/3/137	（葉幫俊）
胡懋齡	光 12/3/121	（胡毓材）	黃增榮	光 16/3/144	（黃作榮）
楊嘉棟	光 12/3/140	（宗嘉棟）	屠 寄	光 18/2/10	（屠 庚）
續 曾	光 12/3/158	（續 昌）	湯壽潛	光 18/2/11	（湯 震）
魏時鉅	光 15/2/7	（魏景熊）	范德權	光 18/2/16	（范德梗）
江 標	光 15/2/14	（江善寰）	汪 洵	光 18/2/17	（汪學翰）
羅鳳華	光 15/2/32	（羅宗熾）	何藻翔	光 18/2/38	（何國炎）
周來賓	光 15/2/37	（周奎吉）	章士荃	光 18/2/42	（章士傑）
陳庚經	光 15/2/41	（陳華漢）	劉可毅	光 18/2/46	（劉毓麟）
鄧維琪	光 15/2/43	（鄭維琪）	池百煒	光 18/2/72	（池伯煒）
馬步元	光 15/2/52	（馬調元）	文 龍	光 18/2/113	（張 龍）
姚士璋	光 15/2/79	（姚 橋）	貽 穀	光 18/2/115	（吉 昌）
陳懷忠	光 15/2/91	（陳懷中）	李兆春	光 18/3/11	（李兆椿）
鍾 廣	光 15/2/100	（楊鍾羲））	孟廣模	光 18/3/52	（孟廣謨）
趙繼泰	光 15/2/102	（趙復泰）	康 咏	光 18/3/101	（康逢慶）
王嶽崧	光 15/3/7	（王黻廊）	湯原銑	光 18/3/124	（湯發桂）
王同鼎	光 15/3/12	（王同白）	傅鍾濤	光 18/3/139	（傅仲濤）
朱壽慈	光 15/3/14	（朱振鼎）	楊敬遠	光 18/3/149	（楊熙霖）
翁天祐	光 15/3/25	（翁天祜）	孫壽彜	光 18/3/181	（孫壽琪）
朱秉成	光 15/3/36	（朱之雋）	李組紳	光 20/2/8	（李祖年）

胡紹蘇	光 20/2/9	（胡見楨）
陸士奎	光 20/2/17	（李士奎）
汪一元	光 20/2/23	（汪一麟）
吕承瀚	光 20/2/66	（吕承陽）
黎承禮	光 20/2/68	（黎錦紫）
李澍森	光 20/2/113	（張澍森）
劉錦藻	光 20/2/125	（劉安江）
楊長澡	光 20/3/9	（楊長藻）
孫同康	光 20/3/31	（孫　雄）
沈同芳	光 20/3/68	（沈志賢）
鄭錫典	光 20/3/93	（鄭憲典）
林丙修	光 20/3/96	（林文蔚）
程世杰	光 20/3/102	（程世洛）
楊鴻勛	光 20/3/157	（楊文勛）
卓孝復	光 21/2/4	（卓凌雲）
張繼良	光 21/2/9	（張蘭思）
趙曾琦	光 21/2/13	（趙增琦）
李翰芬	光 21/2/51	（李純貞）
吕傳愷	光 21/2/57	（吕師傳）
魏元曠	光 21/3/6	（魏焕奎）
廖鳴龍	光 21/3/65	（廖鳴韶）
謝元洪	光 21/3/76	（謝昌期）
徐信善	光 21/3/81	（徐步賢）
何榮烈	光 21/3/110	（何廷楨）
姚炳熊	光 21/3/132	（姚學源）
王　伊	光 21/3/161	（王綬彤）
趙炳麟	光 21/3/167	（趙長榮）
朱寶瑩	光 24/2/30	（朱耀奎）
李華柏	光 24/2/79	（李華伯）
林耀增	光 24/2/122	（林耀曾）
王思衍	光 24/3/1	（王恩衍）
李如松	光 24/3/24	（李樹松）
于廷琛	光 24/3/134	（于廷球）
吕承彦	光 24/3/167	（吴承彦）
林樹森	光 24/3/177	（林樹聲）
唐瑞銅	光 29/2/7	（唐爾銅）
胡大勛	光 29/2/26	（胡大華）
李德星	光 29/2/107	（李　彬）
温　肅	光 29/2/125	（温聯璋）
王　彭	光 29/2/128	（王葆清）
魏元戴	光 29/2/136	（魏元霸）
李增榮	光 29/3/55	（李曾若）
馬君實	光 29/3/73	（馬振憲）
劉思明	光 29/3/98	（劉思濬）
俞樹棠	光 29/3/157	（俞澍棠）
陳其相	光 29/3/162	（陳其桐）
顔　楷	光 30/2/3	（顔　桓）
王　賡	光 30/2/5	（王楫唐）
鄭　言	光 30/2/9	（鄭熙謀）
郭壽清	光 30/2/29	（郭廷鈺）
陳之鼐	光 30/2/45	（陳維燾）
張成修	光 30/2/85	（葛成修）
沈秉乾	光 30/2/88	（沈鑄光）
張　鴻	光 30/3/1	（張　澂）
王鴻銧	光 30/3/37	（王抱一）
章　梫	光 30/3/52	（章桂馨）
陸光熙	光 30/3/62	（陸惠熙）
王樹忠	光 30/3/78	（王　楠）
賽沙敦	光 30/3/101	（賽沙吞）